新思
THINKR

有思想和智识的生活

企鹅欧洲史

THE PURSUIT OF POWER: EUROPE
1815–1914

竞逐权力
1815—1914

[英]理查德·埃文斯 _ 著
（Richard J. Evans）
胡利平 _ 译

中信出版集团｜北京

图书在版编目（CIP）数据

竞逐权力：1815—1914 /（英）理查德·埃文斯著；胡利平译. -- 北京：中信出版社，2018.12（2025.1重印）
（企鹅欧洲史）
书名原文：The Pursuit of Power, Europe 1815–1914
ISBN 978-7-5086-9650-8

I.①竞… II.①理…②胡… III.①欧洲—近代史—1815-1914 IV.①K504

中国版本图书馆 CIP 数据核字（2018）第 231353 号

The Pursuit of Power: Europe 1815–1914
Copyright © Richard J. Evans, 2016
Simplified Chinese translation copyright © 2018 by CITIC Press Corporation
Published under licence from Penguin Books Ltd.
Penguin（企鹅）and the Penguin logo are trademarks of Penguin Books Ltd.
First Published 2016
First published in Great Britain in the English language by Penguin Books Ltd.
All rights reserved.
本书仅限中国大陆地区发行销售
封底凡无企鹅防伪标识者均属未经授权之非法版本

封面图片来源：视觉中国

竞逐权力：1815—1914

著　者：［英］理查德·埃文斯
译　者：胡利平
出版发行：中信出版集团股份有限公司
　　　　　（北京市朝阳区东三环北路 27 号嘉铭中心　邮编 100020）
承 印 者：河北鹏润印刷有限公司

开　本：880mm×1230mm　1/32　印　张：30.25　插　页：8　字　数：720 千字
版　次：2018 年 12 月第 1 版　印　次：2025 年 1 月第 15 次印刷
京权图字：01-2015-8279
书　号：ISBN 978-7-5086-9650-8
定　价：146.00 元

版权所有·侵权必究
如有印刷、装订问题，本公司负责调换。
服务热线：400-600-8099
投稿邮箱：author@citicpub.com

目录

"企鹅欧洲史"系列中文版总序　　i

《竞逐权力：1815—1914》导读　　v

作者序　　xi

第一章　大革命的遗产　　1

　　战争之后　　2

　　拿破仑之后　　14

　　维也纳会议　　26

　　重铸时间链条　　36

　　反抗与镇压　　46

　　欧洲宪兵　　59

　　希腊独立　　67

　　七月革命　　81

　　欧洲余震　　88

　　政治风云的变幻　　102

第二章　**自由悖论**　109
　　　　领主与农奴　110
　　　　解放农奴　119
　　　　赢家和输家　126
　　　　农民起义　131
　　　　解决人民吃饭问题　144
　　　　"饥饿的四十年代"及其后岁月　155
　　　　纺织业革命　168
　　　　煤铁　177
　　　　铁路、蒸汽和速度　188
　　　　欧洲工人阶级的形成　201
　　　　"社会问题"素描　211

第三章　**欧洲之春**　215
　　　　机器时代的愿景　216
　　　　民族主义与自由主义　228
　　　　1789年的幽灵　240
　　　　革命的凋零　255
　　　　激进分子和反动势力　269
　　　　变革的局限性　281
　　　　克里米亚战争　294
　　　　民族事业的成败　306
　　　　在时代潮流中把握航向　318
　　　　革命的震荡　336

第四章　社会革命　347

贵族的没落　348

新精英阶层　359

世界工厂　372

第二次工业革命　382

打造新耶路撒冷　390

资产阶级的胜利　405

小资产阶级　416

"失去的只是锁链"　422

"流氓无产阶级"　433

移居潮　442

第五章　征服大自然　453

降服野性荒原　454

驾驭自然力　467

日益缩短的距离　479

现代时间概念的诞生　497

大瘟疫的终结　506

走出死亡的阴影　515

抑制原始欲望　523

治疗疼痛　536

疯癫与文明　543

规训与惩罚　555

第六章　情感时代　571

追怀往昔　572
浪漫主义与宗教　587
异见、怀疑和不信　597
基督教及其他信仰　609
攀登巴别塔　620
渴求知识　632
情感的性别化　643
追求快乐　656
现实主义与民族主义　670
春之祭　681

第七章　民主的挑战　693

最后的边疆　694
福利国家的崛起　709
第二国际及其对手　716
大众时代　734
自由主义的危机　740
民族主义与民主　754
政局动荡幻象　762
"全速前进！"　777
趋向极端的政治　789
"世界美国化"　805

第八章　帝国的报应　811
　　探险家　812
　　帝国热潮再起　824
　　帝国主义时代　833
　　剥削与反抗　847
　　"白人的负担"　858
　　"东方问题"　867
　　种族主义与民族主义　878
　　巴尔干战争　887
　　"人人翘首以待的大战"　899
　　灭顶之灾降临倒计时　907

推荐阅读　921

"企鹅欧洲史"系列中文版总序

文明的更新、重组和不断前进
——为什么我们应该阅读"企鹅欧洲史"系列

彭小瑜

21世纪还剩有80多年,当今的主要发达国家,也就是欧洲国家以及在制度和文化上与之关系极其紧密的北美洲和大洋洲国家,在发展上的明显优势目前无疑还存在。那么到了21世纪末,情况又会如何?"企鹅欧洲史"系列包含的9部著作覆盖了欧洲文明近4 000年的历史。如果我们精细地阅读这几本书,我们就能够观察到欧洲文明在历史上经历过的多次繁荣、危机和复兴,进而能够认识到欧洲文明保持更新和不断前进的真正力量是什么。

相对于世界其他地方的古老文明,欧洲文明天然具有优越性吗?从19世纪在中国沿海地区贩卖鸦片的英国人身上,我们看不到什么值得欣赏和效仿的品德和价值观。西方近代的"船坚炮利"及其背后的科学技术固然值得研究和学习,但是学会了"船坚炮利"的本事不是为了欺负和攻打别人。另外,西方文明的优点,欧洲在近代国力强大的原因,绝不局限于自然科学和先进技术。我们了解和研究欧洲历史，借鉴欧洲和整个西方的历史文化和经验，肯定也不能局限于救亡图存这一有限目的。我们采取和保持一个面向世界的开放态度，是为了建设一个美好的生活环境，也是为了对世界和平和全人类的福利做出我们的贡献。因此，我们对欧洲史和整个西方文明需要有一个认真和耐心研究的态度，努力学习其优点，尽量避免其不足，以期完成我们中华民族在 21 世纪追求的远大目标。为了这样一个宏大的事业，我们需要精细阅读"企鹅欧洲史"系列。这是我们了解和学习外部世界过程中迈出的小小一步，却可能会让我们拥有以前不曾体验过的惊奇、思索和感悟。

整套丛书由古希腊罗马远古的历史开始，讲述了直到 21 世纪的欧洲历史。尽管各位作者的资历和背景不尽相同，他们基本的历史观却高度相似。在对西方文明进行坦率批评的同时，他们以明确的乐观态度肯定了这一独特文化、政治和经济体制的自我更新能力。普莱斯和索恩曼在描写古代雅典城邦时（见《古典欧洲的诞生：从特洛伊到奥古斯丁》），注意到了雅典民众拥有在古代世界独一无二的政治参与权，不过该城邦"同时也是对妇女压制最为严重的城邦之一"，因为唯有男性拥有公民权的情况让没有公民权的自由民妇女地位变得十分糟糕。依靠元老院、人民和行政长官三者之间沟通和平衡的古罗马，建立和维持着一个似乎比雅典更加稳定的共和国。后来，贫民的土地问题以及意大利和其他地方民众获取公民权的问题，引发了"罗马在 350 年里的第一次政治杀戮"。之后不断加剧的社会矛盾导致了血腥的持续的内战，并颠覆了共和制度，但是罗马人在内战废墟上建立了君主制帝国，同时让各地城市保持了强有力的自治传统，在地中海周边的辽阔地区又维持了数百年的安定和繁荣。

乔丹在《中世纪盛期的欧洲》里面写到了14世纪的黑死病,"在1347—1351年的瘟疫中有多达2 500万人殒命",之后瘟疫还连续暴发了好多次,而此前欧洲的总人口只有大约8 000万。这个世纪同时也是战争和内乱频仍的年代,是教会内部思想混乱和不断发生纷争的年代。面对如此可怕的巨大灾祸,面对16世纪宗教改革带来的政治和思想的严重分裂,西方人在生产、贸易和金融等领域仍然取得长足进步,并开始探索世界地理,航行到非洲、亚洲和美洲,倡导用实验来把握有用的知识,学会用科学的方法来仰望星空,认知宇宙的秘密。与此同时,自私的欲望逐渐泛滥,开始有文化人鼓吹"最自然的人权就是自利",鼓吹"自然状态是一个相互竞争的丛林"(见《基督教欧洲的巨变:1517—1648》)。

当资本主义的贪婪和帝国主义的强权给世界上落后国家带来压榨和屈辱的时候,欧洲内部的社会矛盾也变得十分尖锐。在19世纪中叶,英国每天要用掉大约2.5亿根火柴,在位于伦敦的工厂:"用于制造可燃火柴的白磷产生的气体开始给工人身体造成严重损害。工厂工人几乎是清一色的女工和童工,工人需要先准备好磷溶液,然后把火柴杆放在里面浸沾。他们的牙龈开始溃烂,牙齿脱落,颌骨慢慢腐烂,流出散发臭味的脓水,有时从鼻子里往外流脓,人称'磷毒性颌骨坏死'。1906年在伯尔尼签署的一项国际公约禁止使用白磷,两年后,英国议会批准了该公约。"(见《竞逐权力:1815—1914》)

历史故事的细节从来都具有一种思想冲击力。"企鹅欧洲史"系列的各个分册里面充满了大量的细节和故事。看了白磷火柴女工的故事,认真的读者都会好奇,当时的欧洲会往何处去。埃文斯描写了第一次世界大战前的欧洲社会和改革运动。他提到,德国的铁血宰相俾斯麦曾经声称，国家必须"通过立法和行政手段满足工人阶级的合理愿望"。在叙述现代历史的各个分册里，我们都能看到，欧洲统治阶级坚持文化和制度的渐进改良，不单单是"出于发自内心的社会良知"，也是因为他们面临来自社会主义思想和运动的压力，希望通过对话达成社会各阶层的和解。社会各阶层重视沟通和妥协不仅是现代西方社会的一个突出特点，应该也可以追溯到遥远的雅典城邦和罗马共和国传统。沟通和妥协的能力，确实是欧洲文明保持活力和持续进步的一个重要原因。

第一次世界大战结束后不久，梁启超先生到欧洲考察，遇见一位美国记者，后者觉得"西洋文明已经破产了"，不赞成梁启超将之"带些回去"的打算。梁启超问："你回到美国却干什么？"该记者叹气说："我回去就关起大门老等，等你们把中国文明输入进来救拔我们。"梁启超在《欧游心影录》里面记载了这个故事，但是他提醒读者，欧洲不会完。他解释说，18世纪以后的欧洲文明不再是贵族的文明，而是"群众的文明"，各种观念和立场有顺畅交流，思想文化依然活跃。所以他断言，欧洲仍然能够"打开一个新局面"。饮冰室主人在1929年去世，没有机会看到此后的欧洲历史轨迹。我们是幸运的，看到了更多的世界风云变幻。我们是幸运的，能够阅读"企鹅欧洲史"系列这样有趣和深刻的历史读物。我们借此不仅能够更清楚地看到欧洲的过去，也可能能够看到一点欧洲和世界以及我们自己的未来。

《竞逐权力：1815—1914》导读

李宏图

多年前，我就开始关注英国学者理查德·埃文斯教授，他主要研究欧洲近现代史，特别是德国史，同时也喜好史学理论。早在1997年，面对英国正在兴起的后现代主义史学，他出版了《捍卫历史》，站在"传统史学"的立场对此进行批评，此书出版后立刻在学术界产生了重要的影响。埃文斯教授穿行在不同的研究领域，学养深厚、视野开阔，既重史实，也具思辨。2016年，他又出版了《竞逐权力：1815—1914》这部书，考察19世纪欧洲历史。此书刚一出版，我便在巴黎的一家书店购得此书，粗略浏览一下，便觉得此书非常有助于我的研究和教学，因为在这本书中，他对19世纪的欧洲历史做出了有别于常人的深入解析。

从历史的视角来看，欧洲不仅是一个地理划分，还是通过历史发展和制度建构起来的文明共同体。因此，欧洲的历史演进呈现出一个不断走向统一性的历史成长过程。特别是到了19世纪，促进欧洲成长的动力迅速加大，一个同质化的欧洲跃然形成。一些新概念的出现就是明证。例如1800年，出现了"欧洲主义"（Europeanism）这一概念，1830年左右出现动词"欧洲化"（Europeanize）和名词"欧洲化"（Europeanization）。这样，一个不争的事实是，在19世纪时，欧洲通过"欧洲化"成为一种独特的文明类型,形成了共同的认同。

作为一部欧洲史的著作,特别是对19世纪欧洲的历史进行书写,若要反映出19世纪欧洲的历史进程,展现出19世纪欧洲历史的独特性质,例如其有别于18世纪和20世纪历史的特质,我想,这样几个方面是绕不开的主题:例如,欧洲如何率先形成现代社会,什么是"现代"的内涵;在现代性的推动下,欧洲又如何成为同质性的欧洲;欧洲文明内部的冲突与纷争,何以让欧洲走上了互相残杀的战争之路。平心而论,书写这样一部历史的确是一件棘手的工作,尽管有些学者已经做出了尝试,例如,英国历史学家霍布斯鲍姆所写出的"年代四部曲"中的《资本的年代》,德国历史学家于尔根·奥斯特哈默的《世界的演变:19世纪史》,而《竞逐权力:1815—1914》的作者、剑桥大学历史学教授理查德·埃文斯虽然坦陈受到上述两位的影响,但走上了与他们完全不同的书写之路,通过自己的深思熟虑,他从19世纪欧洲的历史中抽取出"权力"这个主题词,因而将19世纪的欧洲历史特征体现在其主书名《竞逐权力》上。

初看起来,"竞逐权力"似乎和政治特性紧密相连,而实际上从政治的维度难以概括19世纪欧洲历史的全貌,但经过作者的诠释,才觉得作者提炼出这一主题,内含其对19世纪欧洲历史的真知灼见。诚如作者所说:

> 对权力的追求渗透19世纪的欧洲社会。国家争夺世界权力,政府追求帝国权力,军队加强自身的军事权力,革命家密谋夺取权力,各政党竞逐执政权力,金融家和工业家追求经济权力,农奴和佃农逐渐挣脱占有土地的贵族的武断权力。19世纪最重要的

社会进程——受压迫的各阶层人民挣脱了压迫者权力的控制——主要表现在妇女摆脱了把她们置于男人控制之下的一整套法律、习俗和传统观念的束缚。女权主义者争取法律面前人人平等；在工业化的新世界，工会继续争取在薪酬和工作条件上有更大发言权，不断发起罢工；现代主义艺术家对学院派的权威提出挑战；小说家把家庭等社会组织内围绕权力展开的斗争作为自己作品的核心内容。

读完作者的这些解析，不禁心生赞佩，这一概括解析不愧是大家手笔。通常我们只是将19世纪的欧洲史平面化地表述为这样一些内容：19世纪工业革命的完成，现代社会经济体制的确立；以英国三次议会改革为代表的民主化的行进；随着英国"日不落帝国"的形成，欧洲通过对世界的殖民与扩张确立起了对世界的主导性地位；随着工人作为一个阶级的形成，他们掀起了大规模的社会革命，力图创造一个崭新的社会；在思想文化上，自由主义、民族主义、社会主义、社会达尔文主义纷纷登场；人们对世界的认知与表达也从现实主义开始转向象征主义和现代主义；等等。而这本书的作者却在这些内容中洞察出"权力"这一特征和机制，不能不说确实体现了作者的独具匠心。

值得称赞的是，作者在对19世纪历史的处理和书写中，摆脱了像英国历史学家霍布斯鲍姆那样的"宏大叙事"，而是要去探究"历史发展的线索"。或许我们也可以说，在不同的历史书写范式的指导思想下，对历史进程的洞察和提炼也就随之不同。如果说霍布斯鲍姆聚焦于时代，因而将19世纪定义为"资本的时代"，德国历史学家于尔根·奥斯特哈默则从全球史的视角出发，将19世纪概括为"世界的演变"。而埃文斯从历史的发展线索入手,提炼出"权力"作为理解19世纪欧洲历史的主线。这也使19世纪的欧洲历史区别于17—18世纪欧洲历史的发展,例如英国历史学家蒂莫西·布莱宁所概括的"追逐荣耀"。

理解权力,的确体现出作者对现代社会的形成以及现代性特质的精辟洞察,并且梳理出了一种现代性的谱系,用"知识考古学"的方式挖掘到了现代社会的基础,这和著名的后现代主义思想家福柯曾将"权力"作为解构现代性的主题不谋而合。尽管我们无从确知作者是否受到过福柯思想的影响,但对其抽取出"权力"来概括19世纪欧洲历史的进程,我们可以从中看出,作者不仅仅是进行叙事性的历史表述,而是在进行一种反思性的历史书写。

同样,在该书中,作者并不满足于进行一种主题性的提炼,而是在写作中时刻关照19世纪如何既是18世纪的延续,又是相对于18世纪的一种断裂,同样,19世纪的何种内在特性又导致20世纪更大规模的战争与革命,人们的思想观念和实践何以发生了急剧的变化,从而又和19世纪形成了一种断裂,开创了人类历史的又一转折。为此,作者将1815年拿破仑第一帝国的失败或者法国大革命的结束作为欧洲19世纪的起点,将1914年第一次世界大战的爆发作为终结点。对这一时间节点的选择,作者解释道,在1815年以前的大部分时间里,人们看重的是荣耀、荣誉等,而在19世纪,人们越来越看重权力。那么为什么作者将第一次世界大战的爆发作为该书的截止点?对此作者没有给以解释。但如果了解第一次世界大战,以及阅读完此书,就可以从中窥见作者的深意。正如作者在该书的结尾处所写:

第一次世界大战后，欧洲缓慢而不均衡的民主进程发生逆转。种种新政治运动，尤其是纳粹和法西斯主义，登台亮相，企图使用极端暴力手段推行极端政策，对社会进行暴风骤雨式的改造。恐怖、处决、屠杀、酷刑和集中营成为"一战"后岁月的特征。此后没过多久，发生了种族灭绝，其规模之大令巴尔干两次战争期间的种族暴力和19世纪90年代对亚美尼亚人的屠杀相形见绌。欧洲众多名城遭到前所未有的破坏，大量胜地毁于一旦。数百万人将死于第二次世界大战，这一回死难者既有士兵，又有平民。一些有眼光的欧洲政治家已经预感到，1914年的宣战将造成巨大震荡，但没有想到欧洲即将坠入万劫不复的深渊。1914年8月3日黄昏时分，英国外交大臣爱德华·格雷爵士在外交部自己的办公室里伫立窗边，俯瞰下面的商场，转身对前来拜访他的友人说："欧洲各地的灯火正在一盏盏熄灭。我们有生之年看不到它们再次点亮的时候了。"

的确，从15世纪开始，欧洲因其科学革命与工业革命所带来的奇迹，以及日益增强的军事地位，在全球化的开始阶段成为世界的中心，整个世界体系就是以他们为中心而建立的，这样一种地位也使得欧洲人充满无比优越的骄傲与自信。但让人无法想象的是，正是第一次世界大战使欧洲陷于"崩溃"。历史学家写道，欧洲战场空前的伤亡人数，尤其是精英阶级和受过良好教育的精英群体的战亡，特别冲击着知识阶层的心态，导致其广泛失望。这场战争似乎也嘲弄了启蒙思想家一直所高扬的理性、宽容与进步价值观。在德国老兵埃里希·雷马克所写的《西线无战事》这部描述"一战"的小说中，他转述了一个士兵的疑问：为什么拥有千年的文明传统也不能抵御这血腥风暴的来临？也许，作者埃文斯这本书的标题可以回答这个问题：对权力的竞逐是19世纪欧洲历史如此演变的动因。2018年正好是第一次世界大战结束100周年，正是在这一意义上，这本书不仅立体地叙述了19世纪欧洲历史的过程，而且深刻地揭示了19世纪欧洲历史发展的动力机制。19世纪的欧洲绝非孤立的存在，它在与18世纪的断裂中成长，并内生出带来20世纪灾难与希望的种种要素。而对于读者而言，作者的这一历史书写无疑具有很高的阅读价值，将成为重思欧洲历史的宝贵资源。

2018年10月28日

作者序

本书系"企鹅欧洲史"系列中的一卷，讲述了1815—1914年的欧洲史。上一卷《追逐荣耀：1648—1815》（2007）涵盖的历史时期是1648—1815年。正如那本宏著的作者、我在剑桥大学的同事蒂莫西·布莱宁所言，讲述任何一段欧洲史都必须武断地选择一个起始点，只不过有些起始点比其他起始点更武断。人们对"19世纪"或"20世纪"的提法已习以为常，而历史学家知道，1801—1901年或1901—2000年除了表示年代的先后顺序外，没有任何实际意义。历史充满了未解的问题，包括本书在内的许多历史作品都结束在重大战争的爆发和结束上，但即便是这些战争，也有很多问题尚未得到解释。历史作品的侧重面不同，历史分期的方式也会不同。政治、军事或外交史上的某个重要日子在社会、经济或文化史上可能无甚意义。法国年鉴学派的史学家通常认为，在欧洲很多地区，一直到进入现代之后很久，历史发展得极其缓慢，也就是说，虽然18世纪末欧洲政治体系的旧制度已经覆亡，但旧的经济和社会制度一直延续到19世纪后半叶。举例来说，直到19世纪后半叶，农奴制度才在欧洲大部分地区绝迹；直到1850年后被称为"人口转折期"的几十年，多年形成的高出生率和高死亡率人口模式才开始发生变化，法国除外；1850年之前，工业化仅限于欧洲经济的小块地区，影响微不足道。一些历史学家认为，传统贵族精英阶层的统治地位一直延续到第一次世界大战，该观点的代表是阿尔诺·迈耶（Arno Mayer）的《旧制度的韧性》(*The Persistence of the Ancient Regime*)（1981）一书。依照此观点，尽管这一时代看上去动荡不安，但政治领域内并没有发生什么重大变化。大多数历史学家并不同意迈耶的观点。19世纪的欧洲无疑不乏变革，除了政治领域，人们生活的方方面面都发生了变化。

有些人甚至认为，最值得研究的历史年代是"革命的年代"。这一提法来自艾瑞克·霍布斯鲍姆（Eric Hobsbawm）《年代四部曲》的首卷书名，这套书讲述了1789—1991年的历史，首卷《革命的年代》是1962年出版的。乔纳森·斯佩贝尔（Jonathan Sperber）撰写的《革命时代的欧洲》(*Revolutionary Europe*)（2000）沿袭了霍布斯鲍姆的历史时期划分法，研究1789—1848年的历史，那正是霍布斯鲍姆《革命的年代》涉及的年代范围。然而选择这段历史时期并非没有代价，在之后那段时期里，欧洲面貌发生巨变，很难用一个单一的框架来概括。斯佩贝尔撰写的第二卷书名很长，是《1850—1914年的欧洲：进步、参与、忧恐》(*Europe 1850–1914: Progress, Participation and Apprehension*)（2008）。毫无疑问，冗长的书名反映了他为寻找一个统一主题而颇费心思。霍布斯鲍姆后来又写了两卷，分别是《资本的年代》（1975）和《帝国的年代》（1987）。前一本涵盖1848—1875年，后一本从1875年一直讲到第一次世界大战。在讲述同一历史时期的所有历史著述中，霍布斯鲍姆的这三本书高屋建瓴，任何想撰写19世纪欧洲史的人都必须面对这三部历史宏著。霍布斯鲍姆长于在概念上推陈出新，他将这三部作品涵盖的历史时期称为"漫长的19世纪"。此后出版的诸多教科书和历史入门读物纷纷效仿，比如威廉·辛普森（William Simpson）和马丁·琼斯（Martin Jones）合著的《欧洲史：1783—1914》(*Europe 1783-1914*)（2000）。然而，漫长的19世纪是一个断裂的世纪，1848年革命浪潮将其分割为迥异的两段。无怪乎撰写从法国大革命或拿破仑失败到第一次世界大战这段历史的诸多历史学家不再试图找到任何统一概念，改为选用四平八稳的书名，比如R. S. 亚历山大（R. S. Alexander）为他不久前撰写的一部政治史起的名字——《欧洲前途未卜之路》(*Europe's Uncertain Path*)（2012）。

20世纪大部分年代，历史学家把民族国家的崛起和民族国家之间的冲突视为19世纪欧洲史的主要特征。民族主义的胜利塑造了新的政治文化实体，激起了对似乎过时的庞大的多民族帝国的反抗，也鼓励人们反抗其他民族的压迫或控制的野心。20世纪时，世界各地的国家都采用了民族国家模式，因此探究民族国家19世纪在欧洲的崛起更加意义重大。历史学家一度积极评价这一进程，把意大利和德意志的统一、捷克和波兰民族意识的增强以及民族主义时代的其他现象作为其著述的核心内容加以颂扬。不同民族和种族之间的争夺愈演愈烈，酿成第二次世界大战，民族主义的兴起蒙上了一层阴影，20世纪90年代的巴尔干战争就是其阴暗面的表现。此后，世界逐渐进入全球化时代，冷战时期的障碍纷纷坍塌，各种国际机构、世界范围的通信、跨国公司等诸多因素侵蚀了国家边界，开始把各国人民连接在一起，形成了全球人类共同体。自20、21世纪之交以来，这一现象改变了我们对以往历史的看法，历史学家越来越多地从全球视角审视历史。撰写全球史的呼声本身并不是新现象：早在20世纪70年代，法国历史学家马克·费罗（Marc Ferro）就曾呼吁撰写全球史；19世纪的利奥波德·冯·兰克（Leopold von Ranke）、20世纪的阿诺德·汤因比（Arnold Toynbee）和威廉·麦克尼尔（William H. McNeil）也在著作中体现了"普遍历史"（Universalgeschichte）的观念。不过直到近年，才出现了把世界各地区连在一起而不是割裂开来的世界史。历史学家开始对种种专题开展研究：帝国对欧洲各国经济、社会、文化和政治制度的影响，尤其是英国，但不限于英国；把欧洲与世界其他地区连接在一起并使其相互影响的全球经济纽带；作为欧洲的普遍进程而非某个欧洲国家特有的全球帝国的崛起。历史学家还忙于从全球视角重写欧洲各国的历史，强调欧洲移民社群——移民世界各地的数百万欧洲人——对"母国"的影响，研究源于殖民亚洲和非洲经历的种族理论对欧洲民族主义的影响，探讨全球地缘政治如何成为欧洲各国间关系的主要因素。

我写作本书的方式深受德国历史学家于尔根·奥斯特哈默（Jürgen Osterhammel）的影响。他撰写的《世界的演变：19世纪史》（*The Transformation of the World: A Global History of the Nineteenth Century*）(2009) 堪称一部真正的全球史，而不像霍布斯鲍姆的那三卷著作那样以欧洲为中心。《世界的演变》一书研究19世纪的历史，各章涉及的内容极为丰富，包括记忆和自我观察、时间、空间、人员流动、生活水准、城市、边疆、权力、革命、国家、能源、职业、通信、等级制度、知识、文明、宗教等等。奥斯特哈默有意选择了一些常见主题，比如全球各地区间的联系、共同发展过程和全球进程。然而，总体来看，此书过于突出作者本人的观点和个人思考，盖过了生活在那个时代的人们的看法和思考。此外，该书在概述历史时，往往一心建立阐释历史的大框架，而不是力求通过时人的生活经历了解历史。如果是一本简明教科书，这样写也许可以理解，毕竟教科书的最终目的是辅导学生应付考试，但是像该书这种主要针对普通读者的大部头作品，其实可以用更长篇幅来描述反映历史时期特点的细节，既收录读者感到陌生的内容，又谈他们熟悉的史实，而且应该尽可能地让那一时代的人来讲述自己的经历。

大致同一时期，还出版了一些全球史著作，其涵盖内容之广不亚于奥斯特哈默的《世界的演变》，但对19世纪的描写与奥斯特哈默的大相径庭，这些作者认为，正是在19世纪，欧洲开始引领世界、称霸全球各地。一些历史学家借助大量比较证据，从各个方面论证18世纪初世界各地的文明从生活水准到文化成就大致处于相同水平，这方面的作品有已故的克里斯·贝利（Chris Bayly）的力作《现代世界的诞生》（*The Birth of the Modern World*）（2004）和约翰·达尔文（John Darwin）讲述全球帝国的宏著《帖木儿之后》（*After Tamerlane*）（2007）。1700年前后，印度的莫卧儿帝国、中国的大清帝国、尚未沦为殖民地的非洲贝宁帝国及邻近的帝国，以及奥斯曼帝国等其他国家的发展水平与欧洲大体相当。到1815年，情况发生了变化，欧洲遥遥领先。欧洲之所以领先，并不像一些历史学家——比如写下《文明》（*Civilization*）（2011）这一全面论著的尼尔·弗格森（Niall Ferguson）——所说，是因为欧洲具有内在优势，而是具体历史条件下的结果。直到20世纪初，欧洲在很多领域的领先地位都得到了保持和扩大，但如后文所述，欧洲的领先地位日益受到威胁。第一次世界大战撼动了欧洲的地位，第二次世界大战彻底将其摧毁，战后欧洲的全球帝国土崩瓦解。我认为1815—1914年在欧洲历史上是一段独特的有意义时期，主要依据就是欧洲在这一时期称霸全球。本书始终强调全球背景，也会论及欧洲之外的事件和进程，因为它们有助于解释这一百年里发生在欧洲的历史事件。

全球史也意味着**跨国**史。很多介绍欧洲史的著述基本上是分别讲述不同国家的历史。阿瑟·格兰特（Arthur Grant）和哈罗德·坦珀利（Harold Temperley）合著的《19世纪的欧洲》（*Europe in the Nineteenth Century*）(1927) 可以归入这一类；威廉·辛普森和马丁·琼斯合著的《欧洲史：1783—1914》也属于同一类，书中各章分别讲述了法、德、意、俄和哈布斯堡帝国史。德国史学家米夏埃多·萨莱夫斯基的《欧洲史》(*History of Europe*)(2000) 的副标题是"国家与民族：从远古世界到今天"，该书分别讲述了一些国家的历史以及它们之间的关系。这意味着读者基本上看不出是什么把欧洲联结为一个整体，这些国家具有哪些共性，又有哪些外部环境和事件对它们产生了影响。权威但仍不够完整的《牛津现代欧洲史》(*Oxford History of Modern Europe*) 的编写手法也大致相同，每一卷分别讲述一个国家，只有4卷例外，讲述了不同历史时期这些国家之间的关系。我希望通过本书说明的一点是，欧洲不仅是不同国家演变而成的松散聚合体，也是一个可以界定的共同体。我所谓可以界定的共同体，指的不是地理意义上的欧洲：欧洲的东部界限尤其模糊不清，难以界定，欧洲的社会和文化界限因欧洲人大规模移民世界其他地区也变得模糊难辨。在以上前提下，最好是把欧洲视为一个具有多重共同特征的社会、经济、政治和文化地区，西起英国和爱尔兰，东至俄罗斯和巴尔干地区。

我尽量从跨国的角度讲述历史。我这样做是有意仿效阿克顿勋爵（Lord Acton），他是19世纪末《剑桥近代史》丛书的发起人。阿克顿筹备出版该丛书时告诉撰稿人：

> 普遍历史不是各地历史的总合，而是首先具有自己独特的内核，比如文艺复兴、宗教改革、宗教战争、绝对君主制、大革命等等。几个国家对历史主流也许有影响，也许没有影响……但不应分散注意力，把葡萄牙、特兰西瓦尼亚、冰岛放在与法国和德国同等重要的地位……我打算打破罗列各国历史的做法，尽可能讲述超越国家边界的普遍历史。

阿克顿未能实现这一宏大设想就撒手人寰了。在效率很高但想象力不足的阿道弗斯·沃德（Adolphus Ward）爵士的主持下，《剑桥近代史》最终问世。这部史书基本上采取了分国叙述的手法，反映了年青一代史学家身处欧洲变化的政治文化氛围，从国家角度审视欧洲史的做法。直到苏联解体，欧盟涵盖东欧大部分地区，加上全球化再次蓬勃发展，才有了撰写一部真正的欧洲史的可能。然而，再也不可能像格兰特和坦珀利等史学家那样，把这部欧洲史写成一部欧洲各国政治史和国际关系史了。至迟从20世纪70年代开始，历史研究拓宽了眼界，几乎涵盖了人类活动的所有方面。20世纪60年代初，霍布斯鲍姆就已经在《革命的年代》中分章讨论宗教、意识形态、科学、艺术、经济及其他专题了。奥斯特哈默列出的专题清单显示，此后的历史研究进一步拓宽了研究范围。近年出版的新著还纳入了地貌史和环境史。霍布斯鲍姆用宏大叙事把不同主题串在一起，其核心是资本主义的发展及其决定性影响。然而，21世纪初的历史学家们无法采用这种手法，因为宏大叙事已经深受诟病。正如蒂莫西·布莱宁所言，我们能做的仅是探究"历史发展的线索"。

布莱宁为1648—1815年这段历史时期找出了两条发展主线，他称之为"国家不断追求霸权"和"公共领域这一新型文化空间的出现"。这两方面的发展在19世纪得到了延续,其影响范围之广,影响之大,在18世纪几乎难以想象。1785年的欧洲人如果看到1815年欧洲王朝复辟时期出现的国家体制,依然不会有陌生感,虽然表面现象往往具有欺骗性。1815年,国家权力及对公众生活的干预仍然很有限;公众对政治事务的参与仍然很少,尽管不久前的法国大革命树立了生动的范例;公共领域的范围依然局限于受过良好教育、文化水平较高、人数很少的社会阶层及其组织,包括出版社、咖啡馆和读书俱乐部。然而到了1914年,国家发生了重大变化。各国实现了男子普选,欧洲部分地区还实现了妇女普选;公众直接参与国家、地区和地方政策的制定,一个重要的参与方式是通过有组织的政党。与此同时,国家大大强化了对自己公民的控制,从教育到医疗,从兵役制到社会工作。

布莱宁描述了通信进步与经济增长并驾齐驱的发展过程。19世纪,这两个进程发展提速,速度之快是18世纪的人难以想象的。1815年,铁路、电报、汽船和照相技术刚刚出现在历史地平线上;到1914年,欧洲已然步入电话、汽车、收音机和电影的时代。1815年,我们仍然处于牛顿宇宙观、具象艺术和古典音乐时代;到1914年,爱因斯坦已经提出了相对论,毕加索创作了立体派艺术画作,勋伯格谱写了他最早的无调性音乐作品。从更现实的意义上讲,欧洲正步入机枪、坦克、潜艇和战斗机时代。1911年意大利入侵利比亚时,首次使用飞机轰炸了敌军;英国人和德国人分别在南非和西南非(纳米比亚)建立了最早的集中营。以上发展预示了20世纪上半叶的大规模杀戮和毁灭,警示我们不要像19世纪大部分人那样,把19世纪看成一个持续进步、具有无限改良空间的时代。进步是有代价的。如伊恩·克肖（Ian Kershaw）为"企鹅欧洲史"系列撰写的下一卷《地狱之行：1914—1949》所述，从1914年到1949年，欧洲为此付出了沉重的代价。

　　谈到绝大多数欧洲人的生活状况，布莱宁写的这一卷以悲观调子结尾。产业的诞生和人口迅猛增长产生导致"一种新型贫困的出现……不是因饥荒、瘟疫或战争突然袭来而遭受的苦难，而是长期营养不良和就业不足的状态"。相对而言，19世纪的欧洲基本上没有发生重大饥荒、瘟疫和战争，我将在本书中解释其原因。和这段时期的众多其他方面一样，欧洲与世界其他地区关系的变化是一个决定性因素。当然有过饥荒，尤其是在爱尔兰、斯堪的纳维亚半岛和俄国，也有过瘟疫，不时暴发的霍乱就横扫欧洲大陆。不过，无论饥荒还是瘟疫，都没有此前一些年代发生得那样频繁，也没有带来昔日那种毁灭性的后果。19世纪末，饥荒和瘟疫基本上在欧洲绝迹。

　　然而，社会、经济等方面的不平等并没有与饥荒和瘟疫同时消失。本书将勾画出19世纪不平等现象不断变化的轮廓。农奴制等旧日的不平等形式让位给新型的不平等，比如工厂工资劳动制。可以把19世纪视为一个非凡的解放时代。数百万人获得了更加平等的地位，包括大多数农村人口、妇女，以及宗教上的少数群体，尤其是犹太人。本书将详细分析这种巨大变化并解释其原因。然而，平等和解放是局部的、有条件的，1914年后的年月将表明这一点。讲述人在获得解放过程中受到的种种羁绊，也是撰写19世纪欧洲史的史学家的一项主要任务。

　　围绕不平等的种种论争是19世纪欧洲政治的焦点。法国大革命留下了种种理念，以此为基础，越来越多的政治思想家和践行者开始构想并试验消除他们目睹的不平等现象的办法。解决方案五花八门，从贵族家长式统治和"位高则任重"论的一个极端，到无政府主义者试图摧毁国家体制的另一个极端。社会主义、自由主义、共产主义、民族主义等种种思想理论对剥削压迫下了不同的定义，也据此强调把人从被剥削压迫的地位解放出来的某一种方式。看重稳定和社会等级制的人认识到，顽固维护旧秩序是死路一条，至少大部分人认识到了这一点，因此，他们也参加了围绕不平等展开的大辩论。宗教为源于世俗世界的诸多问题提供了各种答案，有的干脆宣扬避世观念。种种思潮千差万别，但有一个共同点：渴望获取并行使权力，以便把自己的观点付诸实施。蒂莫西·布莱宁把他撰写的1648—1815年欧洲史起名为《追逐荣耀》，意指该时代政治精英追求的主要目标是荣耀，本书则定名为《竞逐权力》。

　　对权力的追求渗透19世纪的欧洲社会。国家争夺世界权力，政府追求帝国权力，军队加强自身的军事权力，革命家密谋夺取权力，各政党竞逐执政权力，金融家和工业家追求经济权力，农奴和佃农逐渐挣脱占有土地的贵族的武断权力。19世纪最重要的社会进程——受压迫的各阶层人民挣脱了压迫者权力的控制——主要表现在妇女摆脱了把她们置于男人控制之下的一整套法律、习俗和传统观念的束缚。女权主义者争取法律面前人人平等；在工业化的新世界，工会继续争取在薪酬和工作条件上有更大发言权，不断发起罢工；现代主义艺术家对学院派的权威提出挑战；小说家把家庭等社会组织内围绕权力展开的斗争作为自己作品的核心内容。

　　19世纪，社会驾驭自然的能力增强了。各国政府开始有能力应对饥饿和火灾、水灾等自然灾害。医学研究人员在自己的实验室里追求战胜疾病的权力。工程师和规划者疏导河流，排干沼泽地的水，逐走野生动物，夷平森林，他们建造城镇，修建铁路和下水道，造船架桥，把人类的权力延伸到自然界。科学家和工程师开发利用新的动力源，从蒸汽到电力，从动力织机到内燃机，从而获取了权力。权力的表现形式既可以是正式的，也可以是非正式的，有的权力通过暴力行使，有的则靠说服手段，有的权力建立在一致同意的基础上，有的仅获多数人支持，权力可以通过经济、社会、文化、政治、宗教、组织等形式表现出来。在1815年以前的大部分时间里，人们看重的是荣耀、荣誉等，而在19世纪，人们越来越看重权力。19世纪末，权力的概念带上了种族主义色彩，欧洲人把自己称霸世界各地视为他们高当地居民一等的佐证。本书将重点阐述以上现象产生的原因和过程，探讨欧洲各国间的权力关系如何影响了欧洲与亚洲、非洲及世界其他地区之间的权力关系，以及后者如何影响了前者。

本书分8章，每章分10个小节。第一、三、七、八章主要讲述政治史，第二和第四章讲述社会史和经济史，第五和第六章讲述或许可以泛称为文化史方面的内容。第一章讲述的政治史起自1815年最终打败拿破仑，终于1830年革命浪潮的最后一波余震。第三章续第一章之尾，讲述1830年到1848年革命的历史，也探讨革命浪潮的后果：冲突频仍、动荡不安的情况一直持续到19世纪70年代初。第七章分析1871—1914年欧洲各国是如何应对日益严峻的民主挑战的。第八章，也是最后一章，讲述了帝国主义时代欧洲国家在不同程度上征服世界大部分地区的过程，以及第一次世界大战降临后，征服给欧洲自身带来的毁灭性后果。上述各章均依循时间上的先后顺序展开。

夹在第一和第三章之间的第二章讲述了 1815—1848 年欧洲经济和社会的发展过程，不过若要全面讲述这一时期最重大的变化——欧洲大陆大片地区农奴获得解放，则需要把农村地区直到 1914 年发生的一些变化包括在内。第四章涉及自 19 世纪中叶起欧洲的主要社会经济结构，以及这段时期内这些结构发生的巨大变化。第五章涵盖了整个这段时期，讨论了社会试图驾驭自然界的努力，从改造欧洲大陆上的荒山野林和河流，到努力控制以各种形式表现出的人性。第六章把这一时期描述为情感时代，将其与之前的理性时代做了对比，探讨了具有情感时代特征的形形色色的精神、宗教、信仰、文化、教育观念和人类概念本身。

为了强调这段历史中人的一面，每章都以一个人的亲身经历开头，这些人的信仰和人生经历提出了供各章探讨的很多问题。8 个人来自不同的国家，四男四女，这是我有意安排的。这段历史时期内，妇女人数超过欧洲人口一半，历史上的其他年代几乎也是如此。这段时期内的另一基本特征同样重要：即便到了第一次世界大战爆发前夕，欧洲绝大部分人仍然住在农村，靠务农维生。19 世纪期间，欧洲的农民、农场主和地主常常被边缘化，尤其在工业社会兴起的地方，但我认为，若说这数百万人都处于马克思所谓"农村生活的愚昧状态"，或说他们仅仅是历史变革的受害者，那就大错特错了。

本书宜按顺序从头至尾阅读。为了与这套丛书的总体结构保持一致，我没有在书中添加任何脚注和尾注。写作这样一本综合性论著，必然意味着在很大程度上依赖其他作者的著述；本书原创内容只有所提出的论点和做出的诠释，以及主题的选择和排列。但愿诸多史学家能原谅我引用他们的具体研究成果和著述内容却不注明出处。不过，至少请允许我列出每章开篇讲述的个人故事的出处（详见"推荐阅读"）：*The Diary of a Napoleonic Foot Soldier*, ed. Marc Raeff (New York, 1991); *A Life under Russian Serfdom*, transl. and ed. Boris B. Gorshkov (Budapest, 2005); Máire Cross and Tim Gray, *The Feminism of Flora Tristan* (Oxford, 1992) and *The London Journal of Flora Tristan*, transl. and ed. Jean Hawkes (London, 1992); Hermynia zur Mühlen, *The End and the Beginning*, transl. and ed. Lionel Gossman (Cambridge, 2010); Wendy Bracewell, *Orientations* (Budapest, 2009); Brita K. Stendhal, *The Education of a Self-Made Woman* (Lewiston, NY, 1994); Martin Pugh, *The Pankhursts* (London, 2001); Ivor N. Hume, *Belzoni* (Charlottesville, VA). 本书中的大段引用内容多出自原始资料，但有如下例外：第 546—547 页引文出自 Dirk Blasius, *Der verwaltete Wahnsinn* (Frankfurt, 1980)，第 551—554 页引文出自 Andrew Scull, *The Most Solitary of Afflictions* (London, 1993)，第 562 页引文出自 John A. Davis, *Conflict and Control* (London, 1988)，第 746 页引文出自 F. S. L. Lyons, *Charles Stewart Parnell* (London, 1977)，第783页引文出自Hartmut Poggevon Strandmann, 'Domestic Origins of Germany's Colonial Expansion under Bismarck', *Past and Present*, February 1969，第 792—793 页引文出自 Franco Venturi, *Roots of Revolution* (London, 1960)，第 795—796页引文出自 Edvard Radzinsky, *Alexander II* (New York, 2005)，第 858页引文出自 Adam Hochschild, *King Leopold's Ghost* (New York, 1998)。

2009 年，我开始动笔撰写此书。其实我在几所大学讲授 19 世纪欧洲史时，已经产生了写作此书的念头。1998 年我迁居剑桥后，兴趣转向 20 世纪史。多年来我先后在以下大学讲授 19 世纪欧洲史：苏格兰的斯特灵大学、纽约市的哥伦比亚大学、诺里奇市的东盎格利亚大学、伦敦大学伯贝克学院,以及最近几年我执教的伦敦市的格瑞萨姆学院。我很幸运,可以在所有这些课堂讲授的过程中汲取素材。我感谢以上大学的学生在我的课堂和研讨会上耐心倾听我的观点,他们发表的意见帮助我补充或修正了自己的论点和总体研究方法。倘若我的研究工作没有得到协助,我绝不可能在这样短的时间内完成内容如此丰富的一部著述。我尤其感谢我以前的学生丹尼尔·考林、尼雅姆·加拉格尔、蕾切尔·霍夫曼、祖西·拉达、乔吉·威廉斯给我提供的资料。2012年,剑桥大学历史系和沃尔夫森学院允许我请学术假,让我获得宝贵的时间来写作此书。每当我需要查找涉及很多专题的资料时,首先会去藏书浩瀚、工作人员热忱相助的大学图书馆。

很多友人和同事审阅了全书或其中部分章节,提出了修改意见,匡正了书中一些错误。企鹅出版集团的西蒙·温德尔是一位资深编辑,他提出了很多修改意见。我还要深深感谢以下各位:蕾切尔·霍夫曼仔细阅读了第一、三、六章,戴维·莫塔德尔对第二、四、五、七、八章做了很多更正,乔安娜·伯克对第五章的评论至关重要,蒂莫西·布莱宁、露西·里亚尔和阿斯特丽·斯温森审阅了整部书稿,提出了很好的意见。书中若有任何错误,责任全在作者。塞西莉亚·麦凯在挑选插图上给予我宝贵帮助,这些插图为书中讨论的问题提供了新的视角。挑选的插图依循了各章的先后顺序。如果读者愿意,可以很容易在互联网上找到书中提及的插图和照片。安德拉斯·拜赖兹瑙伊再次证明自己是一位博学有趣的制图专家。理查德·梅森始终是一位工作细致的文字编辑,更正了诸多错误,本书几处文字经过他的润色更加通俗易懂。克里斯蒂娜·沙特尔沃斯编制了一份极全的索引。理查德·杜吉德担负了全书的编辑工作，我谨对他致以深深的感谢。正字法上存在的几个难题最终未能解决，尤其是俄国人名字的音译，我们选择采用了传统的拼法，因为大多数读者不熟悉现代国会图书馆系统。我尽量采用人名的原始拼写方式，比如用 Wilhelm 而不是 William，用 Franz 而不是 Francis。但在极少数情况下，这样做会显得有点怪，尤其是俄国沙皇的名字，为此我采用了这些名字的英文拼法。至于地名，我用的是昔日广泛使用的名称。

最后，我要深深感谢克里斯蒂娜·科尔托百忙中挤出时间核对清样，在我撰写此书的漫长过程中，她与我们的两个儿子马修和尼古拉斯始终支持着我。

理查德·J.埃文斯
剑桥，2016 年 5 月

第一章

大革命的遗产

战争之后

19世纪20年代末到30年代初的某个时候,在德意志西南部符腾堡的小镇埃尔旺根上,一个名叫雅各布·瓦尔特(Jakob Walter, 1788—1864)的石匠动笔撰写自己的回忆录。他被法国皇帝拿破仑·波拿巴(1769—1821)的大军拉去当兵,随这支军队一直打到莫斯科,之后又一路败退回老家。瓦尔特用质朴无华的笔触讲述了1812年最后几个月他经历的千辛万苦:哥萨克人不间断地骚扰,他自己一身污垢,在饥寒交迫中到处寻觅食物,土匪沿途拦劫,他多次与死神擦肩而过。瓦尔特九死一生后,在一个波兰小镇把自己好好洗了一遍。他已经好多个星期没有洗过澡了:

> 我洗得很慢,慢慢地洗脸,慢慢地洗手,因为双手、耳朵和鼻子粗糙得像树皮,到处是裂开的口子,上面长了一层黑鳞屑。我的面庞看上去活似一脸大胡子的俄国农民。我照了照镜子,被自己古怪的样子吓了一跳。接着我花了一小时时间,用肥皂和热水搓洗自己。

瓦尔特竭力想除尽自己身上和衣服上的虱子("我的主子"),最后还是失败了。他跟随部队继续向西撤退时，开始发烧，极有可能患上了斑疹伤寒。剩余的路途他是躺在一辆马车上行完的。他所在的马车队一共有175人，其中百十来人中途倒毙。一身虱子的瓦尔特回到家乡时，觉得亲人一定认不出自己了："我身穿一件肮脏的俄国外套，头戴一顶老式圆帽子走进家门，衣服从里到外藏匿着无数个一路伴随我的伙伴，俄国的、波兰的、普鲁士的、萨克森的。"他终于能洗个像样的澡，处理掉爬满虱子的衣服，慢慢恢复健康了。本地人与他打招呼时开始叫他"俄国人"。当年凡是去过俄国的人都被人这样称呼。

瓦尔特和那个时代的绝大多数欧洲百姓一样，对政治不感兴趣，甚至根本不懂政治。1806年，他被法国的傀儡符腾堡王国征去当兵。1809年和1812年，他又两次被拉去服役。他和应征入伍的数十万名士兵一样，对此无能为力。从他的日记里，看不出他对法国乃至符腾堡王国的事业有丝毫的忠诚，对战争后果有丝毫的兴趣，对俄国人有丝毫的仇恨或杀死他们的意愿。身为普通一兵，他只知道上战场，对战役背后的战略考量全然不知。被卷入苦难的瓦尔特最关心的，是自己能不能活下来。18世纪90年代初，法军曾高唱马赛曲勇往直前，冲向反革命的奥地利军队。昔日法军的锐气早已消失殆尽。如今只有少数士兵依然对拿破仑的事业忠心耿耿，比如近卫军。瓦尔特在日记里自始至终流露出的厌战情绪也代表了整个欧洲的情绪，而且不无理由。持续了将近四分之一个世纪的战争使所有人对苦难都已经麻木了，也对未来感到绝望。如果说瓦尔特有什么信念的话，他是靠对天主教的虔诚信仰挺了过来。不过这没有妨碍他生动描述这场战争对亲历者人性的摧残。

瓦尔特返回家乡后重操石匠旧业，生活平淡无奇。1817年，他结

第一章 大革命的遗产

婚成家，夫妻俩一共养育了10个孩子。1856年，他给移民到美国并定居堪萨斯城的儿子写了一封信，讲述家人的情况。当时他已经是一位殷实的建筑承包商和工头，子女尚有5个在世。第二年，这个小伙子回到德意志探望父母，娶了当地的一个姑娘，她是埃尔旺根邻镇镇长的女儿。依照家族习惯，他于1858年返回堪萨斯城时，也随身带回了父亲的回忆录手稿。此后，这份手稿一直由家族成员保存，直到20世纪30年代对学者公开。瓦尔特在埃尔旺根小镇又活了几年，于1864年去世。1873年，他的妻子病逝。如同19世纪千千万万的农民，瓦尔特的身世几乎无人知晓，我们只知道他在远征莫斯科的法军中的一段经历。瓦尔特不同于大多数参加了这场关系重大的远征的人，他活了下来，用笔记述了自己的亲身经历，因而不像绝大多数欧洲人那样，一辈子默默无闻。

在从莫斯科撤退的途中，瓦尔特偶然见到了拿破仑。瓦尔特在别列津纳河边坐下来，准备在野外吃顿饭。拿破仑留给他的印象很一般：

> 拿破仑看着自己那支衣衫褴褛、饥寒交迫的军队从面前走过。他内心是什么感受，无人知晓。他的面部表情让人觉得他对自己士兵的惨状无动于衷，也漠不关心。也许他内心想着的只有宏图和丧失的荣誉。尽管法军和同盟国士兵冲他大声喊叫咒骂，但拿破仑仍然面无表情。

从莫斯科悲惨地撤退后，大多数活下来的拿破仑士兵此时对他只有怨恨和蔑视。法兰西帝国那贪得无厌的征兵机器开动起来，迫使德意志、波兰、意大利和法国的68.5万人离开家庭，组成一支大军，向俄国行进。但回来的还不到7万人，40万人战死，10万余人当了俄国人的俘虏，还有部分掉队和开小差的士兵自己想办法逃回了家乡，具体人数不详。几次战役后，拿破仑军队伤亡惨重。英国人、普鲁士人、奥地利人和俄国人组成的欧洲联军穷追猛打，拿破仑军队向西节节败退。1814年，联军占领了巴黎，把拿破仑放逐到地中海的厄尔巴小岛上。

过去曾有一种观点认为，同后来冲突造成的毁灭相比，法国大革命战争和拿破仑战争造成的危害较轻。然而法国大革命后，欧洲大陆各地的战争又持续了23年，大约500万人死于战火。就占欧洲总人口比例而言，人员伤亡之惨重和第一次世界大战时相比，有过之而无不及。1790—1795年出生的法国男子，每5人中就有一个死于拿破仑战争。拿破仑军队的阵亡人数高达150万人。俄国人把莫斯科付之一炬，不给敌人留下任何过冬物资。一位观察者写道："全城四处火光冲天，浓烟蔽日，炙热烤人，大火燃烧三日不熄。"在一片混乱中，法军士兵大肆抢劫，莫斯科周围村子的农民也趁机进城捞一把。大火熄灭后，满是残垣断壁的莫斯科没有留下任何房屋和食物可供拿破仑大军过冬。全城9 000栋房屋毁了将近7 000栋，8 000多个店铺和仓库被烧，329所教堂中的1/3彻底毁于大火。大约合2.7亿卢布的私人财产葬于火海，而且根本不可能得到赔偿。此前大批平民早已逃离莫斯科。留下的人后来也大多离城，过着流民般的困苦生活。只有2%的莫斯科居民留了下来，他们中的很多人，包括不少士兵，都没能活下来。俄国人收复莫斯科后，不得不架起巨大柴堆焚烧1.2万具尸体。直到1814年，莫斯科才真正开始重建。昔日蛛网般的狭窄街道被一座座公园和花园取代，工匠还为沙皇建造了一个富丽堂皇的新皇宫。

在超过一代人的时间里,莫斯科宛如一个大工地。迟至1842年,专为监督莫斯科重建工程而成立的委员会才结束工作。此后又过了很长时间,莫斯科才恢复了昔日的恢宏。

同一时期,西班牙无数城镇乡村毁于战火和围困。1810—1812年,法军围困加的斯,占领雷亚尔港。雷亚尔港全城6 000人中有一半死于战火,40%的房屋,3/4的橄榄树以及四周大片松树林被毁。西班牙的很多城镇此后再也没能恢复元气。在法军蹂躏后的地区,牛、马、猪、羊的数量锐减。埃斯特雷马杜拉地区丧失了战前人口的近15%。戈雅(Francisco de Goya,1746—1828)的版画《战争的灾难》(*The Disasters of War*)一共82幅,生动描画了战争的真实情况。这套直到19世纪60年代才公开的版画表现了强奸、劫掠、断肢、屠杀等恐怖场面。在一幅版画中,一具尸体从棺材里露出半个身子,手上是一张纸,上面写着"一无所有"。画家选择用这个词概括战争年代造成的后果。

莱茵兰地区连年遭受法军蹂躏,农田荒芜,牛羊猪马绝迹,城乡居民缺衣少粮。法国人对当地人民横征暴敛,助长了劫掠和贪婪。早在战争初期,战争造成的破坏就已显现,其影响持续多年。1792年,从莱茵兰地区返回的一个法国探子汇报说:"就连维持基本生存的物品也荡然无存,没有牲畜的粮草,没有种子,各村子里的其他东西也被盗窃一空。"成群结队的强盗鱼目混珠,装扮成法军士兵出没于乡间。这说明当地居民对占领军的强奸、劫掠和破坏行径早已习以为常。法军到达亚琛后,立即把该城和附近乡村洗劫一空。粮食、草料、衣服、牲畜,一切能够搬运的东西被悉数掠走。冬天降临后,饿死的当地居民数以百计。

不仅法军，其他军队同样一路抢劫，走到哪里，吃住在哪里。所有军队都竭力保证自己的后勤供应。至少在1812—1814年期间，盟国内爱国热忱日益高涨，贵族、商贾和普通农夫自愿为战争做出各种各样的贡献。然而战争规模巨大，仅靠他们的贡献是不够的。1813—1814年俄军一路西进时，依靠几乎已绷到极限的漫长交通线运输军粮，而所谓军粮不过是黑面包和稀粥。士兵若想吃得好点，就不得不去偷，有时还偷自己盟军的食品。骑兵需要马，拖拽野战炮、运送给养也得用马，于是，给成千上万匹马提供饲料就成了所有参战部队都面临的难题。征集粮秣的队伍四处搜寻燕麦和其他饲料。俄国人攻入法国后，大批村子毁于战火。农民如同当年躲避拿破仑派来征兵的官员一样，逃进了林子里，不时窜出来袭击沿线联军的补给车。滑铁卢战役后，规模将近90万人的外国军队占领了法国，四处勒索，民不聊生。

在恢复经济方面，天公也不作美。1815年4月，位于今天印度尼西亚松巴哇岛上的坦博拉火山大爆发，腾空而起的火山灰甚至飘到了43千米高空。这是有史以来最大的一次火山爆发。2 000多千米外的地方都可以听到火山喷发的巨响。大量硫黄被喷射到平流层，尘埃连续两年不散。黑云蔽日，出现了橘黄色落日的奇景。拜伦勋爵（Lord Byron, 1788—1824）写道："早晨来了，又走了。早晨来了，却不见天日。"1816年1月，匈牙利下了一场褐色的雪，据说有大批房舍被雪掩埋。自1811年起，连续10年夏季低温，因为太阳能量输出和全球天气系统发生了变化，而且1808年时在哥伦比亚有一次火山爆发。1815年在印尼的这次火山爆发就发生在这10年的中间。1816年末，大片地区的农作物明显减产，产量仅及正常年景的1/4，收割季节也比以往迟到了一个多月。荷兰因夏季暴雨肆虐，庄稼严重歉收。1816年7月，一家英国报纸报道说："我们不断收到坏消息，欧洲大陆各地都暴雨成灾。荷兰几个省的大片草地被水淹没，人们担心食品匮乏和物价上涨，人心惶惶。法国内地也饱受暴雨和洪涝之苦。"根据法国天文台的记录，那些年的夏季气温比1740—1870年夏季气温的平均值低3摄氏度。部分地区的葡萄甚至没能在入冬前成熟。

1817年在符腾堡编写的一本年鉴上记载："去年夏天，每场暴雨过后，就会有严寒天气随之而来，仿佛已经11月了。"莱茵河下游连续5个月洪水泛滥。在伦巴第-威尼西亚地区，地上积雪直到5月都未融化。当年秋天早降的霜冻更是雪上加霜。卡林西亚地区的农民无法播种冬季作物，已经是第3年了。在位于西南部的德意志邦国巴登，1817年粮食产量据说是当时的人们记忆中最低的。据沙伦格拉方济各会修道院的记载，在东南欧一带，1815—1816年之交的严冬导致伏伊伏丁那地区的巴奇县损失了2.4万只羊，入春后又暴雨不断，"多瑙河水位上涨，造成严重涝灾。""没有人，包括老人，记得以前有过这么严重的洪涝。多瑙河两岸的很多村庄、农田和草田都被水淹没了，河水水位上涨到一人多高。"克罗地亚一个村子的教区教士把1816称为"死亡年"：

> 大雨连连，天气恶劣，收成无几，很多人的存粮都不够支撑半年，有些人甚至连两个月的存量也没有……3月刚至，"黑色饥荒"开始袭来。只要还有口饭吃，村民就相互接济……然而他们没能坚持多久……最后百姓们实在活不下去了，四处流浪，或倒毙家中，或死在路上，或葬身林中。

1816年和1817年是克罗地亚的大荒年，1817年尤其严重。粮食价格比5年后的粮价高出2～3倍。交通运输因战争中断，因此很难组织赈灾。这场全球性的气候灾难造成了欧洲一个多世纪以来最严重的歉收。欧洲遭受了法国大革命和拿破仑战争的破坏，正在艰难地恢复产业和贸易。英国实行封锁，拿破仑则用"大陆封锁"反制，重创了欧洲大陆和英国的商业。各地市场来往断绝，成千上万的人失业。截至1816年底，伦敦斯皮塔佛德区内有两三万名织工失业。萨克森、瑞士和低地国家的一些纺织城镇中也出现了类似情况。战争结束后，数十万名像瓦尔特这样的士兵复员回乡，加入了规模已经相当庞大的失业大军。

百姓收入大幅缩水，又遇上1816年农作物灾难性歉收，粮价飙升。面包是大多数人的主食。1817年，巴黎的面包价格比前一年翻了一番。1817年，普鲁士军官兼军事理论家卡尔·冯·克劳塞维茨（Carl von Clausewitz, 1780—1831）在莱茵兰地区旅行时写道："德意志南部和西部几乎颗粒无收，'真正的饥荒'要来了。"他看到"骨瘦如柴、几乎脱了人形的农民为了寻找吃的，在田间地头翻扒还没长好就已经烂了的马铃薯"。在哈布斯堡王朝统治下的伦巴第山区，穷人靠吃树根野菜为生。在特兰西瓦尼亚和匈牙利的东部省份，据计饿死的人有2万余人。哈布斯堡家族的皇帝弗朗茨一世（Franz I, 1768—1835）抱怨说，在伦巴第某地，"灾情极其严重，当地人靠吃生菜、喝野菜汤果腹，很多时候什么都吃不到"。

处于水深火热之中的穷人沦为乞丐和小偷，有的流入城镇寻找食物。1816年末，一位观察者写道："慕尼黑的乞丐从四面八方冒了出来，仿佛是从地缝里爬出来似的。"据说，匈牙利各地"乞丐成群"，罗马和维也纳的警察也开始定期出动，把街上的乞丐圈起来送去参加公共事业工程劳动。1816年6月，有人到访瑞士阿彭策尔州，发现"乞丐大多是妇女儿童，数量之多令人震惊"。另一名观察者称乞丐"面如死灰"。大批穷人走投无路，只得离开欧洲。地方政府巴不得他们离开，因此提供了协助。1818年，2 000多人离开巴登，移居里约热内卢。1817年，据说有2万名德意志人和3万名法国人动身前往美国。听说沙皇亚历山大一世许诺提供援助后，符腾堡的9 000多名穷人长途跋涉，迁徙到东面的俄罗斯帝国。大量人口尤其是军队士兵在广袤地域的流动传播了流行病。当年一无卫生预防措施，二无抗生素。在卫生状况恶劣的军队里，在成群结队的贫苦流民和乞丐中，疫情尤其严重。从1816年到1818年，巴黎死于天花的人数几乎翻了两番。与此同时，低地国家也暴发了一场严重流行病。人们营养不良，抵抗力下降，很容易患腹泻、痢疾和水肿。在意大利北部小镇布雷西亚（Brescia），仅1816年上半年，当地医院就收治了将近300名坏血病患者。人身上虱子携带的斑疹伤寒传播速度尤其快，英格兰、威尔士、苏格兰和爱尔兰的城镇几乎无一幸免。格拉斯哥全城人口13万，仅1818年一年，就有3.2万人染上了斑疹伤寒，其中3 500人死亡。赈灾措施反倒加快了斑疹伤寒的蔓延。一位爱尔兰医生说得相当准确："大批流民为了活命流浪四方，加之各地政府为聚集成群的穷人提供热汤和其他食品，传染病迅速蔓延。"

鼠疫在巴尔干半岛迅速蔓延，于1815年传到意大利。意大利小镇诺哈位于亚得里亚海巴里城附近。镇上1/7居民死于鼠疫。鼠疫蔓延到巴利阿里群岛后，岛上居民大批死亡，1820年有1.2万余人被鼠疫夺去生命。波斯尼亚大批百姓死于鼠疫，死亡人数约占城镇人口的

1/3和农村人口的1/4。食不果腹的人为了寻找食物，绕过隔离区和防疫警戒线，成群结队从农村涌入瘟疫流行的城市。在达尔马提亚地区，马卡尔斯卡全城人口因瘟疫而从1 575人减至1 025人。图彻皮村的806名村民中有363人死于瘟疫。面对灾难，当时仍然统治巴尔干大部分地区的奥斯曼政府束手无策。这是鼠疫最后一次在欧洲大规模暴发，也是后果极其严重的一次。研究这次鼠疫的一份历史资料得出结论，自黑死病流行的1347—1351年以来，"还没有其他欧洲国家经历过1815—1818年波斯尼亚经历的那种卫生和人口灾难"。在地中海西岸，各港口匆忙采取措施，隔离入港船只。哈布斯堡君主国与奥斯曼帝国接壤的省被称为"军政国境地带"（Military Frontier），素有重兵把守，交通不便。驻扎的重兵起了很大作用，阻止了鼠疫继续向北和向西蔓延。然而以上诸因素叠加，尤其是庄稼歉收和流行病，还是让欧洲各地的死亡人数不断增加。在西欧大部分地区，死亡率上升了8%～9%，部分地区受害尤其严重，同一时期瑞士东部地区的死亡率就翻了一番。

自1816年起，欧洲发生了自法国大革命以来波及范围最广、最暴力的一系列抢粮骚乱。东盎格利亚的大群饥民手持顶端装有尖铁头的短粗棍棒，高举"不见面包就见血"的旗帜，捣毁了可疑奸商的住宅，要求降低面包和肉类价格。在英格兰北部和苏格兰，人群夺取了粮库，袭击磨坊主、商贩和谷物商的住宅。法国各地成群结队的人阻止本地粮食运往外地。意大利的粮仓和面包坊被抢。奥格斯堡和慕尼黑均发生了粮食骚乱。1817年6月，低地国家的谷物价格飞涨，暴民袭击并洗劫了面包坊，借纪念滑铁卢战役二周年之机抗议面包价格上涨。法国东部的大批人袭击了农庄，人数之多，令有些人想起了1789

年"大恐慌"时大规模出动的农民力量。骚乱通常带有明显的政治色彩,尤其是1817年发生在里昂的一次大规模起义,其起因是谣传拿破仑马上就要返回。1817年3月,曼彻斯特的数百名织工决定向伦敦进发,要求当局采取行动解决纺织业的危机。同年6月,诺丁汉爆发了一次不成功的起义,史称彭特里奇革命;8月23日,布雷斯劳又发生了起义,因为新兵不肯念普鲁士民兵誓词。两次起义均不无政治背景。若从全欧洲视角审视以上骚乱,就可以明显看出,这些动荡主要不是当地或一国的政治因素造成的,而是源于生存危机、大规模失业、贫困,以及对未来的恐惧。在拿破仑之后的"白色恐怖"年代里,法国有2 280人受审,其中绝大多数人的罪名是强行压低粮价、阻止粮食外运、抗税或在私有森林砍伐树木。反革命派的反攻倒算只起了很小的作用。

1819年,危机开始消退,然而各地暴乱依然不断。当年8月,将近6万人在曼彻斯特的圣彼得广场举行大规模抗议集会。军队开枪镇压,15名示威者被打死。民众借用滑铁卢这个名字,讥称这次事件是"彼得卢惨案"。同一年,一场因其战斗口号(Hep-Hep)得名的反犹太人骚乱波及西欧和中欧,各地的地方当局惊恐不安,将其归咎于秘密社团的阴谋。其实这场骚乱的起因,很可能是公众认为犹太商人借经济困难发财而心生妒恨。在大学城激进学生的鼓动下,愤怒的手工业者殴打犹太人,破坏他们的财物。很多犹太人被迫逃亡。排犹骚乱从维尔茨堡蔓延到卡尔斯鲁厄和海德堡,沿莱茵河往下波及法兰克福,并向北扩散至哥本哈根及附近村镇,那里的水手和当地居民一起向犹太人房舍投掷石块。骚乱还向东蔓延至克拉科夫、但泽、布拉格和里加,向西至莱茵河上游和下游的法国数省和摩泽尔。由于财物遭到破坏，地方当局均出面镇压。1820年年末，社会动荡终于平息。一些城镇中家境较好的居民和大学生也卷入其中，给骚乱蒙上了一层政治色彩。各地政府忧心忡忡。

就发生的次数和造成的后果而言，拿破仑战争后的危机和随之而来的全欧洲动荡因地而异。迫于形势，各国政府均采取了福利和赈济措施，承认国家有义务改善最贫困人口的生活。然而在1815—1819年，欧洲各国在把这一想法付诸实施时往往受到很大限制。此前几十年里，各国边界更易不定。新出现的国家仍在创建自己的行政机构，使其覆盖边远地区。当年还没有铁路，公路的状况很差，运河只有寥寥几条，河道难以通航，因此把粮食运送到受灾地区十分困难。以上种种因素意味着偏远地区的居民不得不忍饥挨饿，除非他们移居到政府机构所在的地区。社会精英阶层更是担心社会动荡会像1789年时那样引发革命，造成严重后果。有鉴于此，拿破仑战争后的解决方案既着眼于遏制法国任何可能的政治和军事图谋，又着眼于预防和镇压任何一地发生的革命。

拿破仑之后

还没等得胜的欧洲诸大国给法国大革命和拿破仑的这段历史画上句号，被流放到地中海厄尔巴岛的拿破仑就突然返回法国。此前，被处决的路易十六（1754—1793）的弟弟路易十八（1755—1824）在复辟王朝后马上陷入了困境，无力支付战争赔款。复辟的王朝保留了拿破仑时期不得人心的赋税，削减军费开支，还不顾之前几十年的激辩，恢复了新闻检查制度。好战的天主教被立为国教，疏远了大批法国知识分子。法国人普遍担心，国王会收回革命时期没收的土地，将其归还给教士和贵族。拿破仑重返法国引起了公众的强烈反响，民众纷纷支持维护大革命的遗产。法国中部地区的一位地方官员报告说："乡村农民对拿破仑的返回兴高采烈。每天傍晚，他们都在地势高的地方燃起篝火。各地村社的村民欢呼雀跃。"他得出的结论是："普遍认为，假如不是皇帝返回，让贵族们摆正自己的位置的话，他们统统会被农民杀死。"

人民感情的迸发，加上巴黎工人的支持，疏远了很多资产阶级显达人士。教士阶层尤其仇视前皇帝。在通常同情保王党人的旺代、南部-比利牛斯区和布列塔尼等地，支持拿破仑的人也不多。只有他从前的部下依然积极拥戴他，这些人因被迫大批复员而气愤不已，对复辟王朝时期的经济措施也十分不满。拿破仑说："只有人民和军队里上尉以下的官兵拥护我。其他人对我怕得要死。但这些人靠不住。"拿破仑重返法国，暴露了四分之一个世纪以来的变革给法国社会造成的深刻裂痕。1815年3月1日，拿破仑在法国登陆，几周之内，他就召集了一支10万人的军队，因为大多数当年由他任命的法国各省官吏都一如往日征募士兵，法军老兵也聚集在帝国军旗下。盟国中断和平谈判，迅速行动起来。它们担心，如果拿破仑继续掌权，这位前皇帝很快就会再次走上征服和追求荣耀的老路。盟国也仅用了几周时间，就组建了一支由威灵顿公爵阿瑟·韦尔斯利（Arthur Wellesley, 1769—1852）指挥的大军，军队由11.2万名英国、荷兰和德意志的士兵组成。1815年6月15日，这支军队在滑铁卢村阻击拿破仑军队。下午4点，老将冯·布吕歇尔（Gebhard Leberecht von Blücher, 1742—1819）带着11.6万名普鲁士士兵赶到战场投入战斗。拿破仑误以为布吕歇尔将军在两天前的利尼战役中阵亡了。但布吕歇尔解救了英国人，之后两军合兵一处向法军发动进攻，最终打垮了法军。拿破仑再次被放逐。这一次他被流放到了大西洋上遥远的圣赫勒拿岛。1821年5月5日，拿破仑在该岛去世。

　　拿破仑留下的政治遗产在具有自由主义倾向的作家、政治家、军官和学生中间很快演变成一个强大的神话。拿破仑在滑铁卢战役前的"百日王朝"期间为争取更多人的支持，（或真心或假意地）转向了自由主义思想，他们因此备受鼓舞。拿破仑深知自己地位虚弱，因此一方面努力让世界相信，他的征服梦已经结束了，另一方面又向法国人民保证，他将尊重公民的种种权利和自由，不会再像帝王那样独断专行。被流放期间，拿破仑在著述中继续表达这种观点，直到他去世。

此后几十年，有关"开明皇帝"的传奇有增无减。作家弗朗索瓦-勒内·德·夏多布里昂（François-René de Chateaubriand, 1768—1848）评论说："在拿破仑还活着的时候，世界侥幸逃脱了他的控制；但拿破仑在死后占有了世界。"在法国，"波拿巴主义"象征着爱国主义、男子普选权、国家主权、平等对待所有公民的高效中央集权官僚机构，还代表政府会通过普选和公民投票定期与人民协商，法国人民与国家之间有默认的契约，而国家提供社会秩序和政治稳定，此外，"波拿巴主义"也是民族自豪感和军事荣耀的象征。波拿巴主义与共和主义其实有相通之处，但波拿巴主义更偏重强有力的领袖和军事实力。和共和主义思想一样，波拿巴主义在法国大批民众中有很深的根基。

1815年拿破仑最终战败后，他麾下的官兵解甲归田，回归战前的和平生活。此后几十年里，他们继续传播自己的观点。政治上对他们影响最深的是1799年拿破仑发动的雾月十八日（11月9日）政变。这场政变推翻了革命督政府，拿破仑作为第一执政执掌政权，并于1804年建立了法兰西第一帝国。19世纪20年代，欧洲各地有很多思想激进的军官认为，政变是摧毁王朝复辟时期各国专制政权、对政治制度进行开明改革的最有效捷径。同一时期，拿破仑的形象大受推崇，出现在数不胜数的民间故事里和廉价宣传小册子上，在民歌中得到传唱，表现在绘画和雕塑作品里，在昔日帝国硬币、香烟盒、小装饰物、围巾、帽子甚至儿童糖果上都能见到，有做成前皇帝模样的巧克力和甜食，还有糖纸上印有拿破仑时代各种徽记的便宜糖果。男人蓄起夸张的胡须，借此表达对拿破仑大军中蓄须的老近卫军的敬仰。人们在纽扣孔里别上紫罗兰花或红色康乃馨，以此对抗复辟的法国王朝严禁使用昔日帝国颜色的法令。法国以外的多地人民也认为，对拿破仑的崇拜是大革命成果的象征，具体体现为18世纪90年代初恐怖时期后推行的目标明确的改革。爱尔兰共和党人和波兰民族主义者开展政治斗争时，均以拿破仑为榜样。把南美大片地区从西班牙人统治中解放出来的委内瑞拉解放者西蒙·玻利瓦尔（Simón Bolívar, 1783—1830）对拿破仑钦佩至极，甚至跑到米兰去观看自己心目中英雄被加冕为意大利国王的仪式。在中国和马达加斯加，也有人把拿破仑奉为神明。

在法国本土，法国人回首往事，甚至觉得滑铁卢战役也不失为胜利，因其表现了面对绝境的勇气和献身"伟大国家"的爱国主义和自我牺牲精神。据说，皮埃尔·康布罗纳（Pierre Cambronne, 1770—1842）将军在滑铁卢说过一句话："老近卫军的人只会阵亡，永远不会投降。"这句话很可能是后人杜撰出来的，而且康布罗纳最终也投降了，但这并不重要。他的不屈精神激励了后代人。司汤达［马里-亨利·贝勒（Marie-Henri Beyle, 1783—1842）的笔名］小说《帕尔马修道院》（1839）的主人公法布里斯纯粹出于理想主义而投身于拿破仑的事业。他的另一部小说《红与黑》（1830）把拿破仑后的法国描绘成一个虚伪、势利、不求上进的社会。另一位法国作家维克多·雨果（Victor Hugo, 1802—1885）在小说《悲惨世界》（1862）中用了40多页篇幅重述滑铁卢战役始末，并在多处推测这场战役完全有可能是另一种结局。拿破仑的作战计划"令人叫绝"。法军失利，是因为当时下雨（"下了几滴雨"），迟滞了法军炮兵的先期部署，地形不利，法军运气欠佳，威灵顿墨守成规的战术占了上风（"威灵顿是个战争匠人，拿破仑是战争中的米开朗琪罗……天才败给了经验法则……滑铁卢之战是一流的战役，获胜的却是二流的将军"）。如果拿破仑得胜的话，结果会极为不同。"滑铁卢不仅是一次战役，而且是世界走向的一次改变。"

真实情况是，拿破仑最终失败从来不存在任何悬念。即使布吕歇尔率领的普鲁士援军赶到之前威灵顿一度有可能被逐出战场，以盟国军队数量上的压倒优势，拿破仑最终也难逃一败。当时，一支庞大的奥地利军队已在滑铁卢以南的莱茵河东岸安营扎寨，另一支强大的俄国军队正向西欧挺进，滑铁卢战役打响时，俄军已经到了德意志境内。拿破仑连对付其中一支军队的兵力都没有，更不要说同时对付奥俄两支大军了。然而，拿破仑重返法国如同幽灵徘徊，令各国胆战心惊，担心过去四分之一世纪的动荡会重演。因此，英、奥、普、俄以及众多欧洲小国的君主决定联合起来，干预另一个君主国的事务。18世纪90年代初时也有过一次类似干涉，但当时至少有一个借口：法国的革命者威胁要处决国王和他的妻子——奥地利皇帝的妹妹玛丽·安托瓦内特，还放言要把民主理念传播到欧洲其他地区。1815年干涉行动的不寻常之处在于它完全是预防性的，也为此后多年里类似的干涉行动敞开了大门。在那之后，一旦几个欧洲大国感到革命威胁迫在眉睫，就愿意联手将其扼杀在萌芽状态。

把革命的精灵塞回历史的瓶子并不容易，因为自18世纪90年代以来，拿破仑以及在他之前的法国统治者发动的战争造成了许多破坏，而且不仅仅是生命财产方面的损失。拿破仑几次变更欧洲版图，兼并了北起汉莎同盟诸城市、经低地国家南抵意大利西北部的大片领土。他创立的法兰西帝国在巅峰时期面积达75万平方千米，人口达4 400万。拿破仑还在帝国四周建立了一圈卫星国，包括华沙大公国、意大利王国和威斯特伐利亚王国，这些地方通常交给他的亲戚统治。

1806年，起源于公元800年的查理大帝的德意志民族神圣罗马帝国土崩瓦解。1815年时，以上地区的归属大多又恢复了原状。但拿破仑让世人看到，边界不是一成不变的。除了边界的变更，还发生了其他变革。教会势力被削弱，大片土地不再归教会所有，教会国家从地图上消失了。出生和婚丧登记改由世俗机构办理。修道院被解散。很多地区实现了宗教自由，结婚和离婚不再需要通过教会，世俗教育兴起，教士也由国家任命，这些都进一步削弱了教会势力。教会迫于压力，开始允许信仰自由，并在一定程度上承认非基督徒尤其是犹太人的平等权利。

在他统治的所有地方，拿破仑都用理性和整齐划一取代了僵硬的习俗和特权。拿破仑的大军在欧洲大陆驰骋的同时，他的文官悄然无声紧随其后，打破旧体制，组建新机构，统一标准。在法国兼并的地区和建立了卫星国的边陲地带，尤其是德意志西部、意大利北部和低地国家，出现了新一代职业行政官员，他们在拿破仑永无休止地南征北战之时，管理自己所在地区的地方事务。曾经，主宰地区和地方事务的是神圣罗马帝国那成百上千的帝国骑士，还有教会和领主法庭；如今，司法机构掌管的一套自上而下的统一体制取而代之。在以上各地，《拿破仑法典》取代了泥古不化的既有法律法规，提出了法律面前人人平等的重要观念，尽管受拿破仑在妇女权利和义务等问题上的保守观点影响，法国大革命时期的这一核心理念在某些方面被修改了。凡是实行《拿破仑法典》的地方，财产权一律受到保护，而此前，财产权在很多地区是得不到保障的。《拿破仑法典》体现了法国大革命的许多重要思想，包括个人自由，以及拿破仑本人在遗嘱中提出的机会均等、"任人唯贤"和"理性至上"。度量衡至少在一定程度上实现了标准化，境内关税取消，行会等不利于劳动力自由流动的制度被废除，各地（包括波兰）还解放了农奴。拿破仑带来的变革遍及各地。1815年他动身前往最后的流放地圣赫勒拿岛时，以上很多变革显然已无法逆转。

拿破仑的遗产还有更深远的意义。18世纪末、19世纪初发生的一系列战争就波及范围而言，不仅是欧洲战争，也是全球性的战争。战争打碎了现有的一些全球帝国，为欧洲建立与世界其他地区的新型关系铺平了道路。英国在北美大陆大部分地区的统治已被美国独立战争摧毁，但英国人也把法国残余势力赶出了加拿大，征服了印度，夺取了荷兰人和西班牙人在加勒比地区的殖民地，吞并了毛里求斯、好望角、新加坡和锡兰。在法国革命的激励和英国的支持下，拉丁美洲各地的共和运动风起云涌，其领袖人物是西蒙·玻利瓦尔。他从混血和美洲土著人中招兵买马，组建了几支非正规军，打败了保王党人，在原西班牙省份建立了一批独立国家，包括委内瑞拉、哥伦比亚、厄瓜多尔和秘鲁。拉丁美洲南部的独立运动也产生了智利、阿根廷、乌拉圭和巴拉圭等几个独立或自治国家。1811—1824年，西班牙帝国在美洲地区的统治被摧毁了。西班牙因半岛战争（1807年到1814年）而元气大伤，无力集结足够的兵力来维护自己的利益。而且，在1811—1819年间，西班牙向美洲一共派遣了4.2万名士兵，但1820年年末时只剩下了2.3万人。其他人或死于疾病，或当了逃兵。西班牙本国舰队在特拉法尔加海战中覆亡，无力封锁起义者的港口，也无法打败英国激进的前海军军官托马斯·科克伦（Thomas Cochrane, 1775—1860）指挥的起义者舰队。强大的海军力量对南美洲的独立运动至关重要，而打破力量平衡的正是英国的海上力量。

英国政府一面假装中立，一面对科克伦这样的人听之任之，放手让他们从英国运送给养。打开拉丁美洲自由贸易的大门十分符合英国的利益。1823 年，英国承认了新独立的几个国家。美国政府提出的反对欧洲国家对美洲地区进行任何干预的"门罗主义"遏制了英国进一步举动。1826 年，英国外交大臣乔治·坎宁（George Canning, 1770—1827）阐述了英国多年来支持玻利瓦尔的理由："我意已决。如果西班牙归属法国的话，也必须是一个不拥有西印度群岛的西班牙。我催生新大陆是为了恢复旧大陆的均势。"当时巴西已脱离葡萄牙独立，这是拿破仑战争的又一结果。1807 年法国征服葡萄牙后，"疯女王"玛丽亚（Maria the Mad, 1734—1816）的摄政王若昂（Dom João, 1767—1826）乘船去里约热内卢设立宫廷，宣布巴西是一个完全意义上的自主国家，享有一切相应的权益和特权。葡萄牙一下子沦为巴西的一个省，1816 年玛丽亚去世后，若昂继位成为葡萄牙国王，但决定继续留在里约热内卢，这更体现了葡萄牙的降格地位。1820 年，迫于葡萄牙国内动荡不安的政治局势，葡王若昂返回里斯本，被迫同意恢复限制与巴西贸易的重商主义政策。若昂留在里约摄政的儿子佩德罗（Dom Pedro, 1798—1834）迫于巴西商人的压力，于 1822 年称王，巴西成为独立的君主立宪制国家。葡萄牙出兵干预，但被海军将领科克伦的舰队打败。1825 年，英国承认了巴西主权。

因此，欧洲国家在美洲帝国的覆亡与欧洲大陆的风云变幻密不可分：法国大革命孕育产生了种种新观念；英国凭借强大海军实力，打开实行重商主义政策的南美洲的大门，使其对自由贸易开放；美洲与欧洲殖民宗主国之间的联系因战争而断绝；在日益繁荣自治的北美殖民地，欧洲国家强行推行更严厉、更多的经济和税收措施。与此同时，美洲大陆的局势发展也对欧洲产生了深远影响。欧洲的自由派人士、激进分子和革命者把拉丁美洲（不包括巴西，奴隶制在该国几乎原封不动又实行了几十年）视为解放运动的成功典范。玻利瓦尔的一系列解放战争展示了一种新型英雄主义。富有魅力的加里波第（Giuseppe Garibaldi, 1807—1882）后来又进一步发扬了这种英雄主义精神。他将从乌拉圭和巴西流放地返回祖国，领导统一意大利的人民斗争。

美洲殖民地的西班牙自由主义者与欧洲自由主义者之间有千丝万缕的联系。拉丁美洲的革命者在欧洲积极宣传自己的事业，与形形色色的欧洲思想家保持书信往来。例如，危地马拉独立之父何塞·塞西略·德尔·巴列（Jose Cecilio del Valle, 1780—1834）与杰里米·边沁（Jeremy Bentham, 1748—1832）和亚历山大·冯·洪堡（Alexander von Humboldt, 1769—1859）书信往来不断。洪堡本人也曾游历南美洲和中美洲的很多地方。与此同时，像朱塞佩·佩基奥（Giuseppe Pecchio, 1785—1835）这样的意大利流亡者也为德尔·巴列等拉美自由派人士出谋划策。1821年起义失败后，佩基奥被迫离开意大利流亡英国。一批意大利流亡者，包括克劳迪奥·利纳蒂（Claudio Linati, 1790—1832）在内，则积极参与了墨西哥革命运动时约克派（Yorkinos）与苏格兰派（Escoceses）之间的政治斗争——这两个派别得名于各自分属的共济会地方分会。拉美榜样对欧洲南部的影响尤其大。南欧与拉美的语言隔阂比较小，不像德意志、波兰和俄国。复辟王朝时期，为躲避反动政权流亡海外的自由派人士和革命者组建了某种形式的激进国际，其影响力遍及大西洋两岸。

法国大革命和拿破仑时代发生的事情改变了全球各地区之间的力

量对比。这并不是说，欧洲经过长时间的发展，在竞争力、宗教信仰和文化上逐渐胜过世界其他地区，然后出现了这种力量对比的变化。17—18世纪期间，幅员辽阔的前工业化帝国并不鲜见，中国的疆土之大更是令欧洲诸帝国相形见绌。奥斯曼帝国1683年围困维也纳失败，其疆域在1700年前后达到巅峰，之后就不再大肆扩张，但奥斯曼帝国仍然幅员辽阔，起自东南欧，横贯西北非，直抵印度洋和中东。直到18世纪50年代，印度和东南亚大部分地区仍然处于一些伊斯兰国家的统治之下。奥约和贝宁等非洲大国控制了大片土地和大量人口。但是，拿破仑入侵埃及，削弱了奥斯曼帝国对这一地区的控制；拿破仑占领开罗的教育中心爱资哈尔清真寺后，奥斯曼帝国对穆斯林世界的领导权也动摇了。一系列原教旨运动对奥斯曼帝国统治的合法性提出了新挑战。英国人逮捕了印度的莫卧儿帝国皇帝，闯入了爪哇的王宫。1793年，马噶尔尼（George Macartney, 1737—1806）率团出使中国，开启了中国与欧洲国家之间的一段漫长艰难的交往史。1799年乾隆皇帝死后，清廷内部爆发了派系之争，全国各地反对腐朽清朝的起义此起彼伏，直接打击了清王朝的合法性。

1815年结束的一连串全球性战争不仅动摇了欧洲统治者的合法性，也动摇了世界各地统治者的合法性。战事结束后，欧洲与世界其他地区之间的关系发生了根本性变化。在18世纪的大部分时间里，世界其他地区仍能发展经济，保持繁荣，经济发展的速度基本上与欧洲国家不相上下。然而到了1815年，这些国家就在与欧洲国家的竞争中落伍了。中国、俄国和美国因国内问题无暇他顾，在19世纪时虽有能力，却也无意扮演全球性的角色。法国战事连绵，国力耗尽，虽然其工业化进程从18世纪就已开始，但到1815年时，法国经济已接近崩溃。法国和西班牙、葡萄牙一样，丧失了帝国在海外的大部分殖民地。1815 年末时，英国人没有可与之匹敌的对手。这一时期连年不断的战争促使欧洲各国推行彻底的改革，很多国家为了打败拿破仑不得不"师夷制夷"，采纳了法国人倡导的一些原则。

举例来说，普鲁士王国被迫减免一直压在本国农奴头上的苛税徭役，致力于实现军队现代化，改革国家官僚机构，提高其效率。米哈伊尔·斯佩兰斯基（Mikhail Speransky, 1772—1839）是沙皇亚历山大一世手下一位具有改革思想的大臣，出身寒微，精于治国。他改革了俄国原来摇摇欲坠的国家机器，加强了中央集权，大幅削弱贵族左右国家事务的权力。为了使行政管理更加合理，他还建立了一个由各部组成的体系，以国务会议为首，负责监理帝国的立法事务。斯佩兰斯基还想推行更广泛的改革，包括建立代议制机构，但没能成功，他自己也在 1812 年因此遭到罢黜。不过此前他已大刀阔斧改革了教育体制，建立了一个新的中级教育体系，在几个大城市增建了一批大学。受拿破仑影响，欧洲很多地区的行政机构提高了效率，学会了征兵和收税这两门至关重要的艺术。收税还与刺激经济生产的措施相辅相成，国家允许有进取心的人们为自己和家人聚富敛财，只要他们向国家缴纳赋税就行。这样，军事效率就与经济增长挂了钩。而中国和奥斯曼帝国奉行的盘剥性国家经济政策却束缚了经济。

也许最重要的是，欧洲人的制海权，尤其是英国人通过一系列战争获得的绝对制海权，为 1815 年后欧洲称霸世界奠定了基础。欧洲人因此得以进一步在世界各地扩张，在澳大利亚和非洲大部分地区这样的地方建立殖民地。这些地方要么没有国家，要么国家虚弱，军事技术落后。欧洲人凭恃制海权控制了海上贸易，扼杀可与欧洲竞争的制造中心。推动欧洲国家海外扩张的那套观念，在法国大革命及此后的一连串国际战争中得到了具体体现。欧洲人于是愈加坚信，除了像美国这样欧洲观念和信仰已经扎根的地区外，世界其他地区的大部分观念和信仰都比不上欧洲的。然而法国大革命所倡导、后来由拿破仑继承的自由、平等、博爱思想并没有马上惠及欧洲以外的地区。拿破仑甚至还在海地恢复了已被海地起义领袖杜桑·卢维杜尔（Toussaint L'Ouverture, 约 1743—1803）废除的奴隶制，而杜桑·卢维杜尔本人曾深受法国大革命思想影响。早在 1789 年以前，认为欧洲在强权政治、经济和技术实力方面优于世界其他地区的观点就已经很流行了。1815 年后的一百年里，这一观点首次有了现实依据。尤其重要的是，从更长远的观点看，对世袭原则的攻击始于美国，后来又从法国蔓延到欧洲各地，这从根本上动摇了君主制、贵族制、奴隶制和农奴制等体制的合法性。在 19 世纪的进程中，对世袭原则的冲击还将产生更重大的影响。

维也纳会议

1814年11月1日,经过一系列冗长的筹备会议后,欧洲主要大国的领导人及其代表在维也纳召开会议,商讨如何重建欧洲。拿破仑重返法国到折戟滑铁卢期间,与会者惶惶不可终日,会议也暂时中断。复会后,会议一直开到第二年6月8日才结束。此后各方又举行了一系列谈判,于1815年11月20日缔结了《第二次巴黎条约》,就最终解决方案达成一致。维也纳会议期间举办的多场晚会、盛大舞会及其他娱乐活动很快成为美谈。很多场活动极尽奢华。在这个前电气化时代,首场正式舞会使用了1.2万到1.6万根蜡烛,烛光在镜子的反光下亮得耀眼。一位出席舞会的淑女拾级而上,走到楼梯顶端后停下脚步,"眼前一片白光,头晕目眩"。这场舞会唯一的瑕疵是为舞会准备的1万把银勺,2 500把不翼而飞。在奥地利马术学校举办的另一场正式舞会上,一群宫廷贵妇人装扮成各种自然力。据出席舞会的一位瑞士富翁的娇妻安娜·埃尔纳-吕林(Anna Eynard-Lullin, 1793—1868)讲,化装舞会上扮演"地球"的那位女士无疑艳压群芳。众淑女"一身绫罗绸缎,酥胸前珠晃翠摇,精心梳理的秀发不经意地衬托出花容月貌,头上戴的一圈钻石形状各异,美不胜收,鬓发上落下的花瓣如瀑布泻地"。伴随音乐和跳舞者的款款舞步,盛大的晚宴开始了。埃尔纳-吕林评论说:"宴会上精美食品琳琅满目,冰激凌、美酒、肉汤、糖果……珍馐佳肴应有尽有。"1814年12月6日,沙皇亚历山大在拉祖莫夫斯基宫(Razumovsky Palace)举办了一场盛大舞会,舞会晚宴上的菜足有36道,出席的客人围坐在20张大桌子旁。这场宴会后没过多久,拉祖莫夫斯基宫就因新安装的供热系统出故障而毁于一场大火。拉祖莫夫斯基亲王的私人图书馆、他个人收藏的艺术品,以及家具和其他家什全部化为灰烬。出席维也纳会议的很多代表,包括沙皇,都目睹了当时的景象,火舌蹿向屋顶,宅第在烈火中轰然坍塌。

一连几个月,维也纳城内聚集了数千名贵族、大大小小的皇亲贵戚、军官、外交官,以及形形色色的扈从,为风流韵事和尔虞我诈提供了无数机会。众多与会者在日记里详细描述了谈判之外社交场合的种种细节。在维也纳会议期间以及会议前后举行的一系列会议上,克莱门斯·冯·梅特涅(Klemens von Metternich, 1773—1859)伯爵(后来封为亲王)主导了谈判进程。当年他40岁出头,是莱茵河地区的一位贵族。拿破仑时期,身为外交官的梅特涅青云直上,在1810年安排拿破仑迎娶哈布斯堡王室一位公主的事上起了主要作用。此时梅特涅已任奥地利外交大臣。他相貌英俊,风度翩翩,魅力四射,绝顶聪明,精力充沛,工作勤奋。在此后的30年里,哈布斯堡帝国的外交政策将由他掌舵,梅特涅生于旧制度,长于旧制度,他的外交政策思想也源自旧制度。他曾出使一些欧洲王国,外交经验丰富,深谙国际事务。他亲历了法国大革命和拿破仑战争期间的剧烈动荡,决心不让这类大动荡重演。

梅特涅的权势源自他所代表国家的实力。选择在维也纳开会不仅仅是因为维也纳地处欧洲中心，有地利之便。最主要的原因是奥地利在接二连三拼凑欧洲大国联盟对抗法兰西帝国上发挥了主导作用，最终在1813年联手俄国、普鲁士以及关键时刻倒戈的一些小国（比如萨克森和符腾堡），在为期4天的"莱比锡各民族大会战"中打败了法国。法国被打垮后，奥地利帝国成为欧洲的头号强国。19世纪初时，奥地利人口大约为2 300万，与法国（2 800万）、俄国（3 000万左右）不相上下，是不容小觑的力量，英国（1 100万）、西班牙（1 100万）和普鲁士（1815年时1 600万）则相形见绌。人口优势并不能自动转化为政治影响力，但在一个仍旧依赖步兵来组成庞大军队的时代，人口优势无疑极其重要。一国在战时动员其资源的能力也至关重要。与很多国家不同，奥地利在法国大革命和拿破仑战争时代没有推行全面改革。奥地利众多著名政治家认为，己方最终获胜证明了传统体制和做法是正确的。因此奥地利和其他大国一样，期待恢复1789年前的状态。维也纳会议期间举办的许许多多正式舞会和盛宴是大革命前贵族社交生活的再现，也是奥地利恢复原状愿望的具体象征。

　　毫无疑问，就人口而论，俄国在欧洲诸国中位居第一。但当时俄国与其他国家的人口差距并不大，因为此时俄国还没有扩张到中亚和东亚的广袤地区。1813年，俄国刚从波斯的卡扎尔王朝手中攫取了高加索。1801年，沙皇帕维尔一世（Pavel I, 1754—1801，又译"保罗一世"）被一伙憎恨他普鲁士军事作风的卫队军官杀害。他的儿子即位，称为亚历山大一世。亚历山大一世是位具有神秘色彩的人物，拿破仑说他是"北边的斯芬克斯"。亚历山大一世早年思想开明，曾给予华沙大公国一部宪法。华沙大公国自1815年起改称"波兰王国"或"俄属波兰王国"，归俄国统治。早年的亚历山大一世还着手改善俄国的教育体制。此后他日趋保守，笃信宗教，牢牢控制俄国的立法权和行政权，而1812年拿破仑入侵俄国是他转变的一个重要原因。1815年的胜利似乎证明，在经过行政和军事方面的温和改革后，沙皇体制、专制制度和农奴制是行之有效的。此后亚历山大一世反对任何新变革。一支俄国军队横穿欧洲大陆占领了巴黎。这不仅验证了沙皇对自己使命的信念，而且标志着俄国从此步入欧洲政治舞台中心。

1815年，在亚历山大一世的推动下，俄国与奥地利和普鲁士结成"神圣同盟"。三大国承诺，未来若宗教、和平或正义受到威胁，三国将相互支援。此后，一些小国也加入了该同盟。缔约国同意依照基督教福音的原则统治臣民，让战争从欧洲土地上消失。这一条约反映了亚历山大一世强烈的理想主义倾向。根据这一条约，亚历山大与另外两个德意志大国必须以合作方式实现各自目标，而不是在三驾马车内部给自己的竞争对手制造不和。英国外交大臣卡斯尔雷（Castlereagh, 1769—1822）子爵私下里对神圣同盟嗤之以鼻，称它是"冠冕堂皇的神秘主义和无稽之谈的混合体"。不过他认为该同盟不无用处，因此说服了英国摄政王（1762—1830，1820年成为国王乔治四世）认可神圣同盟，同时避免做出任何正式承诺。无论是在拿破仑于耶拿-奥厄施泰特战役中大败普军后建立的普鲁士政府，还是梅特涅主政的维也纳反动政府，或是卡斯尔雷这样的英国保守政治家，莫不因法国大革命带来的民主幽灵而胆战心惊。神圣同盟使俄国镇压欧洲其他地区的革命成为可能，俄国扮演这一角色直到19世纪中叶，在那之后一直到第二次世界大战结束前，俄国都没有恢复这一角色。不过条约确保了俄国干预时会与其他主要的战胜国协同行动，不至于单打独斗。

维也纳会议的与会者对战争或暴力可能会死灰复燃怕得要死，他们尤其担心来自法国的威胁。他们不仅试图恢复和加强各国君主的合法性，还竭力寻求调和彼此之间实际存在的或潜在的利害冲突。这意味着用新确立的国际关系来束缚法国的手脚。奥地利人、普鲁士人、英国人和俄国人居然没有与法国人结下民族仇恨，也没有对法国大加斥责。他们允许一位法国代表塔列朗亲王（Prince Charles-Maurice de Talleyrand-Périgord, 1754—1838）参加谈判。他曾任拿破仑的外交大臣，在关键时刻改投敌方，现在为复辟的法国王朝效力。最终这场战争被人视为不同制度之间的较量，在一定意义上甚至可以说是与国家和人民相脱离的不同意识形态之间的较量，而不是国与国之间的较量。然而，拿破仑的"百日王朝"结束后，欧洲各国政府的反法情绪开始增长。法国被迫归还掠夺的艺术品、支付战争赔款，连续几个月忍受法国境内将近100万人的联军部队，其中很多士兵是德意志人，而且在此期间，所有外国士兵的衣食住行都由法国人负担。调整领土的谈判也开始不利于法国。与滑铁卢战役前缔结的《第一次巴黎条约》相比，《第二次巴黎条约》的条款苛刻了很多。塔列朗为表示抗议，愤而辞职。与此同时，奥地利、普鲁士、俄国和英国商定，今后20年内，任何时候波拿巴家族的任何人若东山再起，它们就将对法国宣战。

此前的四分之一个世纪里，欧洲版图曾多次变动，维也纳会议以及1815年秋天举行的谈判又一次改变了欧洲版图。原奥属尼德兰现在归荷兰人所有，不过奥地利收回了以前丧失的所有领土，还控制了意大利北部的伦巴第和威尼西亚，以及达尔马提亚沿岸一大片领土。此外，在一个代表新成立的"德意志邦联"成员国的机构中，奥地利还被推举为主席。该邦联的疆界与昔日神圣罗马帝国的大致相同，只不过如今仅有39个邦国，而不像18世纪时那样有千余个小国。德意志邦联不是一个民族国家。一些成员国受外国君主统治，汉诺威王国的国王就是英国君主。一些成员国在邦联之外占有大片领土，比如哈布斯堡君主国和普鲁士王国。哈布斯堡君主国的疆土一直延伸到邦联的南边和东边，普鲁士王国的领土远远超出邦联边界，一直延伸到俄国边境。一些面积较小的邦国四周大国环伺，因而行动多受掣肘（1866年时，德意志邦联的成员国已由39个减至34个）。根据维也纳会议产生的解决方案，普鲁士人扩大了在莱茵兰地区的领土，包括鲁尔山谷，把它作为防备法国人将来再次扩张的缓冲国之一，尼德兰王国也是缓冲国。从长远看，鲁尔地区的经济资源以及后来的工业资源大大增强了普鲁士的经济和军事实力。普鲁士为了抗衡俄国对俄属波兰王国的控制，攫取了瑞典属波美拉尼亚、北萨克森、波森和但泽，国家实力进一步增强。于是，普鲁士成了这场战争的最大受益国之一。俄国不仅在波兰，还在芬兰和比萨拉比亚地区攫取了大片领土。环法国建立的缓冲国圈北起领土扩大后的尼德兰王国，经过普鲁士的莱茵兰，横贯重建的瑞士邦联，直达扩大后的皮埃蒙特-撒丁王国，从而完成了对法国的合围。新的皮埃蒙特-撒丁王国包括热那亚、尼斯和萨伏依的部分领土。

卷入此前几十年战争中的欧洲大国在海外攫取了领土，和平方案也必须处理相关问题。英国人巩固了自己的帝国。西班牙人和葡萄牙人很快将失去自己帝国的大部分地区。英国得到马耳他后，在地中海多了一个战略要地；锡兰、好望角和毛里求斯则让英国通往印度的航道多了一层安全保障。为了体现列强自称维也纳解决方案秉持的道义原则，维也纳会议正式宣布奴隶贸易不合法。不过欧洲以外的事务一般不在会议讨论范围之内。维也纳会议结束后的一段时间内，欧洲国家讨论过是否应对拉丁美洲进行干预，以挽救西班牙和葡萄牙的殖民帝国。1823年12月美国宣布"门罗主义"后，欧洲列强马上打消了这一念头。根据门罗主义，美国有义务阻止欧洲干预美洲事务。1814年，英国对美利坚合众国发动的战争终于结束。交战期间，一支英国远征军还在1812年火烧白宫。至于一些次要问题的争端，比如与加拿大的划界和捕鱼权益，要么得到了解决，要么被悄然搁置。维也纳解决方案把全球性政治问题排除在外，等于默许列强可以一如往日继续争衡，而不至于影响欧洲内部的政治。同18世纪的战争和冲突相比，这是一个惊人的变化。

在19世纪的大部分时间里，欧洲各国别无选择，只能默认英国对世界贸易和航运的垄断以及对公海的控制。在一直延续到18世纪末的重商主义时代，一国常常在贸易上排挤其他国家，但英国人现在不这么做，而是推动国际自由贸易。英国人的经济和工业优势决定了在几十年里，他们参与竞争将立于不败之地。直到19世纪的最后25年，英国人的优势才开始受到挑战。欧洲列强在欧洲以外地区的冲突再次开始影响欧洲内部各国间的关系。在欧洲内部，维也纳解决方案可以说相当全面。一些拖了很久的次要问题得到了解决，例如斯堪的纳维亚国家之间的关系，是通过承认瑞典对挪威拥有事实上的宗主权解决的。瑞典得以在欧洲政治中首开中立传统，并一直延续至今。版图扩大后的瑞士的中立国地位也得到保证，以换取国际社会担保瑞士宪法。这样做的目的是结束瑞士国内的冲突，过去这类冲突几次导致瑞士各州之间互相厮杀。经历过法国大革命和拿破仑战争造成的巨大破坏后，包括法国在内的欧洲各大国领导人都决心吸取教训。

1815年拿破仑战争结束前的几个世纪里，欧洲大陆兵连祸结，有时战争破坏力惊人。据估计，1618—1648年"三十年战争"期间，德意志人口有将近1/3直接或间接死于兵燹，符腾堡等地区的比例甚至更高。18世纪战乱频仍，战事往往旷日持久。先是"西班牙王位继承战争"（1701—1714），继而是"奥地利王位继承战争"（1740—1748）和"七年战争"（1756—1763），随后是1792—1815年的法国大革命和拿破仑战争。几乎所有欧洲国家都在某一时期卷入其中。相比之下，从维也纳会议（1814—1815）到第一次世界大战爆发（1914）的一百年期间，欧洲只发生了几次战争，而且这些战争的后果和持续时间都比较有限，只有少数几个欧洲国家卷入其中。有的战争属于双边冲突，比如英国、法国、土耳其为一方，俄国为另一方的克里米亚战争（1854—1856），法国、奥地利和皮埃蒙特-撒丁王国卷入的意大利统一战争。此外还有几场德意志统一战争：1864年奥地利、普鲁士和丹麦之间的战争，1866年普鲁士与奥地利之间的战争，以及1870—1871年德意志国家与法国之间的战争。1828—1829年和1877—1878年，俄国与奥斯曼帝国之间爆发过短暂冲突。与此相比，从18世纪到1815年，这两个国家一共交战7次，持续时间将近1/4个世纪。1815—1914年期间，阵亡人数仅为前一个世纪阵亡人数的1/7。

　　如何解释这么大的反差呢？最令人信服的理由是欧洲国家不再强调均势，而用一套合作机制取而代之。均势学说不允许任何一国强大到凌驾于他国之上，而新的合作机制则以"欧洲协调"观念为代表，其根本宗旨是维护和平。欧洲的主要大国，包括间断了不长时间后重新被接纳的法国（这一点至关重要），逐渐习惯于经常在一起开会，通过讨论解决分歧。有几次，几大国还在利益有冲突的情况下采取了一致行动。当然，欧洲大国如此渴望合作，是出于对革命和社会大变动的恐惧。18世纪90年代和19世纪初发生的事情显示，革命和社会大变动很容易引发国际局势的动荡和冲突。因此，从19世纪20年代一直到40年代，大国彼此合作往往是为了镇压形形色色的自由主义革命。然而情况并没有这么简单。首先，均势实际上仍然十分重要。自路易十四时期起，法国就一直试图称霸欧洲。就其财富、人口和军事实力而言，法国当时堪称欧洲头号强国。然而法国称霸的梦想因法国大革命和拿破仑战争而永远破灭了。此后几十年里，其他欧洲国家对法国的野心依然心存恐惧，其实拿破仑战败后，法国已不可能东山再起。法国的人口增长开始停滞不前，在欧洲人口中所占的比例越来越低，很难从150万人战死的损失中恢复过来。在拿破仑战争后的19世纪剩余年代里，欧洲大陆上的主要大国之间大致形成了均势。从更宏观的角度看，在会议制度和"欧洲协调"原则经验的基础上，之前那个世纪造成极大破坏的欧洲诸国对海外殖民地的争夺如今通过国际协议得到了解决。

一些历史学家认为，1814—1815年，旧制度最终战胜了拿破仑。毫无疑问，法国大革命与拿破仑战争之间有很多值得注意的连贯之处。就谈判方式而言，和平协议在某些方面似乎又退回了18世纪时秘密外交的旧习上，一国的领土转给另一国，是不考虑当地居民的愿望的。维也纳会议期间，梅特涅在写给情妇的一封信中说："每天，我都像切奶酪一样切割欧洲。"没人问莱茵兰的居民是否愿意加入普鲁士，也没有人关心意大利北部居民对奥地利统治他们的感受。但是实际上，法国大革命从根本上改变了欧洲主权的性质。在17世纪和18世纪，欧洲战争接连不断的主要原因，甚至可以说是最重要的原因，就是一国君主去世后引发的王位继承之争，比如西班牙王位继承战争和奥地利王位继承战争。1815年后，这种情况不复存在。尽管路易十八和亚历山大一世等君主依然坚持君权神授说，但主权的基础已经从个人和家族转向民族和国家。1815年前，一国君主去世后，该国签订的所有国际条约即被视为无效。如果不想让这些条约失效，就必须马上请新君主重新签署续约。1815年后，这一规则不再适用。如今缔结条约的是国家，而不是君主，在1814—1815年签署的一系列条约就是这样。条约始终有效，除非一方有意毁约。一国君主或统治者实际上成了由具有法律效力的国际协议担保的民族或国家主权的执行者。不错，19世纪还会有王位继承之争，比如西班牙王位之争和石勒苏益格-荷尔斯泰因王位之争。这几次王位之争之所以激烈，是因为各国政府出于本国利益对此加以利用。王位之争本身并没有产生多大影响。王室之间联姻的重要性一落千丈，仅仅是国家之间友好的一个象征。同样，军队现在效忠于国家，而不效忠于某一位君主。18世纪的雇佣军制度以及士兵待价而沽的做法一去不复返了。复位的君主要么学会适应，要么自取灭亡。从19世纪20年代的情况看，很多君主没有吸取这一教训。

重铸时间链条

法国大革命改变了统治者与被统治者之间关系的性质。这一点在法国看得最清楚。路易十八复位后，用以王室的鸢尾花徽为图案的国旗取代了三色旗，不承认拿破仑建立的荣誉勋位，同时正式宣布1814年是自己在位的第19年。这一切象征了他对旧制度的效忠。1814年，路易十八身边的一位近臣告诉他拿破仑退位的消息："陛下，您现在是法国国王了。"路易十八回答："什么时候我不是国王了？"旧制度下的种种宫廷礼仪、头衔和盛典浮华重现。路易十八拒绝接受拿破仑时期最后一届元老院废除皇帝后表决通过的宪法，因为他拒不承认王权源自国王与人民之间的契约。路易十八称，他的权力乃上天所授，载于复辟王朝下的法国宪法所依据的《圣图安宣言》中。他明确表示，他，路易，"蒙上帝恩典作为法国和纳瓦拉之君"，依照个人自由意志赐予法国人民各种权利。

路易十八对旧制度的合法性深信不疑。但他认识到，自己无法让历史倒退到1788年，尤其是在"百日王朝"造成的恐慌之后。路易十八同意不把大革命时期没收的土地退还给教会、贵族或王室。50万人已经购买了这些土地，有的人买地后转手卖给他人。强迫这些人吐出自己购买的土地在政治上不现实。《拿破仑法典》继续适用。法国大革命废除了世袭贵族在军队和政府内任职的特权，实行"任人唯贤"政策。贵族这方面的特权没有恢复。宗教信仰自由依然有效，尽管政府把天主教定为国教。1790年把全国划分为行省、巴黎划分为区这一大革命时期的做法维持不变。国王路易十八把以上措施概括为自中世纪"胖子"路易（路易十八与他有很多相似之处）以来法国王室推行的一系列变革的一部分，宣布自己准备"重铸时间链条"。在威灵顿公爵的坚持下，路易十八任命拿破仑手下的两名重臣出任要职：塔列朗任外交大臣，约瑟夫·富歇（Joseph Fouché, 1759—1820）任警察总监。夏多布里昂称之为"邪恶斜倚在罪行臂膊上"。路易十八还认识到，三级会议制度已无起死回生之可能。战胜法国的盟国对复辟的法国王室施加压力，警告它不要重蹈覆辙以至于引发大革命。为此有必要建立某种形式的立宪制。路易十八于是成立了一个两院制立法机构，由贵族院和众议院组成。一切赋税的征收都必须得到议会同意，但路易十八继续握有立法动议权。

  由于路易十八随时可以解散众议院，举行新的选举，不受每年改选1/5议员规定的限制，新的立宪政体被削弱了。只有国王一人有宣战权。国王任命大臣，大臣对国王而不是对议会负责。尤其重要的是，国王有权"为了国家安全发布敕令"，这实际上赋予了他废除宪法的权力。因此，路易十八统治下的法国其实不是什么立宪君主制，而是绝对君主制。任何时候，他都可以把限制他的宪法一脚踢开。不仅如此，贵族院的议员还由国王指定，众议院则由40岁以上、每年交纳赋税不少于300法郎的男子选举产生。因此，选民人数很有限。法国总人口2 800万，仅有9万名选民。而人口不及法国一半的英国，早在1832年的《改革法案》前，选民人数就已达到44万，《改革法案》

通过后，选民又增加了21.6万人。选举法国新议会的选民资格受到严格限制，结果人们选出了一个由极端保王党人组成的议院。他们赶走了塔列朗，大肆迫害前革命党人和拿破仑分子。新产生的贵族院俨然以法院自居，处死了一些革命党人和波拿巴分子。还有些人被迫流亡海外，包括富歇和塔列朗。

埃利·德卡兹（Élie Decazes, 1780—1860）曾是拿破仑及其家族的助手。路易十八手下以德卡兹为首的大臣深知，鉴于对手不肯让步，若要保住君主制，新政权就必须扩大社会基础。卷土重来的贵族阶级一手操纵政治和政府机构，商人、律师和其他阶层的成员愤怒至极，开始转向1789年大革命早期阶段提出的自由主义思想。为了实现"王权国家化和法国王权化"，德卡兹说服路易十八解散了众议院，选举产生了一个新议院。新当选的议员大多是大地主和政府高官，很多人曾为拿破仑效过力。德卡兹没能走多远。1820年2月13日，路易十八的弟弟阿图瓦伯爵（Comte d'Artois, 1757—1836）的小儿子贝里公爵（Duc de Berry, 1778—1820）、王位的第三顺位继承人（因为路易十八没有子嗣）离开巴黎歌剧院时，被一个心怀不满的马具工人刺死。德卡兹绝望地说："我们全被暗杀了！"

暗杀事件发生后，德卡兹被罢黜。他的前任黎塞留公爵（Duc de Richelieu, 1766—1822）官复原职。黎塞留是保守派分子，1815年前长年流亡海外，在沙皇手下供职。没过多久，黎塞留也遭罢免，换上了王室中意的极端保守分子维莱尔伯爵（Comte de Villèle, 1773—1854）。维莱尔试图完全恢复大革命前的君主制。1824年9月16日，路易十八死于肥胖症，阿图瓦伯爵继承了王位，成为查理十世（1757—1836）。阿图瓦当时已年近七旬，完全是旧制度的产物，思想顽固不化。这位新国王与极端保王党人结为同盟，连他的哥哥都对他的做法惊愕不已。查理十世授意维莱尔制定了关于渎圣罪法律条文，规定冒犯教会违法：亵渎圣杯者判无期徒刑，亵渎圣体则是死罪。此后他又颁布法律，向大革命时期丧失了土地的贵族提供经济赔偿。查理十世举行了场面宏大的传统加冕仪式，以此象征自己的强硬立场。他还强化了新闻检查制度，扩大教会权力。1824 年，教会被授予指定所有小学老师的权力。

以上种种复辟举动延续了以维莱尔伯爵为首的极端保王党人以及他前任黎塞留推行的政策，仿佛是故意想激起自由派人士的反抗。自由派人士通过报章杂志和政治宣传活动表达了自己的观点，其中有两份报纸是作家邦雅曼·贡斯当（Benjamin Constant, 1767—1830）在 1817 年到 1818 年间创办的。因为自由派人士发声，贡斯当 1819 年当选为众议院议员，此前一年，投身法国大革命和美国革命的拉法耶特侯爵（Marquis de Lafayette, 1757—1834）也入选众议院。雅克·拉菲特（Jacques Laffitte, 1767—1844）和卡西米尔·佩里耶（Casimir Perier, 1777—1832）等银行家被复辟后的贵族排斥，无法获得社会和政治权力，他们深感不满，也资助了自由派人士。1817 年，时任法兰西银行行长的拉菲特因捍卫新闻自由而被解职。一些年轻记者和历史学家围绕大革命的遗产展开了热烈讨论，其中就有阿道夫·梯也尔（Adolphe Thiers, 1797—1877）。1823—1827 年，梯也尔撰写的多卷本《法国大革命史》出版发行。他在书中为君主立宪制辩护，称该体制是人类渴望自由的必然结果，但"形形色色的过火行为"把大革命带入了歧途。25 岁出任巴黎大学历史系教授的弗朗索瓦·基佐（François Guizot, 1787—1874）同样认为，大革命的精髓是早期的宪政改良主义，而不是后来的大恐怖。他一度被政府禁止授课，在此期间（1822—1828），他在报纸上谨慎表达了自己的自由主义观点。此后几十年里，这两个人将在法国政治中扮演关键角色。

在反对派中，除了有一定身份的温和自由人士，还有形形色色的秘密社团组织。这些组织有的伪装成饮酒俱乐部（成员在那里唱政治歌曲），有的以做生意掩护，有的打着共济会分会的旗号，有的取了含义明确的名字，比如"自由骑士社"。这些秘密社团遍布欧洲各地，与拉丁美洲有千丝万缕的联系，形成了某种超越政治界限的激进自由国际。为追求自己理想而四处游走的政治流亡者进一步推动了结社团体的发展。最激进、最活跃的是受意大利烧炭党启发、名为"烧炭党"的秘密小团体。该团体聚集了失业的拿破仑政府文官、失意的大学生以及靠一半薪酬勉强度日的帝国军队的军官和军士。后期的拿破仑宣扬自己是宪政自由的捍卫者，这一形象使共和党人和拿破仑分子团结在一起。密谋者试图煽动军营里的军人起义，挑起了1820年的巴黎起义、1821年的贝尔福和索米尔起义，以及1822年的斯特拉斯堡和拉罗谢尔起义，以上起义均以失败告终。拉罗谢尔起义失败后，四名下级军官被公开处决。当时还在上学的奥古斯特·布朗基（Auguste Blanqui, 1805—1881）目睹了这次行刑。时人普遍认为，这些军人是"为自由事业献身的烈士"。在他们的感召下，布朗基投身革命运动。这段时期内，一共有12名秘密社团成员被处死。烧炭党人屡屡失败，内部产生了分裂，到19世纪20年代中期时，该团体已名存实亡。布朗基本人于1827年在一次街头斗殴中受伤，暂停了活动。因此，19世纪20年代末，在法国掌权的极端保王党人面临的主要威胁不是武装暴动，而是自由主义色彩的议会体制。在1827年举行的选举中，当选为众议员的自由派人士增加，维莱尔伯爵被迫辞职。他的继任者马蒂尼亚克子爵（Vicomte de Martignac, 1778—1832）试图与自由派议员谈判，结果也被解职。接替他的是朱尔·德·波利尼亚克（Jules de Polignac, 1780—1847）。波利尼亚克曾被拿破仑监禁12年，是国王绝对君主制信念的铁杆支持者。面对王室的顽固抵制，法国国内的革命和改良似乎毫无进展。19世纪20年代行将结束时，改良的前景显得遥不可及。

后拿破仑时代的德意志政治形势与法国很相似。德意志邦联的大多数邦国没有全面复辟旧制度。1815—1819年，一大批德意志南部邦国颁布了宪法，建立了代议制议会，意在给自己披上合法外衣，以便对和平协议确立的边界做出有利于自己、不利于竞争对手的修改。此类争端使德意志南部诸邦国无法有效联合起来对抗奥地利和普鲁士对邦联的控制。因此，梅特涅只要征得普鲁士政府的同意，就可以让邦联议会（成员国代表开会之地）批准他想采取的大部分措施。普鲁士的主要改革者陷入纷争，较保守的大臣掌握了权力，他们说服国王腓特烈·威廉三世（Friedrich Wilhelm III, 1770—1840）背弃自己颁布宪法的诺言。这样一来，梅特涅实现目标就更容易了。

志愿参加反拿破仑战争的人从战场返回家乡后，看到德意志邦联被一些君主玩弄于股掌之中，不禁大失所望。他们在战场上出生入死，不只是为了把普鲁士、黑森或萨克森从法国统治下解放出来，也是为了解放全德意志，更有人认为，首先是为了解放全德意志。少数人认为，德意志邦联或许可以为更强大的国家体制奠定基础，1810年创立柏林大学的教育改革家威廉·冯·洪堡（Wilhelm von Humboldt, 1767—1835）就是其中之一，但其他人——尤其是1815年在耶拿发起了"学生协会"（Burschenschaft）运动的青年学生——却认为，只有彻底扫除德意志邦联中的专制邦国，用单一的国家体制取而代之，才有可能实现真正的团结。这些人深受作家恩斯特·莫里茨·阿恩特（Ernst Moritz Arndt, 1769—1860）的影响。阿恩特出生于瑞典属波美拉尼亚，先后在格赖夫斯瓦尔德和耶拿攻读神学。1806年，拿破仑占领了他的家乡，阿恩特被迫流亡。流亡期间，阿恩特产生了基于语言的强烈德意志民族意识。他是一位杰出的政论家，在1814年号召用立宪君主制统一德意志，首都设在柏林（他认为维也纳的民族成分太杂）。阿恩特强调德意志人是一个整体，希望通过共同的语言、共同的礼仪和象征符号，甚至共同的服饰风格来表达这一点。1812—1813年动员爱国者志愿投身反拿破仑战争的活动已经指明了方向。

阿恩特提出的观点激励了学生协会的学生。他们身穿昔日志愿军穿过的黑、红、金三色服装。1817年10月，学生在瓦尔特堡集会，纪念马丁·路德宗教改革300周年，倾听讴歌德意志民族特征的激昂慷慨的演说。当年路德就是在这座城堡里把《圣经》译成德语的。这次活动因焚烧了数十本书和杂志而臭名远扬，被烧的包括《拿破仑法典》、拿破仑时期宣扬与法国人合作的德语传单，还有抨击学生行为和目标的小册子。这些穷学生烧不起真书，改为把带有标签的废纸团投入火堆。年轻诗人海因里希·海涅（Heinrich Heine, 1797—1856）痛斥这次活动，称它是中世纪愚昧的象征。不过他的那句名言"这不过是序幕：焚书的地方，最终也会焚人"，指的是1499年征服格拉纳达时西班牙宗教法庭焚烧《古兰经》，而不是指瓦尔特堡的那次焚书。

在瓦尔特堡被付之一炬的书中，有著名多产剧作家兼记者奥古斯特·冯·科策布（August von Kotzebue, 1761—1819）撰写的《德意志帝国史》。他在自办的杂志上大肆嘲讽学生协会成员的观点和举动，结果触怒了这些学生。此前科策布曾流亡俄国，加入了俄国外交部。拿破仑倒台后，他以俄国外交官的身份返回德意志，向沙皇呈送关于德意志情况的报告。有人认为他是间谍，其实他根本不具备当间谍的条件。不过科策布确实支持亚历山大一世的保守理念。学生协会中的激进派成员卡尔·桑德（Karl Sand, 1795—1820）是个当时只有23岁的神学生，对科策布讥讽学生协会愤恨不已，认为他死有余辜。1819年3月23日，桑德登门拜访这位剧作家，用刀猛刺科策布，跑到街上高呼"德意志祖国万岁！"后拔刀刺入自己的胸膛。桑德活了下来，被送上法庭，翌年被当众砍头。很多评论员，甚至包括民族主义运动的支持者，都认为他所做的为人所不齿，但也有人把他视为英雄和烈士。行刑的刽子手内心同情民族主义者的理想，行刑后拆除了血迹斑斑的断头台，用拆下的木板在附近的葡萄园里建了一间秘密避暑小屋，用作学生协会成员的聚会场所。

同一时期，学生协会成员、药剂师卡尔·勒宁（Karl Löning, 1791—1819）暗杀拿骚一位政府官员卡尔·冯·伊贝尔（Karl von Ibell, 1780—1834）未遂。梅特涅以这两次暗杀为借口，不失时机地实施了一系列严厉镇压措施。1819年8月，来自10个德意志邦国的代表在度假城卡尔斯巴德制定了这些措施，措施于次月在位于法兰克福的德意志议会上获得通过。新措施规定各邦国有义务严密监视大学，开除宣传"敌视公共秩序或颠覆现政府机构"之有害学说的任何老师，确保他们不被其他高等学府再次聘用。大学一律不得录取参加学生协会等秘密社团的学生，政府机构也不得雇用这些人。一切刊物出版前都必须接受中央政府机构的审查。一个特别委员会也建立起来，专门负责调查和打击革命运动。此后学生协会四分五裂,成员最多时也不过500人左右。有组织的民族主义活动基本绝迹。各邦国的警察机构相互交换关于所谓颠覆分子的情报,严密监视俱乐部、咖啡馆及其他聚会场所。一切自愿性质的结社都会引起他们的怀疑。廉价的传单和大幅广告受到严格审查,甚至被封杀。民间百姓很难彼此交流看法或了解政治时事。少数赞成宪政改革和民族团结的人仿效西班牙改革者的说法,称自己是"自由分子"。但他们无法就任何共同纲领达成一致。

德意志反动势力的得势体现在德意志邦联的宪法中。1820年7月,邦联对宪法做了修改,规定邦联内任何一个成员国为了维护秩序都可以干涉另一成员国的内部事务。原宪法中有关解放犹太人和实行宗教宽容的内容被删除。德意志邦联各成员国政府均采取措施,确保凡有议会的地方,议会都不会成为自由派抗议的工具。各邦国政府都禁止公开议会辩论的内容,迫使议员坐在事先分配好的席位上,免得他们结党。各地的选举都是间接的。新闻报刊检查制度严格限制竞选活动,因此几乎不可能举行公开辩论。一如法国,实际上一如19世纪20年代期间举行选举的任何一地,精心拟定的财产资格条款确保了只有富人才能当选议员。结果就是百姓对选举普遍漠不关心,即使有权投票的人也是如此。举例来说,1816年,只有5%的选民(本来选民人数就很少)在柯尼希山地方选举中投了票。在有些地区,代议制议会由昔日的社会等级组成,只有贵族能够参与。1823年普鲁士设立这类机构的目的是向政府提供咨询,而不是参与辩论,开会地点往往选在某处王宫内的一个房间。不过一个基本事实是,19世纪20年代,大多数德意志邦国确实有了代议制机构,尽管这类机构的权力极为有限,也受到种种限制。"开明专制"的观念已亡于法国大革命,无法复活。政府的社会基础更加广泛。德意志各邦国的治理靠的是官僚机构，而不是专制手段。人们普遍认为，一个遵照规则的行政体系可以比代议制议会更有效地限制君主独断专行。再说官员和议员通常是同一批人。正如青年时代的奥托·冯·俾斯麦（Otto von Bismarck, 1815—1898）在1838年所说（他早年的文官经历并不愉快），"一个人若想从政，就必须是领取薪俸、依附于国家的仆人，他必须完全成为官僚阶层的一分子"。

反抗与镇压

欧洲各国政府普遍渴望建立安全的集体防御体系，防止之前几十年的惨烈战争死灰复燃。这不仅体现在神圣同盟中，也体现在旨在促进战胜大国之间合作的其他各样措施中，尤其是英国外交大臣卡斯尔雷子爵力促成立的"四国同盟"。在该同盟下，英国、奥地利、普鲁士、俄国，以及后来加入的法国外交代表将定期举行正式会议，维护国际合作。这些大国的代表在开会期间安排并实施了一系列交易。例如在1818年的亚琛会议上，代表们拒绝了巴伐利亚对巴登大公国部分领土的诉求，削减了法国为大革命和拿破仑战争造成的破坏向盟国支付的赔偿的数额。代表们还决定结束盟国对法国的占领，非正式地接纳法国加入"欧洲协调"体系。会议规定，君主制将成为秩序的基石，原则上实行绝对君主制，只有在不得已的情况下才容纳传统立法机构，比如三级会议或应召显贵会议，或是权力受到严格限制的议会。英国人并不完全赞同以上方针，其本国政体就含有一个选举产生的强大立法机构。在整个19世纪20年代，因对以上安排有不同的理解，英国人与奥地利人往往很难步调一致。

自由立宪主义是法国大革命、拿破仑战争和人民主权理想的产物。人民主权的思想在法国称霸欧洲末期各地风起云涌的反法起义中有所体现。自由立宪主义显然没有亡。欧洲各地自由宪政的支持者对王朝复辟时期的专制政策日益不满。西班牙国王费尔南多七世（Fernando VII, 1784—1833）是法国输掉半岛战争后被拿破仑扶上王位的。他摒弃了1812年通过的开明宪法，恢复了昔日的绝对主义体制，重新接纳了之前被取缔的耶稣会，实行严格的书刊检查制度，退还拿破仑占领西班牙期间没收的贵族和教会土地。大臣个人必须直接听命于国王，彼此之间不得商议国事。费尔南多七世随心所欲任免大臣。1814—1820年期间，朝廷大臣平均任期不超过6个月。为了保住官职，众大臣不得不以最露骨的方式显示自己效忠于反革命原则。陆军大臣弗朗西斯科·德·埃吉亚（Francisco de Eguia, 1750—1827）头戴18世纪的假发，借此表明自己对旧制度的忠心。费尔南多七世在倒行逆施的道路上越走越远，取缔了共济会，重新恢复宗教法庭。恢复后的宗教法庭马上开始迫害被视为异端的人。

在此背景下，西班牙政府难以有效应对美洲殖民地的起义。不但如此，费尔南多七世政府还立场强硬，拒绝对起义者做出任何让步。西班牙被法国占领，战后又经济衰退，陷入了财政困境。为了镇压美洲的独立运动，恢复对殖民地的统治，西班牙徒劳派遣远征军横跨大西洋。结果财政状况雪上加霜。到了1820年，西班牙实际上已经破产，甚至无力负担另一支拉美远征军的费用。1820年1月，一批少壮派军官公开"宣布"（pronounced）支持1812年宪法，开了"兵谏"（pronunciamiento）的先河，兵谏传统一直延续了一个多世纪。参加过对拿破仑作战的众多官兵和游击队首领受到费尔南多七世的冷落，因而愈加倾向自由主义。心怀不满的政治家也加入了他们的行列。他们中的不少人曾遭逮捕或流放，有的也因国王压制人民参政议政而心灰

第一章　大革命的遗产　　　47

意冷。西班牙警方效率低下，以上各派趁机以共济会分会为依托（警方严禁共济会开展活动，但他们依旧秘密集会），策划了一系列阴谋。所有的密谋计划都失败了，包括趁国王去妓院寻花问柳之机行刺。但是在1820年时，密谋者得到了军队中下级官兵的支持，这些官兵一想到有可能再被派去远征美洲，不禁不寒而栗。起义队伍在各省日益壮大。民众在王宫外的街头举行了游行示威，表达了对政府为挽救摇摇欲坠的财政而横征暴敛的愤恨。费尔南多七世被迫接受1812年宪法，召开议会，把执政权力移交给任期三年的自由派政府。但他不断否决议会通过的一切决议，竭力阻挠立宪主义者。局面越发动荡，城镇和乡村发生的暴力事件愈演愈烈，费尔南多七世呼吁外国干预。1823年，议会宣布废黜顽固不化的国王。激进分子开始扬言要重演巴黎革命期间发生的九月大屠杀一幕，雅各宾派的胡安·阿尔普恩特（Juan Romero Alpuente, 1762—1835）就是其中一个，一个批评者鄙视地称他"相貌丑陋、蓬头垢面、衣冠不整"。阿尔普恩特提起九月大屠杀，还杀气腾腾地提醒听众，"一夜之间，就有1.4万人被处决"。

在神圣同盟眼中，日益混乱的西班牙局势和爆发革命的危险不可容忍。意大利爆发的类似事件使西班牙危机雪上加霜。1814年，国王维托里奥·埃马努埃莱一世（Vittorio Emanuele I, 1759—1824）结束流亡生活回国，统治皮埃蒙特-撒丁王国。回国时，他也头戴18世纪的假发——复辟的根本象征。埃马努埃莱一世恢复了拿破仑之前的法律制度，但没有在已正式独立的热那亚实行，因为当地反对声浪过于强大。他还恢复了贵族的种种特权（包括只有贵族有权使用歌剧院包厢，在意大利，这个问题在文化上很重要），允许撒丁岛保留封建制度。犹太人和新教徒丧失了在法国统治时期获得的权利。埃马努埃莱把书报检查和操控教育的大权交给了耶稣会会士。摩德纳公国废除了拿破仑的各项改革措施，意大利中部教皇庇护七世（Pius VII, 1742—1823）统治下的几个国家也是一样。教皇拆除了街头的路灯，禁止使用天花疫苗，理由是这都是招人讨厌的现代发明。在意大利半岛的一些地区，比如波旁王朝统治下的两西西里王国，拿破仑推行的司法和行政改革措施有不少都保留了下来。自由色彩最强的是北意大利的托斯卡纳大公国，当地政府长期受到启蒙价值观的浸润。奥地利在教皇国驻扎了军队，防止自由主义复活。

当地的知识阶层开始对现实心怀不满。拿破仑时代他们占据的职位现在给了返回的贵族。知识阶层被一脚踢开了。两西西里王国的不少知识分子虽然保住了工作，但政府内的工作机会很少。王国的中央集权政策引起地方显贵的怨恨，他们感到自己的自主权受了限制。征兵制引起下层阶级的反抗。伦巴第-威尼西亚王国保留了拿破仑的大部分改革措施，产生了一个哈布斯堡家族控制下的中央集权政府。高级教士由国家任命，没收的土地不予退还。拿破仑时代任命的绝大多数文官留任。然而，哈布斯堡君主国的行政中心在维也纳，这些文官感到难有作为。例如，只有哈布斯堡君主国首都会说德语的人才有晋升机会。服兵役的年限从4年延长到8年，征兵范围扩大。新入伍的意大利人更有可能被派到君主国的偏远地区服役，比如阿尔卑斯山以北和以东。王国的几任总督告诫梅特涅，不要重蹈18世纪哈布斯堡王朝推行改革的皇帝约瑟夫二世（Joseph II, 1741—1790）的覆辙，约瑟夫二世试图在帝国全境实行中央集权，用单一模式统治各地。一位总督说："伦巴第人一向无法接受以德意志人的方式治理他们的国家，也永远不会接受。"

地方显贵对国家集权的做法感到不满，曾经抵抗过拿破仑的人同样有怨气。在意大利南部，这些人从 1806 年起自发结成共济会式的秘密团体，名曰"烧炭党"。1815 年后，法国人也仿效意大利人结成烧炭党。英国人一直鼓励这些团体密谋反对拿破仑的统治。反对专制主义是这一运动的核心内容。拿破仑倒台后，烧炭党人又找到了新的斗争目标：意大利半岛很多地区卷土重来的复辟政府施行的暴政。烧炭党人以西班牙自由主义者为榜样，发动了起义。对现实不满的士兵也加入了他们的行列。起义者横穿那不勒斯，迫使两西西里国王斐迪南一世（Ferdinando I, 1751—1825，俗称"大鼻子国王"，因为他的鼻子比普通人的大）接受 1812 年的西班牙宪法。动乱开始向意大利半岛北部蔓延。皮埃蒙特的自由主义者开始策划推翻反动君主的起义。1821 年 3 月，一批心怀不满的军官在皮埃蒙特的几个军营升起了三色旗。埃马努埃莱惊恐万状，逊位给他的弟弟——反动透顶的卡洛·费利切（Carlo Felice, 1765—1831）。躲在摩德纳的费利切威胁说，他决不容忍削弱"君主权力"的任何行为。与此同时，据说倾向自由主义的年轻摄政王卡洛·阿尔贝托（Carlo Alberto, 1798—1849）任命皮埃蒙特起义领导人圣托雷·迪·圣罗萨（Santorre di Santarosa, 1783—1825）伯爵为战争部部长，着手筹划进军奥地利控制的伦巴第地区。

意大利和西班牙两国的局势对维也纳会议上通过的保守纲领构成了重大威胁。俄国沙皇力主干预，但奥地利人和英国人最初觉得西班牙的形势没那么严峻。自由运动波及意大利后，奥地利人感觉受到威胁。1820 年末，神圣同盟在奥地利统治的西里西亚地区的特罗保（奥帕瓦）举行会议，不顾英国反对，决定采取行动。1821 年初，神圣同盟在莱巴赫再次开会，进一步确认了干涉决定。费尔南多七世也出席了这次会议，此前他被囚禁在那不勒斯，在许诺尊重宪法后被释放。刚脱离危险，费尔南多七世就收回了做出的承诺。奥地利派遣一支军队进入教皇国，随后南下那不勒斯。3月23日，这支军队抵达那不勒斯，沿途没有遇到什么抵抗。革命党人分裂为两派，一派是民主烧炭党人，另一派是追随拿破仑时代统治者若阿尚·缪拉（Joachim Murat, 1767—1815）的温和自由派，其中很多人在缪拉政府内任过职。内部分裂的革命党人无力抵抗奥地利人。那不勒斯起义的消息传到西西里岛后，当地民众马上发动了起义。街头爆发了骚乱，大批群众攻打巴勒莫市内的监狱，一群手工业者砍下了两名立宪自由派领导人的头。工匠行会拒绝支持自由派。以上事件反映了战后这一地区陷入的经济衰退之深。当地显贵对人民起义怕得要死。起义者在巴勒莫以外地区孤立无援，无力打败岛上的那不勒斯军队。奥地利军队抵达后，起义就被扑灭了。

与此同时，奥地利人还出兵北意大利，轻而易举打败了起义者。千余人被迫流亡海外，其中就有圣罗萨。他在巴黎化名居住了一段时间，后被警方发现，再次被驱逐出境，最后在诺丁汉落脚，靠教法语和意大利语谋生。流亡者的悲惨境遇深深触动了热那亚学生朱塞佩·马志尼（Giuseppe Mazzini, 1805—1872）。1821年4月，年仅15岁的马志尼在热那亚码头上看到流亡者寻找去西班牙的船只，并为"意大利流亡者"募捐。后来马志尼回忆道："那天，我脑海里第一次产生了一个模糊的念头……我们意大利人**有能力**也**应该**为实现祖国自由而奋斗。"奥地利人扑灭起义后，97名烧炭党成员及其他起义者被判处死刑（不过除7人外，其余的人都逃走了，受到缺席审判）。没有逃走的几个人后来改判无期徒刑。在两西西里王国，复位的斐迪南一世就没有这么仁慈了。他手下的警察总监卡诺萨亲王安东尼奥·米努托洛（Antonio Minutolo, 1768—1838）大肆抓捕、审判起义者。几名烧炭党人被公开处决，更多的人被判处长期监禁。甚至连梅特涅都觉得太过火了。在梅特涅的压力下，疯狂报复的斐迪南一世被迫把自己的警察总监解职。在教皇国，新教皇利奥十二世（Leo XII, 1760—1829）禁止犹太人拥有财产，还强化了耶稣会士对教育的控制。在意大利各地，大批政府工作人员因涉嫌参与或同情起义而丢掉工作。皮埃蒙特新国王卡洛·费利切表示，在广大平民百姓中，"坏人都受过教育，好人都愚昧无知"，只有军队和教会可以信赖。

维也纳会议列强在如何应对西班牙局势上越发踌躇。1823 年 4 月，法国终于出兵把费尔南多七世重新扶上王位。梅特涅对法国人的做法很不以为然。虽然西班牙革命党人试图唤起人民对抗击拿破仑和"在 1808 年震惊世界的能量和决断"的回忆，但这一次，法国的十万大军小心翼翼避免劫掠，并为所需粮草付钱。他们没有遇到西班牙人民或军队的顽强抵抗。西班牙军队的高级将领很快与国王握手言和。法军逼近，费尔南多被关在塞维利亚的最后几天是在从房顶上放纸飞镖中度过的。费尔南多复位后，罢免了自由派大臣，恢复了君主专制制度，清洗军队官兵，全面压制思想自由。军官人人有一份关于自己政治倾向的档案，这些档案成了军队改组的基础。法国占领军对费尔南多以上做法很不赞成，敦促他寻求和解。一些保王派军官也认为费尔南多搞的清洗过头了，加泰罗尼亚的司令官在派保王派"清洗者"去大学前，会先允许自由派教授把大学图书馆里的可疑图书带回家。但总的来说，镇压的目的达到了。自由派后来又发动了几次起义，但没有得到广大民众的支持，很快就被镇压下去了。

西班牙自由分子的起义不仅激励了意大利人，也激励了葡萄牙人。戈麦斯·弗莱雷·安德拉德（Gomes Freire de Andrade, 1757—1817）是葡萄牙军队内一位有自由主义思想的军官。他短暂的职业生涯反映了这一时代各种思想流派交织的复杂情形。安德拉德曾在拿破仑的葡萄牙军团中服役，后出任帝国德累斯顿总督。他是里斯本共济会的大头领，因被控参与推翻以贝雷斯福德子爵（Viscount Beresford, 1768—1854）为首的英国军事当局密谋而遭到逮捕。贝雷斯福德本是英国将领，被任命为享有元帅军衔的葡萄牙军队总司令。安德拉德和贝雷斯福德这种为外国效力的做法，在拿破仑失败后的那些年里颇为常见。两人都没能善终。1817年，安德拉德被判犯有叛国罪，处以死刑。1820年8月，在西班牙一月起义的影响下，由一批中产阶级专业人士和军官组成的混合体"宣布"反英。去巴西找国王要权的贝雷斯福德闻讯赶回葡萄牙，但被禁止下船。他不得已回到英国，于1812年出任泽西岛总督，这个职位的政治风险较小。经过长时间的谈判，葡萄牙革命党人于1822年颁布了一部激进宪法，选出一届议会，恢复了君主制，但只赋予君主有限权力。宪法扩大了公民权利，废除了葡萄牙境内对自由企业的种种封建限制，同时试图再次限制与巴西的贸易，结果巴西脱离了葡萄牙。法国对西班牙的干预在1823年引发了一起军事政变。一位年轻的军官若昂·萨尔达尼亚（João Saldanha, 1790—1876）招募了一小支部队，进军里斯本解散议会，颁布了一部新宪法，扩大了国王若昂六世（1767—1826）的权力。但问题根本没有得到解决。国王召回贝雷斯福德担任自己私人顾问的举动遭到广大自由派人士的憎恶，萨尔达尼亚试图搞折中，但保守派分子依旧心怀不满，他们怀疑萨尔达尼亚是共济会的首领。萨尔达尼亚发动的政变使法国人失去了出兵葡萄牙的理由,但对葡萄牙国内冲突而言是火上浇油。几年后,葡萄牙爆发了一场内战,看上去是一场王位争夺战,其实有更深层的背景。

俄国青年一代军官在战争期间和 1815 年占领法国的日子里,深受法国大革命思想的濡染。如同在其他国家一样,共济会在俄国也颇有影响。它强调人性,重视开展慈善事业,宣扬可以私下讨论问题。俄国精英分子对欧洲的一些自由主义者相当熟悉,一批俄国军官还与瑞士烧炭党人建立了联系。1816 年 2 月,一群人组成了"救国协会",出身贵族的年轻近卫军军官在一起热议各种观点,比如废除农奴制,用法庭公开审讯取代俄国传统的秘密审判体制。1817 年 2 月,"救国协会"易名为"幸福协会",建立了严密的组织。协会部分成员参照美国宪法起草了一部俄国新宪法草案。少数人还进一步主张取消贵族头衔和特权,以土地国有化的方式消除贫困,其中就有一位年轻上校,叫帕维尔·佩斯捷利(Pavel Pestel, 1793—1826)。拿破仑入侵俄国时,佩斯捷利在 1812 年的博罗季诺战役中负了伤。佩斯捷利主张建立一个中央集权性质的俄罗斯共和国,国家最高权力机构为一院制议会。但他的自由主义理念把沙皇统治版图上的非俄罗斯人地区排除在外,包括芬兰、波罗的海诸国、格鲁吉亚、高加索地区、白俄罗斯和乌克兰。佩斯捷利认为,除了有权享受有限独立的波兰人外,其他一切臣属民族都应该融入俄罗斯民族。(实际上,俄属波兰王国的自治和立宪地位对这一团体的成员不无影响。如果波兰可以有一部宪法,那为什么俄国不能有呢?)

1823 年时,又出现了一个激进秘密组织,名叫"斯拉夫人联合会",一共有 25 名成员,几乎清一色是出身贵族或上层阶级的军官。

他们制订了逮捕乃至刺杀沙皇的计划，期待以此揭开革命序幕。1825年11月19日（俄历），亚历山大一世去世，没有留下任何子嗣。出乎革命党人意料，皇位第一顺位继承人、亚历山大一世的弟弟康斯坦丁·帕夫洛维奇（Konstantin Pavlovich, 1779—1831）大公没有继承皇位。帕夫洛维奇大公素有思想开明的名声，至于这名声有多大根据，就不清楚了。康斯坦丁娶了一位波兰女伯爵，选择留在波兰，放弃了俄国皇位继承权。皇位于是传给了尼古拉，他是三兄弟中最小的一个。尼古拉有一个儿子，这样罗曼诺夫王朝就后继有人了。尼古拉一世（1796—1855）以极端保守著称，密谋者坚定了动手的决心。尼古拉从一名告密者那里得知消息后，于1825年12月14日（俄历）匆忙宣布自己是沙皇，挫败了革命党人发动政变阻止他继位的计划。革命党人在圣彼得堡参政院广场调集了3 000余名士兵，开枪打死了沙皇派来的调停者。沙皇旋即下令自己调集的9 000名士兵开枪镇压，革命军队逃离了现场。1826年1月3日（俄历），俄国南部地区的一次规模较小的起义也失败了。所谓"起义"就此结束。尼古拉一世成立了一个调查委员会，传讯了600余人，将其中121人送上法庭审判。包括佩斯捷利在内的5人被判处死刑，31人被流放西伯利亚服苦役，85人被判短期徒刑。

起义者史称"十二月党人"。和19世纪20年代欧洲其他国家类似团体的情况一样，这些人都是出身上层阶级的年轻军官。他们策划发动军事政变，但同时又是知识分子。他们亲身经历过法国大革命和拿破仑战争，深受民主和平等思想的濡染。像其他国家的情况一样，源自共济会或受其影响的秘密社团往往是展开讨论或策划起义的场所。欧洲各国政府首脑对这些社团非常警惕。梅特涅称这些人是"一支真正强大的力量，他们在暗中活动，危害尤大，他们给社会肌体的各部分造成损害，处处留下道德败坏的种子，这些种子随后迅速生根发芽"。1820年12月，梅特涅告诉亚历山大一世，欧洲大国只有密切合作，方能化险为夷。观点保守的作家认为，烧炭党等秘密团体是1789年大革命的罪魁祸首。1815年，一位保守派作家写道："只有在不正常的人当中才会产生阴谋。"哈布斯堡君主国政府要求所有政府公务员宣誓，表明自己不属于任何秘密社团。社会上到处弥漫着杯弓蛇影的气氛。1814年，哈布斯堡皇帝弗朗茨一世访问威尼斯时，看到有人佩戴领带别针，担心这可能是共济会使用的某种秘密符号，于是马上要求提交一份相关的调查报告。他的手下在欧洲各地奔走收集情报，描绘出一幅存在一张巨大的颠覆分子国际网的可怕图景。由于一些社团使用了"共济会""烧炭党"等具有跨国性质的名字，弗朗茨的怀疑似乎得到了验证。19世纪20年代中期，英国政治家兼小说家本杰明·迪斯累里（Benjamin Disraeli, 1804—1881）仍然认为，秘密社团"犹如一张大网罩住欧洲"。他以惯常的夸张口吻告诫道："这些秘密社团和民众运动结合在一起，有可能摧毁社会，如同上个世纪末发生的那样。"

以上观点极大夸大了现实情况。19世纪的国家更需要害怕的是害怕本身，而不是革命党人的密谋。这种焦虑反映了梅特涅希望为国际社会协调镇压措施找到依据的愿望，以及迪斯累里不可救药的浪漫主义倾向。的确，一些国家秘密社团中的一些人彼此之间有联系，但他们并没有形成任何目标一致、相互协调的组织。1823年时，欧洲大部分地区的革命浪潮已经消退，1825年十二月党人的起义可以说是浪潮的尾声。不过从某些方面看，秘密社团可以说是国际革命运动的早期胚胎：秘密社团受类似观点的影响，采取类似的手段，均源自法国大革命和拿破仑的统治，就像是梅特涅和神圣同盟宣扬的国际保守主义的镜像，只是力量小得多。由于此前几十年的大动荡，1815年时，政治已经国际化了。几乎所有欧洲国家都被外国军队入侵或占领过，也都入侵或占领过他国。在19世纪的进程中，这一现象将以越来越激烈和连贯的方式反复出现。

当然，各国各有自己的特色。在英国，密谋推翻政府的不是下级军官，而是一批自称斯宾斯博爱主义者（Spencean Philanthropists）的激进人士。这一派得名于托马斯·斯宾斯（Thomas Spence, 1750—1814），他反对圈占公地，主张实现男子普选权、废除土地贵族阶层。在阿瑟·西斯尔伍德（Arthur Thistlewood, 1774—1820）的领导下，他们企图借乔治三世（George III, 1738—1820）去世之机起事，就像几年后十二月党人想趁沙皇去世之机发动起义一样。西斯尔伍德参加过1816年的斯帕广场骚乱（Spa Fields riots），当时，斯宾斯派策划利用一次大规模群众集会进攻伦敦塔。这一次，斯宾斯派策划突袭内阁晚宴，杀死在场的所有人。一个密谋者扬言要把所有人枭首，把其中两人的头颅放在威斯敏斯特桥上示众。密谋者想象，他们的举动会引发一次反政府大起义，之后他们就可以仿效18世纪90年代法国革命者的做法，成立一个公安委员会。大规模暗杀计划其实出自小组里一个名叫乔治·爱德华兹（George Edwards, 1788—1843）的人之手，此人后来被警方收买，专门扮演密探的角色。爱德华兹向英国内政部告发了暗杀计划，警察突袭了位于卡托街的密谋者据点。在随后的打斗中，西斯尔伍德捅死了一位警官。少数几人跑掉了，多数人被逮捕，其中10人以叛国罪名被送上法庭，5人被判终身流放。1820年5月1日，包括西

第一章　大革命的遗产　　57

斯尔伍德在内的其余5人被当众处以绞刑。他们的尸体从绞刑架放到地上后，又被砍去了头颅。（大批围观群众见状，发出震耳的嘘声。）

卡托街密谋者的不寻常之处在于，他们是平民而不是军人。但在其他方面，他们与19世纪20年代初的革命团体并无二致。俄国十二月党人虽然抱有平等理想，但比英国、西班牙和意大利的革命党人更脱离社会上的其他阶层。他们出身贵族，却具有民主精神，追求扩大政治基础，然而，他们得不到人民的支持。由于俄国没有真正意义上的公民社会，因此十二月党人只能用老办法，靠军事政变实现自己的理想。在欧洲其他地方，军事政变同样是推翻王朝复辟时期政权的常用手段。18世纪末到19世纪初，在有公民社会的地方，更多受过教育的平民——律师、医生、教师、商人——加入了革命活动，而在俄国，这种人比较少。受过教育的平民如果感到大众起义的威胁，就会马上从激进活动中退出来，在西西里就是这样。1789—1794年，法国大革命期间，雅各宾党人与平民力量"无套裤汉"结盟，最终令法国陷入恐怖统治。鉴于这一教训，1815年后的自由派知识分子团体不到万不得已，是不会去争取平民百姓的支持的。王朝复辟年代规模最大的一次动乱是1819年的反犹骚乱。这次动乱除了手工业者和其他下层阶级成员参加外，确实也有知识分子参与，但很多自由主义者对骚乱的反犹特征十分反感。加入骚乱的人四处毁坏财产，梅特涅为此坐卧不安，认为这些人对公共秩序构成了严重威胁。1819年，梅特涅表示，爆发骚乱之地"毫无安全可言，因为在任何问题上，同样的事情随时都有可能再次发生"。中产阶级自由派大多有同感。19世纪后期，他们对不受控制的民众怀有的恐惧感将再次浮现，给革命者带来极为严重的后果。

欧洲宪兵

1815年后王朝复辟时期建立或复辟的所有政权中，最保守的无疑是俄国沙皇尼古拉一世政权。沙皇尼古拉一世是职业军人，素以严厉闻名。他迎娶了一位普鲁士公主，对她母国的体制钦佩不已。尼古拉一世会说好几门外语，去过英格兰、法国和苏格兰，但他拒绝采用这几个国家的政治和法律制度，认为它们不适用于俄国。在自由派知识分子眼里，尼古拉一世是个邪恶的人。他即位之初爆发的十二月党人起义无疑影响了他一生对改革的态度。他比前任亚历山大一世更强硬，决心把一切革命图谋扼杀在萌芽状态。尼古拉一世崇拜的英雄是彼得大帝（Peter the Great, 1672—1725），他在自己的办公桌上摆放了一尊彼得大帝的半身塑像，还对一位官员说："他将是我在位期间仿效的榜样。"

新沙皇继位后，便着手改组政府，把权力集中到听命于他个人的御前办公厅。御前办公厅的第一局是他的私人秘书处，第二局在斯佩兰斯基的领导下编撰法律，第四局掌管教育。任教育大臣16年之久的谢尔盖·谢苗诺维奇·乌瓦罗夫（Sergei Semyonovich Uvarov, 1786—1855）伯爵要求各大学"在复杂的政治和哲学领域遏制热衷于抽象概念的倾向"，培养学生抵制"所谓欧洲理念"的能力。他表示，办教育是为了培养对"专制体制、东正教和民族原则的坚定信念和热情信仰,这些真正属于俄罗斯的救赎原则构成了我们获得救赎的后盾,也是我们国家强盛伟大的忠实保障"。乌瓦罗夫扩建了大学,略微增加了中小学校数量,改革了大学管理体制,鼓励学生兼学科学和古典文化课程。乌瓦罗夫的观点或许极端保守,但他不是一个推行愚民政策的人,他的高等教育政策为19世纪40—50年代出现的一个独具俄国特色的社会阶层奠定了基础,那就是知识分子阶层。

御前办公厅第三局负责国家安全,由前骑兵将军亚历山大·冯·本肯多夫(Alexander von Benckendorff,1781—1844)伯爵执掌。本肯多夫是波罗的海德意志贵族,他的妹妹是国际社会上有头有脸的多罗特娅·冯·利芬(Dorothea von Lieven,1785—1857),曾与梅特涅有过一段闹得满城风雨的恋情。(她丈夫任俄国驻英国大使长达22年,在此期间,大公夫人利芬的沙龙在伦敦颇有名气。)本肯多夫还兼任宪兵司令,因此第三局实际上也管辖警察,有权搜集"关于任何事情的情报",监视政治上可疑的人——19世纪40年代,平均每年有大约2 000个这样的人——并把他们放逐到西伯利亚,还有权监控俄国境内的所有外国人。第三局的官员经常罗织罪名或轻信不实指控。第三局雇用了一大批眼线,其中一个眼线报告了公众对第三局干涉的不满。据他说,一位官员语带威胁地问告密者:"你难道不知本肯多夫将军为了撬开别人的口无所不用其极吗?"

第三局负责查处官僚机构内的腐败案。一名官员不满地说第三局是"许多年来俄国上空的一片乌云"。1827年,第三局汇报说,百官之中,"清官寥寥无几,官员只会敲诈勒索、弄虚作假,肆意曲解法律条文是他们的拿手好戏"。列昂尼德·瓦西里耶维奇·杜贝尔特（Leonid Vasilievich Dubbelt, 1792—1862）是本肯多夫的副手和实际继任人，也是参加过拿破仑战争的老兵，落到他手里的人无不胆战心惊，而且，他对在自己手下受害的人总是装出一副彬彬有礼的样子。一次，作家兼评论家亚历山大·伊万诺维奇·赫尔岑（Alexander Ivanovich Herzen, 1812—1870）向杜贝尔特抱怨说，宪兵搜查他家时，把东西翻得乱七八糟。杜贝尔特惊呼："天呀，这太不像话了！这帮人竟然如此毛手毛脚！"他虽然客客气气，但这并不妨碍他通知赫尔岑，赫尔岑就要因抨击政府而被流放到俄国东北部的小镇维亚特卡去了。第三局对政治异见分子控制得很严，但在扫除效率低下和腐败方面毫无成果可言，原因之一是政府已经病入膏肓。彼得·亚历山德罗维奇·托尔斯泰（Pyotr Alexandrovich Tolstoy, 1761—1844）伯爵是国务会议下属军事处处长，国务会议的御前秘书说他"集对一切公务莫名的淡漠和出奇的懒惰于一身"。圣彼得堡总督彼得·埃森（Pyotr Essen, 1772—1844）荒疏政务，甚至没注意到自己的办公室主任侵吞公款和索贿，直到1843年东窗事发。第三局还负责审查剧院剧目。1836年，尼古拉·瓦西里耶维奇·果戈理（Nikolai Vasilievich Gogol, 1809—1852）提交了讽刺剧本《钦差大臣》，剧情内容是外省一个小城市的市长误把一个偶然路过此地的人当成了钦差大臣，为了遮掩自己的贪腐，市长殷勤备至，给了那人数额巨大的"贷款"。审查官封杀剧本后，沙皇亲自为剧本放行，想借此剧警诫官吏。在东正教圣主教公会的支持下，1826年颁布的一项法规规定对书报进行审查，1828年时，该法规又修改了一次。由于有些官员是隐蔽的自由派分子，这一法规在实际执行中被掺了水分。但沙皇或某个高官随时有可能会过问，下令关闭某家杂志，或逮捕某个作家。武断与专制制度一向如影随形，

第一章 大革命的遗产

俄国也不例外。尽管沙皇尼古拉一世的政权效率低下，但封杀异见还是做到了。由于缺乏民选议会等表达异见的正式渠道，人们只能通过小说、戏剧、诗歌等方式表达不同看法，但很容易被封杀。维多利亚女王曾说，尼古拉一世"对他采取的哪怕是最专制的举措都**深信不疑**，因为他觉得这是**唯一**的治国之道"。直到尼古拉一世于1855年去世后，俄国政治这块永久冻土才开始化冻。

仿效彼得大帝扩张俄国势力是尼古拉一世追求的一个主要目标。他这样做也是为了维护秩序。一如彼得大帝，沙皇决心使用俄国强大的军事力量来镇压欧洲各地的革命。尼古拉一世维护神圣同盟倡导的理想，继续参加会议体系。他热衷于镇压革命，因此有"欧洲宪兵"之称。从他处理波兰事件的手法看，这一绰号委实不虚。尼古拉一世之前的亚历山大一世与波兰的亚当·恰尔托雷斯基（Adam Czartoryski, 1770—1861）大公关系友好，所以没有触动拿破仑建立华沙大公国时实行的多项改革措施，希望以此收买民心。（1812年时，在拿破仑大军中服役的波兰人大约有8.5万名。大公国的建立令不少波兰贵族兴奋不已，他们从中看到了恢复在1795年时丧失的祖国主权的希望。）"波兰王国"有自己的宪法，自己的议会和政府，有权自行征税，甚至还有一支自己的军队。一位俄国官员愤愤地称，它是"一条对我们口喷毒液的毒蛇"。显然，他惧怕的是民主毒液也会毒害俄国的政治肌体。

亚历山大一世于1825年去世后，尼古拉一世对哥哥波兰总督康斯坦丁大公不断施压，要他压制种种过头的自由。尼古拉一世获悉十二月党人一直与华沙的一个秘密社团有联系后，态度就更坚决了。19世纪20年代初，华沙出现了很多类似的秘密社团，这些团体与共济会关系密切，而 1815 年时，共济会在俄属波兰王国就已经有了 32 个分会。沙皇手下的警察查禁了早期成立的一些社团，比如"民族爱国会"和"自由波兰人联盟"，其成员几乎清一色是波兰军队的下级军官和学生。维尔那（Vilna）曾是波兰-立陶宛王国一部分，如今被划入俄国。1823 年，警察破坏了维尔那大学一批民族主义者的密谋。领导人亚当·密茨凯维奇（Adam Michiewicz, 1798—1855）被流放到俄国中部地区。5 年后，沙皇以叛国罪名把爱国会的几名领导人送上法庭。法官做出无罪判决后［塞韦伦·克日扎诺夫斯基（Seweryn Krzyżanowski, 1787—1839）中校除外，他一直与十二月党人保持联系］，康斯坦丁大公逮捕了几位法官。同时，尼古拉一世下令给密谋者戴上脚镣，流放西伯利亚。更有甚者，波兰军队的所有军官都必须再次宣誓效忠沙皇。

十二月党人起义后，一小批自由派军官在华沙步兵军校秘密聚会，密谋夺取政权。尼古拉一世下令动员俄国军队阻止推翻法国君主制的举动导致更多人加入了他们的行列。1830 年 11 月 28—29 日午夜，他们冲进总督府，看到大公房间门口有一个身穿华丽军服的男子，便把他刺死，随后冲上街头，高呼："大公死了！"可他们杀错了人。他们刺死的其实是华沙总督，大公当时躲在妻子的卧室里。一些高级军官试图恢复秩序，称密谋者是"无知的凶手"。密谋者旋即开枪打死了这些军官，控制了全城及军火库。大公吓得魂飞魄散，仓皇出逃，顾不上动用军队镇压叛乱，逃走时还带上了 1828 年公审失败后沙皇下令流放的犯人。大公宣称："这场乱子是波兰人闹出来的，必须让波兰人来收场。"温和派试图与沙皇谈判，不出所料，沙皇断然拒绝做出任何让步。结果起义的主导权落到了议会里最激进的一派手中。

1831年1月24日,他们缅怀了十二月党人后,说服国会于翌日免去尼古拉一世的波兰国王头衔,发表独立宣言。

激进者多是贵族,他们不愿意进行土地改革以争取农民的支持,害怕这样做会损害自身的社会经济利益。此时,沙皇调集了一支12万人的大军镇压起义。俄国军队不仅要应对训练有素、组织严密的波兰军队,还得对付他们自己从东边带去的霍乱瘟疫。在此后的交战中,波兰人几次大胜俄军,但未能乘胜追击。1831年5月26日,波兰人兵败奥斯特罗文卡,尽管他们富有想象力,使用了火箭弹。波兰主要领导人之间的分歧加速了起义的失败。波兰总司令扬·斯克日内茨基(Jan Skrzynecki, 1787—1860)将军因采取拖延战术而受到严厉指责。国会不同意任命他为独裁者,斯克日内茨基便逮捕了抨击他的人和军队里的几个对手,将他们送上法庭。华沙陷入混乱。一群人冲进监狱,杀了34名囚犯,包括4名将军。8月15日,国会罢免了斯克日内茨基。波兰军队控制了市内街道,向起义首领开枪,拆除了起义者在街道上设置的路障。就在波兰人自相残杀时,俄军兵临华沙城下。华沙守卫者聚集了4万人守城,加紧构筑工事,但终究无力回天。激战两天后,占绝对优势的俄军打败守军,经沃拉教堂进入华沙。后来在这个教堂院子里发现了拿破仑战争老兵、当地波兰军队指挥官约瑟夫·索文斯基(Józef Sowiński, 1777—1831)将军的尸体,他靠假腿支靠在炮车上,被刺刀扎得体无完肤。起义以失败告终。10月21日,残余的起义者向俄军投降。

沙皇决意惩罚起义者。参与起义的波兰军官被悉数开除,流放到俄国中部地区,普通士兵则被送到高加索服役。受惩罚人数多达10万。支持起义的8万多名波兰平民也被流放,其中254人被判处死刑。波兰和立陶宛有5 000多块私人地产被没收。沙皇尼古拉一世下令:"在华沙全城进行大搜查,搜到的前波兰军队军旗一律送到我这里……任何有历史或民族价值的东西,都给我拆掉运到俄国。"尼古拉一世废除了波兰的宪法,解散了议会和军队,派俄国人去波兰担任政府官员,将波兰置于军管之下。大学被关闭,图书馆被封。从1839年起,波兰学生不得出国留学,历史和社会学科的图书不得继续出版,民族诗人的作品也被封杀。波兰起义令沙皇震怒,他甚至一度表示要彻底甩掉波兰,把它的领土分给奥地利和普鲁士。经众大臣劝说,沙皇终于气消。但这场冲突对于波兰和俄国的关系可谓旧恨添新仇,双方彼此憎恶。后来,尼古拉一世废除了波兰王国的省一级政府,用俄国卢布取代波兰兹罗提。1849年,他又用俄国的度量衡单位取代波兰的度量衡单位,造成一片混乱。沙皇没有放过已被囚禁的起义者。时隔25年,很多起义者仍被关在狱中,或在西伯利亚流放。波兰人的民族主义遭到大规模镇压,但没有被消灭,在19世纪后期又多次浮出水面。

波兰起义者之所以失败,是因为他们脱离了广大群众。一小批军官试图在学生和知识分子的支持下夺取政权。和十二月党人不同,他们争取到了广大普通士兵和一部分手工业者的支持。手工业者不满生活艰辛和俄国的勒索,参加了起义。起义者真正需要做的是唤起占人口绝大多数的农民。一些起义者认识到了这一点,然而起义者大多出身地主阶级,对土地改革不热心。促使议会讨论土地改革的尝试无果而终。农民没有被动员起来,这次起义完全限于城市内。沙皇认为,波兰起义系俄国内部事务。其他欧洲大国没有卷入其中,尽管波兰起义者曾试图争取奥地利出面干预。波兰起义在欧洲引起了巨大反响，各地的自由派义愤填膺。1830—1831年的事件在英国造成了长期的恐俄心态，下院一致通过了抨击沙皇的决议。谴责奴役波兰的流行歌曲在德意志风靡一时。俄国诗人亚历山大·谢尔盖耶维奇·普希金（Alexander Sergeyevich Pushkin, 1799—1837）回击了"对俄国的诽谤"，称国外批评者这样做是出于嫉妒，因为在推翻拿破仑的战争中，他们本国的贡献没有俄国大。普希金称这是斯拉夫人自己内部的争执。然而欧洲其他地方的人并不这么看。起义期间及之后，多达7 000名波兰人逃到欧洲其他国家，其中就有作曲家弗里德里克·肖邦（Fryderyk Chopin, 1810—1849）。起义前夕，肖邦离开华沙，再没有回去。华沙陷落后，绝望的肖邦从斯图加特写信给父亲："敌军肯定已经到了我们家门口。城郊恐怕已经陷落，成为一片火海……真恨自己不能手刃一个俄国人！"

沙皇尼古拉一世镇压波兰起义时，公然无视维也纳会议的解决方案，该方案给予波兰王国很大程度的自治。但从另一个意义上讲，尼古拉一世也是在维护它，毕竟，这一方案的核心是对付革命威胁，也就是说，任何维护秩序的行动都符合该方案的精神。虽然在波兰问题上只有俄国一家采取了行动，但沙皇希望今后再遇到麻烦时，能够和其他欧洲国家协同行动，尤其是在俄国自家后院之外的地方有麻烦时。然而在维护1815年后的欧洲秩序上，与俄国合作有可能有悖于欧洲其他国家自身的利益，哪怕是最保守的国家。在19世纪20年代欧洲协调原则面临的最重大问题——希腊脱离奥斯曼帝国独立——上，这一点将充分显露出来。

希腊独立

奥斯曼帝国苏丹马哈茂德二世（Mahmud II, 1785—1839）和同时期欧洲众多统治者一样，对拿破仑在法国的铁腕统治推崇备至。19世纪初时，奥斯曼帝国仍然在东南欧控制着很大一片土地，自摩尔多瓦和瓦拉几亚公国起，横贯波斯尼亚、塞尔维亚和黑山，南面经保加利亚和阿尔巴尼亚直抵希腊和爱琴海诸岛。同时，奥斯曼帝国还控制着安纳托利亚、伊拉克、叙利亚、巴勒斯坦、阿拉伯半岛、埃及和远至突尼斯的北非沿岸。在欧洲政治中，奥斯曼帝国是一支不可小觑的力量。奥斯曼军队围困维也纳（1683）距当时不过100多年。然而，欧洲贸易重心从中东地区移向了大西洋，18世纪末，西欧国家的经济又迅速增长，奥斯曼帝国开始在经济上落伍。西欧国家改进了陆海军的组织方式和技术后，战斗力开始超过奥斯曼军队。在欧洲大部分地区，18世纪时司空见惯的政府腐败都受到了遏制，但奥斯曼帝国仍然腐败盛行。身居奥斯曼帝国都城伊斯坦布尔（君士坦丁堡）的苏丹越来越难发号施令。在帝国大片地区，地方和区域首领日益坐大。

昔日落草为寇的台佩莱纳的阿里帕夏（Tepedelenli Ali Pasha, 1740—1822）就是一方诸侯。他控制了起自伯罗奔尼撒半岛和希腊本土、横贯马其顿、直抵阿尔巴尼亚（他是阿尔巴尼亚人）的大片地区。他于1788年被任命为奥斯曼帝国官员"帕夏"后，肆意征收赋税，靠暴力和敲诈勒索维持自己的统治。他以贪得无厌和骄奢淫逸闻名，1819年时已经肥胖不堪，无法依习俗在地上盘腿而坐。帕夏的我行我素超出了马哈茂德二世的容忍程度。1820年，2万余名奥斯曼士兵包围了他在约阿尼纳的总部。帕夏率部殊死抵抗，苏丹不得不抽调驻扎在伯罗奔尼撒半岛的军队增援。帕夏急寻盟友，与希腊商人为追求"祖国解放"而在1814年秘密建立的"友谊社"搭上了线。友谊社社长亚历山大·伊普西兰蒂斯（Alexander Ypsilantis, 1792—1828）是一名俄军军官，曾率领友谊社招募的一支小部队进军多瑙河流域的摩尔多瓦和瓦拉几亚公国，企图挑起俄国与土耳其之间的战争，借此摧毁奥斯曼帝国，解放各地的希腊人。

然而沙皇不赞成伊普西兰蒂斯的做法，拒绝支持他攻击一国政权的危险举动。沙皇派军队进入摩尔多瓦，声称神圣同盟允许这类干预。伊普西兰蒂斯说服一个名叫图多尔·弗拉迪米雷斯库（Tudor Vladimirescu, 1780—1821）的罗马尼亚小地主在一批雇佣军的帮助下发动起义。弗拉迪米雷斯库许诺进行土地改革，很快赢得了瓦拉几亚农民的支持，他的军队也占领了布加勒斯特。然而，尽管弗拉迪米雷斯库竭力约束部下，但他的部队还是四处放火劫掠，甚至连支持独立事业的希腊地主的财产都不放过。伊普西兰蒂斯依托这一地区希腊地主摧毁当地奥斯曼政权的设想因此丧失了群众基础。一支土耳其军队抵达后，绝望的弗拉迪米雷斯库想改换门庭，但为时已晚。他手下的军官向希腊人告发了他，希腊人将他折磨至死，把尸体扔到了厕所里。伊普西兰蒂斯逃到奥地利，在流亡中死去。不过，伊普西兰蒂斯赢得了希腊东正教会上层人士的支持。东正教会鼓动伯罗奔尼撒半岛的农民发动武装起义。奥斯曼军队里的希腊籍军官对土耳其人杀害希腊民族主义密谋者义愤填膺，也参加了起义。巴不得推翻奥斯曼人政权的武装匪徒很快在农村成群结队游荡，袭击地方官员，屠杀穆斯林。爱琴海诸岛居民成了海盗，从海上袭击奥斯曼人。到了1821年4月，在伯罗奔尼撒半岛上的4万名土耳其居民中，已有大约1.5万人遭到杀害。

1822年1月27日，一个自封的希腊国民议会在伯罗奔尼撒半岛的埃皮道鲁斯开会，旗帜鲜明地明发表了一篇独立宣言，宣布要挣脱"奥斯曼人的残酷枷锁"。宣言宣布，希腊人民正在进行"一场圣战，其目标是恢复个人自由、财产权和荣誉；欧洲文明国家的人民，也是我们的邻居，现在均享有这些权利"。尽管领导起义的国民议会亮明了指导思想，起义者依旧各自为政。起义队伍内部陷入分裂，一团混乱。知识分子出身的起义者与政治意识薄弱的粗野战士之间隔阂巨大。在起义者控制的地区，没人能建立起统一领导机构或维护公共秩序。英国观察家乔治·芬利（George Finlay, 1799—1875）目睹起义军攻占伯罗奔尼撒半岛上的特里波利斯，见到希腊基督徒屠杀当地穆斯林居民的情景，绝望地写道：

> 妇女和儿童在被杀之前往往先受到折磨。希腊人在攻下该城48小时后，就蓄意抓捕了大约2 000名男女老幼，主要是妇女和儿童，把他们带到附近山上的一道沟里，一个不剩全部杀死。

奥斯曼人的报复同样残暴。苏丹下令把君士坦丁堡的东正教牧首吊死在教堂大门上，尽管后者努力平息局势，开除了起义者的教籍。一些城镇放手纵容穆斯林人群袭击基督徒居民。奥斯曼军队焚烧村庄，毁掉庄稼。在萨洛尼卡，副帕夏挑动制造了一连串屠杀基督徒居民的事件。城内的毛拉心有余悸地讲述了看到的情景，表示"受害者的啼哭和惨叫声"不绝于耳。他在写给苏丹的信中说："昔日美丽的萨洛尼卡城好似陛下皇冠上一颗闪闪发光的宝石，现在它成了一个巨大的屠宰场。"当地有身份的基督徒，包括萨洛尼卡东正教都主教，都被戴上镣铐，带到面粉市场，受尽酷刑后处决，砍下的头颅带给了副帕夏。他下令把这些头颅悬挂在西门上。无数基督徒被卖为奴。

奥斯曼军队攻占了阿里帕夏的封地后，他跑到帕瓦尼斯湖（Lake Pamvotis）的一个岛上，拒绝了奥斯曼人要他自首受刑的要求（"我不会像奴隶一样交出我的头颅"）。他从躲藏地方的楼上指挥手下人抵抗，结果被楼下射来的子弹打死。仿佛要证明他的预言有误一样，他的头被割了下来，送交给了苏丹。发生在土耳其沿岸附近的希俄斯岛上的事情引起了国际舆论的强烈反响。岛上有很多希腊富商，靠种植乳香、采集树脂发财致富，乳香树脂好似口香糖，用于咀嚼。希腊起义者包围了当地的一个奥斯曼人军营。军营驻军看到驶来的奥斯曼增援舰队后，屠杀了扣押的人质，逼迫仆人说出主人藏匿财宝的地方（这些仆人随后被勒死）。土耳其人看到从岛上送到希腊本土的大批被没收财物后，以为岛上有无穷无尽的财宝，纷纷来到希俄斯岛参与劫掠。据士麦那的一家法语报纸报道，岛上最大城市的街道上尸体横七竖八，四周楼房在大火中坍塌。大约2.5万~3万名基督徒遭到杀害。大多数居民要么逃走，要么被卖为奴隶。希俄斯岛人口锐减，1822年前一共有12万人，一年后只剩下3万人。

希俄斯岛大屠杀的消息传到西欧后，舆论大哗。法国画家欧仁·德拉克洛瓦（Eugène Delacroix, 1798—1863）画了一幅油画，即《希俄斯岛的大屠杀》(1824)。画上有一名包着头巾的土耳其骑兵，他胯下的马前蹄高抬，马下是死人和奄奄一息的希腊妇女和儿童。这幅画在欧洲各地知识阶层中激起了对希腊人民的深深同情。1824年11月，参加过皮埃蒙特革命的圣罗萨离开诺丁汉，前往希腊与当地起义者并肩战斗。1825年5月8日，他在斯法克特里亚岛上被奥斯曼帝国下属的埃及军队杀害。大批意大利流亡者和烧炭党人认为，希腊独立事业和自己的事业一样，都是为了挣脱外国统治，恢复昔日的辉煌，他们也向地中海姊妹国表示支持。在欧洲许多国家的首都，人民纷纷成立委员会为希腊起义者募捐，向本国政府施压。英国公众舆论更是一面倒地同情希腊人。1823年，英国政府迫于压力，同意不去干预以岛屿为基地的希腊"舰队"（其实就是海盗船）在海上封锁土耳其，那些"舰队"使奥斯曼人难以向部队运送补给。一些富于冒险精神的英国人慷慨激昂奔赴希腊，加入起义者的行列，许多人到了那里，却大为吃惊。其中一人写道："我们刚去时，以为伯罗奔尼撒半岛上全是普鲁塔克式的人物，返回英国后，大家都感觉纽盖特监狱（伦敦的主要监狱）里面的囚徒比希腊人的道德品质更高。"

在渡海参加希腊起义的亲希腊人士中，最有名的是英国浪漫派诗人拜伦勋爵。1823年7月，拜伦离开居住地热那亚前往希腊。起义的各派慕于拜伦名气，争先恐后想得到他的支持，拜伦因此对当地局势有了更清醒的认识。1824年4月，拜伦也许是患了脓毒症，高烧不退，在迈索隆吉翁病逝。他成了献身希腊解放事业的烈士，激励了更多志愿者从欧洲各国奔赴希腊。法国大革命政治原则的坚定支持者也站在希腊人民一边。尤其引人注目的是加勒比海的海地共和国里那些从前被奴役、现在执掌政权的人，他们早在 1821 年就正式承认了希腊独立。海地的百名志愿者漂洋过海，前去帮助希腊人，但半途上被海盗抓获，不幸再度沦为奴隶。海地共和国无力为希腊事业筹款，只能送去 25 吨咖啡豆，让起义者卖掉咖啡豆，用所得收入购买军火。与此同时，纽约的亲希腊人士为起义者积极募捐，还有几个美国志愿者加入了起义者队伍，其中就有乔治·贾维斯（George Jarvis, 1798—1828）。贾维斯是美国派驻德意志的一位外交官的儿子，会说希腊语。他身穿希腊军服，以"泽尔沃斯上尉"的身份与希腊起义者在陆地和海上并肩作战，后死于斑疹伤寒。由于出台了"门罗主义"，美国国会里的亲希腊议员没有办法让美国政府正式干预，但希腊人民的起义得到了美国公众舆论的广泛支持。

各方的支援最终还是无济于事。起义者内部派系林立，他们的成分复杂，有海盗、土匪、当地有文化的民族主义者，还有从海外返回的希腊侨民——地中海一带以及东南欧各国都有希腊侨民社区。不同派系之间关系无常，开始内斗。奥斯曼人派遣了一支由苏丹名义上的封臣穆罕默德·阿里（Muhammad Ali, 1769—1849）提供的埃及大军。阿里同意扑灭希腊起义，条件是把叙利亚划入他的封地。埃及军队在伯罗奔尼撒半岛一路向北，所过之处杀人如麻。西欧各国政府面临来自本国人民的越来越大的压力。然而，俄国人和英国人之间出现了严重分歧。俄国人想利用奥斯曼人的虚弱来达到自己的目的，英国人则对俄国人的野心存有戒心。亚历山大一世最初避免单独采取行动，因为他知道，这样做会损害神圣同盟，毕竟该同盟是他一手建立的。但是在局势不断恶化的情况下，他的继任者尼古拉一世若延续这一政策，就势必严重损害俄国的影响力和威望。沙皇很快感到必须采取行动，恰好这时出现了一个干预机会。马哈茂德二世出于可以理解的原因，为奥斯曼帝国在东南欧的统治受到多重威胁而忧心忡忡。为此，他推行军事改革，结果在奥斯曼帝国首都伊斯坦布尔引发了动乱。

首先挑起动乱的是奥斯曼帝国的禁卫军士兵。禁卫军成立于14世纪，当时的禁卫军是精锐部队，兵员来自被当作奴隶的年轻基督徒，但是到近代初期时，这支部队已蜕变为一个世袭性质的组织，纪律松弛，腐败不堪。苏丹认识到这支队伍基本上丧失了战斗力，于是在1826年下令将其解散。禁卫军曾不止一次废黜想推行改革的苏丹，1826年，他们又一次跃跃欲试，13.5万名禁卫军官兵中，大多数人都不服从长官命令。不过马哈茂德二世不只有禁卫军，他一直在筹建一支仿效欧洲国家的由自由土耳其人组成的现代军队。禁卫军前去攻打苏丹皇宫，很快就败下阵来，退守军营。苏丹的新军炮轰军营，打死了至少4 000名叛军士兵。其余的人要么逃走，要么被监禁。囚犯中至少有2 000人被带到萨洛尼卡砍头，萨洛尼卡因此有"血堡"之称。伊斯坦布尔的动乱给俄国人提供了机会。1826年，俄国人强迫苏丹接受《阿克尔曼公约》，迫使土耳其人从几个罗马尼亚公国撤出。1827年7月，英、法、俄设法消除分歧，缔结了《伦敦条约》，三国共同推动希腊人和奥斯曼人达成休战，但不支持任何一方。三国还向这一地区派遣了舰队。联合舰队司令官是英国海军少将爱德华·科德林顿（Edward Codrington, 1770—1851）爵士，他对伯罗奔尼撒半岛希腊临时政府所在地纳夫普里翁的印象很坏（"那是我见过的最肮脏的城市，街道糟糕透顶，房子破旧不堪"），对希腊各派火并、街上枪声不绝于耳的情形印象更坏。但在得知苏丹拒绝接受《伦敦条约》后，科德林顿在英国驻伊斯坦布尔领事、亲希腊的斯特拉特福德·坎宁（Stratford Canning, 1786—1880）的鼓动下，于 1827 年 10 月向自己统辖的舰队下令，要舰队向停泊在伯罗奔尼撒半岛西南角纳瓦里诺海湾的土耳其舰队开炮。土耳其军舰只能穿过一条狭窄的海道逃跑，而英国舰队正在外面恭候。经过 3 个半小时的炮火猛攻，土耳其舰队葬身鱼腹，奥斯曼帝国的海军被彻底摧毁了。

坎宁和科德林顿两人的行为都越权了。时任英军总司令的威灵顿公爵怒不可遏，公开声明与这场海战无关。削弱奥斯曼帝国并不符合英国的国家利益，因为这会给俄国在这一地区扩张自己势力敞开大门。威灵顿的看法没有错，但公开表达它不够明智。奥斯曼苏丹认为，威灵顿的声明是在鼓励自己无视《阿克尔曼公约》，继续镇压希腊起义。作为回应，沙皇对奥斯曼帝国宣战。最初战事并不顺利，普鲁士的腓特烈大帝（Frederick the Great of Prussia, 1712—1786）形容俄土历次战争是独眼龙与瞎子之战。不过到 1829 年 8 月时，俄军已然逼近伊斯坦布尔，奥斯曼帝国危在旦夕。不无矛盾的是，这反倒成了修补因希腊起义问题差点破裂的欧洲协调体系的机会。在那个时候，用多个由土匪和革命者掌权的弱小动荡国家取代奥斯曼帝国在欧洲的部分，是不符合任何一方利益的。1829 年 11 月到 1830 年 2 月之间，各国在伦敦召开了会议。会上欧洲国家同意成立一个实行君主立宪制的不大的独立希腊国，同时把几个罗马尼亚公国划归俄国的势力范围。包括俄国在内的与会各国都承诺，今后不会再对奥斯曼帝国在巴尔干半岛上的其他领土提出诉求。希腊起义是到那时为止对欧洲协调体系最严重的威胁。最终，这一体系得以维系。

以上事件中的一个关键人物是扬尼斯·卡波迪斯特里亚斯（Ioannis

Kapodistrias, 1776—1831），他对整个欧洲有很大影响。和玻利瓦尔、杜桑·卢维杜尔或成长于18世纪末的其他政治领袖一样，卡波迪斯特里亚斯属于一代新人，这一代人所怀的理想源自法国大革命早期的温和立宪主义，他们对立宪主义可以实现的信念则来自拿破仑。卡波迪斯特里亚斯出生在科孚岛，当时该岛仍在威尼斯统治之下。他先在帕多瓦大学攻读医学、哲学和法律，之后返回科孚岛行医。拿破仑征服意大利各地后，包括科孚岛在内的伊奥尼亚群岛于1797年落入法国人之手。两年后，俄国人和土耳其人又共占了这些岛屿，把它们捏合成所谓七岛共和国。此时，卡波迪斯特里亚斯已深受法国大革命一些重要观念的濡染，此后不久，他把这些观念付诸行动。身为名医，他被任命为军事医院院长，此后又代替父亲出任部长，成为七岛共和国两个部长中的一个。经他游说，占领国使节同意修改强加给七岛共和国的寡头政体宪法。卡波迪斯特里亚斯还说服岛上的权势集团接受改革，选举产生了一个参议院。参议院表决通过了一部自由主义色彩的新宪法，并任命他为首席部长。然而，1807年，法国人再次占领了这些岛屿，卡波迪斯特里亚斯被迫逃往俄国，加入了俄国外交部（当时法语是国际社会通用的外交语言，也是俄国宫廷使用的语言，所以他才有可能供职于俄国外交部）。1813年，卡波迪斯特里亚斯受命划定瑞士边界并为它制定一部宪法。他出色完成了任务，以国际担保方式确保了瑞士的中立地位，亚历山大一世因此任命他为外交大臣之一。在维也纳会议（1814—1815）上，卡波迪斯特里亚斯倡导开明路线，与梅特涅一伙人推行的秘密外交格格不入。卡波迪斯特里亚斯抱怨道："他们忘记了，赢得这场战争的不是各国君主，而是国家。"梅特涅说卡波迪斯特里亚斯是"一个十足的傻瓜，执迷不悟到极点，生活在一个我们做噩梦时常常梦见的世界里"。

1818年时，卡波迪斯特里亚斯已有渴望希腊独立之心。一开始，他未能说服沙皇支持这一事业。1822年，他从俄国外交大臣的职位上请辞，移居日内瓦。之后，卡波迪斯特里亚斯游说欧洲各国政府支持希腊人民起义，并为起义者筹集物资援助。当时他已是欧洲最负盛名的希腊政治家，加上他与俄国关系密切，因此1827年选举产生的国民议会任命他为希腊"总督"。1828年，卡波迪斯特里亚斯返回设在纳夫普里翁的首都，开始发行新货币，并像他20多年前在科孚岛做的那样改革教育体制，除扩大中小学教育外，还成立了一所大学。他利用自己掌握的医学知识，建立了预防鼠疫等传染病的隔离制度。为了改善人民饮食，他把马铃薯引入希腊，向任何愿意种植马铃薯的人免费提供种子。起初农民满腹狐疑，不予理睬。卡波迪斯特里亚斯于是换了手法，把马铃薯堆积在纳夫普里翁岸边，派重兵把守。当地人和进城的乡下人见状，觉得这种新蔬菜一定很值钱，值得去偷，很快，马铃薯就被偷盗一空，卫兵则假装没看见。马铃薯终于在希腊生根落户了。不过，卡波迪斯特里亚斯在与互相争斗的各派系打交道时，可没有这么细致。因派系之争，成立希腊国举步维艰。卡波迪斯特里亚斯试图集中权力，整合军队的管理和征兵工作，统一赋税和关税，但遭到马尼半岛不受约束的世家大族的顽固抵制，此前不久，俄军才协助扑灭了马尼半岛上的一次起义。伊德拉岛（Hydra）、斯佩察岛（Spetses）和普萨拉岛（Psara）上的海盗商船主又添新乱。他们俘获了弱小不堪的希腊国舰队，但被法国海军打败。他们宁肯把舰船凿沉，也不肯加入一支由中央政府指挥的希腊新海军。

卡波迪斯特里亚斯最危险的对手来自马夫罗米哈利斯家族，该家族在马尼半岛上势力很大。为了制服这一家族，卡波迪斯特里亚斯把它的首领、奥斯曼人统治时期任半岛总督的彼得罗斯·马夫罗米哈利斯（Petrobey Mavromichalis, 1765—1848）投入监狱。彼得罗斯的两个兄弟感到自己的荣誉受到侮辱，怒不可遏，决意依照当地习俗暗杀卡波迪斯特里亚斯。1831 年 10 月 9 日，卡波迪斯特里亚斯走进一座教堂时，事先埋伏在此的两兄弟一个对准他的头开枪，另一个用刀刺入他的肺部。卡波迪斯特里亚斯遇刺后，希腊陷入混乱，暴力横行。直到 1832 年 5 月，英、法、俄依照《伦敦条约》条款强行把 17 岁的巴伐利亚亲王奥托·冯·维特尔斯巴赫（Otto von Wittelsbach, 1815—1867）扶为希腊国王，才结束了希腊的混乱局面。为了找到愿意干这份吃力不讨好的差事的人，三国花费了几年时间。奥斯曼人承认了维特尔斯巴赫的国王地位，条件是希腊付一笔数额不菲的补贴（说白了就是贿金）。维特尔斯巴赫热爱古典文化，把希腊首都从纳夫普里翁迁到了雅典。他在政府机构里任用了大批巴伐利亚人，以致他的统治被希腊人称为"巴伐利亚人政权"（Bavarokratia）。在此后的岁月里，维特尔斯巴赫竭力控制局面，但没能成功。不过他支持希腊民族主义者努力扩大希腊疆土，把很多仍处于奥斯曼帝国统治下的希腊人纳入希腊，因此得到了一部分希腊人的拥护。制定这一政策的初衷绝非实现这一地区的稳定。

　　希腊起义的影响波及居民以东正教基督徒为主的又一个奥斯曼帝国地区——塞尔维亚——后，立刻破坏了这一地区的稳定。在人称"黑乔治"的卡拉乔尔杰·彼得罗维奇（Djordje Petrović, 1768—1817）的带领下，信仰东正教的塞尔维亚人发动过一次大起义，但被镇压了下去。1815 年，又爆发了以米洛什·奥布雷诺维奇（Miloš Obrenović,

1780—1860）为首的一次起义。奥布雷诺维奇是一个目不识丁的养猪农民，但为人机智，知道不能与奥斯曼军队硬拼。他的目标是争取让苏丹容忍塞尔维亚自治。作为希腊起义者代表的"黑乔治"秘密返回塞尔维亚，执行打击奥斯曼人在塞尔维亚统治的任务。奥布雷诺维奇惧怕他的威望，派人将熟睡的"黑乔治"砍死，从此开启了两大家族长达一个多世纪的血腥争斗。"黑乔治"和奥布雷诺维奇同是游击队领袖，他们领导的队伍是武装起来的农民，不是正规军。奥布雷诺维奇颇有手腕，与信奉东正教的俄国建立了密切关系，利用1828—1829年俄土战争期间奥斯曼人处于劣势的机会一家独大。他靠多年经营畜牧业发了大财，用钱贿赂伊斯坦布尔的官员，取得了征税权，他的财富因此暴增。1830年，奥布雷诺维奇出钱为家族买下了作为塞尔维亚王公世代世袭执政的权利。塞尔维亚农民无法忍受他的横征暴敛，接连不断发动武装起义，但都被奥布雷诺维奇装备精良、统一指挥的军队镇压下去了。

1830年，很可能迫于奥布雷诺维奇的压力，苏丹马哈茂德二世决定把波斯尼亚的六个城市让给塞尔维亚公国。波斯尼亚穆斯林精英阶层对丧失自治地位义愤填膺，对马哈茂德二世强化帝国统治的措施忧惧万分，害怕自己会受制于信奉基督教的塞尔维亚人。1831年初，他们召开大会，组建了一支起义军，把维齐尔（奥斯曼帝国高官）逐出波斯尼亚。9月，位于萨拉热窝的一个全波斯尼亚大会宣布波斯尼亚在奥斯曼帝国内实行自治，这一举动得到了该地区部分基督徒的支持。这可以说是有史以来首次公开宣示波斯尼亚的民族身份。1832年，奥斯曼当局镇压了这次起义。虽然欧洲列强（不包括俄国）对奥斯曼帝国国内稳定和前景感到担忧，但在19世纪30年代初期时，奥斯曼帝国显然仍有力量打败起义者和革命者，后者未能得到帮助希腊实现了独立的国际社会的支持。尽管如此，局势仍继续动荡。奥布雷诺维奇对自己领地的统治摇摇欲坠。1838年，苏丹认识到人民的不满比从前更甚，因此迫使奥布雷诺维奇接受宪法、成立议会。奥布雷诺维奇被迫让位给他的小儿子米哈伊洛（Mihailo, 1823—1868）。米哈伊洛上台后并无作为，依旧执行他父亲那些深受人民痛恨的政策，不久也被迫流亡国外。1817年遇害的起义领袖的儿子亚历山大·卡拉乔尔杰维奇（Alexander Karadjordjevic, 1806—1885）执掌政权。奥斯曼帝国的这次干预不仅无助于稳定地区局势，反而是负薪救火，动荡迅速演变为19世纪最惨烈的王位之争。

归根结底，当时欧洲列强还是需要奥斯曼帝国。希腊独立可以说是一个例外。英国尤其担心一旦奥斯曼帝国解体，俄国就会乘虚而入。卡波迪斯特里亚斯的命运让人不仅看到了法国大革命和拿破仑及其观念对滑铁卢战役后欧洲政治的巨大影响，也看到了它们的局限性。一方面，出身知识精英阶层的新一代政治家和军队里的少壮军人在自由和民族主权理想的激励下，拒绝接受1815年解决方案中带有复辟性质的保守条款，领导了民族解放运动和自由主义改革运动。几乎在欧洲各地，他们都得到一部分人的拥护，足以撼动维也纳会议建立的大厦根基。另一方面，这批人显然只代表了占人口少数的知识分子阶层，没有得到广大人民的支持。城乡普通百姓挺身反抗当局时，常常是为了争取自身利益。知识分子背景的革命者宣扬的民族自由和开明改革在他们中间没有引起什么共鸣。革命者起义是受了拿破仑的影响，而拿破仑却坚定信奉一个理性的中央集权政府，这与革命者争取的代议制政府体制不无矛盾。再者，他们的举动令欧洲列强政府坐卧不安,正因如此,成员看法不一、明争暗斗的欧洲协调体系才得以维系。19世纪20年代末,于1815年在维也纳达成的解决方案虽然个别地方有所更动,但总体上并未受到触动。

七月革命

1830年，法国查理十世的反动政权几乎一夜之间倒台，维也纳会议构建的欧洲大厦第一次出现重大裂缝。1829年8月朱尔·德·波利尼亚克被任命为政府首脑后，与1827年选举产生的众议院内的自由派之间的冲突已不可避免。国王查理十世对1789年7月他在哥哥路易十六最后一届政府中扮演的角色记忆犹新，他告诉政府官员："我那不幸的哥哥做出的首次让步是他覆亡的信号。"他怒气冲冲地斥责自由派分子想推翻君主制："他们抨击政府的真正用意是攻击君主制。"1830年3月2日，查理十世召集众议院议员发表讲话，宣称如果议员反对他，他将采取必要措施维护公共秩序。查理十世讲话时情绪激动，不停挥动手臂，加重语气，不小心把戴的帽子碰掉了。帽子在地上翻了几个滚，滚到他亲戚奥尔良公爵路易-腓力（Louis-Philippe, 1773—1850）脚下。路易-腓力的父亲同情1789年大革命，因此被人称为"平等腓力"，路易-腓力也步其父后尘，享有开明人士的名声。查理十世帽子掉地的征兆没有逃过在场者的眼睛。

此后，危机迅速升温。议会对查理发出的威胁警觉起来，221名议员表决要求国王解散波利尼亚克政府，因为它得不到议会的支持。国王反而在政府内任命了更多的死硬保守分子，解散议会，重新举行选举。然而自由派人士在选举中大获全胜，赢得274个议席，而政府只有143席（11个席位未定）。与此同时，查理对名义上属于奥斯曼帝国的阿尔及利亚宣战，希冀借此抬高自己的威望。阿尔及利亚总督盛怒之下用一个驱蝇掸子打了法国大使，造成了一次外交事件。一位法国君主试图通过在海外效仿拿破仑来巩固自己在国内的地位，这不是最后一次。1815年时，法国的海外帝国中就已经少了在印度和美洲的部分，但法国人依然帝国梦不死，发财之心犹存。法国已在塞内加尔和马达加斯开了头，攫取北非海岸的前景则更加诱人。一支法国远征军仅用3周就占领了阿尔及尔，为一个新法兰西殖民帝国奠定了基础。7月第二周，这一消息传到了巴黎，国王的胆子顿时壮了起来，决定动手收拾国内反对派。

7月25日，查理十世和波利尼亚克连发四道敕令，宣布实施严格的书报检查制度，解散新选出的众议院，削减选民人数，规定只有最富有的那25%的人可以投票。梯也尔和立宪君主制的支持者公开号召人民抵制这次政变。巴黎随即爆发了街头起义，领导起义的是生计受到书报检查新制度威胁的印刷工人，以及学生、昔日拿破仑军队里的老兵，还有普通劳动者，过去三年连年歉收，粮食和面包价格居高不下，他们早已怨声载道。人群涌上巴黎街头，砸碎路灯，高呼："打倒波旁王朝！"波利尼亚克乘坐的马车驶过时，群众向他投掷石块。查理十世下令驻守巴黎的部队恢复秩序，但部队指挥官、当年拿破仑军队的元帅奥古斯特-弗雷德里克·马尔蒙（Auguste-Frédéric Marmont, 1774—1852）手下只有1.3万名士兵，因为4万名精兵被派去了阿尔及利亚。国王和波利尼亚克在最需要军队保卫政权时却调开了军队。1830年7月27日，马尔蒙的军队对聚集在王宫前的示威者开枪，打死数人。群众抬着死难者尸体在巴黎各处游行，把他们当作烈士。翌日，更多的人涌上街头。马尔蒙写信给国王："现在已不再是骚乱，而是一场革命了。"他也许是有意重复当年巴士底狱被攻克后路易十六听到的话。

7月29日，马尔蒙纠集部队对起义者发起进攻。民众采用了一种新手法应对——修筑街垒。这成了19世纪巴黎一切起义的标准做法。起义者先刨开街上的鹅卵石，将其堆积在街头，然后在上面堆上家具、倒扣的手推车和任何他们可以找到的东西。街垒高度不一，最高的可达3米。马尔蒙的部队攻入后，后路被放倒的树木切断。在一场"夜壶战"中，革命支持者从高处向士兵投掷乱七八糟的东西。组织街垒防御的是参加过拿破仑战争的老兵，很多人复员时都把武器带回了家。国王的士兵在密集枪声中被迫后撤。马尔蒙不愿对包括妇女和儿童在内的群众开枪，率部队退守杜伊勒里宫和卢浮宫。部队士气低落，士兵们从早饭后就没再吃过东西。在自由派政治家卡西米尔·佩里耶的慷慨陈词下，整整两个团的士兵倒向起义者一边，其余士兵狼狈逃跑。绝大多数公共建筑落入起义者手中。塔列朗不久前才结束流亡，返回法国为路易-腓力效力，他透过楼上的窗子看到这一切后，从口袋里掏出怀表说："7月29日正午后5分钟，波旁王室长支的统治结束了。"马尔蒙率残余部队撤出巴黎。梯也尔和自由派议员（尤其是银行家雅克·拉菲特）闻知群众高呼"拿破仑万岁！"的口号，惶惶不安，赶印并散发了一份宣言，宣布废黜查理十世，力促让路易-腓力继承王位，称唯有他会尊重路易十八复位后接受的宪法。梯也尔溜出巴黎，说服路易-腓力接受这部宪法，塔列朗也建议国王接受。路易-腓力返回首都时，沿途群众高呼："共和国万岁！"多亏参加过1789年大革命的拉法耶特侯爵救驾,他把路易-腓力领到市政厅的阳台上,让他挥舞一面三色旗。查理十世看到军队纷纷倒戈,被迫投降,正式宣布退位,之后流亡英国和奥地利。1836年,他在属于哈布斯堡王朝的地中海附近城市戈里齐亚死于霍乱。

作为一场革命,1830年发生在法国的这一事件既不是特别血腥,也不特别有戏剧性。革命只限于巴黎一地,法国其他地区乖乖接受了革命成果。革命成果也谈不上惊天动地,主要有:修改路易十八时期的宪法,废除国王指定的贵族院成员的世袭继承权,删除宪法中规定主权在君的序言,删掉允许国王中止或阻碍法律的条款,授予议会两院立法动议权,废止书报检查制度,把天主教从法国国教降格为"大多数法国人信奉的宗教"。选举法也得到改革,降低了选举人和被选举人的资格条件,选民人数几乎翻了一番,但仍然只占成年男子人口的5%。路易-腓力及其顾问竭力在革命后的解决方案中把波拿巴主义者和共和党人拉进来。四名拿破仑时期的元帅主持了路易-腓力的宣誓即位仪式(没有举行正式加冕仪式)。王宫对民众开放,新即位的君主亲自接待,与他们一起高唱法国大革命之歌《马赛曲》。

路易-腓力的首届政府成员包括大革命的象征拉法耶特、代表帝国的艾蒂安·热拉尔(Étienne Gérard, 1773—1852)将军、曾为路易十八效力的弗朗索瓦·基佐,还有梯也尔和卡西米尔·佩里耶这样的奥尔良派人士。从前拿破仑军队的元帅让-德-迪厄·苏尔特(Jean-de-Dieu Soult, 1769—1851)也在这一届政府中出任要职。政府显然想努力实现全国和解。公众要求处死查理十世在位最后几个月时政府内的几个反动大臣,但没能成功。波利尼亚克及其同僚坐牢时间不长即被释放,获准流亡国外。当年签署处决路易十六判决书的人和1816年被流放的革命者中，依然在世者也得到赦免，获准回国。这次事变虽然显得十分温和，没有什么惊人之处，却的的确确是一场革命。参政院（Council of State）半数以上高级官员被解职，同时被解职的还有76名地方长官和196名次级长官，以及393名市长或议员。65名将军被勒令提前退休，大多数外交官也丢了工作。路易-腓力把三色旗定为法国国旗，宣称"民族意志在召唤我"。他自称路易-腓力国王，而不是路易十九或腓力七世。如同1789年路易十六被迫做的那样，路易-腓力用了"法国人民的国王"这一称号，而不是传统称号"法国国王"。拿破仑用"法国人民的皇帝"称号也含有此意。这是一种新型君主制，至少有些方面以英国的立宪体制为模型。基佐撰写了一部历史巨著，详细讲述了他眼中立宪体制的渊源——17世纪的英国内战。路易-腓力依然拥有任命大臣的权力，但他行使这一权力时十分谨慎。只有在得到议会支持时，他才会任命大臣。1830年举行的新选举产生了一个自由派占多数的议会。

但是在某些方面，新政权和旧政权一样重视维护秩序。里昂的丝绸业雇有5万名工人。1831年，两件事在里昂引发了大规模骚乱，一是引进了雅卡尔提花机，二是当局在本地制造商和商人的要求下，罢免了一名保证织工产品最低价格的地方官员。成群结队的纺织工人拿起武器，攻击警察营地，经过激战，击溃了警察部队。在这场战斗中，有169人被打死，400多人受伤。几天后，苏尔特带领一支2万人的部队重新控制了里昂，没有再引发流血事件。然而，在3年后的经济繁荣时期，当地商人试图削减纺织工人的工资，结果引发了一连串罢工。最终军队进驻里昂，逮捕并审判了罢工领导人。纺织工人在街头构筑路障，袭击军火库。在此后的激战中，大约有200人被打死，1万余名起义者被捕，他们或被投入监狱，或遭流放。巴黎当局自然怀疑有共和党人卷入其中，起义者也确实发布了使用大革命时期历法的法令，以 1792 年为元年。政府还严厉镇压了巴黎共和党人分别于 1832 年 6 月和 1834 年 4 月发动的两次起义。带有雅各宾派色彩的"人权社"（Society of the Rights of Man）领导的最后一次起义失败后，梯也尔以叛国罪名把大批起义者送上法庭。数十人被判有罪，或被监禁，或被流放。

19 世纪 30 年代期间，路易-腓力的统治风雨飘摇。1832 年首次发生暗杀国王未遂事件。1835 年，科西嘉人朱塞佩·菲耶斯基（Giuseppe Fieschi, 1790—1836）的暗杀行动差点得手。他与另外两名极端民主分子造了一个可以 20 个枪管同时射击的"发射装置"。1835 年 7 月 28 日，国王路过巴黎圣殿大道时，菲耶斯基从楼上房间的窗子瞄准国王开火。一发弹丸掠过路易-腓力的额头，他的马被打死。18 人在袭击中丧生，包括爱德华·莫尔捷（Édouard Mortier, 1768—1835）元帅。刺客本人也被这一火器所伤。外科医生把他治好后，他被送上法庭，处以绞刑。仅 1835 年一年，警方就侦破了另外 6 起刺杀国王的预谋。第二年，一名共和党人士兵路易·阿利博（Louis Alibaud, 1810—1836）手持伪装成手杖的火枪对准国王开枪，所幸那时路易-腓力正对街上持枪向他致敬的卫兵弯腰鞠躬致谢，因而躲过一劫。子弹从他头上 7 厘米处钻入他乘坐的马车的木框里。几个月后，又发生了一次未遂的暗杀事件，刺客在开枪瞬间被身边的人击倒。1840 年，一名刺客开枪时，枪在手中炸开。1835 年，前皇帝拿破仑的侄子、不甘寂寞的路易-拿破仑·波拿巴（Louis-Napoleon Bonaparte, 1808—1873）收买斯特拉斯堡军营士兵，试图发动政变（他马上被逮捕，政变无果而终）。1840

年，他又率领一小批追随者在布洛涅沿海登陆，还带了一只象征帝国事业的鹰（有人说是兀鹫）。国民卫队开枪后，这批人马上投降，被抓了起来。此前一年，奥古斯特·布朗基和600名激进共和派分子攻打巴黎的司法宫和市政厅，28名士兵和三四十名起义者死于枪战。最终秩序得到了恢复。历届政府似乎无力都实现政局稳定。在七月王朝执政的17年里，先后有17届政府，不同届政府任期长短有时相差极大。1830年法国革命似乎什么问题都没有解决。共和党人、波拿巴主义者、奥尔良派和正统派为争夺政权继续互相厮杀。

欧洲余震

1830年法国革命令梅特涅心惊肉跳。但从长远看，这场革命显然在一定程度上稳定了国际体系。查理十世曾雄心勃勃地制定并独自推行扩张法国海外帝国的政策，但该政策因革命而夭折了。现在法国对其海外利益采取了更审慎节制的态度。梅特涅试图煽动神圣同盟对抗路易-腓力。俄国沙皇尼古拉一世马上附和，痛骂法国革命侵犯君主制合法性的神圣原则。但到1830年10月初时，所有欧洲大国，包括俄国，均接受了既成事实，正式承认路易-腓力政府。然而，问题并没有因此消失。18世纪90年代，法国人把大革命传播到欧洲各地。最初只有当地少数孤立的激进分子欢迎大革命。40年后，在西欧和中欧部分地区，同情温和立宪主义和民族自决权理想的知识分子人数增加，以至于巴黎一起波澜，几乎马上就在其他地区激起类似震荡。

在梅特涅眼里，法国君主制的垮台意味着"欧洲大坝溃堤"，为革命洪流打开了闸门。8月23日，1830年法国革命不会限于法国一地的兆头初显。那一天，在布鲁塞尔上演了一场歌剧，表现的是17世纪意大利人反抗西班牙统治的那不勒斯起义。著名青年男高音阿道夫·努里（Adolphe Nourrit, 1802—1839）高歌《对祖国神圣的爱》一曲时，现场火爆。演出结束后，情绪高涨的观众涌上街头，因几个月前爆发的严重经济危机而陷入贫困的手工业者加入了他们的行列。当局害怕发生骚乱,马上取消了原定的焰火表演,结果这一决定反而把担心变成了现实。手工业者不满取消焰火表演,在街头构筑路障。布鲁塞尔外的源自中产阶级的民兵很快赶来支持起义。民怨沸腾的深层原因是,布鲁塞尔以说法语为主的居民憎恨维也纳会议把荷兰人强加在他们头上。当年外交家的初衷是让尼德兰王国与它南边的这块前奥地利领土连成一体,作为一个和平的缓冲国,与欧洲协调体系的大国一起遏制法国人再次扩张的任何企图。但尼德兰国王威廉一世(1772—1843)有自己的盘算。他想建立一个单一、中央集权式、中等规模的欧洲国家。为此他排挤占布鲁塞尔居民大多数的天主教徒,对他们横征暴敛,逼迫当地人负担新教学校的经费,剥夺他们在中央政府任职的权利。此前没有人问过布鲁塞尔人是否愿意接受荷兰人统治。现在他们开始明确表达自己观点:不愿意!

面对布鲁塞尔起义,威廉先是争取国际社会干预。但各国拖延不决,尤其是英国。于是,威廉召开议会,后者做出了一些次要让步,但未能平息人民的不满。看到起义没有要平息的样子,威廉派自己儿子弗雷德里克亲王(Prince Frederik, 1797—1881)带领一支1.4万人的军队开进布鲁塞尔。经过几天街头混战,经验不足的年轻荷兰士兵完全被城市街垒守卫者的气势压倒,斗志尽失。1830年9月27日,弗雷德里克的军队撤出布鲁塞尔。起义迅速蔓延到安特卫普,当地一支荷兰军队炮轰该城,把佛兰德人和新教徒为主的市民推入革命者的怀抱。9月26日,起义者成立了一个临时民族政府。10月4日,比利时宣布独立,之后召开了国民大会。国民大会体现了美国革命对欧洲政治思想的持久影响,发表声明痛斥尼德兰政府把比利时降格为殖民地,"把一种特权语言强加给比利时人民","向比利时人民征收赋税,不仅税额惊人,征税手法还强横霸道"。国民大会宣布,它将"在自由这一广泛和坚实的基础上建造新社会秩序的大厦,这是比利时人民长久幸福的起点和保障"。

面对比利时的纷乱局势,欧洲列强不知所措,反应不一。俄国人多次威胁动武并动员了军队,南德意志邦国则主张不干预。法国国内有很强的呼声,要求切割比利时,南部法语区归法国,但最终,法国因本国新成立的政府立足未稳,选择作壁上观。危急时刻,塔列朗再次现身,这一次,他的身份是法国驻英国大使。法国政府听从了他的意见,把本国稳定置于首位,这意味着对英国亦步亦趋。再者,同样是反法缓冲国,独立的比利时要比统一的强大尼德兰弱小得多。梅特涅认识到从长远讲是无法阻止比利时人的,于是派了一位大使参加伦敦会议,指示他动员欧洲协调体系接受一个温和、独立的比利时君主国。在新任命的英国外交大臣帕默斯顿勋爵(Lord Palmerston, 1784—1865)的主导下,伦敦会议于1830年11月4日召开,很快解决了主要问题,各方同意在比利时建立立宪君主制,成立两院制议会,对选民财产资格做了严格规定。唯一悬而未决的问题是:这个新国家的王位让谁坐?

这个问题在会议上讨论了很久。很多候选人因这个或那个与会国不能接受而被否决。和19世纪此后年代里众多小国的情况一样,最后选出来的是一个无足轻重的德意志亲王——萨克森-科堡-哥达的利奥波德(Leopold of Sachsen-Coburg-Gotha, 1790—1865)。他是当时各国都可以接受的人选。利奥波德亲王是沙俄帝国军队中的一名军官,在1813年的库尔姆战役中,他作战英勇,亲率骑兵猛攻拿破仑军队。

两年后，他以中将军衔退役，年仅 25 岁。他是德意志人，但其实也是英国臣民，因为他于 1816 年迎娶了英国摄政王唯一合法后代夏洛特公主（Princess Charlotte, 1796—1817）。他因这桩婚姻获得英国公民身份，并被授予英军陆军元帅军衔，此后不久，他被赐予殿下称号，正式成为英国王室的一员。1817 年，夏洛特公主死于分娩，孩子也没有活下来。为了迎合出席 1830 年比利时问题国际会议的各国，也为了安抚法国人，利奥波德表示，如果有合适人选的话，他愿意迎娶一位法国公主。不过尚有一个小障碍。1829 年时，利奥波德娶了德意志演员卡罗琳·鲍尔（Caroline Bauer, 1807—1877），他们的关系只维持了两年。利奥波德解释说，这桩婚姻是私下安排的，从来不具有法律效力。各方被他说服了。1831 年，排除了种种障碍的利奥波德成为比利时国王，并于翌年迎娶了路易-腓力的长女路易丝-玛丽。

然而事情并没有就此了结。尼德兰国王威廉仍不死心。1831 年初，比利时入侵以威廉为名义国家元首的卢森堡大公国后，威廉极力拉德意志邦联出面干预。然而欧洲列强默许卢森堡并入比利时，德意志邦联也没有采取任何行动。荷兰人气愤不已。1831 年 8 月 2 日，威廉出兵比利时。利奥波德马上叫来法军支援，击退了荷军。但荷兰人依然据守安特卫普要塞。此后法国迟迟不肯撤兵，狐疑的欧洲大国转而对法国施加压力。1831 年 9 月 30 日，法国人终于从比利时撤军。一项新条约略微调整了此前各方接受的边界和条款，把卢森堡一分为二，分别给了彼此争夺的比利时和荷兰。一年后，固执的荷兰人依然不肯撤离安特卫普。1832 年 11 月，法国再次出兵，围困安特卫普。英国为了逼迫荷兰人投降，派海军封锁了斯海尔德河。1832 年 12 月，荷兰人终于投降。其他悬而未决的问题一直拖到 1839 年才最终得到解决。卢森堡，更准确地说是卢森堡东部德语区，继续归荷兰国王管辖。1890年荷兰威廉明娜女王（Queen Wilhelmina, 1880—1962）即位后，这块领土给了与女王血缘关系最近的男性子嗣，因为根据《萨利克法》，卢森堡大公国的王位不得传给女儿。由于比利时问题错综复杂，其对于法国、普鲁士和俄国的意义又非同小可，因此无论是此前还是此后，三国都竭力避免在这个问题上发生冲突。尽管欧洲大国之间分歧不断，俄国的尼古拉一世又因为解决方案公然违反神圣同盟原则而怒火中烧，但除了荷兰与比利时兵戎相见外，比利时问题最终还是通过和平方式解决了。欧洲各国普遍支持法国出兵比利时。正如1831年2月19日发表的伦敦会议议定书中所说，欧洲的权利源自维护国际秩序的义务，因此高于个别国家的权利。甚至连尼古拉一世也只愿意在欧洲诸国一致干预的前提下采取行动。1830年的革命之所以没有演变成重大冲突，也没有对社会秩序造成严重威胁，这是一个主要原因。

以上动荡及其在欧洲大陆的蔓延无疑意义重大。法国的局势不仅激发了邻国比利时的起义，还引发了其他国家的起义。法语依然是上流社会使用的语言，也是欧洲外交场合的通用语言。旅行家、记者、外交家和商人把消息传到世界各地时用的也是法语。1826年葡萄牙国王若昂去世后，巴西皇帝佩德罗与他弟弟米格尔（Miguel, 1802—1866）之间的长期争执终于结束。佩德罗放弃了继承葡萄牙王位的一切权利，改让他7岁的女儿玛丽亚·达·格洛丽亚（Maria de Glória, 1819—1853）继承。两年后米格尔篡位，导致这一安排破产。米格尔的支持者既有英国托利党人，又有葡萄牙站在绝对主义一边的显贵地主。前者想通过他恢复英国在葡萄牙的影响力，后者则憎恨1822

年宪法和沿袭 19 世纪初拿破仑所定法律的做法。米格尔废除了大量拿破仑时期的法条，葡萄牙的自由派起义反抗，但被米格尔派镇压下去。在接下来的恐怖统治期间，大批人遭到逮捕、监禁甚至处决。1831 年，革命浪潮席卷欧洲，佩德罗把巴西皇位传给了儿子，乘船返回欧洲，在英法支持下攻占了波尔图，此后被米格尔派军队围困在波尔图长达一年之久。据说，他手下的军官在英国酒商款待下日日宴饮，而普通士兵却营养不良，饱受霍乱之苦。佩德罗及其追随者得到了思想开明的英国海军上将查尔斯·内皮尔（Charles Napier, 1786—1860）爵士的帮助。内皮尔化名"卡洛斯·达·蓬扎"（Carlos da Ponza），指挥起义者船舰在圣维森特角大败米格尔派舰队。起义者乘胜占领了里斯本。大批兴高采烈的民众赶走了驻守兵营的米格尔派士兵，夺取军火库，释放关押在监狱里的犯人。佩德罗为波尔图解围后移师首都。自由派宣布玛丽亚·达·格洛丽亚为女王，随后挥师南下，于 1824 年 5 月在阿赛西拉战役（Battle of Asseiceira）中打败了米格尔派的 1.8 万人大军。米格尔被迫同意流亡海外（根据当时达成的协议，他将得到一笔丰厚的津贴）。佩德罗重启自由派人士的改革，恢复了宪法，没收了米格尔派成员的财产。为了报复教会支持他弟弟的行为，佩德罗关闭了修道院，没收其房舍和资产。1834 年 9 月，佩德罗去世。他的女儿、时年 15 岁的格洛丽亚继承王位，成为女王玛丽亚二世。她统治的这个国家因连年战争而负债累累，再次成了英国人的附庸。这一次是在经济上依附于英国。

在西班牙，国王费尔南多七世的专制政权一直到 19 世纪 30 年代初都没有丝毫改变，直到这位西班牙君主在 1833 年 9 月死于痛风。在他遗孀玛丽亚·克里斯蒂娜（Maria Cristina, 1806—1878）一手操纵下，费尔南多的幼女继承王位，成为女王伊莎贝尔二世（Queen Isabella II, 1830—1904）。1834年，自由派人士趁政府虚弱，推动通过了一部自由主义色彩的温和宪法，尊崇贵族寡头权力，重拾革命前的立宪主义，那种立宪主义有很大局限性，与昔日的社会等级代表制度也有象征性的联系。政府开会时，代表们必须身着中世纪服装，以显示他们不同于新体制下当选的议员。3年后，在更激进代表的不断鼓动下，又通过了一部基于人民主权原则的新宪法，但该原则也受到了限制，因为这部宪法授予女王广泛的权力。新宪法之所以能够通过，主要是因为西班牙各地城镇爆发了一系列革命。城市贫民纷纷上街游行，街头暴力冲突不断，小麦价格居高不下时更是如此。自由派人士控制的委员会做出让步，遏制了小麦价格的上涨。各地革命领袖——"罗伯斯庇尔的嗜血模仿者"——仿效18世纪90年代初法国雅各宾党人的做法，放火焚烧女修道院，杀害当地监狱里的囚犯，袭击顽固不化的贵族。后来，一位史学家说，一次冲突后，一位战败将军"被剁掉的手在'新潮咖啡馆'各张桌子上传来传去"。法国大革命过去差不多40年后，从欧洲各地革命者和革命群众的举动中，仍然可以看到法国大革命的深刻影响。

对法国大革命记忆犹新的意大利烧炭党人起身反抗北部的奥地利人和意大利中部地区的教皇政权。19世纪20年代末，他们开始为起义做准备，意欲扩大自己领地的摩德纳公爵弗兰西斯四世（Francis IV, Duke of Modena, 1779—1846）也给予积极支持。在巴黎革命的激励下，烧炭党人发动了起义，但摩德纳公爵害怕再发生类似的社会大动荡，不再支持他们。烧炭党人在教皇国和帕尔马公国升起了意大利三色旗帜。年老的革命家菲利普·邦纳罗蒂（Filippo Buonarroti, 1761—

1837）曾在18世纪90年代初追随罗伯斯庇尔，后来参与巴贝夫（Babeuf）为平等而密谋的活动，反对雅各宾派之后的督政府统治，还为此坐了牢。流亡期间，他极其活跃，积极组织秘密社团，比如"世界社"和"被诅咒的民兵"，还有名字不那么耸人听闻的"人民之友会"。邦纳罗蒂成立了一个解放意大利领导集团，协调各地起义。然而，集团成员为邦纳罗蒂奉行的雅各宾派原则争执不休，而且不无理由地怀疑，他坚持夺取政权后先实行一段"过渡"专制的主张别有用心。烧炭党人现在控制的意大利各城市依然不愿放弃它们之间几百年来的内斗，对在罗马召开一次团结大会的呼吁置之不理。博洛尼亚的起义者甚至不肯接受来自摩德纳、由前拿破仑将军卡洛·祖基（Carlo Zucchi, 1777—1863）率领的革命军队。起义者宣称："公民们，请不要忘记，摩德纳的情况和我们的情况不一样！"起义者未能唤起农民加入他们的事业，却吸引了少数欧洲冒险家，包括路易-拿破仑·波拿巴。路易-拿破仑在意大利蛰居期间加入了烧炭党，参与密谋在罗马夺取政权，但预谋被当局轻而易举地破获了。在欧洲诸大国的默许下，奥地利人调集大军，很快将起义镇压了下去。祖基被人出卖，奥地利人给他戴上手铐脚镣打入大牢。他在狱中受尽折磨，直到1848年才被革命者救出。流亡的邦纳罗蒂继续从事他的毕生事业——组织密谋。1828年，他出版了讲述巴贝夫起义的书，该书成了革命者的实用手册，在19世纪后期深受无政府主义者推崇。

巴黎的事态对德意志也产生了深远影响。在位于德意志邦联西北角的亚琛（艾克斯拉沙佩勒），当地人民以戴三色帽章的方式表达他们对法国人民革命的支持。经济衰退不仅重创比利时手工业者，也促使其他城市的失业手工业者纷纷走向街头，出现这种情况的城市除了科隆、法兰克福和慕尼黑，还有维也纳和柏林。投身政治的工匠威廉·魏特林（Wilhelm Weitling, 1808—1871）写道："一夜之间，莱比锡人民成了这座城市及周边地区的主人。"人们摧毁了不得人心的商人、律师和官员的房子，但不知道如何把自己的不满转化为具体要求。自由派作家卡尔·冯·罗特克（Karl von Rotteck, 1775—1840）称他们的行为是"对社区的犯罪，罔顾祖国和宪法——驱使他们犯下这些罪行的，正是他们表现出的那种暴民式的狂热、野性、非理性和盗窃欲"。以上观点在中产阶级中间很有代表性，因此当局不费气力就把骚乱镇压下去了。2 000名装备精良的普鲁士士兵开抵亚琛恢复秩序，德意志多地的人群也被迅速驱散。

在德意志的一些中小邦国里，自由派人士利用政府惧怕"暴民"的心理，大胆迫使政府做出了一些重大改革。不伦瑞克邦国的官员威廉·博德（Wilhelm Bode, 1779—1854）领导当地人民赶走了废除1827年宪法的不得人心的卡尔公爵（1804—1873），换上了他比较开明的弟弟威廉（Wilhelm, 1806—1884），从而摧毁了王朝复辟时期被封建卫道士奉为神圣不可侵犯的正统原则。公爵城堡被付之一炬后，卡尔公爵魂飞魄散，仓皇逃亡海外。中产阶级一心关注以上事态发展，无暇他顾，由市民组成的民兵担负起了恢复秩序的职责。1832年，威廉被迫同意实行代议制体制。在黑森-卡塞尔，选侯威廉二世（Elector Wilhelm II, 1777—1847）试图把和他姘居的情妇封为贵族，结果疏远了中产阶级。骚乱者走向街头，抗议政府横征暴敛、警察粗暴执法，不满农民被迫向地主缴付封建捐税。在卡塞尔举行的中产阶级公民大会要求建立一个新体制，防止"穷人威胁对有产阶级开战"。威廉二世与其情妇先后逃离卡塞尔。他不在期间，自由派人士推动建立了一院制议会的新体制，放宽选民资格条件，甚至还包括了部分农民，他们赋予议会各种权力，包括起诉国王手下大臣的权力（但大臣依旧由国王而不是议会任命）。萨克森的手工业者和工人也掀起了抗议浪潮，波及乡村地区的纺织业中心。担忧时局的中产阶级公民开始组建民兵，一批高级官员迫使政府让步，于1831年颁布了一部新宪法。在仍处于英国君主统治下的汉诺威，哥廷根大学城的师生一起造反，矛头直指民愤极大的头号保守分子、大臣明斯特伯爵（Count Münster, 1766—1839），明斯特旋即被罢免。此后又经过一番斗争，1833年时，一部相对自由的宪法终于获得通过。

在德意志各地，王朝复辟时期的自由反对派受巴黎革命激励，也许更受波兰革命鼓舞，越发斗志昂扬。在巴登和巴伐利亚等邦国，自由派更换了政府官员，改革了新闻法。德意志各邦国内的自由主义改革运动汹涌澎湃，在普法尔茨汉巴赫城附近一座废弃城堡举办的一次规模盛大的节日庆典将其推向高潮。和此前的瓦尔特堡节一样，这次活动也模仿了18世纪90年代初法国大革命期间举办的盛大节日庆典。宣传新闻自由的记者约翰·格奥尔格·维尔特（Johann Georg Wirth, 1798—1848）是这次活动的组织者。据计大约2万~3万人参加了这次活动，倾听所提出的各项改革要求。在场听众多是专业人员、商人、工匠和学生。群众热烈挥舞黑、红、金三色革命旗帜，很多人还头戴法国大革命时期的红色弗里吉亚帽，聆听宣传德意志统一自由事业的演说。革命把不同社会阶层的人聚集到了一起：革命走出了共济会员和密谋者烟雾缭绕的密室，从秘密转为公开，走上了合法的宪政改革道路，而不是造成剧烈社会动荡之路。在汉巴赫，主导事态发展的是演说家的讲坛和记者的书桌，而不是断头台和灯柱。之后,其他地方也举行了小型庆典。

在梅特涅眼中,以上事态发展就是镇压的信号。他宣称:"自由主义已经让位于激进主义。"梅特涅说服联邦议会颁布了一连串新法律(臭名昭著的"六条"和"十条"),强化书报检查制度,取缔政党,严禁举办节日活动或示威,禁止地区议会驳回政府预算或通过批评君主的动议案,还发布了很多其他禁令。军队开进德意志邦联各地城镇,驱散街头人群,几乎各地的自由改革措施都被废除。德意志大地上空,反动势力一时乌云压顶。1833年,德意志邦联成立了一个中央政治警察机构,专门负责协调各部门一起对付政治动乱。奥地利、普鲁士和俄国上层领导人聚在一起,讨论如何联手镇压革命。诗人海涅这样的自由主义作家被迫流亡,还有些人遭到逮捕和监禁,包括维尔特和在汉巴赫发表过演讲的其他人。时间将证明,德意志境内反动派这次得逞比1819年颁布《卡尔斯巴德决议》(Carlsbad Decrees)时的胜利更不堪一击,更加短命。

自16世纪以来,瑞士一批自治州组成的邦联就傲睨神圣罗马帝国,自由理念为它的傲立提供了合法性。拿破仑限制瑞士独立,强行征募瑞士青年去他的大军服役,瑞士人民加以抵制,通过斗争加深了自己的民族认同意识。一个带有半神秘色彩的人物威廉·退尔激励了瑞士人民。退尔是中世纪的瑞士弓箭手。据传,奥地利当局令他用箭射落放置在他儿子头顶上的一个苹果,他挽弓搭箭,一箭射穿苹果,显示了他的镇定自若和高超武艺。1804年,德意志诗人弗里德里希·席勒(Friedrich Schiller, 1759—1805)写的剧本颂扬了这一传说。1829年,著名意大利作曲家焦阿基诺·罗西尼(1792—1868)在一部风靡一时的歌剧中讴歌了退尔。这部歌剧充满了那个时代的自由和浪漫情调。维也纳会议恢复了瑞士的独立地位和它传统上享有的种种自由。但1823年时,梅特涅和神圣同盟对瑞士享有的自由十分恼火,原因是瑞士的几个州利用自己的自由地位,向虽然失败但依然是潜在威胁的外国革命者提供庇护。维也纳会议列强迫使瑞士联邦压制流亡者的权利,同时限制新闻自由。中产阶级知识分子和专业人员,以及工匠、店主和大批农民对外国干预愤怒不已,结成同盟,呼应1830年法国革命,推动联邦议会通过了一系列改革,包括在10个州实行男子普选,保障言论自由。瑞士自由色彩最浓厚的城市苏黎世普及了6—16岁教育,免除穷人学费,同时大刀阔斧改革了市政府机构。

类似的和平改良也给英国的政治体制带来了巨大变化。随着经济状况的好转和以《六条法令》为代表的国家镇压措施开始显威,滑铁卢战役之后年代发生的骚乱和社会动荡逐渐消退。《六条法令》的内容包括严禁抗议集会,实行新闻检查,中止人身保护权,允许不经审讯就关押嫌疑人。然而,19世纪20年代末,一如欧洲其他地区,英国经济再次陷入低迷,1830年事件中发挥了重要作用的手工业者日益不满。统治阶层惧怕后拿破仑时期社会动荡引发的那种革命,人民群众不满情绪滋蔓更令他们心惊肉跳。大批群众身披三色缎带、佩戴帽章,参加伦敦各处集会,聆听弗朗西斯·伯德特(Francis Burdett, 1770—1844)等激进政治家的演说。曼彻斯特的工人举行大规模集会,呼吁经济萧条期间不得削减工人工资。在远至东盎格利亚的南部各郡,农场工人焚烧干草垛和粮仓,捣毁机器,发泄对脱谷机的愤怒——大批工人因脱谷机的引入而在冬季的几个月里失业了。1830年,在英国首都伦敦,大批民众反对一年前新成立的制服警察机构大伦敦警察厅(Metropolitan Police)——成立这一机构本身就反映了当局对

第一章 大革命的遗产

99

法律和秩序日益担忧。民众高呼:"不要警察!不要波利尼亚克!"滑铁卢战役的胜利者、思想保守的首相威灵顿公爵抱怨道:"人们幻想,只要仿效巴黎和布鲁塞尔,就可以实现他们想象中的人民幸福繁荣的极乐世界。"他不满地说:"全国上下对改良丧失了理智。"

威灵顿政府因其顽固立场而倒台。1830年年底,一个由辉格党贵族领导的改革政府上台执政,决心在不断升级的危机爆发前化解危机。当时面临的种种问题与当年震荡法国、比利时和瑞士政治体系的问题相似:中产阶级改革者、工匠和小农都渴望放宽法律限制,享受集会结社和新闻自由,更重要的是扩大政治参与。英国新一届政府提出了一项改革法案,旨在根除一些荒谬的现象,比如"腐败选区"(人口很少的村镇在下院也有一个甚至两个席位)和"口袋选区"(地方显贵提名本地议员),曼彻斯特和伯明翰等新兴工业城市在议会没有自己的代表,以及连续几日公开投票造成的大范围腐败。改革法案被上院的世袭贵族和高级教士否决后,革命的苗头很快显现。全国很多地区发生了骚乱。诺丁汉城堡被夷为平地,布里斯托尔的主教宫、45栋私宅和一座监狱毁于大火,12人丧生。一名议员感觉国家"正处在暴动前夜"。作家西德尼·史密斯(Sydney Smith, 1771—1845)称,政治精英吓得双手发抖,肚子抽筋。民众群情激昂,激进的演说家推波助澜。国王无可奈何,只得同意增加辉格党贵族人数,以压倒上院的抵制,威灵顿及其支持者也被迫让步。

1832年,《改革法案》在议会两院获得通过,成为法律。法案消除了不合理现象和欺诈行为,但在这次与法国和比利时政治体制变革相仿的改革中,选民人数仅增加了45%,还不到全国人口的5%。就扩大选举权问题展开的辩论产生了一个新概念,就是"中产阶级"。

如首相格雷伯爵（Earl Grey, 1764—1845）所言，"无论是在财产上还是在知识上，中产阶级都取得了可喜的进步"，"构成了真正的公众舆论主体"，"没有中产阶级，乡绅权力就没有任何意义"。如同欧洲大陆的激进分子，主张给予所有成年男子选举权的英国激进分子强烈抨击改革的不彻底性。《贫民卫报》（*Poor Man's Guardian*）称，这是"人们可能提出的最不自由、最专制、最糟糕的措施"。以上论调并没有很快消失。不过《改革法案》至少暂时平息了公众的愤怨。随着地方政府及行政方面的进一步改革，英国的政治体制在一个相对开明的新基础上稳定了下来。人们围绕改革展开激烈斗争，最终产生的宪法和政治体制与1830年实现成功过渡的几个欧洲国家的大同小异。英国与几个欧洲国家的区别在于，至少从中短期看，英国的改革更耐久，更能抵制改变现状的新尝试。《改革法案》的主要推动者约翰·罗素勋爵（Lord John Russell, 1792—1878）以不容置疑的口吻宣称，这次改革将"一劳永逸"。

政治风云的变幻

1829年，梅特涅写道："我隐藏最深的想法是，旧欧洲的末日已经开始。我决心与它同归于尽。我知道该如何尽自己的职责。"1830年这一年似乎验证了他这句话，然而革命浪潮退去后，革命者和改革者取得的成果十分有限。在很多大城市，最初的革命和改革成果都被推翻了。在莱茵河以东地区，除了波兰以外，几乎没有什么重大的革命活动，现存国家体制的权力几乎没有受到触动。尽管"维也纳解决方案"安然度过了这场风暴，但梅特涅在青少年时代所熟悉的旧欧洲——1789年法国大革命爆发时，梅特涅年仅16岁——其实已不复存在。有人听到一个希腊强盗说，"法国大革命和拿破仑的所作所为打开了世人的眼界"，从此"统治人民就更难了"。19世纪20年代，都灵商会概括了这场变革：法国大革命"消除了社会不同阶层之间的界限。人人穿戴相同，看不出谁是贵族，谁是平民，谁是商人，谁是官员，谁是业主，谁是工匠，谁是主人，谁是仆人。至少从表面看，引发革命的可悲原则令人遗憾地保留了下来"。魔鬼跑出了瓶子，想把它塞回去已经不可能了。

1815年重新执政的各国君主和政治家对此心知肚明。1815年复辟的王朝往往使用旧制度的各种符号和装饰。这些符号和装饰或许有意掩饰了一个事实,即这一时代的保守主义实质上是一种新事物。思想家和政治家都把 1815 年看作一个新起点,认为它标志着理性极端化时代的终结。宗教信仰、人的本能和情感、传统、道德,以及有意识地对昔日怀有的新历史感将取代启蒙时代的理性主义,成为社会和政治秩序的基础。约瑟夫·德·迈斯特(Joseph de Maistre, 1753—1821)等思想家继承了爱尔兰政治家埃德蒙·伯克(Edmund Burke, 1729—1797)对法国大革命的批评,提出只有人民普遍接受君主行使绝对权力是上帝的旨意,社会才会稳定。依照此论,人民要么服从,要么后果自负。迈斯特称:"君主的头号仆人应是刽子手。"根据这一保守观点,实行传统等级制度的社会才是秩序的唯一保障。理性是秩序的敌人,只有信仰和情感可以依赖。法国流亡者路易·德·博纳尔德(Louis de Bonald, 1754—1840)写道:"君主制和基督教同时遭到攻击之日,就是社会退回到野蛮时代之时。"文明不仅有赖于压制颠覆性思想,还有赖于压制一切思想。1819 年,梅特涅的秘书弗里德里希·根茨(Friedrich Gentz, 1764—1832)写道:"我仍然捍卫以下论点:为了确保报纸不被滥用,今后几年什么也不该登。如果把这一条作为有约束力的规则加以应用的话,用不了多久,我们就会回到上帝和真理身边。"夏多布里昂等思想家认为,只有基督教带来的信仰才能保证人民安居乐业、顺从权威。夏多布里昂最初赞同启蒙运动的理性怀疑主义,后因革命年代的过火行为而重新归信天主教。

不过,博纳尔德和迈斯特这样的人只是处于边缘的极端分子。19世纪 20 年代期间,作家和思想家普遍开始倾向更自由的观点。1824年时,雨果还宣称,文学作品应当"反映一个信仰宗教的君主制社会",但到了1830年,他就改为宣扬以下原则:"浪漫主义总的来说,就是文学上的自由主义……艺术自由和社会自由是一切思维清楚的思想家都应该步调一致争取的双重目标。"1827年,法国艺术评论家奥古斯特·雅尔(Auguste Jal,1795—1873)称浪漫主义为"1789年大炮轰鸣的回声"。仿佛为了证明他的观点,1830年欧仁·德拉克洛瓦创作了也许是最著名的表现革命的画作《自由引导人民》。在众多浪漫主义诗人和作家眼中,希腊人民的起义是一个转折点,以拜伦病死在迈索隆吉翁为象征。1830年引发比利时革命的那场歌剧不过是新潮流的一个例子,这股潮流源于意大利,作家和作曲家描写古人争取自由的斗争,显然意在借古喻今。

1789年法国大革命在初期温和阶段响亮地提出了自由、人民主权、代议制政府和宪政等思想。自由主义观点在很多方面都受这些理念的影响,19世纪20年代时,自由主义观点多了一层新意,越来越与民族主义理想结合在一起。拿破仑在欧洲各地传播人民主权思想的同时,也带去了压迫、勒索和外族统治。受拿破仑影响,知识精英阶层认为,只有通过民族自决才能摆脱压迫。19世纪20年代时,从比利时到希腊的自由派就已经在宣扬这一很有说服力的思想了。在19世纪的进程中,这一思想的威力与日俱增。此前,自由派和革命者普遍认为,自己正投身于一场全欧洲的共同斗争,烧炭党人和共济会遍布各国的分支便是例证,但梅特涅及其政治警察机构无疑大大夸大了它们的能量。甚至希腊人民的起义也称得上是一次国际事件,至少就起义领导人而言。然而,从1830年起,各国民族主义运动开始分道扬镳,其后果在19世纪中期的革命中显现出来。

以上革命,外加1830年横扫欧洲大陆的革命,都是1789年政治大地震的余震，不过两者是有差别的。在某些方面，造成1830年社会大动荡的社会力量也是推动法国大革命的力量：争取更多权利和更大自由的中产阶级知识阶层，以及渴求工作机会和面包的工匠和手工业者。然而，两方面力量之间的关系起了变化。1793—1794年雅各宾派的恐怖统治在人们的记忆中还很鲜明，有时还会激励一些人采取激进行动，例如19世纪30年代初西班牙一些城市爆发的革命。雅各宾派采取的手法，比如在公共场所集会示威，引发骚动，构筑街垒阻止当局恢复秩序，仍然是城市群众表达自己观点的主要手段。只有在极特殊的情况下，资产阶级才会加入他们的行列，比利时就是一个重要例子。在欧洲其他地方，资产阶级几乎都对"暴民"无法无天的暴力行为怕得要死。欧洲各国的资产阶级要么组织市民成立民兵以恢复秩序，要么在旧政权调兵遣将镇压时，焦虑不安地被动观望。由于资产阶级抱有这种心态，因此在大多数地方，革命大动荡的结果仅限于温和的自由主义色彩宪政改革，君主制原则基本上没有受到触动。几乎在欧洲各地，被摧毁的都是绝对主义原则，中欧和东欧的几个帝国除外。

长达25年的战争以及拿破仑个人的榜样造就了一支新的社会力量——军官团，或者更准确地说，军官团里的中下级军官。1789年时还看不到这支社会力量的影子，但这一社会集团将在20世纪后半叶"第三世界"的一系列革命中扮演重要角色。参加过拿破仑战争的年轻军官政治意识增强，感觉自己受到了1815年复辟封建王朝的冷落。在很多国家，他们率先发动革命，并得到了形形色色秘密组织的支持。有时他们还能争取到大批普通士兵为他们的事业而战，例如在波兰和西班牙。但总体来讲，在拿破仑战争刚结束的19世纪20年代初到 20 年代中期间，下级军官未能赢得广大民众的支持，他们发动的革命也都归于失败。有时他们得到人民群众支持，也是主要依靠中产阶级和手工业阶层的力量，但这支力量太弱小，无法取得革命胜利。一些受过教育的人昔日在拿破仑政府机构中任职，如今却被排斥在权力中心之外，他们对现状不满，但也无力推动革命。再者，从 19 世纪 20 年代初到 20 年代中，神圣同盟和欧洲协调体系犹如惊弓之鸟，生怕革命年代时期的惨烈冲突死灰复燃，因此，它们不会袖手旁观，一旦觉得局势失去控制，就会联合各国进行国际干预。

1830 年时，这种状况发生了变化。新的社会变化逐渐把中下级军官排除在政治主流之外，中产阶级以及以工匠和手工业者组成的雅各宾力量为主的城市群众走向前台。欧洲协调体系依然在发挥作用，但主导这一体系的政治家——甚至连梅特涅也不例外——已不再对爆发革命大变动的危险疑神疑鬼，也不像从前那样热衷于干预了。欧洲各地对希腊人民起义的踊跃支持是这一变化的原因之一。希腊人民起义反抗的是一个老牌大国——奥斯曼帝国。该帝国与欧洲协调体系的关系并不密切，信奉的宗教也不是神圣同盟信奉的基督教。当然，总的来说，人们也清楚认识到绝对主义外加低效率绝非维持政治秩序的良方。1830 年时，革命似乎已不再意味着天下大乱、暴力和战争。各地革命带来的是带有自由色彩的温和宪政改革。像梅特涅这样的保守政治家虽然不喜欢这些改革，但革命并没有把政权交给民众，因此他们尚能安心，觉得进行国际干预未免反应过度。

最重要的是，一股重要社会力量几乎没有参与 1830 年的革命，那就是农民阶级。1789 年法国大革命势不可当的原因之一就是革命在农村地区蔓延。生活困苦的农民和农村劳工加入了革命的洪流。

革命扫除了长期以来控制农村社会关系和经济基础的封建秩序根基，摧毁了贵族的政治权力。1830年，各地农村几乎普遍沉寂，而当时欧洲绝大部分人口生活在农村。下面我们要讲述的就是农村和农民的生活。

第二章

自由悖论

领主与农奴

萨瓦·德米特里耶维奇·普尔列夫斯基（Savva Dmitrievich Purlevsky, 1800—1868）出生在俄国中部一个叫韦利科耶的村子里，从小在农奴制度下长大，对这一制度强加的种种义务和苛捐杂税深恶痛绝。普尔列夫斯基诉苦说："农民人身依附制度无法忍受！"他的村子在一个中校军官不大的私人领地上，有大约1 200公顷可耕地、175公顷森林、656公顷的草地和牧场。这位中校平时住在圣彼得堡，整天花天酒地、寻花问柳，从不去自己的领地。一个管家为他照管领地，私吞了大部分收入。虽说领地上的农民大多是文盲，但普尔列夫斯基靠当地牧师送给他的一本扫盲课本学会了识字，开始用过生日或其他日子亲戚给他的一点点钱买书。普尔列夫斯基长大后，他的文化知识帮了他的大忙。

该村有大约1 300名村民，他们都必须向领主缴纳岁租。这不是太大的负担，因为农民除了为维持自己生活种植农作物外，还兼种亚麻及其他作物，可以拿到市场上交换其他产品。这个村子的村民知道，与大多数农民相比，他们的日子还算不错。普尔列夫斯基写道："北部省份的平民几乎全靠吃黑麦面包、喝菜汤果腹。农民出于需要，不得不卖掉一切劳动所得，包括奶制品、牛羊肉、鸡蛋等，自己只能吃豆子、燕麦和芜菁块根。我们村比较特殊,村民靠集贸和做点手艺活有些收入,日子过得比其他村子的村民好一些。"但长住圣彼得堡的领主不时向村民提出额外要求。每隔一段时间,他就从圣彼得堡发来指令,在村民大会上宣读。一次,他让管家"挑选4个适于站在马车后面踏板上的小伙子,年龄不超过20岁,身材要高大,另外再挑4个18岁的俊俏姑娘(他没交代让她们干什么,不过不难猜测),要亲自把这8个人送到圣彼得堡的领主家中"。

俄国的贵族地主通常不住在自己的领地上,他们大部分时间要么待在圣彼得堡,要么在法国度假胜地和中欧矿泉疗养浴场消磨时光,或在赌场挥金掷银以至于债台高筑。即便是没有因此负债累累的地主,也往往只把自己的领地看成维持在大城市生活方式的收入来源。韦利科耶村也不例外。1817年中校死后,他的女儿和女婿(女婿是俄国军队的将军)来到村里,要求村民立即预付今后10年的地租,数额高达20万卢布。遭到农民拒绝后,将军和他妻子跳上马车,返回圣彼得堡,但事情远没有完结。很快,村民大会又宣读了一道新指令。新领主将领地抵押,得到了一笔为期25年的贷款。他们要村民除了每年缴纳2万卢布外,再额外支付3万卢布的贷款年息。拒不付钱的人要么送去军队服役,要么遭送到西伯利亚领主的矿场做工。村民听到这道新指令后,惊愕万分,会场一片死寂。普尔列夫斯基后来写道:"有生以来,我第一次为自己的农奴身份感到悲哀。"农奴完全受人摆布。有些领地的领主肆意鞭打农奴,给不服从他们的农奴戴上铁项圈。普尔列夫斯基甚至听说,有一个领主因为一个农民孩子向他的猎犬扔石头,就把孩子的衣服剥下让狼狗嗅闻,随后把他带到原野,放群狗去追他(所幸孩子没有被狗咬伤。沙皇闻知此事后,下令把这个地主逮捕。即使是农奴制,也有一定之规,这个地主显然坏了规矩)。面对领主的索求,不仅普尔列夫斯基这样有文化的农奴感到无助,普通农奴也一样深感无力。

19世纪20年代,韦利科耶村的农奴境遇更糟了。来了个德意志人当他们的新管家,他开始干预村民的婚事,用鞭子抽打不服从命令的人,逼迫农奴在领主开办的纺织厂做工。农奴若是抱怨,他就马上派士兵进村。100余名农奴在领地全体农奴面前被鞭笞。这个德意志管家后来被一个不那么残暴的管家换了下来,但农民仍然怨声载道。最后,领主让全村唯一识文断字的普尔列夫斯基担任管家,试图以此消除村民的不满。普尔列夫斯基着手改善庄园的管理,说服领主在村里开设小学和诊所。普尔列夫斯基手下的人开始背着他侵吞财物,事发后领主怪罪到普尔列夫斯基头上,把他叫到圣彼得堡严加训斥。普尔列夫斯基害怕受到鞭打的惩罚,逃走了。他先潜逃到莫斯科,继而去了基辅,在当地用芦苇秆做了一个筏子,沿第聂伯河顺流而下,漂浮到了530千米以外的摩尔多瓦。他"在亚萨科(Yassakh)上岸时,精疲力竭,衣衫褴褛,腹中空空,身无分文"。当地的俄国流亡者收容了他,他们属于"旧礼仪派"下面的司科蒲奇派(又称"阉割派")。1843年,德意志旅行家奥古斯特·冯·哈克斯特豪森(August von Haxthausen, 1792—1866)男爵在游历途中见过他们,描述了他们一般在夜晚举行的"怪异的秘密仪式":"这些人尖利刺耳的声音,令人悚然的热忱和野性的狂热给我留下了难以忘却的痛苦印象。"这些人奉行独身主义,更可怕的是还践行自残。

司科蒲奇派成员靠赶大车为生。普尔列夫斯基很快通过诚实和勤劳证明了自己的价值。一天晚上,他偷听到两个成员议论自己:"他是个好人，我们应该让他改信我们的宗教。"正如哈克斯特豪森所说，司科蒲奇派成员"狂热追求让他人改信自己的教义，还阉割信徒"。普尔列夫斯基知道司科蒲奇派迫使他人改信十分普遍，他吓得魂不附体，再次逃跑。这一次，他往西跑了960多千米，一直逃到多瑙河沿岸，遇到一群世俗的俄国流亡者，和他们一起待了两年，靠捕鱼为生。1834年，普尔列夫斯基获知尼古拉一世豁免了逃亡农奴，于是动身前往东边1 290多千米外的敖德萨，在那里，农奴可以合法定居。普尔列夫斯基在一个酒吧找到了一份侍者的工作。没过多久，他升为经理，在一位酒吧常客的帮助下，他做起了糖生意，成了商人，还与在韦利科耶村的家人取得了联系。1856年时，他已经攒下足够的钱，为自己儿子买回了人身自由。普尔列夫斯基死于1868年。对一个农奴而言，普尔列夫斯基的一生很幸运，他的村子经济状况很好。像俄国中部地区很多农业不太发达的村子一样，韦利科耶正逐渐成为以纺织业和商业为主的工业城镇。这个村子经济的性质意味着村子里的农奴常常外出经商，有一定程度的行动自由，而不是死水一潭，与外部世界隔绝。每当自己的权利受到威胁，农奴都敢于维权，虽然他们的抗争不是总以胜利告终。以上现象逐渐侵蚀了农奴制。在普尔列夫斯基眼里，农奴制是压在身上的沉重经济负担，是对农奴的敲诈勒索。最重要的是，他憎恨农奴制强加给他的屈辱和不公。最终他忍无可忍，逃离了这一制度。

在普尔列夫斯基生活的年代，俄国欧洲部分的农奴占欧洲大陆农奴人口的绝大多数。受1789年法国大革命平等思想的冲击，西欧和中欧的很多地区废除了农奴制，包括巴登、巴伐利亚、丹麦、法国、荷兰、石勒苏益格-荷尔斯泰因、瑞典属波美拉尼亚、瑞士。符腾堡、拉脱维亚和爱沙尼亚于1817年废除了农奴制。但其他地区依然实行农奴制，包括汉诺威王国、萨克森王国、奥地利、克罗地亚、匈牙利、普鲁士、俄国、波兰、保加利亚、冰岛和波斯尼亚。直到19世纪30年代初，汉诺威和萨克森王国才废除了农奴制。1816年普鲁士推翻5年前推行的更激进的改革后，被削弱的农奴制一直延续到1848年或此后不久。俄国和波兰的农奴制终结于19世纪60年代。保加利亚的农奴制一直到1880年才真正废除。在偏僻的冰岛，四分之一的人口实际上都是农奴，直到1894年，冰岛才正式废除了强迫无地农奴为有地农民种地的法律。只有波斯尼亚的农奴制一直到第一次世界大战时才结束。奥匈帝国于1878年从奥斯曼人手中攫取了波斯尼亚，在1908年正式将其吞并。波斯尼亚的农奴可以花钱赎身，但费用不菲。第一次世界大战爆发时，只有大约4.15万名农奴花钱赎了身。波斯尼亚农村的广大农民对农奴制没有被废愤恨不已。人民怨恨情绪日积月累，在1914年以戏剧化的方式宣泄出来。刺杀奥地利皇储弗朗茨·斐迪南大公（1863—1914）的波斯尼亚塞族青年加夫里洛·普林齐普（Gavrilo Princip, 1894—1918）站在法庭上接受审判时称："我目睹民不聊生。我是农民的孩子，深知农村发生的事情，所以我要复仇。我对自己的行为没有丝毫后悔。"农奴制的确给19世纪和20世纪的欧洲投下了一道长长的阴影。

农奴不是奴隶。（欧洲也有奴隶，尤其是罗马尼亚的吉卜赛人，他们被当作奴隶在市场上公开买卖。直到19世纪40年代，教会和国家才解放了他们。他们在1848年彻底获得自由。）农奴既有义务，也有权利，但不是自由人。由于农奴制是历经几百年逐渐形成的，其存在方式取决于各地风俗习惯，因此它有许多表现形式，很难一概而论。

但究其根本，都是强迫农民无偿服一些劳役，或是要他们每周几天在当地贵族地主的庄园里做一些具体杂务，比如协助领主狩猎、修缮领主房舍、为领主传递信函，以及各种杂七杂八的活计。农奴的妻子也许不得不为领主及其家人纺线，或做些轻体力活。农奴的孩子可能要为领主放羊放牛，或去领主宅第做家务。在有些地区，国家还强加了更多义务，比如派农奴去养护当地道路和桥梁，承担繁重赋税，为信使提供马匹，或派家里年轻人去军队服兵役。在有些地方，比如韦利科耶村，以上劳役改为缴纳年地租，但农奴的一些义务依然没有免除，比如去村纺织厂做工，在娶妻嫁女的事上顺从管家的意愿，在领主或管家认为农奴不听话时接受体罚。无论农奴承担什么性质的义务，他们的人身依附地位从来都清楚无误。

对大多数农奴而言，在领主庄园做工一般指提供拉犁耕地的牲畜，但也可能是体力活，比如为麦谷脱粒或帮助收割庄稼。服劳役时间的长短通常取决于农民耕地的大小。举例来说，在立陶宛，几十年来农民的土地都被分割为小块。一个耕种四分之一块耕地的农民一般需要每周三天向领主提供一男一女两个劳动力，一天从日出算起，到日落结束。因 1797 年沙皇帕维尔的一道敕令，一周三天的规定在俄国也很常见。农奴常常向领主提供农副产品，比如鸡蛋、牛奶、果仁、蔬菜等。西欧地区农民的耕地大多是祖上传下来的，而且劳役常常改用货币支付。农奴如果想将自己的地卖掉或遗赠给子孙，就必须以现金或实物的方式向领主支付一笔费用。此外，农民还必须向领主和当地牧师缴纳什一税，通常以农副产品形式缴纳。在东欧大部分地区，农民离开自己的村子都必须经过领主同意。农民如果迁居他处，就还要付领主一笔费用（如果不付费就迁走的话，这人就成了普尔列夫斯基这样的"在逃农奴")。

所有捐税劳役加在一起，令农民不堪重负。例如，19世纪40年代，在奥地利统治的西里西亚，拥有大约17公顷土地的一户殷实农家每年最多要为领主出工144天，外带提供两头耕畜，此外还要干28天重体力活，花3天协助领主狩猎，再有两天放牛放羊。这户农民还要提供27.5立方米的木柴、大量纺线、60个鸡蛋、6只母鸡和一只鹅。农民一年耕地税略超过23弗罗林，还要缴纳15弗罗林的其他费用和什一税。在哈布斯堡君主国，据计一般农奴收入的17%要交给国家，24%以现金、劳役或实物方式交给领主，两者加在一起超过收入的40%。农奴劳动成果所剩无几，即使年景好时也只能勉强度日，根本谈不上改善自己的生活。农民及其家人每周好几天无法在赖以为生的自家土地上耕作。由于不能自由出售自己收获的农副产品，农民失去了很大一笔收入。领主享有诸多特权和垄断权力，农奴无法左右自己的命运。在欧洲很多地区，农奴只能从领主那里购买盐、烟草、鲱鱼和烈酒。按照法律和习俗，农奴必须把自己打下的粮食拿到领主的磨粉厂去加工。只有领主有权打猎，这一特权不仅剥夺了农民获取衣食的一个重要来源，还毁坏了他们的庄稼。鹿和野猪在农民的耕地上肆意游荡。贵族狩猎追赶猎物时，有时会横穿耕地、践踏庄稼。在有些地方，为了防止木桩子伤到逃窜的猎物，妨碍狩猎，农民是不可以用篱笆把耕地围起来的。农民必须喂领主的猎狗，还得把自家的狗用链子拴起来，以免它们去追逐猎物。只有领主有权养鸽子，于是农民的庄稼又被鸽子糟蹋。领主往往还会垄断当地河渠的捕鱼权。

在欧洲大部分地区，领主的种种特权和对农奴的限制都是靠领主法庭强制实施的。当地领主充当法官，审判不听话的农奴。领主法庭的权力是国家赋予的，其决定由领主警察强制执行，也就是由领主的私家仆人执行。农民若设陷阱捕捉猎物，开枪射杀飞禽，拖欠捐税，一经发现就会被扭送法庭，受到惩处。很多领主还私设牢房，他们有权对农奴进行体罚，通常是鞭打。更严重的罪行必须提交国家上级法院审理。大多数国家都对处罚方式做了限制，例如俄国。这类法庭的权力不是无边的，而是要受国家法律的限制。法庭开庭时，领主一般都请一位职业律师或法官主持庭审。由于需要依法行事，领主对农民的勒索若超过了允许的限度，农民也可以反告领主。国家法律对领主司法权的干预越来越多，因此许多不那么富有的小地主会把自己的司法权转让给邻近的大庄园主，或干脆建议废除领主裁判制度，他们在1833年的下奥地利三级会议上就是这么做的。在欧洲大部分地区，领主裁判制度都充斥着腐败和不平等。农民即使上法院打官司，也会处于不利的地位。19世纪40年代，一名富有的俄国大地主对一名旅行家说："农民只给法官一个鸡蛋，我们给他一个银卢布。法官又怎么会为他伸张正义呢？"当然，农奴制有好坏两面。根据法律和习俗，年景不好时，领主有义务养活自己的农奴。病、老、残者若家人无力照管，也归领主照管。农奴带耕畜耕种领主土地时，领主管饭并提供耕畜饲料。很多地区的农奴有权在领主的牧场上放养自己的牲畜，在领主庄园收割后的地里拾散落的麦穗，在地主的私有森林里放猪觅食或砍柴。同样，领主通常也有权在村子的公共土地上放养牲畜或使用公共森林。

虽然一整套烦琐规则界定了农奴的权益和义务，但农奴以及他们租种或拥有的土地仍然可以被买卖。领主出售自己的庄园时，庄园上的农奴也会一并转售给新领主。国家常常默许只卖农奴不卖地的做法，这可以从法律规定中看出来。俄国有一条法律，禁止在公开拍卖农奴时使用锤子；1841年的一项法规规定，把农民及其未婚子女拆散出售违法。俄国的农奴必须耕种土地，还有越来越多的农奴被当作家庭用人、男仆、车夫、厨师等等。贵族出身、后来成为无政府主义者的彼得·阿列克谢耶维奇·克鲁泡特金（Pyotr Alexeyevich Kropotkin, 1842—1921）说，19世纪中，他父亲拥有1 200名农奴："在莫斯科有50个仆人、在乡下还有60多个仆人并不是什么了不起的事情……地主最想要的，是手下的农奴可以满足自己的一切需求……客人若问：'这架钢琴的音色好极了。是在席美尔店里调的音吗？'地主就会回答：'我有自己的钢琴调音师。'"即使受过教育的农奴也可以买卖，有时他们在莫斯科或圣彼得堡的赌桌上就被转手卖给他人。像普尔列夫斯基这样的农奴虽然识文断字，做的是管理庄园的工作，但依然无时无刻不担心被鞭打。比他境况差得多的众多农奴就更不用说了，对这些农奴而言，人身依附给他们带来的屈辱是农奴制最可憎的特征之一。

解放农奴

一段时期内几重压力加在一起，导致了欧洲农奴制的终结。最主要的压力来自农奴日益增长的不满，尤其年景不好时，农奴对领主的横征暴敛忍无可忍。很多地区的政府官员担心，参加过反拿破仑战争的返乡退伍军人会调转枪口对准自己的领主。据历史学家统计，1826—1840年，俄国各地爆发了近2 000起农奴暴乱，其中381起迫使政府动用军队弹压。克里米亚战争（1854—1856）后，由于农奴期待获得解放，社会动乱激增。1857—1861年，骚乱迅速在全国蔓延，政府被迫动用军队镇压，次数多达903次。即使在农奴制已被正式废除的地区，比如1816年俄国统治下的爱沙尼亚，规定农奴在某些日子必须提供无偿劳役的残存义务依然会引起农民的痛恨。1858年，塔林附近的一个庄园内爆发了一场起义，一支800人的农民军与政府正规军对峙，死伤多人。在之后举行的大规模审判中，多人被判处死刑或流放西伯利亚。农奴反抗的形式多种多样，最常见的形式是农奴自行处置日常生活中的事务，比如在1834年，下奥地利四个村子的村民就把领主的羊群赶出了村里的牧场，政府不得不派军队到当地维护领主的放牧权利。农民的抵抗有时会采取平淡无奇的形式，而且都不违法。19世纪30年代时，西里西亚的领主就已经在抱怨，农民把最年幼的儿子送来服劳役，往往还是个孩子。奥地利的农民付捐税时故意拖延，把老鸡、变质鸡蛋和发霉的蜂蜜进贡给领主，干活时磨洋工。有些地方的农民专门留一匹老弱不堪的马去领主庄园干活。在波兰和俄国，一个农奴若打定主意慢慢悠悠地做某件事，就会说他想"像在领主庄园里那样干活"。越来越多的农奴（像普尔列夫斯基那样）逃离自己的村庄，跑到城市或其他地区，隐瞒自己的农奴身份，找一份自由人的工作。1856年时，有报道称，自1832年以来，有10万余名罗马尼亚农户为寻求人身自由，丢弃自己的耕田，前往保加利亚、塞尔维亚和特兰西瓦尼亚。19世纪60年代时，据说已有超过30万名来自俄国和乌克兰的逃亡农奴在刚废除农奴制不久的比萨拉比亚居住。

一些农奴的抗争远比消极抵抗激烈，在当局看来也更危险。1831年7月，俄国沙皇尼古拉一世颁布了所谓的《组织法》（Organic Statutes），在多瑙河流域的几个公国强行建立法定的农奴制。当地农村的匈牙利居民因当初许诺给他们的特权被剥夺而义愤填膺，与罗马尼亚农奴一起举行武装起义。共有6万多名农民参加了起义。当局马上派哥萨克军队前往镇压，逮捕了起义首领，把他们流放到西伯利亚盐矿服苦役，其余众人各打50棍。然而人们越来越认识到，靠镇压解决不了问题。1832年，一位俄国钦差大臣写道："我仔细观察了农民阶级和人口中最下层阶级的精神面貌，注意到他们的态度发生了巨大变化，变得更大胆、更独立、更不顺从，同时也更贫穷了，不再像昔日那样对官吏和政府大员毕恭毕敬。"尼古拉的儿子、新沙皇亚历山大二世（Alexander II, 1818—1881）见农奴越来越不服管，得出了一个大胆的结论。1856年时，他提出"最好自上废除农奴制，而不是等到农奴自下解放自己"。同年，俄国在克里米亚战争中落败，这促使沙皇着手全面改革俄国国家体制和社会。战争后期的俄军总司令米哈伊尔·戈尔恰科夫（Mikhail Gorchakov, 1793—1861）亲王敦促解放农奴，以此加强军队对国家的忠诚，因为俄军中绝大部分士兵是应征的农奴。据说戈尔恰科夫表示："当务之急是解放农奴，因为农奴制集俄国一切邪恶于一身。"不过，还有一些漫长的演变过程导致了欧洲农奴制的终结。很多试图改进农奴制的地主感到农奴效率低下，阻碍了农业改革。正如翌年的萨克森解放宣言所说，封建义务"妨碍农业活动自由发展，损害了国民财富的主要来源"。沉重的封建义务使农民无力改善劳作方式、改进所用的材料。而领主依赖效率低下的农奴劳动，不劳而获地收取农奴缴纳的捐税地租，他们也没有改善劳动标准的动力。俄国实行的是露地耕作制。大块耕地被切割成很多小条，交给个体农奴家庭耕种，因此很难通过合并耕地来实现规模经济。农奴没钱为改良牲畜品种投资，也买不起化肥。试图靠模仿英国"农业革命"来改善生产的地主心灰意冷。

此外，国际上的因素或许也起了一定作用。例如，1856年结束克里米亚战争的《巴黎条约》让多瑙河各公国的农奴获得了解放，原因之一是英国和法国希望有一个足以自立的国家——1858年两个公国合并后成立的罗马尼亚——作为抵御俄国扩张的缓冲区。当地领主加以抵制，为对抗这些领主，1858年时通过了一项国际公约，要求罗马尼亚颁布废除农奴制的法律，从而让罗马尼亚人都与国家的未来息息相关。1864年，两公国召开的议会选出新君主，新君主大权在握后，克服了地主的抵制，立即颁布了解放农奴敕令，既把贵族牢牢控制在自己手里，又满足了国际社会的愿望。结束人身依附地位、实现所有公民法律面前一律平等是19世纪上半叶自由派提出的核心诉求之一。对各地的保守派政府而言，争取农民的支持是防止自由派掌权的重要手段。一般认为（其实这种看法并不准确），农民观念保守，虔诚信教，拥护君主制，既反自由主义，也反资本主义。面对自由派的进逼，农民可以构成现有秩序的最坚强堡垒。接受他们提出的废除农奴制的要求可以被看作维护现存政治秩序的关键要素。因此，形形色色的政治力量也在推动解放农奴。

无论何地，废除农奴制都是引起主要派别在政治上展开博弈的重大问题。几乎没人正式征求过农奴的意见，但议员很清楚，倘若解放农奴的条件过于苛刻，就很可能引发人民起义。新君主登基或政府更迭往往提供了废除农奴制的机会，俄国的亚历山大二世就是一个典型例子，小君主继位也能产生作用，比如萨克森国王腓特烈·奥古斯特（Friedrich Augustus, 1797—1854）。1830年，腓特烈·奥古斯特被指定为共治君主，与他在位的年迈叔叔一起执政，此后开始了重大的农业改革。此时在汉诺威，1830—1831年的革命动荡也促使新一届政府全面改革农奴制。黑森-卡塞尔也是一样。以上例子表明，革命会推动当局采取行动。1848年，欧洲大部分地区的革命立法机构都采取措施，废除残余的封建捐税和义务。由于措施温和，传统的国家政权很快就批准了。哈布斯堡家族的皇帝弗朗茨·约瑟夫一世（Franz Joseph I, 1830—1916）及其谋士均认为，废除农奴制势在必行，他们深信这样做对国家有益无害。

废除农奴制通常涉及庞杂的法律文书，加之18世纪到19世纪初，一些开明君主已经部分减轻了农奴的封建义务，情况就更加复杂了。普鲁士在1850年3月2日发布的敕令终于废除了王国内残存的农奴制。敕令列出了它取代的1811年到1849年期间通过的33条法律。在激昂慷慨地宣布农奴为自由人后，就是扑朔迷离的法律条文，这些法律条文常常极大限制了法案所基于的原则。1848年4月11日匈牙利宣布废除农奴制后，在此后5年里又补充了一系列具体措施，这才将废除农奴制在各县落实。在宣布废除农奴制原则与具体实施之间，往往存在领主与政府讨价还价的空间。问题的关键是领主在失去农奴的捐税和劳役后，应该得到多少补偿。以匈牙利为例，那里最初颁布的革命法令废除了农奴制，但没有补偿领主，但到了具体实施时，补偿就成了交易的核心内容。欧洲很多其他地区的情况也是一样。

在大部分地区，领主丧失的贵族特权若源自农民的人身依附地位（比如领主裁判权），领主就不会得到任何补偿，因为所有农奴现在均已成为自由人。诸如行动自由权、继承权、劳动权等权利也是无偿给予农民的。然而，在补偿领主损失的农奴劳役、实物支付和地租支付问题上，必须达成协议。政府官员得去查阅文件，计算得出劳役和实物地租折合的金额。在哈布斯堡君主国，农奴劳役的价值被定为一个雇佣劳动者工资的1/3，这反映了人们对农奴出工不出力的看法。此外，还要从农奴劳役价值中再扣除1/3，用于补偿领主经营庄园的开销。在符腾堡、巴登、罗马尼亚和哈布斯堡君主国等地，国家资助农奴赎身；在哈布斯堡王朝统治下的匈牙利和布科维纳，国家甚至替农奴支付全部赎身费用。不过通常农奴必须自己承担所需的一切费用。在罗马尼亚，农奴需要用15年时间分期付清费用，在萨克森和俄国分别是25年和49年。也就是说，1861年俄国颁布解放农奴敕令后，农奴付给沙皇政府的赎身费一直要到1910年才能付清。很多地方为管理这笔费用而设立了专门银行,尤其是德意志各邦国。重新分配土地同样重要。一般原则是,解放农奴交易允许农民继续耕种他们此前拥有的土地,但不可避免地会出现各种各样的情况。罗马尼亚代表了一个极端,当地领主有权霸占良田,但要在其他地方补偿农民面积相等的耕地,通常是贫瘠之地,甚至是彼此相隔数千米的小块田地。波兰是另一个极端,俄国政府敌视波兰贵族,因而将100万公顷的土地分给了农民,占俄属波兰王国全国面积的8%。

包括俄国150万户农奴家庭在内的众多无地农奴的问题更为棘手。俄属波兰王国的沙俄地方长官担心佃农、小农和无地农民闹事,把政府土地分成13万块小田产分给了他们。罗马尼亚王室为了让农民效忠于自己,成为对抗贵族的一支力量,许诺所有前农奴均可分到土地,但这一许诺从未完全兑现。俄国国有土地上的农民被给予有限地产权,后来土地转化为个人可终身保有的地产,但农民需要为此支付赎金。按照每年支付数额的时间表,农民要一直付到1931年。在德意志部分地区,农民直到20世纪20年代初都仍在支付赎金。有时地租支付实际上与封建义务没什么区别。比如说丹麦,那里在18世纪就废除了农奴制,然而直到19世纪上半叶,农民都还在承受支付赎金的沉重负担。如果地主更愿意让农民以服劳役而不是付现金的方式赎身的话,一般都会轻而易举如愿以偿。

以上措施涉及范围很广。在普鲁士易北河以东地区,19世纪初颁布解放农奴敕令后,48万名农民成为自由有产者。即便是罗马尼亚这样的小国,也有40多万名农民有了自己的地,另外5.1万户农民分到的地足够盖间房子,有个菜园。在波兰,将近70万名农民分到了土地。在哈布斯堡帝国的德意志和斯拉夫省份,解放农奴涉及250

多万名农户向将近 5.5 万名地主支付赎金，地主损失的农民劳役总天数，不带耕畜是 3 900 万天，自带耕畜是 3 万天，此外还有折合 1 000 多万弗罗林的年缴款和什一税，以及将近 400 万蒲式耳（约 14 万立方米）的实物捐税。解放农奴给俄国造成的影响更大，私人庄园里将近 1 000 万名农民分到了大约 4 000 万公顷的土地，这还不包括此前在国有土地上已经分到地的数量更大的农奴。虽说涉及范围很广，但欧洲各地废除农奴制的措施实行起来都很快，几乎没有什么争议。原则上讲，这是整个 19 世纪欧洲大陆上最波澜壮阔的解放和改革。此前，一个人数庞大的社会阶级被封建人身依附制度束缚在土地上；如今，他们挣脱了锁链，成为享受同等权利的公民。划分社会等级的法律条文实际上已名存实亡，固有的地位和特权已被扫除。几乎在各个方面，所有成年男子现在都受到法律的平等对待，享有人身自由，可以自由处置自己的财产。受 1789 年法国大革命冲击的等级社会最后的法律残余终于退出了历史舞台。

赢家和输家

什么人从解放农奴中获益最大？解放农奴又产生了什么样的总体效果？在很大程度上，这取决于重新分配土地的条件和所规定的补偿金数额。领主丧失了自己专属的狩猎和捕鱼特权，再也不能在他人土地上狩猎。领主的垄断权也被取消，但是在哈布斯堡君主国，直到19世纪60年代末，酿酒和贩酒权都还被领主独占。领主失去了昔日的封建地位，但并没有失去昔日地位带来的社会尊重。在普鲁士，直到1872年和1891年通过了新的法律后，才正式废除了领主操纵农奴婚姻和执法的权力，但由于前领主往往也是地方行政官，因此他们仍可以代表国家行使类似权力。在东普鲁士以及波罗的海以南的容克贵族地盘，这种权力尤其明显。波罗的海德意志贵族所在的地区是俄国的属国，但享有很大的自治权。在这一地区，庄园司法制延续的时间更长，不过内容受到削弱。总体来看，解放农奴进程最终剥夺了领主的司法审判权，尽管在部分地区这一过程有所拖延。在欧洲一些地区，领主的司法审判权移交到了村委会或地方法院手中，比如奥地利（1862年后）、俄国、萨克森和瑞士。地主从前可以为所欲为，如今必须遵照严格的执法程序。柯尼斯堡的一位地方法官说，从前，如果农民被发现偷领主果园里的水果，领主就会带几个家丁到这个农民的果园，把树上的果子一扫而光，丝毫不为农民妻子儿女的眼泪所动。他摘走的水果也许是他损失的3倍，但他的举动会得到其他领主的一致赞同。

今天他若这样做，就会被国家认定为违法。一位奥地利贵族抱怨道："一个世袭了32代甚至64代的贵族，如今却要向那个粗俗的地方委员会低头……目不识丁的愚昧农民……骑到了他富有教养的有钱主子头上。"

从他的愤懑之语中，我们可以想见，很多领主出于多重原因强烈反对解放农奴。出身贵族的俄国官吏抱怨农村犯罪率急剧上升，骚乱增多。一名贵族法官说："从前，庄园主负责农民的道德教化……从而维持了法律秩序，但今天的农民，至少是99%的农民，都不懂得一个人应该诚实，应该服从政府指令，过家长制的家庭生活。"哈布斯堡君主国的温迪施格雷茨亲王阿尔弗雷德（Prince Alfred zu Windischgrätz, 1787—1862）是一个手握军权的大地主。1850年，他在皇帝弗朗茨·约瑟夫面前诉说对解放农奴的不满："陛下政府所做之事，即使是最杰出的共产主义者也不敢提出。"在大地主务农已有盈利的地区，以上极端观点并不常见。在匈牙利平原地区，庄园主用得到的补偿金改善农业生产，再将收获的产品在市场上出售。在奥地利和波希米亚，面对来自匈牙利的大量廉价谷物，地主在自己的农庄改种甜菜等经济作物。至于土质差又不带来经济收益的田地，地主任其荒废。18世纪末，法国没收了贵族和教会的土地，解放了农奴，这意味着1790年后的几十年里，法国的小农数量增加了50%以上。1851年时，法国68%的农民都是自耕农。在意大利北部的博洛尼亚平原地区，法国大革命后封建制度的终结减少了贵族拥有的土地，从 1789 年占全国土地总面积的 78%，降到 1835 年的 31%。大量土地不是农民买的，而是中产阶级企业家买的，他们急于从这一农业发达地区分一杯羹。西西里岛的情况与此截然不同，直到 19 世纪下半叶，当地贵族依然占有 90% 的土地。

平安度过战争和革命大风大浪的地主往往因解放农奴而大发其财。在大规模种植商品粮的欧洲地区，比如西班牙炎热的平原、法国北部、波罗的海以南的平原地区、匈牙利和波希米亚的沃野，还有"欧洲粮仓"乌克兰，地主仍是最有权势的社会力量。波希米亚 93 个最大庄园得到的补偿金总额将近 1 600 万弗罗林。这些庄园主和其他地区情况相似的庄园主一样，用这笔钱购买了经济窘迫的小庄园主被迫出售的大片土地。从 1867 年到 1914 年，在匈牙利庄园主拥有的土地中，5 900 公顷以上大庄园所占的比例从 8.5% 增至 19.4%。这些大庄园一般属于显赫贵族家族。奥地利和易北河以东普鲁士的情况也是如此。除了波兰的情况比较特殊外，解放农奴后，地主的境况总体来说都很不错。至于他们是不是在瞬息万变的经济环境中很好地利用了所得收益，那完全是另外一个问题了。

解放农奴对农民有什么影响呢？哈布斯堡君主国的评论家颇有诗意地讲述了他们想象中的解放农奴会给农村经济带来的改善。一位评论家写道："昔日的隶农如今拥有了自己耕种的土地，可以精心开垦自家田。昔日归他所有的林区一度每况愈下，如今受到很好的养护和开发。"这话其实只适用于拥有一定数量农田并种植商品粮的农民。很多小农不熟悉货币交易，仍然只为养家糊口耕作，结果很快背上债务，为了支付税捐和补偿金，不得不回去给原东家打工。在普鲁士易北河以东地区，从1816年到1859年，农民大约有7 000片大块田产和1.4万片小田产被大贵族庄园收购，农村大批丧失土地的农民沦为无产阶级。19世纪中叶，普鲁士和梅克伦堡有200多万人要么全职要么兼职在农庄打工谋生。同一时期，奥地利30%的农业人口是挣工资的劳力，波希米亚则是36%。

很多家境较好的农民现在有能力从中产阶级地主那里购买或租种更多的地。1877—1905年，俄国农民拥有的土地增加了1/4。1882年政府建立的"农民土地银行"为大部分购地提供了贷款。农民土地激增，但其增速依然落后于人口增长速度。19世纪末时，法国将近40%的田产小于1公顷，丹麦小于0.5公顷的田产达到总田产的27%，德国是33%。这些小块田产比菜园大不了多少。田主为了养家糊口，除了种地，还要去打零工。农村的无地穷人只能靠给他人打长工为生。从1750年到1870年，瑞典的无地或半无地雇工和家人从占总人口的1/4增至1/2。这一社会阶层完全没有抵御饥荒和经济危机的能力。由于自己的劳动产品不足以养家糊口，因此他们必须购买食品及其他生活必需品。在欧洲各地，农业日益被纳入资本主义经济中，越来越多的人靠出卖劳动力为生。在欧洲部分地区，实际上存在着一种半农奴制。农村雇工的行动自由受到法律限制。1810年通过的《普鲁士农场雇工法令》到第一次世界大战结束时都还有效力。该法令剥夺了农村雇工的很多权利，那些权利都是城市工人享有的，法令还允许雇主任意对农民体罚。丹麦也有类似的法律条文。1907年的《匈牙利农场雇工法案》禁止居住在庄园里的劳工擅自离开庄园，未经雇主允许，劳工甚至不得见任何外人。根据该法案，雇主有权鞭打不足16岁的劳工，鼓动罢工的人有可能被投入监狱。后来在播种和收获季节，地主越来越倾向于雇短工，比如一次几周，农村劳工受到的种种束缚这才开始放松，可以到他处寻找工作机会。

农民起义

从一开始,解放农奴就让受其影响的很多人感到失望。俄国的农民对给予领主补偿的规定愤怒不已。一句流传很广的话说,俄国农民认为:"我们人是属于你的,但土地是属于我们的。"政府钦差和代理人干预他们日常生活是导致农民绝望的又一原因。在俄国很多地区,农民只想能自己管理自己,不受任何人的干涉。解放农奴前几年,俄国各地已经爆发了多次起义。至少从短期看,颁布解放农奴敕令非但没有平息农民的反抗,反而加剧了他们的抗争。在彼尔姆的一个村子,当地警察宣读了解放敕令后,农民说敕令是伪造的,他们认为真敕令肯定是用金字写的。农民强烈反对"与昔日我们受领主伯爵统治的日子毫无区别的自由"。政府派军队去当地恢复秩序。1863年初,抗议浪潮逐渐消退。农民的反抗显示出他们对解放条款普遍感到强烈不满,这种不满情绪随着时间的推移而越发强烈,并没有逐渐消减。

症结是,解放农奴对改善俄国的农业生产没有起到什么作用。不错,农奴解放后的几十年里,即使从粮食总量中扣除了出口的粮食后,人均粮食产量仍然增加了,但不是所有方面都是这样,畜牧业就遇到了很大的困难。1880—1914年,俄国的猪、马、牛数量几乎连年下降。人口增长导致农庄面积缩小,尤其在富饶的"黑土地"地区,大量土地依然归集体所有，划成一块块分给数量日增的农户。解放农奴后，农民不得使用属于地主的森林和草地。农民在一份请愿书中抱怨"连鸡都找不到趴窝的地方"。各地的农民都认为尚未耕种的土地是公有财产，不理会地主圈围森林的做法。结果就是俄国非法砍伐林木和盗木案件激增。从1834年到1860年，这类案件从占案件总数的14%增至27%，每年平均受理2万起这类案件。（从1815年一直到1848年，在普鲁士也可以看到类似现象。绝大部分盗窃案都是木材盗窃，而且常常伴有袭击，农民有时单独行动，有时甚至成群结伙攻击林子的主人。）

解放农奴造成的余震一直持续到19世纪末、20世纪初。由于人口增长的压力，19世纪80年代俄国的土地价格和地租上涨，同时农村工人的工资下跌，补偿金支付依然令农民不堪重负。国家危机往往引发人民的抗议。1905年俄国在日俄战争中战败的消息传出后，俄国各城市爆发了罢工和革命起义。在当地教师和官吏的支持下，农民举行大规模集会，起草请愿书，宣讲他们的要求。在有巨大庄园和大批无地劳动者的地方，比如沙俄帝国的西部地区，抗议多采用罢工形式。其他地方的抗议则采用更传统的方式。在俄国中部的黑土地地区、伏尔加河流域和乌克兰，尤其在除了种地没有其他活路的地方，或地主对农民租佃提出苛刻条件的地方，农民冲进贵族庄园，把庄园主宅第洗劫一空。很多地区的农民为了确保地主不会返回，放火焚烧了贵族的宅第和账本，夺取了他们的土地。这也是自中世纪以来欧洲各地农民起义惯用的手法。

1905—1907年，俄国一共发生了979起纵火案，几乎无一不涉及庄园主宅第，另有809起非法盗木案件、573起占用牧场事件、216起占用可耕地事件、316起抢劫食品和饲料案件。政府调查后，把大部分案件归咎于人民受了煽动分子、犹太人、大学生、算命师甚至铁路警察的迷惑，但拿不出什么具体证据。实际上，这些事件的主要组织者是有一定文化程度又有走南闯北经历的农民，还有复员返乡的士兵和水兵，后者一心认为，自己当兵打仗吃过苦，现在应该得到酬劳。1905—1907年的俄国农民起义被军警残酷镇压了下去。此后，政府为了在一波城市革命失败后恢复秩序和稳定，采取了一系列措施来平息农民的不满，包括最终取消补偿金支付，放开农民土地市场，允许个体农户在本村外买卖土地，扩建农民土地银行。此后几年，在首相彼得·阿尔卡季耶维奇·斯托雷平（Pyotr Arkadyevich Stolypin, 1862—1911）的推动下，俄国社会中出现了一个人数众多的新农民阶级，即后来受到咒骂和压制的富农阶级。斯托雷平试图彻底消灭农村公社的影响，但因农民抵制而失败了。这反映出农民依然没有摆脱集体耕种土地的旧方式。

罗马尼亚解放农奴后，当地农民与俄国农民一样强烈不满。国家官吏与顽固的地主沆瀣一气，百般阻挠分地。农民因迟迟分不到地，无法在规定的15年期限内付清所欠的补偿金。10年后，1874年，国家不得不完全取消一切未付补偿金。农民通常只有很小一块田产。19世纪末时，每10户农民里，差不多就有8户拥有的耕田面积不足5公顷。1864年的解放法规中有一条款取消了农民使用领主牧场和森林的权利，15年期限到期后，领主利用了这一条款。19世纪末、20世纪初，1 500个大庄园占有大约38%的可耕地。1882年时，一位评论家指出，"大多数罗马尼亚农民生活之悲惨难以言状"。地主逼迫农民以劳役代替现金地租，农民的人身依附状况和农奴没有什么区别。迟至1900年,地主的庄园仍然主要靠农民耕种。农民拥有全国耕畜总数的将近95%,为地主耕田时,他们必须使用自己的耕畜。严格的财产资格条件使广大农民无权参加选举,因而无法通过政治途径表达自己的不满。

在此背景下,1907年,爆发了欧洲历史上最近的一次农民大起义。在摩尔达维亚,一个1.2万公顷大庄园的管家变本加厉盘剥农民,愤怒的村民起而抗争,痛打了这个管家。农民在写给当地政府的请愿书中说:"我们是穷苦人,只知道种地……如今我们走投无路。今春以来,我们已无地可耕,无法养活自己和家人。全家人面临饥饿的威胁。"他们威胁说,如果不增加他们农作物的价格,允许他们用现金而非做工支付地租,那么他们"只能夺占庄园"了。政府对他们的要求置之不理。罗马尼亚的农民开始夺取贵族的森林和庄园,庄园主的宅第被捣毁。成群结队的农民向城市进军,捣毁商人和中间商(很多是犹太人)的办公场所。部分地区的地方长官被迫下令重新分配土地。政府调动军队镇压起义,"怒不可遏的"农民则使用"长矛、棍棒、石头甚至枪械"抵抗,把士兵逐回兵营。起义一直蔓延到摩尔达维亚南方。庄园主宅第被烧毁,账本被付之一炬,庄园办事员遭到殴打。各地的农民要求降低地租,扩大放牧权和砍柴权。内格雷什蒂地区的农民捣毁了庄园办公室,拿走了账本,"瓜分了牲畜,占有了磨粉厂"。起义一直蔓延到南方的瓦拉几亚,一些城镇的学徒和店员也加入农民的行列。

当局残酷镇压了农民起义。3月15日,一个地方行政长官报告说:

> 我们对伯伊莱什蒂村动用了大炮。第五山地军团的一个营进村查明情况时,遭到屋子里农民的枪击,两名军官和十名士兵受

伤。该营随后用排炮连续轰击该村，击毙42名叛匪，打伤100多人。村子一半陷入火海。

起义被扑灭后，数千人被捕。地主怂恿士兵摧毁农民的房舍和农场。"匪首"遭到殴打。监狱人满为患，还动用了酷刑。大批参加起义的人被判长期徒刑。这次起义是1815年到1914年期间欧洲规模最大、死伤人数最多的一次，估计死亡总人数达1.1万。新一届自由派政府的内政部部长约内尔·布勒蒂亚努（Ionel Brătianu, 1864—1927）推动通过了限制最高地租、保障最低工资的法律，还成立了一家农民银行，提供贷款用于购买或租赁庄园，然后划成小块田分给农民。但这类措施很少付诸实施。按照法规，地主被迫出售18万公顷的牧场作为放牧的公地。但这根本无法满足农民的需求。仍有72.5万户农民的地不足5公顷。

南欧地区也发生了类似事件，但没有那么激烈。葡萄牙的农奴制在中世纪就结束了，但领主和教会的种种特权依然沉重地压在佃农头上，尤其是王室土地上的佃农。全国土地四分之一归王室所有。19世纪30年代初，教会下属的一家庄园拥有6 000个农庄，垄断了当地所有磨粉厂、橄榄油榨油机和粮仓。佃农必须把头生的羊羔、马驹或牛犊献给教会，还要交出1/8自己织的布，缴纳面包、葡萄酒和水果税。在其他一些庄园，地主向农民收取脱粒费。农民使用犁耙和耕牛也要付租金。以上负担已经很沉重了。1846年，旨在登记土地占有人、把公地分给私人的自由派改革引发了一场起义。起义首领是北部地区一个农妇玛丽亚·达·丰特（Maria da Fonte，生卒年不详）。起义者称政府打算把土地卖给"葡萄牙北部狰狞可怕的英国人"，于是放火

第二章　自由悖论

焚烧土地登记处，还冲进城镇。政府出于健康和安全的考虑，曾试图废除人死后尸体留在藏骸所，直到家人敛回骨头、将其安放进家族墓穴的风俗，下令人死后应立即运到城外掩埋。武装团伙袭击葬礼，把尸体送到传统的安息之地，局势愈加混乱。这次起义动摇了葡萄牙的政治体制。最终在列强一致同意下，英国派了一支军队从海上登陆，扑灭了起义。然而，农民的不满并没有消除。

19世纪30年代中期，西班牙废除了封建义务，控制佃农的地主权力大增。在佃农制度下，农民与地主签约，代耕地主的地，地主把收成的一部分作为报酬给农民。由于自由派政府取消了对土地继承权的限制，施行包括出售公共用地在内的土地改革，因此西班牙农民抗议的矛头往往对准自由派，这不同于欧洲其他地方的起义或造反。西班牙的农民起义同样带有政治色彩。地方显贵和教士也参加进来，领导农民起义。1822—1823年，在围绕国王费尔南多七世的冲突中，保王党人争取到了广大农民的支持。巴伦西亚省长报告说，农民袭击粮店，迫使官吏退还他们收缴的捐税，"威胁说不这样做就要他们的命"。1827年，保王党人发动了一次人称"不满者之战"（War of the Malcontents）的起义。大批农民加入其中，这些农民已经在抗击拿破仑的游击战中磨炼过了。起义势头最盛时，据说起义队伍有3万多人，以赤贫小农、佃农和雇工为主。

农村抗议者围绕国王费尔南多的弟弟卡洛斯（Carlos, 1788—1855）集结在一起。卡洛斯拒绝承认1830年废除《萨利克法》的做法，也不同意让费尔南多年纪尚幼的女儿伊莎贝尔（1830—1904）在1833年继承王位。"第一次卡洛斯战争"从1833年打到1840年。战火延烧到巴斯克地区、阿拉贡、加泰罗尼亚和巴伦西亚。自由派将军中，很多人参加过拉美的独立战争。他们的作战经验逐渐起了作用。1846年,"第二次卡洛斯战争"打响,这场战争又称"晨起者战争"(源自造反者惯于凌晨发动袭击),反映了农村贫苦民众对19世纪30年代掌权的自由派的仇恨。"第三次卡洛斯战争"从1872年一直持续到1876年。这次战争的导火索是阿玛迪奥一世(Amadeo I, 1845—1890)的继位。支持卡洛斯取得王位的人认为阿玛迪奥无权继承王位。拥护卡洛斯的人最想废除的是自由派推行的土地改革。一如众多农民起义,这场战争极为惨烈,充满了酷刑、强奸、屠杀,尽管双方在1835年时经英国大使埃利奥特勋爵(Lord Eliot, 1798—1877)斡旋,达成了善待俘虏协议。卡洛斯起义利用王室及政治精英内部的分歧扩大了自己的政治影响,吸引了一些外国人加入,包括比利时、英国、德国、意大利和葡萄牙的君主主义者,哈布斯堡君主国内施瓦岑贝格和利赫诺夫斯基两大保守家族的主要成员也积极参战。

西班牙南方基本上是大农场主加无地雇工型经济。在这一地区,农民的反抗表现为另一种形式。1848年后,由于自由派未能改善无地雇工的生活,南方无地雇工接受了无政府主义思想。一些人认为,以征税、征兵和事实上保护地主阶级为标志的政府是敌视人民的机构,必须打倒,无政府主义对这一部分人极具吸引力。19世纪60年代,纵火和抢劫案遍及西班牙南方。失业劳工偷窃庄稼,把树连根拔掉当木柴出售。1857年6月,塞维利亚人民起义,遭到政府军队镇压,95名起义者被处决。1868年爆发了一次更彻底的自由派革命,女王伊莎贝尔二世遭到废黜。此后阿玛迪奥一世在统治了很短一段时间后倒台。1873年,西班牙宣布成立共和国。南方各地农民纷纷借机夺占、瓜分领主土地和公地。在西班牙部分地区,非法放牧、侵占房舍地产、盗窃等低层次的农民反抗活动一直持续到20世纪。

意大利和西班牙一样实行收益分成的佃农制，意大利农民同样不满现状，但意大利的佃农制造成的政治影响较小。在托斯卡纳，一户农民可租种田地的数量受到契约严格限制，地主拿走收成的一半后，剩下的一半仅够农民一家糊口。意大利这一地区的风俗是，地主有权决定佃农家人的婚姻，监督佃农的品行道德，如果当地劳动力过剩的话，地主甚至可以强迫佃农一家搬走。佃农若未经允许离开农庄，就会因违反契约被判有罪。管家核对收获的粮食，确保佃农拿走的粮食没有超出契约分给他们的份额。在意大利艾米利亚-罗马涅地区，佃农必须向地主免费提供蛋禽和火腿。一些地区的佃农还要无偿出工干一些体力活，比如挖沟渠。佃农不能为他人打工，也不能用农庄的大车帮助其他农户，对地主的指令稍有抵制，马上就会被解雇赶走。佃农分到的粮食仅够维持一家人最低生活水准；经济作物全部要上交给地主，地主出售后，所得收入的一半分给佃农。年景不好时，佃农往往要向地主借贷，这更加重了他们对地主的依赖。

19世纪60年代，意大利走向统一，自由派推行一系列改革，引发了意大利农民的反抗。最常见的反抗方式是夺占被圈围的前公地，但19世纪的大部分时间里，意大利南部西西里和撒丁岛的匪患也很严重。1847年，撒丁岛的一个山民向萨萨里地区主教解释了袭击平原地区农庄的理由：

> 大人，直到今天，我们仍然认为，拿走我们所需的羊羔、母羊和猪牛没有违背上帝的律法。全能的上帝怜悯世间一切生灵，他怎么能看得下去，加卢拉那些平原上的牧羊人有500、800乃

至1 000只羊，而我们每个人仅有不到100只羊？

19世纪60年代，匪患是意大利的一大痼疾。新诞生的意大利国家派重兵去南方剿匪，在"剿匪战"期间，用兵一度占意大利总兵力的2/3。拿破仑时期推行的土地改革在很多方面仍没有落实，农民渴求分到土地的愿望依然没有实现。面对绑架、谋杀、偷牲口、沿路抢劫等犯罪活动，当局的对策是大举抓人。仅1863年下半年就有1.2万人被捕，2 500名作乱者被枪杀。最终，当局靠一支12万人的占领军恢复了秩序。一个强盗头子在军事法庭上指责地主是社会动乱的罪魁祸首。他大声宣称："这就是我们的命运！领主是这一邪恶现象的根源，可受害者却是我们。那又如何，谁让我们生来就是受苦的命！"

废除农奴制后，匪患十分普遍。19世纪40年代中期，罗马尼亚历史学家兼政治家米哈伊尔·科格尔尼恰努（Mihaail Kogălniceanu, 1817—1891）游历西班牙时说："没人敢赤手空拳去平原地区……沿途依然不太平。一路上直到马德里城下，打劫事件不断。各家报纸上每天的各省短讯栏目都充斥以'强盗'为标题的段落。"欧洲一些地区的强盗更是胆大妄为。匈牙利的一名起义者罗饶·山多尔（Sándor Rózsa, 1813—1878）从小落草为寇，于1837年被捉拿后关进监狱，之后越狱逃走，多年靠沿路打劫为生，袭击人烟稀少的匈牙利平原上的过路人。19世纪中，他借着革命浪潮，趁废除农奴制之机纠集了一伙土匪，打着反抗哈布斯堡王朝、捍卫匈牙利革命的旗号行事。之后他再次被捕入狱。皇帝弗朗茨·约瑟夫为庆祝自己在匈牙利加冕，特赦了1 000名犯人，罗饶也在其中。被释放后，他又加入了另一伙土匪，在赛格德-佩斯铁路线上弄翻了一列火车，射杀了火车司机。车上有几个乘客恰好随身携带了枪支，一番枪战后，土匪退走，什么也没有抢到。1869年1月，罗饶终于落网，1878年11月，他死在狱中。

围绕这些土匪产生了种种类似于中世纪英国侠盗罗宾汉的传说和故事，生活在农村的穷人通过传说和故事幻想自己过上了所渴望的自由生活。据传，卡拉布里亚地区的一名土匪朱塞佩·穆索利诺（Giuseppe Musolino, 1876—1956）捐钱给教堂和修道院，还屡屡给国王写信，控告卡拉布里亚的富人为富不仁。希腊土匪被称为klephts，本意是"小偷"（英语中有kleptomania这个词，意为"盗窃癖"），希腊很多民谣和歌曲都以他们为主题。希腊土匪流传得最久远的发明恐怕是"烤羊肉"（lamb klephtiko）这道菜，即把羊肉放在一个土坑里用小火慢慢烤，以免冒出的烟引起他人怀疑。在保加利亚和巴尔干半岛上奥斯曼帝国统治下的其他一些地区，被称为黑盗客（Haiduks）的土匪残忍成性，成了农村基督徒怨恨当地土耳其统治者的象征。至少有些土匪与农村社会一直有密切联系，尤其是在意大利。对于未婚的年轻男子、山区牧场的牧羊人、被临时雇用的农场工人来说，逃避法律惩罚并不难，因贫穷和贫困化，他们中常常有人走上犯罪的道路。只有极个别的土匪活动带有政治色彩，比如希腊-马其顿人科塔·赫里斯托（Kota Christo, 1880—1904）的活动，他与保加利亚民族统一主义者一道反抗奥斯曼人的统治。据说他告诉保加利亚人："先杀了这头熊（指土耳其人），分熊皮不是问题。"1902年，保加利亚人在一场激战中打败奥斯曼军队，而后抛弃了他。许多土匪的下场都是被人出卖，他也一样，出卖他的是教会：1904年，教会把他交给了奥斯曼总督，随后，他就被砍了头。

罗饶·山多尔的一生说明，尤其在政治危机时期，农村的穷人有机会一展身手。在西西里岛埃特纳山的山坡上，有一座颓败的布龙泰庄园。当初，两西西里国王把这座庄园赏给了英国海军上将霍雷肖·纳尔逊（Horatio Nelson, 1758—1805），同时赐他布龙泰公爵称号，作为纳尔逊帮助他抵抗拿破仑的奖赏。19世纪中期，纳尔逊家族依然是这座庄园的主人。1860年朱塞佩·加里波第率领志愿军来到西西里岛后，两西西里王国岌岌可危。当地农民纷纷起身造反，数千人冲进布龙泰城内，放火焚烧了文书档案，洗劫了该城官吏的家舍，用刀捅死了一个文书，把他的尸体扔进他儿子房前的火堆里。有人用一把匕首刺入尸体，拔出后用舌头舔沾满血的刀刃，据说有人割下他的肝，放在一片面包上吃。此后又有更多人被杀。和欧洲其他地区的情况一样，布龙泰农民的怒火所向是法律文书和撰写人。农民痛恨那些记录自己一无所有的文书，认为拥有公地的自然权利高于把这些土地作为私人财产给予前封建地主的法律条文。加里波第知道自己需要争取当地地主的支持，于是迅速扑灭了这次起义。

西西里的局势得到了控制，但对现状不满的远不仅仅是西西里一地的农民，各地农民的怨愤也远未平息。19世纪90年代初，农民的怨愤发展为"西西里棍棒束起义"。30万名佃农、农业工人和小农参加了起义。他们自称Fasci，意即"一捆棍棒"，因为一根棍子容易折断，一捆棍子折不断。起义者把社会主义思想和宗教中的千禧年说糅合在一起，佩戴红玫瑰花饰物，抬着宗教标志物、国王的肖像和加里波第的画像。农民抗议集会和游行的矛头直指不断上涨的地租和食品价格、沉重的赋税，以及歧视性的收益分成耕种契约。他们开始夺占土地，占领税务所，焚烧磨粉厂和政府办公楼。1894年，意大利政府下令围剿起义者，调集了4万名士兵，数百名起义者被射杀或当场处决，1 000多人未经审判即被流放海外，无数人遭到逮捕。

不过，当时佃农制以及由此引发的农民不满已呈衰落之势。19世纪末，几个因素开始动摇南欧地区的佃农制。进口关税保护了意大利农业，使其不受外国竞争的威胁，1885年末，意大利对粮食征收的关税高居欧洲榜首。然而，粮食价格依然不断下跌。1880年，意大利市场上出售的小麦每英担（1英担约合50千克）33里拉，5年后跌破23里拉，大麻价格则从1880年的103里拉掉到1885年的75里拉。意大利的粮食产量不高（南方每公顷6.4英担，全国平均11英担。英国是32英担），主要原因是农村依然盛行佃农制。迟至1901年，收益分成佃农还占托斯卡纳农村劳工人口的一半，这些人短期内最关心的是让家人不挨饿，因此，土地往往开发过度。1890年，基安蒂地区的葡萄闹葡萄根瘤蚜病灾，葡萄种植园遭到毁灭性打击。由于增税，尤其是对盐、糖这类生活必需品提高征税，加上粮食产量没有增加，贫困状况更加恶化。收益分成佃农开始偷窃或隐瞒产量，参加示威游行，示威过程中往往会出现暴力。从1898年5月6日到13日，仅托斯卡纳一地就发生了54起游行示威，此前一年粮食严重歉收。

地主对付危机的办法是改种甜菜等利润更高的作物，同时使用机械耕种，降低劳动力成本。这一切都加快了佃农制的衰落，尤其是在商品经济较发达的农业地区。早在1883年，博洛尼亚一位保守评论家就抱怨道：

> 今天，佃户家庭正走向分裂和解体，原因是没有了昔日对一家之主的尊敬和顺从。从前，一家之主用美德把家庭成员紧紧拢在一起，让一家人衣食无忧。如今，家庭中的儿子刚长大成人能

做农活，就想自己做主。他们嫌弃家里织的粗布，想穿好衣服，还为个人享受伸手要钱，好去吃喝嫖赌。他们要钱的口气之大，在旧式家庭里从未见过。

以上这番话与农奴制废除前的几十年里北欧地区地主的抱怨如出一辙。

全社会经济、社会和文化因素的变动让佃农制走向解体，逐渐被更先进的雇佣劳工经济取代。从19世纪中期起，市场不断扩大，地主更愿意使用可以根据需要随时雇用或解雇的工人，这些人干活也更卖力。自19世纪80年代起，工会和社会主义政党在农村工人中间发展成员，利用佃农对苛刻合同的不满鼓励他们罢工抗议，不过这些罢工和抗议活动七零八散，始终不成气候。当时劳工的居住条件恶劣，1881年意大利的一份调查报告称，附近城镇破旧不堪的住宅楼里，有时竟有数百名工人栖身其中，室内卫生条件极差。工人做工时，雇主一般会提供简单的饭食，但工人用于吃饭的钱仍然占工资的近3/4，他们只得常常打发自己的孩子去附近农庄讨饭。第一次世界大战爆发时，南欧大部分地区的农村雇佣劳工经济已基本成形，但在那之前，已有数十万人为了摆脱贫穷和剥削而背井离乡，移居新大陆。

解决人民吃饭问题

对19世纪的欧洲而言，解放农奴及其连带后果和佃农制衰落的意义非同一般，因为19世纪的欧洲人大多以种地为生。欧洲各地城镇稀少，城镇间距离很远，有如农村汪洋大海里的零星岛屿。直到1850年，还只有20%的意大利人居住在城市里，这个比例在西班牙是17%，在法国是15%，在德国是11%，在波兰是9%，在奥地利和波希米亚是8%。意大利和西班牙城市人口比例较高，反映的是昔日人们择居的模式，而不是后来工业化影响的结果。荷兰的情况也是一样，当时30%的荷兰人居住在城市里。英国的情况很特殊。1850年，英国人口的一半是城市居民，这是英国产业经济迅猛发展的结果。务农的英国成年男子占人口比例从1800年的41%降至1840年的29%，与欧洲其他地区形成了鲜明对比。直到19世纪末，还没有几个欧洲国家可以炫耀说本国的城市人口超过了农村人口。比利时和德国当然超过了，但法国、西班牙没有，俄国就更不用说了。东欧的城市化才刚刚起步。19世纪的大部分时间里，典型的欧洲人都是住在农村、以种田为生的农民。

尽管19世纪初战乱频仍、饥荒连连，但这段时期内欧洲人口数量仍呈上升趋势。欧洲人口1800年时为2.05亿，50年后增至2.75亿。

人口增长的速度和幅度因地而异，但欧洲大陆各地的人口都增长了，而且增长是在历史学家所说的那种出生率和死亡率都极高的人口"旧制度"下发生的，当时的出生率大约是45‰，死亡率是30‰~40‰。人口增加的一个主要原因是昔日肆虐欧洲的大瘟疫消失了。14世纪中期，腺鼠疫曾夺去1/3到1/2欧洲人的生命，18世纪时，鼠疫的影响范围移到了东边。医学干预也起了重要作用，比如广泛宣传母乳喂养，清除沼泽地（从而降低了疟疾发病率，从南欧各地一直到北边的莱茵河谷，疟疾十分常见），至少在欧洲大国的首都改善公共卫生。天花曾是一大杀手，直到1798年爱德华·詹纳（Edward Jenner）发明了接种疫苗。天花患者人数下降也是人口增加的一个原因。此外，滑铁卢战役后，欧洲大陆上基本上没有发生战争，这也促进了人口增长。妇女结婚年龄提前，人口出生率上升，出生率超过死亡率导致了人口的增加。

人口年增长率十分惊人。从1800年到1850年，英格兰和威尔士的人口年增长率为1.3%，俄国、挪威、芬兰和丹麦都在0.9%左右，瑞典、荷兰和比利时是0.8%，其他地区，除法国、保加利亚、葡萄牙外，人口年增长率几乎都在0.6%到0.7%之间。当然，东西方的人口情况差异巨大。19世纪中，俄国新生儿的预期寿命仅为24岁，而西欧是40岁，俄国极高的婴儿死亡率是造成这一现象的主要原因。好在俄国的出生率很高，大约是50‰，这说明俄国人初次结婚的平均年龄比西欧人低很多。瑞典很早就有比较完整的人口统计记录，瑞典的例子很好说明了在保持高出生率的情况下，死亡率下降在人口增长中所起的作用。瑞典经历了两次人口大批死亡的危机，一次是18世纪70年代，死亡率飙升，超过50‰，另一次是1815—1816年的饥荒，死亡率激增至40‰。此后直到19世纪40年代末，瑞典的人口死亡率没有再飙升过。死亡率持续下降，从18世纪末的略低于30‰降至1840年的20‰多一点。

18世纪晚期，托马斯·马尔萨斯（Thomas Malthus, 1766—1834）牧师警告说，在农业社会，人口的增长往往超出土地能够养活人的极限，造成匮乏和饥荒。英国避免了粮食危机，一是靠改进农业生产，二是用出口工业产品所得收入进口食品，尤其是1846年废除了粮食关税后。欧洲各国政府都努力提高农业生产的效率。1837年，俄国成立了一个国有土地部，负责建立和管理示范农庄、成立农民培训学校。地方开明地主建立的农业改革协会在传播信息方面也发挥了一定作用，但追逐利润产生的效果最大，解放农奴后，追求利润才蔚成风气。在那之前，已有地主开始进口脱粒机等英国制造的工具和机械设备，以及新的改良品种的牛羊。19世纪中叶，俄国欧洲地区的4 400万只羊中，美利奴羊这样的细毛羊占1/4以上。饲养商品羊利润颇丰。1816年，普鲁士全境的800万只羊中，细毛羊品种不到10%；到1849年，普鲁士的1 600万只羊中就有1/4以上是细毛羊了。1816年时，德意志其他地区已向英国出口了100多万千克羊毛；到19世纪30年代中期，这一数字又增加了10倍多。不过，此时欧洲生产者面临海外尤其是南半球的竞争，羊毛利润下降，于是许多人改为养猪。

19世纪初，农民通常每年留出一大片地休耕，以恢复地力。后来，受英国一些农业著述的影响，休耕做法渐渐不再时兴。地主试图改革生产方式、提高生产效率。小农开始种植根比小麦扎得更深、可以汲取土壤深层养分的根用作物，或试着种拔出后再犁入土中仍可继续生长的苜蓿。甚至早在解放农奴前，一些有想法的农民就开始合并田产，克服带状耕作法的弊端。从事畜牧业的人改良了羊、猪、牛的品种。轮作制——每年在每块田里改种不同作物以免土壤肥力耗尽——进一步减少了休耕地的面积，还给牲口提供了过冬饲料，而从前，许多牲口必须在入冬前就宰掉。

有些地区有规模较大的农庄为更大的市场生产农产品，因而人们有能力投资。在这些地区，农业上最大的变革也许是使用肥料补充土壤肥力，提高粮食产量。19世纪上半叶最重要的肥料还是海鸟粪，秘鲁沿海的钦查群岛上，千年来积累的鸟粪堆积如山。由于当地气候干燥，鸟粪中含的硝酸盐不会被雨水溶解流失。亚历山大·冯·洪堡证实了鸟粪是优质肥料，德意志化学家尤斯图斯·冯·李比希（Justus von Liebig, 1803—1873）也提倡使用鸟粪。秘鲁在19世纪20年代脱离西班牙独立后，需要新的收入来源。秘鲁从19世纪40年代初开始靠出口鸟粪换取收入，还为此引进了中国苦力，挖掘堆积如山的鸟粪。秘鲁商人与英国航运商签了出口合同。秘鲁经济因此繁荣，进入了所谓"鸟粪时代"。直到19世纪70年代人造化肥取代鸟粪后，这一时代才告结束。在欧洲大陆，使用鸟粪大大增加了面向市场的农业生产。

尽管马尔萨斯做出了悲观的预言，但几十年来，欧洲农业生产的增长基本上与人口增长同步，一个主要原因是人们开垦了更多的土地。据估计，欧洲大陆上的耕地面积在1800年时为1.1亿公顷，在1910年时为1.53亿公顷。荷兰率先采用了很多农业新技术，排光大片沼泽地的水，还通过在低地筑堤造田扩大了围海造田的面积。1833—1911年，在国家的支持下，人们一共新开垦了将近5万公顷的土地。荷兰农民多是小生产者，不同寻常的是，他们为市场而生产，渐渐开始专门从事奶酪等产品的生产。欧洲其他一些地区的农民慢慢也开始仿效荷兰农民。葡萄种植业尤其重要，小生产者和资本主义性质的农业企业都种植葡萄。从18世纪80年代到19世纪70年代，法国的葡萄酒产量从25亿升增至60亿升。在适于种植水果、大麻、烟草和橄榄的地区，农民逐渐挣脱了为维持生计而种田的桎梏。

进入19世纪后，欧洲一些地区的农业生产方式依然和从前一样陈旧，原因之一是各国政府常常征收保护性进口关税，从而掩盖了传统农业的低效率。例如，和许多其他欧洲国家的政府一样，西班牙政府对进口粮食严加限制，只有西班牙本国粮食价格一路攀升时，才允许从其他国家进口粮食。该措施于1869年被废止，在那之前，这种情况只发生过4次。西班牙的农民和劳动者仍然使用几百年来的方法耕种土地。19世纪后期，平原地区产量大的庄园开始使用机械和肥料增加产品出口利润，然而即使是在这些大庄园里，耕种方式也多年不变。此后的历届西班牙政府多次尝试开放土地市场，取消对生产的种种限制。即使在改革了农业生产方式的地方，农民的处境也十分不利。在匈牙利，19世纪20—30年代的农业萧条导致大批贵族和大地主负债，为了摆脱债务，他们把自己的可耕地改造成牧场，圈围了大片公共用地放羊。

越来越多的小农开始为市场生产，但欧洲农民在很大程度上依然过着自给自足的生活。经济学家对"导致家庭、村落甚至整个地区对贸易丝毫不感兴趣、只知道过自给自足生活的狭隘精神"越来越不耐烦。农民不习惯与陌生人打交道，19世纪中叶，在法国南部圣阿格雷夫一带旅行的一个中产阶级旅行家指出："农民疑心极重，陌生人别指望得到他们的帮助，即使给钱也没用。哪怕问农民最无关紧要的问题,也得不到答复。"这名旅游家想画一张地图,却被一群携带武器的男人逮捕,说他行妖术。往东看,俄国和乌克兰的农民也许会遵照传统习俗,用面包和盐招待陌生人,但同样也可能怀疑他们是来征税的,把他们赶走。无论农民自给自足到什么程度,总需要从白铁匠和过路行人那里从周边城市购买一些用品,尤其是铜铁和陶瓷制品。当粮食歉收或发生经济危机时,村镇往往只能靠自己渡过难关,农民的境况自然极其悲惨。即使是正常年景,贫困的阴影也始终不散。解放农奴后,由于人口增加和贫困加剧,无地穷人的人数不断增加,如何养活这些农民成为一个日益紧迫的问题。靠亲戚接济的传统已不复存在。荒年时期,大批人背井离乡,或流入城市乞讨,或依赖政府和慈善机构的赈济。

19世纪30年代末,波兰诗人齐格蒙特·克拉辛斯基(Zygmunt Krasiński, 1812—1859)游历西欧时,看到西西里岛墨西拿的大街小巷"到处是乞丐和拄着拐棍的残疾孩子"。贫困无处不在,连他去过的英国城镇也不例外,而且克拉辛斯基感觉,英国人对待穷人比欧洲大陆国家的人更苛刻。据统计,1818年巴伐利亚人口的6.2%靠国家赈济度日,这还只是留在原地的穷人,不包括四处流浪的乞丐和接受私人慈善机构救济的人,此外还有19%的巴伐利亚人处于贫困的边缘。现代意义上的福利国家根本不存在:没有政府补助,没有全民保险,没有失业救济,没有老年公寓。赈济穷人通常靠教会,尤其是在天主教地区,人们认为施舍可以净化自己的灵魂。基督教慈善机构向穷人提供救济,专靠乞讨为生的叫花子向路上行人伸手行乞,遇到有人施舍时,马上说一串愿主赐福你的话。这种乞丐处处可见。

由于教会无力应对日益严重的贫困问题,遍及欧洲各地的世俗志愿组织在济贫上发挥了越来越大的作用。俄国的民间机构极其弱小，因此毫不奇怪，规模最大的志愿济贫组织是沙皇亚历山大一世于1802年创立的"帝国慈善协会"。每年，亚历山大一世都会提供一笔赠款，作为协会在会费和私人捐赠以外收入的补充。协会在俄国多个城市设有分支，19世纪20年代，接受救济的仅4 000多人，到19世纪40年代初，接受救济的就超过了2.5万人，1857年时接近3.8万人。1826—1855年，俄国政府批准成立了大约20个慈善组织。创建于1833年的"产业之家"很有代表性，该组织向穷人提供热汤和工作机会，创办人叫阿纳托利·尼古拉耶维奇·杰米多夫（Anatoly Nikolayevich Demidov, 1813—1870），是一个富有实业家的儿子。1837年，沙皇尼古拉一世参观圣彼得堡的一所监狱，他看到乞丐和普通罪犯关在一起，不禁大吃一惊，旋即在圣彼得堡成立了"甄别和救济乞丐最高委员会"，同时在莫斯科建立了类似机构。委员会接收被警察逮捕的乞丐，把的确丧失劳动能力的穷人转送到帝国慈善协会，有劳动能力的人推荐给雇主。据说，最高委员会把游手好闲的惯乞交还警察，然后把他们送到西伯利亚的劳动营地，同时向生活暂时有困难的人提供补助。

像俄国这样主要靠国家赈济穷人的做法并不常见。在欧洲大部分地区，济贫是地方上的事。例如，1816年，一项新法律把济贫事务下放给了巴伐利亚各城市。凡在某一城市出生或结婚的人，或是在当地工作多年的人，均可得到救济。延续了整整一个世纪的这一制度要求当地政府对乞丐进行登记，向他们提供衣、食、住所。救济还包括提供免费医疗，当地医生为穷人看病的费用从济贫法基金中出，药房卖药必须按三分之一价格出售。这不过是一个最低保障体系，远远不足以应付19世纪20年代及危机时期劳动阶层贫困人口不断增加的形势。当时欧洲绝大多数人住在农村，靠种地为生。欧洲各国的济贫制度首先是为了救济农村的贫困人口，他们不仅无力对付农业危机，也无力对付欧洲走向城市化带来的贫穷性质的变化。在大多数国家，城市和牧区有救济孤、老、病、残的责任，但大多数穷人仍然靠教会救济。在荷兰，当地政府主要向老人、寡妇和残疾人提供数量有限的食品、燃料、现金和住所。1829—1854年，阿姆斯特丹全市人口的1/4定期接受救济，约90%的救济采取安排穷人工作的方式，3/4的穷人仍然依靠新教改革宗教会救济。繁忙港口鹿特丹的情况也差不多，1859年，该市人口大约17%依赖救济。

欧洲各地，城市中产阶级对贫困人口的增加忧心忡忡，越来越多人认为是教会助长了这一趋势。按照这一看法，游手好闲导致贫困，出现了下层社会，下层社会的人没有财产，对社会和政治构成了潜在威胁。在卡斯蒂利亚，由于19世纪20年代的政治大动荡，自由主义的福利改革计划跃居政治议程之首，各城市严厉打击教会办的福利基金会，(根据1822年《福利法》)没收其财产，把福利机构置于市政府的控制之下。英国是第一个经历工业化及其带动的城市快速发展的国家，英国找到了一种新办法来应对贫困问题、减少贫困带来的负担。一如其他欧洲国家，英国的救济制度也是让有劳动能力的人去劳动，拒绝劳动的人要么受到鞭打，要么被送进监狱。在被称为"旧济贫法"的制度下，当地机构——在英国是牧区——负责救济穷人。1815—1816年经济危机期间及之后，这一制度令纳税人不堪重负。大多数牧区都很小，因公地被圈或可耕地改为牧场而陷入贫困的农村穷人越来越多，超出了牧区的救济能力。马尔萨斯等人认为，参照面包价格和

第二章　自由悖论　　151

家庭成员人数给予穷人救济金的制度,即史宾汉兰制度,助长了不负责任的人口繁殖。他们想彻底废除"旧济贫法",1831年,一位评论家抱怨该法"导致贫困蔓延、挥霍盛行"。

19世纪30年代初,英国一届锐意改革的政府上台执政,英国大多数政治家认为,在济贫问题上应用新政治经济学原则的时机已经成熟。1834年,英国议会通过了一部"新济贫法",目的是敦促身强力壮的穷人参加劳动。英格兰和威尔士的15 000个牧区合并为600个"济贫法联盟",由纳税人(大地主享有一人多票权)选出的委员会管理。向穷人提供工作机会的院外救济办法被废止了,身强力壮的人想得到救济的话,只能去济贫院。济贫院各方面的条件都很差,这是有意为之,济贫院管理规章苛刻,伙食粗劣,居住条件简陋,没有任何娱乐设施。正如一位新上任的助理委员所说,济贫院应当起威慑作用,"把它弄成监狱的样子是为了折磨穷人,造成他们内心的恐惧",如法案中所说,这些被收容者干的活应该"越讨厌越好"。促成通过"新济贫法"的一份报告说:"让穷人可能过得比自立劳动者更好的每一个便士,都是对懒惰和恶习的奖赏。"如果一个穷人感到济贫院的日子无法忍受,他就会想方设法找一份有报酬的工作。"他就会乞求工作,而不会自暴自弃。"

"过得更不好"原则被用于所有人。孤儿、老人和残疾人今后要靠自己家人或远房亲戚照料。济贫院给予的救济少得可怜。被收容者穿同样的衣服,受严苛的管理,在社会上背负不良名声。人们普遍认为,但凡有一线可能,都不要进济贫院。1832年出台的《解剖法案》令济贫院更加声名狼藉。制定该法案,是因为提供给医学院的尸体价格不断上涨,一些"掘墓盗尸人"把入土不久的尸体挖出来卖给医学院。1829年破获了骇人听闻的谋杀案，爱丁堡的两个罪犯威廉·伯克（William Burke, 1792—1829）和威廉姆·黑尔（William Hare, 1807—1829）为得到尸体卖给解剖学家赚钱而到处杀人。自1832年起，死去乞丐的尸体如无家人认领，将无偿送给医学院。在一个多数人相信身体复活的信教年代，这种做法很可能比济贫院本身更令人不安。

"新济贫法"饱受诟病也就不足为奇了，批评者认为它剥夺了英国人一向享有的权利。在济贫院里，夫妻被强行分开。19世纪50—60年代，济贫院收容的人中，孩子、孤儿、病人和老人占大约80%。这些人根本不可能在社会上找到有报酬的工作。济贫院对他们以及院里身强力壮的穷人凶狠无比。查尔斯·狄更斯（Charles Dickens, 1812—1870）在早年写的一部小说《雾都孤儿》中，深刻揭露了济贫院的卑鄙和腐败，给读者留下难忘的印象。主人公奥利弗·特威斯特替挨饿的收容者多要一勺稀粥，结果引起了一场轩然大波。狄更斯在1837年到1839年间写的这部小说辛辣讽刺了管理这家济贫院的教区委员会委员的趾高气扬和虚伪，描述了被收容者必须做的毫无意义的苦工，抨击了这一制度的残忍和无用。

截至1839年，英国一共建立了大约350家济贫院。"新济贫法"没有规定具体时间表，这意味着1849年时，仍有17万名穷人在接受院外救济，同期济贫院收容的"身强力壮的"成年男人有2.8万人。到19世纪30年代末，英国赈济穷人的开支减少了一半，这自然合纳税人的意。法案体现了一种无情的功利主义精神，抛弃了慈善和慈爱的理想，代之以对奖励和惩罚手段（后者更容易算出）做出精确的计算，作为刺激穷人劳动的手段。这股功利之风也逐渐刮到其他国家。德意志的"埃尔伯费尔德济贫制度"（一译"爱尔伯福制"）把一个城市划分为数个区，每个区有一名济贫法志愿监督人，负责制定苛刻的救济标准，定期审查申请。1823年普鲁士推行城市行政改革后，这一制度开始在全国推广。从政治经济学角度或用政治经济学信奉者的眼光看，任何人，除非身染重疾或是耄耋老叟，没有理由吃不饱饭。身强力壮的人若一贫如洗，一定是懒惰所致。19世纪40年代末的经济危机期间，这种理论将产生灾难性的后果，尤其是在爱尔兰。

"饥饿的四十年代"及其后岁月

尽管贫困人口激增，欧洲农业还是通过自身调整，设法养活了迅猛增加的人口。一个重要原因是欧洲大陆很多地区的农民乐于种植新作物。多瑙河各公国（后来的罗马尼亚）从17世纪开始就种植玉米。玉米极受欢迎，19世纪30年代时，瓦拉几亚70%的可耕地都成了玉米地，玉米是当地农民的主食。在欧洲气候温暖的地区，烟草和番茄的种植面积不断扩大。向日葵和烟草、番茄一样来自美洲大陆，种植向日葵满足了日益增长的食用油需求。新作物使地主和普通农民能够实现生产多样化，种植更适合大量销售的作物。种植甜菜产生的效益尤其可观。虽然无论在数量上还是在质量上，甜菜的产出都无法与殖民地生产的蔗糖相比，但19世纪20年代提炼工艺的改善和政府推出的新刺激措施扩大了甜菜的种植面积。1825年时俄罗斯帝国只有7个炼糖厂，1861年时就有了448个，大多数炼糖厂位于乌克兰。

美洲殖民化后，许多新作物从美洲输入欧洲，其中最重要的是马铃薯。欧洲的农民花了很长时间才最终接受了马铃薯。19世纪30年代，俄国农民称马铃薯是"魔鬼的苹果"，政府试图让农奴种植马铃薯，却引发了一系列暴力骚乱，史称"马铃薯起义"。1834年，英国激进分子威廉·科贝特（William Cobbett, 1763—1835）称马铃薯是

"令人作呕的肮脏猪食";在法国索洛涅地区,10年后一份报道说,当地人认为"吃马铃薯丢人现眼"。不过,在欧洲大部分地区,马铃薯已被人接受,拿破仑战争之后的饥荒是个重要原因。在匈牙利和波兰的饥荒重灾区,谷物无法满足需要,马铃薯成了不可缺少的食物。马铃薯富有营养、易于种植、产量高,用水洗洗即可烹饪食用。19世纪上半叶,北欧各地的马铃薯种植面积大幅增加。19世纪40年代初,在俄国的白俄罗斯省份,马铃薯种植面积就已超过了20万公顷。在爱沙尼亚,仅19世纪20年代的这10年内,马铃薯种植面积就增加了两倍。19世纪40年代,在波希米亚、摩拉维亚、西里西亚和施蒂里亚等地,大片土地上种植了马铃薯。种植马铃薯之风很快刮到了斯堪的纳维亚半岛、法国北部和英伦三岛。马铃薯对爱尔兰尤其重要,爱尔兰农村人口极为稠密,因此种植马铃薯对农民有强烈的吸引力。19世纪40年代初,爱尔兰已有将近1/3的可耕地用于种植马铃薯,比喜爱马铃薯程度仅次于爱尔兰的国家比利时高出两倍多。据估计,爱尔兰的马铃薯人均日消费量超过2千克,这意味着很多人主要靠吃马铃薯充饥。

1845年夏天,欧洲各地普遍湿热,马铃薯感染了真菌性枯萎病,地里的马铃薯大面积烂掉,散发出难闻的气味。在爱尔兰和苏格兰西部等暖冬后夏天又多雨的地区,灾情尤其严重,但欧洲几乎所有国家都多少受到了这次灾害的打击。1845年,比利时马铃薯产量灾难性地跌了87%,荷兰减产71%,丹麦和德意志邦国符腾堡西南部减产50%以上,爱尔兰则是30%。灾情一直持续到1846年。虽然在那之后,欧洲大部分地区马铃薯产量有所回升,爱尔兰的马铃薯产量却再次暴跌,比正常年份的产量低了88%。1847年,情况稍有缓和,但

1848—1849年，马铃薯枯萎病再次袭来。在普鲁士王国的西里西亚，当地人几乎和爱尔兰人一样以马铃薯为食。据说，1846—1847年的冬天，西里西亚人"只能吃草、荨麻和款冬，或是把糠和红花草混合在一起煮的糊糊"。

在荷兰、比利时和普鲁士，马铃薯枯萎病造成了灾情，雪上加霜的是，1846年黑麦几乎减产一半，小麦产量也大幅下降，粮食减产幅度之大为1816—1817年以来所罕见。以上地区受灾严重，因为当地人主要以黑麦和小麦面包为食。19世纪40年代末，德意志、法国、比利时和荷兰的人口增长陷于停滞，大批人或死于营养不良引起的各种疾病和流行病（尤其是1849年的霍乱和荷兰沿海一带的疟疾），或逃进城里，不再生育孩子。各国政府迅速采取措施控制灾害。普鲁士政府从俄国购买了大量粮食，丹麦政府取消了对谷物征收进口关税，法国政府也增加了从俄国进口的粮食。1840年，比利时人每天人均消费马铃薯1.5千克，但是1846年，佛兰德地区95%的马铃薯因枯萎病烂在了地里。由于棉花生产实现了机械化，加之对亚麻的需求不断下跌，19世纪40年代雇用了30多万人的农村亚麻产业也陷入危机。比利时政府拨款250万比利时法郎用于补贴，1845年9月又取消了对食品和谷物的进口关税，翌年从国外购进了550万千克的种用马铃薯，同时耗资1 470万比利时法郎用于公共建设工程项目。各地城市当局在教会协助下，立即组织了大规模的赈济。例如，1846—1847年，布吕赫市向当地居民发放了25万千克的煤、24.7万升热汤、价值6.4万比利时法郎的面包券，还有直接用于赈济穷人的4万比利时法郎。比利时全国各地的精英决心战胜这场危机，尤其是当时比利时刚独立不久。

第二章 自由悖论

1845年，苏格兰高地和西部群岛3/4以上以小农场为主的牧区报告当地马铃薯绝收。饥肠辘辘、营养不良的佃农和他们的家人开始患消化系统疾病。1846—1847冬天，马尔岛罗斯半岛（Ross of Mull）地区的死亡率增加了3倍。不过，灾情主要限于依赖马铃薯为食的地方。尽管灾情一直持续到19世纪50年代，但苏格兰低地基本上没有受到影响。苏格兰高地和群岛大约有20万人受灾。1846年底，政府在马尔岛和斯凯岛沿岸停泊了两艘船，出售廉价谷物，政府兴办的公共事业项目也开始雇用饥民。工人们建墙修路，修建码头，挖沟开渠。1846年初，宗教和世俗慈善机构成立了一个赈灾委员会，向灾区运送谷物，筹集了近21万英镑的巨款，这笔钱也许是19世纪苏格兰为单个目标筹集到的最大一笔款子。各地的赈灾委员会组织分发粮食，提供免费餐。

政府根据"新济贫法"精神，坚持只有劳动的人才能享受救济，一套官僚体制由此而生。监察员携带工作考勤本和饭票负责监督落实这一原则。负责苏格兰和爱尔兰赈济工作的英国财政副大臣查尔斯·特里维廉爵士（Sir Charles Trevelyan, 1807—1886）坚称："邪恶之最是听任人们饿死，次之是让他们养成依赖政府救济的习惯。"最终，拥有土地的精英阶层的介入挽救了危局。19世纪40年代时，苏格兰高地75%的庄园已被追求权力和地位的商人买下作为私家狩猎地。这些商人来自格拉斯哥、爱丁堡和苏格兰低地等工业城市或金融贸易中心，有足够的财力救济自己手下挨饿的佃农，大多数人也的确这样做了。怡和洋行是一家实力雄厚、生意兴隆的大商业公司，垄断了当时与中国的茶叶和鸦片贸易。马地臣（Sir James Matheson, 1796—1878）凭借怡和洋行的雄厚资本，在1845—1850年往此前买下的刘易斯岛投了10.7万英镑，比他这些年从该岛庄园所收入多了近6.8万英镑。通过各种方式，灾难得以避免，然而以上措施未能避免19世纪40年代末一场导致欧洲人口大批死亡的危机，只不过暂时缓解了危机。1847年，比利时的死亡率比正常值高出近1/3，5万余人的死亡直接或间接与粮食歉收有关；在佛兰德种植亚麻的地区，一些地方的超额死亡率翻了一番。如同饥荒年头常见的情景，饥民蜂拥到城市寻求救济。由于人满为患，环境肮脏，各种疾病流行，尤其是斑疹伤寒，大批饥民死于疾病。荷兰1847年的超额死亡率高达32%，部分地区达60%。普鲁士的死亡人数比正常年份多了4.2万人，增加了40%。在上西里西亚等工业化起步早的地区，灾情尤其严重。其他地区的死亡人数只比正常年份高出5%~10%，且多为流行病造成。

爱尔兰的情况要严重得多，除了爱尔兰人高度依赖马铃薯外，还有各种其他原因。爱尔兰的济贫工作没有像比利时那样下放到地方。此外，和苏格兰不同，爱尔兰在外地主与自己的佃农几乎没有往来，双方也没有同属一个民族的感觉。爱尔兰的地主找不到工业和金融巨贾赞助慈善活动。危机期间，爱尔兰的死亡率攀升了330%，佛兰德死亡率增加40%虽然很惊人，但还是比爱尔兰好一些。1845年秋，爱尔兰局势迅速恶化的消息已经传到了英格兰。必须马上采取行动，然而有政治障碍拦路。最大的障碍是《谷物法》，该法案鼓励出口，同时规定对国外进口的谷物征收高额进口关税，以保护英国的农业。《谷物法》反映了种植谷物的土地贵族对英国政治的操纵，他们是不会把自己的权力拱手相让的。由于土地贵族的阻挠，爱尔兰很难从国外进口粮食缓解灾情。都柏林市政府委员会的成员中不乏显贵，包括伦斯特公爵奥古斯塔斯·菲茨杰拉德（Augustus Fitzgerald, 1791—1874）。

1845年11月，该委员会和都柏林市长抨击"现政府关闭港口、禁止进口外国食品的犯罪行径"，指责这一政策"维护《谷物法》，为保护一个借灾难发财的自私阶层利益而人为抬高价格"。更糟的是，爱尔兰的粮食仍被允许出口，"出口粮食的数量几乎可以满足爱尔兰全境人口的粮食需求"。这一做法使爱尔兰灾情雪上加霜。1846年1月，罗伯特·皮尔爵士（Sir Robert Peel, 1788—1850）的英国政府宣布了废除《谷物法》的计划，这是主张自由贸易的中产阶级自由派长期斗争的一大胜利。1846年6月，法案获得通过，但对爱尔兰来说为时已晚。法案只规定逐步降低进口关税，直到1849年完全废除进口关税。此时，严重的后果已经产生了。

英国政府认识到危机的严重性后，大办公共事业项目，使穷人有一份收入，也开始严格限制马铃薯价格。政府还安排从海外进口粮食，在主要仓储地点分发从印度进口的食品。然而，以上措施零零散散，经常虎头蛇尾，尤其是落实起来拖拖沓沓。例如，迟至1847年，施食处才真正开始运转，但远远不足以满足需求。爱尔兰的饥民涌入济贫院，1848年初，济贫院收容了13.5万人，18个月后，收容人数涨至21.5万人，被收容的都是食不果腹的穷人。法律还规定，不得向拥有多于0.1公顷土地的人提供救济。最终，私人组织的救济活动发挥了更大作用，尽管爱尔兰的地主不像苏格兰地主那么乐意接济自己的佃农，也没那么有能力。在爱尔兰危机问题上，英国的政治精英和上层人士普遍认为，爱尔兰人是自作自受。他们太懒惰，生孩子太多（恰恰是马尔萨斯对"旧济贫法"的抱怨），一名评论家称，爱尔兰人习惯于"在地头田间游荡，什么活也不干"。

1846年底，危机演变成灾难。12月26日，克朗罗兰（Clonlolan）地区赈灾委员会秘书告诉《设菲尔德独立报》(Sheffield Independent),他收到了 1 400 户人家的救济申请。他在这一地区各地视察灾情时

> ……被成群结队骨瘦如柴的饥民包围。本应不愁吃穿的农民如今衣衫褴褛,看上去饥寒交迫到了极点。妇女几乎衣不遮体。最让我心碎的是孩子。他们两颊凹陷,面色土灰,满脸皱纹,一副小老头或老妪模样。

科克郡一位地方官员在写给威灵顿公爵的一封信中描述说,斯基伯林附近一个村子"十室九空",走进"一些茅舍"时,他看到了 200 多个"皮包骨的饥民,看起来跟死了差不多",大多数人"因饥饿或高烧而神志失常"。警察在一间房子里发现了"两具被老鼠啃噬了一半的冻僵尸体"。这位官员绝望地写道:"现状之惨,实难以言表。"此时已经设立了施食处,但远远不足以满足饥民的需要。1847 年 3 月 4 日的一份报告称"10 个饥民中,顶多有两个人能得到救济"。

100 万名爱尔兰人死于马铃薯饥荒,相当于全岛人口的大约 1/5。这是 19 世纪欧洲最严重的一次饥荒。从绝对数量上讲,爱尔兰的饥荒堪与 1816—1817 年的饥荒相比,但那次饥荒中,大多数人死于粮食歉收引发的流行病,尤其是巴尔干地区的腺鼠疫。19 世纪 40 年代末,大多数其他欧洲国家的情况也是如此,40 万名超额死亡的人中,多数人死于霍乱。只有在爱尔兰一地,大多数人是活活饿死的。不仅如此,饥荒还造成了长期后果。很多活下来的孩子和青少年发育不良。例如在荷兰,1847 年后的几年里,新兵中身高不足 1.58 米的人增加了 20%。爱尔兰的出生率下降了 1/3,佛兰德的下降了 1/5,普鲁

士的出生率则比正常年份减少了 1/8，因为在饥荒年代，人们要么不愿意要孩子，要么没能力生孩子。佛兰德的结婚率下降了 40%，就连法国 1847 年的结婚率也下降了 11%。活下来的爱尔兰人纷纷移居他处，移民风气是所有地区中最盛的。截至 19 世纪 50 年代中期，爱尔兰出生的饥荒幸存者中已有 1/4 移居海外。1841—1846 年，在苏格兰高地部分地区，也有 1/3 到 1/2 的人移民，有人去了英格兰，有人去了其他国家，这些人或因圈地失去土地，或得到了旅费资助。危机后的 10 年里，100 万名德意志人离开了故土。由于欧洲各国（限制农奴和佃农行动自由）和美国（迟至 19 世纪 60 年代，政府才允许人们合法拥有中西部的农田）施加的种种法律限制，欧洲大陆其他地区的大部分人只能留在国内。

爱尔兰大饥荒并不是欧洲的最后一次饥荒。俄国和斯堪的纳维亚半岛冬季漫长严寒，农业产量完全靠天。19 世纪中叶，这些地区又暴发了几次饥荒。在交通不便的情况下，根本无法向灾区运送救济品。在俄国统治下的芬兰，1856 年庄稼几乎颗粒无收，1857 年春季时，穷人只能吃用树皮和稻草掺上一点大麦或黑麦做的面包，成群饥民涌进城市觅食。自 1862 年起，连续几年要么粮食歉收，要么年景平平。1867 年又是一个大荒年，9 月时天降霜冻，当时大麦、燕麦和马铃薯尚未收割，收成因而严重减少，只及正常年份的 1/4。芬兰再次暴发严重饥荒。政府生怕预算超支，迟迟不采取行动，等到开始从国外进口粮食时，为时已晚。1868 年开春时，人民已经食不果腹。

据一项估计，芬兰全国流民人数超过 10 万。济贫院给农村流民吃用树皮、草根和地衣做的饭。在图尔库省新考蓬基市，来自波的尼亚低地的流民"到了饥不择食的地步，见到猪食桶后马上扑上去，把桶里的猪食一扫而光"。有个人记得，自己向人乞食，但"没人愿意施舍，我只能捡点扔掉的残羹剩饭吃……还有一个男孩坐在路边吃马粪"。大批饿死的乞丐被埋在各地的乱葬岗里。仅1868年3—8月就有9万余人死亡，几乎是正常年份全年死亡人数的两倍。死于腹泻的人数从1867年的1 038人增至次年的7 855人，而腹泻是营养不良的明显特征。旅行家讲述了看到的情景："村子里家家户户的窗子好似空荡荡的黑洞，村民要么挨饿，要么流落他乡。"19世纪60年代中期的饥荒也袭击了瑞典，据当地气象专家的记载，当时4、5月份的平均气温比正常值低3~6摄氏度，春播时节，很多地区地面的积雪仍未融化。耶姆特兰省省长命属下官员教农民用地衣和豆茎做面包，为此当地人称他是"地衣国王"。很多人因为听信他的话而患病，不少人死亡。有的官员提倡吃蘑菇，而平时蘑菇只喂牲口。政府采取的种种赈济措施只是杯水车薪。1868年，西博滕省一地的死亡率就达到84‰，远远高于正常值。饥荒波及波罗的海沿岸的波兰、库尔兰、立窝尼亚和爱沙尼亚，远至波的尼亚湾沿岸。发自圣彼得堡的一份报告描绘了以下图景："村子十室九空，私宅改作医院，救济所里挤满了人，门外是踉踉跄跄、发着高烧、骨瘦如柴的饥民。"

到了19世纪70年代末，由于交通工具的改善，加之政府部门加强预防，粮食歉收时就很少再发生饥荒了。铁路通到了农村地区，年景不好时可以向灾区运送食品，从而避免饥荒导致骚乱——政府官员最怕生乱。1854年，法国曼恩-卢瓦尔省作物歉收，省长满意地报告说："大荒之年没有人滋事，几乎听不到百姓抱怨，这还是第一次。"然而饥荒的幽灵仍然在19世纪的欧洲大地上徘徊，尤其是在交通不便的地区。1897年3月，一份报纸报道了西班牙莱昂省的灾情：

务农几乎是当地唯一的收入来源，而当地人挣扎在饥饿边缘。牛羊几乎死了个精光，要么病死，要么饿死。至于庄稼，风暴和洪涝过去后，外加几个月前的干旱，早已所剩无几。数以千计走得了的人移居巴西，走不了的人只能留下来啃食橡实。

政府紧急向这一地区运送食品，避免了一场灾难。1905年，安达卢西亚地区久旱不雨，受灾人数超过100万，据报道，孩子被迫吃仙人掌和冷杉球果充饥，婴儿死亡率直线上升。饥荒的阴影再次出现。成群结队携带武器的农民在乡村游荡，涌进城市觅食。很多人选择移居海外。1879年爱尔兰马铃薯歉收后也上演了同样一幕。不过总体而言，在后几次荒年期间，各国政府虽然行动拖沓，但还是设法避免了因饥荒而发生的社会动乱。

俄国的情况很特殊。俄国地域辽阔、交通落后，加上财政改革不当以及解放农奴造成的长期后果，俄国在19世纪90年代初遭受了一场灾难。1890年10月，霜冻提前到来，冻死了因秋季干旱而晚播种的种子，那个冬季特别漫长，之后又是持续干旱。1891年俄国欧洲地区的粮食收成比正常年景减产26%，黑麦平均减产30%，在土地肥沃的沃罗涅日省，减产达75%。19世纪80年代，俄国政府试通过刺激谷物出口、在国内增加征税来实现卢布与黄金的兑换，这一政策的结果是进一步压榨了农民。1861年的解放农奴方案使许多农民失去土地，农村人口增长，农民度日艰难。此前农民看到谷物销路好，纷纷把牧场改为可耕地，砍伐森林，变林为地，减少牲畜头数，结果失去了主要的肥料来源。过度使用耕地，加上1890—1891年连续两年干旱，也是造成灾难的原因。

1891年末，路透社驻柏林记者布雷利·霍杰茨（Brayley Hodgetts, 1859—1932）走访灾区，无论他走到哪里，满眼都是饥民。一群饥民在一间小屋里围着火炉取暖，异口同声告诉他："我们对上帝起誓，我们已经三天没吃没喝了。"他们看上去不是饿了几天，而是饿了几周。凡是能入口的都吃光了，凡是能变卖的都卖光了。霍杰茨写道："这些穷苦农民吃的东西叫人不忍心看，他们吃讨来的碎面包片，有的已经发霉，有的沾满了泥土，放在农民的面包篮子里。"在另一个村子，他看到村民喝的汤"比烧开的污水好不到哪去，男人皮包骨头、眼窝深陷，有几人高烧不退，奄奄一息。所有人挣扎着爬到两个小火炉旁，挤在一起等死。村民吃了上顿没下顿"。大灾之年往往也是疾病流行之年。各种流行病在哀鸿遍野的农村大地蔓延，成百上千因营养不良而虚弱不堪的人死于疾病。在另一地区，信奉托尔斯泰观点的瑞典人约纳斯·斯塔德林（Jonas Stadling, 1847—1935）认为，俄国政府有意推行愚民政策，不允许农民产生丝毫的主动意识。斯塔德林亲眼看到当地农民从自己住的茅草屋屋顶上取下稻草，或喂牲口，或用作过冬柴火。

1891年秋天，形势已经很清楚了：需要开展大规模赈灾活动。然而，国务秘书亚历山大·亚历山德罗维奇·波洛夫佐夫（Alexander Alexandrovich Polovtsov, 1832—1909）感觉，各级官员"被绝望情绪压垮……没人清楚知道该做什么……他们争先恐后地提出种种离奇的计划"。政府下令禁止出口粮食，同时拨款赈灾，但交通落后，来自外地省份的信息不畅，赈灾工作受阻。灾情最严重的很多地区不通铁路，各条铁路线又分属不同的私人公司，由不同的国家部门经营，负责管理铁路的两个部长又势不两立。政府兴建公共工程，向农民提供粮食贷款，但赈灾计划的落实极为拖沓，覆盖的地区太少，起的作用十分有限。截至1891年8月，仅有20万人得到了粮食贷款。等到1892年3月赈灾计划完全落实后，接受粮食贷款的人数超过了1 100万，但此时灾情已造成严重后果。1892年底，萨马拉和萨拉托夫两地的死亡率上升了55%左右，乌法和沃罗涅日的死亡率各上升50%，奥伦堡40%，卡赞和辛比尔斯克36%，奔萨和坦波夫30%。受灾最重几个省的死亡人数比正常年份多出406 643人，其中103 364人死于夏季暴发的霍乱传染病，因此死于饥荒的很有可能在30万人左右，这些人中可能有不少死于斑疹伤寒。城镇赈济中心饥民人满为患，导致伤寒四处蔓延。

虽然1891—1892年的赈灾活动起了一定作用，但沙皇政府仍然受到来自四面八方的抨击。一家报纸评论"这次饥荒是一次惨痛的教训"，政府应该以此为鉴，启动改革。然而，改革没有发生。圣彼得堡的沙皇中央政府没有与外省较开明的地方行政部门官员加强沟通协作，它们相互之间的猜疑根深蒂固。1897—1898年连续两年粮食歉收后，1899年，饥荒再次袭击俄国。1899年5月，仅卡赞一省的卫生部门就报告说，发现了1万起维生素C缺乏病病例。有一个区的总人口是8 659人，其中5 588人接受救济。沙皇的财政大臣谢尔盖·尤利耶维奇·维特（Sergei Yulyevich Witte, 1849—1915）评论说，俄国农民"似乎完全没有防患于未然的能力，一遇到荒年，马上陷入灭顶之灾，只能靠外人帮助从中挣脱出来"。维特认为，造成农民这种状态的原因不是赋税太重。他称政府并没有对生活必需品征税，而且赋税总的来说很轻，尽管赋税含农民每年必须支付的补偿金。维特把责任推给了农民，称他们因循守旧，对自己在村社里的权利和义务一概不知。

维特据说是一个致力于推进俄国现代化的人。他的以上观点显示，他对俄国社会状况知之甚少，这将给他所效力的政权带来致命后果。

到了1914年，饥荒在欧洲大陆大部分地区已经绝迹。"饥饿的四十年代"是欧洲经历过的极为深重的生存危机。在有些地区，尤其是佛兰德，危机反映为农业和新产业、旧经济和新经济同时崩溃。正如过去几百年来时不时发生的那样，粮食歉收造成粮食价格上涨，城乡居民不得不增加购买面包和其他食品的开支，从而减少了对服装、器皿及其他制成品的需求。城市工厂和作坊随之陷入危机，不得不解雇工人，把他们抛入穷人大军，而工人此时正是最需要有一份收入养家糊口的时候。19世纪40年代，又多了一个危机因素：始于英国的近代工业生产方式在欧洲大陆传播开来。

纺织业革命

19世纪初,欧洲大陆上的绝大多数产业是规模很小的手工作坊而不是大工厂,以人力、马力、柴火、水磨或风车(尤其是荷兰)为动力。手工业作坊生产的产品种类繁多,包括玻璃器皿、银器、钟表、家具等,这类产品大多是为富人定制的。在瑞士和德意志西南部,农业工人和小农一般家里都有一台手工织布机或手纺车,靠纺线贴补微薄的收入。在"家庭包工制"下,产品卖给了中间人。这种收入来源季节性很强,而且不稳定,完全靠家庭中的妇女和孩子的劳动。法国大革命和拿破仑战争期间,英国的经济突飞猛进,把欧洲大陆远远甩到了后面。1830年,英国的人均工业产值几乎是瑞士和比利时的两倍,法国的两倍多,哈布斯堡帝国、西班牙、意大利、挪威、瑞典、丹麦或荷兰的三倍。

亚麻和羊毛一直是纺织业的基础。18世纪后期的一个新现象是棉花的大规模消费,此前棉花主要用于生产印花布料。当时,英国用印度廉价劳动力种植的棉花生产大量布匹,然后把棉花制成品输出到南亚次大陆。美国南方靠奴隶种植棉花,成本更加低廉。在欧洲大陆,棉花很快取代了较昂贵的亚麻和羊毛,成为织布的主要原料,而亚麻和羊毛业直到19世纪20年代左右才实现机械化生产。1785年,英国进口了 500 万千克原棉，1850 年棉花进口增至 2.67 亿千克，全部用于织布。与此同时，印度和埃及先后陷入工业衰退。埃及帕夏穆罕默德·阿里曾想建立自己的棉花产业，但受到 1838 年《盎格鲁-奥斯曼条约》的打击。帕夏打败奥斯曼帝国的军队后，威胁要进军伊斯坦布尔。翌年，英国进行了干预。帕夏对贸易的垄断被强行废止，英国的廉价棉花制品大量倾销埃及，埃及国内产业随之崩溃。英国对世界其他地区拥有的产业优势不是因为英国人更善于发明创造，与英国国内的其他因素也无关；英国棉花生产暴增的根本原因是世界贸易的驱动。1814 年，英国输出的棉布数量已超过了国内销售量；到 1850 年，两者之间的差距进一步拉大。英国国内每卖出 7 米棉布，就输出 12 米棉布。1820 年，英国分别向欧洲大陆输出了 1.17 亿米棉布，向美洲（不包括美国）、非洲和亚洲输出了 7 300 万米棉布；到了 1840 年，以上数字分别增至 1.83 亿米和 4.84 亿米。英国拥有制海权确保了它对拉美输出棉布的实际垄断。1820 年，输出拉美的棉布是输出欧洲大陆的棉布的 1/4，20 年后，对拉丁美洲的输出几乎是对欧洲大陆的 1.5 倍。输出印度的棉布从 1820 年的 1 006 万米增至 1840 年的 1.33 亿米。1816—1850 年期间，棉花产品几乎占英国出口总值的一半。1815 年后英国新型产业经济的增长不仅是英国科学技术优势的产物，也是英国建立的全球帝国的产物。

英国蓬勃发展的机械化农业生产主要集中在英格兰北部的兰开夏郡、约克郡、德比郡和柴郡。山上的急流转动水轮，靠水轮驱动的机器通过传动轴同时带动厂房里的大量织机。引进机器是因为英国的劳动力成本高昂；在欧洲其他地区，劳动力成本很低，不值得投入大量资本安装新型机器设备。到 1829 年，英国已拥有 5.5 万台动力织布机，5年后这一数字几乎翻了一番，达到10万台。动力织布机逐渐取代了手工织布机。1820年，英国有24万名手织机织工，因为仅靠动力织布机依然无法满足日益增长的需求。然而，手织机织工日益贫困。机械化生产导致单位印花棉的平均价格下跌，1818年为3先令7便士，1824年降至2先令11便士，到19世纪20年代末，价格仅略高于2先令。手工织布机的织工无力竞争，19世纪40年代中期，手织机织工的人数跌至仅6万人。19世纪40年代末时，英国动力织布机总数达到25万台，比1833年的10万台增加了15万台。不仅织机的数量增加了，技术的不断进步还让织机产量不断提高，19世纪30年代一台300锭机器织的布相当于300个使用手工纺车妇女的工作量。1830年，理查德·罗伯茨（Richard Roberts, 1789—1864）发明的"自动走锭纺纱机"投入使用。此前，想借助技术手段削减工人、解决工人罢工问题的一些工厂厂主找他帮忙，罗伯茨于是提高了织布流程的机械化水平，比如，以前只能靠手工把纱锭转回来，取下上面纺好的棉纱，现在这个过程可以用机器操作了。机械化生产使价格大幅降低，产出的纱线质量更好，质地更细、更均匀。不过，在德国等劳动力成本低的地区，直到19世纪50年代后期才引进了昂贵的自动走锭纺纱机。

  欧洲大陆上也发生了技术革新。例如，18世纪晚期法国人发明的雅卡尔提花机革新了丝织工艺，还可用于织造漂亮的棉制品。从1788年到1833年，里昂织布机的数量翻了一番，1833年时，2/3的织机是雅卡尔提花机。1845年，纺织业最重大的发明之一问世。在米卢斯，来自阿尔萨斯的工程师若苏埃·埃尔曼（Josué Heilmann, 1796—1848）发明了一种机器，可用于精纺羊毛纱线和细棉，在那之前，他还发明了一台刺绣机。1832年，菲利普·德·吉拉尔（Philippe de Girard, 1775—1845）制造了一台机器，用于亚麻栉梳（又称"针排"）。1827年，另一位法国工程师伯努瓦·富尔内隆（Benoît Fourneyron, 802—1867）发明了一种高效利用水力的方法，将水轮机水平安装，他称其为涡轮机。此后几年，他不断推出更高效的涡轮机。1837年，他生产了一台60马力的涡轮机，转速为2 300转/分，效率系数为80%。尤其不简单的是，轮子的直径仅30厘米，重量只有18千克。到1843年，法国、德国、奥地利、意大利和波兰的129家工厂都在使用他制造的涡轮机了。不过，欧洲大陆纺织业引进技术革新最有效的办法是进口英国机器，或直接进口，或转手进口。对法国的战争在1815年结束后，英国恢复向欧洲大陆输出棉花。各国企业家看到了新材料和新技术的优势，英国没用多久就征服了一个又一个国家。

战后法国北部纺织业再次迅猛发展也就不足为奇了。1815年，在兰斯安装了第一台纺纱机。1844年，鲁贝的羊毛产业引入了第一台动力织布机。法国以东的地区也开始使用动力织布机。1821年，在埃尔伯费尔德建了一家蒸汽动力的棉纺厂，到1834年，伍珀塔尔已经有了10台机器。欧洲各地的新产业发展很不平衡，背后的驱动力各异。19世纪前几十年，西班牙的纺织业增长十分缓慢。1808年时，西班牙已有14家水力纺织厂，但是到了1836年，水力纺织厂只增加到36家。美洲殖民地的丧失切断了西班牙与主要出口市场的联系，直到1832年禁止输入棉制品后，西班牙的纺织业才开始走向机械化和繁荣。与西班牙的情况形成对照的是，截至1828年，下奥地利和波希米亚分别有22.5万和11.8万个棉花纺锭，织布依然靠手工操作，福拉尔贝格除外——19世纪40年代初，福拉尔贝格就有了466台动力织机。19世纪30年代意大利初萌的棉花产业从一开始就被来自瑞士和德国的移民所控制,如一位评论员所说,甚至直到19世纪末,伦巴第实业家圈子里的人说话还是"喉音很重,拖着生硬的尾音"。尽管19世纪30—40年代机器设备水平有所改善,但意大利的棉纺业根本称不上是完全产业化的经济部门,不过直到19世纪末及其后年代,丝一直占意大利出口总值的1/3。到1848年,皮埃蒙特和伦巴第两地已有60家棉纺厂,纺锭总数20万,平均每家工厂有3 000个纺锭。

在政府的推动下,波兰的纺织业较早实现了机械化。马佐夫舍是俄属波兰王国中东部的一个低地地区。该省省长雷蒙德·伦比林斯基(Rajmund Rembieliński, 1774—1841)是亲英的波兰民族主义者,写过剧本《索尔兹伯里勋爵》(*Lord Salisbury*)。伦比林斯基说服两位萨克森制造商,在罗兹建了一家靠水力驱动的机械化棉纺织厂。同一时期,比亚韦斯托克和日拉尔多夫地区的羊毛业和亚麻业也再次兴旺起来。一位法国工程师开设的工厂设法获得了沙俄当局的许可,垄断了亚麻生产。然而,政府的政策往往阻碍波兰工业化的发展。1823—1825年,对普鲁士的关税壁垒增加了波兰与西欧国家往来的困难。1830年起义失败后,从1832年到1850年,波兰王国被排除在俄国关税区之外,波兰的工业产品难以打入东边的市场。在俄国,位于圣彼得堡的国有亚历山德罗夫斯克工厂引进了英国的机器设备。19世纪40年代,俄国的公司不再从英国进口棉布制成品,改从美国直接购买原棉。19世纪中叶后,俄国国内的机床厂很快开始提供俄国纺织业所需的大部分设备。19世纪中叶,弗拉基米尔市有58家棉纺厂,拥有900台织机,雇用了5 800名工人。四周村子的村民还有4.5万台手织机,6.5万名工人在自家加工棉花。

欧洲新兴纺织业最重要的中心位于法国北部和比利时南部,这里兴建的工厂代表了以劳动和纪律为标志的新世界。法国北部和比利时南部地势平坦,河流流速缓慢,无法使用水磨,从一开始就用蒸汽做动力。在早期实现工业化的港口城市根特,1815 年时已有 25 万台珍妮纺纱机。该城福特曼(Voortman)家族拥有的最大一家工厂与两个英国商人签约,进口安装了 100 台动力织机、10 台浆纱机、一台蒸汽机和一台洗涤机,总费用 5 000 英镑。这在当时是一笔巨款,公司用在拿破仑战争时期赚的钱支付了这笔费用。到 1824 年底,公司已雇用了 60 名工人,但仍不能满足需求,公司又另外雇了 800 名手织机织工。其他企业纷纷仿效。截至 1830 年,根特各家棉纺厂雇了 1 万名工人织布和给棉布印花,还在城外雇用了 2.03 万名手织机织工在家织布。连接根特和瓦隆尼亚煤田的运河开通后,进口原材料和输出产品更加便利,从而降低了使用机器的成本。1830 年时,根特一共有 700 台蒸汽动力织机,1840 年增至 3 600 台,1846 年达到 5 000 台。

到 1830 年,福特曼工厂的年利润增加了两倍,工厂盈利主要靠向荷兰殖民地出口纺织制成品的新合同。然而 1830 年革命后,一场经济危机随之而来,这家纺织厂暂时关闭。福特曼家族来自荷兰,他们在阿姆斯特丹设有公司,家族成员也是奥兰治家族的支持者。这家公司名声不好不光是因为它引入了机器。1829 年 11 月,纱厂工人举行罢工,公司把工人关在工厂外面,从法国招募了 25 个纺纱工,还把几个罢工的工人送进了监狱。1831 年,工人中间流传一个谣言,说公司在厂房内藏匿了武器。工人闯入厂区搜查,打砸工厂的机器设备,要求重开工厂。厂主蛮横地告诉工人:"你们要是饿的话,吃你们的自由树去!"工人冲进他家,暴打了他一顿,逼他亲吻"自由树",

不过没有强迫他吃树。1832年厂主痊愈后工厂重新开工，但降低了工人的工资。最初的132名工人中，只有27人返回工厂。厂主叫来警察，生怕自己再受工人伤害。

福尔曼纺织厂对工人的管理苛刻至极。工人上班迟到、醉酒、如厕次数过多、交出的产品不合格，哪怕是为了取工具或润滑机器而暂停手中的工作，都要被扣工资。工人对种种惩罚措施深恶痛绝，积怨越来越深。1834年7月和9月，又先后爆发了几次罢工。其他地区开设的新工厂的工作条件与这家工厂大同小异。工厂这种新机构对雇用的工人实行了新的严酷无情的时间约束制度。手织机的织工为了养家糊口，也许一天要在织机前坐14个小时，但他们可以选择何时开始，何时休息，何时结束。工厂的工人则必须随着上班的铃声准时上班，各种规章条例多如牛毛，工作中稍有不慎，工资就被扣除。曼彻斯特附近的蒂尔兹利有一家纺织厂，1823年，工厂的工人举行了罢工。工人们诉苦说车间温度一般达27~28摄氏度，每天工作14个小时，"包括所谓的一小时晚饭时间，上班时间厂房门紧锁，只有半小时茶歇时间才打开门，在高温厂房内工作的工人不得离开岗位去喝水"。工人迟到5分钟，"敞开窗子"、"清洗自己"、"吹口哨"，一律罚款1先令，这可不是小数目。"生病的织工如果找不到合适的人代替，就得每天付6先令的蒸汽费。"如此苛刻的新规章，无论在哪里实行，都会遭到工人的痛恨。

早期的棉纺厂是险恶之地。工人在棉絮和灰尘弥漫的环境中长时间站立工作，耳边是机器震耳欲聋的噪声，因此多有支气管炎、消化不良、静脉曲张、耳聋等问题。有些织工干的活是给梭子穿线，需要用嘴对准穿线孔把线头叼出来，这些工人注定会患上呼吸道疾病。女工的头发或衣服可能会被夹在皮带和转轴之间,人被拽进去后围着转轴旋转,直到惨死在机器下。梭子可能会从织机里飞出来,扎伤工人的脸。工人可能会被机器卡住,斯塔利桥的一个年轻"清洁工"帕特里克·努恩(Patric Noon)就是这样,他负责清扫一台走锭纺纱机下面的地面。1846年3月,他的头被卡在只有10厘米宽的地方,旋转的机器把他的头皮掀开,露出了头骨。据英格兰和苏格兰工厂委员会报告,1840年仅半年内,各家棉纺厂就发生了1 114起机器引起的工伤事故,外加907起其他事故,造成22人死亡,109人截肢。死伤的工人几乎得不到赔偿,但一些公司会给专为工伤事故设立的慈善机构捐款。社会普遍认为,工人选择干这一行完全是出于自愿,愿意承担风险。雇主常常指责受伤的工人粗心大意。

纺织厂中的女工占的比例很高。1843年,根特的两位医生评论说:"此地和其他工业制造区一样,有一种用女工和童工取代男工的倾向,因为厂主想'降低成本'。"安装的新机器越多,女工的数量就越大。1829年,根特各家棉纺厂40%以上的工人是女工。在机械化程度更高的福特曼棉纺厂,女工比例高达48%。1832年,这家工厂的男工为了阻止工厂雇用更多女工而举行罢工,但没有任何效果。孩子比女工更灵巧、更廉价,雇用孩子可以防止他们流落街头,还可以增加一家人的收入。直到1889年,比利时才制定了保护童工法。1842年,福特曼棉纺厂雇用的5~9岁童工占工人总数的1%,1879年,这一数字涨至9%;10~14岁的童工所占的比例从1842年的6%增至1859年的34%。很多童工是女孩,或在梳棉车间工作,或操作纺纱机和织布机。几乎所有孩子都与工厂的工人沾亲带故,工厂3/4以上的工人是出生在根特的本地人。年景不好时,家庭有一份收入尤其重要,比如

19世纪40年代末。当时的粮食价格涨了20%，根特棉纺厂的工人用收入的76.2%（正常情况下是66%左右）购买食物。博特斯一家人的情况很能代表根特市的纺织工人，他们全家都为福特曼厂做工。路易斯·博特斯（Louis Bauters, 1801—?）是一个织工，从1840年到1850年在工厂工作了10年。1829年他结婚娶妻，1835年妻子被工厂雇为织工。这对夫妇一共有12个孩子，活下来的几个刚满13岁就入厂做工，1845年全家有三人挣钱，1849年又多了两个。然而，全家人依然在死亡线上挣扎。博特斯的12个孩子中，只有1个活过了25岁，4个很小就死了，剩余的7个孩子只活到20~25岁。据1845年的一项调查，福特曼工厂给工人提供的伙食基本上是面包和马铃薯，20%的工人每周能吃4次荤菜，35%的工人每周两次，26%的工人每周一次，18%的工人完全没有肉吃，只能分到薄薄一片酪乳，或是韭葱加马铃薯。贫困、营养不良、疾病和婴儿死亡不是工业革命后才产生的，新出现的工厂环境没有改善工人的生活，在某些方面，工人的生活境况反倒恶化了。

煤铁

虽然只有少数工厂使用了蒸汽机，但蒸汽机技术毫无疑问具有重大意义。蒸汽机的问世被称为"工业革命"。19世纪20年代，"工业革命"一词首先出现在法国，用来指生产方式发生的重大变化。1831年，经济学家热罗姆-阿道夫·布朗基（Jérôme-Adolphe Blanqui，1798—1854）写道："这是有社会生活以来，产业状况发生的最深刻变化。"深刻变化不是指兴建大型工厂并雇用成百上千名工人生产标准化产品，这样的地方18世纪时已经有了。与昔日的区别在于，早期工场的工人都是用手操作，干的是体力活。各种自然界的动力，比如使用手织机的织工、拉车的马、风车借助的风力，还有特别值得一提的推动水轮转动的水，在工业革命的初期阶段都起过一定作用，但蒸汽很快成为最重要的动力。这一突破具有决定性意义。工业动力让社会从此挣脱了自然力的束缚，突破了人力、自然力和马力的局限性。

工业革命的范围不限于纺织制造业，而是扩展到产煤业和制铁业，对后者的意义更加深远。英国工业在欧洲一枝独秀，最重要的原因是英国很早就开始把煤炭作为能源原料，一直到19世纪后半叶始终执煤炭生产之牛耳。从1815年到1830年，英国煤产量翻了一番，从每年1 600万吨增至3 000万吨。迟至1860年，英国产煤量仍然比欧洲其他国家产煤量的总和高出一倍多。伴随需求的增加，为了在地下数百英尺（1英尺约合0.3米）挖掘煤层，矿井越挖越深。必须排出矿井里面的水，保持矿井和平巷的空气流通，平巷顶部需要用木头支撑，煤送到地面后，需要使用专门修建的水渠把煤运走。19世纪40年代起，越来越多的煤矿用轨道取代水渠。煤矿需要排水是促进蒸汽机发展完善的关键因素，但挖煤还是靠人工。增产的唯一方法是增加矿工，越来越多的外来人流向煤蕴藏量丰富的地区，比如威尔士南部，期待能找到一份稳定工作。

挖煤又脏又苦，还很危险。重大矿难层出不穷。1821年10月23日的一条新闻报道了发生在纽卡斯尔附近沃尔森德矿井的事：

> 早上8点钟左右，位于泰恩河边的沃尔森德煤矿一个新矿井发生大爆炸。方圆几千米内都可以听见爆炸声。爆炸原因不详，据说是氢气引起的。附近煤矿的矿工和家属听到爆炸消息后，惊恐万分。几百人马上跑到出事地点，打听井下工人的下落……井下的56名矿工中，只有2人安全脱险。还有4人逃了出来，但奄奄一息，其中2人后来也死了。其余50人悉数遇难。

1835年6月18日，在同一矿井地面工作的工人听到了"一声巨响，据他们说，感觉像是地震，随后矿井井口喷射出一股令人窒息的气体，混杂着矿工的碎衣片和其他小物件"。正在井下作业的26名成年男矿工和75名童工死于这次瓦斯大爆炸。此后几天，悲恸欲绝的家属聚集在井口，看着一具具尸体被从井下运到地面。重大矿难多是瓦斯爆炸造成的，但导致矿工死伤的原因还有很多：被失控的煤车撞断胳膊或腿，身上被掉落的石块砸得伤痕累累，死于突发透水，被落石困住，等等。在矿井下拖拽沉重煤车的怀孕妇女常常流产。

为了挖掘深处煤层，竖井越打越深，常常无视当地地质状况，透水事故因而频频发生。1838年的一则消息称：

> 上个星期六，彭布罗克郡休斯先生创办的煤矿因为疏忽大意发生透水，导致一起可怕事故……6个可怜人被淹死。事故发生后，水大量灌入矿井。从事故发生一直到星期四上午，工人在3处矿井不分昼夜地排水，第三处矿井除了工人外，还动用了一台蒸汽机排水。

不寻常的是，这次一名遇难矿工的父亲把矿主告上了法庭，但他没有得到大陪审团的支持，输掉了官司。1844年2月14日，彭布罗克郡的加登矿井发生了10年来最严重的事故。该矿井位于克莱多河入海口底下60米处，年产煤1万吨。那一天海潮汹涌，巷道承受不住巨大压力，海水咆哮涌向煤矿，淹死了40名无路可逃的矿工。

矿难赔偿没有明文规定，有的矿主会以施惠的姿态支付一些赔偿金。据报道，19世纪40年代中期，斯塔福德郡南区的煤矿矿主每周给因工伤不能上班的工人6先令，给死于矿难的矿工的遗孀1先令6便士，外加给每个6岁以下的孩子1先令。矿主一般在发生重大矿难时更愿意出钱，各家报纸有时会组织公众为死难者家属捐款，但这种活动只针对"值得帮助的穷人"。1821年沃尔森德煤矿爆炸事故发生后，矿主自己出钱把死难矿工埋葬在当地教堂的院子里，还承担了死者家属的吃饭和取暖费用，直到他们不再需要为止。然而，如卫生专家约翰·托马斯·阿利奇（John Thomas Arlidge, 1822—1899）所说，也有很多矿主常常指责工人"从事危险职业却毛手毛脚，不爱整洁，不肯采取预防矿难的措施，更糟的是，工人普遍有酗酒的习惯"。工人常常自发凑钱帮助受伤工友。很多工人刚刚痊愈就返回矿井工作，而不是靠时有时无的慈善救济过活。1844年，一辆运煤车从年仅8岁的威廉姆·莫罗（William Morrow, 1836—？）身上碾过，导致他失去了一条腿。6年后，他安上假腿又返回矿井工作。矿工和亲属常常觉得，发生在自己身上的不幸要么是运气不好，要么是上帝的意旨，要么是受伤工人本人的过错。矿工的安全防护迟迟得不到改善。1816年投入使用的戴维安全灯逐渐取代了危险性极大的蜡烛，却刺激了矿主去开采更深、挖掘难度更大的煤层，导致发生更多矿难。英国工人为19世纪上半叶英国采煤业的发展付出了高昂代价。

伴随煤炭工业的发展，炼铁业也迅猛发展，技术不断革新。木材数量有限，高昂的木炭成本成为革新的动力。英国大片树林被砍伐，或为建造皇家海军舰船，或为将林地改为耕地和牧场，因此需要找到新办法。1790年以前，几乎所有生铁都是用焦炭冶炼的。焦炭是高温熔融后黏结固化的煤，可以加热到极高温度。18世纪80年代发明了提纯生铁、把它冶炼成熟铁或条铁的新技术（"搅炼法"和"轧制法"），英国炼铁业蓬勃发展。1750年，法国和瑞典垄断了欧洲的生铁生产，英国需要的铁基本靠进口。1860年时，英国生铁产量已占欧洲生铁总产量的60%。英国的生铁产业集中在诺丁汉郡、德比郡、约克郡等地的铁矿石矿和煤矿附近，还有其他一些地区。

18世纪上半叶，欧洲大陆上跟上英国脚步的只有从比利时到法国北部和德国西部的地区。这片地区的煤和铁矿石蕴藏量丰富，具有资本主义工业传统，自然资源丰富，没有代表农业利益的强大政治利益集团，银行和金融业集中，政府投资力度大。借助这些有利条件，根特和比利时南部地区的工业化走到了欧洲大陆其他地区的前头，不仅纺织业如此，采煤和采矿业也是这样。1838 年时，比利时的深层矿井已普遍使用英国制造的蒸汽泵。当时比利时矿井的平均深度是 210 米。19 世纪 20 年代，列日和沙勒罗瓦地区采用从英国进口的技术，开始建造使用焦炭的鼓风炉及搅炼厂和轧制厂。进口关税保护本国工业不受英国竞争威胁，成本的降低冲击了传统生产方式。到 19 世纪 30 年代，比利时和英国一样，几乎实现了 100% 用焦炭冶炼生铁，而德国和法国依然使用传统的木炭冶铁方法。瑞典直到 19 世纪 60 年代还在采用英国的搅炼技术用木炭精炼生铁。19 世纪 60 年代以前，阿尔卑斯地区只用木炭冶炼生铁。哈布斯堡帝国北部的维特科维采钢铁厂从 1836 年开始使用焦炭炼铁，1854 年以前，哈布斯堡帝国全境内只有这家工厂使用焦炭，很有可能是因为这家工厂的两个厂长来自威尔士。

欧洲大陆上的许多创新是英国人到来和引入英国机器设备直接促成的。18 世纪 80 年代，英国政府为了阻止技术流到国外，制定了禁止出口机器、严禁工匠移居海外的法律，然而这类规定完全无法实施。早在 1798 年，比利时（当时还是法国人）工程师利埃万·博旺（Liévin Bauwens, 1769—1822）就把一台珍妮纺纱机拆散后藏在运糖的箱子里，从曼彻斯特经汉堡偷运到根特，而当时出口机器是死罪。匈牙利贵族塞切尼·伊什特万（István Széchenyi, 1791—1860）伯爵 1815 年访问英国时，设法弄到了一台燃气发动机模型,为了把它搞到手,我绞尽脑汁,不惜血本,凭着意志力和执着,我终于如愿以偿……我的几个旧相识嘲笑我对机器的痴迷,尤其是对一台照明设备的痴迷,我在英国期间花了不少时间研究它。一个轻骑兵上尉花3个小时听技工和他们的帮手讲授理论课外加实际操作,上午浑身上下都是桐油,晚上又全身散发着高级香水味,的确有点怪。

这位伯爵认为蒸汽机既无用又危险("我的国家没有工厂,谢天谢地,我们没有!")。他觉得煤气照明设备用途很广,甘愿付2英镑买一台照明设备模型,还用钱贿赂了一个"假扮海关官员的骄傲的英国人",他"为区区四个金币就出卖了自己国家的灵魂:一台燃气发动机"。拿破仑战争结束后的一段时期内,这种伎俩司空见惯。

英国在19世纪20年代中期取消了对出口机器的禁令,改为实行许可证制度,1843年又废止了许可证制度。渴求获得最新技术的外国企业家来到英国,或通过在英国工作把图纸资料带回国,或延聘英国专家改造自己的工场。著名的德国克虏伯钢铁公司就是一个例子。1838年,拥有这家公司的艾尔弗雷德·克虏伯(Alfred Krupp, 1812—1887,他起了个英国名字艾尔弗雷德,表示对英国工业优势的敬意)化名"施罗普先生"游历英国。返回德国后,他又不断派人去英国学习最新的工厂架构和工业技术。有时,一国政府也参与引入新技术和生产方式。重农主义者斯坦尼斯瓦夫·斯塔西茨(Stanisław Staszic, 1755—1826)是俄属波兰王国的官员,分管贸易和工业,他在波兰王国庞大的扎莫伊斯基庄园鼓励人们仿效英国人开矿办厂,兴办纺织业加工工厂,修造运河。他在栋布罗瓦古尔尼恰地区发现了煤藏,于是建了一座煤矿，还革新了旧波兰盆地的鼓风炉，用焦炭取代了木炭。

在欧洲大部分地区，发挥主力军作用的还是私人企业，它们在初期阶段还常常得到来自英国的企业家的帮助，比如爱尔兰工程师威廉·托马斯·马尔瓦尼（William Thomas Mulvany, 1806—1885）。马尔瓦尼原是爱尔兰公务员，负责制订促进就业计划，主要涉及修造运河和筑路。大饥荒后，政府终止了就业计划，他被解雇，不得不另谋出路。一次他陪一批潜在投资者访问鲁尔地区，看到了一直寻觅的机会：

> 我造访了采矿总局。研究了地质图后，我马上意识到，这一带地下蕴藏着丰富矿产资源。当地铁路交通非常落后，运河和交通设施效率低下。我当时自忖，这些人坐在金山上，却浑然不知。

马尔瓦尼创办了3家煤矿，分别是恒亚（Hibernia）、沙姆罗克（Shamrock）和埃林（Erin）煤矿。时至今日，这三家煤矿依然没有改名。马尔瓦尼后来被授予盖尔森基兴荣誉市民称号，晚年住在杜塞尔多夫直到去世。

政府依然发挥重要作用，为工业化进程提供法律、经济和结构框架。英国还采取了有限措施改善工作条件。1819年的《棉纺厂和工厂法案》禁止雇用9岁以下的孩子，同时规定年龄不足16岁的孩子每天工作时间不得超过16小时，但这些规则实行起来很难。1833年，新《工厂法》进一步缩短了童工劳作的时间，要求他们每天至少有2小时学习时间，法案还设立了一个"工厂督查署"。新法案的出台往往是在一次重大工业事故引起公愤之后。1838年巴恩斯利附近的哈斯卡煤矿突发事故后,英国民众始对本国煤矿的工作条件有所了解。一次狂风暴雨过后,河水漫堤,大水涌入通风系统,淹死了26个孩子,其中11个是8~16岁的女孩,15个是9~12岁的男孩。读报的公众看到这么多童工罹难,不禁悚然。这起矿难引起维多利亚女王(1819—1901)的注意,她下令展开调查。由慈善家阿什利勋爵(Lord Ashley, 1801—1885,后获封沙夫茨伯里伯爵)领导的一个委员会考察了全国各地的煤矿和矿工群体,有时不惜得罪矿主收集信息。1842年5月,夹带版画插图的报告文本和矿工自述公之于众。报告称,年仅5~6岁的孩子在井下负责开关通风门,年龄稍大后改为在地下巷道推煤车,维多利亚时代的公众看到报告后无比震惊。阿什利勋爵有意利用维多利亚时代早期拘谨的风气,着重描述了女孩和妇女的状况,当着男孩和男人的面,她们只穿裤子,赤裸上身干活。这一做法"使女孩既不适合嫁人,也不适合做母亲"。此后出台的《1842年煤矿法》和《1844年工厂法》成立了一个督察署,禁止妇女和孩子在井下作业。1844年的立法把9~13岁孩子的每日工作时间减至9小时,同时规定在机器四周安装防护栏。如果工人因机器设备不安全而受伤,厂主就会被罚款。

英国的这种改革在欧洲其他地区很少见。更重要的是,国家参与了工业和交通运输业的发展,特别是后者。修造公路和运河基本上靠政府投资,国家还大力修建铁路。投资资本主要来自国家,国家也立法促使银行更愿意向企业提供贷款。诸如彼得·博伊特(Peter Beuth, 1781—1853)这样的人从事的活动也同样重要。博伊特在普鲁士政府内任贸易和工业大臣,1821年,他在柏林创办了一个技术学院,1823

年和 1836 年，博伊特两次访问英国，了解新工业技术和机器信息。普鲁士率先废除关税壁垒的意义更大。普鲁士先是在 1818 年推行了一项改革，又于 1834 年建立了"德意志关税同盟"。巴登等南德诸邦很快加入了这一同盟，但奥地利没有加入。关税同盟参照普鲁士进口税规则，合并了此前分散的关税协议，制定了统一进口税。关税同盟的一大作用是保护德意志工业免受英国竞争的冲击，但这一作用常常被人忽略，举例说，1844 年，关税同盟决定按每吨一英镑的价格对进口生铁征收关税。

在德国首先倡导自由贸易的是英国经济学家约翰·普林斯-史密斯（John Prince-Smith, 1809—1874）。他是小学校长，在波罗的海港口城市埃尔宾教书。1847 年，普林斯-史密斯在柏林成立了一个自由贸易协会。19 世纪中叶前，就德国与欧洲其他地区的关系而言，他倡导的这一事业没有起到什么作用，但取消境内关税壁垒对经济发展起了至关重要的作用。把中欧与北海和大西洋连接在一起的大动脉莱茵河就是一个例子。18 世纪中叶，流经众多邦国的莱茵河沿岸平均每 1.5 千米就有一个关卡。其实 1815 年维也纳会议已有规定，莱茵河航行自由，但执行起来难度极大，直到 1831 年才开始实行。此前，一切来往船只必须依次在科隆和美因茨卸下所载货物，在当地出售。1831 年改革后，这两个城市一度陷入危机，因为大多数船只现在可以绕过它们。从 1834 年到 1840 年，途经科隆港口的船只吨位减少了一半；从 1829 年到 1832 年，停靠美因茨的船只吨位减少了 1/3。直到铁路出现后，这两个港口城市才逐渐走出危机。从长远看，莱茵河沿岸实现自由贸易大大降低了沿河运输货物的成本。

国家减少干预经济对推动社会技术创新起了重大作用。早期实行重商主义的普鲁士通过法律限制工场数量，防止发生经济危机，经济危机时期，比如19世纪40年代末，限制就更严了。当时普鲁士有20座国有煤矿，大多数位于萨尔区和西里西亚，1850年，这些国有煤矿的产煤量占普鲁士产煤总量的20%。同一时期，国有炼铁厂每年产铁15万吨，国家还完全垄断了盐业。普鲁士海外贸易公司（Seebandlung）在西里西亚开办了棉纺厂、化工厂和机床厂，向经营困难的企业提供贷款。它用纳税人的钱补贴亏本的企业，惹来了麻烦。1845年，普鲁士国王敕令该公司不得再开办新企业。19世纪40年代末，这家公司被迫出售它拥有的大部分企业。巴伐利亚的情况与普鲁士相似。国家拥有盐矿、煤矿、铁矿石矿、巴伐利亚皇家银行、三家疗养所，外加世界上最大的啤酒馆——慕尼黑皇家啤酒屋。对于"就兴办实业的能力而言，政府官员不如普通百姓"的说法，普鲁士海外贸易公司总经理克里斯蒂安·冯·罗特尔（Christian von Rother, 1778—1849）斥之为老生常谈。然而这句"老生常谈"却反映了那个时代的特点，批评家指出，政府官员对推动工业发展漠不关心，罗特尔就曾说，发展铁路没有未来。在自由派经济学家和政治家的推动下，国家和诸如普鲁士海外贸易公司这样的政府机构逐渐不再对工业进行直接投资，但铁路是一个例外，因为铁路的战略意义往往大于经济意义。

国家的作用体现在为工业化提供资金，制定关税和补贴政策，修造公路、铁路和运河，收集和公布经济统计数字。但不应忘记，自然资源和市场的分布并不由一国边界决定，工业化起步地区往往跨越多国，欧洲西北部的煤田就从比利时南部和法国北部一直延伸到德国西部的鲁尔地区。在欧洲其他地方，产业多集中在煤和铁矿石蕴藏量丰富的地区，比如苏格兰低地、英格兰东北和西北部、威尔士南部、法国东部和中部、与普鲁士和奥匈帝国接壤的西里西亚、德法边境的萨尔区，还有萨克森境内的利格尼茨和茨维考。欧洲早期的工业化完全无视国家边界，其突出特点是技术抄袭、劳动力迁徙、投资和技术知识从一国流向另一国。在工业化经济中，最能体现这一特点的就是铁路部门。

铁路、蒸汽和速度

发展工业高度依赖廉价、高速和有效的交通工具,把原料运送到工厂,再把制成品运往市场。18世纪和19世纪初,欧洲的陆路和水路交通有了极大改善,不是所有地区的交通都得到了同等改善。当年拿破仑出于调动军队的战略需要修造公路,19世纪20年代,法国仅对这些公路修修补补。1832年发生了一连串社会骚乱后,法国"七月王朝"才开始大力造桥修路,以确保任何气象条件下都可以畅通无阻地调动军队。19世纪30—40年代,法国每年新修的各级公路超过1 200千米,大多数公路没有铺碎石。1824年,法国将近60%的国道破旧不堪,到1845年,几乎所有主干道全年均可通车,但碎石铺面公路网的总长度并没有增加多少——1824年将近3.38万千米,1914年接近3.8万千米。

1821年,哈布斯堡帝国的筑路预算为42万塔勒,20年后增至300万塔勒。筑路工程雇用了1.5万名工人,公路网长度由1816年的3 162千米增至1846年的1.1万千米。筑路大大方便了人们的出行。19世纪初,如果道路状况好,一辆驿递马车每天可以走29~40千米。一辆小驿车每小时可以走14千米。1821开始使用驿车后,从法兰克福到斯图加特所需时间从40小时缩至25小时。19世纪初,如果路好走，一辆驿站马车每小时可以走9千米，夏天一天走大约80千米，秋冬季因道路泥泞，天气恶劣，每天只能走40千米。19世纪30年代，从匈牙利布达到维也纳只需31个小时，而半个世纪前，这段路程需要走整整两天。1790年，匈牙利境内的国道总长度为700千米，1848年猛增到1 770千米，不过国家运输公司提供的马车"又脏又不舒服"，一名旅行者在1830年抱怨说，马车活像"吉卜赛人的大篷车"。

在沙俄帝国，用碎石铺的道路仍然罕见。俄国在1831年以前连一条碎石路都没有，1850年时只有4 800千米的碎石马路，半个世纪后，也不过1.6万千米。诗人普希金在《叶普盖尼·奥涅金》中不加掩饰地描写了拉林一家人坐马车从自家庄园前往莫斯科的经历："道路坑坑洼洼，桥梁年久失修。驿站里到处是臭虫和跳蚤，根本无法入眠。"夏季时，道路尘土飞扬，令人窒息；春秋两季，马路又成了泥潭，马车常常陷进去出不来。许多俄国人认为冬天走陆路更便捷，冬季路面被一层厚厚冰雪覆盖，沿路是驿站，马拉的大雪橇载着乘客，沿着路面上高竖的标杆路标在冰雪上疾驶。雪橇上的人完全暴露在大自然里，任凭风雪吹打。越是达官贵人，出行所需时间就越短：1810年冬天，沙皇亚历山大一世从圣彼得堡去莫斯科只用了42小时；1833年12月，沙皇尼古拉一世又把这段路程所需时间缩至38小时。大多数旅行者所需时间要长得多。

在由公路、马路和主干道组成的这一交通网没有覆盖的欧洲地区，出行极为不易。大车、马车、马、骡子、成群的牛羊、徒步的行人沿着地图上没有标记，也没有任何路标的小路穿过一个个岔道，摸索着前行。天气恶劣时，有些路径几乎难以辨识。有些路有特殊用途，比如教徒朝觐的路或牛贩子走的羊肠小道。有的路连接村子和集市，有的则将煤矿、采石场和工厂与主要交通干线连通起来。但绝大多数的路是当地小路，充其量也不过是地区公路。山隘一年四季都很危险，必须有当地向导领路，骑马或骡子走过。在平原地带，农民牵耕牛走过未经平整的土路后，路面一片泥泞，洪水过后，农民也不去修复被冲坏的道路。当地人通常从浅滩涉水过河，桥梁很少见，而浅滩在大雨后往往无法通行。绝大多数道路不适合带轮子的交通工具，直到20世纪初，很多地区还是看不到轮车。农民常常背着东西去集市，尤其是那些买不起骡子的农民。1840年，法国某地区的一个小学督导员报告说，他所在地区的农民把当地道路分成三类：第一类是"疯狂之路"，马匹陷到齐脖深的泥潭里；第二类是"凶险之路"，马夫陷到齐眉深的泥潭中；第三类是"死亡之路"，连人带马没入沼泽中，消失得无影无踪。

19世纪上半叶，水路是运输笨重货物、工业原材料和出口物资的最便捷方式。17世纪和18世纪是挖凿运河的时代，修运河之风一直持续到1815年以后。有些运河连接不同的河流，比如1832年修的把罗讷河与莱茵河连在一起的运河，还有连接马恩河和埃纳河、索恩河和约讷河的运河。有的运河有工业或贸易用途，1836年开凿瓦兹运河，就是为了把法国北部煤矿的煤运到巴黎。各国政府积极赞助修运河工程。1820年，法国的复辟王朝政府甚至计划增挖1万千米长的运河，但由于政府开支受限，截至19世纪40年代末，除已有的2 000千米运河外，只新开凿了3 060千米长的运河。普鲁士人环绕柏林建立了一个运河网，19世纪30年代开凿了奥拉宁堡运河，19世纪40年代末又修了兰德韦尔运河和路易森城运河。这几条运河开通后，人们就可以把廉价的英国煤运到柏林了。英国大部分运河是把煤矿、采石场或铸铁厂与海边或市场连接在一起的短程水道，大多建于工业化起步时期。

蒸汽动力迅速革新了江河海洋的旅行和运输方式。1815 年，汽船已航行在克莱德河和泰晤士河上，主要运载乘客。很快，欧洲大陆也用起了汽船。到 19 世纪 40 年代，奥地利皇家帝国汽船公司已拥有 224 艘船，每年在多瑙河上运送的人次超过 20 万，还开通了黑海航线。与它竞争的其他公司，比如匈牙利多瑙河汽船公司和库尔帕航运公司，经营当地交通运输。到 19 世纪 20 年代，已经可以经水路在黑海、里海和波罗的海之间穿行，载重 700 吨的驳船可以沿着 4 000 千米长的河道，从阿斯特拉罕一直驶到圣彼得堡，所需时间不到 2 个月。1815 年，第一艘汽船在圣彼得堡的涅瓦河上投入使用，19 世纪 20 年代时已能见到汽船在伏尔加河和第聂伯河上行驶，但 1900 年前这并不常见，大多数驳船还得用岸上的马拉，或靠一群纤夫拉（著名的《伏尔加河船夫曲》即源于此，这首曲子风靡欧洲各地）。明轮蒸汽机船最大的优势是可以沿河逆流航行，但由于本国人工低廉，这项发明在俄国迟迟得不到推广。交通工具不断改善后，19 世纪末俄国内陆航运水道已达 16 万千米，运送货物总吨数从 1861 年的 600 万吨增至 1900 年的 3 000 万吨，一半以上是木材和木柴。

用于矿山和采石场的短途有轨车道几百年前就有了，运货车靠人拉或马拉。两项发明彻底改变了有轨车道：自 18 世纪中期起，铁轨取代了木轨；更重要的是，蒸汽动力机车问世。19 世纪初理查德·特里维西克（Richard Trevithick, 1771—1833）首先发明了蒸汽机车，乔治·斯蒂芬森（George Stephenson, 1781—1848）和儿子罗伯特（Robert Stephenson, 1803—1859）把蒸汽机车投入使用。1830 年 9 月，利物浦—曼彻斯特线铁路通车，威灵顿公爵出席了通车典礼。据当时一家报纸报道，"沿途两侧挤满了人，彩旗飞舞，小亭子、脚手架和硕大帐篷连成一线"。利物浦—曼彻斯特线全长48千米，不仅运输原棉和煤，第一年还运送了50万名旅客。该线通车后，很快又修建了其他线路。两年内，英国本土已有1.1万千米铁路，贯穿东西南北。铁路公司利润惊人，导致投机之风盛起。1847年英国铁路热达到巅峰时，多达25万人参与铁路修筑，33%的砖和18%的铁用于制造铁轨、蒸汽机、轧件、信号灯及其他设备。铁路贪婪地吞噬了这些物资，外加永久性道路所需的砂砾和机车用煤。铁路的高额利润很快吸引了欧洲大陆投资者的目光。欧洲大陆已有了靠马拉的有轨车道，但尚未使用蒸汽机技术。奥地利人号称拥有世界上最长的马拉有轨车道，这条路始建于1825年，最终把林茨和布德韦斯连接起来，全长145千米，直到19世纪50年代中期还在使用。该线运营期间，有1 000多辆木轮轻型运货车和96辆客车在其上运行，每年运载20万人次，每日平均速度65千米。然而，早在1872年12月最后一辆马拉车离开布德韦斯前往林茨之前，人们就已清楚认识到，未来是蒸汽机车的天下。

也许出乎人们意料，最初为运输货物修建的蒸汽机车铁路运送乘客利润丰厚。很快铁路不仅延伸到英国各地，还扩展到欧洲大陆。1828年，法国在圣艾蒂安开通了第一条运煤车道。4年后蒸汽机车取代了拉货车的马后，这条线延伸至里昂，开始运载乘客，火车车厢分上下两层，下层车厢防寒保暖条件好一些，票价较贵。1835年，比利时的第一条铁路通车，巴伐利亚也开通了铁路，1837年，俄国人修通了从圣彼得堡到沙皇村的一小段铁路，1839年荷兰人紧随其后。1847年，丹麦和瑞士也有了自己的铁路。意大利最早的两条铁路建于

1839—1840 年，分别是那不勒斯—波蒂奇线和米兰—蒙扎线，这两条线把国王王宫与首都连在一起。意大利统一前，铁路建设发展缓慢，19 世纪 50 年代末，全国修建的铁路不到 1 700 千米，不过在意大利富饶的北部地区，尤其是皮埃蒙特，当地政治家认识到铁路的经济价值，积极推动铁路建设。修建铁路的一大障碍来自教皇格列高利十六世（Gregory XVI, 1765—1846），他顽固敌视现代技术，禁止在罗马街道使用煤气灯照明。他死后，罗马市民取笑说，教皇在去天国之门的途中向圣彼得抱怨他走得双腿酸痛，问前面的路还有多远，圣彼得告诉他："当初你要是修一条铁路，现在早到天堂了！"

1845 年，乔治·斯蒂芬森前往西班牙考察在当地修建铁路的前景。他沮丧地说："我来此地已经一月有余，见到的有资格坐火车的人连一列火车都装不满。" 1855 年时，西班牙全国铁路全长仅 455 千米。在资源匮乏、人烟稀少的地方，铁路更是姗姗来迟：挪威直到 1845 年才开通第一条铁路，瑞典和芬兰分别是 1856 年和 1862 年。1869 年，罗马尼亚和希腊开通首条铁路，一条铁路也没有的只剩阿尔巴尼亚了。以上国家铁路建设缓慢的另一原因是，修铁路需要大量先期投资。英国不缺私人资本，因为英国的工业化已经起步，需要为工业产品和原材料提供廉价快速的运输工具。欧洲大陆上的铁路建设则先于工业化进程，所需资金要么依赖英国投资，要么靠国家资助。

比利时政府把铁路看作新国家实现统一和推动工业化的手段，因此政府发行债券，为修路提供资金。国王利奥波德一世还打算建一个铁路网，取代国内主要水道进口货物，因为比利时的水道都穿过潜在敌对国荷兰的领土。1834 年首先批准修建的几条铁路连接起了安特卫普、布鲁塞尔、蒙斯与亚琛、科隆，也连起了奥斯坦德与列日。这意味着比利时的对外贸易要么完全绕过莱茵河，要么避开荷兰境内的一段，如此一来，两国发生争端时，荷兰人就无法封锁比利时了。德意志各邦国同样把铁路视为国家象征，但仅在各自首都修建铁路网，忽视与外部世界的衔接。在巴登大公国，国家修建和营运的铁路用的是宽轨，直到1853年才改用标准轨。即使国家出资，修建铁路网所需的费用也远远超出大多数国家的财政能力，大多数铁路都是靠英国资金修建的，尤其是法国的铁路。比利时政府发行的铁路债券大部分被英国投资者购买。即便如此，修建铁路所需的一国财政投资数额也十分惊人。19世纪中叶，法国国内资本形成总额的13%用于铁路建设，1845—1849年普鲁士发行的铁路证券占国家年预算的1/3。换言之，铁路成了一国经济中的最大部门。乔治·哈德逊（George Hudson, 1800—1871）等英国投机者用大量别人的钱投资铁路项目，后来发现很多项目不过是一纸空文，哈德逊本人因欺骗投资者、贿赂议员而名誉扫地。其他国家很快出现了类似骗子，贝特尔·亨利·施特劳斯伯格（Bethel Henry Strousberg, 1823—1884）就是个典型，他在德国盲目疯狂投机，最终血本无归，大批投资者也随之破产。早期阶段英国人不仅提供了大量资本，还供应了铁轨、车厢、机车和其他设备。1841年，普鲁士的51台机车中，只有一台不是英国制造的，还是一台不能用的。

人员往往也来自英国。巴黎—鲁昂线是英国出资建造和运营的，使用的机车也是在一家雇用清一色英国工人的工厂制造的。建于1835年的莱比锡—德累斯顿线也许有点不寻常，用的是在萨克森当地筹集的资本，但请来了一位曾参与修建利物浦—曼彻斯特线的苏格兰工程师詹姆斯·沃克（James Walker, 1781—1862）考察线路，首批16台机车也从英国装箱运到当地，由英国工程师、司机和技工组装。首次试运时，驾驶火车的是一位英国机车司机。车厢设计出自从利物浦—曼彻斯特铁路公司挖来的托马斯·沃斯德尔（Thomas Worsdell, 1788—1826）之手。比利时也是一样，依靠英国技术修建了本国铁路。乔治·斯蒂芬森制造了首批机车，匿名与国王及其近臣同乘首列火车，半路火车出了故障。他下车修好了机车，被国王授予骑士称号。以上种种例子反映了欧洲大陆早期修建铁路的普遍状况。毫不奇怪，大多数欧洲国家的铁路都采用英国1 435毫米标准轨距，只有巴登、西班牙和俄国例外。西班牙用的是1 676毫米宽轨，俄国请来修铁路的一位美国工程师建议使用1 524毫米宽轨。因此俄国走了一条自己的路，结果其他国家的火车无法穿越其境，后来造成了极大麻烦。

修铁路通常使用当地劳工。俄国最早的铁路基本上是靠农奴修建的。在欧洲大部分地区，早期阶段的劳工主要是英国人。各地的铁路都是成群的"苦工"修建的。所谓苦工，是指干体力活的临时工，他们住在铁路尽头或在附近村子栖身（如果沿线有村子的话），一直干到铁路竣工。他们修建路堤，开辟路堑，挖凿隧道，架设桥梁，铺设上千千米的路基，全靠两只手。事故屡屡发生，或炸药提前爆炸，或路堤和隧道塌方，或推车失控撞死工人。没有任何保护工人、预防工伤的立法措施。更糟的是，工人常常酗酒。酿酒商付给工头佣金，让他们向工友推销啤酒。连一名不允许在工地卖啤酒的英国承包商也说："如果有人想喝酒，早上上班有权带一加仑啤酒。"死亡事故司空见惯。1836—1841年修建伦敦—布里斯托尔西线铁路时，100余人死于开凿博克斯希尔隧道。1845年，阿什顿安德莱恩线上一座九孔高架桥突然坍塌，正在下面作业的工人被埋在瓦砾堆中。四周聚集了大约2万人围观救援,军队赶来维持秩序。这次事故造成15人死亡,被抢救出来的只有两个人。事后督察员的一份报告称,是工人作业失当造成了这起事故。诸如此类的事故常常是可以预防的,然而随着铁路建设在欧洲大陆铺开,事故层出不穷。

修路雇用了大批苦工。1845年,据说英国有20万人参与修建了4 800千米新铁路,任何一处筑路地段都有数百人甚至数千人干苦工。筑路公司修建路基时,常常不理会土地所有权。一名评论员说:"有时遇到当地地主反抗,筑路公司就召集大批苦工保护土地测量员,向苦工免费提供酒水,给他们优厚的报酬,让他们恐吓土地的合法地主。"少数苦工是爱尔兰人,常常与憎恶他们的英国工人斗殴,有时每方有上百人卷入。19世纪40年代初,5 000名英国苦工参与修建巴黎—鲁昂铁路,一名南安普顿企业家把他们用船运到那里。这些工人在鲁昂开怀畅饮,每次发薪后,都不得不停工3天,把泡在酒吧和夜总会的工人拉回来,让他们醒酒。苦工很受当地酒吧老板欢迎,雇主却头疼不已。英国工程师罗伯特·罗林森(Robert Rawlinson, 1810—1898)说:"他们干起活来像野兽,吃饭睡觉如野人,一身的恶习。"1842年,汉堡大片城区被大火夷为平地,当地一些居民把这场火灾归咎于在附近修建铁路的英国和爱尔兰苦工,示威和骚乱随之爆发,街上的英国人遭到袭击。

铁路从诞生之日起即以速度快而扬名,铁路能把人和货物从一地快速运到另一地。乔治·斯蒂芬森把他制造的首台机车称为"火箭"。纽伦堡—菲尔特线是德国第一条使用蒸汽机车的铁路,行驶在这条线上的两台机车分别叫"鹰"和"箭"。苏格兰作家托马斯·卡莱尔(Thomas Carlyle, 1795—1881)在19世纪30年代末乘火车夜行,他感到坐火车"仿佛浮士德身披魔鬼斗篷飞翔,又仿佛一只蒸汽大鸟驮着你飞,在夜空中携你一起遨游不为人知的苍穹"。1840年时,后来成为历史学家雅各布·布克哈特(1818—1897)仍在柏林求学,他第一次乘坐火车,惊叹"火车只用33到35分钟就走完了5小时的路程,一路滑行到波茨坦……它简直就是一只飞过去的鸟"。1844年,画家J. M. W. 透纳(J. M. W. Turner, 1775—1851)在一幅题为《雨、蒸汽和速度:西部大铁路》(*Rain, Steam and Speed: The Great Western Railway*)的画中力求表达人们的这种新鲜感受。1850年,诗人约瑟夫·冯·艾兴多夫(Joseph von Eichendorff, 1788—1857)说:"乘坐蒸汽机车旅行就像看万花筒,铁路沿线的世界不断改变,沿途掠过的山山水水风光无限。"

铁路运输量增加后,事故在所难免。第一次事故发生在1830年9月利物浦—曼彻斯特线通车之时。贸易委员会主席威廉·赫斯基森(William Huskisson, 1770—1830)与铁路推销商交谈时,斯蒂芬森制造的"火箭号"去加水时悄然无声地从他背后缓缓驶来,把他碾死在车轮下面。一家报纸不无明智地指出:"机车是不会离开铁轨的。任何人只要避开铁轨,绝无生命之忧。不幸的是,赫斯基森先生慌乱中没有听从这一告诫。"他当时**沿着**铁轨跑,想爬上停靠在旁边一条轨道上的车厢,结果被车厢突然打开的门带到了从后面驶来的火车前面,火车撞上他,他"发出了一声凄厉惨叫,听到的人一辈子都忘不了"。赫斯基森被送到医院后不久就不治身亡。1842年5月,欧洲各家报纸用很大篇幅报道了发生在巴黎—圣日耳曼线上的一次事故。一列挂有18节车厢的火车在两台机车的牵引下行驶时,前一台机车的车轴突然断裂,导致火车出轨,全速行驶的第二台机车撞上它后引起了大火。

整列火车脱轨后,火势迅速蔓延到刚刚油漆过的车厢,车厢门却从外面反锁上了。一家报社的记者报道说:"火苗有近30米高,当时风很大,车厢连同里面的乘客瞬间被烈焰吞没,只听见阵阵令人心碎的凄厉呼救声。"

然而,英国政治家约翰·布赖特(John Bright, 1811—1889)称:"最安全的地方莫过于高速行驶火车的头等车厢。"头等车厢装有减震器,椅子带有坐垫,车厢顶部有结实的木框,发生撞车事故的时候,乘客较不容易受伤。19世纪40年代初,乘坐三等车厢旅行滋味可不好受。一名早期旅行者说:"我乘火车去罗奇代尔。车厢四面透风,还不如运牲口的车。车厢里有座位可坐,或者说有些有形状的东西可坐,但从里到外都被雨水浇透了。"1844年,英国议会通过一项法案,规定火车车厢必须确保旅客不会遭到日晒雨淋,欧洲大陆很快效仿。这一法案获得通过后,越来越多的人乘火车出行。不过,铁路的经济效益主要还是靠运输货物。铁路可以更快地长途运输大量货物,从而大大降低成本。根据一项估算,1800年,使用公路运送一吨货物每英里(1英里约合1.6千米)平均费用为64芬尼,1850年改用铁路运输后,每英里成本仅为16芬尼。运输成本的下降刺激了大部件工业品的生产,进一步增加了铁路公司的收入,为建造新铁路提供了动力。欧洲大陆各国很快不再进口建造铁路的材料,而是改用本国产品,这进一步刺激了国内生产。1841年以前,普鲁士铁路公司陆续从英国购买了51台机车;1842—1845年,公司又购买了124台机车,但其中40%是德国制造的;到19世纪50年代,所购买的新机车几乎百分之百产自德国。1842年,法国使用的146台机车中有88台产自英国;到1854年,法国机车的年生产能力已达500台。19世纪40年代中期,位于比利时的欧洲大陆最大炼铁厂年产铁轨3万吨。

这是产业替代的经典范例，它进一步推动了欧洲大陆的工业化发展，刺激了对当地劳动力的需求。1846年，德国的17.85万名铁路工人大多数是德国人，而不是英国人。首批铁路建成后，新线铁路很快在各处出现。铁路的重大意义还要再过几十年才真正显现出来，但19世纪40年代末时，铁路和铁路建设已经开始改变欧洲各国的经济和社会。德国克虏伯公司实际上起步于19世纪40年代，当时公司开始生产机车所需的车轴、曲轴和铁轨。几年后，公司迅猛扩展，克虏伯的眼光开始瞄向全球。他的宏愿是成为全世界铁路设备的供应商，"用铁路把非洲、美洲和亚洲联系在一起，使那里的国家能获得文明国家的地位。加上铁路支线的建设，工业繁荣可以一直持续到世界末日，除非哪个夸夸其谈的家伙发明了空中运输，毁掉我的预想"。

铁路使通信变得更快、更便捷，信件、文件和其他信息载体迅速从一地传送到另一地。空中电报通过使用臂板信号的地面站以视觉方式传递信息，也让通信变得更便捷。据报道，普鲁士、奥地利和俄国分别于1832年、1835年和1839年开始使用这些通信系统。大仲马（Alexandre Dumas, 1802—1870）在他写的《基度山伯爵》（1844—1845）一书中提到了法国通信系统，伯爵改变了信号，在巴黎造成一场金融灾难。然而，受天气和夜晚限制，臂板信号只有1/3的时间可以通过肉眼辨认，而且成本高昂，19世纪中叶前后，伦敦—朴次茅斯线每年的通信费用就达3 300英镑。1837年，美国人塞缪尔·莫尔斯（Samuel Morse, 1791—1872）获得电磁电报专利，电磁电报开始取代臂板信号系统。1846年，英国电报公司成立，开始把电报用于商业。很多人觉得电报十分神秘，据报道，"有人坚信，上面写字的电报纸真的是从电线中间穿过的"。最初，莫尔斯发明的由长短不一的脉冲信号构成的电码不得不与其他类型电码竞争，经过一段时间后，莫尔斯电码才成为标准电码。1850年时，法国已有近1千米长的电报线路，还有1.4千米电报线路在建。为了方便，地面上的电报线通常悬挂在铁路沿线的电报杆子上。

普鲁士人喜欢用杜仲胶把电线包上后埋入地下，普鲁士总长6 500千米的电报线中，近4 000千米都铺在地下。后来，人们开始使用更结实可靠的铅管外壳。各国政府对电报通信潜在的颠覆功能忧心忡忡。在法国和普鲁士，所有电文发出前都必须送交电报站的政府人员过目。任何一地，私人都不得自己发电报。1850年时，据说已经可以从"加来向多瑙河畔的匈牙利城市发送新闻，不需要很久，情报就能从圣彼得堡不间断地发送到比利牛斯"。新通信手段开启了欧洲大陆上思想和信息迅速传播的进程，促进了种种新政治运动的诞生，孕育了超越国界的新政治觉悟。新通信手段的诞生具有极其重大的意义，为1848年爆发的革命浪潮提供了不可或缺的通信基础。没有新通信手段，就不会众多国家几乎同时爆发革命。

欧洲工人阶级的形成

工业化生产降临前，欧洲很多地区的商品生产把持在行会手中，比如器皿、纺织品、家具、陶器、葡萄酒和啤酒的生产。行会是正式结成的组织，目的是维护生产的高标准，限制产品数量，确保本行业内所有工人享受体面的生活。几百年来，行会对欧洲众多城镇的事务具有举足轻重的影响力，许多城镇高度依赖行会生产优质商品的声誉。行会成员往往是市议会的成员，可以运用手中权力惩罚不加入行会但涉足这一行业的任何人。行会施加的种种限制之所以行得通，一个原因是在1815年时，欧洲很多城镇甚至大部分城镇外围依然有城墙。城市当局规定，行会成员必须住在城内，每天黄昏时分关闭城门，陌生人必须出城，除非的确有一天时间办不完的事。行会成员借助形形色色的仪式和"神秘习俗"强化行会认同感。他们常身穿特殊的衣服，几乎带有制服性质，可以通过衣服来区分谁是石匠、谁是木匠、谁是布商、谁是针头线脑用品商。行会在自己会员之间建立起牢固关系，这常常成为采取集体行动的基础。行会提供的服务包括给孤寡老人和幼儿抚恤金。通过培训提拔青年人，行会确保人人有一份工作，最终有经济能力娶妻成家（行会规定，工匠师傅等级以下的人不得结婚）。

行会受手艺纯熟的工匠师傅控制，他们招募年轻学徒，向他们传授基本手艺。师傅认为徒弟手艺学到手后，行会就会发给徒弟一封信或证书，把他们升级为满师学徒。学徒期满后，满师学徒还需要花三年时间游走全国城镇，向各地的工匠学习，丰富经验并完善技能。最终，满师学徒要制作一件展示自己高超技巧的出师作品交行会鉴定，这件产品若达到了行会的严格标准，行会就会接纳他为工匠师傅。行会也许保证了标准不会降低，但也有因循守旧的一面，行会对发展新工艺丝毫不感兴趣，尤其是面向市场的大规模生产工艺。由于行会排斥竞争者，自由贸易和企业难以发展。

1853年，代表普鲁士出使德意志邦联的俾斯麦历数法兰克福行会的弊端："制成品价格奇贵，对顾客漠不关心，做工粗糙，交货迟，上班晚到早退，在家干活时利用午饭拖延时间，已有产品千篇一律，技术培训落后，种种弊端不一而足。"连观念保守的俾斯麦也看出，必须改变现状。因此毫不奇怪，18世纪时英国的行会已日薄西山。欧洲大陆上的绝对主义政权也大力削弱行会的种种特权。法国大革命后，行会遭到致命打击，法国正式废除了行会。法国入侵佛兰德后，摧毁了当地势力很大的纺织业行会。德国西部的纺织业行会也是同样下场。德国几届锐意改革的政府废除了行会特权，允许所有人不受限制地选择自己的职业，除非该职业需要很高的专门知识（比如药剂师）。1815年后，行会继续存在，甚至法国也不例外，但在欧洲大部分地区，行会步入后拿破仑时代，影响力远不如过去。

即使在经济增长缓慢、工业产品市场形成较晚的地区，比如撒丁岛和西西里岛，行会也遭到了削弱。在这两地和南欧其他一些地方，行会成员负责举办耗资巨大的盛大宗教仪式和列队行进等活动，由于行会成员的经济状况日益恶化，1841年，政府官员允许手艺人不参加行会。1821年，巴勒莫的行会卷入了当地起义，翌年，王室废除了行会，在那不勒斯也采取了同样措施。但是，此后很长时间里，两地的联谊会和互助会继续发挥组织手艺人的作用，这既反映了市场竞争的缺乏，又助长了这一现象。1831年，西班牙政府废除了行会的种种特权，3年后又允许自由兴办企业。行会迅速走向崩溃。1836年，因行会囊中羞涩，赫罗纳省的"圣星期四"列队行进活动被取消；同一时期，塞维利亚的列队行进活动被人形容为"糟糕透顶"。立法工作和经济发展进一步削弱了行会势力。行会如果发现有哪个成员在工厂做工，将其逐出行会是常事。1815年和平降临后，工厂产量日益增加，新生产方式渐渐把行会甩在一边。行会成员的请愿信雪片般飞到各地政府和议会，抱怨手艺水准下降和来自新生产中心的竞争。巴伐利亚的行会成员抱怨说，1825年出台的一项法律导致"贫困加剧，民不聊生。工业法又增加了手工行业工匠的人数，导致情况进一步恶化"。

然而，大工业生产的前进步伐不可阻挡。1826年时，柏林连一个行会以外的泥瓦工工匠都没有；到了1845年，不属于行会的泥瓦工工匠已占这一行业工匠总数的65%。同一时期，柏林不属于行会的烘焙工匠所占比例从5%增至19%，不属于行会的制鞋工匠比例从35%跃至82%。只有奢侈品行业仍控制在行会手中。乡村的"自由"手工业者远离城镇行会的控制，因而可以采用新生产方式。1816年，巴伐利亚大约75%的工匠师傅和满师学徒都在乡村。在纺织业和冶金业等部门，工匠和行会成员为了竞争，要么降低价格，要么放弃陈旧的生产方式，采用新的大生产技术。晋级制度的瓦解反映了行会危机。1816

年，普鲁士共有25.9万名工匠师傅以及14.5万名满师学徒和学徒工，到了1846年，两边人数分别增至45.7万和38.5万。满师学徒和学徒工越来越难得到工匠资格。正是这批人，而不是农民和无地劳动者阶级，成了早期工业化劳动力的来源。

行会手工业者人数越多，他们的生活就越贫困，成立行会的根本目的——保证每个成员都能过上像样的生活——也越来越得不到保障。1840年，由于柏林3/4的行会工匠收入微薄，政府不再对他们征收最低营业税。满师学徒的经济状况更糟。1839年版的《布罗克豪斯百科全书》直言："工匠师傅把满师学徒视作自己的小工，他们对满师学徒感兴趣的唯一原因是想利用满师学徒劳动挣钱。"1845年，普鲁士当局在全国范围实行生产自由，生产自由的规定始于1810年，但各地执行情况不一。有些行业因时尚变化而彻底消失了（比如假发制造商）；有些行业被工厂生产挤垮，比如家具制造商；有些行业成功转型，例如，锁匠可以通过机械制造业赚钱。还有极少数行业的人抛弃行规，转变为工业生产者，生意越做越大。绝大多数小手工业者则面临日益艰难的选择：要么穷困潦倒，靠救济苟活，要么加入日益壮大的工业无产阶级大军。

小手工业者并没有坐以待毙。行会江河日下，他们可以通过其他组织争取自己的利益。法国的学徒工和满师学徒很早就参加了手工业协会（compagnonnage），那是一个由一些秘密团体组成的组织，有入会仪式和自己的暗语。该协会通过向会员提供工作机会和住宿、敦促行会工匠师傅支付能够养家糊口的工资等方式，减轻满师学徒游走法国各地拜师学艺期间的困苦。小手工业者离开手工业协会后，常常成立自己的互济社团，用缴纳的费用负担自己和其他会员的养老开支，或是用于失业生活补贴。据估计，19世纪30年代，每3年大约有10万名青年工人进出手工业协会。这一组织具有工会的某些特征，但其成员常常为了一些鸡毛蒜皮的小事争执不休，有的还陷入地位之争。铁匠同意接纳车轮修造工加入他们的协会，条件是后者必须把自己的行业布条系在衣服最下面的扣眼上，车轮修造工则坚持系在和铁匠同样位置的扣眼上。蹄铁工干脆把马具制造工拒之门外。两批满师学徒在路上相逢时，会按规矩互致敬意，然后询问对方从事什么行业。大家如果是同行，就会坐在一起喝一杯；如果不是同行，认为自己地位高对方一等的满师学徒就会要求对方让路。打架斗殴事件常常因此引发，事后，他们还会在城内继续报复对方，死伤时有发生。19世纪30年代，手工业协会体制已经日薄西山。加入行业的新一代工人对旧传统持怀疑态度，学徒反抗满师学徒的专横，满师学徒自己也开始抛弃游走法国各地拜师学艺的做法。铁路出现后，游走法国失去了往日的那种兴奋感，工业化进程进一步削弱了行会的残余势力。1848年，行会组织试图统一互相争斗的行会，但无果而终。在工业化降临的时代，手工业协会已无法有效地代表工人。

未来属于工会。然而，只有英国有工会。即便在英国，工会也因《结社法》的严格限制而难以发展。当初制定该法律，是为了在与大革命后的法国交战期间打击雅各宾主义。早在该法出台前，有组织的罢工就时有发生，罢工是为了争取提高工资和改善工作条件，尤其是在棉纺织业。罢工常常被镇压下去，领导人被投入监狱。1824年《结社法》废除后（当时战后的社会骚乱逐渐平息），出现了新一波罢工潮。一批代表工人集体利益的工会相继成立，但大多短命。19世纪20年代中期，兰开夏郡的纺织工人因无力有效表达自己的诉求，绝望之中开始破坏动力织机，掀起了一场捣毁机器运动，据说该运动继承了拿破仑战争时期带有神秘色彩的"卢德王"的精神。捣毁机器的行为多发生在缺乏其他就业机会的小城镇。连续数年的高通货膨胀引发了持续不断的争取提高工资的罢工潮。1825年，议会通过了新的《结社法》，新法依然严格限制工会的活动，但至少承认了工会的合法性。英国各地开始成立工会，但这些工会和欧洲大陆上的行会一样，首要目标是不让过多工人涌入自己的行业。很多工会使用类似共济会的头衔、仪式、徽章和语言，强调与更古老传统的联系，但更新型的现代组织很快取代了这些工会。

英国的法律依然严格限制工会组织。1834年，经济日益萧条，多切斯特附近托尔普德尔的农民成立了一个"互济会"，随后举行罢工，抗议雇主压低工资。政府根据1797年通过的禁止煽动性誓词的法律起诉罢工工人，把他们流放到澳大利亚。全国上下一片哗然，1836年，"托尔普德尔蒙难者"被豁免后获准归国。只有熟练工人成立了基础更广泛、更具永久性的工会，这类工人一旦罢工，就会给雇主造成严重损失。19世纪20年代，不同行业之间互相争斗，导致工人难以采取集体行动；19世纪30年代初，全国范围的"工程师、机械师、机器维修工和花样设计师联合会"成立，行业之间的争斗得以消除。联合会要求会员缴纳很高的会费（每周一先令），用于会员生病、失业、退休和下葬时提供福利。联合会举行过一次罢工，罢工虽然失败，但联合会并没有受到撼动，而是继续存在了10年，不过，其成员人数并不总是维持在1831年的1.2万人上。大多数工会带有强烈的区域色彩。成立了全国性组织的工会大多难以持久，比如1844年成立的"全国排印者协会"。该协会成立4年后，分裂为3个区域性组织，因为伦敦印刷工人认为自己贴补了北部地区的工会，却得不到任何回报。在一场一直持续到20世纪40年代中期的经济衰退期间，雇主一次又一次地压低工会会员的工资，造成劳动纠纷，工会频频受挫，导致织工总联盟、保护劳工全国协会等全国性的工会组织很快走向解体。

大不列颠与爱尔兰矿工联合会的例子突出反映了代表工人利益的不易。该联合会成立于1842—1843年，其成员是达勒姆和约克郡两地的矿工。截至1844年，联合会共有成员7万余人，占该地区矿工总数的30%。联合会有一位秘书长、一个全国性领导班子，还拥有一份报纸。它公开申明的宗旨是限制产量，以防止产品价格和工资下跌。1844年，联合会组织了一场罢工，雇主解雇了工会骨干分子，用其他工人替代，罢工以失败告终。1848年时，联合会已经垮了。罢工活动只针对当地或区域范围内的争执。1833—1834年，人们出于政治考虑成立了一个全国总工会，但它除了举行过一次被广泛报道的代表大会外，毫无作为。此后这个总工会也分崩离析。越来越多的工会领导人从以上挫折中认识到，没有政治行动的配合，工联主义和提高工人谈判实力几乎没有成功的可能。

英国的工会活动有可能逐渐发展成政治行动，而在欧洲大陆，由于警察的镇压，加之产业经济相对落后，工人很难从工会运动走向政治运动。1834年，法国颁布了《结社法》，规定5人以上的结社属于非法。19世纪30—40年代，在深受工业产品市场冲击的欧洲部分地区，抗议浪潮日益高涨。粮食歉收和马铃薯饥荒导致食品价格上涨，民众没钱购买制成品，需求随之锐减，把城市手工业者推入绝境。各地抗议活动的领导者都是有文化和一技之长的手工业者，他们发挥团结一致和相互支援的传统，提出了政治体制无法满足的诉求。产业罢工事件确有发生，但仅限于少数工厂，而且只针对削减工人工资等眼前的实际问题。经济萧条期间，工人因为害怕失业而忍气吞声。1845—1846年萧条期间，鲁昂市因不服从指令而被解雇的工人数量下降了75%。该市纺织工人的1/3是女工，1/5是童工，女工和童工缺乏男性手工业者的反抗传统。矿工以男人为主，他们罢工较为常见，1834和1846年，法国诺尔省昂赞地区的矿工为争取提高工资举行了罢工。但是在19世纪30—40年代，抗议活动的组织者主要还是小手工业者和行会成员。

大多数的抗议活动性质落后，旨在为工人的产品定一个"公平价格"，给工人以"公道的工资"，更重要的是制定食品的"公平价格"。公众骚乱和抗议一般围绕生计问题，行会成员极力保护自己的种种特权和权利，普通百姓要求限制食品价格的上涨。据估计，1816—1848年，德意志邦联境内一共发生了186起捣毁机器、破坏动力织机的事件。工人这样做并不是想阻挡技术进步的步伐，而是想通过这种极端方式争取更好的工资待遇。1844年，波希米亚爆发了一次规模空前的破坏机器事件，之后工人向布拉格进军，争取更多人的支持，结果遭到荷枪实弹的警察和军队镇压。虽然英国的"卢德王"很有名，但类似的抗议活动在英国并不常见。有人对1815—1848年德意志北部城镇的"社会抗议活动"做了一项调查，得出的结论是，41起暴力群体事件源于经济问题，63起是与政府的冲突，19起属于行会之间争执，35起为争取政治权利。同一时期，在南德意志的巴登，研究结果显示，百余起暴力抗争事件中有75起是为了维护行会成员的特权地位。抗议活动反映了特定手工业者群体或村民的团体意识，而不是失去土地的劳工或新生城市贫民阶层的绝望。这些人攻击外来者，把自己的困境归咎于后者，无论对方是管家、商人、猎场看守人、外国人，还是（在德国）犹太人。警察的严厉镇压有时也会引发暴力事件。1846年，科隆几名年轻人因为在一次宗教仪式上放烟火而被逮捕，结果引发了一场骚乱。

这类抗议活动说明，新兴工人阶级开始表达自己的新觉悟了。1844年，西里西亚发生了一次意义重大的抗议活动。本是独立的小手工业者的当地手织工地位和收入不断下降，面对动力织机产业的竞争，向他们提供纺线、收购他们织成的布匹的商人不得不压低收购价格。6月4日，一群人袭击了茨旺齐格家族的豪宅，这一家族的富商拒绝了织工要求增加工资的请求。当局出动军队镇压，开枪打死了11名抗议者。德意志邦联各地记者和作家无比震惊，强烈谴责这一行径。这次事件突出反映了工人阶级形成时期抗议活动的过渡性质。一方面，这次工人是为了争取更好的工资待遇，而不是为了恢复行会特权；另一方面，工人虽然以工人身份参加抗议，但只针对具体的个人，并没有扩大斗争范围。当年的评论家对无产阶级这一新阶级的出现惊恐不已。1846年版的《布罗克豪斯百科全书》称："这一庞大阶级只有靠出卖苦力方能勉强生存。"在英语和法语里，"工人"和"工人阶级"逐渐进入词汇，用来指贫穷的单身工匠、工厂工人、矿工和城市雇佣劳动者，实际上涵盖了所有失去土地、被迫靠出卖自己劳力度日的人及其家人。行会成员与雇佣劳动者之间的区别逐渐消失，一个新的社会阶级正在形成。在部分地区和行业，身份代代相传的工人阶级形成的迹象已经出现。1842年，采矿工程师约翰·巴德尔（John Buddle, 1773—1843）说："我国这类特殊的矿工群体……只有靠**自身**

繁殖才能维持,从**成人人口**中永远不可能招募到这种矿工。"19世纪中叶,在此地和其他新的产业世界中,身份代代相传的无产阶级的形成过程虽然缓慢,但显然已经开始。

"社会问题"素描

1843年奥尔良—巴黎线火车通车时，诗人海因里希·海涅说："世界史上的新时代开始了。我们这一代人可以自豪地说，我们见证了这个时代。"不是所有人都像他这么乐观。当时有头脑的欧洲人已经意识到，社会正在以史无前例的速度发生变化。德国保守派作家威廉·海因里希·里尔（Wilhelm Heinrich Riehl, 1823—1897）抱怨说："各种概念混淆不清，每天都有新事物和新词，如果人们不能马上找到一个新词表达，就会赋予一个旧词新义。"早在1835年，德国作家兼法学家罗伯特·冯·莫尔（Robert von Mohl, 1799—1875）就已告诫人们，工业化有可能危害社会。他说，与学徒工不同，工厂工人永远不会有晋级的希望，他们命中注定始终是"被一条锁链拴在齿轮上的农奴，如同他们操作的属于他人的机器；他们绝望的境况将导致形形色色的邪恶现象"，尤其是工人被迫与家人分开时。莫尔认为，自愿性质的结社组织才是解决问题之道，尤其是致力于改善工人阶级受教育水平的结社团体。

一批"社会小说"突出反映了这一时代的"社会问题"。影响最大的一本是1845年出版的《西比尔》。该书作者是托利党政治家、未来的英国首相本杰明·迪斯累里。和同一时代众多观察家一样，迪斯累里对新产业工人的贫困状况感到震惊:"他们住在破旧不堪的出租房里……四周墙壁渗着水,光线透过屋顶缝隙射进屋内,即使是冬天,屋里也没有火炉。"房屋前面是"裸露的排水沟,里面漂浮着牲畜粪便和腐烂菜叶",污水"形成了一块块淤水洼"。迪斯累里为昔日社会不同阶级之间家长式关系的消逝感伤不已,认为英国社会正在分裂为"两个相互之间没有任何联系、没有丝毫同情感的民族:**富裕民族和贫困民族**"。贵族阶级没有责任感,热衷于追求个人利益,其对立面是被剥削阶级,领导被剥削阶级的是一些"个人野心膨胀、追求邪恶私利"的蛊惑家。小说的高潮是两个阶级之间的敌对最终演变成暴力冲突,财物被毁。查尔斯·狄更斯的小说饱含对社会的批判,其中最著名的一本是《雾都孤儿》。小说描写了一个被人遗弃、最后落入伦敦犯罪团伙之手的穷孩子。1845 年,德国作家恩斯特·维尔科姆(Ernst Willkomm, 1810—1886)出版了一部小说,小说以工厂工人为主题,取名《白奴》(*White Slaves*),书名的用意是用反奴隶制的战斗性言辞宣传激进思想。1843 年,活跃在文化文学界的贝蒂纳·冯·阿尔尼姆(Bettina von Arnim, 1785—1859)出版了《国王的书》(*This Book Belongs to the King*),激昂慷慨地呼吁普鲁士国王建立一个"社会王朝",努力消除有可能波及全国的社会危机。该书产生了巨大影响,更激化了针对"贫困化"问题展开的辩论。

19 世纪上半叶,在描写贫困的所有作品中,流传最广的并不是严肃的社会小册子,而是《巴黎的秘密》(*The Mysteries of Paris*)一书。作者欧仁·苏(Eugène Sue, 1804—1857)在 1823 年法国入侵西班牙的战争中作为军医服役,在希腊独立战争期间又参加了 1827 年的纳瓦里诺海战。苏擅长写情节离奇的短篇小说,很会刻画海盗和土匪等人物。他在小说《马蒂尔德》(*Mathilde*)(1841)中,写下了"复仇这道菜最好上冷盘"的名句。1842—1843年分90期连载的《巴黎的秘密》一书描写了一个巴黎工人、一个妓女、一名医生、一个获得自由的黑奴,还有众多其他小人物的生活。工人不消说是一名乔装打扮的德国贵族,这也是故事中的很多"秘密"之一。小说鞭挞了上层社会对工人困苦生活的麻木不仁。欧洲各地作家纷纷模仿,乔治·雷诺兹(George Reynolds, 1814—1879)还写了本《伦敦的秘密》(*The Mysteries of London*),1844年,这部"廉价惊险小说"的各期连载售出4万册,被翻译成众多欧洲语言。小说中的人物有驼背侏儒、放荡教士、盗墓人和被奸污的女仆,作者通过描写这些人物对城市贫民寄予深深的同情。1844年还出版了《柏林的秘密》(*The Mysteries of Berlin*),作者奥古斯特·布拉斯(August Brass, 1818—1876)指出,"如果我们不嫌麻烦,揭下罩在个人脸上的安逸面纱,把目光投向自己生活圈以外的人的话",那么普鲁士都城下层阶级生活的种种"秘密"人人可见。

以上文学作品反映了人们面对一个新型社会的降临时焦虑不安的心情,这一社会的未来潜含冲突和风险。不过,这一时期的社会小说没有触及乡村生活,而欧洲各国大部分人口生活在农村。农业改革家因在农村推行改革受阻而心灰意冷,常常认为农民比牲畜好不到哪儿去。19世纪30—40年代摩尔达维亚的一名地方官员写到,当地农民"沦落到几乎和牲口一样卑贱的地步,听任贪婪的人随意吆喝使唤他们"。法国小说家莱昂·克拉代尔(Léon Cladel, 1834—1892)说农民是"两条腿的四脚兽……贪婪、嫉妒心强、虚伪、狡诈、玩世不恭、懦弱、野蛮"。俄国文学作品中不乏对帝俄时代农民麻木状态的抱怨,说他们整日酗酒,满脑子迷信思想,敌视一切农业改革措施,顽固坚持世世代代采用的耕作方式，对任何新生事物都抱怀疑态度。19世纪的小说家一般只描写资产阶级、贵族和城市贫民的生活，很少触及农民，即使触及，也仅限于把他们当作改良设想的对象。奥诺雷·德·巴尔扎克（Honoré de Balzac, 1799—1850）把他的一部小说起名为《农民》(Les Paysans)（写于1844年，1855年出版）。稍稍浏览后即可看出，该书是对农民拾落穗习惯的抨击，即打完庄稼后在地主田里捡拾散落在地头的粮食。19世纪，欧洲人口的绝大多数住在农村，政治大动荡时期，农民、小农和无地劳工的举动具有举足轻重的意义。一场农民起义支持了1789年的法国大革命，1905—1907年横扫俄国各地的农民起义从根本上动摇了沙皇政权，一场规模更大的农村起义将成为1917年俄国革命的关键一环。1848—1849年欧洲各国陷入政治大动荡期间，农民采取的立场极大影响了一连串重大事件的结局，最终结束了"饥饿的四十年代"。

第三章

欧洲之春

机器时代的愿景

19世纪30年代,作家兼革命家弗洛拉·特里斯坦(Flora Tristan, 1803—1844)游历英国时看到工厂工人的生活状况,感到无比震惊:

> 我对英国无产阶级有所了解后,再也不认为奴隶制是人类社会最悲惨的制度了。奴隶**一辈子不愁没饭吃**,生病会得到照料。而英国工人和雇主之间没有任何纽带,如果雇主不需要劳力,工人就会饿死。工人病了,只有躺在草席上等死……年龄大了,或受伤致残,就会遭到解雇,只能靠乞讨度日,还必须偷偷摸摸,以防被警察抓住。

弗洛拉指出,失业让妇女落入更惨的境况。她目睹了滑铁卢大街两侧人行道上成群的妓女。弗洛拉写道:"伦敦所有社会阶层都极为堕落。"为了进一步了解造成以上悲惨境况的政治体制,弗洛拉请求议会的一位托利党议员把他的衣服借给她穿,让她可以在公众席上旁听议会演讲(当时议会不对妇女开放)。议员听到她的请求不禁大惊失色。最终她打扮成一个土耳其小伙混入议会,看门人虽然识破了她,但还是放她进去了。弗洛拉听了威灵顿公爵的一次演讲("冷漠、乏味、拖拉"），感觉毫无新意。新工厂的机器设备给她留下了深刻印象，但她感到机器对人的危害极其可怕。

弗洛拉出生于 1803 年 4 月 7 日，母亲是法国人，父亲是秘鲁人。母亲为了"逃离大革命的恐怖"去了西班牙，在那里认识了她的父亲。父亲是秘鲁的一个庄园主，结识了自称为阿兹特克统治者蒙特祖马后裔的西蒙·玻利瓦尔。弗洛拉的父亲在西班牙军队服过役，于 1807 年去世，当时弗洛拉年纪还小，母女二人经济拮据。当初弗洛拉的父母是在一家教堂举办的婚礼，而法国只承认世俗结婚仪式具有法律效力，因此在法律上弗洛拉是个私生女。母女俩住在巴黎的一个贫困区，弗洛拉外出在一个叫安德烈·沙扎尔（André Chazal, 1796—1860）的手艺人手下打工，给版画上色，沙扎尔在蒙马特区有一个作坊。两人后来坠入情网，于 1821 年结婚。结婚时弗洛拉 17 岁，沙扎尔 24 岁。这是一次失败的婚姻，弗洛拉觉得沙扎尔粗鲁、没文化、缺乏责任感、嗜赌、屡屡欠债，沙扎尔觉得她"盛气凌人"。1825 年，怀着第三个孩子的弗洛拉离家出走，声称当初是母亲逼迫她结婚，让她走入了一次"无休止折磨"的婚姻。

离婚在法国属于非法。作为妻子的弗洛拉在法律上属于未成年人，一没有任何权利，二没有财产。1828 年，沙扎尔同意在法律上分割财产。3 年后，沙扎尔开始四处找寻弗洛拉，想要回自己的两个儿子和一个女儿（女儿叫阿林），根据法律，他对孩子享有唯一监护权。弗洛拉去秘鲁设法收回自家财产期间，沙扎尔在一间寄宿学校找到了女儿，把她绑架，之后开始散发诋毁弗洛拉的小册子。沙扎尔抱怨道："她没有一丝一毫作为体面**女儿、妻子、女性家属或端庄女人**的美德……对她而言，**家庭纽带、社会义务、宗教信条**全是毫无用处的累赘。她毫无顾忌地甩掉了所有这些约束。万幸的是,像她胆子这么大的人极为罕见。"沙扎尔为弗洛拉设计了一块墓碑,买了两把手枪开始练习射击,经常出没在弗洛拉住的巴黎公寓对面的一家酒馆里。1838年9月10日,沙扎尔看到弗洛拉正在街上行走,就走近她,从她身后开枪,子弹钻入了她体内左侧,所幸不是致命伤。弗洛拉经过治疗后痊愈,但子弹一直留在体内没有取出。沙扎尔被逮捕,以谋杀罪被判处20年苦役。

在弗洛拉看来,陷入不幸婚姻无法脱身的妻子恰如英国工厂的工人,与奴隶的境况没两样。1837年11月,弗洛拉写了《一个贱民的经历》(*Peregrinations of a Pariah*),怒斥她的前夫,告诉所有婚姻不幸的女人:"掂掂他奴役你的锁链有多重……试试能不能打破它!"弗洛拉开始呼吁众议院让离婚合法化。她在1843年写道:"古往今来,妇女在人类社会中没有任何地位……教士、立法者、哲学家把妇女当作**不折不扣的贱民**。妇女(占人类的一半)被排斥在教会、法律和社会之外。"弗洛拉为了寻找支持自己日益激进观点的理论,开始阅读空想社会主义者的著述,主要是夏尔·傅立叶(Charles Fourier, 1772—1837)等法国作家的作品。自1789年法国大革命以来,法国的空想社会主义者一直在试图画出理想社会的轮廓。弗洛拉阅读了一批著述后感到很不满意,她在1836年写道:"很多人,包括我自己,觉得傅立叶的学说含糊不清。"弗洛拉认为,空想导致工人"行动瘫痪"。她奔走法国各地时,常常得到一些手工业协会的帮助,它们把她视为"母亲"。弗洛拉对手工业协会的内部分裂和争斗深感失望,因此产生了创建统一工人运动的想法。弗洛拉告诉这些手工业协会的成员:"如果你们继续分裂下去,就会失去力量,就会倒下,被种种不幸踏得粉碎！只有联合起来才有力量。你们人数上占有优势，人数至关重要。"

弗洛拉耸人听闻的观点和特立独行的做法挑战了男人至上的观念，批评她的人对此深恶痛绝。她提出的另一些观点更是惊世骇俗，比如把孩子交给社区抚养。她赞成傅立叶的观点，认为一成不变的性关系违反人性。不仅如此，弗洛拉与前夫的痛苦经历导致她反对一切与男性的关系，她在与其他女人的亲密关系中找到了庇护所。弗洛拉认为，女人之间的关系不牵扯权力之争。她宣布，妇女应该和所有成年男子一样享有选举权、工作权和受教育权，妇女解放与工人的解放紧密相连，最终妇女和工人将共同赢得胜利。弗洛拉呼吁工人公开支持妇女权利，如同1791年他们的父辈公开支持人权一样。一俟扫除男女权力的不平等，即可实现同工同酬，这不过是承认了一个事实："在一切需要技能和灵巧身手的行业中，妇女的工作效率几乎是男人的两倍。"弗洛拉没能看到自己的信念付诸实践的那一天。1844年，她去波尔多时染上伤寒，同年11月14日病逝，年仅41岁。她一直活在人们心中，1848年时，人们还会提起她。1846年，她女儿阿林嫁给了一名共和派记者克洛维斯·高更（Clovis Gauguin），但克洛维斯3年后就在去秘鲁的途中病逝了。他们的儿子保罗·高更（Paul Gauguin, 1848—1903）在秘鲁与母亲一起生活了7年，后来成为艺术家，足迹遍及世界各地，这也许与他在两大洲的成长背景不无关系。

弗洛拉批评空想社会主义者不现实，她的这一看法基本是对的，但这不意味着空想社会主义者没有思考过如何把自己的理想转化为现实。空想社会主义者的一个基本观点是：通过建立完美无瑕的公社，他们可以为人类指出未来的方向，这条道路非常合理和谐，世界各地的人很快会选择沿这条道路走下去。傅立叶在1829年写了本小册子，题为《新的工业世界和社会事业》(The New Industrial and Social World)，提出建立他称为"法郎吉"的协作社，每个社包括孩子在内大约1 600人，里面的社会服务设施一律公用。傅立叶本人是建筑师兼统计学家，拥有私产。1832年，他在巴黎郊外建立了这样一个协作社。然而没过多久，成员内部就起了纷争，越来越偏离创始人的初衷。傅立叶的信徒最终在美国建立了若干协作社，但大多数只维持了几年，有的遵照与创始者观点相去甚远的信条转变成为更传统的定居点。

律师兼记者艾蒂安·卡贝（Étienne Cabet, 1788—1856）也提出了类似观点。卡贝出身贫寒，参加过1830年革命，19世纪30年代初是反对党议员。他比傅立叶更坚定地倡导平等主义。他在《伊加利亚旅行记》(Voyage to Icaria)（1840）一书中设想建立一个人人同工同酬、人人享有选举权、一切财产归公的合作社组织。这就是"共产主义"，共产主义一词即出自他。卡贝的乌托邦设想有一个缺陷：所有人必须服从合作社法令，只允许有一份报纸，用于表达合作社成员的共同意见。卡贝告诫说，渴望自由是"错误的，不道德的，也是邪恶的"，其根源是"嗜血性的仇恨"。1848年，卡贝对在欧洲实现自己的计划彻底失望，带领一批来自不同国家的人，以小手工业者为主，漂洋过海来到美国，建立了一些"伊加利亚公社"，公社大多短命。很多成员无法接受公社的清规戒律，比如禁止吸烟，甚至卡贝本人也被其中一个公社逐出门外。此后不久，他于1856年去世。看来仅仅建立乌托邦合作社不足以说服人类接受它们。还需要再做点什么。

另一批空想社会主义者找到了一条改变现状的途径，这批人被称为圣西门主义者。该派创始人是克劳德·亨利·圣西门伯爵（Claude

Henri de Rouvroy, Comte de Saint-Simon, 1760—1825）。圣西门的一生富于传奇色彩，他 1781 年在约克镇投身华盛顿统领的军队，1789 年险些被送上断头台，后来又被当作疯子，与萨德侯爵（Marquis de Sade, 1740—1814）一起被关进沙朗通疯人院，此后的日子也十分坎坷。1823 年，他潦倒至极，开枪自杀未遂。圣西门的理想是建立一种合理宗教，让人们据此"尽其所能努力改善他人的生活状况"，从而获得永生。他的思想吸引了一批追随者，不仅有烧炭党人，还有众多受过良好教育、训练有素、才华横溢的人，特别是与新的工业世界有关联的人，比如工程师、技术人员、银行家等。圣西门的秘书叫奥古斯特·孔德（Auguste Comte, 1798—1857），后来创立了社会学，著有《工业》（*Industry*）（1816—1818）和《工业制度》（*Of the Industrial System*）（1821—1822）。孔德也是命途多舛，曾被关进精神病院，1827 年又试图自杀，从桥上跳入塞纳河，他的自杀尝试和圣西门一样不成功。此后他又活了 30 年，与圣西门一道发明了"人道教"这种新宗教，首创了"利他主义"一词。孔德撰写的 6 卷本《实证哲学教程》（*Course of Positive Philosophy*）在 1830 年到 1842 年间出版发行，他在书中提出的"实证主义"社会学原理对法国和其他国家产生了重大影响。

圣西门于 1825 年去世，但他开创的运动并没有随之消失。他的继任人是一名银行出纳员，叫普罗斯珀·昂方坦（Prosper Enfantin, 1796—1864）。1814 年同盟国军队进攻巴黎时，昂方坦率领一批拿破仑追随者拿起武器抵抗侵略者。后来，他加入了烧炭党。昂方坦宣布，改善"人数最多、最贫困阶级"的境况乃上帝旨意。领导这一事业的是科学家、工程师和实业家。1834 年，圣西门主义者、前烧炭党人、印刷工人皮埃尔·勒鲁（Pierre Leroux, 1797—1871）首次把"社会主义"一词引入法语政治词汇（他还首创了"团结"一词）。昂方坦后来在巴黎—里昂铁路公司任董事。19世纪50—60年代，圣西门的很多信徒在法国工业、经济和学术生活中发挥了重要作用。昂方坦的思想还影响了路易·勃朗（Louis Blanc, 1811—1882）。勃朗给一个铁器制造商的儿子当过私人教师。1839年，他写了《劳动组织》一书，该书出版后立即畅销。他在书中提议建立工人分享利润的工厂，建厂资金靠贷款。勃朗抛弃了圣西门理论中的等级思想，用"按需分配"取代了圣西门提出的"按劳分配"口号。

　　空想社会主义者中，倡导妇女解放也是整个人类解放这一观点最力的是傅立叶，这也是弗洛拉的信念。傅立叶写道："让妇女也享受权益是一切社会进步的总原则。"傅立叶也把妇女比作奴隶，他说对妇女而言，结婚无异于进入"婚姻奴隶制"。生活在法郎吉里的妇女将享有充分平等权利，可以根据自己的意愿自由结婚或离婚。卡贝创造了"共产主义"一词，傅立叶首创了"女权主义"一词。圣西门主义者同样关注妇女在社会上的地位。昂方坦称，"妇女解放"是他将创立的新教会的根本目标。不过，他在这一观念中还加入了"肉体康复"的内容，1832年，他因宣扬妇女性解放而被判违背公共道德罪。卡贝的观点远比昂方坦传统，也许令人感到意外的是，他认为构成共产主义社会的基本元素不是个人，而是一对对异性恋夫妇及其子女，社会共同抚养孩子因此不在他考虑范围之内。卡贝认为，每一名女子都应该受教育，但受教育的目的是使她成为"淑女、贤妻、良母、好姐妹、好管家、合格公民"。

　　秉持空想社会主义观点的不只有法国思想家。威尔士人罗伯特·欧文（Robert Owen, 1771—1858）出身贫寒，娶了一名工厂厂主的女儿后，建了一个联营企业，买下了老丈人的工厂，一跃成为位于格拉斯哥的新拉纳克棉纺厂厂主。欧文深感工人处境凄惨，为工人子弟创办了学校，开办了人类历史上第一个合作社商店，以低廉价格把店里的商品卖给工人，并与工人分享利润。新拉纳克成了著名的工厂合作社模式。1827年，欧文宣布，该模式可以成为在工业化世界各地建立合作社的基础。他的使命是消除工业把人类"个人化"的现象，用他称为"社会主义"的社会取代碎片化的社会——这是"社会主义"一词首次出现在英语中。欧文投入大量资金在美国试办公社，其中最有名的是1824—1829年风生水起的"新和谐公社"。英国新生产业工人深受欧文思想的影响。不过，欧文后来转而关注空想社会主义者的另一目标：创立一个新教会。他成了自封的"理性宗教人士协会之父"，此后又信奉唯灵论，热衷于同冥府的富兰克林和杰斐逊的亡魂对话。1858年，欧文自己也去了阴间。

欧文、傅立叶、卡贝等空想社会主义者把自己的观点传播给工人大众，德国裁缝威廉·魏特林（Wilhelm Weitling, 1808—1871）就深受他们影响。魏特林在《现实的人类和理想的人类》（*Humanity: As it is and as it should be*）（1838）和《一个贫苦罪人的福音》（*The Gospel of Poor Sinners*）（1845）等著述中把共产主义的起源追溯到早期基督教教义，提出要让4万名罪犯举行一次千禧年起义，迫使社会接受共产主义。空想社会主义思想在手工业者中影响不大，更不用说新生的产业阶级了。偶尔有这样背景的人，其观点也与昂方坦等理论家的思想大相径庭，比如法国小手工业者皮埃尔-约瑟夫·蒲鲁东（Pierre-Joseph Proudhon, 1809—1865）。蒲鲁东的父亲是一名贫穷的制桶工，他本人是排字工人。蒲鲁东在1830年失业后走上了写作道路，撰写了大量著作和小册子，阐述了他的"人民的哲学"。他在1840年出版的《什么是所有权？》(*What is Property?*)一书中，对书名提出的问题给出了一个著名回答："所有权就是盗窃。"他这样讲并不是要否定一切私有财产，而是想让社会拥有一切财产，然后全部租给社会成员，从而杜绝牟取暴利和分配不公的现象。他的这一回答成了社会主义者、共产主义者和无政府主义者的口号，回荡了整整一个世纪。蒲鲁东坚决反对男女平等，声称如果妇女赢得了平等政治权利，男人就会觉得女人"面目可憎"，导致"婚姻终结、爱情死亡、人类毁灭"。蒲鲁东的结论是："要么是娼妓，要么是家庭主妇，除此之外没有第三种可能。"

如同其他问题一样，在这个问题上，蒲鲁东的观点也与大多数空想社会主义者相左。然而，他们在一点上是一致的，那就是决心应对1789年法国大革命带来的新的政治世界，面对在欧洲各地工业化进程中痛苦诞生的经济和社会世界。他们的决心含有黑格尔哲学的某些因素，黑格尔哲学代表了19世纪上半叶的另一种激进思想传统，学术性较强。格奥尔格·威廉·弗里德里希·黑格尔（Georg Friedrich Wilhelm Hegel, 1770—1831）生长在深受启蒙思潮影响的德国西南部，崇尚法国大革命和拿破仑，曾目睹拿破仑赢得1806年战役后率军进入耶拿。黑格尔在大学里先后担任过不同教职，于1818年出任柏林大学哲学系系主任。此后他定居柏林，直到1831年患霍乱去世。黑格尔是无神论者，他用理性的"世界精神"取代了上帝概念。黑格尔认为，世界精神正在通过他称为"辩证"的历史过程实现自己的目标，在这一过程中，一种历史形态将被它的对立面所取代。然后两种历史形态合为一体，最终实现对立的统一。后来，黑格尔观点日趋保守，开始认为1815年后的普鲁士是"合题"的体现，无须任何变革。因此毫不奇怪，他很快有了"普鲁士王国哲学家"之称。不过，黑格尔的核心思想是历史必然进步，这一思想深深吸引了欧洲各地的激进主义者。波兰艺术史学家约瑟夫·克雷默（Józef Kremer, 1806—1875）在他所著的《克拉科夫来信》（*Letters from Cracow*）一书中宣扬了黑格尔的观点，该书第一卷出版于1843年。1817年，法国哲学家维克多·库赞（Victor Cousin, 1792—1867）满怀崇敬登门拜访了黑格尔。他对黑格尔说："黑格尔，告诉我真理。我会把它传播到我的祖国，在我的祖国能够理解的限度内。"伟人黑格尔翻阅了库赞所著的《哲学碎片》（*Philosophical Fragments*）一书后，对他的印象并不佳。他嘲讽地写道："库赞先生从我这里拿走了几条鱼，可都被他淹死在调味汁里了。"

《谁之罪？》（*Who is to Blame?*）（1845—1846）是俄国最早一批社会小说中的一本。该书作者亚历山大·赫尔岑后来回忆，19世纪30—40年代，俄国新出现的知识分子阶层成员讨论黑格尔作品直至深夜。"任何一本书，无论多么无足轻重，只要里面提到了黑格尔，都会被买回来认真阅读。不出几天，这本书就会被人翻得残破不堪，散了架子。"通过黑格尔的辩证法，原先对东西方之间种种差异的模糊看法变得清晰起来，迫使俄国知识分子在两者之间择其一。文学评论家伊万·基列耶夫斯基（Ivan Kireyevsky, 1806—1856）的父亲笃信宗教，对伏尔泰的无神论深恶痛绝，他买了一批这个法国人写的书，堆在自己的后花园付之一炬。基列耶夫斯基听了黑格尔在柏林举办的讲座后得出结论：俄国注定属于东方，俄国社会将把集体主义而不是个人主义作为根基，依照东正教教义塑造民族道德特征。然而，也有一些人读了黑格尔的历史哲学著作后坚信，俄国注定要走的道路，是通过获得西方常见的种种自由来实现未来解放。年轻的文学评论家维萨里昂·别林斯基（Vissarion Belinsky, 1811—1848）开始把自己祖国文化和政治中一切他视为落后的东西打上"中国"的标签。赫尔岑在阅读黑格尔的著作后也得出了类似结论，但没有走到为达目的宣扬暴力革命的地步。

迈出这一步的是俄国黑格尔派中最激进的一员，米哈伊尔·巴枯宁（Mikhail Bakunin, 1814—1876）。巴枯宁在莫斯科上学期间，如饥似渴地阅读了这位德国哲学家的著述。巴枯宁脾气极其暴躁。他的朋友别林斯基形容他"性格孤僻，深不可测，蓬头散发"，是出了名的"咄咄逼人、孩子气、夸夸其谈、肆无忌惮、诡诈"。1842年，在巴黎的巴枯宁发表了一篇长文，敦促"实现自由"，抨击"腐朽没落的传统观念残余"。全文透着黑格尔主义精神，因过于抽象，大段文字很难读懂。文章收尾处，巴枯宁令人不寒而栗地预言了无政府主义的暴力极端主义："热衷于毁灭的激情也是热衷于创造的激情。"巴枯宁是这一暴力极端主义之父，他的观点反映了一批被称为青年黑格尔派的德国哲学家的影响。1840年，笃信宗教的普鲁士国王腓特烈·威廉四世（Friedrich Wilhelm IV, 1795—1861）即位后不久，就把青年黑格尔派这批无神论者驱逐出境。巴枯宁在巴黎结识了这些人，在他们主办的一份短命杂志上发表了一篇文章，编辑是阿诺尔德·鲁格（Arnold Ruge, 1802—1880）。在巴黎期间，巴枯宁还结识了另一位黑格尔信徒——卡尔·马克思（Karl Marx, 1818—1883）。两人初次见面即彼此留下恶感。巴枯宁后来回忆说："马克思说我是一个多愁善感的理想主义者，他没说错；我说他孤僻、好虚荣、为人险诈，我也没说错。"在一个由革命活动家和思想家组成的小圈子里，马克思将成为巴枯宁的终生对手。

随着时间的推移,马克思的影响力超过了巴枯宁。马克思出生在德国西部边陲莱茵兰的一个颓败小镇特里尔。马克思在柏林大学求学期间,被青年黑格尔派吸引,其中一人叫路德维希·费尔巴哈(Ludwig Feuerbach, 1804—1872)。马克思的一句名言说的就是他:"哲学家们只是用不同的方式解释世界。而问题在于改变世界。"* 马克思成为一个自由撰稿人,为科隆一份新创办不久的激进报纸《莱茵报》(*Rheinische Zeitung*)撰写文章。没过多久,1843 年 4 月,当局封闭了这家报纸。3 个月后,马克思移居巴黎。他阅读了英国政治经济学家的著作后,对工人阶级的经济前景感到悲观失望。法国社会主义者的学说让马克思看到,只有废除私有财产,采取协作社制的集体劳动形式,才能消除因雇主占用工人的产品而造成的工人劳动的异化。马克思在巴黎与激进分子交往期间,还结识了弗里德里希·恩格斯(Friedrich Engels, 1820—1895),恩格斯成为他终生的合作伙伴。19 世纪 40 年代,马克思撰写了数篇论争文章,文章反映了他所在外国流亡者圈子内部四分五裂的状况。当时居于领导地位的是蒲鲁东等社会主义者,马克思在《哲学的贫困》(*The Poverty of Philosophy*)(1847)一书中猛烈抨击了这个法国人的观点,但难以撼动蒲鲁东的地位。以上种种源于 18 世纪启蒙运动和法国大革命的思潮在 19 世纪 40 年代末的革命浪潮中均发挥了影响。

---

* 本句出自马克思《关于费尔巴哈的提纲》,见《马克思恩格斯全集(第三卷)》(人民出版社,1960 年),第 6 页。

民族主义与自由主义

19世纪30—40年代,影响最广、破坏性最大的当属民族主义思潮。通常把民族主义定义为根据某一特定人群的主权意愿提出建国诉求,但19世纪上半叶的很多民族主义者远没有走到接受这一激进观点的地步。一些民族主义者寻求使自己的民族挣脱外国桎梏,其中最执着的是波兰人。18世纪时,沙皇俄国、哈布斯堡帝国和普鲁士王国瓜分了波兰,此后波兰人为争取民族独立进行了不懈斗争。但此类中的大多数民族主义者不过是想在一个更大的政治体制内享有更高程度的自治,或争取使自己的语言和文化得到官方的正式承认。哈布斯堡君主国内的捷克人和匈牙利人属于这一类,两个民族都没有积极推动君主国本身的解体。芬兰境内约翰·维尔赫尔姆·斯内尔曼(Johan Vilhelm Snelmann, 1806—1881)领导的芬兰化运动从未提出脱离俄国独立的要求。斯内尔曼本人是教师和哲学家,他主张在学校里用芬兰语取代瑞典语(但他本人只会说瑞典语)。还有一类民族主义者,他们追求德意志民族、意大利民族这种分散在数个独立国家中的单一民族的统一。这类民族主义者从一开始就争取彻底获得主权。当然,以上不同特征的民族主义之间并非毫无关联。统一意大利意味着推翻奥地利人在意大利半岛北部的统治,统一德国意味着与丹麦和哈布斯堡君主国（特别是后者）达成安排，后两国的疆界将德意志邦联的部分领土包括在内，但它们本国大部分国土和国民不在德意志邦联内。重要的是，我们不应把后来的独立诉求与 19 世纪 30—40 年代处于萌芽状态的民族主义等同起来。19 世纪中叶以前，很多人认为民族主义既是目的，也是实现目的的手段，他们在"神圣同盟"和梅特涅亲王治下德意志邦联警察体制维护的保守秩序下，希望通过这种手段实现开明政治和宪政改革。

同样，认为 19 世纪 30—40 年代的民族主义就有了后来欧洲民族主义所含的侵略性和利己主义，也是欠考虑的。朱塞佩·马志尼是他所处时代最著名的欧洲民族主义者，他的理想是建立一个欧洲合众国，由自由和独立的各族人民以自愿结合的方式组成。1831 年，意大利北部城市起义者由于内部不团结，很快被奥地利人镇压下去，因此，马志尼坚信，必须用一个真正的民族组织来取代他参加的烧炭党，这一组织应当首先致力于把奥地利人从半岛逐出。马志尼藏身马赛，创建了'青年意大利'组织，很可能是仿效了此前不久出现的"青年德意志"文学运动。青年意大利党仍带有密谋性质，但有一个明确纲领：在民主及共和基础上实现意大利的统一。该组织还编写了成员名单，收取会员费，使用交通员保持全国各地城镇成员之间的联络。青年意大利党的成员很快增加到数千人，马志尼坚持不懈的宣传鼓动工作和撰写的大量小册子深深打动了他们。马志尼相貌英俊也是一个原因，许多见过他的人说，马志尼是他们见过"头号美男子"。梅特涅把参加青年意大利党定为死罪。1833 年初，在马志尼的影响下，12 名军官密谋发动一场军事政变。皮埃蒙特-撒丁国王卡洛·阿尔贝托公开将这些军官处死，马志尼本人也被缺席判处死刑，当局在热那亚他的家门前宣读了判决书。梅特涅说服法国把马志尼驱逐出境。马志尼在瑞士继续指导青年意大利党的活动，他针对皮埃蒙特策划了一个又一个密谋。其中一项密谋——和泄露给皮埃蒙特当局的众多密谋一样——涉及一名年轻的海军军官朱塞佩·加里波第。一次，加里波第奉命远行黑海，途中结识了一名青年意大利党成员，之后加入了青年意大利党。加里波第也被缺席判处死刑。他逃到南美后，参加了巴西的"破衫汉战争"，此后又投身乌拉圭内战。

1837年后，在青年意大利党的支持下，马志尼在伦敦以通信方式发动了各民族的民族运动："青年奥地利""青年波希米亚""青年乌克兰""青年蒂罗尔"，甚至还有"青年阿根廷"，都存在过一段时间。"青年波兰"在19世纪30年代的起义中发挥了重大作用。所有这类组织中，生命力最强、最重要的一个是"青年爱尔兰"，这个名字是英国报刊给丹尼尔·奥康奈尔（Daniel O'Connell, 1775—1847）于1840年发起的运动安上的，有嘲讽的意思，该运动与马志尼并无关联，马志尼认为爱尔兰不应该独立。"青年爱尔兰"不赞成暴力和起义，它的奋斗目标不是建立一个新国家，而是废除1800年与英格兰签署的《联合法案》。马志尼通过亲手创立的一些组织改写了民族主义的内涵和策略。民族主义者学会了在各自的国家里相互配合，不再止步于高谈阔论，而是变得更加实际。除了波兰人外，其他民族均认识到，仅仅靠起义不可能成功，组织秘密团体也没有出路。民族主义者需要有自己的纲领，有正式的组织，拥有自己的宣传机器，争取广大民众的支持。

梅特涅把持的哈布斯堡帝国依然是各个民族主义运动前进道路上的最大绊脚石，对意大利、波希米亚、德意志和匈牙利而言都是如此。哈布斯堡帝国、俄国和普鲁士则是波兰民族运动的最大拦路虎。奥地利率领欧洲诸国推翻了拿破仑，1815—1845 的 30 年里，奥地利称雄欧洲。拿破仑一世废除了封建等级代表制等旧立法体制后，普通百姓几乎找不到抒发不满的渠道。皇帝弗朗茨一世拒绝在意大利北部的奥地利统治区内引入任何新的宪政安排。他说："我的帝国好似一间摇摇欲坠的房子，若拆掉一处，天晓得房子会不会塌。"在意大利中部，1831 年当选的教皇格列高利十六世是教皇国的统治者，他靠一支私家军队压制一切批评教皇国腐败和效率低下的意见。在他统治下的地区，管理混乱不堪，格列高利任教皇的最后 10 年里，政府甚至没能拟定出一份国家预算。在从 19 世纪 30 年代初到 40 年代中期甚至更长的时间里，皮埃蒙特国阿尔贝托因惧怕密谋和革命，一直与意大利北部的奥地利人结盟。他对未来颇为悲观，1834 年他写道："充其量只能推迟这场大危机的到来，但它必然会发生。"

19 世纪 40 年代登上政治舞台的温和自由派改革者力求避免这场危机。一如欧洲其他地方的自由派，他们首先以英国为榜样。米兰改革者卡洛·卡塔内奥（Carlo Cattaneo, 1801—1869）原是烧炭党人，后来采取了较温和的立场，他认为"各国人民永远都应当做彼此的镜子，因为人类文明的利益是一致的，而且各文明相互依存"。从长远看，皮埃蒙特影响最大的温和派人士是加富尔伯爵卡米洛·奔索（Count of Cavour, Camillo Benso, 1810—1861）。他是一名新教徒，曾游历英国和法国，支持发展经济、修建铁路、政教分离。随着自由思潮在知识阶层中传播开来，特别是在意大利北部，英国外交大臣帕默斯顿告诫奥地利驻英国大使，做出让步的时候到了："当公众舆论发出呐喊时，我们四处劝说，希望见到让步、改革、改良，我们认为自己很保守。而你们却什么都不肯做。"1846年6月16日，乔瓦尼·马利亚·马斯塔伊-费雷蒂（Giovanni Maria Mastai-Ferretti, 1792—1878）当选为教皇庇护九世，这似乎预示了意大利变革的降临。新教皇大赦了一批政治犯，放宽了书报检查制度，任命了一个委员会改革教皇国的行政、法律和教育规则。他还召开了一次咨商会议，意大利各地为之震动。其他地方也开始改革。1847年5月，托斯卡纳部分废除了书报检查制度，几个城市爆发了示威游行后，召开了议会会议；1847年9月，大公利奥波德二世（Leopold II, 1797—1870）任命了一个温和的开明政府。1847年10月，皮埃蒙特的阿尔贝托接受了各地选出的地方委员会，放宽了对书报检查制度的限制。1845年，哈布斯堡君主国的梅特涅拒绝放宽书报检查制度，但丝毫不起作用。民族主义和自由主义刊物从境外大量涌入，包括英、法、德等地的报纸。一场危机似乎正在逼近。维克托·冯·安德里安-韦尔堡（Viktor von Andrian-Werburg, 1813—1858）曾在政府内任职，他写了一本探讨这个多民族君主国前景的论著。该书观点悲观，但影响很大，他警告说："我们今天面临的形势恰似1788年的法国。"

哈布斯堡帝国匈牙利诸省份的情况似乎尤其如此。改革派领袖塞切尼·伊什特万崇尚英国，主张采取渐进的方式，他希望"以尽可能不声不响的方式"改变祖国现状。塞切尼追求不同社会阶层之间的调和，他认为赛马可以促成这一目标——他去过一次纽马基特后就迷上了赛马。为此，他于1826年创立了匈牙利德比赛马会（Hungarian Derby）。继波兰起义和1831年发生的灾难性霍乱疫情后，匈牙利议会在1832年开会，提出了一项改革方案，然而皇帝否决了议会通过的哪怕是最温和的改革措施。1837年，律师兼记者科苏特·拉约什

（Lajos Kossuth, 1802—1894）因煽动叛乱罪被逮捕，他公开了匈牙利议会报告。这一事件引发了一场严重危机。议会里支持科苏特的议员迫使梅特涅退让，于1840年5月释放科苏特及其他被囚禁的自由派人士。同一届议会还取消了限制开办工厂的法律条文，批准修建匈牙利第一条铁路，放宽对匈牙利犹太人求职和居所的限制。此后的改革又给予了新教徒与天主教徒平等的公民和法律地位，宣布跨宗教之间的婚姻为合法。然而，自由派人士并不满足。科苏特与温和派领导人戴阿克·费伦茨（Ferenc Deák, 1803—1876）联合发表了一篇声明，阐述他们的目标。1847年，新一届议会召开会议，科苏特高票当选为议员。梅特涅被迫做出让步，包括取消奥地利在匈牙利边界设置的海关关卡，但他的让步为时已晚。以上措施未能平息日益高涨的民族主义反对声浪。匈牙利自由派人士与维也纳的君主国政府之间分歧不断加深，最终发展到不可调和的地步。几个月后，双方的矛盾演变成一场公开冲突。

在瑞士，温和自由派的势力主要集中在新教徒所在的各州城镇，他们通过的改革措施遭到邦联内天主教徒为主的农村地区的强烈抵制。自由派通过了一部有中央集权色彩的宪法，着手关闭天主教修道院，几个保守的州采取了反制行动，于1843年组建了分离主义组织"宗德崩德"（Sonderbund），这一举动违反了1815年的《联邦协议》。双方开始调兵遣将，1847年11月，冲突爆发。邦联军队攻克了宗德崩德的要塞弗里堡，成立了一个自由派政府。如同各地自由派改革政府惯常做的那样，新政府马上把耶稣会会士驱逐出境。在吉锡孔战役中，37名士兵阵亡，100余人受伤，这也是瑞士军队卷入的最后一场激战。在世界军事史上，马拉的战地救护车首次进入战场带走伤员。

双方又打了几仗，1847年11月29日，宗德崩德投降。几周后，瑞士通过了一部自由色彩更浓的新宪法。

瑞士内战预示了欧洲其他地区即将爆发的冲突。梅特涅在德意志邦联大部分地区采取的镇压措施并没有完全抹掉19世纪30年代初的革命成果。不少邦国现在都选出了为自由派政治家提供活动场所的立法议会。保守的统治者并不喜欢政治气候发生的这一变化。1837年维多利亚女王登上英国王位后，因受到《萨利克法》限制，无法继承汉诺威王位。她的叔叔坎伯兰公爵欧内斯特·奥古斯特（Ernest August, 1771—1851）在汉诺威即位，他早已因惯于在英国上院发表极端保守的观点而臭名昭著，即位后马上废除了《1833年宪法》，要求所有国家公务员对他宣誓效忠。哥廷根大学的7名教授因拒绝宣誓效忠被学校开除，里面有编写了著名民间故事集的格林兄弟，雅各布·格林（Jacob Grimm, 1785—1863）和威廉·格林（Wilhelm Grimm, 1786—1859）。从短期看，他们的举动没有产生任何效果，宪法依然处于被废止的状态，但是，他们的遭遇引起了德意志各地自由派的同情。1840年，腓特烈·威廉四世登上普鲁士王位，自由派人士开始对改革寄予希望。反对派俱乐部和社团在各地涌现，自由派人士纷纷当选为此前沉睡的市议会的议员。这些议员开始向国王请愿，要求召开立宪会议。威廉为了缓和局势，于1847年召集由各省三级会议成员参加的"联合省议会"。19世纪40年代末，普鲁士遭遇经济危机，国王召集联合省议会也是为了增加税收。威廉对呼吁立宪的要求置之不理，议会大多数议员也拒绝了他提出的税收改革方案。国王旋即解散了议会，但联合省议会已经表现出了它作为宪政改革核心的潜在作用。

在巴伐利亚，1825年即位的国王路德维希一世（Ludwig I, 1786—

1868）逐渐失去民心，他手下的大臣卡尔·冯·阿贝尔（Karl von Abel, 1788—1859）推行亲教会的高压政策，路德维希在位期间，近千人受到政治审判。然而，真正动摇路德维希一世权威的，是来到慕尼黑的西班牙舞蹈家洛拉·蒙特斯（Lola Montez, 1821—1861）。她跳"蜘蛛舞"很有名，带有情色意味的舞蹈达到高潮时，她会撩起裙子，让观众看见她里面没穿内裤。洛拉是风月场上的老手，曾与著名钢琴家兼作曲家弗朗茨·李斯特（Franz Liszt, 1811—1886）和小说家大仲马（有可能）有过恋情。貌美的洛拉其实根本不是西班牙人，虽然她有着深棕色皮肤，颇具异域风情。她是爱尔兰人，真名叫伊丽莎·吉尔伯特，父亲是科克郡的法官。国王路德维希对她可谓一见钟情，初次见面即被她的魔鬼身材迷倒，问洛拉她的乳房是不是真的，据说洛拉当即扯下紧身胸衣，证明不是假的。很快她成了国王的情妇。路德维希馈赠了她无数礼物，给她一份慷慨年俸，还封她为兰斯费尔德女伯爵。阿贝尔提出异议时（他劝诫国王，"谋反分子会喜笑颜开"），洛拉怂恿国王将其解职。民间流传的小册子和传单痛骂路德维希，很多人不禁想起当年对法王路易十六和王后玛丽·安托瓦内特的谩骂——1789年，法国君主制因此名誉扫地。同一时期，德国其他邦国的君主也因丧失了合法性而地位不稳，只是没有闹剧色彩。符腾堡的威廉一世（Wilhelm I of Württemberg, 1781—1864）拒绝改革，一股生机勃勃的自由反对派力量因而兴起。黑森-达姆施塔特冥顽不灵的大公路德维希二世（Ludwig II, 1777—1848）顽固抵制改革，结果，律师、前学生协会成员海因里希·冯·加格恩（Heinrich von Gagern, 1799—1880）领导的自由派运动在1847年的邦国议会选举中获胜。

英国的自由国家体制是各国改革派崇尚的楷模。德国的百科全书编撰者卡尔·韦尔克（Carl Welcker, 1790—1869）称英国政体是"出自上帝和自然之手的杰作，亦是人间最令人叹为观止的一件艺术品"。英国政治体制对欧洲大陆自由派的吸引力源自它有能力对自由诉求主动让步，从而避免革命。辉格党在1832—1841年执政期间通过了改革《济贫法》（1834）法案，修改了刑法，成立了以选出的市议会为基础的新的统一市政府体制（《1835年市议会组织法案》）。1832—1849年，一百多个皇家委员会成立，负责审查专家资格、编撰资料。这些委员会的报告作为"蓝皮书"公开发行，在全国各地销售数千册，为公开辩论提供了详尽的事实依据。1841年辉格党败选下台后，面目一新的托利党上台执政。新首相罗伯特·皮尔爵士勤勉高效。在利物浦勋爵（Lord Liverpool, 1770—1828）和威灵顿公爵手下任内政大臣时，他简化了刑法，1829年又建立了身穿蓝色制服的伦敦警队，警察的民间俗称"Bobbies"和"Peelers"都和皮尔爵士的名字有关。皮尔寡言少语，不喜张扬，为人正直，擅长理性思维，但又有很强的新教意识，一个例子是，19世纪20年代，他反对赋予天主教徒平等权利。皮尔政府统一了货币，所有钞票一律由英格兰银行发行。《1844年公司法》规定，公司必须注册登记，账目公开。在一个疯狂投机铁路建设的时代，这一举措十分必要。皮尔还制定了所得税政策，理顺了国家财政。政治阶层虽然不情愿，但还是接受了所得税。

用欧洲大陆上的说法，辉格党人和托利党人都是温和自由派，但英国也有欧洲大陆上出现的那种激进派和民主派。19世纪30—40年代，英国新兴工业地区涌现出了形形色色的工人自助组织，比如罗虚代尔公平先锋社这样的互济社团。罗虚代尔公平先锋社成立于1844年，在各地开办合作商店，会员可以低价购买商品。此类团体中，政治倾向最强的是宪章运动,这个名字源自 1838 年 5 月一批激进议员起草的《人民宪章》。与雅各宾派、卡托街密谋者和空想社会主义者不同,宪章派成员主张议会制度,想通过无记名投票和选区平等的方式民主选出下院议员。爱尔兰人费格斯·奥康纳(Feargus O'Connor, 1794—1855)是宪章运动内一名魅力四射的演讲家,他当过议员,鼓动废除《联合法案》,身高超过 1.8 米,语言诙谐风趣。被他吸引的不是上流社会成员,而是"胡子拉碴、满手老茧、身穿粗布外套的劳动人民"。奥康纳在一连串集会上用低沉有力的声音对成千上万的宪章派成员发表演讲,用雄辩赢得了他们的支持。

1839 年 2 月,宪章派成员在伦敦举行国民公会,把宪章运动推向高潮。在这次大会上,温和派与激进派(他们中有些人头戴弗里吉亚帽)争执不休,暴露了宪章运动内部的严重分裂。1839 年 7 月,一份有 128.3 万人签名、敦促下院通过《人民宪章》的请愿书被当局拒绝,此后激进派更加激昂,几位激进派领导人被当局以煽动性诽谤罪名投入监狱。在蒙茅斯郡的纽波特,宪章派人士约翰·弗罗斯特(John Frost, 1784—1877)组织了一次抗议示威活动,结果演变成一场起义。数千名矿工手持短棍和火枪向当地监狱进军,释放了里面关押的宪章派成员。当局调动军队镇压,士兵对群众开枪,打死了 20 余人。截至 1840 年,已有 500 余名宪章派成员被监禁。第二份请愿书的签名人数超过 325 万人,1842 年被下院拒绝,此后宪章运动逐渐平息,奥康纳转而全力推动土地改革。反谷物法同盟成为英国最有影响的游说组织,它呼吁废止对谷物征收进口关税,得到了中产阶级的大力支持。反谷物法同盟发动了一场组织严密的运动,在 1846 年以胜利告终。辉格党内的贵族虽然与地主利益一致,但认识到需要做出让步,于是与皮尔一道投票赞成废止谷物关税。然而，托利党内一小批议员在善于投机的年轻小说家兼政治家本杰明·迪斯累里的率领下，投票支持《谷物法》，造成了托利党的分裂。辉格党人再次执政。由于经济状况好转，加之皮尔推行了对政治体制的全面改革，宪章运动受到了削弱。英国的辉格党人和皮尔领导的具有改良色彩的托利党内的温和自由派显然暂时遏止了民主派和激进分子。

法国的情况最能说明温和自由主义的两难处境。法国温和自由派在1830年革命中上台执政。弗朗索瓦·基佐是一位信奉新教的历史学家，其父在"恐怖统治"时期被送上了断头台。1840年，基佐设法建立了一个稳定政府，连续执政到1848年，结束了19世纪30年代的长期政治动荡。随着岁月的流逝，基佐日趋保守。他表示："一个人20岁时不想成为共和党人说明没同情心，30岁时仍是共和党人说明没头脑。"基佐崇尚英国，翻译过莎士比亚作品，还出版了一套31卷的英国历史文件集。他是英国式立宪君主制的头号吹鼓手，坚定支持现存秩序。一个批评家说，基佐的最大愿望是"被每一个国家的梅特涅小集团接纳"。有人对因为自己一年收入不足1 000法郎而没有投票资格表示不满，基佐听说后说："让他们去发财致富！"这充分暴露了七月王朝的实利主义本质。一直到这届政府结束，对选民资格的限制都没有取消。英国的情况与法国的不同，早在1832年改革前，英国按人口比例计算的选民人数就已超过法国（英国选民占人口的3.2%，法国选民只占0.5%）。两年前在法国发生的事情在伦敦引发了对革命的恐惧，为此英国大大增加了选民人数，此后很多年，民主运动一直不振。

基佐的政绩主要体现在教育领域。他定了一个原则：每个社区或社区群都必须有一所小学和一所师范学校，居民人数超过 6 000 的城镇还必须有一所中学。1835 年，基佐对出版自由施加限制，将近 2 000 人被逮捕，164 名记者因煽动罪公开受审，基佐因此受到抨击。基佐称，要求推行社会改革是"异想天开，只会导致灾难"。1841 年颁布的《工厂法案》禁止使用机器的工厂雇用 8 岁以下的儿童，此后直到 1874 年都没有再出台相关新法案，而且，1841 年法案的漏洞很多。同一时期，却出台了一批推动铁路建设的法案。19 世纪 40 年代，修铁路的步伐加快了。无怪乎巴尔扎克把七月王朝形容为"富人针对穷人拟定的一份保险合同"。基佐政府丑闻缠身，尤其是 1847 年公共工程部部长让-巴蒂斯特·泰斯特（Jean-Baptiste Teste, 1780—1852）受贿事件曝光后。前部长阿梅代·德潘-屈比埃（Amédée Despans-Cubières, 1786—1853）将军为了获准延长一家盐矿特许权，送给泰斯特 10 万法郎贿金。19 世纪 40 年代末期，七月王朝因腐败而渐失民心。

1789年的幽灵

再次爆发暴力革命的早期征兆在波兰显现。19世纪30年代初俄国镇压波兰自治后,大批波兰民族主义者流亡海外。流亡期间,他们接触到了海外的民族民主思想,明确了奋斗目标,后拿破仑时代涌现出的秘密社团给他们提供了实现抱负的平台。代表人物是出生在巴黎的诗人卢德维克·梅洛斯瓦夫斯基(Ludwik Mierosławski, 1814—1878),他的教父曾是拿破仑一世手下的元帅。梅洛斯瓦夫斯基参加过1830年起义,不仅是青年波兰组织的成员,也是烧炭党成员。他策划在普鲁士、克拉科夫和加利西亚同时发动起义。1846年,经过长期准备,计划终于成熟。然而,普鲁士警察事先获悉了这一密谋,在他们控制的地区逮捕了密谋首领。加利西亚奥地利总督感到自己势单力孤,无力对付该省武装起义的贵族,于是求助于当地农民领袖雅各布·舍拉(Jakub Szela, 1787—1866),舍拉轻率地向前来参军的人许诺结束农奴制。当地出现了大批武装团伙,局面变得难以收拾。成群结队携带武器的农民纵火焚烧了500余座庄园的房屋,杀了里面的人,拿着贵族地主人头找奥地利当局邀赏,当局给他们发了成袋的盐作为犒劳。将近2000名贵族庄园主被杀。最终奥地利出兵恢复了秩序。舍拉被授予勋章,还得到了一块地,而可想而知,农奴制并没有废除。起义的丧钟敲响了。1846年11月16日，奥地利与俄国签署了一项条约，废除了起义中心克拉科夫的自由市地位，将其并入加利西亚。

加利西亚的起义或许失败了，但它震撼了整个欧洲大陆。各地的温和自由派纷纷行动起来，他们担心，再不启动宪政改革，将无法阻止革命爆发。民主派和社会主义者认为自己的机会来了。各地专制政府从安于现状中惊醒过来，开始做出让步。这一切的大背景是灾难性的粮食歉收和马铃薯疫病导致欧洲经济从1846年起陷入萧条。大批饥民涌入城镇，手工业者收入锐减，沦为贫民，粮食价格却不断攀升。大学生数量激增让局面雪上加霜。19世纪20年代，德国共有9 000名大学生，到了19世纪40年代，大学生数量增加到1.6万。大学生毕业后就业希望渺茫，也加入了领取救济的队伍。19世纪40年代末的危机也是一场工业时代危机。1848年一系列事件的中心都在受到英国工业竞争影响的地区，英国工业沉重打击了欧洲大陆国家的制造业。1848年3月初，制成品需求的崩溃导致博尔西希（Borsig）铁路和柏林机械厂解雇了1/3工人，波希米亚的纺织企业大批破产。欧洲各国首都成了1848年革命的支点，同时又是重要的工业中心。在这些地方，新的工人阶级也迅速形成，街头的抗议示威活动受到各式空想社会主义理念的影响，推动了革命的发展。

各国君主、亲王和朝廷重臣均认为，革命即将爆发。他们中一些人多年来一直预言会爆发革命，结果预言成真。1848年标志着在欧洲大陆上，法国式的起义暂时取代了英国式的渐进。很多人预料1789年会重演，革命也的确首先在法国爆发了。反对基佐和路易-腓力的中产阶级开始举办一连串大型宴会，仅1847年一年就有70场之多。

大多数宴会是在巴黎举办的，外地的28个省也有宴会。在宴会上，人们发表演说，要求降低选举资格的纳税门槛。在一次宴会上，外面大批和平群众高唱《马赛曲》，搭起的数个巨大帐篷内，1 200名议员分12桌而坐，在烛光下品尝冷盘小牛肉、火鸡和烤乳猪，每张桌子可坐百人，当时一家报纸称之为"奇观"。宴会期间，一支70人的乐队演奏"爱国情调"的曲子，赴宴的人频频举杯，为"国家主权""民主和立宪改革""反对派议员""改善劳动阶级境况"干杯。作家古斯塔夫·福楼拜（Gustave Flaubert, 1821—1880）感叹不已："趣味何等高雅！菜肴何等精美！美酒何等醇香！谈吐何等深刻！"发言人鱼贯走上讲台，发表抨击政府的演讲。一个支持改革的人还特别指出了宴会上品尝的冷盘小牛肉（veau froid）与支持基佐政权的精英阶层崇拜的金牛犊（veau d'or）的区别。有人滔滔不绝地讽刺挖苦保守党人，想象他们也举办了自己的晚宴，上的是牛排和布里干酪——前者暗指基佐的亲英倾向，后者影射基佐在诺曼底的支持者。保守党人显然不会去吃"具有改革色彩的小牛肉"或"雅各宾芦笋"。

运动不断发展，对七月王朝构成了明显威胁。政治作家兼历史学家阿列克西·德·托克维尔（Alexis de Tocqueville, 1805—1859）此前已因他撰写的两卷本《论美国的民主》（*Democracy in America*）（1835）一书声名鹊起。1848年1月27日，他质问议会："你们难道没有嗅出……空气中的革命味道？"他认为，卡贝和社会主义者的影响力正在迅速增长。基佐政府无视托克维尔发出的警告，决定取缔宴会运动。组织者迅速反击，决定下一次宴会前先举行一次大规模游行，公开对抗不得举行公共示威的禁令。游行那天，守卫外交部的士兵面对大批群众，惊慌失措，开枪射杀了80余名示威者。几小时后，巴黎全城各处筑起了1 500多个街垒。梯也尔被任命为总理，但国民自卫军士兵不再服从国王，高喊："改革万岁！打倒大臣！"政府彻底陷入瘫痪。路易-腓力返回杜伊勒里宫的家里，瘫坐在椅子上，双手捧头不语。梯也尔面色阴惨，不停地重复说："海水在上涨！海水在上涨！"路易-腓力再也挺不住了，坐在椅子上喃喃说："我退位。"几分钟后，他又大声重复了一遍。在忠于国王的士兵的护送下，国王和家人外加少数仆人匆忙出逃，英国驻勒阿弗尔领事乔治·费瑟斯通豪（George Featherstonehaugh, 1780—1866）在海边亲自迎接他们。路易-腓力乔装打扮，刮去了胡须，戴一副眼镜，身穿一件厚外套，包裹在一条厚围巾里，登上了一条小船。费瑟斯通豪为掩人耳目，用英语与国王打招呼，两人对话如同闹剧一样可笑："舅舅，身体好吗？""很好，乔治。谢谢！"1848年3月3日，小船在纽黑文靠岸，"史密斯先生"开始了流亡生活，王族的其他成员很快也追随路易-腓力。七月王朝终结了。1848年法国革命揭开了帷幕。

前面上演的一幕幕令人回想起1789年，但1848年革命在很多方面不同于之前的法国大革命。最明显的是它的欧洲特征。18世纪90年代，法国革命者靠武力把革命思想传播到欧洲大陆广大地区，1848年时，他们已经没有必要这样做了，革命几乎同时在众多国家爆发。一个重要原因是19世纪中叶通信交通的重大改善。欧洲的铁路网虽然稚嫩，但发展很快，加上公路质量的改善和汽船的出现，新闻传播的速度大大超过18世纪90年代。公众识字率的提高和城市产业工人数量的激增给革命思想提供了现成市场。工业化和资本主义制度的扩展，外加波及全欧洲的经济危机，意味着贫困和民怨遍及全欧洲，而不只是零星地区。因此，1848年法国爆发革命后，欧洲各地可谓一呼百应。

意大利的动荡始于1848年新年这一天。奥地利统治下的米兰市民仿效波士顿茶党，为了不让奥地利人从烟草税中得到收入，集体抵制吸烟。1月3日，一位参与抵制的市民把烟卷从一名奥地利士兵嘴上打掉，双方扭打起来，演变为一场大骚乱。1848年1月12日，西西里当局为国王费迪南多·卡洛（Ferdinando Carlo, 1810—1859）举行了祝寿活动。群众筑起街垒，升起意大利三色旗，高呼"意大利万岁！""西西里宪法万岁！""庇护九世万岁！"等口号。大批农民携带生锈的武器加入，海堡要塞的士兵向他们发射了葡萄弹，农民奋勇向前，把士兵赶出了城。西西里各地农民冲击当地政府办公机构，焚烧税收记录和土地登记册。自由派和民主派联合组建了临时政府，呼吁举行选举。费迪南多·卡洛向西西里岛海运了5 000名士兵，导致意大利本土防御空虚。那不勒斯贫民窟的穷人在西西里人的感召下举行了起义。自由党人惧怕当局不让步可能产生的后果，在王宫前组织了一次有2.5万人参加的示威活动。在群众劝阻下，国王士兵没有采取行动，费迪南多·卡洛被迫签署了一份宪章，产生了一个温和自由派政府。动荡继续向北蔓延。面对高呼"处死主教！"的群众，教皇庇护九世许诺在教皇国建立一个半世俗政府。1848年2月12日，托斯卡纳的利奥波德二世批准了一部宪法。1848年3月4日，皮埃蒙特的阿尔贝托紧随其后。

虽然当时革命在意大利各地已经风起云涌，但1848年革命爆发的真正标志是七月王朝的垮台。当时美国驻维也纳临时代办威廉·H.斯泰尔斯（William H. Stiles, 1808—1865）称，革命的消息传遍欧洲大陆，"它仿佛一颗炸弹，落到了欧洲邦国和王国中间，各国君主如同面对提出诉讼的欠债人一样,忙不迭地给予了自己臣民拖欠他们的宪法"。曼海姆的大批群众在激进律师古斯塔夫·施特鲁韦(Gustav Struve, 1805—1870)领导下举行示威,要求巴登大公利奥波德一世)Leopold I, 1790—1852)接受施特鲁韦起草的一份请愿书,实现出版自由,实行陪审团审判制,建立一支由民选军官组成的民兵,允许德意志各邦国立宪,最重要的一条是选举产生一个全德意志议会。请愿书在全德意志范围内不断翻印散发,内中各项要求被称为"三月诉求"。巴登、符腾堡和黑森-拿骚3个邦国的君主分别允准了宪法。黑森-达姆施塔特大公路德维希二世(1777—1848)为表示抗议,把权力移交给了儿子路德维希三世(1806—1877),但该国也颁布了一部宪法。巴伐利亚国王路德维希一世因与洛拉·蒙特斯的情事而深陷困境。1848年2月4日,愤怒的群众袭击了一个王室所有的军火库,路德维希被迫接受了"三月诉求",但直到他同意退位,让儿子马克西米利安二世(Maximilian II, 1811—1864)接替他后,局势才逐渐平息下来。3月6日,萨克森国王腓特烈·奥古斯特(1797—1854)被迫同意宪政改革,罢黜了保守的首席大臣。3月5日,来自刚刚获得自由的各邦国的代表在海德堡召开会议,成立了一个"预备议会",为选举一个全德意志立宪议会做准备。

此后形势发展之快令人目眩。革命浪潮现在居然波及了哈布斯堡帝国,而1789年的法国大革命对帝国基本没有触动。巴黎革命的消息传到位于普雷斯堡的匈牙利议会后,科苏特立即要求在改革后的哈布斯堡君主国下实行匈牙利自治。他的演讲被印成小册子在维也纳散发,学生向政府请愿,要求推行自由改革,成立一个包括哈布斯堡君主国德意志地区在内的新的统一德意志国家。4 000名学生携带请愿书游行到市中心，高喊"不要折中办法！要宪法！"的口号，撕毁了封建等级会议提出的措辞温和的改革请愿书。大批携带各式工具的工人群众从郊外涌向市内，用拉倒的路灯杆撞开当局关闭的城门，冰雹般的石块飞向巴尔豪斯广场的士兵，士兵开枪还击。工人冲破堡垒后，惊慌失措的资产阶级人士要求梅特涅辞职。1848年3月13日，首相梅特涅迫于压力终于宣布辞职，发表长篇讲话为自己辩护。翌日，梅特涅携第三任妻子，乘坐一辆马车离开维也纳，前往英格兰南部的海滨城市布赖顿。一路上他安慰自己，至少他保住了自己的名誉，没有狼狈到和洛拉·蒙特斯同乘一条船渡过英吉利海峡的地步。3月15日，皇帝斐迪南一世（Ferdinand I, 1793—1875）在维也纳宣布废止书报检查制度，召开立宪会议。

梅特涅被赶下台也许是最能预示震荡的深度和广度的事件。过去30多年里，他基本上如愿以偿地压制了抗议和革命，现在人民群众积聚的愤怒终于爆发了。没人能再开倒车。各国政府在压力下纷纷坍塌。第一个做出反应的是匈牙利总督斯特凡大公（Archduke Stefan, 1817—1867），他出生在布达，感情上更贴近匈牙利人。听到梅特涅下台的消息后，斯特凡大公紧急召集封建等级会议上院开会，会议同意要求制定一部新的开明宪法。科苏特、塞切尼以及自由派改革家包贾尼·拉约什（Lajos Batthyány, 1807—1849）与一个150人的代表团同乘一艘汽船前往维也纳，提交各项诉求。1848年3月17日，经过斯特凡争取，皇帝斐迪南发出帝国敕令，同意成立一个匈牙利自治政府，任命包贾尼为首相。科苏特更进一步，组织了《十二条》请愿运动，要求建立议会政体和陪审团制度，结束农奴制，从匈牙利撤走所有外国军队。多达2万名群众步行到布达的总督城堡，一路上队伍不断扩大。警卫作鸟兽散,摄政会议完全接受了《十二条》请求。当年4月,会议稍加修改后通过了《十二条》,匈牙利成为一个自治立宪王朝,扩大了选举权,建立了议会体制,但国君依然是哈布斯堡皇帝。

哈布斯堡帝国风雨飘摇。像欧洲其他地方一样,中产阶级的不满、公众的绝望、自由主义思想和激昂革命情绪在这里引发了几乎不可阻挡的一次次起义,从根本上动摇了早已惊恐万状、悲观失望的政治和军事统治集团。在奥地利人统治的意大利北部,自由派听到梅特涅倒台和皮埃蒙特终结了国王专制的消息后,马上采取了行动。米兰全市爆发骚乱,到处都筑起了街垒,铺路的石头被扒掉,副总督被绑架,奥地利驻意大利军队司令官约瑟夫·拉德茨基·冯·拉德茨(Joseph Radetzky von Radetz, 1766—1858)参加过拿破仑战争,他在全城要塞部署了军队,还在天主教堂尖顶上安排了狙击手。激战随后爆发,起义者爬上屋顶,居高临下向奥地利士兵射击——大多数士兵其实是克罗地亚人和匈牙利人。城市据点失守后,拉德茨基被迫撤到城外,从郊外围困米兰。皮埃蒙特的温和派根本不理睬卡塔内奥临时建立的共和政府,说服阿尔贝托进军米兰(阿尔贝托巴不得把米兰纳入他统治下的一个新北意大利王国,担心自己若不采取行动,共和派就会推翻他的统治)。伦巴第的手工业者和农民包围了各地兵力薄弱的奥地利军营。与此同时,米兰人经过5天血战,打破了拉德茨基的围困。奥地利人撤军前,报复性地再次炮轰了米兰。作为胜利的象征,几天后马志尼抵达米兰,准备亲自领导意大利的统一事业。

起义迅速蔓延到奥地利统治的意大利北部其他地区。梅特涅倒台的消息传到威尼斯后,欢呼雀跃的群众从监狱中释放了达尼埃莱·马宁(Daniele Manin, 1804—1857)。马宁是自由派民族主义者,前一年被奥地利人以叛国罪下狱。1848年3月18日，奥地利占领军对群众开枪，威尼斯人马上组建了一支民军抵抗。3月22日，在马宁的鼓励下，海军造船厂工人起义，打死了拒绝给他们增加工资的奥地利司令官，占领了整个地区。马宁宣布成立共和国。奥地利军队（主要是克罗地亚人）从威尼斯撤出，以免给城市内的优美建筑造成破坏。各地的哈布斯堡王朝旗帜被扯了下来，扔进了运河。面对形势的发展，教皇庇护九世迫于巨大压力，加入了反奥地利战争。他向教皇国北部边界地区派遣了一支军队，1万名民族主义情绪高昂的罗马年轻人也加入了队伍。托斯卡纳大公利奥波德被迫派出8 000名官兵，那不勒斯国王费迪南多·卡洛也不情愿地派遣了一支海军，以打破奥地利人对威尼斯的封锁。一支1.4万人的那不勒斯军队缓慢向北推进，与其他军队会合。5月底，56万米兰人投票加入皮埃蒙特，只有700人投票反对。帕尔马和摩德纳很快也上演了同一幕。7月4日，威尼斯立宪会议撇开马宁和起义的共和党人，也同意"融入"皮埃蒙特。人们突然意识到，意大利的统一不仅仅是民族主义者的一场梦。

然而，革命者并非事事如愿。北意大利局势引爆后，暴力蔓延到两西西里王国。当地的自由派政府迫使国王费迪南多·卡洛组建了一支民军，但它根本无力恢复秩序。1848年5月15日举行了选举，参选的选民很不踊跃，选举产生了一个温和的自由派议会。费迪南多·卡洛要求新政府宣誓支持现有宪法，愤怒的共和党人在那不勒斯筑起街垒，当局派出1.2万名士兵镇压。双方爆发激战，200名士兵和大批起义者丧生。起义被镇压下去了。军队大肆枪杀俘虏、勒索钱财，城市贫民趁机在市内横行作乱，四处劫掠，高呼"国王万岁！""处死统一分子！"等口号。被派去增援威尼斯人的西西里海军舰只奉命返回，大部分士兵也撤回西西里。只有少数部队在古列尔莫·佩佩（Guglielmo Pepe, 1783—1855）将军的率领下留了下来。佩佩将军曾是烧炭党人，拿破仑从厄尔巴岛逃出后，他站在了皇帝一边。他率领的这支部队最终进入威尼斯，与当地部队一道抗击奥地利人。然而共和党人遭到惨败。更坏的消息还在后面。维也纳政府命令拉德茨基"结束代价高昂的意大利战争"，但拉德茨基拒绝谈判，以陆军大臣特奥多尔·弗朗茨·巴耶·冯·拉图尔（Theodor Franz Baillet von Latour, 1780—1848）伯爵为首的维也纳强硬派在背后为他撑腰，后者是前奥属领土荷兰的瓦隆家族的后裔。拉德茨基麾下的3.3万人军队与阿尔贝托的2.2万人部队在维罗纳附近一个丘陵小镇库斯托扎对峙。1848年7月24—25日，经过两天鏖战，奥地利军队把皮埃蒙特人赶下了山。阿尔贝托统一北意大利的希望破灭了，他被迫签署了停战协议。拉德茨基得意扬扬地吹嘘说："米兰回到我们手里了！伦巴第领土上已肃清了敌军。"马志尼不这么认为。1848年8月，他宣布："国王的战争结束了，人民的战争开始了。"

维也纳仍然是牵动局势的焦点。1848年3月13日梅特涅下台后，维也纳的局势瞬息万变。4天后，维也纳成立了一届立宪政府，改组了帝国警察机构，遣散了警局密探。当局还降低食品税，宣布实行政治大赦，制订了创造就业机会的计划。然而，4月25日斐迪南批准的一部宪法激怒了激进的民主派，因为该宪法依然赋予皇帝大权。5月4日，大批工人参加了群众的示威抗议活动，新政府首脑被迫辞职。5月11日宣布了有限制的选举权后，激进派怒不可遏。急不可待的大学生成立了"大学生军团"，要求通过男子普选制选举产生一个民主立宪议会。军团成员人数很快增长到5 000余人，温和自由派掌控的民兵组织国民自卫军也有7 000人。1848年5月14—15日夜，大批群众跟随学生游行到皇宫，要求修改宪法，立即举行民主选举。斐迪南和群臣张皇失措，接受了人民的要求。内阁成员愤而辞职。两天后，皇帝携家人连夜从维也纳逃往因斯布鲁克，这让人不禁想起当年路易十六携玛丽·安托瓦内特仓皇逃往瓦雷讷未遂的一幕。

从首都安全脱身后，斐迪南发出通告，声讨"无政府主义派别"的行动，呼吁人民进行抵抗。其实不如说，通告是别人代他发的，因为他根本不具备治国能力。斐迪南虽不愚笨，但患有严重口吃，兼有癫痫病，最多时一天发作20次（他大婚圆房那一夜发作了5次，没有留下后嗣也就不足为奇了）。他一生没给后世留下几句意思连贯的话，其中一句是跟御厨的对话。御厨告诉他，吃不了杏丸子，因为现在不是产杏的季节，据说他回答："我是皇帝。我要吃丸子！"1848年5月24日，斐迪南的近臣关闭了维也纳大学。次日，他们下令解除大学生军团的武装，解散该组织。然而国民自卫军倒向学生一边。数百名工人涌到市中心，大学生用马路上的石块和从房屋里搬出的家具在市内要地筑起了160个街垒，部分街垒与街两侧房子的二层楼一样高，顶上插着红黑色旗帜。政府军队力量薄弱，不得不撤走。8月12日，斐迪南及其随从顺应学生的要求返回维也纳。斐迪南坐一辆敞篷马车，从努斯多尔夫的码头驶向市中心，道路两侧围观的人群对他发出嘘声，中间夹杂着欢迎皇帝的微弱声音。有观察家称，皇帝"死死盯着自己的膝盖，皇后显然一直在涕泣"。皇帝从国民自卫军排列的密集队形中穿过，没有受到士兵的敬礼。大学生军团乐队奏起了恩斯特·莫里茨·阿恩特写的《什么是德意志祖国》，而没有演奏奥地利国歌。维也纳的民主派至少暂时占了上风。

维也纳发生的一切与德意志邦联其他地区局势的发展息息相关。邦联内的各邦国一个个被迫接受立宪，最大邦国普鲁士面临的压力与日俱增。1848年3月16日，梅特涅倒台的消息传到柏林后，统治阶层惊恐万状。腓特烈·威廉四世的副官长利奥波德·冯·格拉赫（Leopold von Gerlach, 1790—1861）和国王的弟弟、王储威廉亲王（1797—1888）敦促国王使用武力。国王决定做出让步，宣布废除书报检查制度，召开国民议会，此前议会停开已有一年之久。为加强德意志邦联，新议会的任务是通过一部国家法典，选定国旗，建立一支海军。然而群众并不满足，示威者高呼口号，要军队撤走，士兵开枪回应。很快，柏林各处筑起了街垒，市内教堂开始鸣钟报警。3月18日，普鲁士军队动用步兵和大炮猛攻各处街道。据目击者说，各条街道血流成河。午夜时分，800余名示威者倒在血泊之中，其中绝大部分是贫苦的手工业者和非技术工种工人，即新兴工人阶级的成员。

3月发生的事件非但没有结束革命，反而给革命推波助澜。国王并没有下令让士兵开枪，流血事件令他惊愕不已。3月19日，大批群众抬着前一天被打死的死难者尸体冲进王宫，要求见国王。腓特烈·威廉露面时，"面色苍白，浑身颤抖"，脱帽向人群致歉，然而群众报之以嘲讽，呵斥不止。看到这一幕，人们自然想起了1789年人群冲进王宫，迫使路易十六屈从他们意志的情景。据传王后说："现在就差上断头台了。"但国王很快恢复了镇定。两天后，威廉身穿象征德意志民族的黑、红、金三色服饰骑马穿行街道，大批佩戴同样徽识的军队紧随其后，国王威望大增。3月22日，他被迫出席为4天前的死难者举行的隆重葬礼，再次摘下头盔，表示对死者的哀悼和对民意的顺从。威廉做出的姿态使他大得民心，但他私下认为，这是他个人的奇耻大辱。他没有听从随从中强硬派的反对意见，而是在月底下令军队撤出柏林。柏林现在为革命者所控制。

此时，温和自由派和强硬民主派之间产生了严重分歧。普鲁士议会是根据成年男子普选权原则间接选举产生的。总数395名议员中，保守派占了120名，足以阻挡温和自由派人士格特弗里德·康普豪森（Gottfried Camphausen, 1803—1890）制定的政策。康普豪森是金融家，1848年3月29日受命组阁。6月14日，柏林爆发了流血冲突。民主派示威者，包括高举红旗的大批工人，洗劫了军火库。面对混乱局面，康普豪森束手无策，于6月20日辞职。6月26日，议会提出一份宪法草案，内容包括取消国王和军队的一切权利，废除一切贵族头衔，顽固派看到后大惊失色。8月9日，议员要求所有士兵宣誓效忠宪法，而不再效忠国王。康普豪森辞职后的几任政府均软弱无力，恼羞成怒的国王开始与格拉赫和保守派密谋反扑。1848年3月31日，在曼海姆召开了一次国民预备议会，会上分歧凸显。这次是温和自由派议员与激进民主派议员之间出了问题。前者如海因里希·冯·加格恩，他憧憬建立一个由各国君主组成的联邦，借此统一德国；后者的代表是古斯塔夫·施特鲁韦和弗里德里希·黑克尔（Friedrich Hecker, 1811—1881），两人均来自巴登。他们要求成立一个单一的德意志共和国，同时废除现存的德意志各邦国及其君主。激进民主派的主张在议会遭到否决后，两位民主派领导人于1848年4月12日宣布成立共和国，同时着手组建军队，来自巴黎的一批德国流亡者在激进诗人格奥尔格·赫尔韦格（Georg Herwegh, 1817—1875）的领导下加入了他们。德意志邦联在巴登、符腾堡和巴伐利亚调集兵力3万，他们的军队训练有素、装备精良。双方力量相差悬殊。4月22日，邦联军队在坎登击溃共和派的军队，此后双方又有几次小规模交火，共和派最终失败。

与此同时，建立一个德意志民族国家的艰难过程仍在缓慢进行。1848年5月18日，预备议会在法兰克福开幕，决定选举一个国民议会。各邦国可自由决定选举方式，几乎所有邦国都选择了基于财产资格的间接选举制。财产资格门槛较低，大约3/4的成年男子享有选举权。812名议员中，顽固保守派分子寥寥无几，因为大多数保守派为了捍卫原则而抵制选举，半数议员属于温和自由派和君主立宪派，剩余议员大多是民主派人士，其中有部分激进分子。3/4的议员有大学学历，教授只占15%，企业家不到10%，此外还有少数专业人员，比如医生、记者等。依照革命新风尚，议员围绕一份权利宣言展开了激辩，12月27日，这份宣言终于获得通过。宣言规定了信仰自由、言论自由、贸易自由、结社和教育自由，废除了死刑。6月24日，议会任命了一个临时中央政府，由奥地利的约翰大公（Archduke Johann of Austria, 1782—1859）出任政府首脑。他着手组建政府，建立全国官僚体制。通往德国统一之路似乎已经打开。

以上局势的发展清楚显示了1848年革命的巨大影响力。欧洲各国君主的统治摇摇欲坠。在世界政治舞台上多年叱咤风云的梅特涅和路易-腓力都倒台了。各国君主迫于压力，要么交出自己的大部分权力，要么放弃君权神授说，忍辱向本国愤怒的国民低头。欧洲各地建立了代议制议会，在已有议会的地方，议会权力大大增加。一个又一个国家实现了民族自决原则，同时大刀阔斧地推行意义深远的社会和经济改革，鲜明体现了法律面前人人平等的原则。后人常常把1848年革命贬为不真诚的失败尝试，然而当时情况并非如此。经历了1848

年1—7月的一系列事件后，欧洲发生了根本变化。革命确实也遇到一些挫折，但在后来德国人称之为"疯狂一年"的夏季，或者更乐观地说，在"人民之春"期间，戏还远远没有收场。

革命的凋零

今天回首那一段历史不难看出，1848年革命浪潮在自身种种矛盾的压力下逐渐呈现败象。德意志与丹麦之间的边界纠纷突出显示了德意志内的政治势力状况。石勒苏益格是一个讲丹麦语人口占大多数的公国，自中世纪以来，它一直与德意志邦联内的荷尔斯泰因公国结为一体，归丹麦国王个人管辖。1月，绝对主义国王克里斯蒂安八世（Christian VIII, 1786—1848）去世，丹麦自由派得到了机会。继任者弗雷德里克七世（Frederik VII, 1808—1863）无力拒绝温和自由派提出的立宪要求。哥本哈根爆发了声势浩大的群众示威，弗雷德里克被迫废除了绝对主义的残余部分，指定自由派组建政府，彻底废除了农奴制。1848年6月5日，他宣布石勒苏益格与丹麦合并，王国各地在广泛的选民基础上选举产生一个全国议会。石勒苏益格的所有男子都负有在丹麦军队服役的义务。石勒苏益格公国的德意志地主愤而宣布独立。德意志民族主义者，尤其是大学生，纷纷表示支持。德意志邦联议会向普鲁士求援，普鲁士随即派出军队攻入丹麦。迫于英国、俄国和瑞典施加的外交压力，1848年8月26日，普鲁士人在马尔默签署了停战协定。德意志邦联军队撤出后，在石勒苏益格成立了一个丹麦-普鲁士联合政府。

齐聚法兰克福的民族主义者听到这一消息后怒不可遏。议会开会时，1.2万名激进民主派的支持者在议会所在地圣保罗教堂前集会，呼吁把对丹麦战争继续下去。局面开始失控。9月18日，约翰大公新任命的首相安东·冯·施梅林（Anton von Schmerling, 1805—1893）调驻扎在附近的2 000名黑森-达姆施塔特、普鲁士和奥地利士兵进城。军队开枪驱散人群，60余人丧生，其中有保守派议员费利克斯·利赫诺夫斯基（Felix Lichnowsky, 1814—1848），他被人活活打死，尸体绑在一棵树上，脖子上挂了一块牌子，上面写着"逃犯"。施特鲁韦为重振激进民主党人的事业，徒步穿过瑞士边境来到勒拉赫小镇。1848年9月21日，他宣布成立德意志共和国。巴登军队在施陶芬粉碎了他的企图，施特鲁韦被投入监狱。法兰克福被置于军事管制之下。邦联议会现在完全靠普鲁士和黑森军队的刺刀支撑。法兰克福议会尽可颁布法律，慷慨陈词，但残酷的现实是，如果没有武力做后盾，这些法律和慷慨陈词终将一文不值。

法国革命的轨迹也大致相同。路易-腓力逃遁后，1848年2月26日，获胜的自由派推出19世纪20年代在外交部任过职的诗人阿方斯·德·拉马丁（Alphonse de Lamartine, 1790—1869），由他宣布成立共和国。拉马丁被任命为总统，领导一个联合政府，政府成员包括社会主义者路易·勃朗和一个人们只知道叫"工人阿尔贝"（Albert the Worker, 1815—1895）的人。3月2日，政府宣布定于4月23日举行国民议会选举，所有成年男子均有选举权。与此同时，路易·勃朗推动通过了一项措施，建立国家工场，到5月底，工场已经雇用了10万名贫穷工人修路植树，国家每天花7万里弗支付工人工资。勃朗和阿尔贝在卢森堡宫成立了一个劳工委员会，审议手工业者提出的种种要求，如增加工资、缩短工时、废除分包合同制和外包合同制、限制使用机器等。以勃朗为代表的社会主义新思想与传统手工业者的政治观点惊人地混合在一起，后者令人想起1789年法国大革命时期政府对经济施加的控制。

农民对巴黎局势的动荡忧心忡忡，为支撑国家工场加征土地税进一步疏远了农民。1848年4月23日，农民占多数的选民选出了一个温和派加保守派占多数的国民议会。5月15日，包括很多国家工场工人在内的数千名示威者冲进议会抗议。执行委员会把示威者从议院赶出后，指责"卢森堡委员会"属于社会主义性质，将其取缔，6月20日又关闭了国家工场。当局的这一突然举动激怒了失去唯一收入来源的工人。工人纷纷聚集起来上街游行，高呼要工作，还有人高喊"拿破仑万岁！"的口号。执行委员会惊慌不已，要战争部部长路易-欧仁·卡韦尼亚克（Louis-Eugène Cavaignac, 1802—1857）采取行动。卡韦尼亚克是职业军人，参加过希腊独立战争，政治上持共和派温和观点。在他准备动手期间，群众筑起街垒，高唱《马赛曲》，高呼"不自由，毋宁死"。卡韦尼亚克不信任国民自卫军不是没有理由的，大多数国民自卫军官兵不理睬他下达的动员令，有些人还倒向起义者一边。6月23日，卡韦尼亚克调动2.5万名士兵，分成三列纵队攻打大约5万名义者，动用大炮轰击街垒，将其一一摧毁，造成惨重人员伤亡。次日，全城炮声依然隆隆响个不停。议会表决通过了对执行委员会的不信任案，授予卡韦尼亚克全权，连最坚定的共和党人都站在了这位将军一边，比如亚历山大·赖德律-洛兰（Alexandre Ledru-Rollin, 1807—1874），当年赖德律-洛兰发表演说鼓吹暴力，推动1847年反对七月王朝的"宴会运动"。巴黎各家俱乐部陷入迷茫。没有一家俱乐部支持起义，路易·勃朗和皮埃尔-约瑟夫·蒲鲁东也不支持，蒲鲁东如今已是巴黎工人投票选出的议员。冲突双方抓到对方俘虏后，不加审讯当场处决。大约1 500名起义者被打死，至少2 500人受伤。11 727人被捕，大多数人几个月后被释放，468人被流放到阿尔及利亚。路易·勃朗因反对起义而失去了工人的信任，离开巴黎去了伦敦。巴黎戒严令一直延续到1848年10月。

6月发生在巴黎的事件对欧洲其他地区的局势产生了重大影响，各地的温和自由派和顽固保守派胆子壮了起来，出于对人民群众的惧怕，他们走到了一起。1789—1793年的人民起义曾使法国坠入恐怖统治的深渊，人人对这一幕记忆犹新。自由派焦虑不安，担心法国大革命重演。然而，阶级矛盾并不是导致革命失败的唯一绊脚石。19世纪40年代，彼此对立的民族主义运动已经开始互相冲撞，尤其在中东欧地区。柏林和维也纳爆发的革命极大地鼓舞了争取国家统一和自决的运动，这些运动反过来又极大地推动了德国和奥地利的革命。自由主义与民族主义之间出现了巨大的裂痕，保守派和反动分子借机反扑。两者之间的矛盾对立在匈牙利表现得最为明显。圣伊什特万王冠领地疆域内，有人数众多的克罗地亚人、塞尔维亚人、斯洛伐克人、说德语的萨克森人和罗马尼亚人，这些人都不懂马札尔语。匈牙利的民族主义者开始鼓吹将这些少数族裔彻底马札尔化。一个民族主义者称："从语言角度看，我们国家是一座不折不扣的巴别塔。如果不能扭转这一趋势，如果不能用马札尔化统一国家，或迟或早，我们的国家会被德意志人或斯拉夫人同化，甚至连自己的名字都会被人遗忘。"各种对立的民族主义势力开始抬头，比如克罗地亚人就抵制强行推广马札尔语的势力，这将在未来造成危机。法律最终规定，马札尔语取代拉丁语成为政府的官方语言,并要求所有中学教授马札尔语。1843—1844年匈牙利议会开会期间,克罗地亚议员坚持用拉丁语发言,这是他们唯一可以让他人听懂的抗议方式。

以上种种矛盾在1848—1849年哈布斯堡君主国内发生的事件中起了决定性作用。布达佩斯革命后,马札尔民族主义者告诉罗马尼亚人,自由的匈牙利愿意接纳他们为马札尔人,他们应该"感到光荣",特兰西瓦尼亚一地的罗马尼亚青年知识分子闻言,发起了全国请愿运动。1848年5月15—17日,他们在布拉日外面的"自由广场"向4万名群众宣读了请愿书。为了对抗马札尔人,他们向维也纳求援。该省奥地利驻军司令安东·冯·普赫纳(Anton von Puchner, 1779—1852)将军号召所有忠诚的特兰西瓦尼亚人起身反抗布达佩斯政府。普赫纳将军也是参加过拿破仑战争的老军人。农民一如往日举行起义,杀死马札尔族和德意志族地主和政府官吏。特兰西瓦尼亚地区的马札尔人拉起了一支3万余人的队伍,包括军队中的几个戍边团,开始报复对方,大规模屠杀罗马尼亚族农民,230座村庄被夷为平地。普赫纳的军队逐渐占据上风,但在进军布达佩斯途中被一支匈牙利大军击退。据估计,4万余人死于这场冲突。

1848年革命浪潮甚至波及摩尔达维亚和瓦拉几亚,那是两个与特兰西瓦尼亚东侧接壤的讲罗马尼亚语人口占多数的公国。依照1831年《组织法》,这两个公国名义上由奥斯曼人和俄国人共管,大公(hospodars)的统治被强加给两个公国。很多具有自由思想的大学生和罗马尼亚民族主义者旅居巴黎期间深受激进思想熏陶。他们在1843年成立了一个名叫"兄弟会"的秘密团体,积极为革命做准备。自由派人士继在雅西的彼得堡大酒店举行大规模群众集会后,1848年4

月9日又向摩尔达维亚在位君主米哈伊尔·斯图尔扎（Mihail Sturdza, 1795—1884）提出了35条自由化要求。斯图尔扎调动军队镇压，逮捕了300余名示威者，将其暴打后流放到土耳其。俄国为了给斯图尔扎撑腰，也向摩尔达维亚派出军队。但是，瓦拉几亚的革命成功了。6月13日，人民群众举行大规模示威，推翻了格奥尔基·比贝斯库（Gheorghe Bibescu, 1804—1873）大公的统治，发表了《伊兹拉兹宣言》，提出了一系列鲜明的自由主义原则，包括废除官阶和死刑，组建一个联合政府。奥斯曼政府迫于俄国压力，于9月25日出兵瓦拉几亚首府布加勒斯特，经过短暂交火后占领了该城。俄国人担心奥斯曼人镇压不力，两天后也出兵瓦拉几亚。91名革命者被逮捕流放，大批人逃到巴黎或越境进入保加利亚。英国和法国拒绝出面干预。面对自由派提出的废除农奴制的要求，摩尔达维亚和瓦拉几亚两省保守的地主惶惶不可终日。革命党人的终极目标——把这两个省统一为一个独立的罗马尼亚——似乎依然遥不可及。

哈布斯堡帝国境内很快爆发了类似冲突。斯洛伐克民族主义者要求把斯洛伐克语定为教学和官方语言，遭到马札尔人拒绝。斯洛伐克民族主义者义愤填膺，从1848年9月起，爆发了一系列冲突，最终斯洛伐克领袖倒向哈布斯堡王朝一边。奥地利人解放了东加利西亚的罗塞尼亚（也可以说是乌克兰）农奴，允许他们成立一个罗塞尼亚人代议制委员会，还首次允许在该省出版一份乌克兰语刊物，借此煽动该地区的农民反抗具有民族主义倾向的波兰地主。1848年4月、5月之交，波兰民族主义者在普鲁士的波森（波兹南）省发动了起义，领导这次起义的依然是两年前的起义领袖卢德维克·梅洛斯瓦夫斯基。应该省德意志居民的要求，普鲁士派出大军前往镇压。波兰起义者放弃了斗争，他们取得的唯一成果是废除了波森大公国，将其降为普鲁士一个省。法兰克福温和自由派人士威廉·约尔旦（Wilhelm Jordan, 1819—1894）尖锐质问，波森的德意志人要不要生活在"一个文化内涵不如自己的国家"里。

其他少数民族也纷纷提出自己的诉求。1848年3月，居住在匈牙利王国南部地区的塞尔维亚民族主义者在邻国塞尔维亚公国鼓动下，宣布自己所在的伏伊伏丁那省自治。马札尔人的军队残酷镇压了这次起义，在贝切伊市屠杀了近300名塞尔维亚人。当年秋冬，这支军队缓慢穿过该省，沿途纵火焚烧塞尔维亚人村庄，吊死很多村民。塞尔维亚人沿途设伏，对马札尔人军队发动突然袭击。与此同时，克罗地亚人正在辩论是否与塞尔维亚人联合建国。3月25日，在萨格勒布召开了一次克罗地亚国民大会，大会宣布废除农奴制，呼吁克罗地亚实行自治。保守的克罗地亚地主对马札尔人自由派倡导的废除农奴制主张极为不满。维也纳的死硬派相中了杰出的克罗地亚军官约瑟普·耶拉契奇（Josip Jelačić, 1801—1859），认为他是联合塞尔维亚人和克罗地亚人共同对付匈牙利人的合适人选。耶拉契奇观念保守，强烈拥戴君主制，他被任命为克罗地亚总督兼军政国境地带部队司令。所谓军政国境地带是针对当年奥斯曼人威胁修建的防御要塞，如今这一威胁早已消失。耶拉契奇极力促成塞尔维亚人和克罗地亚人的团结（例如，他公开在塞尔维亚人的东正教堂和克罗地亚人的天主教堂祈祷）。他提醒克罗地亚议会，如果"匈牙利人旧习不改，继续欺压我们，而不是以兄弟相待，我们就要让他们知道……我们手握利剑严阵以待！"9月4日，为支援塞尔维亚人，他统率5万大军横渡德拉瓦河，深入马札尔人领地内部。

哈布斯堡君主国内部的局势发展也对德国统一事业产生了重大影响。一方面，奥地利当局不愿意看到帝国内的德语区分出去，归属于法兰克福统治下的统一德国。另一方面，德意志民族主义者自然而然地认为，既然波希米亚是德意志邦联的组成部分，当地很多居民又说德语，它理应是一个统一德国的一部分。在曼海姆召开的德意志预备议会邀请捷克著名历史学家弗兰齐歇克·帕拉茨基（František Palacký，1798—1876）与议会成员一道筹备一次全体德意志人的选举。1848年4月11日，帕拉茨基回复说，自己对德意志人的事情毫无兴趣，他大胆表示："我是一个血管里流着斯拉夫人血液的捷克人。"德意志议员怒不可遏，威胁用武力强迫波希米亚加入统一的德国。与此同时，捷克和德意志民族主义者开始在布拉格分别成立自己的民兵组织。中产阶级开始分化选边站，他们中很多人会讲捷克语和德语。这时，维也纳的头号强硬分子拉图尔伯爵决定插手干预。他和一些奥地利高级将领一样，参加过反对拿破仑的战争，在他眼里，所有自由主义分子和革命者都是国家的敌人。拉图尔伯爵挑选陆军元帅温迪施格雷茨亲王阿尔弗雷德平息布拉格骚乱，后者参加过1813年莱比锡大会战，又是极端的保守派分子，反对此前皇帝及其近臣做出的一切让步。温迪施格雷茨亲王派1万名士兵占据了布拉格各处要冲。1848年6月12日，捷克民兵、大学生、资产阶级国民自卫队和大约2 500名工人游行抗议。游行队伍与德意志民兵遭遇后，双方爆发了战斗。很快布拉格全市各处筑起了400多个街垒，德意志民兵和捷克民兵相互疯狂对射。陆军元帅的妻子死于一颗流弹后，温迪施格雷茨亲王将部队撤出城，从郊外的山丘上炮击市区。6月17日，起义者投降。法兰克福议会的一个委员会完全支持温迪施格雷茨亲王。这位元帅征服布拉格其实只是反动派反扑的头一阶段。过不了多久,所有革命机构将被一扫而光。

早在斐迪南一世返回维也纳前,温迪施格雷茨亲王就与拉德茨基元帅和哈布斯堡王朝取得了联系。耶拉契奇的部队被匈牙利人击退后,在奥地利首都附近安营扎寨。1848年7月拉德茨基在库斯托扎获胜后,拉图尔伯爵和宫廷内的强硬派策划保皇派军队发动一次钳形攻势,在维也纳和布达佩斯会师。他们不仅可以利用革命阵营中不同民族之间的矛盾,还可以利用温和立宪自由派与激进共和民主派之间的巨大裂痕。政府宣布大幅削减工资后,普拉特公园的建筑工人用黏土和稻草做了一个公共工程部部长模拟像,放置在一头驴身上,模拟像嘴里塞了一枚十字币,身上挂一块牌子,上面写着"十字币部长"。8月23日,工人模拟了一次葬礼游行,队伍走到市中心后,很快与国民自卫队中的士兵发生冲突。士兵驱散人群时,18名工人被打死,150多人受重伤。政府借机马上废止了公共工程计划,但确实也做了努力,帮助失业工人在私营部门找到其他工作机会。

这是一场不同阶级之间的战争。维也纳的中产阶级自由派惊恐万状,转向国王和军队寻求保护。政府趁势逮捕了学生领袖和记者,封闭了共和派办的报纸,继而对布达佩斯下手。9月初,耶拉契奇出兵把科苏特扶上台,包贾尼张皇失措,塞切尼试图和平解决危机,但没能成功。塞切尼为此精神崩溃,自杀未遂后被送入精神病院。深陷利益冲突的斯特凡大公辞去了总督一职,宫廷改派另一位参加过拿破仑战争的宿将弗朗茨·冯·兰贝格(Franz von Lamberg, 1791—1848)前往布达佩斯接替斯特凡。1848年9月28日,兰贝格乘坐马车穿过多瑙河时,被一群暴民活活打死,残缺不全的尸体被穿在长柄大镰刀上游街示众。这一事件导致宫廷与布达佩斯彻底决裂。10月3日，维也纳政府下令废除匈牙利议会，将全国置于军事管制之下，任命耶拉契奇为帝国专员兼总司令。拉图尔伯爵派了一营士兵前往维也纳火车站与耶拉契奇会合。大批愤怒工人和依然同情匈牙利事业的民主派破坏了铁路，士兵无法继续前行。增援部队赶到后，对群众开枪，但部队指挥官被打死，帝国士兵被迫后撤。圣伊什特万广场爆发了枪战，政府军依然无法控制局势。

为了防止暴力冲突加剧，拉图尔伯爵下令打开陆军部大门，命令士兵不得对群众开枪。门外的示威者冲进大楼，抓住拉图尔伯爵后把他帽子打掉，之后把他活活打死。拉图尔伯爵伏尸地上后，仍不停被人踩踏、捅刀子。他的衣服被扒光，赤裸的尸体吊在一根路灯杆上，被当作枪靶子。帝国军火库遭到炮击，随后被洗劫。之前守卫军火库的士兵用葡萄弹击毙了大批围攻者。1848年10月7日，失魂落魄的皇帝携家人弃城逃到摩拉维亚的奥尔米茨要塞。维也纳陷入一团混乱，议会（捷克议员仓皇逃到布拉格）、各家俱乐部、学生委员会、市政厅和政府机构朝令夕改，源源不断的命令发出后不久又收回。一位观察家评论说，直到10月底，维也纳人都在"用布告管理城市"。

维也纳的末日很快就来了。1848年10月16日，温迪施格雷茨亲王抵达奥尔米茨要塞后，皇帝斐迪南发布一道新敕令，咒骂维也纳的"恐怖政权"，授予温迪施格雷茨亲王全权恢复秩序。这份敕令实际上出自温迪施格雷茨亲王之手，故意影射1793—1794年期间的巴黎革命。一支7万人的帝国军队包围了维也纳，切断了城市的粮食来源。10月28日，帝国军队开始无休止地炮击市区并清除街垒。温迪施格雷茨亲王队伍中的克罗地亚士兵挨家挨户搜索，拷打居民，大肆劫掠。与此同时，耶拉契奇统领的2.8万名忠于皇帝的士兵也杀进维也纳。黑山士兵口衔弯刀翻过障碍物，与敌方展开肉搏，很快清除了30多个街垒。经过几个小时的血战，温迪施格雷茨亲王收复了维也纳。他旋即宣布实行军事管制，取缔大学生军团和国民自卫军，禁止公共集会，实施严格的书报检查制度。2 000多名激进分子和民主派人士被逮捕，9人被处决，其中有前军官文策尔·梅森豪瑟（Wenzel Messenhauser, 1813—1848），他指挥国民自卫军战斗到最后一刻。被处死的还有罗伯特·布卢姆（Robert Blum, 1807—1848），他是来自科隆的工人，先后当过园丁、金匠和灯具厂技工。布卢姆凭借出色的演说才能当选为法兰克福议会议员，议会派他去维也纳支援革命，当局以叛国罪名逮捕了布卢姆，于11月9日将他处决（这是11月9日首次成为标志德国历史重大转折的日子，但绝不是最后一次）。

哈布斯堡王朝东山再起不仅显示出奥地利政府面对革命和民族主义浪潮，决心维护其疆土完整，还让人看到了它为保住自己的江山而表现出的残酷无情。维也纳现在有了一个新政府，首脑是温迪施格雷茨亲王的妹夫、拉德茨基的军事顾问施瓦岑贝格亲王费利克斯（Prince Felix zu Schwarzenberg, 1800—1852）。为了确保王朝未来平安无事，作为第一步，新政府劝说倒霉的斐迪南让位。1848年12月2日，斐迪南逊位，把皇位让给他时年18岁的侄子弗朗茨·约瑟夫。斐迪南在日记里写道："新皇帝伏在此前他的皇帝，也就是朕面前，请求朕的祝福。朕把双手置于他头顶，划了十字，赐予他朕的祝福……随后朕与爱妻回宫收拾行装。"斐迪南余生一直住在布拉格城堡里，直到1875年去世。维也纳恢复秩序后，新政府转而对付布达佩斯。1848年10月3日，哈布斯堡王朝对匈牙利宣战。耶拉契奇手下的克罗地亚士兵与他们的盟友塞尔维亚人和罗马尼亚人在匈牙利一路烧杀，大肆劫掠。匈牙利激进派和温和派在科苏特的领导下，联合成立了国防委员会。

温迪施格雷茨亲王率领一支5.2万人的军队沿多瑙河缓慢推进，打败了装备简陋、力量弱小的匈牙利军队后，于1849年1月15日进入布达佩斯。包贾尼试图调停，被这位哈布斯堡将军逮捕关进监狱。1849年10月6日，被关押了几个月的包贾尼被行刑队枪决。哈布斯堡的军队并非一帆风顺。匈牙利国防委员会转移到首都以东的德布勒森。征兵之后，到1849年6月底，匈牙利军队已有17万人，兵工厂也生产了大量武器弹药，科苏特还设法从国外购买军用物资并偷运回国。非马札尔人的少数族裔起义者遭到逮捕和审判，122人被判处死刑。局势的发展正中激进分子下怀，扩充后的匈牙利军队在称职司令官的指挥下，开始发起反攻。1849年4月14日，科苏特宣布匈牙利完全独立，被众人推选为总统。1849年4月23日，匈牙利人收复了布达佩斯，但一支奥地利军队仍然据守俯瞰多瑙河的布达城堡。4万匈牙利军队在重炮支援下围困城堡达两周。1849年5月21日凌晨，匈牙利军队攻陷了城堡，在仅仅几个小时内，杀红了眼的匈牙利人就处死了1 000多名奥地利士兵。温迪施格雷茨亲王因这次惨败而被解职。

哈布斯堡王朝危如累卵。面对危局，弗朗茨·约瑟夫和维也纳政府孤注一掷。1849年5月21日，约瑟夫前往华沙会见俄国沙皇尼古拉一世，争取他支持"反对无政府、维护社会秩序的神圣斗争"。原本半死不活的"神圣同盟"原则有了一次短暂的回光返照。沙皇看到约瑟夫对他屈膝下跪，恭顺地亲吻自己的手，不禁感到飘飘然。沙皇也有自己的现实考虑，他担心匈牙利独立可能会对他的波兰臣民产生影响——已经有一些波兰人加入了匈牙利军队，包括高级军官。脾气暴躁的奥地利司令官尤利乌斯·冯·海瑙（Julius von Haynau, 1786—1853），又一位参加过拿破仑战争的老军人，向西翼投入了8.3万名士兵和330门大炮。与此同时，耶拉契奇统率的一支4.4万人军队携带190门大炮从南边推进。匈牙利人全力抵抗入侵的两支军队，根本无力抵御装备了600门大炮的20万俄国大军。俄军长驱直入，攻入特兰西瓦尼亚，配合当地4.8万名哈布斯堡和罗马尼亚士兵作战。1849年7月13日，海瑙攻陷布达佩斯。匈牙利政府和议会南逃到塞格德。匈牙利人呼吁国际保护，然而无人响应。7月28日，急需盟友的匈牙利政府宣布，所有少数族裔的语言和文化一律受到保护。

这一保证来得太迟了。海瑙统率的军队很快推进到巴纳特地区的重镇泰梅什堡（蒂米什瓦拉）。1849年8月9日，海瑙大败由波兰军人约瑟夫·贝姆（Józef Bem, 1794—1850）指挥的匈牙利军队。贝姆在拿破仑的大军中服过役，还参加过1830年波兰起义和葡萄牙内战。他热衷于支持各地的自由事业，1848年先去了维也纳，随后到了特兰西瓦尼亚。贝姆和他的总司令、杰出的军事战术家阿图尔·格尔盖伊（Artúr Görgei, 1818—1916）不同，几乎每战必败。贝姆不懂匈牙利语，在泰梅什堡时从马背上坠落，军情紧急时无法指挥部队。贝姆又一次化险为夷，越界逃入奥斯曼帝国，改信了伊斯兰教，以穆拉特帕夏的名字死于阿勒颇总督任上。这是这场战争中的最后一仗。科苏特剃须挂冠而去，先去了伊斯坦布尔，被软禁了一段时间后乘船流亡，1851年，他在万众欢呼声中抵达英国。科苏特靠字典阅读莎士比亚作品，借此学会了英语。有人形容他的英文"颇有古风，听上去像戏剧台词"。科苏特还去了美国，在国会联席会议上发表演讲。之后他返回欧洲，在都灵终老。1890年，他的声音被爱迪生发明的留声机录下来，成为最早的匈牙利语录音。

1849年8月13日，格尔盖伊向俄军投降。海瑙对沙皇要他宽大处理的指示不予理睬，逮捕了4600名匈牙利人，其中1500人被囚禁了10到20年，很多人服刑期间戴着手铐脚镣。500人被判处死刑，不少死刑犯后来减刑，改判多年有期徒刑。120人被处决，大多数处以绞刑。科苏特和其他逃走的要犯受到缺席审判，名字被钉在绞刑架上，模拟行刑过程。海瑙放过了在投降书上签字的格尔盖伊。匈牙利人最终失利，一是因为俄军人数上占有压倒优势，给了他们致命一击，二是因为罗马尼亚人、克罗地亚人和塞尔维亚人的蹂躏和掠夺，匈牙利人被迫分兵抵挡。不过，匈牙利人失败的最重要原因是海瑙统率的军队纪律更严明，装备更精良，指挥更出色，可以得到匈牙利人没有的财政和工业资源。

激进分子和反动势力

哈布斯堡君主国稳住阵脚后，于1848年的夏天和秋天分别平定了维也纳和布拉格，德意志统一前景乌云密布。12月20日，法兰克福议会经过数月讨论后，颁布了《德意志人民基本法》，保证一切自由，宣布婚姻世俗化，取消贵族称号和特权，实行陪审团开庭审判制度，同时废除了死刑。然而，以上措施实行起来很难。由于奥地利和波希米亚坚决拒绝加入一个单一的德意志民族国家，议会别无选择，只能建立一个面积较小的德国。普鲁士国王作为世袭君主可以延迟立法，但没有否决权。经过努力，人们争取到了足够多的民主派人士支持在宪法中赋予所有25岁以上的男子选举权。1849年3月27日，宪法在议会以微弱多数通过。28个德意志邦国批准了这部宪法，包括普鲁士，4月21日，普鲁士新选出的自由派占多数的议会通过了这部宪法。腓特烈·威廉四世把帝国皇冠比作"想把我同1848年革命拴在一起的狗项圈"。他先是解散了议会，不久之后又宣称，他永远不会接受他的权力源自选举，而不是源自君权神授原则。皇帝的言行极大损害了温和立宪派立场，激进民主派和共和派趁机夺得了主动权。出乎意料的是，他们仅在德意志一些边缘地区得势，如萨克森和莱茵兰，这些地区成了激进民主派的最后阵地。

普鲁士国王拒绝接受一个统一的德国宪法后，其他邦国的君主也嚣张起来，纷纷起而仿效，但不是所有君主都有强大的武力做后盾。1849年4月30日，萨克森国王腓特烈·奥古斯特二世把德累斯顿自由派议员赶走后，任命了一个持强硬立场的政府，新政府决定动用武力恢复秩序。截至5月3日，示威者已在全市各处筑起了108个街垒，国民自卫军也开始背弃政府。国王和大臣逃到德累斯顿城外的柯尼希施泰因要塞，请求普鲁士人帮助恢复秩序。被国王遣散的民主派议员组建了萨克森新一届政府，城外的大批革命者赶来保卫新政府。萨克森王国宫廷乐队指挥理查德·瓦格纳（Richard Wagner, 1813—1883）也参加了构筑街垒的活动。受蒲鲁东和费尔巴哈思想的影响，瓦格纳把革命视为一种手段，认为革命能够为完成自己作为世界艺术天才的使命创造最佳条件。起义爆发后，他无比激动，乐观地断言："旧世界已经土崩瓦解。在它的废墟上将立起一个新世界，插着翅膀的**革命**女神在暴风雨中呼啸而至。"无政府主义者巴枯宁的观点更为激进。他先参加了巴黎革命，后又被驱逐出柏林，于1849年3月来到德累斯顿。6月，巴枯宁告诉在布拉格开泛斯拉夫大会的代表，他们应该"彻底推翻这一衰老世界，因为它已完全丧失了生气和生命力"。巴枯宁对萨克森自由派追求的目标丝毫不感兴趣，他来德累斯顿是因为他想要一场像样的革命。

瓦格纳忙于制造手榴弹，从德累斯顿圣母教堂顶上观察普鲁士军队。巴枯宁加入了修筑街垒的人群。但他们的行动于事无补。普鲁士政府以闪电般的速度采取了行动，用火车把军队运送到萨克森首府。1849年5月9日，大约5 000名普鲁士和萨克森士兵开进城，拆毁街垒，击溃了保卫城市的3 000余名组织松散的革命者。250名起义者战死，400人受伤，869人被捕。多达6 000人受到审判，罪状一直追溯到1848年3月。727人被判徒刑，很多人被判长期徒刑。97%的服刑者是萨克森本地人，当局把起义归咎于外来人，其实外来起义者寥寥无几。将近2 000名起义者逃到瑞士，其中就有瓦格纳。他说巴枯宁"不得不把自己的大胡子和浓密头发交给刀片和大剪刀……几个朋友观看了这一幕。刀片很钝，刮起来极为痛苦。在刀片下，受害者本人一副听天由命的模样"。瓦格纳又补充说："我们向巴枯宁告别。当时觉得此次分手，他肯定在劫难逃。"虽然化了装，但巴枯宁还是被捕，获得两次被判死刑的殊荣。巴枯宁先是被萨克森当局以参与起义的罪名判处死刑，后又因在布拉格泛斯拉夫大会上发表的煽动性言论被奥地利人判处死刑。他是俄国公民，所以被引渡给了俄国。俄国当局判处他先在彼得保罗要塞长期服刑，再被流放到西伯利亚。

萨克森起义是针对普鲁士拒绝德意志统一掀起的抗议和反抗浪潮的一部分。在德意志大部分地区，抗议活动很快被压制下去。法兰克福徒有虚名的首领约翰大公拒绝谴责普鲁士人在德累斯顿的行径。1849年5月20日，大臣冯·加格恩辞职，带领60名议员退出议会。奥地利和普鲁士政府分别召回了驻在法兰克福的本国代表，另外两个抵制统一德国宪法的邦国萨克森和汉诺威紧随其后。剩下的104名议员为躲避法兰克福的普鲁士军队，去了斯图加特。6月17日，迫于柏林的压力，符腾堡政府派士兵捣毁斯图加特议院，撕毁装饰大厅的黑、红、金三色旗，议会被迫中断会议。在莱茵兰，民主派俱乐部和社团纷纷召开会议，要求普鲁士和巴伐利亚政府接受宪法。1849年5月初，位于莱茵河下游的杜塞尔多夫、埃尔伯费尔德和索林根等城市的市民在市内筑起街垒，捣毁机器成了反抗行动的一个特征。群众释放了关在当地监狱里的囚犯,市民和民兵指挥官成立了公安委员会。普鲁士军队开始炮击杜塞尔多夫市内的街垒。埃尔伯费尔德和索林根组织松散的起义者认识到继续抵抗下去毫无希望,自行拆除了街垒后返回家里。当地一些起义队伍,包括很多农民,也纷纷解散。

然而莱茵河上游的革命党人和民主派没有被吓倒。国王马克西米利安二世拒绝接受"法兰克福宪法"后,1849年5月2日,上莱茵河地区激愤的各家民主派俱乐部召开会议,在巴伐利亚的普法尔茨成立了"临时政府"。在莱茵-黑森民主派的动员下,两队武装起来的工人和市民赶来支援。被派来恢复秩序的士兵倒向起义者一边,城里到处飘扬着共和红旗和丝带。在最上游的巴登,军队倒戈支持民主派。5月13日,巴登大公逃到法国,民主派领袖宣布巴登为共和国,联合黑森和普法尔茨的起义者努力挽救奄奄一息的法兰克福议会。波兰民族主义革命家卢德维克·梅洛斯瓦夫斯基受命指挥部队,被起义者从监狱中释放的施特鲁韦做他的副手。施特鲁韦临时组建了一支由大学生和归国流亡者组成的队伍,弗里德里希·恩格斯也在内。这支队伍装备简陋,纪律松弛(据恩格斯讲,一个团的士兵冲进一家酒窖,全团喝得烂醉如泥)。6月12日,普鲁士、黑森和符腾堡的3万军队开进普法尔茨,用大炮粉碎了对方的抵抗,并在瓦格霍伊塞尔一战中击败梅洛斯瓦夫斯基的部队,一周后抵达巴登。拉施塔特是坚持到最后的城市,1849年7月23日,那里的6 000名民主派战士投降。绝大部分俘虏被杀,被处决的俘虏中,600余人的尸体被抛到公共坟地。恩格斯和很多人逃到瑞士,梅洛斯瓦夫斯基辗转到了巴黎,此后几个月内,8万多人离开巴登移居美国。

在革命后期阶段,欧洲很多地区出现了两极对立现象。左翼日趋激进，右翼动用武力镇压。这一次欧洲各地人民的起义与 1830 年极为不同，不仅声势浩大，持续时间久，而且很激烈，从根本上撼动了各国政府的根基。民主派中的很多革命者曾是烧炭党人，但到了 19 世纪 40 年代末，他们已经抛弃了秘密斗争的旧习，转而领导起义的人民大众，如同法国大革命期间的雅各宾党人。然而到了 1848—1849 年革命后期，他们越来越孤注一掷。民主派越需要人民群众的支持，温和自由派就越需要现政权的军事支持。另一方的举动也同样绝望。各国君主和保守派惊魂甫定，意识到如果没有外援，就难以从根本上扭转局势。俄国人为解救匈牙利的哈布斯堡人而出兵干预，法国人出于极为不同的考虑，也将出兵干预意大利，以稳定罗马局势。在那之前，法国和意大利国内局势都发生了剧变。

在教皇国内，左右翼之间的冲突尤其激烈。教皇庇护九世任命观点温和的佩莱格里诺·罗西（Pellegrino Rossi, 1787—1848）伯爵为司法大臣。此前罗西一直流亡法国，具有法国国籍，1815 年他支持意大利境内的拿破仑政权，被基佐任命为法国驻意大利大使。罗西很快成为政府的实际首脑，逮捕了一批原流放那不勒斯的激进分子首领。1848 年 11 月 15 日，一群被遣散的士兵在议会台阶上围住他，将其刺死，一群人聚集在他遗孀屋子外，高呼："刺死罗西的手有福了！"数千人聚集在教皇宅邸奎里纳莱宫前面，要求成立共和国。人群中有人开始鸣枪，教皇秘书被穿过办公室窗玻璃的一颗子弹击中，一门大炮的炮口对准了奎里纳莱宫大门。庇护九世吓得魂飞魄散，化装成堂区神父，乘马车逃到那不勒斯，随后下令撤回驻扎在意大利北部的军队。民族主义者宣布打一场圣战让教皇惊恐不安。奥地利人毕竟还是虔诚的天主教徒。

托斯卡纳的温和自由派竭力抵挡里窝那人民起义。1848年8月23日，人民群众夺取军火库后，民主派执掌政权。佛罗伦萨爆发了大规模的群众示威，迫于压力，托斯卡纳当局同意按照一人一票原则选出37名代表参加立宪会议。利奥波德大公仓皇出逃，请求拉德茨基元帅帮助他恢复秩序。暴动者拆除建筑物上的大公徽章，宣布托斯卡纳为独立共和国。在皮埃蒙特民主派的压力下，阿尔贝托废除了1848年7月库斯托扎一役失败后与奥地利人签署的停战协议，调动部队与奥地利人开战。1849年3月22日，阿尔贝托的8.5万名装备简陋、缺乏训练的士兵与拉德茨基指挥的7.2万名训练有素的士兵在米兰东北部的诺瓦拉激战了一天一夜，战斗一直持续到第二天黎明。阿尔贝托的军队惨败，他彻底崩溃了，连他想战死沙场的愿望都落空了（他抱怨说："连死神都抛弃了我。"）。阿尔贝托让位给儿子维托里奥·埃马努埃莱二世（Vittorio Emanuele II, 1820—1878），前往葡萄牙，自己在几个月后饮恨去世。拉德茨基强迫皮埃蒙特支付巨额赔款，但大赦了除约100名托斯卡纳和伦巴第革命者外的其他人。热那亚的民主派力挽危局，终寡不敌众。在拉德茨基军队的炮轰下，热那亚守城部队被迫投降。埃马努埃莱顶住来自国内的压力，公开表示支持皮埃蒙特的开明宪法，申明自己忠于意大利统一事业（"我将坚定不移地高举三色旗"）。10年后，他因这一立场得到丰厚回报。

在半岛南端，那不勒斯和西西里社会动荡持续不断，给国王费迪南多·卡洛以可乘之机。1848年5月，他镇压了那不勒斯民主派发动的起义，但西西里岛上的起义依然未平。当地温和派一如往日，为恢复秩序组建了一支国民自卫队。然而这支队伍没有经过什么训练，根本无力抵挡1848年8月横渡墨西拿海峡的1万正规军。国王的军队连续6天炮轰墨西拿，城内2/3建筑被摧毁。最终墨西拿城失陷，费迪南多·卡洛因此有了"炮弹国王"的绰号。西西里的革命政府挑选了卢德维克·梅洛斯瓦夫斯基（哪都有他）出任司令官，指挥一支只有7 000人的弱小军队。它根本不是费迪南多·卡洛训练有素的军队的对手，而且梅洛斯瓦夫斯基不会说意大利语，无法给部队准确下达命令。一支那不勒斯舰队尚在驶向巴勒莫的途中，巴勒莫城内就已到处筑起了街垒，上面插上了红旗。然而起义者内部分裂，几乎没有进行什么像样的抵抗。弗朗切斯科·克里斯皮（Francesco Crispi, 1818—1901）当时是一名年轻律师，也是西西里议会里的激进议员，他抱怨说："温和派惧怕人民胜利甚于惧怕波旁王朝军队。"1849年5月11日，国王完全占领了巴勒莫，他解散议会，恢复了对该岛本已摇摇欲坠的专制统治。在那不勒斯，他解散了议会，逮捕了议员。

对意大利各地残存的革命党人而言，现在除了建立共和国外，别无选择。就在托斯卡纳的共和运动四分五裂之时，1849年4月26日，一支1.5万人的奥地利军队开进托斯卡纳，重新把利奥波德大公扶上权位。现在，只剩下罗马了。教皇出逃后，罗马人宣布成立罗马共和国。马志尼在这一过程中起了主要作用，民主选出的议会一致推选他为罗马荣誉市民。出人意料的是，马志尼证明了自己是一位非常称职的行政官员。他生活简朴，为人正直，工作效率高，因此深孚众望。马志尼取缔了宗教裁判所，将其房舍用于安置穷人，设立由世俗法官主持的公共法庭，设立累进税制，倡导宗教宽容。他派前烧炭党人费利切·奥尔西尼（Felice Orsini, 1819—1858）去教皇国亚得里亚海沿海城市安科纳任特派员。当时安科纳犯罪猖獗，奥尔西尼去后很快恢复了社会秩序。当时在罗马的美国作家玛格丽特·富勒（Margaret Fuller,

1810—1850）称马志尼是"天才、杰出思想家"，才干堪比恺撒。

教皇请求国际社会干预。再次由欧洲各国复辟王朝主宰的国际社会对教皇的呼吁没有置若罔闻。说来有些奇怪，这一次出面干预的是法国人。1848年巴黎工人和激进分子在"六月的日子"里失败后，温和自由派急需一位既能维持秩序，又能维护革命政治成果的人物。他们觉得锲而不舍的密谋家路易-拿破仑·波拿巴就是自己需要的人。路易-拿破仑最后一次冒险是试图在布洛涅海岸登陆，结果他和追随他的武装人员在沙滩上被俘虏。路易-拿破仑被判终身监禁，关在一个要塞里。1846年，他趁要塞修缮时装扮成建筑工人逃了出来，流亡伦敦。1844年，他出版了在狱中撰写的一本书，宣扬靠成立国家补贴的储备机构和建立劳工聚居地消除贫困，因而受到工人拥戴。他还争取到了温和派的支持，他宣称自己"渴望秩序"。路易-拿破仑给人的印象不佳，用梯也尔形容他的话说，很多人觉得他是个"蠢家伙"。对法国人来说，他是一个外乡人（路易-拿破仑流亡德国期间在当地上学，讲的法语带有德语口音），似乎没人把他当回事。在拉马丁的怂恿下，国民议会毫无顾忌地通过了一部宪法，规定总统经人民普选产生，路易-拿破仑显然会参加竞选。路易-拿破仑巧妙地利用了伯父拿破仑的威望，在1848年12月11—12日的大选中以压倒优势击败了卡韦尼亚克将军——他因镇压六月起义而不得人心——和其他那些无足轻重的候选人，包括拉马丁本人。

路易-拿破仑自称是第二共和国的君主总统。他深知，需要争取法国保守派和保王党人的支持，同时利用法国人民仇恨奥地利的心理达到自己的目的。法国出兵帮助教皇复位不仅能把法国天主教徒拉到自己一边，还能防止奥地利干预，从而满足自由派和左翼势力的要求。1849年3月,国民议会批准派出一支远征军。4月24日,1809—1814年效力于拿破仑一世的夏尔·乌迪诺(Charles Oudinot, 1791—1863)统率6 000人的法军部队在意大利沿海登陆,向罗马推进。加里波第赶到罗马加入马志尼的事业,加里波第在前一年的8月从流亡地南美归国,率领500名志愿兵参加了北意大利的战斗。马志尼委托加里波第主持军务。4月30日,8 000名罗马共和国士兵手持上了刺刀的步枪,对法军发起猛攻。加里波第身先士卒,挥舞战刀冲在前面。法军猝不及防,全军败退,伤亡惨重。从南面开过来的一支那不勒斯军队也被共和国部队击退。路易-拿破仑知道,为了与他伯父的辉煌战绩沾上边,必须打场胜仗,弥补乌迪诺的初战失利。乌迪诺在"永恒之城"罗马附近的制高点架上重炮,不停歇地炮轰城区。

1849年6月3—4日,法军攻克了部分意大利人阵地后,继续向前推进。6月22日,罗马外城墙失守。持续炮击给意方造成了巨大破坏和人员伤亡。6月30日凌晨,法军攻入市内,击退了此时开始身着红衫的加里波第志愿军,他们后来因红衫扬名。加里波第看到败局已定,告诉马志尼大势已去,一批老革命家离开意大利,再次流亡瑞士。加里波第带领志愿军撤出罗马,历经险阻,翻山越岭前往威尼斯。他的妻子安妮塔死在行军途中。跟随他的人大多被奥地利人俘虏,受到残酷对待。奥地利人剥下反叛教士乌戈·巴锡(Ugo Bassi, 1800—1849)在授圣职礼上涂抹过圣油的额头上的皮,然后把他交给行刑队枪决。巴锡临死前对一名教皇国官员说:"除了我和你一样都是意大利人外,我没有罪。"加里波第本人安全撤到海边,乘船去了美洲。此后几年,他辗转美洲各国,艰难度日。罗马的庇护九世现在彻底抛开了他昔日改革者的名声。路易-拿破仑劝他尊重自己臣民的自由。庇护九世置之不理，恢复了宗教裁判所，强迫犹太人返回旧日犹太人区，拒绝赦免共和国的大批官员。

在意大利北部，一年前拉德茨基在库斯托扎打败皮埃蒙特军队后，只有威尼斯仍在革命党人手中。皮埃蒙特被迫退出战争正中共和党人下怀。达尼埃莱·马宁恢复了秩序，举行了选举。1849年3月，马宁被人民推选为实际上的独裁者。来自意大利各地的1.2万名士兵和志愿者与1万名威尼斯士兵合兵一处，共同守卫威尼斯50多处加固过的炮台，严阵以待，此时奥地利军队正在意大利本土集结。指挥马宁2.1万人威尼斯军队的司令官是那不勒斯将军古列尔莫·佩佩。在他支持下，马宁封杀了城内激进的"马志尼俱乐部"，其大部分领导成员被流放。威尼斯被围困的日子一天天过去了。城内的粮食和弹药越来越少，开始实行配给制。马宁努力争取外援，响应的只有科苏特和匈牙利人，而最终匈牙利军队未能靠近达尔马提亚沿岸。威尼斯城内，死于伤寒、疟疾和霍乱的人数不断上升。1849年春夏两季死亡人数达4 000人。当年5月，扼守通往意大利本土道路的马尔盖拉要塞连续3周遭到炮击，6万余发炮弹打到阵地上，守卫者被迫撤离要塞。1849年7月29日，奥地利人把重炮缓缓推入阵地后，向城内发出了1 000余发炮弹。8月22日，威尼斯人看到败局已定，向拉德茨基投降。投降条件还算宽厚，允许马宁及其他领导人乘船流亡海外。在这场冲突中，大约8 000名奥地利士兵阵亡或死于疾病，威尼斯方面的死亡人数大致相当。和在哈布斯堡帝国境内其他地区一样，奥地利及其盟军凭借残酷无情的意志和军事优势，维护了帝国版图的完整。当时几乎没人意识到，以上一连串事件实际上意味着一场旷日持久的危机的开始。不出20年，这场危机将彻底摧毁哈布斯堡在德国和意大利的统治。

到了 1849 年 9 月，各地的革命均已结束，只有法国还剩一个尾声。1848 年 12 月路易-拿破仑·波拿巴当选为第二共和国总统后，解散了国民议会，迎合农民的右翼倾向。1849 年 5 月举行的选举产生了一个保守派占多数的议会。路易-拿破仑在政府内大量安插奥尔良派人士。1849 年 6 月底路易-拿破仑的军队镇压了罗马共和国后，不屈不挠的赖德律-洛兰领导民主派掀起声势浩大的抗议浪潮，路易-拿破仑安然度过了这场风暴。6 月 11 日，2.5 万人高唱《马赛曲》向议会进发，卡尔·马克思和亚历山大·赫尔岑也在其中，但人群被骑兵驱散。只有里昂一地爆发了激烈的流血冲突，当局动用大炮摧毁了纺织工人修筑的街垒，造成 50 人死亡，1 200 人被捕。路易-拿破仑打压报纸和俱乐部，同时颁布一条法律，规定必须居住 3 年以上才有资格参加选举，从而剥夺了大批来自城市工人阶级的选民的选举资格。2/3 的巴黎选民丧失了选举权，全国失去选举资格的选民人数达 300 万人。赖德律-洛兰逃往英国，法国的共和派议员遭到逮捕，被投入监狱。

1850 年 8 月 8 日到 11 月 12 日，路易-拿破仑在法国各地奔走，寻求支持。他宣称："拿破仑这个名字本身就是纲领。对内意味着秩序、权威、宗教和人民福祉，对外意味着国家尊严。"150 万人在一份请愿书上签名，要求修改宪法，延长路易-拿破仑的总统任期，但未能在议会得到所需的 2/3 多数票支持。路易-拿破仑于是开始策划政变。他奔走各地期间，听到人民高呼"皇帝万岁"，更是跃跃欲试。1851 年 12 月 2 日凌晨，路易-拿破仑逮捕了包括梯也尔在内的反对派领导人，解散了议会。法国东南部和中部各地旋即爆发了起义，但被军队镇压下去。路易-拿破仑做出的秩序维护者姿态更有了依据。路易-拿破仑操纵的宣传机器指责共和派煽动暴力，2.7万名抗议者遭到逮捕，3 000人被投入监狱，9 530人被流放阿尔及利亚，239人被送到法属圭亚那的魔岛囚犯流放地。路易-拿破仑发布告示，指责议会腐败、派系争斗不休。同时，为了争取民主派的支持，他恢复了男子普选制度。1851年12月20日举行的公民投票中，750万名选民支持他采取的行动，只有64万人反对。不过，有150万名选民没有参加投票，当时法国大部分省份处于军事管制之下，反对派无疑被束缚了手脚。1852年11月，又举行了一次公民投票，路易-拿破仑被推选为法国人民的皇帝拿破仑三世（定为三世反映了一种不实之说，即拿破仑一世死后，他的儿子继续执政，直到1832年猝死。）雨果讥讽路易-拿破仑是"矮子拿破仑"，被迫逃往布鲁塞尔，之后到了海峡群岛，撰写了著名小说《悲惨世界》。新皇帝选择在他伯父奥斯特里茨战役大捷纪念日和他自己发动政变一周年那一天给自己加冕。卡尔·马克思把1851年发生的事件与1799年的第一共和国做了比较，辛辣地评论说，历史会重演，"第一次是作为悲剧出现，第二次是作为笑剧出现"[*]。拿破仑三世的批评者低估了他的卓越才华，这既不是第一次，也不是最后一次。

---

[*] 这句话出自马克思《路易·波拿巴的雾月十八日》，载于《马克思恩格斯全集（第八卷）》（人民出版社，1961年），第121页。——编者注

变革的局限性

领导革命的各地资产阶级自由派几乎都深受英国议会制政体的影响。议会制政体奠定了英国的世界霸主地位，促进了工业增长。激进分子和民主派则从1789—1793年法国大革命中汲取了思想。温和自由派追求消灭沿革的专制宪法，废除法律规定的旧社会等级制度。思想更激进的人希望建立一个民主共和国。最初，各地革命党人无论对宪政持何种观点，均认为大家都在为共同目标奋斗。有些人，如巴枯宁和梅洛斯瓦夫斯基，甚至足迹跨越几国，短短几个月内投身几场革命。在欧洲很多地区，参加过拿破仑战争的老兵再次上阵，根据亲身经历和个人信仰，或为革命而战，或为抵制革命而战。1848年革命浪潮爆发时，正值一场大规模经济危机，广大贫苦大众几无活路，各国政府面临巨大信任危机。奇怪的是，欧洲深陷危机之时，当时在位的几国君主，无论是令人生厌的法国路易-腓力，神经质的普鲁士腓特烈·威廉四世，患有癫痫病的奥地利斐迪南一世，还是巴伐利亚做事不计后果的路德维希一世，没有一个堪当重任。各国政府对1789年依然记忆犹新，面对危机束手无策。革命似乎势不可当。面对历史潮流，各国政府只能听天由命。

过去几十年里，各国政府对改革做出的让步要么姗姗来迟，要么不得已而为之。民众疾苦和政治参与两大核心问题一个也没有解决。面对温和自由主义和民主共和主义双重潮流的冲击，各国政府一筹莫展。正如1789—1793年巴黎的情况，成千上万对现实不满的工人和城市贫民举行了大规模示威，推动了大城市的革命。各地的温和自由派组织市民成立了民兵组织，一是为了取代专制君主的军队，二是为了恢复和维持街头秩序。英国是当时世界上政治势力最大、经济最发达的国家。受英国立宪君主制政治模式的启发，温和的自由派极力想借革命力量实行改良政治。他们想推行的诸多改革基本上能为人民所接受，比如实行陪审团开庭审判制、废除死刑、最高权力归议会、采用人民代表制、进行自由贸易、取消进口关税，不过其他一些举措得不到群众拥护。在国家是否应该使用干预手段为失业者提供就业机会、为大众提供廉价食品的问题上，自由派态度暧昧，这激怒了示威者。事实证明，各地成立国民自卫队或民兵组织是一把双刃剑，其成员在代表秩序的一方和参与街头巷战一方之间摇摆不定，不知该支持哪一方。

值得注意的是，大多数示威者并没有呼吁回到昔日的行会行规和种种限制上。他们要求国家干预社会，不是要退回到社会等级森严、经济职能分工被法律定死的旧社会，而是期盼建立一个民主的新世界。从目前掌握的民众成分统计数字来看，新兴工人阶级已经占了很大比例。例如，因参与萨克森革命被判刑的727人中，绝大多数属于新兴工人阶级，其中19%是工匠师傅，26%是满师学徒，12%是"手艺人"，还有12%是"工人"；其实他们本来都可以成为工厂工人。萨克森是当时德国工业最发达的地区，那里的革命比大部分地区更激进。当地工人投身共和派和民主派革命反映了他们身处的经济危机有多么严重。巴黎"六月的日子"中的骚乱者成分同样复杂,既有穷困潦倒的手工业者,也有工厂工人,大多数人没有工作。欧洲各地被剥夺公民权的人修筑街垒,争取自己在城市的地位。他们不仅要确立自己在城市内的权威,还要确立在国家内的权威。在一个只有少数有财产的人才有选举资格、温和自由派又拒绝给予人民选举权的世界里,修筑街垒也许是实现人民主权的最有效方式。

仓促拼凑而成、缺乏训练的民兵终究不敌训练有素、装备精良的正规军,后者对原政权的忠诚几乎从未动摇过。各国君主也恢复了镇定,不再相信自由派有能力维持秩序。少数态度顽固的将领和官员敦促君主重新树立其权威,他们把妥协视为软弱的表现,躲在新上台执政的自由派政府背后百般阻挠,革命者无力阻挡他们再次掌权。有些历史学家对1848年革命评价不高,认为革命者意志不坚定,胆小怕事。然而,群众诉诸暴力,肆意杀死他们痛恨的保王派军官、大臣和官员,袭击欧洲各地王宫和政府机构,从这些行为中可看不出他们不愿使用武力的迹象。不过,与群众的暴力相比,代表旧秩序的军队要残暴和肆意妄为得多。面对暴力,欧洲大部分地区的温和自由派转向代表秩序的传统势力,只有匈牙利是一个明显例外。民主派想驾驭人民起义这只老虎,结果把温和自由派进一步推向反动势力一边。1793—1794年罗伯斯庇尔的"恐怖统治"在人们脑海里留下的印象实在太深了。

在欧洲大部分地区,革命党人失利的又一原因是未能争取到农民的支持。在很多国家,尤其是法国,农奴制要么早已废除,要么逐渐受到削弱,只剩些许残余,比如普鲁士和奥地利。与1789年法国大革命或1917年俄国革命时期的农民不同,当时的农民没有苦大仇深的感觉。参与镇压1849年莱茵兰革命的普鲁士士兵大多来自农村。意大利的加里波第在库斯托扎一战中失利后，曾想对奥地利人开展游击战，但得不到农民响应。他后来写道："我意识到，民族事业根本打动不了农民。"1849年4月，温和自由派为了重新把利奥波德大公扶上台而向农民搬兵。镇压佛罗伦萨共和运动的恰恰是来自托斯卡纳的农民。法兰西第二共和国实现了成年男子普选权后，农民获得了选举权，他们站到了维护旧秩序的势力一边，把票投给了路易-拿破仑。波兰农民在1846年杀了许多具有民族主义倾向的地主，两年后依然拒绝支持他们。在哈布斯堡王朝统治的中欧地区，解放敕令颁布后，农民失去了打仗的理由。此外，1848年时，拥有土地者已不再如18世纪那样仅限于贵族，新生大资产阶级购买了大量庄园，不同社会等级之间的界限日益模糊。温和自由派，包括地主阶级，极力想在农村推行私有化，取消公地放牧权，用自由市场制取代旧制，他们这样做自然也触怒了农民。1848年，在积怨未消的地区，再次爆发了农民起义。但总体来讲，农民起义者与自由派的中产阶级革命者互不通气。

革命失利的最大原因在于，革命阵营内部很快出现裂痕。不仅自由派与民主派分裂，君主立宪派与共和派分裂，相互对立的民族主义者也走向分裂。在欧洲很多地区，民族自决原则与模糊不清的国家边界格格不入。历史形成的圣伊什特万王冠领地这一实体与境内的不同语言族群互不相容，比如圣伊什特万领地内和边界两侧居住的塞尔维亚人和罗马尼亚人。德意志人和马札尔人自认为高人一等，瞧不起捷克人和克罗地亚人等弱小民族，认为他们落后。哈布斯堡人尤其善于利用这种分裂达到目的。维也纳堪称欧洲抵制民族主义、民主和议会制的中坚力量。1848—1849年冲突结束后，哈布斯堡王朝寸土未失，再次称雄欧洲。然而，革命浪潮播下了帝国衰败的种子，尤其是众多德意志民族主义者清楚地认识到，必须在哈布斯堡帝国之外成立一个德意志民族国家，不包括奥地利和波希米亚。这就需要采取有力行动，把属于哈布斯堡王朝的领土从德意志邦联中除去。要做到这一点，离不开普鲁士的领导。同样，意大利迟迟未能统一，主要是因为哈布斯堡王朝的顽固阻挠。意大利半岛上最富饶、最发达的皮埃蒙特显然仍是统一事业的首领，但事实证明，它没有力量把奥地利人从意大利北部赶出去。若要实现意大利的统一，就必须有外国的援助，尤其是法国的援助。然而当时德意志和意大利统一问题均不在欧洲议程之上。

1848年精神以不同方式影响了欧洲的部分地区，在这些地区，事件发生的时间也与当时总体形势的发展相异。西班牙不时受到卡洛斯战争的震撼。温和自由派大权独揽的地位受到拉蒙·纳瓦埃斯（Ramón Narváez, 1800—1868）将军专横跋扈作风的威胁。1845年，纳瓦埃斯主持了一次宪政改革，规定只有有产阶级才有选举权，同时加强中央集权，改革国家财政，在北非发动了殖民战争。纳瓦埃斯担心1848年革命蔓延到西班牙，于是压制各家报纸，大量使用警局密探，靠发布敕令统治。他躺在病榻上奄奄一息时，有人问他是否想饶恕他的敌人，他回答说："我没有敌人。他们都被我枪毙了。"西班牙经济陷入萧条后，1854年2月，萨拉戈萨一地首先爆发了街头抗议示威，随后波及其他地区。马德里市内筑起了500多个街垒，巴塞罗那也乱了起来。在南方，祖先是爱尔兰天主教移民的莱奥波尔多·奥唐奈（Leopoldo O'Donnell, 1809—1867）将军以"兵谏"反对政府，称"我们希望把人民从正在吞噬他们的集权中解放出来"。西班牙军人对政局的影响力超过欧洲大部分地区。借助军人势力,奥唐奈达到了目的。他和另一位进步的自由派将军、第一次卡洛斯战争的胜利者巴尔多梅罗·埃斯帕特罗(Baldomero Espartero, 1793—1879)一起顺利执掌政权。伊莎贝尔女王仍然在进步党人和温和派之间左右摇摆,军方上层逐渐转向反对她。支撑奥唐奈政权的铁路繁荣破灭后,爆发了一场军人革命,人民纷纷起义响应。1869年,在获胜的民主派的推动下,西班牙颁布了一部新宪法,这也是19世纪西班牙颁布的第六部宪法。新宪法载入了男子普选权和自由派倡导的一切自由,但没有提出建立一个共和国。一个民主派领导人说:"在欧洲找一位民主的国王,和在天堂找到一个无神论者一样难!"也许事先没人料想到,不出几个月,寻找支持民主的国王将引发一场欧洲大战。

在南欧其他地区,1843年希腊已经有过一次争取自由的革命。1832年欧洲列强把国王奥托强行扶上台后,他大批任用德意志人,形成了"巴伐利亚人体制"。一批希腊知名政治家和参加过19世纪20年代独立战争的军官针对该体制合谋发动了一场不流血政变。士兵冲出军营,聚集在奥托王宫窗下,高呼:"宪法万岁!"国王被迫做出让步,指定参与密谋的领导人之一安德烈亚斯·梅塔克萨斯(Andreas Metaxas, 1790—1860)出任首相。希腊变成了立宪君主制,恢复了由男子选民选出的立法议会。奥托从未真心接受宪法,不断在背后作梗,加之他一直没有子嗣,因此在1863年的一场密谋中,他被推翻了。奥托在位期间对他发号施令的英法两国叫他接受既成事实,奥托于是返回慕尼黑。在慕尼黑,他经常身着希腊传统服饰出入巴伐利亚宫廷,直到1867年去世。

希腊的独立得到了列强担保。奥斯曼帝国在欧洲的残余领土又陷入动荡之中,尤其是阿尔巴尼亚。自1839年起,奥斯曼人在此地推行被称为"坦齐马特"[*]的改革,增加赋税,加强政府集权,削弱当地封建显贵,派遣安纳托利亚人官吏到当地任职,这些人完全是外来者,甚至不会说阿尔巴尼亚语。当地人惯于携带枪支,奥斯曼官员解除当地人的武装,征募青年人去奥斯曼军队当兵,这一做法激起了民愤。1843年,顽强不屈的阿尔巴尼亚领导人被逮捕后,爆发了起义,人民把奥斯曼官吏从大部分大城市赶走。经过3周激战,泰托沃落入起义者手中,成为阿尔巴尼亚政务会总部,政务会要求取消各项改革措施。奥斯曼苏丹派奥马尔帕夏(Omer Pasha, 1806—1871)率一支军队镇压起义。奥马尔帕夏本是塞尔维亚人,原名米哈伊罗·拉塔斯(Mihajlo Latas),在奥地利军政国境地带的部队中服过役。他和父亲受到侵吞公款的指控后,逃到了波斯尼亚。奥马尔帕夏的敌人称他是"一个不择手段往上爬的人,一个有着雇佣兵般狂热的野心家"。帕夏的3万大军连续几周炮击泰托沃,逮捕了起义领袖,扑灭了起义。这次起义根本不是什么争取自由的革命,甚至连阿尔巴尼亚人的民族主义思想都没产生。阿尔巴尼亚人既没有一个国家,也没有一个教育体系,连是否使用同一个字母表,阿尔巴尼亚人都谈不拢。阿尔巴尼亚境内的纠纷依然大多诉诸血仇手段,而不是靠法律解决。

波斯尼亚的情况与阿尔巴尼亚很不一样,虽然两国起义的导因都是当地的穆斯林地主阶级不满推行"坦齐马特"和强制实行征兵政策。经过1831年的起义,波斯尼亚穆斯林的民族认同感已显端倪。黑塞哥维那地方长官阿里·里兹万贝戈维奇(Ali Rizvanbegović, 1783—

---

[*] 坦齐马特改革,又称"仁政改革"。——译者注

1851）领导的抵抗运动在加强民族认同感方面起了重要作用。他告诉人民，如果强行推行改革，"不出30年，波斯尼亚将失去其特征"。他对波斯尼亚人说："莫斯塔尔就是你们的伊斯坦布尔。"奥斯曼人再次派奥马尔帕夏率军镇压起义。1850年5月，奥马尔帕夏统率一支8 000人的军队，携带35门先进加农炮开进萨拉热窝。队伍中有大量波兰人和匈牙利人，1849年时这些人逃到伊斯坦布尔，改信了伊斯兰教。此外，还有2 000人的阿尔巴尼亚非正规军。当地的波斯尼亚显贵进行了顽强抵抗，但他们之间没有什么配合。残酷的内战打了整整两年，奥马尔帕夏一一攻克了起义者的据点。战争惨烈至极，奥马尔帕夏甚至告诫一位友人不要吃萨瓦河里的鱼："河里的鱼都在吃我赶进河里的波斯尼亚人的尸体。"奥马尔帕夏的军队在波斯尼亚各地一路劫掠，对起义城镇勒索巨额罚款，他设在特拉夫尼克的司令部成了"一所巨大的监狱"。据报道，"政府部门里，连一个波斯尼亚人都没有"，年近七旬的里兹万贝戈维奇戴着脚镣步行了100多千米后被枪决。军队对波斯尼亚人的横征暴敛加上军队食宿的沉重负担使人民一贫如洗。奥马尔帕夏取胜后，有人评论说："萨拉热窝死了。"

有些国家基本上没有受到1848年局势和思潮的冲击。1848年，瑞典斯德哥尔摩街头发生了骚乱，但危机很快化解了，原因之一是1844年即位的国王奥斯卡一世（Oscar I, 1799—1859）本人以思想开明著称。他曾提议实行代议制度，但遭到传统社会阶层的拒绝。直到19世纪60年代初，奥斯卡的儿子卡尔十五世（Karl XV, 1826—1872）才成功引入了代议制，把瑞典改造为一个君主立宪制国家。挪威基本上是一个农业社会，处于瑞典王室统治之下。挪威在1814年实行了宪政改革，1829年的"广场战役"巩固了改革成果。此后挪威一直享有较大程度的自治，并未受到1848年大动荡的冲击。俄国的情况则完全相反。尼古拉一世强化书报检查制度，在听到1848年巴黎爆发革命后加征士兵。不过，当时俄国的公民社会还没有发展到有可能爆发人民起义或资产阶级自由派造反的阶段。思想领域内的情况则有所不同。俄国的一批激进人士——其中最有名的自然是巴枯宁——受到了革命和在革命边缘地带传播的思想的影响。

在英国，宪章运动因19世纪40年代末的经济危机而复活。格拉斯哥和伦敦均爆发了一系列声势浩大的示威活动，示威者拉倒栏杆，打碎商店橱窗的玻璃。曼彻斯特骚乱者袭击了一家济贫院。1848年4月，宪章派国民公会在伦敦南区举行示威游行，据计有15万人参加。政府担心示威者也许会仿效巴黎民众，于是动用10万名特警（还请出了即将返回法国的路易-拿破仑·波拿巴）阻止示威者过河。不过，示威活动以和平方式结束，宪章运动遭人耻笑，因为公众后来得知，向议会提交的陈情书上的200万个签名中有很多是伪造的，比如"维多利亚女王"和"潘趣先生"*这样的名字。当局并没有就此罢手，而是通过了新法案，禁止公共集会，强化叛国罪法。威廉·卡菲（William Cuffay, 1788—1870）是混血儿，职业裁缝，祖上是奴隶，在他身边聚集了一批极端激进分子。一个警局密探侦破了他们策划发动起义的密谋后，当局逮捕了这批人。卡菲被流放到塔斯马尼亚，他随身携带了一本拜伦诗集，这是伦敦宪章运动成员"为表达对他的爱国主义精神和崇高情操的深深敬意"而送给他的。

当时正值经济萧条，民众日益不满。这段时期的几届英国政府竭

---

* "潘趣先生"是英国传统滑稽木偶剧《潘趣和朱迪》中的鹰鼻驼背滑稽木偶。——译者注

力避免加重国内人民的赋税，为此大幅削减海外殖民地庞大驻军的费用，同时扩大了与殖民地的自由贸易，不再靠牺牲国内消费者的利益补贴殖民地的种植园主和甘蔗种植主。这一做法导致各殖民地局势动荡。牙买加的种植园主拒绝纳税，加拿大总督被人扔鸡蛋，造反的盎格鲁效忠派纵火焚烧了蒙特利尔议会大厦。英国殖民当局为了避免增加国内负担，对锡兰加征赋税，引发了一次大规模起义。2万名佛教徒拿起武器，试图建立一个本地人的康提王朝，被殖民当局军队镇压下去。身穿袈裟的起义领袖被枪决，尸体在一棵树上吊了4天。在英国统治的马耳他和爱奥尼亚群岛，当地总督明智地推行了带有自由色彩的宪政改革，以防止欧洲大陆上的革命蔓延到本地。在更偏远的地区，1848年，纳塔尔的布尔农民发动起义，反对英国移民来当地定居。开普敦总督哈里·史密斯（Harry Smith, 1787—1860）爵士称，起义者"观察欧洲局势"后萌生了造反之心。史密斯扑灭起义后，不无得意地说，与德国比，英国更有能力维护自己各地领土的统一。

1848年后，欧洲各地温和自由派继续把英国的渐进式改良视为化解社会矛盾之道。维多利亚时代中期的英国人认为，社会进步理念对外使英国称霸全球合法化，对内推动了改良政治。帕默斯顿勋爵是19世纪40年代末到50年代辉格党人政府内的要员，于1855—1865年（中间有过短暂中断）任英国首相，他鼓励欧洲大陆上的自由主义运动，坚信英国的社会和政治模式是各国效仿的榜样。他宣称：

> 我们国家给其他国家提供了一个榜样。每一个社会阶层都欣然接受了上天降于它的命运，同时每个社会阶层中的每一个人都不断为提高自己的社会地位而努力，不是以非正义和不当的方

式，不是靠诉诸暴力和非法手段，而是靠品行端正，靠日复一日地积极发挥造物主赋予他的聪明才智和品德。

19世纪50年代，40年代宪章运动发动的阶级斗争已被新形式工会不断施压的斗争方式所取代。例如，1851年成立的"工程师统一工会"就避免举行罢工，重视鼓励成员为积攒保险基金厉行节俭，保险基金经济困难时可以发给大家。设在伦敦的新的温和工会团体坚信，"粗野人的骚乱与'工程师统一工会'和'木匠联合会'等组织提出的主张没有什么共同之处"。那个时代的金科玉律是个人地位的改善，人们尊奉的圣典是苏格兰记者、铁路官员和前宪章运动成员塞缪尔·斯迈尔斯（Samuel Smiles, 1812—1904）1859年出版的《自助：以性格和行为说明》(*Self-Help: with Illustrations of Character and Conduct*) 一书。斯迈尔斯称："每一个人都负有伟大使命，都应该培养高尚的品德，实现个人的远大目标。人人都应该有受教育的机会，应该能够随心所欲地运用他神一般的天性蕴藏的一切力量。"这本书第一年首版发行就售出2万册，到作者去世时，销量达到25万册。

19世纪50—60年代，英国的社会和谐和自由化的个人主义体现在政治制度的相对稳定上。1846年托利党在《谷物法》问题上发生分裂后，辉格党人基本左右了政局，但因内部分歧和经常依靠激进分子而受到削弱。宪政没有受到挑战，正如商人兼记者沃尔特·白芝浩（Walter Bagehot, 1826—1877）在《英国宪法》(*The English Constitution*)（1867）一书中所颂扬的。议会制度因而得以不断改善，牢牢确立了下院在国家政治生活中的主导地位。1854年选举期间，行贿被宣布为违法，行贿受贿现象因而有所减轻（但直到1883年才彻底铲除了行贿）。1867

年调整了根据人口多寡不均匀分配议席的制度，1872年实行了无记名投票制。各党成员朝秦暮楚，政治上反复无常。少数派托利党政府执政时间始终不长。1850年罗伯特·皮尔爵士去世后，他的追随者逐渐被辉格党所吸引。不过大多数人改换门庭的最大原因还是帕默斯顿深得民心。这几十年内英国历届政府相对虚弱表明，在以自由企业为基础的社会，人们对政府作用持怀疑态度，其显著标志是财政大臣威廉·尤尔特·格莱斯顿（William Ewart Gladstone, 1809—1898）推行的严厉财政政策。他和其他皮尔追随者加入了辉格党，自己分别于1852—1855年和1859—1866年出任财政大臣。格莱斯顿在任职期间废除了数百项关税和消费税，把所得税减至每英镑付4便士，他认为，钱不应上缴给国家任其挥霍，而应"留在百姓口袋里结出果实"。他还进一步推行改革，通过（1855年）废除对报纸征收印花税放开了报纸，1861年又取消了纸张税，以上措施导致各家日报的发行量猛增。1857年，政府开始征收遗产税。格莱斯顿采取的种种措施使他在工人阶级及其代表中颇得人心，也为他在帕默斯顿1865年去世后两年出任自由党（1859年辉格党更名为"自由党"）首领后竞选获胜铺平了道路。

这一时期政坛上的两个风云人物，格莱斯顿和托利党首领本杰明·迪斯累里，此时已开始了他们之间的较量。迪斯累里是一位有犹太血统的小说家。他之所以声名鹊起，一是因为能言善辩，二是因为他在党内带头反对皮尔。当时在上院领导托利党政府的德比伯爵疾病缠身，迪斯累里成为托利党在下院的实际领袖。1867年，迪斯累里推动通过了第二部《议会改革法》，选民人数增加了88%，成年男子选民从100万增至将近200万，同时消除了遗存的种种舞弊行径。大批民众和平示威，支持该法。后来通过的一系列修正案进一步扩大了该法最初条款的涵盖范围,对两党现在均视为"值得尊敬的"工人阶级提出的要求做出了让步。迪斯累里推动通过这一法案的目的是给予社会上数量可观的一部分人选举权,这些人虽不富裕,但有一定收入。迪斯累里给予他们参与国家事务的权利,希望他们会因此投票支持保守党人。法国新当选的总统路易-拿破仑·波拿巴出于同样考虑,保留了1848年实行的男子普选制。受此影响,19世纪后期其他国家的保守派政府终于认识到,继续沿用属于18世纪的手段已无法维持他们在近代世界中的统治地位。

克里米亚战争

1848年革命浪潮失败后上台掌权的各国政府寻求以新的方式巩固自己失而复得的权力。它们都认识到，1848年革命浪潮的根源是经济萧条，因此无一例外以新的热情发展经济。葡萄牙的萨尔达尼亚公爵当年参加过反米格尔战争，1851年，他在一场政变中（他一生发动了不下7次政变）上台。萨尔达尼亚称自己的政府是"一次复兴"，颁布了一部包括直接选举的新宪法，废除了死刑。政府拨款改善基础设施，在全国修建公路、铁路和电报网。同一年，西班牙设立了一个商业、教育和公共工程部。皮埃蒙特的加富尔政府也是一样。德意志诸邦国复位的君主大举借债修造铁路、桥梁、运河和学校。在欧洲大陆各地，国家承担了修造铁路的任务，而铁路是19世纪50年代经济繁荣的主要动力。各国政府成立了统计局，用于评估社会和经济状况，不仅方便警察镇压，还可以为经济、社会和行政改革提供依据。1854年，萨尔达尼亚满意地说："百姓无心过问政治，都在忙自己的事。"各地均开展城市建设，书报检查制度也改换了形式，从革命前徒劳无益地阻挠发表批评时政文章，改为监视这类文章的作者。同时，各国政府越来越愿意把报纸作为自己的宣传手段。

无论1850年复辟了什么，维也纳解决方案划定的欧洲已不复存在。以梅特涅（1848年）下台为特征的新欧洲与王朝复辟时期的欧洲大相径庭。在相当长的一段时期内，列强携手合作维持现状。1850年后的20年中，国际风云骤变，大动荡与冲突接连不断。革命后出现的新一代聪慧、灵活的保守政治家扮演了领导角色。加富尔、俾斯麦、拿破仑三世和迪斯累里这样的人认识到，为了维护秩序和稳定，必须大胆革新，争取人民群众支持国家。他们还意识到，民族主义愈演愈烈，已经到了无法阻挡的地步，他们以自己的方式力图使民族主义为己所用。他们无一例外都想借外交政策达到以上目的，从而给欧洲政治引入了一个新的巨大不稳定因素。就搅乱欧洲而言，无人能与法国皇帝拿破仑三世相比。

拿破仑三世可以说是近代第一个独裁者。他认识到，他统治的合法性取决于民众的支持，而不是取决于旧的宗教说教或世俗习俗。为此，无论发动政变，还是此后元老院宣布他为皇帝，他都付诸全民表决。在其他问题上，拿破仑三世也采取了选民投票表决方式。换言之，这是一种公民投票式的独裁体制。皇帝躲在幕后，通过贿赂和恐吓手段操纵选举和公民投票，以达到自己的目的，无论是给自己的政策投赞成票，还是在议会获得对政府俯首帖耳的多数。与此同时，拿破仑三世为取悦民众大力发展经济。他鼓励成立新银行，以资助19世纪50年代修造铁路的热潮，50年代末，法国铁路总长度已是10年前的3倍。铁路的兴建带动了煤、钢和机械等行业的发展。皇帝还重视确保充分就业，开始启动大规模的公共工程项目，很多项目都由私人出资。然而，不是所有举措都是新创。波拿巴主义与奥尔良派的君主立宪思想有许多相似之处，这反映在皇帝启用了一批七月王朝的铁杆支持者。支持者中，有些是他自己倚仗的家族成员，包括拿破仑一世继女（也是拿破仑一个弟弟的分居妻子）的儿子、内政大臣莫尔尼公爵（Duc de Morny, 1811—1865），还有拿破仑一世的私生子、外交大臣亚历山大·瓦莱夫斯基伯爵（Count Alexandre Walewski, 1810—1868）。议会权力被大大削弱，法兰西第二共和国时期一共有750个议席，如今只有260个议席，而且议会失去了提出法案的权力，每年议会开会时间仅3个月。

并不存在一个有组织的波拿巴党。拿破仑三世主要通过官僚机构统治国家。实权掌握在以皇帝为首的参政院和议员大多由政府指定的元老院手里。拿破仑三世确保各省省长、市长和外省各级官员对参政院俯首帖耳。地方寡头势力因此受到打击，中央政府的权力得到强化。1854年推行的改革还大大扩充了警力，进一步巩固了政权。巴黎一地的警力增长了10倍，警察局长的数量翻了一番。驻扎农村地区的宪兵在路易-腓力时期有1.4万人，此后不断扩充，达到2.5万人。警察跟踪迫害政权的反对者，敢于公开批评政府的人被投入监狱，有时是审判之后，有时根本不经任何审讯。如果受审，批评者可以借此机会向公众宣传自己的主张。但是，政权的最重要支柱还是军队。1848年革命的几个月中，国民自卫军完全不起作用，军队证明自己是维护秩序的一支重要力量。如今，军队成了捍卫政权的堡垒。军队的威望、薪饷、服役条件均有提高。军队地位上升的一个象征是新组建的帝国御前卫队的艳丽制服。德·托克维尔怒斥拿破仑三世政府是"军事官僚专制政权"，他的话不无道理。仅有繁荣和秩序，靠压制反对派来制造百姓安居乐业的假象是不够的，还需要真正赢得民心。拿破仑三世认为，他必须无愧于一个重要神话——关于他的伯父、伟大的拿破仑一世的神话。当初拿破仑三世为了争取人民支持，大打伯父辉煌战绩这张牌。他大声宣布，自己最重要的使命是重振法国的荣耀和国威。现在他竭力在国际舞台上实现他当年说过的话，法国骤然成为欧洲政治中一个难以预测的不稳定因素。这实际上是法国人最后一次试图恢复他们在17、18世纪享有的欧洲霸主地位。拿破仑三世决心在欧洲为自己树立一个叱咤风云的形象还有别的原因。军人密谋并没有完全从政坛上消失。1852年末，拿破仑三世私下写道："军队里有人紧锣密鼓地密谋反对我。我正在密切关注这一切。我以为，我有办法阻止任何人谋反，也许要通过一场战争。"

同时，拿破仑三世为了争取和维持国内民众的支持，还高度依赖法国天主教会。1848年爆发革命后，天主教会也许比其他任何组织更惶惶不安。很快出现了一个机会。19世纪大部分时间，俄国与奥斯曼帝国之间酝酿着一场冲突。俄国试图扩张自己在巴尔干地区的势力，在地中海获得一个不冻港，但巴尔干大部分地区依然处于奥斯曼人统治之下。沙皇尼古拉一世称摇摇欲坠的奥斯曼帝国是"欧洲病夫"。当时，奥斯曼帝国不仅据有巴尔干大部分地区，还占有中东。尼古拉一世当然清楚，过于咄咄逼人或操之过急会带来风险，他当然不希望看到奥斯曼帝国灰飞烟灭。沙皇把奥斯曼帝国当作维护地区稳定的堡垒，有时乐于扶它一把。从他的所作所为看，这似乎有些矛盾。沙皇解决这一难题的办法是加强俄国对奥斯曼帝国的控制，同时极力阻止其他列强这样做。势力范围之争很快愈演愈烈。天主教修士声称，耶路撒冷圣墓教堂内的一小块地面的所有权属于他们。1852年，拿破仑三世支持天主教修士的诉求，以求赢得天主教徒的支持。当年耶路撒冷不过是奥斯曼帝国中东属地上一个几乎被人遗忘的角落。此前几年，东正教修士趁他人不注意时扩大了自己在这个教堂里的原有地盘，尼古拉一世对此表示支持。两个大国在中东地区各怀野心，很快演变成一场冲突。拿破仑三世一直想为修建一条横穿苏伊士地峡的运河扫清道路，当时苏伊士地峡名义上仍归奥斯曼帝国管辖。

面对两国争执，奥斯曼帝国苏丹踌躇不决。1853年夏天，沙皇对苏丹失去耐心，出兵入侵名义上属于奥斯曼帝国的两个多瑙河公国，也就是摩尔达维亚和瓦拉几亚。1853年11月，俄国海军在锡诺普海战中一举歼灭了奥斯曼人舰队。英国人开始为俄国海军在地中海势力的增长而忧心，担心通往印度的航线——从长远看甚至印度本身——会受到威胁。同时英国认为，1848—1849年俄国干预奥匈打破了欧洲均势，对此英国坐卧不安。于是，英国联合法国，向黑海派出了一支海军舰队。尼古拉没有被吓倒。1854年3月30日，英法两国和奥斯曼人一道向俄国宣战。尼古拉一世担心对方会从陆地入侵，加上他觉得奥地利人靠不住，于是从两个多瑙河公国撤回俄军，以加强其他地区防御。果不其然，奥地利人和奥斯曼帝国军队一起出兵两个多瑙河公国。沙皇对奥地利人的忘恩负义怒不可遏——沙皇几年前曾出兵匈牙利，使哈布斯堡帝国免于崩溃，还在1850年通过《奥尔米茨条约》帮助哈布斯堡帝国搅黄了普鲁士统一德意志诸邦的计划。

英法联军与俄军在波罗的海和太平洋沿岸的堪察加一带交战。与此同时，俄军打入奥斯曼帝国境内高加索地区。以上交战均意义不大，更谈不上决定战局，但牵制了大批俄军，仅波罗的海地区就有20万俄军，沙皇尼古拉一世因此无法集中兵力猛攻一处。鉴于1812年他伯父的遭遇，拿破仑深知大举入侵俄国的致命后果，他决定与英国携手攻打克里米亚。部队在这里可以通过海路得到补给，无须走路途遥遥的陆路。英法联军在保加利亚沿海城市瓦尔纳建立了司令部，随后登陆克里米亚。1854年9月，3.5万人的联军在阿尔马战役中击溃俄军5.7万人，直逼克里米亚塞瓦斯托波尔港。俄军加固了城防工事，于10月在巴拉克拉瓦发动了一次反攻。此时发生了英国轻骑兵团冲锋事件。由于命令传递有误，加之理解错误，英国骑兵盲目发起了冲锋，结果遭到俄军的猛烈炮击。在现场观察战况的法国将军说："真了不起。可这不是在打仗。"

此时，俄国已经动员了10多万名预备役士兵。奇怪的是，在1854年11月的因克尔曼战役中，面对力量弱于自己的英法联军，俄国人却没有把这支大军投入战场，联军因而击退了俄军的进攻。此后，战争转入对塞瓦斯托波尔要塞的长期围困。英军将领的无能很快暴露无遗。司令官拉格伦勋爵（Lord Raglan, 1788—1855）曾与拿破仑作战多年，在滑铁卢战役中失去一只胳膊。他习惯把敌人称为"法国人"，与他骑马并行的法国军官恼怒不已。军官多出身贵族，重视军纪甚于重视打仗。率领轻骑兵团发起毁灭性冲锋的卡迪根勋爵（Lord Cardigan, 1797—1868）是一个极端的例子，但绝非个例。他是一个富翁，1835年斥巨资4万英镑买下了第11轻骑兵团团长一职——英军军官职位都是花钱买的。很快，卡迪根把这个团变成了有名的"采摘樱桃团"，官兵一律身穿褐紫红色紧身军服。卡迪根的妻子是上司卢肯勋爵的妹妹，1844年两人婚姻破裂后，他与上司反目成仇。此后，他娶了吸烟的阿德琳·德·霍西（Adeline de Horsey, 1824—1915）为妻，骑兵军官找这么一个老婆倒是很般配。卡迪根死后，霍西改嫁一位葡萄牙贵族。后来，她写了几本回忆录，一时传为丑闻。一位英军上尉军官在日记里写道："英军全军上下都找不出比这两个人更蠢的家伙。"卡迪根和卢肯没有任何实战经验，两人的无能和相互憎恨造成了误解，导致轻骑兵团发起灾难性的冲锋。

军中生活状况急剧恶化。由于军营内卫生条件恶劣，士兵纷纷患病，甚至病死。设在伊斯坦布尔对面博斯普鲁斯的斯库塔里英军医院很快挤满了伤兵、病号和奄奄一息的人，他们在肮脏龌龊的环境中挤成一团。伦敦《泰晤士报》驻当地记者托马斯·切纳里（Thomas Chenery, 1826—1884）写道："被拉来开救护车的随从疲惫不堪，一点忙也帮不上。不仅缺少外科医生，连执行外科医生指令的助手和护士也没有。"在切纳里的推动下，《泰晤士报》开始了一场旨在改善这种状况的宣传运动。从法军那里传来霍乱后，情况更是雪上加霜。这场战争如同此前历次战争，死于疾病的士兵比死于敌人枪弹之下的士兵还多。这引起了英国护士弗洛伦丝·南丁格尔（Florence Nightingale, 1820—1910）的注意。她为改善医护和治疗条件做出了卓越贡献，因此名扬世界。交战各方死于战争的官兵中，病死的人占的比例极高。英军失去了2.1万人，其中1.6万人是病死的；法军共失去9.5万人，病死的是6万人；俄军的14.3万名死者中，7.2万人的死因是疾病。

以上数字显示，如果说英法联军将领指挥无能的话，俄军将领也好不到哪去。霍乱和其他疾病在塞瓦斯托波尔要塞和俄军其他阵地肆虐。俄方最终也认真着手解决这一问题。埃莱娜·帕夫洛芙娜大公夫人（Grand Duchess Elena Pavlovna, 1807—1873）是德意志公主，她靠投身慈善事业逃避不幸福的婚姻。在她的推动下，俄国有了近代护理服务，改善了卫生和护理条件。俄军将领跟法军和英军的一样糟糕。优柔寡断、老态龙钟的俄军司令官伊万·费奥多罗维奇·帕斯克维奇（Ivan Fyodorovich Paskevich, 1782—1856）1831年在波兰指挥过俄军。1854年12月奥地利与英法结盟后，他担心奥地利人可能会攻打克里米亚西北部，迟迟不肯发兵克里米亚解塞瓦斯托波尔之围。1855年6月，联军对马拉科夫要塞发动了一次缺乏协调的攻击。俄军与联军在技术上的差距越来越大。昔日俄国黑海舰队轻而易举打败了奥斯曼帝国的海军，但俄国军舰大多用俄国广袤森林的针叶树做材料，这种木材不适于航海。俄国军舰上的武器落后，用蒸汽做动力的军舰寥寥无几，船员没有受过什么训练。法英两国舰队驶抵后，俄国海军无论火力还是吨位都显然不及对手。俄军仍在使用射程为200码（约183米）的火枪，而联军使用的枪支射程达到1 000码（约914米）。俄国骑兵骑的马大多走惯检阅场地，不耐行军打仗的艰苦条件，冲锋时更是速度跟不上。俄军士兵使用的军刀又钝又易折断，根本没法与英军士兵使用的大工业制造的设菲尔德钢刀相比。英军的钢刀可以轻而易举划穿敌人穿的厚重长大衣，俄军军刀刺到敌人衣服后却会反弹回来。

俄军兵源来自农奴，服役期25年，很多人年龄已超过40岁。俄国没有合格的预备役部队。战争期间征募的40万新兵没有受过任何训练，因为缺乏训练他们的军官。很多军官要么年逾中年，要么谨小慎微，缺乏斗志。主持修建塞瓦斯托波尔坚固城防工事的工程师爱德华·伊万诺维奇·托特列边（Eduard Ivanovich Totleben, 1818—1884）将军在俄军中可谓凤毛麟角。由于莫斯科以南不通铁路，从俄国中部和北部调俄军到克里米亚需要将近3个月的时间。部队抵达后，武器弹药又严重不足，一是因为运输困难，二是俄国没有现代化工厂，制造过程极其缓慢。到1855年底，俄国库存军火仅有9万支枪、250门野战炮。英法联军则可以通过海路源源不断补充武器弹药。也许最重要的一点是，俄国政府财政上无力支撑战争。1856年初，国务会议警告新继位的沙皇亚历山大二世，他若再不结束战争，国家财政就有可能破产。

1855年3月2日，沙皇尼古拉一世去世。同年2月6日，帕默斯顿出任英国首相。交战方以此为契机，启动了结束战争的谈判。1855年8月增援塞瓦斯托波尔要塞的俄军被击退后，俄国人开始认真谈判，于1856年3月签署了《巴黎条约》。条约确立了黑海地区的中立地位，禁止俄国在黑海停泊军舰，允许多瑙河两公国独立。这两个公国很快与前奥斯曼帝国属地南比萨拉比亚合并，成立了罗马尼亚。自1812年起南比萨拉比亚一直是俄国地盘，直到从俄国分出去。因此，和平协议不仅沉重打击了俄国在这一地区的势力，还损害了奥斯曼帝国的利益。克里米亚战争是自拿破仑时期以来最惨烈的一场欧洲战争，将近50万人或战死，或伤重不治，或死于疾病。但是，战争涵盖的地域很有限，参战国家只投入了很小一部分兵力，各国交战目标也极为有限。没有一国遭受灭顶之灾，无论是沙皇俄国，还是奥斯曼帝国。从另一个意义上讲，克里米亚战争仍属于老式战争。不仅参战将领（或者说部分将领）是当年滑铁卢战役的老人，而且交战的军队依然身穿艳丽军服，用步枪排射，徒步对敌人发动进攻，或使用骑兵发起冲锋，其方式与半个世纪前的战争没什么两样。

就直接结果而言，克里米亚战争的战果很有限，但俄国在欧洲国际政治中受挫产生的影响十分深远。俄国失去自1815年起占据的欧洲政治中心地位，被打回欧洲政治边缘。法国重返欧洲政治舞台，实力和威望大增。奥斯曼帝国基本上完好无损，只丧失了多瑙河公国。不过，奥斯曼苏丹被迫发布一份正式敕令，承认在自己管辖领地内的基督徒的权利，尤其是在耶路撒冷。人们渐渐认识到需要大幅改革帝国的机构。老资格外交官、措辞犀利的英国大使斯特拉特福德·坎宁告诉苏丹:"您现在的行政制度……正在把您引向覆灭。"苏丹阿卜杜勒·阿齐兹（Abdülaziz, 1830—1876）被暗杀后，精神状况不太稳定的穆拉德五世（Murad V, 1840—1904）继位，但很快被废掉。1876年阿卜杜勒·哈米德二世（Abdülhamid II, 1842—1918）继位。苏丹阿卜杜勒·阿齐兹和阿卜杜勒·哈米德二世均认识到需要推行改革，但无能为力。奥斯曼帝国很快再次沦为欧洲病夫，无力偿还债务。20年后俄国重启对外侵略扩张时，奥斯曼帝国成了它眼中的软柿子。

各交战国军队在战争中暴露出了诸多问题。俄国和英国均对军事组织和供应进行了意义深远的改革。英国没有征兵制，这意味着军队规模较小，没有预备役部队。《泰晤士报》派驻克里米亚记者威廉·霍华德·罗素（William Howard Russell, 1820—1907）在报道中抨击了种种弊端，引起英国公众对战事的忧虑。为此，英国专门成立了一个皇家委员会，讨论如何以最佳方式组织和供给部队，保证经费来源。直到19世纪60年代末、70年代初，各项改革才得以落实，增加了军费开支，废除了富家子弟（多半是贵族子弟）出钱买军职的制度，改为择优任用。俄国沙皇亚历山大二世是普鲁士腓特烈·威廉三世的外孙。像19世纪欧洲的众多甚至大多数君主一样，他有德意志血统。俄国战败后，亚历山大二世开始推行一系列重大改革，其中最重要的一项是解放农奴。经过长期准备，1861年，俄国废除了农奴制。推动解放农奴的动力之一是建立一支士兵能从打胜仗中受益的军队。此外，俄国还对各省政府进行了改革。废除农奴制对俄国的乡村管理体制产生了重大影响。

废除地主的执法权力意味着建立一套中央执法体系。1864年，俄国还成立了地方选举产生的议会，借此培养民众对政府的忠诚。地区和省一级均成立了地方自治机构，成员由贵族、城镇居民和农民选出，农民采取间接选举的方式。省议会议员大多是贵族，考虑到这种情况，开明改革派没有推动成立全国议会，况且沙皇身边的保守分子坚决反对这样做。因此，俄国保留了独裁统治制度。亚历山大努力改革司法制度，于1865年引入了西欧式的法庭和公审制度，以及法官终身制和司法审判陪审团制。警察保留了对政治犯不经审判实施"行政拘捕"、将其流放西伯利亚的权力。尽管如此，改革依然意义重大。经过一段时间后，法庭成了自由发表意见的主要场所。1862年，俄国废止了预防性的书报检查制度，改为刊物出版后再提出起诉。改革扩大了大学的自主权，教授上课不受任何限制。中小学体制也得到了重组与扩展。与此同时，俄国大力清洗腐败官吏，提高政府管理水平。政府把诸多职能下放给了议会，这无疑推动了改革进程。

1861年，沙皇亚历山大二世任命思想开明的德米特里·阿列克谢耶维奇·米柳亭（Dmitry Alexeyevich Milyutin, 1816—1912）为陆军大臣，对军队进行改革。1861—1881年，米柳亭精简了机构，将公文数量砍削了45%，把帝国划分为15个军区，合并了军队内的分支机构，改革了军事院校和训练中心，使其达到专业化水平，同时增加了现有预备役兵员。预备役士兵人数从1862年的21万增至1870年的55.3万。宫廷里的保守分子想继续保留贵族免服兵役的旧制，米柳亭好不容易说服了沙皇，于1874年开始实行普遍征兵制，服役期6年，外加9年预备役。米柳亭还很重视应征入伍的士兵识字率低的现象——19世纪60年代，新兵识字率仅为7%。米柳亭在军中制订了教育计划，结果士兵识字率迅速攀升。到1870年，俄军半数士兵具有阅读能力，1/4的士兵会书写。1875年后，俄国的战争能力大大强于20年前。

1856年俄国战败后,它在欧洲的地位遭受的打击只是暂时的,不过毕竟持续了将近20年时间。不无矛盾的是,哈布斯堡帝国不是克里米亚战争的参战国,这场战争给奥地利带来的后果却严重得多。哈布斯堡王朝站在英法一边,得罪了俄国,破坏了1815年后一直是神圣同盟核心的伙伴关系。克里米亚战争期间,奥地利对联军的帮助为时很短,而且首鼠两端,颇为敷衍,结果是哈布斯堡几乎成了孤家寡人,这给它在欧洲的地位带来了致命后果。所有交战大国中,法国获益最大。战争期间几次重要战役的胜利主要是法国人的功劳,战后拿破仑三世的权力和地位均得到加强。在巴黎召开和会这一具有象征意义的决定彻底锁定了法国人的胜利。克里米亚战争后,欧洲协调体系名存实亡,各国君主团结一致的观念也宣告终结,法国皇帝大可放手追求荣耀。在海外寻找下一个胜利目标的皇帝将目光投向了意大利。

民族事业的成败

因克里米亚战争之故，法国不觉得对奥地利负有什么特别义务。法国与皮埃蒙特-撒丁王国结成了一个意义更为深远的同盟，当时在王国执掌政权的是以加富尔为首的温和自由改革派。克里米亚战争末期，加富尔派出了一支1.5万人的小部队参战。与此同时，他极力讨好拿破仑三世，甚至给拿破仑三世送了个情妇——皮埃蒙特驻巴黎大使的夫人维尔吉尼娅·卡斯蒂廖内（Virginia Castiglione, 1837—1899）。加富尔懂得，维护皮埃蒙特的国家体制，使其免受马志尼领导的民主和民族主义革命者威胁的最好办法是顺应民族主义潮流，但是要确保民族主义走上一条温和道路。皮埃蒙特的立宪君主制具有典型的温和开明风格，它的基础是拥有很大权力、由少数有财产选民选出的议会，这种代议机制在民主民族主义重新抬头后难以存活。于是，加富尔决定抢在革命党人之前，让皮埃蒙特领导曾在1848—1849年被残酷镇压下去的意大利统一运动。

作为第一步，必须把奥地利逐出意大利北部。反革命势力卷土重来后，施瓦岑贝格亲王费利克斯在皇帝弗朗茨·约瑟夫政府内大权独揽。施瓦岑贝格亲王出身欧洲名门，19世纪20年代在伦敦期间，他与英国女子简·迪格比（Jane Digby, 1807—1881）有一段风流韵事，因此在伦敦俱乐部区获得"下流亲王"（prince of Cadland）的绰号。19世纪50年代，施瓦岑贝格早已不是当年那个风流亲王，而是成了一个精明的政治家，皇帝约瑟夫称他是自己"身边最杰出的大臣"。在俄国沙皇尼古拉一世眼中，施瓦岑贝格是"身着白色戎装的帕默斯顿"。甚至连梅特涅都对施瓦岑贝格赞誉有加，称他"实为吾人外交学派之弟子"。1851年弗朗茨·约瑟夫颁布了《除夕特许状》后，施瓦岑贝格开始建立一个可以说是彻头彻尾反动的政权，废除了此前的各部宪法和做出的所有让步。司法归政府管辖，法院的独立地位被取消。特许状把议会改为一院制帝国议会，议员全部由皇帝任命。说德语的奥地利官吏在帝国各地执掌统一管理体制，不仅废止了意大利和匈牙利民族自治，还取消了特兰西瓦尼亚、布科维纳、克罗地亚和巴纳特（1853年，不听命令、碍手碍脚的耶拉契奇被罢黜）等地的民族自治。书刊检查制度得到恢复，警察直接归皇帝统辖。

出乎约瑟夫皇帝意料，1852年4月5日，施瓦岑贝格中风猝死。因找不到合适人选接替施瓦岑贝格，约瑟夫本人仓促独揽大权，兼管陆军部，开始推行自己的外交政策。约瑟夫年纪轻轻（当时年仅21岁），缺乏经验，绝非能担此重任之人，无怪乎他的政策深受母亲和前私人教师的影响。约瑟夫继续倒行逆施。1855年，奥地利政府与教皇庇护九世联合签署了一份宗教协议，扩大了教会在教育和书报检查方面的权力，保证教会财产和婚姻裁判权。不过，同一时期，约瑟夫手下的大臣鼓励修造铁路，奥地利和普鲁士还缔结了削减关税壁垒的协定。也许最重要的是，匈牙利、克罗地亚、加利西亚、布科维纳、特兰西瓦尼亚和帝国境内所有世袭领土上和波希米亚地区的农奴都得到了解放。1853年缔结的协议落实了5年前革命党人发布的一系列大胆却空洞的解放农奴宣言。1854年，约瑟夫终于取消了对匈牙利的军事管制，迎娶了巴伐利亚芳龄17的公主伊丽莎白（两人初次见面，约瑟夫就被她的美貌和活泼可爱迷得神魂颠倒），发布了大赦令，从而确立了一个新绝对主义制度。约瑟夫试图建立一个非民族国家（a-national state），而不是一个多民族国家，他的做法在各地激起民怨。在帝国各地强行推行单一的行政管理体制耗资巨大，奥地利在克里米亚战争期间保持武装中立导致政府债台高筑。为了摆脱困境，政府将铁路私有化，同时加征赋税。1857年，欧洲爆发了一场金融危机，沉重打击了维也纳的各家银行，迫使政府进一步削减开支。在沉重的财政压力下，政府被迫大幅削减军费。

19世纪50年代末，民族主义开始小心翼翼地再次抬头。加富尔深知，虽然新绝对主义的奥地利问题重重，但仅凭皮埃蒙特自身的力量还是无力打败它。他需要一个强大的盟友，法兰西第二帝国显然再合适不过。拿破仑三世年轻时曾和烧炭党人一起参加反抗奥地利人的1831年起义，而且始终支持意大利的统一。出兵干预可以给他带来新的军事荣耀和政治好处。在罗马共和国时期，具有革命思想的意大利共和派人士奥尔西尼曾短暂担任安科纳的最高长官。他坚信，拿破仑三世本人是实现意大利统一的最大障碍，这一点起了决定性作用。奥尔西尼曾被囚禁在曼托瓦，他用经典的出逃手法锯断了牢房窗子上的铁条，把床单卷成一条绳子，爬出30米高的窗子，顺绳子滑到地面后逃脱。奥尔西尼设计了一种炸弹，在伯明翰制造了6枚，在设非尔德试验后把炸弹先运到布鲁塞尔，随后转运到巴黎。1858年1月14日，拿破仑三世乘马车去歌剧院听罗西尼的《威廉·退尔》，途中，奥尔西尼及同谋者把3枚炸弹掷向拿破仑三世。炸弹击中了皇帝乘坐的马车和马队，8人被炸死，142人受伤。皇帝本人安然无恙。拿破仑三世故作镇定，继续去歌剧院看戏，好像什么事都没发生。这次事件后，拿破仑愈加认为，必须以非革命的方式实现意大利的统一，从而消除意大利的革命性民族主义。奥尔西尼在狱中给拿破仑写了一封信，敦促他支持意大利的统一事业。据传这封信的部分内容出自皇帝本人之手。1858年3月13日，奥尔西尼被送上断头台。他的同伙一个被处死，两个被判长期徒刑，其中一人卡洛·迪·鲁迪欧（Carlo Di Rudio, 1832—1910）后来从魔岛囚禁地逃到美国，加入乔治·卡斯特（George Custer, 1839—1876）将军的第七骑兵团，在1876年的小比格霍恩之战中从印第安人手下逃生。

暗杀事件促使拿破仑三世采取行动。1858年，拿破仑三世在法国度假小镇普隆比埃尔秘密会见了加富尔。两人商定对奥地利人开战，成立一个新意大利邦联，削减教皇权力。皮埃蒙特王国将向东扩展，改名为北意大利王国。作为酬劳，法国将得到尼斯和萨伏依。拿破仑三世出兵20万，加富尔出兵10万。1859年，皇帝在新年招待会上大声告诉奥地利大使："我对我们与贵国政府的关系不如往日感到遗憾。"按当年外交场合使用的谨慎言辞标准衡量，皇帝这番话几乎可以说是一种侮辱。加富尔更是火上浇油，鼓动皮埃蒙特国王维托里奥·埃马努埃莱在议会开幕时讲了这么一番话："对于意大利各地传来的阵阵哀鸣，我们没有无动于衷。"由于事先得到许诺修改结束克里米亚战争的1856年条约，俄国人心满意足。1854年时，哈布斯堡没有对俄国拔刀相助，俄国人本来也没打算为奥地利人出力。

奥地利开始征募意大利人加入帝国军队。随后皮埃蒙特也开始了动员。意大利各地民情激昂。民族主义组织纷纷涌现。维托里奥·埃

第三章　欧洲之春

马努埃莱拒绝取消军队动员令后，约瑟夫愚蠢地对皮埃蒙特宣战，给人造成奥地利是侵略一方的印象，从而彻底失去了英国和普鲁士对它的同情。战事开启后，法国一支大军从侧翼包抄了位于马真塔的力量占优势的奥地利军队，迫使它后撤。1859年6月，法军在决定性的索尔弗利诺战役中将奥军击败。这次战役双方一共投入了30万兵力，是自拿破仑一世以来投入兵力最多的一次战役，但伤亡较轻，每方大约有3 000人阵亡。这也是世界史上交战双方君主御驾亲征的最后一场战役。结果证明拿破仑三世比缺乏经验的约瑟夫更会打仗。此后约瑟夫再也没有亲身参与过任何一场战争。奥地利人向东节节败退，意大利北部属地尽失。迄今为止，战事的发展一如拿破仑三世和加富尔所愿，但他们开始失去对局势的控制。加富尔在意大利中部和东北部地区鼓动民族主义者起义，意在削弱奥地利、打击教皇国。博洛尼亚、托斯卡纳、摩德纳和帕尔马等地奥地利人扶持的统治者纷纷弃国逃亡，把国家丢给了皮埃蒙特人。拿破仑三世开始担心加富尔势力过大，也惧怕普鲁士人和德意志诸邦国也许会出手搭救奥地利。鉴于以上忧虑，1859年7月，拿破仑事先没与盟友皮埃蒙特协商，就在自由镇私自与奥地利媾和。皮埃蒙特人气愤地获知，奥地利依然占有意大利东北部威尼斯大片地区。加富尔无奈之下只好屈从。随后皮埃蒙特依照事先与法国的约定，把尼斯和萨伏依割让给了法国。

然而戏远未收场。西西里国王费迪南多·卡洛对内推行高压政策，破旧不堪的监狱里关押了2 000余名异见者，招致欧洲国家的不满。格莱斯顿对他统治的谴责（"把否定上帝上升为一种统治制度"）导致他的政府在国际上日益孤立。英法政府劝他进行改革，遭到拒绝后，两国在1856年召回了各自的大使。奥地利战败后，西西里国王更是势单力孤。正值国家生死存亡之际，1859年5月22日，费迪南多·卡洛去世，死因也许是3年前遇刺时受的刀伤。继位的是弗朗切斯科二世（Francesco II, 1836—1894），3个月前他刚迎娶了奥地利皇后的妹妹。西西里政府加征赋税后，面包价格上涨，百姓怨声载道。弗朗切斯科二世不但不做出让步以巩固自己的地位，反而拒绝人民改革的要求。这一不智之举后来导致了他的垮台。

意大利北部战争激起了革命民族主义者的极大热忱。他们的领袖加里波第在罗马共和国失败后靠驾船航海谋生，先后去过中国、南美洲和英国。1854年，他返回热那亚，藏匿在撒丁岛北边的卡普雷拉岛。战争爆发后，加里波第组建了一支志愿军，士兵身穿红衫。第一次世界大战后，欧洲各地的法西斯运动模仿了这一做法，成员身穿各种颜色的衣衫。加里波第的志愿军有"千人军"之称，绝大多数成员来自意大利北部，也有33个外国人，包括4个匈牙利人。起义者迅速派出一支远征军攻打西西里。1860年5月初，加里波第在西西里登陆，自命为独裁者。在当地起义者的响应下，加里波第运用他在南美洲学会的运动战，经过三天巷战攻克了巴勒莫，打败了国王的军队，停泊在海湾的保王派海军舰只绝望之下炮轰巴勒莫。加里波第乘胜挥师直指那不勒斯。此前，国王听从部下劝告，为重整部队放弃那不勒斯。加里波第捷报频传，队伍不断扩大，600个英国人在那不勒斯加入了他的部队。加里波第在那不勒斯受到大批群众的狂热欢迎，他们不停地"挥动帽子和手帕，对他行举手礼。欢呼声震耳欲聋"。1860年9月底，沃尔图诺战役打响。经过两天激战，加里波第统率的2万人打败了人数超过他们两倍的那不勒斯军队。

加里波第现在成了欧洲的英雄。他胜利进军西西里和那不勒斯时发表的多次演说，以及流传的他作战英勇的故事（并不都是夸张）使他成为代表自由民族主义的国际偶像。加里波第写的书信，很多出自手下士兵之手，被翻译成多种文字出版。各家报刊纷纷刊载介绍他事迹的文章。他的故事还被写成小说、画成插图。伦敦《泰晤士报》称他是"意大利的华盛顿"。他的传记开始在美国、法国、德国及其他很多国家发表。大仲马出了一本法文版加里波第回忆录。狄更斯、弗洛伦丝·南丁格尔等许多人为他捐款。来自南北美洲的大笔金钱源源涌入，赞助他的事业。加里波第访问英国时，被大批狂热群众包围。有人专为他谱写歌曲、创作诗歌，颂扬他的事迹。他的头像被制成瓷器纪念品，俨然成了摩登偶像。对他的崇拜可谓登峰造极，超过了对被流放的科苏特的颂扬，掀起了第一个英雄崇拜高潮。19世纪后半叶，英雄崇拜成了欧洲政治中的一大特征。

然而，加里波第不得不接受当时的政治现实。打败那不勒斯军队后，他同意在那不勒斯和西西里举行公民投票，决定人民是否愿意归属皮埃蒙特。投票结果是两地人民几乎一致赞成统一。加里波第辞去总司令一职，返回卡普雷拉岛。1861年3月，维托里奥·埃马努埃莱宣布自己为意大利国王。战争以皮埃蒙特实际控制意大利其余地区告终。意大利刚实现统一，加富尔就去世了，很可能死于疟疾，享年51岁。加富尔的成就是把民族主义激情引向支持现存社会和政治秩序推动的事业，但他为此付出了代价。拿破仑三世怒不可遏。当初他在普隆比埃尔同意的内容并不含意大利统一，如今他在自己家门口变出了一个具有潜在威胁的新的意大利王国。他与天主教会的关系受到严重损害，有可能在国内失去很多人的支持。拿破仑三世迅速派军队保护身在罗马的教皇，为了安抚教皇，还送给他一列供他私人使用的火车，只是教皇乘火车能去的地方实在有限。法国军队继续驻扎在罗马，防止它成为统一的意大利王国的一部分。直到1870年，法国军队才因其他地方的作战需要被调走。意大利军队旋即开进罗马。教皇及其继任者被困在梵蒂冈的高墙内，直到1929年教廷签署《拉特兰条约》，承认意大利国的合法存在。

奥地利的战败促使弗朗茨·约瑟夫加快从新绝对主义政策退缩。战后帝国财政捉襟见肘，约瑟夫被迫同意帝国议会部分议员由选举产生。1862年，首相安东·冯·施梅林在帝国西半部领土颁布了一部宪法，但重新抬头的匈牙利和克罗地亚民族主义者反对建立一个涵盖整个帝国的单一政治体制。施梅林犯了一个致命错误，宣布匈牙利没必要急于建立自己的政治体制，结果彻底得罪了匈牙利人。1865年，一筹莫展的施梅林被罢免。同年恢复的匈牙利议会不可能满足被流放的科苏特和激进民族主义者再次提出的要求。奥地利帝国似乎走进了一条死胡同。而且，奥地利政府没能从战败中吸取教训，改革日益陈旧的军队。

意大利统一战争涉及的地域和持续时间均很有限，造成的后果却波及全欧洲，而且具有决定性意义。在整个欧洲大陆，意大利的统一极大促进了民族国家理念，仅仅10年前，这一理念还惨遭失败。新的民族主义团体和游说集团开始在各国涌现。意大利成功实现统一不仅在匈牙利促成了民族主义运动的复生，还在波兰掀起了民族主义运动。克里米亚战争后，沙皇亚历山大二世在波兰王国俄属地区开始推行改革，包括恢复议会权力，以缓和具有民族主义思想的贵族的不满，大赦仍在西伯利亚流放的1831年起义的参与者，允许波兰地主参与讨论解放农奴的条件。1858年，波兰农业协会成立，有会员 4 000 余人，一如 1861 年在华沙成立的城市代表团，该协会很快成为争取民族主义目标的工具。秘密团体再次出现，讨论小组开始聚会。1831 年起义 13 周年的那一天，民众走上街头游行。为阻挡这股洪流，沙皇任命了保守的贵族亚历山大·维洛波尔斯基（Alexander Wielopolski, 1803—1877）伯爵执掌政府。据说沙皇告诉他："跟波兰人做不成什么事。不过你若运气好，或许能为他们做点什么。"维洛波尔斯基秉承沙皇的傲慢意旨，解散了农业协会和城市代表团，大规模抗议示威随后爆发。1861 年 4 月 8 日，哥萨克士兵对示威者开枪，打死百余人。维洛波尔斯基冒着生命危险冲到士兵前面，下令停止射击，但他的这一举动并没有阻止危机升级。大批逮捕和流放示威者导致局势进一步恶化。

强征 3 万名波兰青年入伍仿佛一颗火星，点燃了起义火焰。在俄属波兰地区，游击战遍地开花。小股武装起义者依照前身为华沙城市代表团的一个秘密组织制订的计划，把有可能被征入伍的青年偷偷转移疏散到密林里，结果俄军只征到了 1.4 万人。该秘密组织成员超过 20 万人，领导者有中产阶级成员、银行职员、邮局小官吏、商人等。他们成立了一个影子政府，下辖 5 个常设部，还建立了信使体系、情报网和一个安全机构。这一运动仍然完全是秘密的，成员不公开个人身份，因此任何人都可能是它的成员，都是当局怀疑的对象。陆军元帅费奥多尔·贝格（Fyodor Berg, 1793—1874）是波罗的海德意志人，曾任芬兰总督，后取代维洛波尔斯基任军事总督。他对新任波兰总督康斯坦丁·康斯坦丁诺维奇（Konstantin Konstantinovich, 1827—1892）大公冷言冷语道："我现在可以断定，我自己不是它的成员，殿下也不是。"民族主义游击队员在波兰、立陶宛、白俄罗斯和乌克兰等地对俄军发动了1 200余次小规模袭击，攻击俄军据点和小部队。双方都许诺废除农奴制。波兰民族主义者这样做是根据切身经验，而且贵族地主在运动中的地位远不如1846年时重要。大批农民加入起义与敌军作战，比如，1863年2月24日，就有3 000名波兰农民不畏强敌，在马沃戈什奇手持镰刀迎战一支装备精良的俄军。

然而，民族主义者分裂为彼此敌对的两派。一派是自由主义者的"白党"，另一派是革命党人的"红党"。1863年10月，两派迫于形势，共同接受波兰贵族、前俄军军官罗穆亚尔德·特劳古特（Romuald Traugutt, 1826—1864）的领导。特劳古特率领一小支游击队与敌人周旋，之后前往巴黎争取法国人支持他的事业，但一无所获。特劳古特被授予全权后，改组了民族主义运动，在各股游击队中实行军衔制，对流亡海外的波兰人征税，将"私自煽动叛乱者"从运动中排除出去，威胁说要把他们交给警察。民族主义运动的主要领导人现在一律使用假名，只有不到20人知道特劳古特的真实身份，仅有6人能见到他。1864年4月8日，一名革命者经受不住拷问，全部招供（他把特劳古特的相貌特征告诉了警察："中等身材，大脑壳，黢黑的肤色，黑发，留茂密连鬓胡子，蓄胡须，戴普通白框眼镜"）。1864年4月10日凌晨1点，一队全副武装的警察冲进特劳古特在华沙的居所，把他带到帕维亚克监狱。随后，一大批人遭到审判。8月5日，特劳古特和5名战友在可以一次绞死多人的特制绞刑架上被当众绞死。起义被扑灭了。

波兰起义的中央领导机构被破坏后，各支游击队随之瓦解。陆军元帅贝格废止了维洛波尔斯基实行的各项改革，关闭了俄属波兰王国的一切自治机构。王国直接归圣彼得堡统治，同时开始无情推行俄罗斯化。俄国大学取代了从前的波兰大学，大多数城镇丧失了各种权利。数千名波兰人遭到逮捕，被送往西伯利亚。连地图上"波兰"这个名字也被抹掉，代之以"维斯瓦边区"。在立陶宛，占领军把反抗的村庄夷为平地，没收了地主庄园，拷打杀害涉嫌参加起义的人。波兰知识阶层被封杀，整整一代民族主义者从此消失。以上种种严酷措施引起了欧洲各地人民的震惊和愤慨。自由派对俄国这个庞然大物的憎恨和猜忌得到了证实，尤其是在英国。实际上，波兰起义从一开始就得到了欧洲各地人民的同情。

各地志愿者纷纷投身波兰起义，比如弗朗索瓦·罗什布吕内（François Rochebrune, 1830—1870）。他是住在华沙的法国教师，参加过1857年派往中国的远征军。罗什布吕内开办了一所击剑学校，挑选一些学员组建了"佐阿夫死神队"*，学员身穿肥大马裤，头戴土耳其帽。在1863年3月的格洛霍夫斯卡战役中，罗什布吕内看到波兰起义者仓皇退却，就揪住他们，用枪逼着他们返回阵地，还不停吼叫："混蛋！现在是什么时候？"他只会说这两句波兰语。法国人热情支持波兰人的事业，罗什布吕内返回自己家乡时，被授予荣誉勋位勋章。不过，大多数志愿兵未能走上战场。一艘搭载200名外国志愿兵的轮船"沃德·杰克逊号"从格雷夫森德港驶出后，在波罗的海触滩沉没。政治观点不同的作家和左翼人士，从加里波第到马克思，都异口同声痛斥俄国人。然而，严酷的现实是，没有一个大国有意帮助波兰人。英、法、奥三国两次联合向俄国发出外交照会，要求沙皇做出让步，两封照会均石沉大海。普鲁士人甚至提议与俄国人一起镇压起

---

* 佐阿夫，法国旧时的一种轻步兵，以善于冲锋陷阵并穿阿拉伯式华丽服装著称。——译者注

义者，但最终还是打消了这一念头，再说从后勤角度讲，出兵干预也非易事。结果，波兰人不像意大利人，只能孤军奋战，并为此付出了代价。

在时代潮流中把握航向

19世纪60年代后期，随着中产阶级的经济和金融势力不断增长，拿破仑三世的独裁统治开始面临越来越大的反抗。他被迫同意推行一系列改革，从此开始了他统治的晚期阶段，人称"自由帝国"。拿破仑三世在欧洲及世界其他地区频频用兵，耗资巨大。1868年通过了《军队法》，此后推行的军事改革进一步加重了财政负担。拿破仑三世兴办的公共工程项目需要巨额贷款，为此需要议会追批。在1869年的选举中，反对派赢得了350万张选票，增加了150万张，政府得票440万张。皇帝被迫罢黜几位重臣，任命了一位具有自由主义倾向的首相埃米勒·奥利维耶（Émile Ollivier, 1825—1913）。奥利维耶曾是温和共和派人士，因擅长在公众场合演讲而闻名。1870年4月，皇帝被迫颁布了一部新宪法，批准了"自由帝国"前几年开始的自由化进程。在举行的公民投票中，超过80%的人支持新宪法。然而，皇帝赢得这次选举并不能掩盖一个事实：他的独裁统治终于大厦将倾。

皇帝无休止地追求民众对他的拥戴，现在他想再次靠军事荣耀达到目的。没过多久，一个赢得法国爱国者支持的新机会出现了，那就是法国东边日益显现的威胁：德国走向统一。意大利的统一激发了德意志民族的民族主义运动。1859年成立的德意志民族协会

（Nationalverein）迅速赢得了中产积极自由分子的支持。两年后，东山再起的自由派成立了进步党，其目标包括以选举而不是指定的方式成立政府和行政机构，保障公民和宗教自由，最重要的是，仿照1848年深受温和自由派爱戴的国民自卫军模式，组建一支人民武装，取代固守传统、以对抗革命的军官团为骨干、不受议会监督、对国王一人唯命是从的普鲁士军队。新军队的预算和监督权将归属民选的议会。自由派民族主义者深知，1848年他们失败的一个重要原因是，法兰克福的议会指挥不动普鲁士、奥地利及诸邦国的军队。他们决心不再重蹈覆辙。

　　自由派民族主义者从1848年失败中学到的另一点是，沿德意志邦联边界建立一个统一的德国不可行。再生的德意志邦联的基础是1850年11月29日的所谓《奥尔米茨条约》。奥地利恢复了它的霸主地位。法兰克福议会工作的艰难已经清楚显示，不会把波希米亚的捷克人纳入一个讲德语人口占多数的国家。同样重要的是，哈布斯堡王朝也不会允许帝国在德意志邦联内的部分领土被肢解并划给一个新的德意志民族国家。1849年，哈布斯堡王朝再次强势维护自己的利益显示了这一点。如果德国要实现统一，就必须把奥地利和波希米亚以及哈布斯堡和德意志邦联排除在外，这意味着统一的德国必须以普鲁士为首。问题在于，普鲁士不是一个自由主义性质的国家。普鲁士首相奥托·冯·曼陀菲尔（Otto von Manteuffel, 1805—1882）执掌政权将近10年。在此期间，他实现了政府职能的近代化，放松对经济的管制，加强警察的作用，使其成为影响社会的一支积极的重要力量，同时保护职业军队在国家中的核心地位。

　　1858年，腓特烈·威廉四世因一次重度中风丧失理政能力（1861

年他去世后，威廉亲王继位），仇视革命的威廉亲王（Prince Wilhelm, 1797—1888）摄政。他罢免了曼陀菲尔，出人意料地任命了一个相对开明的内阁，宣称普鲁士政治进入了一个"新时代"。同时，他试图化解议会中自由民族主义者日益增长的不满，但收效甚微。普鲁士进步党深受意大利统一胜利的鼓舞，开始积极争取控制军队，并将组建民兵的计划付诸实施。1862年底，尽管有限选举权保证了中产阶级的进步党在议会中拥有多数席位，组建了一年的民兵依然毫无进展。更糟的是，军队开始实行新的普遍征兵制，服役时间从2年延至3年，从而大大增加了现存体制下的军队数量和影响。进步党人于是动用了他们在议会里拥有的那点可怜的权力，即批准国家预算权，否决了政府预算。没有议会批准，无论是征税，还是为维持政府运转支出的费用，均属非法。进步党人不会批准预算，除非同意他们提出的用民兵取代军队的要求。

面对僵局，威廉一世起用了他熟悉的作风强悍、极端保守的政治家奥托·冯·俾斯麦。俾斯麦出身普鲁士大地主贵族家庭，性格阴郁，有点神经质，常常生病，但他精力充沛，胃口好得出奇。1880年，一个去他庄园拜访他的人说，俾斯麦在享用了包括"烤牛肉（也可以说是牛排加马铃薯）、烤鹿肉、田鹬、油炸布丁"的午餐后，当晚又吃了一顿"6道菜外加甜食"晚餐。午夜前，他又来了一份称为"茶点"的加餐。俾斯麦每餐必有葡萄酒，早餐也不例外。下午骑马时还要喝啤酒。据他自己讲，他从马背上跌落下来不少于50次。俾斯麦年轻时放荡不羁，多次与人决斗，后来浪子回头，婚后与妻子相亲相爱。俾斯麦早年就直言吐露了个人抱负。1838年他写道："我要当人上人，而不是人下人。"俾斯麦嗓音尖利刺耳，不善言辞，从来不是一个有魅力的人物。他不具有格莱斯顿打动听众的能力，却是一个冷酷无情、老谋深算的政治家，为达到个人目的会毫不犹豫地诉诸武力。

俾斯麦一生热衷加强普鲁士的独立和势力。1847—1848年期间，他所持的极端保守立场给腓特烈·威廉四世留下了深刻印象。1815年，威廉四世派俾斯麦代表普鲁士出席德意志邦联大会，捍卫普鲁士的利益。俾斯麦出使8年期间得出结论："政治是可能的艺术。"俾斯麦暮年时，思考了政治韬略的性质："人既不能创造时代潮流，也不能改变潮流的方向，只能顺潮流而动，凭借或多或少的经验和技能把握航向，以避免船只触礁。"意大利的统一极大地推动了德国的统一运动。俾斯麦认识到，19世纪60年代的时代潮流正在朝着德国统一的方向迅速倾泻，势不可当。他决心确保普鲁士王国这艘航船不被这股潮流冲到自由主义的礁石上。他必须维护普鲁士的完好，包括它的核心机构，一支强大、独立的专业军队，一个专制王朝体制和一个占主导地位的土地和商业贵族阶层。

1862年9月23日，国王任命俾斯麦为普鲁士首相兼外交大臣。一周后，他与预算委员会正面交锋。俾斯麦直言不讳地说："普鲁士必须积聚和保存实力，蓄势而动。过去我们几次错失良机。维也纳条约划定的普鲁士边界不利于健康的国家生活。靠演讲和多数人做出的决定解决不了当代的重大问题，必须靠铁与血。1848—1849年犯的重大错误恰在于此。"俾斯麦为恐吓普鲁士的自由派讲的这番话可谓煞费苦心。他这番冷冰冰的话究竟是什么意思呢？首先，从地图上可以清楚看出，普鲁士这栋房子的确东倒西歪。旧普鲁士国家的核心地区——东普鲁士和西普鲁士——位于德意志邦联之外。维也纳会议后普鲁士新添加的领土莱茵兰-威斯特伐利亚与它其他领土之间隔着汉诺威王国。19世纪中叶，西部的这块领土对普鲁士价值极大：那里一直是制造业和商业中心，现在又迅速走向大规模工业化。然而，这块领土不归普鲁士管辖。它有自己的一套法律和行政管理制度，与普鲁士王国其他地区的交通往来自然也极其不便。直到1837年，汉诺威王国都处于英国国王统治之下。所幸维多利亚女王继位后，由于她是女人，根据《萨利克法》不能当德意志君主，因而割断了汉诺威与世界头号商业和海上霸主之间的纽带。俾斯麦看到了把普鲁士各块分散土地合并为一个单一国家的机会。

俾斯麦认识到，关键是策划德意志邦联的覆亡。为达此目的，只有在恶名远扬的石勒苏益格-荷尔斯泰因问题上做文章。这一问题错综复杂，帕默斯顿有一次称："只有三个人真正了解石勒苏益格-荷尔斯泰因问题：阿尔伯特亲王，一位德意志教授，还有我自己。第一个人已不在人世，第二个人疯了，至于我本人，早已忘得一干二净。"1848年时，这个问题已浮出水面；1863年，丹麦国王腓特烈七世死后绝嗣，导致这一问题再次白热化。丹麦法律允许母系一支后代继承王位，但根据《萨利克法》，诸公国所属的德意志邦联禁止母系一支后代继承王位。即位的新君主克里斯蒂安九世的确是出自母系一支的后嗣，因而不能成为石勒苏益格和荷尔斯泰因公爵。新公爵必须是出自父系一支的后嗣。在这场扑朔迷离的争执背后，是德意志民族主义与丹麦民族主义之间的冲突。一方支持王位传给一个丹麦人，另一方力挺德意志人继承王位。不仅如此，丹麦还通过了一部新宪法，损害了石勒苏益格、两公国北部以及与丹麦接壤的一个公国内说德语的土地贵族的传统权力。俾斯麦要求丹麦收回这部宪法，遭到丹麦拒绝，冲突不断升级。俾斯麦最后以德意志邦联的名义，说服奥地利一起迫使丹麦人放弃对两公国的诉求。

1864年2月1日,普鲁士一支3.8万人的大军(后来又增兵2万人)和奥地利一支2.3万人的军队横穿荷尔斯泰因,越过边界进入石勒苏益格。在暴风雪中,丹麦军队被迫撤出边界一线的防御阵地,退守迪伯尔要塞。普奥两军旋即围困要塞,4月18日,1万人的普鲁士军队攻陷了要塞,双方死伤惨重。在伦敦举行的和谈陷入僵局后,德意志军队继续发动进攻,于6月底将丹麦军队残部完全逐出两个公国。普鲁士军队深入丹麦境内后,丹麦人终于屈服了。10月30日,丹麦被迫放弃两公国,改由奥地利和普鲁士分别管辖。在这场冲突中,丹麦损失了将近1/4人口,包括20万名说丹麦语的居民。1848年,两公国内的德意志民族主义者曾热情支持德国统一事业,因此普鲁士的自由主义者完全支持这场战争。

俾斯麦迈出的下一步争议就大了。对丹麦的战争在德意志北部造成了新的地缘政治上的不正常状态。根据1865年奥地利与普鲁士缔结的《加施泰因协定》,荷尔斯泰因公国南部地区归奥地利管辖。对普鲁士而言,将这一公国和石勒苏益格一并纳入自己领土符合自身利益。俾斯麦从普奥两国围绕两公国管辖问题持续不断的争端中,看到了对奥地利开战、把哈布斯堡人彻底逐出德意志的机会。奥地利吁请德意志邦联出面调停争端。俾斯麦宣布《加施泰因协定》无效,发兵入侵荷尔斯泰因。奥地利劝说德意志邦联开始动员军队备战普鲁士,得到了巴伐利亚等南德诸邦的支持,它们担心丧失独立地位,沦为普鲁士的附庸。俾斯麦马上宣布,邦联不复存在。此前他已做了周密安排,一是与意大利人结成了同盟,意大利依然需要把奥地利赶出仍处于哈布斯堡王朝控制之下的威尼斯,二是在比亚里茨与拿破仑三世会面时，争取到了法国人保持善意的中立。俄国因奥地利在克里米亚战争期间的表现依然怨气未消，再说俄国认为，一个强大的普鲁士是防御一个独立波兰的屏障。英国则认为这场冲突不涉及自身利益。前方道路已被扫清。

大多数观察家预料以奥地利为首的德意志邦联一方会获胜。普鲁士军队的统帅是赫尔穆特·冯·毛奇（Helmuth von Moltke, 1800—1891）。他是一位儒将，出版过一本小说，还把爱德华·吉本的《罗马帝国的衰亡》一书翻译成德语（至少翻译了大部分章节）。毛奇见多识广，妻子是英国人。19世纪30年代，他曾在奥斯曼驻埃及军队中服役，师从普鲁士军事理论家卡尔·冯·克劳塞维茨，一心想把铁路用于战争（他还担任过一家铁路公司的董事）。毛奇认为，以迅雷不及掩耳之势发动决定性的进攻是赢得战争的捷径。他把普鲁士集结的大批步兵部队拆散，编成更精干、机动性更强、战术更灵活的部队，指挥权下放给各支部队指挥官。毛奇的做法受到众多军事评论员的讥讽。奥地利的军事理论认为强调进攻是错误的，当年拿破仑一世就败在进攻上。奥地利人因此信奉防御战略，固守军事要冲和要塞。奥军总司令路德维希·冯·贝内德克（Ludwig von Benedek, 1804—1881）将军1859年在奥意战争中作战英勇，此后青云直上。贝内德克炫耀说，他没读过一本军事理论书，称"一位总参谋长不需要什么才能。有一个好胃口，外加好的消化功能足矣"。贝内德克说服弗朗茨·约瑟夫让他的好友阿尔弗雷德·冯·亨尼克施泰因（Alfred von Henikstein, 1810—1882）负责制订作战计划。贝内德克器重亨尼克施泰因，不是因为他是一位战略家，而是因为他是一个"当家子的人，舞跳得好，又是美食家、赌徒和猎鹿人"。1848年和新绝对主义盛行的19世纪50年代期间,奥地利军队是帝国政权的堡垒,因此受到厚待,军费滚滚而来,但都花在了奢侈品、军服和基本上没啥用处的机关部门上,而不是用于实现军备和装备的现代化。与普鲁士军队不同,奥地利军队的大批普通士兵文化水平低,缺乏训练,发育不良,身体瘦弱。

贝内德克决定把主力摆在克尼格雷茨(又名萨多瓦)要塞一线,防止普鲁士军队从西里西亚南下。毛奇迅速调动普鲁士3个军穿过波希米亚山隘,逼近奥地利人据守的防线。奥地利人毫无反应,依旧固守要塞。几次小规模战斗后,1866年7月3日,两军主力在萨多瓦决战。威廉一世名义上是总指挥,实际指挥权却操在毛奇手里。对毛奇而言,并非事事如意。电报通信出了问题,铁路运输临时又有了变故。战斗打响时,3个军只有两个赶到战场。13.5万人的普鲁士军队迎战24万人的奥地利和萨克森军队。开战后的战场形势对贝内德克绝对有利。

一周前,意大利国王决定利用战争爆发之机入侵威尼斯。奥地利人不得不调遣7.5万人应对皮埃蒙特军队的进攻。若不是意大利人这次进攻分散了奥军兵力,奥军的优势本来会更大。意大利人准备不足,司令官阿方索·拉·马尔莫拉(Alfonso La Marmora, 1804—1878)承认,集结起来的20万人中,"只有一半人或许可以称为'士兵'"。奥地利间谍报告说:"意军全线混乱不堪……士兵无处宿营,饥肠辘辘。"意大利没有制订战略计划体系。5年前意大利统一以来,先后换了6个陆军部部长。国王请加里波第组织一支志愿军,但如维托里奥·埃马努埃莱私下所说,正规军军官像吆喝猪一样吆喝这些"革命百姓"。士兵怨气横生,奥地利间谍喜不自胜地报告说:"一位皇家少校被自己部下刺死。"1866年6月，又一场战役在库斯托扎打响了。奥地利的优势炮火压制了对方，意大利人仓皇溃退。一名军官报告说："道路拥挤不堪，挤满了意大利士兵、望不到尽头的大车和散兵游勇。"奥地利统帅阿尔布雷希特大公（Archduke Albrecht, 1817—1895）因己方损失惨重而不肯乘胜追击溃敌。他手下的军官怒不可遏，对他的决定感到"惊讶"。阿尔布雷希特失去了一次完胜的机会。

在萨多瓦，双方胜败悬于一线。在奥地利优势炮火压制下，部署在中央地段的普鲁士部队动弹不得。国王威廉一世哀叹道："毛奇，看来这一仗我们要输了。"然而贝内德克不肯发动反攻，令他手下的部分军官懊恼不已。贝内德克优柔寡断，心无定见，不知道该从何处发起反攻。尽管兵力上占有绝对优势，他却犹豫不决。普鲁士第三军的10万士兵在王储的率领下，冒着瓢泼大雨艰难行军，携带的大炮和装备全部陷进泥里。下午两点半，这支部队终于赶到战场，对奥地利军队的右翼发起攻击。就在贝内德克举棋不定时，毛奇运用典型的包抄战术，集中兵力突入奥地利军队中央阵地的一个缺口，同时开始从两翼收紧口袋。贝内德克随败军后撤。从下午3点起，在普鲁士军队的炮火下，撤退变成了溃逃。后来一份法庭调查报告称，成千上万的士兵"吓破了胆"，抱头鼠窜。普鲁士轻骑兵紧追不舍，挥舞军刀砍杀敌人。数百名奥地利士兵渡易北河时溺水而死。此次战役，普鲁士方面共有9 000人战死、受伤、被俘或失踪。哈布斯堡军队的损失超过4万人，其中一半以上被俘。奥地利及其盟友已经没有兵力抵抗普鲁士的进攻。毛奇攻占布拉格后，挥师直指维也纳。他的部队一路征集物资，没过多久，多瑙河北部的下奥地利地区成了"一片无边无际的荒野"。丧失了斗志的弗朗茨·约瑟夫向普鲁士求和。1866年7

月 26 日，双方在布拉格签署了停战协议，结束了这场战争。

国王威廉一世及军队将领想乘胜直捣奥地利首都维也纳，然后向战败的哈布斯堡王朝提出苛刻条件。亲临战场坐镇指挥的俾斯麦深知，这样做只会导致奥地利人继续抵抗，与普鲁士结仇，渴欲参加未来反普鲁士的任何联盟。俾斯麦认为，事先定下的战争主要目标已经达到。奥地利被逐出了德意志。俾斯麦显示了对传统和合法性的无情蔑视，赶走了汉诺威国王，把他的王国变成普鲁士的一个行省，从而把普鲁士国家两块隔开的领土连在一起。俾斯麦还攫取了其他德意志领土，尤其是德国的金融中心——此前一直享有自治地位的法兰克福。和汉诺威一样，法兰克福在战争中站错了队。俾斯麦本来可以借此机会削弱普鲁士议会的权力，但他清楚，从长远讲，一个现代政府需要开明中产阶级的支持。因此，他提出了《保障法案》，让议员批准他自 1862 年以来未经议会批准征税的违法行为，以这种方式承认普鲁士议会的合法性。正如俾斯麦所期待的那样，法案导致自由派分裂，少数人拒绝接受，但法案最终获得通过。该法案还排挤了持强硬立场的普鲁士保守分子，他们一直极力推动制定一部更具专制色彩的宪法。保守分子更没有想到的是，俾斯麦如今建立了一个由 22 个德意志邦国组成的新联盟，他将其命名为"北德意志联邦"。这一新联盟已具有一个德意志民族国家的雏形，有一个议会，即帝国议会。令人意外的是，该议会是通过男子普选制选出的，而不像在普鲁士那样，选举权依然受到财产资格的限制。在这个问题上，俾斯麦照搬了拿破仑三世的做法，把开明中产阶级撇到一边，争取他认为忠于王室、思想保守的广大农民的支持。

俾斯麦确保了帝国议会只拥有有限权力。议会有权批准立法，但无权提出议案。它既不能任命，也不能解散政府或罢免官员。只有联邦主席有任免权，而联邦主席不是别人，正是普鲁士国王威廉一世本人。普鲁士在北德意志联邦的联邦议会中，总能获得超过其他邦国的票数，从而确保了它在联邦议会中的支配地位。联邦主席统率联邦武装力量，有权召开或解散帝国议会。地位仅次于主席的是联邦总理，根据习俗而非法律，他还是普鲁士首相，也就是俾斯麦本人。以上安排旨在确保在一个崛起的德意志民族国家新时代中，普鲁士及其体制，首先是军队，能够继续存在下去。同时，普鲁士的统治地位意味着像汉诺威这样摇摇欲坠的落后邦国走向开放，从而赢得众多自由派人士支持新体制。

1866年的一系列事态发展给欧洲其他地区带来了深远影响。奥地利人败于普鲁士后，认识到不能再与意大利作战。尽管取得了库斯托扎战役的胜利，奥地利选择了退让，在和平协议中把意大利北部地区让给了意大利国。19世纪后期，一名俄国外交官在一次议和会议上嘲讽说，意大利人张口索要更多的领土，他们一定又打败了。哈布斯堡王朝深陷危机。据说逊位皇帝斐迪南说："我不明白，为什么他们让弗朗茨·约瑟夫当国王。论打败仗的本事，我并不逊于他。"麻烦首先来自匈牙利。以戴阿克·费伦茨为首的温和自由派民族主义者在1865年选出的议会中占多数。哈布斯堡势力被赶出如今已不复存在的德意志邦联后，领土内各种势力之间的力量对比发生了变化。在大赦后从流亡地归国的久洛·安德拉希伯爵的协助下，戴阿克抓住了这个机会。匈牙利人担心争取彻底独立会激起境内其他民族起而效尤，尤其是斯拉夫人，于是开始与弗朗茨·约瑟夫谈判。双方同意把帝国改为二元君主国，由奥地利和匈牙利两部分组成，它们分别有自己的政府、立法机构、法律和行政制度。

这一交易把掌管军队、外交和财政的大权交给了维也纳的中央政府。中央政府由各部的共同部长组成。在缔结国际条约等重大问题上，必须事先征求君主国内两方的意见。奥地利和匈牙利的立法机构将以派遣"代表团"的方式参加谈判，君主握有最终决定权。1867年6月8日，弗朗茨·约瑟夫被加冕为匈牙利国王，并于7月28日签署了被称为《奥匈折中方案》(Ausgleich)的法律。在长达8年的时间里，弗兰齐歇克·帕拉茨基领导的捷克民族主义者反对并抵制管辖他们的奥地利立法机构。王国为安抚克罗地亚人做出了让步，同意把塞尔维亚-克罗地亚语作为一门官方语言，同时允许克罗地亚截留很大一部分地方税收。1865年颁布的《民族法》还涵盖了其他民族，包括斯洛伐克人、塞尔维亚人、罗马尼亚人、意大利人、萨克森人等，在允许他们使用本民族语言教课的问题上做出了重大让步。君主控制了一个名为"帝国兼王国"(kaiserlich und königlich)的中央政府，"帝国"指奥地利帝国，"王国"指匈牙利王国。以上安排又延续了半个世纪，说明它比较成功地解决了自1848年以来一直困扰哈布斯堡王朝的难题。

在德意志，普鲁士的胜利极大削弱了以巴伐利亚为首的南德诸邦内有分离主义倾向的政治家。南德诸邦民族自由主义者的热情空前高涨，积极推动德意志的最后统一，把南德诸邦纳入北德意志联邦。然而，法国这只拦路虎横在路上。普鲁士获胜后，莱茵河右岸崛起了一个新的大国。拿破仑三世想限制它给法国造成的威胁，但苦于找不到支持自己的盟友。当时，法国依然派兵守卫教皇在罗马及四周的残存领土，意大利人愤慨不已，英国置身事外，俄国依然重视普鲁士在波兰发挥的作用。而法国的政治精英阶层开始染上战争狂热症。早在

1869年2月，陆军大臣就告诉巴黎的内阁："与普鲁士必有一战，而且迫在眉睫。我国秣马厉兵，枕戈待旦。"自从伊莎贝尔女王被逼退位后，西班牙王位一直空缺。1870年7月2日，普鲁士王室庶系分支成员、霍亨索伦-西格马林根的利奥波德亲王（1835—1905）被推上王位。法国皇帝感到再也不能袖手旁观。法国把西班牙视为自己的势力范围，认为让利奥波德亲王继承王位是俾斯麦和威廉一世背后策划的结果。法国公众舆论忧惧，如此一来，普鲁士不仅从东边，还将从南边对法国构成威胁。

　　无论当时还是事后，俾斯麦均声称，选择利奥波德亲王继承王位完全出乎他的意料，他的这一说法博得了国际社会的同情。直到第二次世界大战结束后，西格马林根档案中的相关文件才让真相大白于天下。当年西班牙初做试探后，利奥波德的父亲马上去征求威廉一世的意见，俾斯麦建议国王予以支持。俾斯麦这样做并非想挑起战争，而不过是把它当作施加外交压力的又一手段而已。法国大使樊尚·贝内代蒂（Vincent Benedetti, 1817—1900）伯爵前往巴特埃姆斯温泉疗养地与威廉一世会晤时，国王同意收回对利奥波德亲王的支持。利奥波德亲王返回自己的采邑，终其一生与王位无缘，而他的弟弟和儿子均成为罗马尼亚君主。问题似乎已经解决。普鲁士国王和法国大使一起散步时，法国大使突然发难，向国王提出了一连串新要求。威廉"断然"拒绝了贝内代蒂的"无理"要求，即普鲁士永远不得支持诸如利奥波德亲王这样的候选人。国王派自己的侍从副官转告贝内代蒂，自己不想再见到他。威廉一世身边的助手给俾斯麦发了一封电报告知此事。在公布的电报内容梗概中，俾斯麦删掉了威廉一世与法国大使谈话时使用的一些谦辞。关键是法语里的"侍从副官"一词被错译为"值班参谋"，给人造成的印象是国王只派了一个低级现役军官，而不是一位亲随去打发贝内代蒂。拿破仑三世正寻找机会在海外再打一个胜仗，借此提高自己下降的威望。对他来说，这一公然侮辱足以构成宣战的理由。

俾斯麦为什么会如此咄咄逼人，诉诸狡诈的手段？首先，1870年2月巴伐利亚亲普鲁士的政府被赶下台后，一个由反普亲法的天主教"爱国党"组成的政府上台执政，德国统一进程有可能因此夭折，俾斯麦担心这一幕在南德其他邦上演。其次，法国的军事改革虽然还不彻底，但在不远的将来，已经令人生畏的法国军事力量会更加强大。再次，目前势单力孤的法国在不远的将来也许会找到盟友，拿破仑三世也的确把宝押在奥地利人和丹麦人会趁机复仇上。最后，俾斯麦感觉，现在很容易造成拿破仑三世是侵略者的印象，从而避免国际社会的干预。普法双方都开始动员军队。大多数人期待法国人会赢得战争，如同1866年他们认为奥地利人会胜出一样。普鲁士的毛奇把战术指挥权下放给了下级军官。法军僵硬的指挥系统却束缚了法军军官，军队行动迟缓，只能以防御为主。与法军相比，普鲁士军队的指挥系统决策果断，雷厉风行。普鲁士总参谋部是当时欧洲唯一一个总参谋部。初次交战时，法军在前线部署了25万人，很多部队武器装备和后勤供应不足。普鲁士及其盟友在边界部署了32万人。法军情报不畅。1870年8月4日，8万人的普鲁士和巴伐利亚军队攻陷维桑堡，一天前刚来此地视察过的法国将军闻讯大吃一惊。法军士兵缺乏训练，漫无目的放枪，彼此互不协调，完全不是纪律严明的普军的对手。法军在沃尔特和斯皮舍朗被动防守，而普军机动灵活。普军旗开得胜后，通向法国的大门洞开。普军长驱直入，直插法国腹地。欧洲各地的公众舆论为之震动。奥地利、丹麦和意大利打消了干预的念头。法国政府倒台，共和派新闻记者和政治家强烈抨击皇帝。患有痛风和肾病的拿破仑三世看上去"痛苦不堪"。拿破仑终于把指挥权交给了阿希尔·巴赞（Achille Bazaine, 1811—1888）元帅。巴赞乃一员悍将，从士兵一步步升为元帅，参加过墨西哥和克里米亚战争。

巴赞举棋不定，与下属部将、皇帝和坐镇巴黎的皇后欧仁妮争执不休。3万普军不等接到毛奇命令，直扑龟缩在法国东北部马斯拉图尔一线阵地的15万法军。普军轻骑兵纵马冲锋，为了迷惑法国步兵，他们高喊着"法国万岁！皇帝万岁！"用军刀劈杀法军。巴赞没有发挥自己的优势兵力下令进攻。在普军猛烈炮击下，加之担心弹药和军需品耗费太大，巴赞移师梅斯。1870年8月18日，这场战争中首次精心策划的战役打响了。配置730门大炮的20万普军迎战拥有520门加农炮的16万法军。巴赞又一次原地固守，普军得以包抄他的两翼。巴赞的部将愤怒不已，要求他调动部队迎敌，但他依然按兵不动，直到被迫下令部队后撤。战争迅速达到了高潮。就在巴赞和14万法军后撤到梅斯要塞时，毛奇调动15万普军将其包围，并击退了法军唯一一次突围。拿破仑三世和帕特里斯·德·麦克马洪（Patrice de MacMahon, 1808—1893）元帅率另一支法军赶来为梅斯解围。麦克马洪是爱尔兰裔，1688年国王詹姆士二世（King James II, 1633—1701）失败后，他的祖先移居法国。前来救援的法军在博蒙受阻，随后也被20万普军包围在色当要塞附近。麦克马洪负伤后，法国将军奥古斯特-亚历山大·迪克罗（Auguste-Alexandre Ducrot, 1817—1882）接替他指挥。迪克罗评论说："我们现在被困在尿壶里，马上就要屎尿浇头。"在普军连续不断的炮击下，法军惊恐万状，狼狈逃窜，溃不成军，死伤达 1.7 万人（普军损失 9 000 人）。

拿破仑看到败局已定，向威廉一世、毛奇和俾斯麦递信乞降。俾斯麦举起部下送上来的一小瓶白兰地，用英语向在场的所有人祝酒："为德国统一干杯！"随后一饮而尽。为了争取宽大条款，拿破仑三世亲自骑马走出色当要塞与俾斯麦会面。俾斯麦安排他在一个小客栈的长条椅上坐下，两人用皇帝幼年时学会的德语交谈。俾斯麦告诉拿破仑，法军全军将被收为俘虏，对梅斯的围困将继续下去。皇帝喃喃自语道："一切都完了。""是的，陛下说得不错，"俾斯麦冷酷地回答说，"的确一切都完了。"10 万法军被迫放下武器，被送往战俘营。1870 年 9 月 3 日消息传到巴黎后，街头爆发了骚乱。6 万民众聚集在协和广场，高呼："处死波拿巴分子！民族万岁！"9 月 4 日，议会宣布废除拿破仑王朝，成立第三共和国。拿破仑三世被押解到卡塞尔，最终获准从这里流亡英国。

但是，战争还没有结束。国王威廉一世告诉部将："前面还有恶战等待我们。"巴赞率部在梅斯森林里挖壕固守，官兵食不果腹。至 1870 年 9 月 30 日，部队已宰杀了一半军马充饥。法军派出两支各 4 万人的大军出外搜寻粮草，在普军猛烈炮火下退回。普军用在色当缴获的法军步枪齐射法军，法军伤亡惨重。1870 年 10 月 29 日，巴赞带领麾下的 13.3 万名士兵连同 600 门大炮向普军投降。跟跟跄跄的法军士兵被带到战俘营，普鲁士人看到他们饥不择食的样子，惊愕不已。一个普鲁士人评论说："从 10 月 29 日到 31 日，法国人除了吃和谈论吃，什么也没干。"与此同时，法国国内成立了以多年反对拿破仑帝国的莱昂·甘必大（Léon Gambetta, 1838—1882）为首的共和国临时国防政府。甘必大决心继续战斗下去。普军对巴黎形成了合围，甘必大乘热气球逃出巴黎后，组建了25万人的军队。11月初，法军血战之后收复了奥尔良。6万法军猛攻博讷拉罗郎德，几番激战后被普军击退。原定巴黎派部队杀出城外，与城外部队里应外合，但计划落空了。博讷拉罗郎德那边传递消息的气球被风吹偏了方向，飘到了挪威。法军士气低落，开小差的人越来越多。法军残部七零八落，只剩下40来万人据守巴黎。

巴黎被普军团团包围，很快粮食告罄。到年末时，巴黎市民只能靠一点点面包充饥。1870年11月底，10万法军试图突破包围圈，在维利耶和尚皮尼激战3天后，被普军击退，伤亡1.2万人。此后法军又有两次突围尝试，但都失败了。普军开始炮击巴黎市区。城内饿死的人远远超过死在炮火下的人。到1871年1月，每周饿死的人数达3 000人。1月10—11日，坚守勒芒的一支法军遭到普军偷袭，伤亡2.5万人，5万人临阵脱逃。南方一支11万人的法军溃不成军。死于疾病和营养不良的士兵和马匹越来越多。加里波第率领一支仓促组建的2.5万人志愿军奔赴法国，为捍卫新的法兰西共和国而战，但无力回天。与此同时，战争越来越残酷。普鲁士人疯狂劫掠，尤其是葡萄酒窖。（一名目击普军行径的美国观察家说："从色当起，一路上道路两侧的碎酒瓶子几乎连成一线。"）

普军征集粮秣人员和巡逻队受到武装的法国平民和散兵游勇的伏击，后者很快获得了"自由狙击手"的称号。普军每次受到袭击，立即加倍报复，不加审讯处决所有被捕的武装平民。加里波第及其战友威胁说，德国人再这样做，就割掉被捕的14个普军俘虏的耳朵，然而没起任何作用。俾斯麦下令放火烧掉拒绝提供粮草的村庄，吊死所有男性村民，称"杀人之事，容不得半点懒惰"。普军怀疑奥尔良附近瓦利斯、乌赛尔、阿比利3个村子的村民帮助"自由狙击手",把3个村子付之一炬。普军攻击摩泽尔河畔丰特努瓦附近的"自由狙击手"时,放火焚烧房舍,用刺刀刺杀里面的村民。尚存一口气的人被普军扔到熊熊烈火中。1871年2月8日,在德国人的配合下,法国举行了一拖再拖的选举。反战的保守派保王党人在选举中获胜。新议会推选73岁的阿道夫·梯也尔任总统。此后举行的和谈中,俾斯麦和毛奇对梯也尔百般恐吓威逼。1871年2月26日,梯也尔被迫同意在条约上签字,割让阿尔萨斯-洛林给新统一的德国,支付50亿法郎赔款,允许德国在巴黎大道上举行一次胜利游行。

普法战争中,法国共有14万名士兵战死,大约14万人受伤。德军阵亡4.5万人,受伤人数是阵亡人数的两倍。俾斯麦强加给法国的和平条款激起法国人民对德国的仇恨,1914年,这种情绪终于得到了释放。俾斯麦在法国人的伤口上抹了一把盐,1871年1月18日,他在凡尔赛宫的镜厅宣布成立德意志帝国。如今孤立无援的南德诸邦尽被收入帝国囊中。迪斯累里立即意识到了普法战争的政治含义,他在1871年2月9日说:

> 这场战争是一场德国革命,其政治意义超过了上个世纪的法国革命……直到6个月前还被所有政治家视为对外关系指南的各项原则荡然无存。昔日的一切外交传统化为乌有……均势遭到彻底破坏。受害最大、对这一大变局感受最深的国家就是英国。

革命的震荡

从1848年到1871年，仅仅20余年时间里，欧洲发生了翻天覆地的变化。意大利和德意志民族主义者梦碎1848—1849年，现在两国都完成了统一。两国均不是民主共和国，而是实行保守派设计的君主立宪制国家。在德国的议会体制下，君主和军队的权力远大于自由派希望给予他们的权力，自由派不得不接受这一体制。男子普选制与温和自由派所期待的也相差甚远。自由派更能接受意大利实行的有限财产资格选举制。拿破仑三世、俾斯麦和迪斯累里等具有魄力、富有想象力的政治家把赌注压在农村人口观念保守、必会效忠政府上，竭力绕过自由派，争取百姓支持他们新的保守观念。19世纪50年代，欧洲各地的反动势力猖狂反扑，但到了50年代末，均以失败告终，即使俄国也不例外，尽管反动势力也曾试图适应革命带来的新形势。维也纳解决方案已被撕得粉碎，梅特涅一成不变的保守政策被抛弃，新的政治秩序诞生了。虽然中途有过变化，但这一秩序几乎一直延续到1914年。在很短的一段时期内，边界迅速变更，新的地缘政治实体形成，1870年后的40多年里，欧洲的主要大国，包括英国、法国、德国、奥匈帝国、俄国和奥斯曼帝国，以及从巴尔干半岛到斯堪的纳维亚半岛的诸多较小国家，基本上维持了自己的边界不变。

1848年革命浪潮带来了19世纪50—60年代的巨大变化，但与当年革命者想象中的变化出入很大。1848年把形形色色的政治力量推上了欧洲舞台，从立宪君主制到民主共和制。1848年后，民族主义成为欧洲政治中的一股决定性力量。在各地，以秘密结社和雅各宾式的革命俱乐部为代表的旧世界让位给了以有组织的政党、政治性书报（既为政府所用，也为反对党所用）、通信日益大众化为代表的新世界，俄国、波兰和巴尔干诸国除外。革命活动分裂为两支，一支是有组织的马克思主义运动，另一支是日益走向暴力的无政府主义者密谋。保守政治家倡导的更灵活的新式政治取代了梅特涅那种顽固抵制变革潮流的旧式政治。保守政治家认识到，要挽救他们希望维护的社会，就必须顺应历史潮流，引导变革力量为己所用。19世纪50年代，哪怕是最反动的政权也认识到，必须给经济松绑，改善教育，改革司法体制。所有这一切都是1848年革命浪潮取得的重大成果。各地政府与公众之间的关系不再笼罩在秘密和神秘之中，政府也不再想当然地认为人民会俯首帖耳，而是越来越依赖通过公开宣传鼓动活动争取广大民众的支持。俄国也不例外。从多重角度看，应该把1848年到1871年这段时间视为一段连续的革命变革期，而不应孤立地关注这几十年内接二连三出现的各次短期大动荡。

从全球角度看，1848年革命浪潮最突出的成就是在欧洲以外的几块海外殖民地废除了奴隶制。在这方面，如同在诸多其他方面一样，英国人走在他国前面。19世纪30年代，英国已经废除了本国殖民地的奴隶制，并动用强大的皇家海军打击从非洲到新大陆的奴隶贸易。法兰西第二共和国时期，坚定反对奴隶制的维克多·舍尔歇（Victor Schœlcher, 1804—1893）加入政府。1848年4月27日，新政府签署一项法令，解放西印度群岛残留法国殖民地上的奴隶。瓜德罗普有8.7万人获得自由，成为法国公民，马提尼克岛有7.4万人。但是，舍尔歇慢了一步。5月20日，马提尼克岛上爆发了一场奴隶起义，起因是解放奴隶法令传到岛屿之前的两周，当局逮捕了一名不屈的奴隶，引发了抗议活动。岛上当局急于扑灭起义，于5月22日正式宣布解放奴隶。6月初瓜德罗普颁布释奴法令后，岛上的奴隶如同马提尼克岛的奴隶一样，纷纷逃离种植园。年末，当局为了恢复蔗糖种植园的生产，不得不从海外输入契约印第安人劳工。1848年，丹麦属维尔京群岛的圣克罗伊岛上也爆发了奴隶起义。1848年7月3日，总督彼得·冯·朔尔滕（Peter von Scholten, 1784—1854）颁布了解放奴隶法令。此前一年，加勒比海瑞典属圣巴泰勒米岛上的奴隶已获得解放。

长期以来，废除奴隶贸易的呼声日益高涨，1848年提出的种种观念和反奴隶制思想因而更加深入人心。18世纪末、19世纪初，英国兴起福音奋兴运动。一些激进传教士来到蓄奴地区，很快开始积极为奴隶争取权利。1815年，英国从荷兰手中夺走了德梅拉拉岛，作为英属圭亚那的一部分；两年后，伦敦传道会派了一个叫约翰·史密斯（John Smith, 1790—1824）的传教士去德梅拉拉传教。史密斯到达后不久，开始与种植园主斗争，为奴隶争取去教堂做礼拜的权利，激起了当地人的不满。史密斯鼓励奴隶读书识字，改善自己的生活，还任命几个奴隶在自己的教堂里做执事。尽管如此，奴隶的境况依然十分悲惨，1823年，1万名奴隶揭竿而起。1831年，巴巴多斯爆发了一场有6万名奴隶参加的规模更大的起义。1835年，巴西的巴伊亚州爆发了声势浩大的奴隶起义。和西印度群岛的起义一样，这次起义也是受海地革命（1791—1804）激励的结果。起义者携带海地领袖画像，追随穆斯林传道士,这些传道士能够鼓动从西非伊斯兰国家输入的奴隶。这次起义更加惨烈,巴西军队动用重兵才将其镇压下去。以上起义令欧洲殖民者、种植园主和各国政府心惊胆战。巴西大起义后不久,奴隶制被正式废除。此前两年,也就是1833年,英国议会根据一项将在1838年全面生效的法律,当年废除了英国在世界各地殖民地的奴隶制。19世纪50—60年代,世界各地的奴隶制几乎都被正式废除,包括北美洲和南美洲在内。各国谈判缔结了打击奴隶贸易的国际条约。加勒比海的圣马丁岛是安的列斯群岛中的一个,分属法国和荷兰,法国解放奴隶法令引发了该岛荷属部分的奴隶起义,但直到1863年,安的列斯群岛其余岛屿的奴隶制才结束,包括库拉索岛。在南美洲东北海岸的荷属苏里南殖民地,奴隶又被迫卖了10年苦力。在以上各地,种植主靠从荷属东印度群岛输入契约劳工解决劳动力短缺问题。西班牙在古巴的殖民地直到1867年才取缔奴隶贸易,1886年才完全废除奴隶制。而法国人又过了10年时间才废除了马达加斯加岛上的奴隶制。

欧洲在海外殖民地的奴隶陆续获得解放,可以说是1848年革命浪潮取得的一项意义深远的成果,表达了渴望人类平等和平等权利的自由民主理想。以上理想推动了部分欧洲地区结束残存的奴隶制,然而这些原则没有用于至少占欧洲人口一半的女性。不同政治派别的绝大多数革命者认为,政治是男人的事,女人应该待在家里。妇女也许会像巴黎妇女那样投身革命起义,参与修筑街垒,面对来犯之敌挥舞革命旗帜,或为起义战士运输给养,但男人认为,以上活动并不意味着妇女有权参政。1848年革命浪潮在提出男子权利问题的同时,实际上也间接提出了妇女权利问题。至少有些妇女公开主张解放妇女。捷克女作家博任娜·涅姆卓娃(Božena Němcová, 1820—1862)

敦促改善妇女教育（"我们妇女远远落在时代和自由与文化旗帜的后面。"）。德国社会小说家路易丝·奥托-彼得斯（Louise Otto-Peters, 1819—1895）创办了《妇女报》，宣扬给予妇女选举权，鼓动成立妇女社团。

种种革命俱乐部涌现，集会示威活动日益频繁，吸引越来越多的妇女加入。一些组织将妇女拒之门外，于是她们成立了自己的组织，比如前圣西门信徒、资深记者欧仁妮·尼布瓦耶（Eugenie Niboyet, 1796—1883）在巴黎创建的"解放妇女俱乐部"，弗洛拉·特里斯坦是出入她沙龙的常客。在弗洛拉主办的"社会主义和女权主义性质"的杂志《妇女之声》支持下，俱乐部要求离婚合法化，已婚妇女有权拥有属于自己的财产，还特别提出了给予妇女选举权的要求，并提名著名作家乔治·桑（George Sand, 1804—1876）——原名阿曼蒂娜·迪潘（Amantine Dupin）——任1848年制宪议会议员（桑婉拒）。1849年，当过裁缝和教师的让娜·德鲁安（Jeanne Deroin, 1805—1894）参加立法议会的选举，她也是圣西门的信徒，把弗洛拉的孩子抚养成人，还编辑过几份短命的女权主义报纸。然而，政府不承认她的候选人资格。布拉格成立了一个推动妇女教育的"斯拉夫妇女俱乐部"。在德国很多地区，爱国妇女组织纷纷涌现。以上形形色色的社团组织中，以法国的社团最为激进，它们宣扬空想社会主义者的女权主义思想。各地的妇女组织很少能得到男性激进分子、民主派和共和派人士的支持。目光出奇短浅的蒲鲁东对她们大加谴责。革命失败后复辟的君主政权禁止妇女参加政治集会（尤其是在奥地利和普鲁士，还有几乎所有德意志邦国），封闭了残存的女权主义报纸。1850年，德鲁安被捕，直到次年才从监狱中释放。10年后，随着自由主义思潮再度高涨，1848—1849年大声疾呼的几位女权主义者复出，成立了女权组织，出版了女权刊物，最终产生了更深远的重大影响。

在1848年革命浪潮期间提出的种种观念和发生的事件中，女权主义的影响很小。从更广泛的角度看，社会主义也是一样。革命爆发的那一年，社会主义者四分五裂，没有任何群众基础，很多人流亡海外。诸如国家工场这样的社会主义原则颇受民众欢迎，但在男子普选权等盛行的民主观念面前相形见绌。社会主义者试图改变革命潮流的走向，为己所用，但很少成功。流亡伦敦的卡尔·马克思已将正义者同盟改造为共产主义者同盟，重点从密谋转向公开宣传活动。随着革命形势的高涨，1848年2月，马克思在恩格斯执笔起草的前几稿基础上，撰写并发表了阐述共产主义者同盟目标的一篇声明，即《共产党宣言》，其中大量简明扼要的语句举世闻名，例如"农村生活的愚昧状态"、"任何一个时代的统治思想始终都不过是统治阶级的思想"、"无产者在这个革命中失去的只是锁链"和"全世界无产者，联合起来！"《共产党宣言》提出，资本主义正在疯狂扩张，产生了一个受剥削越来越重、人数日益庞大的工人阶级。在社会主义者的领导下，工人阶级最终将团结起来，推翻资本主义政权。资产阶级"首先生产的是它自身的掘墓人"，资产阶级的灭亡和无产阶级的胜利是"同样不可避免的"。*

《共产党宣言》语言犀利，但在当时产生的反响很有限。1848年马克思返回科隆后联合了民主派，共同抨击温和的自由主义者，矛头尤其对准普鲁士。马克思被科隆市政府驱逐后，1849年与恩格斯一道

---

* 以上引自《马克思恩格斯全集（第四卷）》（人民出版社，1958年），第459—504页。——编者注

奔走于各国起义中心，但对"小资产阶级"的犹豫不决感到失望。马克思创办了《新莱茵报·政治经济评论》，作为《新莱茵报》的续刊。1850年，该报刊登了他的精彩文章《1848年至1850年的法兰西阶级斗争》。文章提到了革命力量遭受的失败，但预言将会再次爆发新的革命，无产阶级将夺取政权。然而，报纸本身办得并不成功。共产主义者同盟深陷意识形态之争，成员之间怒目相向。它在科隆的成员遭到逮捕，集体受到公审。马克思和恩格斯似乎忘记了他们在《共产党宣言》里提出的观点，即法律是为阶级利益服务的工具，以为他们揭露了伪造证据后，被告就会被释放。结果陪审团判几名被告有罪。失望至极的马克思解散了共产主义者同盟。他在小册子《路易·波拿巴的雾月十八日》（1852）里不得不承认，资本主义还没有发展到爆发革命不可避免的阶段。

马克思马上又参加了新成立的全德工人联合会。该组织的创始人是富有魅力的黑格尔信徒斐迪南·拉萨尔（Ferdinand Lassalle, 1825—1864）。1864年8月31日，他在一场决斗中死于情敌之手。死前几个月，拉萨尔在全国各地奔走，召集会议成立了联合会。马克思在伦敦也引起不少人的注意，他支持1863年波兰民族主义者起身反抗俄国统治。在一次公开集会上，组织者成立了国际工人协会。协会不是共产主义者同盟那种组织严密的团体，而是由现有工会、互利社团和教育协会组成的一个松散联盟。国际工人协会很快在法国以及奥地利、比利时、意大利和西班牙等地赢得了追随者。马克思主要在幕后对国际工人协会施加影响，宣扬一些改良性质的目标，比如缩短工时，说服一国工人不要去破坏另一国工人的罢工，以求自身力量进一步发展壮大，在革命来临时为革命创造有利条件。

1871年普法战争巴黎尾声期间，国际工人协会发挥了关键作用。1871年3月18日，在发生多次民众骚乱及争抢武器的事件之后，第三共和国政府部门和军队，还有巴黎城内大部分有产阶级撤离城市。国民自卫军中央委员会组织了一次选举，建立了独立的市政权，即公社。中央委员会和蒲鲁东分子在公社中占了主导地位，国际工人协会成员只占4席。公社大部分代表是通过参加国际工人协会各支部、民主俱乐部或国民自卫军获得经验的。工人在代表中所占比例很高，此外还有小资产者和手工业者。公社大部分时间忙于组织食品及其他物资的供应，但也制订了一些工作计划，规定了最低工资，下令政教分离，废除了工厂罚款制，取消了面包房夜工制，并根据傅立叶的思想开办了一些学校。把以上政策称为社会主义举措似乎并无不妥。正如作家埃德蒙·德·龚古尔（Edmond de Goncourt, 1822—1896）所说："简而言之，现在正在发生的一切就是工人征服了法国"。然而，源于各种俱乐部的激进思想没有产生什么实际效果，反而导致公社内部出现严重分歧。有人听到一个成员对另一个成员说："我这辈子最开心的一天，将是我逮捕你那一天。"公社成立了公安委员会，建立了书报检查制度。在很多人眼里，这是1792年一幕的重演，虽然公社的政策实际上与18世纪末的无套裤汉采取的政策相去甚远。

公社显然处于雅各宾派控制之下，但以梯也尔为首的凡尔赛政府依然称，公社成员实际上是接受卡尔·马克思指示的共产主义者。他们指控马克思是"一场大阴谋的首领"，通过国际工人协会开展活动。马克思再次受人瞩目，挥笔写就了《法兰西内战》（1871）一书回击，称梯也尔是"侏儒怪物"，颂扬公社是工人创造的一种新型国家，是

"新社会的光辉先驱"。*该文受到了欧洲各地社会主义者的赞扬,转载在各国报章杂志上。然而,公社存在的时间很短。法国其他城镇的公社被迅速镇压下去。梯也尔下令军队开进巴黎,恢复他领导下政府的权威。德国释放了在押的法国战俘,到5月底,凡尔赛方面的军队已从最初的5.5万人增至12万人。1871年4月2日,对巴黎的炮轰开始。公社没有协调一致的防御,也没有设法阻止军队进城。市内的所有街区均修筑了街垒。

1871年5月21日,梯也尔的军队从圣克鲁门攻入巴黎,揭开了"五月流血周"的一页。军队冲进街垒两侧的房舍,开枪射杀守卫街垒的公社社员。双方扣押的人质均遭杀害,包括公社为交换布朗基而扣押的巴黎大主教。1871年3月18日,梯也尔下令逮捕布朗基,但他仍在缺席情况下被选为公社主席。根据当年文件记载,包括对医院和墓葬纪录所做的一项调查,死亡人数在5 700到7 400之间,其中也许有1 400人被捕后被残忍杀害。梯也尔恢复了对巴黎的控制后,38 578名公社支持者被逮捕投入监狱。此后两年中,10 137人被判有罪。将近一半人被流放到法国在新喀里多尼亚的苦役服刑地。这是巴黎人造反传统断气前的最后一口气,也是延续了80多年的雅各宾主义的最后一次发作。从此,法国政治和社会走向两极,社会主义的性质也为之改变。

巴黎公社遭到镇压后,国际工人协会内部分歧加深,成员之间相互指责,尤其是马克思和巴枯宁的追随者。巴枯宁假释期间逃出了西伯利亚流放地,假道日本和美国来到伦敦。与亚历山大·赫尔岑待了

---

* 以上引自《马克思恩格斯全集(第十七卷)》人民出版社,1963年),第339、384页。——编者注

一段时间后,巴枯宁又到了意大利,在那不勒斯新一代政治激进分子中找到了自己的信徒。之后他去了瑞士,再次开始策划革命阴谋,坚称自己对贫困农村大众的潜力怀有信心。1867年9月,他与加里波第一起出席了新成立的自由主义色彩的"和平与自由联盟"(维克多·雨果和约翰·斯图尔特·密尔也出席了大会)。巴枯宁因未能说服该组织走革命道路而辞职。之后,他加入国际工人协会,但在内部建立了自己的小宗派,惹恼了马克思。马克思反对秘密社团发动起义的方式,主张公开建立有组织的政党。随着争论日趋激烈,马克思出席了1872年国际工人协会在海牙召开的代表大会,在总委员会中战胜了巴枯宁支持者。得到多数成员支持的马克思在会上投下了一颗炸弹,建议将总委员会的驻地迁至纽约。出席会议的代表同意了马克思的提议。马克思这一惊人之举的背后考虑是,巴黎公社被镇压后,一个新的以政治压迫为特征的反动时代就会随之而来,国际工人协会将难以开展活动。马克思担心,他本人身体状况不佳,巴枯宁分子可能会借机再次得势,而且他也想排除障碍,继续在大英博物馆阅览室熟悉的座位上撰写经济学论著。

此后,左翼内部社会主义者与无政府主义者之间泾渭分明。社会主义者大多追随马克思,弃子弹而择选票箱,坚信无产阶级力量的必然壮大最终会形成民主多数,从而实现和平变革。无政府主义者多追随巴枯宁,依赖暴力、暗杀和起义等手段摧毁国家机器,为农村大众发挥自己天生的平等主义本能铺平道路。在19世纪后几十年和20世纪的头10年里,以上两种理论都赢得了数以百万计的追随者。要了解其原因,我们现在就需要来研究1850—1914年欧洲社会经济的发展状况。

第四章

社会革命

贵族的没落

1907年，芳龄24的福利奥·德·科纳维勒女伯爵赫尔米尼亚·伊莎贝拉·玛丽亚（Hermynia Isabella Maria, Countess Folliot de Crenneville, 1883—1951）嫁给了28岁的维克托·冯·祖尔·米伦（Viktor von Zur Mühlen, 1879—1950）。玛丽亚是奥匈帝国一位外交官的独女，父亲是流亡海外的法国贵族后代。米伦出身一个显赫的波罗的海德意志人家庭，相貌英俊，风度翩翩，在文化界结交甚广（其中一人是著名歌唱家，也是约翰内斯·勃拉姆斯的朋友）。赫尔米尼亚自然也有几分姿色，只是鼻子大了点。她的舅舅安东告诉她："孩子，你的鼻子没长好。你必须让自己成为一个内涵丰富的聪慧女人。"赫尔米尼亚把舅舅这番话牢记在心，长大后酷爱读书，求知欲旺盛，躁动不安。她随出使外国的父亲在好几国居住过，20岁出头已掌握了好几门外语，英语尤精。20世纪30年代中期，赫尔米尼亚写了一部回忆录，描述了身边亲戚中很多人不可救药的傲慢。他们对出身中产阶级的人极为鄙视，"哪怕他们已经是百万富翁"。一天，她一个长辈的妻子对她说："其实这些有产阶级人挺好的。我知道，在上帝面前，我们与他们没什么区别。可我就是觉得，他们和我们不是一类人。"赫尔米尼亚的父亲想让她嫁入维也纳的上流社会，为了摆脱父亲越来越大的压力,她把米伦当作逃避父亲压力、独立于自己家庭的一条出路。她父母不在身边时,两人在奥地利阿尔卑斯山梅拉诺度假胜地的一次舞会上相识,立即双双坠入情网。3周后,两人互定终身。

赫尔米尼亚的父亲出差返回后,反对这门婚事,理由是小伙子是信奉新教的波罗的海德意志人,她应当嫁给一位信奉天主教的维也纳贵族。父亲问赫尔米尼亚:"你想过没有,将来你儿子永远无缘进宫成为国王的内侍,女儿也无望成为帝国贵妇人?"可这不是他女儿的梦想,她幻想的是未来住在风景如画的波罗的海大庄园里。两个年轻人悄悄在法兰克福结婚,随后动身去俄国。赫尔米尼亚认为,婚姻不会像父母一样束她的生活。但她想错了。到了米伦在爱沙尼亚的庄园后,她发现空荡荡的豪宅里只有两本书,"一本是《圣经》,另一本是带有色情意味的《歌唱家回忆录》"。沙皇政府对入境的书报杂志进行例行检查,除了法庭公函外,其他内容几乎均被涂黑。她写道:"我来后收到了寄来的一套百科全书及其他一些书。连百科全书中'俄国:历史'这一章目下的内容也被涂黑了。"爱沙尼亚德意志贵族的无知令她感到震惊,无论中产阶级从事什么职业,一律被当地贵族称为文人。赫尔米尼亚后来回忆说:"我到多尔帕特(塔尔图)后,花了400卢布买了一批书,还订阅了几种语言的杂志。我丈夫看到后惊愕不已。婆婆吃惊地问我:'要这么多书有啥用?一个好的家庭主妇连家里的事都忙不过来,哪儿有时间读书!'"赫尔米尼亚每天洗两次澡(婆婆大声说:"这绝非一个正经女人所为!")和穿花布衣服的习惯也引起婆婆反感:"为什么你不穿黑衣服呢?"一次,她穿了一件从巴黎买的好看的花衣裳,婆婆看到后说:"看在老天爷面上!你现在可是已婚女人了!"

波罗的海德意志贵族与爱沙尼亚农民和农业工人之间的关系并不好。赫尔米尼亚的丈夫送给她一把勃朗宁左轮手枪作为结婚礼物,让她每次独自外出散步时带在身上。维克托说,天知道"这些畜生"会干些什么。"每次在乡村道路上遇到农庄马车时,农民都会愤怒地大喊:'德意志鬼子!'"不过农民很快习惯了她的个性,说:"主人娶了一个金发吉卜赛人,生性狂野,但是个好人。"赫尔米尼亚在佛罗伦萨慈善修女会办的医院帮忙时学过一点医疗知识,她开始运用掌握的知识治疗一些小病,甚至还协助为一名农妇接生。当地医生的家距离产妇有3小时路程,而且他把打猎看得比自己的职责还重,他听说赫尔米尼亚帮助分娩后惊讶不已。赫尔米尼亚开始受到当地人的喜爱。四周的肮脏环境和当地人的无知令她惊骇不已。她对农民惯于酗酒的行为感到吃惊。这些农民觉得伏特加还不够劲,甚至搞到乙醚,以满足喝到不省人事的愿望。

赫尔米尼亚观察到,她嫁入的波罗的海贵族阶层"真诚信奉贵族制和自己的特殊地位,他们一辈子都没想过,其他人也是人"。一天,她丈夫回家时,携带的手杖断成两截。

我惊讶地问怎么回事?他回答说:"我揍一个农工时打断的。"我听后一边抽泣,一边愤怒吼道:"给我备好马车!我要离开这个地方!我要和你离婚!"他茫然不知所措。

一次维克托告诉她,他狠狠揍了一个工人一顿,因为他竟敢用口哨吹《马赛曲》。赫尔米尼亚走到窗边的钢琴旁,整整一天一遍又一遍地弹奏《马赛曲》。工人大笑:"主人拿那个吉卜赛人没办法。"他也的确拿她无可奈何。赫尔米尼亚对生儿育女不感兴趣。她公公婆婆认为,这是她人生的主要目的("什么?还不想要孩子?你应该少骑马,尤其是不该没完没了地洗澡。")维克托除了管理自己的庄园、出外猎鹿外,对其他事情一概不感兴趣。一次他外出打猎,留在家里照看庄园的赫尔米尼亚故意让农民从粟仓偷走了大量粮食。她觉得这样可以减轻农民的贫困。

从几个方面看,赫尔米尼亚的婚姻可以说很不寻常,不仅仅是因为这是两个截然不同的人的婚姻。局限于波罗的海德意志人封闭小圈子的婚姻在爱沙尼亚依然是常态。1860—1914年,贵族的2 060桩婚事中,58%限于贵族圈内,20%是与不是贵族的当地女子(出身知识分子和中产阶级市民阶层)联姻,22%是与俄国女子联姻。与外国人联姻极为罕见,因此一般统计数字里面根本看不到。1914年,爱沙尼亚的波罗的海德意志贵族依然占有该省地表面积58%的土地。然而到了1902年,拥有401座庄园的贵族无可奈何地看到,已有79座庄园落入平民之手。一些贵族试图使用法律手段限定庄园继承人,但仍无法制止庄园买卖交易。有些贵族开始使用进口化肥,从种植传统作物改为种植多样作物,有的对木材进行商业开发,有的转而从事奶制品生产,同时开始使用机器。1914年前的30年里,爱沙尼亚、立窝尼亚和库尔兰三地的农业生产率因此提高了20%~30%,但投资的贵族也为债务所累。1889年,地质学家亚历山大·冯·凯泽林(Alexander von Keyserling, 1815—1891)在日记里提到"爱沙尼亚庄园贵族很不容易",因为"很难发财"。

赫尔米尼亚的婚姻没能维持多久。两人的政治歧见日益加深,直到她和丈夫"再也做不到对另一方的观点怀着善意打趣,也不再对说服对方接受自己的观点抱有任何希望"。两人订阅了政治观点截然对立的报纸。赫尔米尼亚只看左派报纸,维克托只看右派报纸。"邮袋寄到后,无论我还是他打开袋子,都用火钳夹住对方订阅的报纸递过去,以免脏了自己的手。我越来越频繁地听到他说:'我决不允许在自己家里听到这样的话!'"赫尔米尼亚的公公忍不住想管教她。"他会久久盯着我,似乎觉得我神经不正常,随后对我咆哮说:'如果我是你丈夫,我会把你揍扁。'"赫尔米尼亚反唇相讥:"如果你是我丈夫,要么我早就把你杀了,要么你早就学会怎么做一个绅士。"赫尔米尼亚后来患上了肺结核,一连几个月住在瑞士达沃斯一家疗养院休养。1914年战争爆发时,她仍在疗养院里。赫尔米尼亚再也没有回过家。俄国革命后,她获准离婚。1919年时她已到了德国,加入了共产党,靠翻译谋生,先后把150部法文和英文小说翻译成德文,包括美国作家厄普顿·辛克莱的全部作品。她与犹太作家斯特凡·伊西多尔·克莱因(Stefan Isidor Klein, 1889—1960)在法兰克福同居,自己写了多部长短篇小说,其中几部成为畅销书。1933年纳粹上台后,她离开德国,走前发表了一封谴责新政权的信。她最终定居英国。1951年,穷困潦倒、默默无闻的赫尔米尼亚在赫特福德郡的拉德莱特病逝,她的作品完全被人遗忘。1917年俄国革命后,维克托组织了反布尔什维克的游击队,30年代又加入了纳粹冲锋队。1950年,他先于前妻一年去世。

  第一次世界大战前赫尔米尼亚和冯·祖尔·米伦身处的两个世界可谓有天壤之别。一个是奥地利贵族世界,开放、大气、充满文化气息;另一个是波罗的海德意志贵族地主的世界,贫困、庸俗、残暴、土里土气。两个世界又都是20世纪初欧洲上流社会的一部分,各自以极其不同的方式顽固抵制多年来欧洲涌动的近代化潮流。波罗的海德意志贵族的特殊性仅仅在于他们的情况极其典型。他们不仅是规模不大的世袭社会阶层，人口不到立窝尼亚、爱沙尼亚和库尔兰三地人口的7%，还是一个自成一体的封建体系。19世纪期间，这一阶层的权益和特权才逐渐被削减。一直到19世纪90年代，原有的古老司法制度才被1864年亚历山大二世推行改革时建立的新式俄国法庭取代。即使这样，当时的贵族依然保留了在自己采邑执法的部分特权。他们竭力对抗圣彼得堡政府推行的俄罗斯化政策，顽固维护自己的德意志文化和新教信仰，哪怕俄语和东正教分别被立为官方语言和官方宗教。不仅如此，波罗的海德意志贵族还顽固抵制向当地人民交出任何行政或政治权力。这是当地农民憎恶他们的一个主要原因。1905年俄国革命期间，这种怨恨化为公开冲突，库尔兰和爱沙尼亚一共有184个庄园被烧，90名德意志地主被杀。直到1908年，圣彼得堡派遣的军队，包括哥萨克人，在地方地主武装的配合下，仍在部分地区进行报复。2 000余名起义者被送往西伯利亚，至少900人被处决。

欧洲很多地区都有家产微薄的贵族地主。波罗的海德意志族裔中人数居多的地主即属于这一类。在俄国，所有的孩子均可以世袭父亲的贵族爵位并继承其财产，因此亲王和公主人数众多。19世纪晚期，大约有89万人在法律意义上享有贵族身份。从1858年到1897年，贵族人数翻了一番。同一时期，匈牙利的贵族人数大约占总人口的5%。在欧洲部分地区，尤其是大革命前的法国，爵位是以授官的方式给予的。如果官位不能带来足够的收入，这位官员的子嗣可以承袭贵族爵位，但不会有财力维持与这一爵位相称的生活方式。英国则不实行这一制度。直到1871年，哪怕是军官也必须花钱买军职。海军是一个体现了社会平等的组织，军官晋升以个人才干为准。英国几乎没有贫困潦倒的贵族。长子继承权制度限制了享有贵族爵位的人数，而且早在 19 世纪前，除了继续保留贵族上院议员的地位外，法律赋予贵族的种种特权就不复存在了。欧洲其他一些地方的贵族同样会失去自己的爵位。沙皇尼古拉一世为了惩罚参与起义的波兰贵族，将 6.4 万名贵族削为平民。到 1864 年，什拉赫塔（szlachta）世袭贵族阶层中大约有大约 80% 的人丧失了自己的爵位和特权。黑山亲王、后来登上王位的尼古拉一世（Nikola I of Montenegro, 1841—1921）心狠手辣，任何臣子若对他不忠（不乏其人），就会立即被削爵。1882 年他仍是亲王时，马尔科·米利亚诺夫·波波维奇（Marko Miljanov Popović, 1833—1901）公爵与他发生争执，结果被削爵。有时爵位自动消失，如罗马尼亚的特权阶层波雅尔（boyar），农奴制结束后，波雅尔随之丧失了贵族地位，此后被称为大地主。瑞典 1902 年后不再封爵，最后一个爵位授予了探险家斯文·赫丁（Sven Hedin, 1865—1952）。

虽然在各地城堡和王宫书房里，《贵族世系谱》（Almanach de Goha）被奉为圣书，但在欧洲大部分地区，贵族并不都是世袭的。仅 1871—1918 年期间，普鲁士就有 1 129 人被封爵，全部来自有产阶级。法国从 1848 年后就没有封过爵。然而，通过法律废除贵族爵位的种种尝试均告失败，1848 年革命那段短暂时期除外。1858 年拿破仑三世执政时期通过了一项法律，允许旧制度时期的贵族花重金购得官方对自己爵位的认可，公爵爵位标价 5 000 法郎，侯爵 2 000 法郎。相比之下，第二帝国时期新封帝国爵位的价值就不怎么高了：官方认可公爵爵位仅收费 200 法郎。为了迎合资产阶级的虚荣，法国还通过了一项法律，允许他们在自己的名字里加上标志贵族身份的"德"。例如，

1829年，一个叫洛朗·德拉特（Laurent Delattre，生卒年代不详）的人凭一小块地产，合法地把自己的名字改为拉特·德·塔西尼（Lattre de Tassigny）。这样一来，他的后人、著名将军让·约瑟夫·马里·加布里埃尔·德·拉特·德·塔西尼（Jean Joseph Marie Gabriel de Lattre de Tassigny, 1889—1952）就得到了盾徽，可以称自己是贵族后代。西班牙女王伊莎贝尔给众多将军和政治家封爵，但也授予几位金融巨贾和实业家贵族头衔。1886—1914年，西班牙一共有210人被封爵，基本上来自商界或政界。

越来越多的新贵族与旧贵族联姻，前者借此获得尊贵地位，后者获得财富。一个典型例子是西班牙银行家兼实业家欧塞比·格尔-巴奇加卢皮（Eusebi Güell i Bacigalupi, 1846—1918）。1871年，他娶了航运业大亨卡米亚斯侯爵安东尼奥·洛佩斯（Antonio López, Marquis of Comillas, 1817—1883）的女儿，婚后育有一子胡安·安东尼·格尔·洛佩斯（Juan Antoni Güell López）和两个女儿。两个女儿都嫁入旧贵族家庭，其中一个还是封爵年代可追溯到1148年的卡斯特利多西鲁斯（Castelldosirus）家族。在这一新出现的婚姻市场上，美国富婆尤其受人青睐。法国贵族也欣然加入。例如，德卡兹公爵（Duc Decazes, 1864—1912）娶了靠缝纫机生意发家的辛格家族的女继承人伊莎贝尔-布兰奇·辛格（Isabelle-Blanche Singer, 1869—1896），她给他带来了200万美元嫁妆。19世纪90年代，英国两代马尔伯勒（Marlborough）公爵因为入不敷出，被迫出售部分艺术收藏品，他们成了发现乐意嫁给贵族的美国女继承人的高手。第八代公爵乔治·斯潘塞-丘吉尔（George Spencer-Churchill, 1844—1892）娶了一位美国女百万富翁简·沃伦·普赖斯（Jane Warren Price, 1854—1909），她是纽约一位不动产商的遗孀。他的儿子、第九代公爵查尔斯·斯潘塞-丘吉尔（Charles Spencer-Churchill, 1871—1934）又迎娶了在美国拥有价值420万美元铁路股票的孔苏埃洛·范德比尔特（Consuelo Vanderbilt, 1877—1964）。两人结婚纯粹是为了做交易，男方贪图对方钱财，女方想借结婚抬高自己的社会地位，最终两人离婚。1870—1914年期间，英国有超过100名贵族与美国富婆联姻。

贵族在宫廷依然很有权势，可以向君主和王后推荐一些人担任稀奇古怪的官职，比如（英国的）"司寝女官"（Lady of the Bedchamber）和"银头杖侍从"（Silver Stick in Waiting）。这不过是些虚职，对政治没有什么影响。与此同时，各国也一直在推进军队的资产阶级化。1804年时，在哈布斯堡王朝军中服役的37位将军中，只有两位来自资产阶级阶层；到1908年，39位将军中有20位出身资产阶级阶层。1806年，普鲁士军队中不是贵族出身的军官还不到10%；1913年，平民军官比例激增到70%，包括近一半的将军和校官。在官僚机构迅速扩大的其他欧洲国家，情况大致相同。在实行两院制议会的一些国家，世袭贵族在上院拥有特权，比如普鲁士的上议院（Herrenhaus）或英国的上院。但是，同经选举产生的下议院相比，上议院不断丧失其合法性。1910年英国通过的《议会法》极大限制了上院的权力。当时的英国政府为了推动议会通过该法案，说服国王同意，倘若贵族抵制，就大量封爵，用人数压倒他们。下院里的地主人数1874年为209人，1885年降至78人。1868年，英国内阁中出身地主的阁员人数超过了其他阁员（12比8）。而1868—1886年期间，加入内阁的新人中有15名商人和专业人员，只有9名地主。进入20世纪后，像第三代索尔兹伯里侯爵加斯科因-塞西尔（Robert Gascoyne-Cecil, 1830—1903）

及其外甥阿瑟·贝尔福（Arthur Balfour, 1848—1930）这样的首相让位给了来自不同社会背景的新人，比如父亲是羊毛商的赫伯特·亨利·阿斯奎斯（Herbert Henry Asquith, 1852—1928），还有布商的儿子亨利·坎贝尔-班纳曼（Henry Campbell-Bannerman, 1836—1908）爵士。与此同时，出身卑微甚至贫寒的政治家开始在政治舞台上崭露头角，叱咤风云，例如戴维·劳合·乔治（David Lloyd George, 1863—1945）。他出生在北威尔士的一栋普通房舍里，守寡母亲和做鞋匠的哥哥含辛茹苦把他抚养成人。

1832年、1867年、1884年，英国三次扩大选举权，加上工业化和都市化的不断发展，"贵族地主利益集团"的政治权力不断被削弱。迫于社会变革，贵族不得不投身议会政治。俄国贵族为了适应本国新的政治形势，也开始涉足政党政治。1905年，选举产生了国家杜马，格奥尔基·叶夫根尼耶维奇·李沃夫（Georgy Yevgenyenich Lvov, 1861—1925）亲王领导温和的自由派立宪民主党，政党政治由此而生。普鲁士极端保守的容克大地主、名字出奇冗长的埃拉尔特·库尔特·马里亚·菲希特戈特·冯·奥尔登堡-雅努绍（Elard Kurt Maria Fürchtegott von Oldenburg-Januschau, 1855—1937）公然把德国社会主义者称为"一群猪"。让他臭名远扬的是这么一句话："普鲁士国王兼德意志皇帝随时有权命令一个上校：给我逮捕10人，关闭帝国议会大厦。"但他也不得不参加1901年的普鲁士议会选举和次年举行的德意志帝国议会选举。像奥尔登堡-雅努绍这样的贵族地主现在也必须竞选议会席位，再也不能指望住在自己采邑里或附近的农民和长工会继续对自己俯首帖耳。1872年，英国颁布法律，实行无记名投票制，此后这种投票制为大多数欧洲国家所采用（法国在18世纪90年代就实行了无记名投票制)。在德国，随着投票日益不公开，采取高压恐吓手段越来越难。1912年，奥尔登堡-雅努绍失去了在议会的席位。在比较自由的西班牙，贵族没有多少政治权力。拥有贵族头衔的政治家人数不少，但总体来看，他们并不靠自己的爵位获得政治权力，而是靠权力获得封爵。

在贵族权力不断衰落的过程中，更重要的一个因素是国家权力的日益壮大。在19世纪的进程中，国家废止了贵族在封建领地的自治权，用人身自由、继承自由、法律面前人人平等取代了限制农奴人身自由的封建纽带。中央政府机构加税及增加的其他负担进一步冲击了贵族庄园主，专业化的地方政府取代了采邑管家和法庭，贵族集团被选举产生的议会所取代。很多国家扩大了选民范围，加强了议会的合法性。正如一些历史学家所说，"旧制度"毫无疑问一直延续到1914年。早在19世纪结束前，贵族的衰败就是欧洲各地社会评论员挂在嘴边的一个话题。在历史上，贵族地位源于贵族可以主宰自家农奴的命运。经过数十年的演变，国家接管了领主的主要职能。从法律意义上讲，贵族与庶民已没有多少区别。

新精英阶层

19世纪末，虽然贵族普遍丧失了政治权力，但在欧洲部分地区，贵族依然是一支不可小觑的力量，比如英国。英国的农业早就以资本主义生产方式为主，而且英国几乎没有极端贫困的农民。1873年，有爵位的363人拥有的地产几乎占了全国土地面积的1/4，平均每人拥有的土地超过4 000公顷。像贝德福德公爵和德文郡公爵这样的贵族大地主的采邑占地面积很大，由此带来的丰厚收入足以维护恢宏的乡村豪宅，雇用成群的用人、厨师、厨房女佣、管家、男仆、女仆、花匠、猎场看守人，以及形形色色的人。有些豪宅虽无宫殿之名，但其富丽堂皇比宫殿有过之而无不及，比如位于德比郡的查茨沃斯庄园。中东欧的大地主更是富有。第一次世界大战前夕，施瓦岑贝格家族在波希米亚南方拥有土地12.7万公顷，匈牙利艾什泰哈奇家族的采邑占地面积达30万公顷，西里西亚11个最大的地主占有该省20%的土地。19世纪五六十年代，粮食价格不断攀升，大地主因此获利颇丰，70年代粮食价格暴跌后，大批地主陷入困境。从1871年到1901年，英国的小麦价格下跌了一半。小麦种植面积从142万公顷减至61万公顷。不少地主为了适应新形势，改为采用现代化的生产方式，但只有面向市场生产的大农场或采邑才有能力投资。1859年，英国工程师托马斯·埃夫林（Thomas Aveling, 1824—1882）设计了世界上第一台蒸汽牵引机车，可以把打谷机等机器从一地运到另一地，用蒸汽带动机器运转，很快，他的生意遍及全欧洲。从1882年到1907年，德国的打谷机数量增加了385%，播种机增加了450%，机械化收割机增加了1 500%。从1888到1910年，意大利进口的农业机械数量增长了20多倍。19世纪70年代，法国北部的地主开始从美国进口打谷机、收割机和捆扎机。到1892年，法国已拥有26.2万台马拉锄、23.4万台打谷机、39万台机械化收割机。从1890年到1913年，法国农业机械进口占的比重增加了超过10倍。越来越多的欧洲大陆国家开始制造本国农业机械。从1890年到1913年，俄国农业机械工厂的产值增加了十几倍，其他地区从事商业生产的大庄园情况也大致如此。

然而，小农生产方式基本上没有受到触动。1910年，俄国2/3的犁依然是木制的，只有2%的农户使用播种机。19世纪末，法国一共有350万个农场。这说明只有很少一部分农户使用机械，大多数农户依然靠手种地。有了农业信贷银行后，农民至少可以对农业投点资，但农业现代化依然限于规模较大的庄园。德国农业生产的改善较为迅速，影响也更深远。1913年，德国务农人口超过1 000万。虽然较早的时候，增产的主要原因是扩大了耕种面积，但在19世纪70年代农业用地总面积减少的情况下，粮食产量增长的趋势仍在继续。从1875年到1884年，以及从1905年到1914年，马铃薯产量几乎翻了一番，甜菜产量增加了两倍。1910年时，德国生产的马铃薯已占世界马铃薯总产量的1/3。大量粮食被送到贵族地主的采邑工厂提炼成酒精，部分粮食用于出口。1894年，将近20万升的谷物酒和马铃薯酒经葡属洛伦索-马贵斯的货物集散地出口到南部非洲。贸易极盛的时候，1896

年，非洲兰德各家金矿进口了将近50万升酒，用来麻木被拉到矿井做工的数千名非洲工人的感官。进口的酒被兑上水，加上一点西梅汁、绿茶和石炭酸树脂后，当作"黑鬼白兰地"出售。

小农户转向更容易经营的畜牧业。1873年德国牲畜数量为1 600万头，1913年增至2 100万头。生猪数量从1892年的1 200万头增至一战前夕的2 600万头，足以抵消绵羊头数的锐减。养猪占地不大，猪肉用途很广，尤其可以制成供德国人食用的数百种香肠。这一时期，德国人几乎不再吃羊肉。同一时期，弗里德里希·威廉·赖夫艾森（Friedrich Wilhelm Raiffeisen, 1818—1888）在德国创办了生产者合作社和乡村银行，帮助农民实现生产现代化，但进程极其缓慢。到1914年，仍有很多地区的小块农田没有合并，小农生产方式仍占主导地位。一战前夕，普鲁士莱茵省2/3的农场仅占有1/4的可耕地。赖夫艾森的影响遍及欧洲，他的意大利信徒路易吉·卢扎蒂（Luigi Luzzatti, 1841—1927）建立的农业合作银行开一代之先河。到1908年，银行数量已超过700家，几乎都设在伦巴第。这类银行对匈牙利也影响甚深，今天在布达佩斯各处街道，依然可以看到赖夫艾森的名字。

在以上农业区，化肥的问世在提高生产率上起了关键作用。德国化学家尤斯图斯·冯·李比希（1803—1873）和英国农学家约翰·贝内特·劳斯（John Bennet Lawes, 1814—1900）爵士发明的磷肥开始取代鸟粪。各家公司开始大规模生产化肥，比如1843年建厂的费森斯（Fisons）公司。意大利进口化肥总值从1887年的400万里尔增至1910年的6 000万里尔。其他地区的农业同样增长很快。还有许多已被今人遗忘的小发明，从各个方面提高了农业产量。例如，瑞典发明家古斯塔夫·德·拉瓦尔（Gustaf de Laval, 1845—1913）完善的奶油离心分离机简化了奶制品生产，这一发明对这一时期因无力与大粮食生产商竞争而改为从事畜牧业的小农尤其有用。只有大农场才有财力购买农业机械和化肥。1902年，在奥地利管辖的加利西亚，511台靠蒸汽驱动的农业机械中，505台用于占地面积超过50公顷的农场。尽管做了种种改进，欧洲各地的贵族采邑和面向市场的农场依然越来越无力抵制从美国大批涌入的廉价进口粮——19世纪下半叶，美国中西部的广袤平原被开垦为耕地。俄国的粮食产量也增长很快，从19世纪60年代到80年代增加了两倍多，从1910年到1913年几乎翻了一番。大部分粮食出口到国外，家境殷实的俄国农民很快学会了如何给用于出口的自家产粮食定价，以避免受到美国进口粮的影响。在乌克兰黑海之滨的尼古拉耶夫港口，一名美国观察家看到农民"带着自家产的粮食，一来到集贸市场就向人打听，刚收到的电文报道的美国粮食价格是多少，更令人惊讶的是，这些农民知道怎样把每蒲式耳多少美分换算成每普特多少戈比"。俄国人口增长极快，为了满足俄国人对面包无休止的需求，俄国需要粮食。从1897年到1913年，俄国小麦在出口总量中所占比例从1/3降到不足1/4。即便如此，直到1914年，俄国和德国仍然是粮食出口大国。

  过去几十年里，经过冗长谈判缔结了一系列双边贸易条约，拆除了贸易壁垒，促进了欧洲各国之间的贸易。19世纪60年代，意大利缔结了24个贸易条约，德国和奥匈帝国分别是18个和14个。19世纪70年代，经济下滑，外加美国对欧洲粮食出口迅速增加，情况发生了重大变化。1879年，德国的俾斯麦屈从容克及其他土地利益集团的压力，采取了保护措施。1885年和1887年，德国又提高关税，对粮食加征30%的关税。尽管如此，第一次世界大战前夕，德国消费的小麦中40%仍然依靠进口，大部分来自俄国。土地利益集团还为自己的采邑争取到减税待遇，确保出身贵族的地方官员执掌赋税大权，在征税问题上保护同是庄园主者的利益。法国的情况如同德国，要求对进口粮食征收关税的压力越来越大。1885年，法国开始征收粮食关税。根据1892年的《梅利纳关税法》，对粮食征收的关税相当高，小麦价格比实行自由贸易的英国大约高出45%。俄国也开始对粮食征收关税，尤以1891年的门捷列夫关税为甚。奥匈帝国也分别于1878年、1882年、1887年对粮食加征关税。意大利人一改19世纪60年代的政策，分别于1878年、1888年、1894年抬高进口税。此外，保加利亚和罗马尼亚等国也征收关税，这些都表现出强烈的保护本国工业的倾向，不过，增加关税的主要压力来自为市场生产的大中型农场和采邑。

以上措施在一定程度上扶助了规模较大的采邑，但未能扶起后封建社会的传统贵族阶级。在欧洲很多地区，越来越多经营不善的采邑被有钱的中产阶级实业家和投资人收购。截至1877年，俄国实业家和投资人购买了私有土地总面积的1/8。普鲁士解放农奴期间，容克贵族阶级增添了40万公顷土地，还得到了支付给他们的2.6亿马克现金。容克贵族阶级得到了数额如此巨大的资金和这么多土地，却依然负债累累。从1805年到1845年，容克贵族的债务翻了一番，从1.62亿马克涨到3.25亿马克。很多地主无奈之下只能出售私家采邑。截至1900年，易北河以东的贵族采邑中，只有1/3仍为贵族所有，包括新封爵的人。中产阶级购买破落贵族家族的封地是19世纪欧洲后封建时代最常见的社会现象之一。例如，西班牙废除了限制地产继承人制度后，巴利亚多利德省售出地产的1/6被马德里人买去，买主是清一色的平民。1855年，具有自由色彩的一届政府下令拍卖属于国家、教会、慈善机构和地方市政府的所有土地，所得资金用于公共工程项目。1836—1895年，大约61.5万块地产被投放市场，总面积达970万公顷，占西班牙全国总面积的1/3。在匈牙利等欧洲部分地区，大地主为了阻止这一趋势，再次实行限制地产继承制度。1844年，平民首次获准合法购买大地主的采邑土地。从1853年到1867年，新增加了64个限制继承的采邑，将近140万公顷的地成为"不可分割、不可剥夺的土地"。但这种做法只是延缓了土地转让进程，并不能完全阻止它。

部分贵族地主无力适应新的商业主义，尽管他们因丧失"什一税"等伴随封建特权的收入而得到了巨额补偿。1850年，西班牙纳税第一大户是奥苏纳公爵。为了削减债务，他在1841年就已开始抛售部分地产，但仍不得不继续借贷，直到再也无力支付贷款利息，只能出售更多土地。截至1877年，奥苏纳公爵卖出了47块地，"部分价值数百万"。他拥有的地产面积进一步缩小。1894年，奥苏纳公爵与讨债的诸多债权人打了多年官司后，剩余地产悉数被扣押出售。据一项调查，土地大多落入"农业大户之手，很多人是奥苏纳家族以前的佃农，如今这些人拥有了自己耕种的土地，成为资本务农者的典型代表"。像奥苏纳公爵这样的显赫贵族的破产轰动一时，不过在西班牙及其他地区，大多数贵族大地主还是完成了向资本主义农业经济的过渡。他们拿到大笔现金后，广泛投资各行各业，包括服务业和制造业，或是谨慎出售采邑的部分资产以减轻债务负担。小贵族地主的境况远不如大地主。匈牙利人称小贵族地主为"马镫上的贵族"，波兰人称其为

"荞麦贵族",他们与普鲁士的"酸菜容克"(Krautjunker)或"菜地容克"大致属于同一社会阶层。废除农奴制后,这批人因为没有赖以为生的土地,被迫流入城镇。匈牙利的破产数量激增,大批小庄园卖给了大地主,通常通过犹太人开办的银行,1867年时,中等规模的采邑有3万个,到1900年时只剩下1万个。仅1890年一年,就有将近1.5万家农场被银行没收,此前那些农场主已经把自己的农场抵押光了。

对于有一定财力的人,防止家业败落的最好办法就是投资实业。俄国废除农奴制后,贵族地主得到了大笔补偿金,可以把这笔钱用于投资。如恩格斯在一本讲述德国的书里所述,19世纪70年代末时,贵族阶层成员把昔日身份高人一等的日子抛在脑后,争先恐后挤入形形色色良莠不齐的股份公司董事会。实业家认为,一家公司的董事会里有一个贵族董事可以提高公司档次,那些不觉得追逐丰厚报酬有失身份的贵族乐此不疲。截至1905年,匈牙利各家金融和产业公司董事会里共有88位伯爵、66位男爵。1902年,铁路公司30%的董事、大钢铁公司和金融公司23%的董事是贵族。在奥地利,1866年后成立的各家铁路公司的董事会里,一共有13位亲王、64位伯爵、29位男爵,外加另外42位贵族。这一现象反映了此前几十年巨额财富的转移。1848年法国财产继承文档显示,股份和股票只占死者遗留财富的5%,地产和房产占58%。到了1900年,前者增至31%,后者降至45%。

如果采邑内有矿藏的话,地主投资实业更不是问题。阿伦贝格和克罗伊公爵恩格尔贝特(Engelbert, Duke of Arenberg and Croy, 1875—1949)把自己的威斯特伐利亚领地租赁给公司开矿,20世纪初,他每年出租所得收入已超过50万马克。一些贵族地主选择与开矿公司分成。威斯特伐利亚另一位大亨萨尔姆-萨尔姆亲王阿尔弗雷德(Alfred,

Prince zu Salm-Salm, 1846—1923）靠分成办法跃居《德国百万富翁年鉴》榜首。鲁道夫·马丁（Rudolf Martin, 1867—1939）为了标榜德意志帝国的繁荣主编了这本年鉴。西里西亚的大地主深谙生财之道，根据马丁主编的这部年鉴，1913年最富有的11个普鲁士人中，有6人来自西里西亚。其中乌亚兹德公爵、霍恩洛厄-厄林根亲王克里斯蒂安·克拉夫特（Prince Christian Kraft zu Hohenlohe-Öhringen, Duke of Ujest, 1848—1926）是世界最大的锌生产商，雇了5 000多名矿工，1910年时，他4/5的财富投资于实业。另一位贵族吉多·亨克尔·冯·唐纳斯马克亲王（Prince Guido Henckel von Donnersmarck, 1830—1916）旗下的实业帝国投资铬、黏胶、纸张和纤维素等行业，同时投资奥地利、法国、匈牙利、意大利和俄国的企业。然而，无论有钱贵族多么努力，他们都越来越难跟上工业迅猛发展的步伐。1909年，乌亚兹德公爵经营的产业陷入与亨克尔·冯·唐纳斯马克的一场官司，濒临破产。德皇威廉二世不得不出面干预，乌亚兹德公爵被迫出售一大块土地。奥地利大使对此丑闻评论说："光凭兴趣爱好和一知半解，已经管理不了资本主义世界的庞大采邑了。"越来越多的贵族把自营产业改为有限公司，聘用职业经理管理这些公司。

很多贵族地主试图从在自己采邑上建立的工业企业获利，但常常玩不过被他们聘用的企业经理。1870年，俄国政府聘用的威尔士铁器制造商约翰·休斯（John Hughes, 1814—1889）来到顿巴斯地区，同时还从南威尔士带来了100个熟练铁器工人和矿工。他从利芬家族租了一块地，建起一家规模巨大的联合企业，一共有8个鼓风炉，还有几个铁矿石矿、煤矿和砖厂。利芬家族原是波罗的海德意志贵族，家族成员在沙俄宫廷和军队中身居要职。该地人口不断增加，休斯又修建了一座用于崇拜圣乔治和（自不待言）圣大卫的英国圣公会教堂，外加几所学校、一家医院，以及茶室、澡堂及其他公共生活设施。企业迅速扩大后，矿工力量日益壮大，利芬家族成员无力对付，加之因财产问题官司缠身，于是在1882年把企业出售给了休斯，改为投资股权、股票和波罗的海地区的森林。休斯死后不到10年，由他4个儿子管理的这个工业城镇生产了俄国3/4的铁矿石。这一切成就都是一个不会书写、只能看懂用大写字母写成的东西的人取得的，而这片土地上的贵族甚至对休斯和他儿子所取得成就的意义都茫然无知。这块地方后来起名为尤佐夫卡（Hughesovka），以纪念休斯，这个名字一直沿用到布尔什维克革命开始，大部分威尔士矿工返国后。该地在1924年更名为斯大林诺，后来又改名为顿涅茨克。

如同西里西亚一些大亨的经历，尤佐夫卡例子揭示了一个事实：虽然有些贵族地主极力想跟上时代步伐，但他们往往败在出身卑微、积极进取的企业家手下。资产阶级商人投资土地，贵族庄园主投资产业。从19世纪发生的社会变革中，出现了一个以拥有财富为主要标志的新精英阶层，包括大地主、银行家、商人、实业家和投资人。他们中有人有爵位，有人没有，但生活方式大同小异，服饰相同，志趣爱好无异。越来越多的商人、非贵族政治家和平民加入狩猎和周末乡村别墅聚会活动。用英国人的话说，这些人凭借自己的财富进入"上流社会"。富商大贾人家并不居于一地，他们每年随季节变化不断改换住处。例如在英国，富人们会在暮春初夏时节住在伦敦，然后去苏格兰荒原，等"光荣的8月12日"*一到，就去猎红松鸡。之后他们或

---

* 8月12日为猎松鸡季起始日。——译者注

去诺福克郡猎雉，或去苏格兰中部猎狐、参加乡村舞会，圣诞节时重返伦敦，节日过后再去蒙特卡洛或比亚里茨过冬，终日耽于赌博、玩牌、交际或策划阴谋。

富豪一家若是每年要在一地住上几周的话，通常在当地有自己的房子，但面积最大的房子还是他们的乡村别墅。中欧地区的富人往往在卡尔斯巴德或巴登-巴登这样的度假胜地闲居很久。当地赌场之重要，几乎不亚于温泉浴场，欧洲形形色色的上层贵族和越来越多的资产阶级富翁常常到这种地方聚会。维多利亚女王、德皇威廉一世、拿破仑三世皇帝以及波斯的沙阿纳塞尔丁（Shah Nasir al-Din, 1831—1896）等外国君主都到过巴登-巴登。列夫·尼古拉耶维奇·托尔斯泰（Lev Nikolayevich Tolstoy, 1828—1910）的小说《安娜·卡列尼娜》和费奥多尔·米哈伊洛维奇·陀思妥耶夫斯基（Fyodor Mikhailovich Dostoyevsky, 1821—1881）的小说《赌徒》中的一些情节均以巴登-巴登为背景。陀思妥耶夫斯基虽然囊中羞涩，但也在巴登-巴登的赌场赌过。约翰内斯·勃拉姆斯（Johannes Brahms, 1833—1897）在当地有一所房子。伊凡·谢尔盖耶维奇·屠格涅夫（Ivan Sergeyevich Turgenev, 1818—1883）把当地小镇作为小说《烟》的背景。在这种场所，来自众多国家的上层贵族成员以及越来越多的有钱精英有机会相互结识，他们交际、赌博，还可以跨越民族和语言隔阂一起做生意。法语是通行的基本交际语言，对这种世界主义的发展也有助益。欧洲的一些大城市提供了这类会面场所，尤其是巴黎。一些贵族几乎一年四季住在巴黎，比如后封建社会的罗马尼亚波雅尔贵族，19、20世纪之交时，他们中的2 000人占有全国38%的土地，但他们更愿意住在法国和瑞士，而不愿留在自己贫瘠的国家。后来，法国导演让·雷诺阿（Jean Renoir, 1894—1979）执导的电影《大幻影》（1937）通过讲述冯·劳芬施坦少校和德·波迪奥上尉的遭遇，再现了当年欧洲精英阶层成员所处的开放世界。冯·劳芬施坦少校是第一次世界大战期间德国一所战俘营的长官，波迪奥上尉是战俘营内被关押的一名法国战俘，两人均出身贵族。他们一起追忆了当年在巴黎马克西姆餐厅就餐的时光，甚至还记起战前追求过同一个女人。

上层中产阶级不满足于分沾贵族地主的生活方式，甚至开始涉足19世纪最能体现贵族身份的一项追求——决斗。在18世纪的贵族世界中，追求荣耀与捍卫个人荣誉如影随形，受到侮辱时，报复对方的唯一方式就是向对方提出挑战。按德国人的说法，能进行决斗的应该是satisfaktionsfähig，意思是具有与提出挑战或接受挑战相匹配的尊贵地位的人。随着岁月的流逝，"尊贵"的定义在社会阶梯上不断下滑。1800—1869年，已知的参加决斗的232名普鲁士人中，有44%是贵族；1870—1914年，已知的303名决斗过的人中，贵族所占比例降至19%。医生因诊断之争决斗，律师因庭审案子决斗，政客因议会上的争执决斗，陆海军军官，无论是不是贵族（早在19世纪50年代，20%的普鲁士军官团和绝大部海军军官已不是贵族），因战术之争决斗。出身中产阶级的男子通过争取自身的尊贵地位，挤入了昔日专属于贵族阶层圈子的决斗：在欧洲各地，马赛尔·普鲁斯特（Marcel Proust, 1871—1922）、亚历山大·普希金和米哈伊尔·莱蒙托夫（Mikhail Lermontov, 1814—1841）等作家，彼得·斯托雷平、乔治·克列孟梭（Georges Clemenceau, 1841—1929）和斐迪南·拉萨尔等政治家都与人决斗过，甚至连画家爱德华·马奈（Édouard Manet, 1832—1883）也不例外。贯穿19世纪，以中产阶级参与决斗为标志的

第四章 社会革命　　369

贵族和资产者习俗的交融反映在多个层面。在英国，自19世纪中叶起，体育竞赛取代了决斗，但过程依然如旧日。显而易见，早在1914年前很久，一个新的有钱有势的上层阶级就已形成。

一些历史学家认为，18到19世纪，贵族从一个社会等级转变为一个阶级。这种说法并不准确。在封建农业社会的法律制度下，贵族无疑享有平民没有的种种特权和权利，这反映了旧制度的社会观念，即每个社会等级不仅知道自己的位置，还被法律禁锢在这一位置上。然而，封建制度衰落前，欧洲很多地区的贵族也是一个社会阶级。换言之，同样可以从经济意义上界定贵族为财富来源于土地的一个社会群体。当然，就最下层贵族而言，穷困潦倒的"酸菜容克"与家境殷实的农民之间没什么区别。在社会的这一阶级，封建制度编织的权利、特权和义务大网最结实，对人的限制也最严。19世纪贵族的没落反映了土地作为财富来源的衰落和金融、贸易和工业的崛起。拥有爵位的贵族越来越脱离与土地相连的财富，日益成为一个仅拥有特殊地位的集团。他们虽然保留了尊显的社会地位，却失去了经济特征，加入了大资产阶级行列。时人对这一点已有认识。例如，19世纪末时，许多法国人都认为，"200个上层巨富家族"操控了全国，其中大多数不是贵族，这些家族操纵一切，只为追逐自身利益（若确有这么一个寡头集团的话，其成员肯定远不止200个）。

《施泰希林》（*Der Stechlin*）是台奥多尔·冯塔纳（Theodor Fontane, 1819—1898）写的最后一部小说。里面的主人公杜布斯拉夫·冯·施泰希林（Dubslav von Stechlin）是一名保守的贵族地主，一直过着平静的生活，直到在一次选举中被一个社会主义者击败。施泰希林认识到，他和自己所属的阶级已难以适应现代世界。书中一个叫洛伦岑神父的人说："我们不一定非要顺应新世界。只要有可能，最好还是继续生活在旧世界里，万不得已时，再去顺应新世界。"给人印象最深的一部描述贵族没落、新生资产阶级崛起的小说恐怕要属《豹》(*Il Gattopardo*，书名里的 gattopardo 指 19 世纪意大利一种几乎被猎绝的硕大野猫）了。该书作者朱塞佩·托马西·迪·兰佩杜萨（Giuseppe Tomasi di Lampedusa, 1896—1957）是西西里岛的一个小王公，他娶了波罗的海德意志贵族妇人亚历山德拉·阿莉塞·沃费·冯·施托姆西（Alexandra Alice Woff von Stomersee, 1894—1982），他们不匹配的婚姻与赫尔米尼亚和米伦的婚姻如出一辙。小说的素材取自家族故事和自兰佩杜萨曾祖一辈保存的文档。故事的主人公是法布里奇奥亲王，他是破落的西西里贵族，靠手下的农民养活自己，终日沉溺在对天文学的嗜好中，其他事情一概不问。在意大利统一运动的大动荡中，两西西里王国灰飞烟灭，被并入新统一的意大利，置于皮埃蒙特的资产阶级政治家、金融家和实业家统治之下。这位亲王一成不变的生活也被打乱。那些支持统一事业的人变得有钱有势。法布里奇奥亲王认识到，他和自己的采邑若要在这个新世界里继续存活下去，别无他法，只有接受侄子坦克雷迪的劝告："若想维持原状，就必须变革。"坦克雷迪加入了加里波第的队伍，显示了贵族对统一事业的支持。野心勃勃的坦克雷迪并不爱安杰莉卡，但还是娶了她。安杰莉卡的父亲叫唐卡洛杰罗，是个粗鲁的不法商人和政客，为了得到支持统一的多数票，操纵西西里公民投票。随着故事的发展，法布里奇奥亲王和这个商人越来越像对方。亲王在生意上变得更果决，唐卡洛杰罗则开始了"不断提高个人修养的过程，历经三代人后，昔日淳朴的农民变成了手无缚鸡之力的乡绅"。

世界工厂

19世纪的100年里，英国执欧洲乃至全球经济之牛耳。截至1850年，世界贸易中制成品总量的40%产自英国。英国成了"世界工厂"。1851年在伦敦举办的万国工业博览会展示了英国的霸主地位，为此专门在海德公园内修建了一个占地面积庞大的玻璃房——水晶宫。英国邀请来自世界各地的参展国在水晶宫内展出自己的产品。毫无疑问，举办博览会的首要目的是向世人展示英国作为世界工业带头人的作用。选择德文郡公爵的首席园艺师约瑟夫·帕克斯顿（Joseph Paxton, 1803—1865）设计水晶宫，象征性地体现了贵族地主阶级依然具有的影响力。他在德文郡查茨沃斯建过一个庞大的玻璃花房，水晶宫是这一花房的放大版。来自社会各阶层的600万人参观了博览会，平均每天游客超过4万人次。维多利亚女王去博览会观展先后不下40次。博览会开幕日那天，女王写道："震耳欲聋的欢呼声、每张面庞露出的欢悦表情、恢宏的展厅、精美的装潢和琳琅满目的展品，还有管风琴流淌出的音乐……这一切动人心弦。"

展品的新奇和种类繁令参展观众倾倒。小说家夏洛蒂·勃朗特（Charlotte Brontë, 1816—1855）看过展览后写道：

这真是一个奇妙的地方,恢宏、怪异、新奇,简直无法用言语形容。其宏大不止于**一处**,而是体现在把**万物**独具匠心地摆放在一起。凡是人类工业生产的产品,这里应有尽有。有展出铁路机车、锅炉、运转的磨粉机、各种各样的火车车厢、种类繁多的马具的展厅,也有套在玻璃罩里、台面上铺着天鹅绒的展台,里面摆放着金银工匠最精美的产品。此外还有被严密看护的小箱子,里面装着价值数十万英镑的钻石和珍珠。

伦敦博览会为最有想象力的机械发明和最具创意的工业产品设立了奖金,英国人几乎囊括了所有奖项,其他国家获奖的项目包括食品、手工艺品和原材料。博览会显示的社会和谐引人注目。享受折扣票价的工人和中产阶级一起观看展览,对展品赞叹不已。这次博览会的幕后灵魂人物、维多利亚女王的丈夫阿尔伯特亲王(Prince Albert,1819—1861)在开幕式前表示,这次博览会将展现"和平、仁爱和助人为乐的精神,不仅在人与人之间,还在地球上的国与国之间"。只有德国实业家和军火制造商艾尔弗雷德·克虏伯发出了不和谐音,展出了一门锃亮钢炮,还得意扬扬地称:"让英国人开开眼。"

英国在打败拿破仑后的几十年里称霸海上,从而保证了在这期间英国船只承运大量世界贸易产品。19世纪中叶,1/4的国际贸易商品通过英国港口转运,英国对外贸易货物的一半以上靠英国船只运送,给英国带来了重要的无形收入。伦敦劳埃德公司对全世界船舶保险业的垄断更是极大增加了英国的收入。1890年,英国船舶总吨位仍然超过世界其他国家船舶加在一起的总吨位。即使到了1910年,参与世界贸易的船舶总吨位中,40%仍属于英国。19世纪大部分年代,这些船是帆船。像著名的"卡蒂萨克号"这样的快速帆船主宰了与中国的茶叶贸易。19世纪前几十年，美国帆船比英国帆船更先进，可以装载更多棉花，所需船员人数也比英国帆船少。铁甲船和汽船问世后，尤其是汽船可以横渡大洋后，比如在19世纪30年代早期，英国航运业再次领先。波希米亚工程师约瑟夫·雷塞尔（Josef Ressel, 1793—1857）发明的螺旋桨带来了重大突破，1827年，他获得了这项发明的专利。1829年，雷塞尔用它作为"奇韦塔号"的动力装置，以每小时6海里的速度穿越的里雅斯特港口（不幸的是，这艘船途中爆炸。奥地利警察禁止再做试验）。1819年横渡大西洋的第一艘以蒸汽做动力的船"萨凡纳号"依然有船帆。英国工程师伊桑巴德·金德姆·布鲁内尔（Isambard Kingdom Brunel, 1806—1859）专为横渡大西洋建造的第一艘汽船"大西方号"吨位居当时世界船只之首，但仍然靠明轮驱动。但到了1845年，布鲁内尔已经能为横渡大西洋建造螺旋桨轮船了，那就是汽船"大不列颠号"。此后又经过一系列的技术革新，比如可反复使用蒸汽、极大提高了燃料效率的三胀式蒸汽机，才开通了定期远程航海航线。有了加煤站后，汽船可以运载更多货物。1869年苏伊士运河通航后，通往中国的航线距离缩短了近6 500千米。

英国拥有世界上最庞大的海军，从而确保了英国航运业的霸主地位。根据议会的一项法案，从1889年起，议会要求英国海军拥有的战列舰数量不少于世界上仅次于英国的两个海军强国拥有的战列舰数量总和。英国的对外贸易靠远超其他国家的高度机械化支撑。英国产业的竞争力因此远在其他竞争者之上，可以多、快、好地生产更多产品。英国经济主导着世界范围内的劳动分工，英国生产工业产品和制成品，世界其他国家提供原料。19世纪中期，93%的英国出口产品是制成品，大约同样百分比的进口产品主要是未加工过的初级产品，这种情况一直延续到19世纪后半叶。这一时期，重工业和机械所占比重越来越大。1850年，棉纺业仍占英国出口的60%，到了1913年，棉纺业所占比例降至34%，同一时期，各种金属和机械产品所占出口比例从18%上升到27%。

英国经济对英国控制海上贸易的依赖程度，从威尔士板岩采石业可见一斑。19世纪，英国板岩开采业居世界之首。在城市迅速扩张的时代，石板主要用作成百万套住房的屋顶，同时还输往欧洲其他地区，尤其是威斯特伐利亚和西班牙的加利西亚。英国板岩岩层丰富，但石板产地不具备用船只把大块石头和制成的石板产品大批运出去的能力。北威尔士的大采石场先用沿山坡修建的窄轨铁路 [比如费斯蒂尼奥格（Ffestiniog）、泰勒林（Talyllyn）和科里斯（Corris）铁路] 靠重力把产品运到海边，再把产品装上较小的散装船只运往各地。很多船只都是在特殊港口设施内就地造的，比如迪诺威克港。贝塞斯达的彭林采石场（Penrhyn Quarry）建在雪墩山山坡上，掘山凿岩而成，规模很大，一共有20个坑道，年产量超过10万吨。成堆的废弃石块和碎石子沿山坡滚落山下。1875—1880年的5年中，用船从波特马多克港运到英国各地、欧洲大陆及海外的石板达112.5万吨，另有69.2万吨是从迪诺威克港运出的。这一时期，石板出口量始终非常大，特别是对德出口。1894年，4.87万吨石板中的3.9万吨从波特马多克港直接运往德国各港口。威尔士石板采石业雇用的1.4万名工人之所以能养家糊口，全靠英国在欧洲乃至世界垄断了对这种笨重易碎的大块石料的运输。

在高度工业化时代，英国产业技术和资本投资在欧洲大陆的分布很不平衡。很多重要工业区跨越国家边界，比如欧洲西北部的煤田。工业生产对一国的经济实力乃至其军事实力的影响越来越大，德意志帝国是一个最明显的例子。在德国西部，鲁尔河北岸的煤层很深，直到19世纪40年代才有了深层矿井。1850年，鲁尔地区的煤产量仅200万吨，1870年增至1 200万吨，1890年为6 000万吨，1913年则达到1.14亿吨（几乎是法国煤总产量的3倍）。到1913年，鲁尔地区已能每年生产800万吨生铁。各家公司疯狂扩张，把采煤和开采铁矿石与冶炼和机械制造"纵向连为一体"，形成一条龙作业，从而降低了成本，提高了效率。这一过程始于铁路运输业，逐渐扩展到其他行业，尤其是军工业。鲁尔地区的克虏伯公司是一个典型例子。该公司起家于19世纪40年代，当时正值第一个修建铁路热潮，克虏伯靠制造曲轴和车轴发了大财。19世纪中叶后，公司继续推行技术革新，开始生产用于火车车轮的铸钢轮圈，之后是铁轨和制造汽船所需的钢板、螺旋桨和轴承。1862年，克虏伯安装了世界上第一台贝塞麦转炉，转炉得名于英国人亨利·贝塞麦（Henry Bessemer, 1813—1898），他发明了使用氧化法去掉生铁中杂质的冶炼法。1869年，克虏伯采用了他的方法，同时使用以一位英国发明家西德尼·吉尔克里斯特·托马斯（Sidney Gilchrist Thomas, 1850—1885）命名的技术对贝塞麦冶炼法做了改进。克虏伯用赚取的高额利润收购其他公司和铁矿石矿，制造更多更大的钢铁产品。1874年时，坐落在埃森的克虏伯公司占地35公顷，雇了1.2万名工人，规模是10年前的3倍。凭借像克虏伯和蒂森这样的大型重工企业，德国早在19世纪结束前就已成为欧洲大陆上首屈一指的工业化大国，开始与英国争雄。1910年，德国商船队中汽船吨位超过200万吨，占世界汽船总吨位的11%。英国垄断商船运输行业的能力显然在下降，德国工业创新和增长速度之快令人咋舌。1888年，俾斯麦参加汉堡新港口设施落成典礼时，视察了布洛姆-福斯造船厂。该厂有3个巨大的造船台，还有1个刚竣工的"仓库城"，拖船和驳船来来往往，岸边停泊着巨大的汽船，码头上吊车如林，不停装卸货物。俾斯麦对身边扈从说："先生们，这个世界老夫实在是看不懂了。"

与德国工业的飞速增长相比，19世纪大部分时期，法国的工业化进程断断续续。19世纪上半叶，英国在重工业、制造业和工程等领域均居领先地位。这意味着法国人只能重点发展消费产品的生产，尤其是纺织产品。以农民为主体的法国农业在经济中占很大比重，虽然德国和英国银行向法国经济投入大量资金，但法国对产业的投资依然迟缓。法国的人口增长速度远远落在英国和德国后面，难以产生靠增长驱动的需求，只能更加依赖对外出口。再者，法国的农业效率极低。1911—1912年，法国的小麦平均产量仅及比利时或荷兰小麦产量的一半。19世纪70年代，法国遭受了一场严重的农业危机。一种叫作家蚕微粒子的寄生虫给养蚕业带来了毁灭性打击，运输水果的船把一种叫葡萄根瘤蚜的微小蚜虫从大西洋另一边带到法国，吞噬法国各地的葡萄园。1880年，圣埃米里翁一地近一半的葡萄园颗粒无收。英国一家幽默杂志《潘趣》评论说："堪称美食家的葡萄根瘤蚜找到了一流葡萄园，栖身头等葡萄酒中。"这场灾害自然也给其他地区的葡萄园造成了严重损失，特别是德国。葡萄酒是法国的大宗出口商品，而德国产的葡萄酒基本上供国内消费，只有一种英国人称为"霍克酒"的腻甜酒才供出口。1885—1894年，法国因这场灾害损失了国内生产总值的37%。这一数字显示了葡萄种植业在法国经济中所占的分量。从美国引进抗虫害葡萄后，法国的葡萄种植业逐渐复苏，但替换十分缓慢。1870年时，德国的生铁产量和法国还不相上下；20年后，德国的生铁产量翻了一番，是法国产量的2倍。在这20年期间，法国人口增长率为10%，德国是50%。此外，德国还在本国境内发现了大型煤田和铁矿石矿藏。1870年，法国的农林业雇用了53%的劳动力，1913年为37%。在此期间，人们对修筑铁路热情不减。法国的煤产量在1875年是1 700万吨，1913年时增至4 100万吨，但与英德两国的产量相比，法国的产量并不大。法国进口的煤始终占总消费量的1/3到1/2。

从相对值角度看，法国工业落伍了，而欧洲南部地区则根本没有发展起强大的产业。西班牙农业落后、农民贫困，易于开采的矿物资源匮乏，又丧失了美洲殖民地。1891年，西班牙开始对外国谷物征收100%以上的关税，建立起贸易壁垒。这一切说明西班牙的经济仍然以农业为主。动荡的政治局势不利于投资，国内市场疲软阻碍了资本积累。西班牙产的大部分自然产品出口国外，包括1881—1913年81%的巴斯克铁矿石。葡萄牙的情况与西班牙大同小异。据一项估计，1913年葡萄牙人均国民生产总值在欧洲各国中十分靠后，仅略高于巴尔干诸国的产值。奥匈帝国的情况也差不多，其1913年时的工业产值仅占欧洲工业总产值的6%。第一次世界大战前，帝国内的农业产值仍占全国产值的一半左右，其中食品、纺织品和消费品名列前茅。重工业集中在少数地区，比如随筑路热发展起来的波希米亚和摩拉维亚、西里西亚和施蒂里亚。虽然使用吉尔克里斯特·托马斯冶炼法可以把低质矿石熔炼后用于炼钢，但每吨成本仍比洛林地区高出1/4，因此需要进口焦炭甚至矿石。直到19世纪90年代，帝国部分地区的人依然喜用木炭，不习惯使用焦炭。奥地利的纺织业继续发展，1851年有130万个棉纺锭，1885年增至200万个，1913年差不多达到500万个，匈牙利则被远远甩到了后面。奥匈帝国境内广大百姓生活困苦，其国内需求受到抑制。只有在少数工业发达地区，富有想象力的进取精神加上从国外引入现代生产方式才创造出成功范例，比如波希米亚的制鞋业。1894年，托马什·巴塔（Tomáš Baťa, 1876—1932）把美国流水线作业技术带回家乡兹林，在家族开办的公司推广这一技术，建立了欧洲数一数二的大规模制鞋公司。在喀尔巴阡山脉北坡，一家加拿大石油公司引进的深钻技术大大提高了石油产量，产量从1884年的2 300吨增至1909年的200多万吨。加利西亚一跃成为世界第四大产油区。

1914年以前，俄国经济的特点是工业化分布不均。乌克兰顿巴斯地区的尤佐夫卡当时仍是一个规模较小的工业区。19世纪90年代，克里沃罗格一地的铁矿石矿山开始投入大规模开采。在第聂伯河畔的叶卡捷琳诺斯拉夫，一批大型冶金工厂拔地而起。工业主要集中在莫斯科和圣彼得堡等大城市。从1860年到1880年，俄国的工业产量翻了一番，1891年又翻了一番，从1892年到1900年再次翻番，但这个发展速度还是偏慢。1892—1903年任财政大臣、主管过俄国铁路的谢尔盖·维特认识到，加快经济发展步伐需要国家干预。维特决心把俄国带入现代化世界，为此采取了多方面政策，包括大力提高农民识字率，使他们能够较好地适应市场经济。在1914年以前的欧洲，他推行的政策也许是把国家强力干预作为促进经济和工业增长手段的最好范例。1891年设立的保护壁垒促进了国内市场的发展。1897年，维特为了给外国银行投资俄国产业机床和工厂创造一个稳定的金融环境，推行金本位卢布。在鼓励外国银行向政府提供贷款方面，他做得也很成功，截至1914年，外国购买了几乎一半俄国国债。从1890年到1900年，沙俄帝国南部诸省份的煤产量增长了3倍多。1890年，俄国生铁产量为21万吨，10年后增至148.3万吨。但直到1914年，俄国的重工业依然落后于棉纺织业、甜菜加工业和其他消费品产业。沙俄帝国大约15%的纱锭集中在"波兰的曼彻斯特"——罗兹。

后起的俄国产业从西欧和中欧等地进口了先进的成套设备，而不是在已有原始工业基础上发展产业，因此俄国企业创建之初通常规模很大。1890年，乌克兰冶金行业每家工厂平均雇用1 500名工人；1900年，这一数字上升至4 600人。为了操控价格、瓜分市场，企业组成了像普罗达梅塔（Prodameta）这样的辛迪加，尤其在采矿和冶金行业。纵向合并发展迅速，截至1913年，南方12家最大的冶金企业已经拥有或租下了铁矿石矿山，控制了乌克兰80%的铁矿石原料来源。控股煤矿每年煤产量除满足自己需要外，还多出200万吨。然而，俄国农民的贫困阻碍了企业发展，第一次世界大战前夕，沙皇绝大部分子民仍然在农村务农。一名政府发言人悲观地指出："务实的人不会幻想，靠生产农民所需的马掌、轴承、轮子、犁和屋顶就可以促进本国冶金行业的发展。"俄国重工业实际上依然依赖外国投资，尤其是法国投资。1899年，俄国3/4煤产量产自15个公司，其中10个是外资企业。从里加到敖德萨，沿途造船厂几乎全部掌握在外国人手里。

1905年以后，俄国重工业发展不是依靠更大的市场，而是基本靠政府投资，军工业尤其如此。外国对俄国军工业的投资依然占很大比重。法国两家军火企业施奈德-克勒索和圣沙蒙向俄国首都圣彼得堡最大企业普季洛夫兵工厂和19世纪90年代修筑铁路热时发家的另一家冶金工厂转让技术。1910—1914年，英国的3家军火企业约翰·布朗、维克斯和阿姆斯特朗-惠特沃斯联手更新了察里津兵工厂的设备，把它变成"一家英国之外其他国家没有的私人工厂……其设备之新、技术之先进、效率之高均居世界首位"。1914年，俄国出口依然以农产品为主，粮食占出口额的一半，制成品只占8%。1913年，幅员辽阔、人口众多的沙俄帝国生产的煤仅及英国煤产量的1/10，钢产量是英国的1/2，石油开采量是美国的1/3。19、20世纪之交，俄国农业陷入萧条，维特加速推行工业化的努力搁浅。1903年，农业领域内的既得利益集团、心怀不满的保守派分子，加上因维特平民身份和娶了犹太人妻子而蔑视他的人，对他群起而攻之。维特被迫辞去财政大臣职务。

第二次工业革命

修筑铁路潮接近尾声时，欧洲大陆上的机械工业已承担了大部分机车、铁轨和轧件的生产。由于英国企业继续使用珍妮纺纱机和走锭纺纱机，而不是改用更快、更廉价的环锭纺纱新技术，因此纺织业的迅速机械化重挫了英国的出口贸易。像位于曼彻斯特附近奥尔德姆的普拉特兄弟公司这样的机床企业向日本和其他国家出口新式自动织布机，在本国市场却找不到买主。一些产业在19世纪末已经算是传统产业了，英国对它们的依赖不仅阻碍了新产业的发展，还延缓了国家的现代化进程。欧洲大陆产业享有后发优势，可以采用最新技术，英国的产业开始落伍。1896年后，为利用非洲新出现的廉价布匹市场，兰开夏郡新建了棉纺厂，却依然采用陈旧技术。自19世纪20年代起，英国工业生产每年平均增长3%，80年代后降至2%以下。生产率也开始下降，截至1914年，英国采煤业人均产量只及美国煤矿业的1/2。19世纪60—70年代，工厂对贝塞麦转炉这样的技术设备大量投资，制造商因此不愿再投资。美国发明的打字机和缝纫机打入英国市场，丹麦、荷兰、法国和瑞典等国享有专利的奶制品设备接连进入，匈牙利制造的辊压机开始取代轧钢行业内使用的英国辊压机。

自19世纪70年代末起，英国产业家的日子越来越不好过。他们开始结成行业协会、托拉斯和卡特尔，压制竞争，操纵价格。1879年，茶叶运输商同意限制与中国进行茶叶贸易的船只吨数，以保证所有船只满载而归。英国的消费品生产如今面临美国发明的产品的竞争，尤其是在烟草、盐和缝纫机行业。为了对付美国竞争，英国制造商和零售商开始联手。19、20世纪之交，帝国烟草公司与13家大公司合并后，产量超过英国烟草销售总额的一半。1906年，11家地区肥皂企业合并组成了一家由利华兄弟经营的"肥皂托拉斯"，集中了科研和技术，到1910年时已经控制了英国大约60%的肥皂生产和销售。在这几十年内，食品、饮料及其他轻工业部门打造了众多知名品牌，比如巧克力品牌"吉百利"和"弗莱"（Fry），还有利华兄弟公司的洗涤产品"力士"和"维姆"（Vim）。与此同时，煤产量从1870年的1.1亿吨增至1913年的2.9亿吨。不无讽刺的是，英国独霸欧洲制成品业的地位江河日下的同时，它还成了煤这一重要原料的出口国。

19世纪下半叶，英国尤其在两个行业被其竞争者甩在后面。德国成为化学工业老大。德国的科研力量举世无双，英国化学家几乎都去德国培训。1861年比利时发明的苏威（Solvay）提纯流程革新了纯碱的生产，德国出生的实业家路德维希·蒙德（Ludwig Mond, 1839—1909）将这一方法用于大规模生产。英国化学家威廉·珀金（William Perkin, 1838—1907）与德国同事奥古斯特·霍夫曼（August Hofmann, 1818—1892）共同研制治疗疟疾的奎宁时，偶然发现了世界上第一种苯胺染料（按其颜色命名为"苯胺紫"）。珀金获得了这一物质的专利权，但直到法国化学家安托万·贝尚（Antoine Béchamp, 1816—1908）发明了还原苯胺及为商业用途成批制造的方法后，大规模生产苯胺染料才成为可能。1865年，"巴登苯胺纯碱厂"（BASF，巴斯夫）创立，设在莱茵河畔曼海姆对面的路德维希港工业城,它也研发出了类似方法。不无讽刺的是,这一方法使用的煤焦油基本从英国进口,因为英国企业家不知它有何用。巴斯夫又开发了新染料,尤其是靛蓝染料,自1897年后一直没有停止过生产,生意兴隆。1900年时,该厂80%的产品都是染料产品。

1863年,两个从事染印业的人根据法国化学家夏尔·热拉尔(Charles Gerhardt, 1816—1856)的研究成果在伍珀塔尔创办了拜耳制药公司。1881年,该公司改为股份公司。热拉尔曾师从德国杰出化学家尤斯图斯·冯·李比希,后者发现氮可以用作植物肥料,这一发现奠定了化肥工业的基础。李比希曾在巴黎求学和工作,1865年,他开办了一家公司,采用他与一位比利时同事发明的流程生产和销售浓缩肉汁,1899年,该产品起名"Oxo"(奥克索)。李比希还开发了生产酵母酱的技术,产品销往英国和澳大利亚,在英国叫马麦酱(Marmite),在澳大利亚叫莱蜜酱(Vegemite),还成了国民食品。非德国的化学公司大多属于跨国性质,比如发明炸药的瑞典人阿尔弗雷德·诺贝尔(Alfred Nobel, 1833—1896)1870年在艾尔郡创办的诺贝尔炸药公司,以及创立于1873年的卜内门公司,还有1890年48家小公司合并后成立的联合碱业公司。

19世纪后期德国居于领先地位的另一领域是电力行业。跟化工业一样,电力行业借助国际合作蓬勃发展。英国人在这一领域同样缺乏创新。英国科学家迈克尔·法拉第(Michael Faraday, 1791—1867)制造了首台靠旋转产生电流的机器,但把这一发明大规模用于商业的是美国发明家托马斯·爱迪生(Thomas Edison, 1847—1931)。1882年,爱迪生在伦敦的霍尔本高架桥修建了世界上第一个蒸汽发电站(此前一年,在萨里郡的戈达尔明安装的一台水力发电机首次为公众提供电力)。有轨电车和地铁很快出现在欧洲主要大城市,电炉和电热毯等家用电器也登上1873年维也纳世界博览会的展台。德国工程师维尔纳·冯·西门子(Werner von Siemens, 1816—1892)靠不用莫尔斯电码的指针式电报系统发了大财。他与在英国和圣彼得堡的两个弟弟威廉·西门子(William Siemens, 1823—1883)爵士和卡尔·冯·西门子(Carl von Siemens, 1829—1906)合营的企业遍及全球。其他企业也纷纷在英国开设分厂。例如,19、20世纪之交时,伦敦地铁区域线和大都会线的开创性电气化,是美国金融家查尔斯·耶基斯(Charles Yerkes, 1837—1905)出资完成的,地铁列车则采用布达佩斯甘茨工厂生产的交流电设备。约瑟夫·斯旺爵士发明的白炽灯无论质量上还是销量上均比不过他竞争对手爱迪生的产品。1883年,这两家公司在英国合并,注册为爱迪斯旺电灯公司。从这一例子可以看出,英国电力业缺乏创意。

当时德国化工和电力工业已位居欧洲乃至世界之首,把英国同行业远远甩在后面。德国跃居首位的原因之一是聘用训练有素的科学家。巴斯夫雇用了230名科学家,另一家大化工公司赫斯特有165名科学家,这反映出国家资助的德国大学更重视理工科。1913年,德国化工企业的产品占世界化工产品出口的28%,英国仅为16%。在合成染料上,英国仅占世界出口的2%,德国高达90%。西门子公司及其竞争对手AEG(把爱迪生专利用于欧洲市场的德国通用电力公司)生产了德国75%的电子技术产品。这些公司规模极大,举个例子,1913年,西门子公司在德国雇用了7.5万人,在海外雇了2.4万人。这些公司的老板雄心勃勃。集作家、政治家和商人于一身的瓦尔特·拉特瑙（Walther Rathenau, 1867—1922）在其父 AEG 公司创始人埃米尔·拉特瑙（Emil Rathenau, 1838—1915）的葬礼上说，他"第一次看到这个小灯泡发出光芒时，已经在设想全世界被铜线串联在一起的远景，看到电流从一国传送到另一国，不仅传播光，还传播实力"。一批托拉斯和卡特尔的不断壮大推动了工业发展。银行代表跻身产业公司董事会，充当合并和兼并的中间人。19 世纪 90 年代，他们促成了德国凤凰钢铁厂与韦斯滕煤矿的合并，这是"纵向整合"的一例。20 世纪初，达姆施塔特银行促成了卢森堡-洛林生铁辛迪加的成立。德国的金融业和工业企业密不可分，一些历史学家甚至将这一现象称为"有组织的资本主义"，即开放市场上的竞争越来越被与政府关系密切的大企业集团所控制。1907 年时，德国纸张市场的 90%、采矿市场的 74% 和粗钢市场的 50% 已经操控在卡特尔手里。截至 1900 年，德国共有 275 家卡特尔，涵盖各产业部门，其中大约 200 家成立于 1879—1890 年期间。

在"第二次工业革命"中超过英国，或至少在部分工业部门超过英国的不只是德国经济。19 世纪 90 年代意大利电力业的发展极大促进了现代产业的发展，尤其是发动机制造业。意大利西北部的热那亚、米兰和都灵等地区经济本来就比较发达。产业腾飞前，首先需要修建铁路，此后方能大量进口煤。当时意大利的煤价是英国煤价的 8 倍。直到 19 世纪 60 年代，意大利才掀起了修筑铁路潮。新一届政府把铁路看作统一国家的手段，1861—1913 年，3/4 公共工程开支用于修建铁路。修铁路使用的是进口材料，铁路最初用的也是外国设备。1859 年，意大利铁路总长度 1 800 千米，到 1913 年，铁路总长度增至 1.9 万千米，主要集中在意大利北部。真正的突破是技术革新带来的。

阿尔卑斯山区蕴藏丰富的水电资源，这些资源借助技术革新得到了开发利用。从19世纪80年代起，伴随发电机的不断改进，大型水力发电厂开始建造，1881年位于美国尼亚加拉大瀑布的舍尔科普夫发电站是第一个。从19世纪90年代中起，意大利兴起大规模的基建潮。截至1911年，水力发电已替代了20%进口燃料，而且成本低廉很多。1914年，意大利水力发电能力达到100万千瓦时，虽然部分电力用于米兰市（世界上完全靠水力发电照明的首批城市之一）照明等用途，但90%的电力用于产业部门。第一次世界大战爆发前的15年里，意大利工业发展突飞猛进。

1893—1894年银行业崩溃后，意大利出现了一批新银行，往往含外国资本。新银行大量投资水电项目，1905年铁路国有化后尤甚。银行向现代化程度最高的产业发放贷款。同一时期，意大利还涌现出一批其他先进产业企业，比如1908年成立的奥利韦蒂打字机厂。技术革新还推动了食品生产等传统行业的快速发展。布伊托尼厂将机械烘干技术用于制作面点。凭借棉纺机和动力织机，加上1887年开始征收高额进口关税，意大利一跃成为棉纺织品出口大国，对土耳其和巴尔干地区出口尤其多。机械化刺激了钢铁业的发展。意大利钢产量在1895年为20万吨，1913年增至93.3万吨。据估计，1897—1913年期间，意大利工业年增长率大约为5%，电力为15%，化工品为13%，钢铁为11%。

在欧洲，靠水力发电实现工业快速增长的不止意大利一家。截至1915年，瑞典每年发电55万千瓦时，钢铁企业实现了现代化，同时打造以精密机械产品为核心的新型产业经济。瑞典通过向英国出口铁轨枕木所需的木材积累了资本，再把资本投入新动力源和新产业，包括技术先进的木材厂和造纸厂。挪威对外国资本的依赖程度较大，但有一支庞大的捕鲸船队。挪威的水力发电量几乎成倍增长，从1908年的20万千瓦时增加到1912年的40万千瓦时。意大利、瑞典和挪威三国均跳过了基于煤的工业化阶段，径直进入使用最先进动力技术的工业时代。其他国家，比如奥地利，虽然拥有阿尔卑斯山的丰富资源，但仍难以跟上以上三国的步伐，原因之一是受到了德国经济的制约。例如，德国化工企业可以得到冶金业生产的廉价副产品硫酸，没有这类现代产业的奥地利不得不从西班牙进口成本高昂的硫化铁矿。瑞士和法国阿尔卑斯山地区以生产钟表等高度专业化的手工制品为主，不需要搞水力发电。德国技术先进的大型造纸业需要原木木材，这意味着奥地利-匈牙利在这一领域仍然充当原料国，而不是发展本国造纸业。1904—1914年，奥匈帝国出口的木材是纸浆和纤维素的11倍。德国一路狂奔的工业化带来了城市化的迅猛发展，电力供应、有轨电车、街道照明、化染服装、罐头加工食品等方面的需求不断增长。而在西班牙、意大利南部、匈牙利和巴尔干半岛等地，由于工业化和城市化发展速度缓慢，城镇稀疏，因此不存在以上提到的德国国内产生的需求。甚至法国也不例外，法国经济增长迟缓，又缺乏进取精神，因而未能利用阿尔卑斯山地区的水力资源。

1914年战争爆发后，以上国家的经济发展被打断。不过，当时其他欧洲国家赶超英国之势显而易见，尤其是在"第二次工业革命"期间。就连在重工业领域，德国也正将英国甩在后面。德国的产业结构更新、更合理，工厂设备更先进。1913年，德国年人均产钢77吨，英国为48吨。在工业化后期阶段，国家开始发挥更大的作用，不仅订购军火，还推动基础设施建设，包括改善教育，改革法律，在部分地区直接投资主要铁路干线及类似工程项目。英国经济学家对这一现象的原因展开激烈辩论，最后一致认为，一个主要原因是德国等国家把先进科研放在了首位。引发第一次工业革命的技术革新主要靠机械发明，第二次工业革命显然离不开科学家的才智。英国大学开始调整重点，仿效德国高等教育模式引导科研工作。牛津大学拒绝这样做，继续把重点放在培养文官上。英国其他高等学府认为，应该成立专门科研机构。1907年，依照夏洛滕堡学院的模式，皇家矿业学院和皇家科学学院合并，成立了伦敦帝国理工学院。但是，英国实业家似乎更热衷于把钱用于在农村置地，而不是回投到生产技术革新中。1914年以前，英国社会上下普遍认为，德国经济已经领先于本国，人们对经济竞争对手的崛起感到焦虑不安。这种焦虑很快就体现在政治和军事层面。

从19世纪中叶到第一次世界大战爆发，社会经济变革横扫欧洲，其规模之大令人惊叹。从下列统计数字中可以看出变革之巨。1850年，法国经济上活跃的人口中，大约52%的人务农，到1900年，务农人口降至42%。意大利农民比例从75%（1862年）降至1900年的60%。德国农业人口所占比例更是因迅猛工业化而急剧下降，从大约60%降至35%。英国在工业化和城市化过程中享有的先发优势通过以下数字体现出来：1850年，英国经济上活跃的人口中，仅有22%的人务农，到1900年底，这一数字跌至9%。一个新世界正在降临。在这一世界中，社会统治阶层不再住在农村，而是住在工业化时代的城镇里。

打造新耶路撒冷

19世纪是欧洲走向城市化的时代。在产业生根的地方，全新的人类居住区如雨后春笋。在鲁尔地区的新工业城市杜伊斯堡，人口从1831年的大约7 000人增加至1850年的1.3万人，差不多翻了一番，到1900年，人口飙升到9.3万人。当时人民生活依然贫苦。在处于工业化晚期的俄国，新产业区和采矿区的工人栖身棚户，在莫斯科西南378千米的布良斯克冶炼厂，情况就是这样。1892年，一位到地方视察的钦差大臣称，这家工厂的工人居住区"毫不夸张地说与牲畜圈没啥两样"，肮脏龌龊，空气污浊，卫生条件恶劣。19世纪40年代中叶，22岁的恩格斯住在曼彻斯特郊区的索尔福德工业区，在父亲开办的纺织厂下属的一家缝纫厂工作。他发现，四处灰尘飞扬，污秽遍地，艾尔克河一带尤甚，"紧靠着河的地方有几个制革厂，四周充满了动物腐烂的臭气"。临河的房子"被烟熏得黑黑的，破旧的，窗玻璃破碎不堪，窗框摇摇欲坠"。没有水泵或管道水，"这里的厕所是这样少，每天都积得满满的；要不就离得太远，大部分居民都无法利用"。中产阶级躲在店铺大门和别墅围墙后面，把自己与极端贫困和剥削隔绝开来。一次，恩格斯在街头对一位中产阶级商人谈起了工人区"可怕的居住条件"，据说，他静静地听完这一切，在和恩格斯告别的时候说：

"但是在这里到底可以赚很多钱。再见,先生!"* 不只是新的工业居住区飞速扩展。1800 年,格拉斯哥市人口据估算是 7.7 万人,20 年后几乎翻了一番,增至 14.2 万人,19 世纪末时,人口几乎是世纪初时的 10 倍,达到 76.2 万人。柏林人口 1800 年为 17.2 万人,19 世纪中叶时增至 41.9 万人,1880 年达到 112.2 万人。30 年后,第一次世界大战前夕的柏林人口超过 200 万人。哥本哈根人口在 1800 年时略多于 10 万人,到 1910 年就超过了 50 万人。1873 年多瑙河两岸的布达和佩斯正式合并后,匈牙利首都人口从 27 万人增至第一次世界大战前的 88 万人。19 世纪大部分年代,里斯本人口基本上停滞不前,在 1880 年为 24.2 万人,此后 30 年里猛增到 43.5 万人。

城市的社会地理面貌发生变化,城市飞速扩展的后果很快开始显现。和众多其他欧洲城市一样,伦敦吞噬了四周的村子,把它们变成郊区居住区。希望避开肮脏喧闹城市中心的富人选择住在郊外,在汉普斯特德这种地段寻找地势高的房子。修建火车站和商业大楼时,工人阶级的住房被拆除,穷人被迫搬迁到伦敦东区新建的廉价房子里。汉堡一例最清楚地反映出社会地理的分化过程。1820 年,该市人口不足 20 万人,1890 年时人口飙升至 62.3 万人,第一次世界大战前夕,人口突破 100 万人。18 世纪及之前,商人和制造商住在汉堡靠近港口的老城区,通常是自己办公室楼上一层,紧挨着仓库。城市日益扩大,他们迁出市中心,搬到旧城阿尔斯特湖一带,或是易北河的下游地区,住在宽敞的别墅里。邻水的半木质房子被分割成合租房,供迁入的工人阶级居住。这一带很快成了著名的"陋巷区",卫

---

* 引文来自《英国工人阶级状况》,载于《马克思恩格斯全集(第二卷)》(人民出版社,1958 年),第 325、331、333、565 页。——编者注

生条件恶劣,人满为患,房子年久失修,肮脏不堪。19世纪很多欧洲城市的情况也大致如此。关注社会的小说家的作品以城市老城区内不断恶化的生活状况为背景。查尔斯·狄更斯在小说《雾都孤儿》里生动描述了伦敦雅各布岛贫民窟的境况:"房子摇摇晃晃,四周墙壁蒙了一层尘垢,丑恶的贫困、肮脏、腐烂、垃圾暴露无遗,触目惊心。"新建的工人居住区往往好不到哪儿去。1832年巴尔扎克小说《夏倍上校》里面的主人公是一位参加过拿破仑战争的老兵。他穷困潦倒,被迫住在出于投机目的匆匆建起的房子里,条件之差不亚于中世纪的贫民窟。巴尔扎写道:"虽然房子新建不久,但看上去随时会坍塌。"

那不勒斯的贫民窟臭名远扬。19世纪80年代,那不勒斯人口50万人。最穷区的人口密度每平方千米8.03万人,是伦敦贫民窟密度的10倍。居民区内一排排房子叠摞在一起,被来此地游览的美国作家马克·吐温形容为"有几十米高,好比3个正常的美国城市叠放在一起,阳光很难照到街上"。下城居民人均居住面积仅有8平方米(伦敦是32平方米)。这些廉租房常被人称为蚁丘或兔子窝,被煤灰熏得黢黑。街上到处是倾倒的腐烂垃圾,上面围着成群苍蝇。1884年,瑞典出生的医生阿克塞尔·蒙特(Axel Munthe, 1857—1949)到那不勒斯游玩时,称其为"地球上最可怕的人类居住区"。直到19世纪下半叶(很多城市甚至更晚),不仅仅是那不勒斯,欧洲大部分城市都没有饮水供应系统。汉堡市民的饮用水取自易北河上游,通过水管输送到千家万户。未经过滤的水浑浊不堪,有时水龙头放出的水里还混杂着小鱼。1885年,一位动物学家发表了一篇科学论文,题为《汉堡市供水系统里的动物群》。他从一段供水管道里辨识出了几十种蚯蚓、软体动物和其他生物。1863年，对圣彼得堡90%人口居住的8 242栋楼房做了一次调查，发现只有1 795栋有自来水，但水质仅比水源涅瓦河河水略好一点（来访者被告知不要饮用当地水，一份旅游指南毫不掩饰地表示，"大多数来访者患上了痢疾"）。1911年，生物学家奥古斯特·蒂内曼（August Thienemann, 1882—1960）称鲁尔河"仿佛黑啤酒，散发着氢氰酸气味，没有一丝一毫氧气，完全是一条死河"。源自天然河道的水只占鲁尔河总流量的一半，另一半是居住在流域附近的150万人产生的数百万升污水，外加从150家矿山和100家工厂排出的工业污水。

欧洲城镇增多后，清扫街道之艰巨，不亚于供应干净饮水。直到1914年，在任何一个欧洲城市，都依然可以看到马拉大车、汽车和电车。迟至1892年，汉堡市内和城郊还有大约1.2万匹马。据估计，19世纪50年代，每年需要从伦敦街道上清扫2万吨马粪；30年后，柏林每年从街道上清扫10万吨牛粪。19世纪40年代，英国东北部的盖茨黑德市区内，猪在街上不紧不慢地溜达。至于小镇，农舍的种种声音和气味更是多年萦绕不去。冷冻技术出现以前，大城市向居民供应新鲜肉类的办法是把活牲畜赶到市中心屠宰。据报道，19世纪中叶，仅一年内就有22万头牛和15万只羊沿街道被驱赶到位于伦敦市中心的史密斯菲尔德肉类市场。一名观察家写道："残忍，龌龊，恶臭，瘟疫，粗俗的语言举止，危险，令人作呕的景象，伦敦所有可憎之处，没有哪个能与史密斯菲尔德肉类市场相比。"动物尸骨被随便倾倒在地面上。19世纪30年代，"每天大约有230到244平方米的人类粪便被人用板车拉到位于巴黎城郊的巨大的蒙福孔垃圾场。1.2万匹死马和2.5万~3万只小动物的尸体大多被扔在地上，任其腐烂"。

公民的自尊感和资产阶级对环境的讲究逐渐合为一股力量，寻求解决之道。中产阶级兴许迁出了市区，但仍需去市内上班，他们对有利于健康的环境的要求日益强烈。1842年，埃德温·查德威克（Edwin Chadwick, 1800—1890）撰写了一份关于英国城镇工人阶级卫生条件状况的报告，广为流传。此后，公共卫生协会成立，6年后，又成立了卫生总委员会。查德威克强烈认同维多利亚时代的箴言："清洁近乎圣洁。"他感叹道："多少叛乱、多少道德沦丧和犯罪事件皆因不修边幅和堕落而生。"1868年，史密斯菲尔德新开了一个牲畜市场。牲口通过一条新建的地铁专线运到这里。19世纪70年代，英国社会普遍认为，地方政府有义务提供洁净饮水，应当有效处理液状及其他垃圾，清扫街道，保证环境清洁。防止河流污染皇家委员会成立后，英国议会于1876年通过了防止河流污染的法令。在这方面，抽水马桶起了关键作用。水暖工乔治·詹宁斯（George Jennings, 1810—1882）是成批生产冲水马桶的第一人，他建了世界上最早的公共厕所，厕所有个奇怪的名字叫"猴子壁橱"。1851年伦敦博览会期间，827 280人使用了他发明的厕所设施。每人如厕只需一便士，包括免费擦鞋服务，还能使用毛巾和梳子——有个表示上厕所的委婉语叫"花一便士"（spend a penny），直到20世纪晚期人们还在用，就是从这里来的。人们常误以为另一个水暖工托马斯·克拉普（Thomas Crapper, 1836—1910）发明了抽水马桶，其实他只发明了浮球阀。19世纪末，装有抽水马桶的厕所已在英国普及。自1881年起，曼彻斯特法律规定，新建房舍一律必须有安装了抽水马桶的厕所。很多其他城镇也是一样。

艺术批评家约翰·拉斯金（John Ruskin, 1819—1900）称："一个

好的下水道系统远比最受人推崇的圣母马利亚画像高贵圣洁。"伦敦的新下水道系统修建于 1858 年（此前英国议会因泰晤士河飘来的臭味造成的"恶臭事件"连续几天关门）和 1865 年之间。主持修建的是土木工程师约瑟夫·巴泽尔杰特（Joseph Bazalgette, 1819—1891），该下水道系统是土木工程的杰作。500 余人应邀参加了泰晤士河下游南排泄口的开启仪式。客人品尝三文鱼时，这座伟大都市的污水顺着他们脚下的地下管道一泻而过，流入泰晤士河。1885 年之后，城市规划师詹姆斯·霍布雷希特（James Hobrecht, 1825—1902）为柏林市设计建造了"污物处理站"，污水流入欧洲江河前，先对其进行净化处理。19 世纪末，欧洲大城市越来越多的居民得到了净水供应。距 1888 年布达佩斯最后一次爆发伤寒仅 10 年多一点，该城市的所有房舍均与市供水系统相连。1893 年时，布达佩斯已经可以对外炫耀，全市建了大约 32 个公共厕所，厕所大多被巧妙地掩隐在市内广场树丛中。从 19 世纪 50 年代末起，查德威克的愿景几乎在所有英国城镇成为现实。这一进程在欧洲其他地区耗时较长。例如，迟至 1885 年，意大利城市中仅 1/3 有地下排水管道，一半城市有下水道系统。

查德威克的弟子中有一位年轻工程师，叫威廉·林德利（William Lindley, 1808—1900）。19 世纪 20 年代，他在汉堡学习德语。19 世纪 30 年代，伊桑巴德·金德姆·布鲁内尔看他精通德语，便派他去修建德国北部首条铁路。1842 年，一场大火烧毁了汉堡大片市区，林德利受命协助规划城市重建。重建计划的核心是建立一个全新的下水道和供水系统。林德利说服汉堡参议院新建一批水库，用蒸汽泵把位于城市北边易北河的河水通过输水管道输送到千家万户。1890 年，输水管道总长度已超过 400 千米。汉堡市几乎每户人家至少有一个水龙头，要么装在室内，要么装在院子里。城市重建计划的内容之一是建一个中央污水处理系统。该系统建于19世纪40年代，1853年投入使用。1875年，《下水道法》规定，所有市民住房必须与中央污水处理系统相接。有了中央供水系统后，林德利又说服汉堡参议院在闹市区建公共浴室。1851年时他说："不洁之民必堕，堕民必屡犯国家刑律。"他这番话简直就是他从老师查德威克那里学到的完善城市的政治信条的翻版。

林德利的名声传到欧洲其他城市，很快成了各城市争夺的对象。1863年，林德利开始为美因河畔的法兰克福修建新的供水系统。此后，他又去了杜塞尔多夫、圣彼得堡、布达佩斯和莫斯科。19世纪70—80年代，他与儿子威廉·赫林·林德利（William Heerlein Lindley, 1853—1917）一起为华沙设计建造了新供水系统。林德利的另一个儿子罗伯特·瑟尔斯·林德利（Robert Searles Lindley, 1854—1925）也参与了华沙供水系统的修建。该系统由巨大水塔、水库、滤床、泵站、数百千米长的管道，以及难以计数的土方工程和地下隧道组成。小林德利接着又修建了布拉格和阿塞拜疆巴库的供水和排污系统。布拉格为此专门建了一个介绍他主持过的工程的博物馆。他为罗兹市做的规划最初因为费用问题而被搁置，在19世纪20年代最终得以实施。林德利兄弟在各地搞的工程项目极大地减少了饮水传染疾病导致的死亡。从1868年到1883年，法兰克福的伤寒死亡率从每10万人80人降至每10万人10人。第一次大战爆发前夕，华沙一位历史学家估算，华沙新建的供水系统自完工投入使用起，每年平均挽救1万人的生命。只有在汉堡，饮水造成的传染病的死亡率居高不下（如前所述，供水管道里的生物五花八门）。汉堡汉莎商人公会的吝啬商人和房主不听林德利的劝告，拒绝为一项用沙子过滤法杀死水中有害细菌的工程解囊。自19世纪末起，欧洲各大城市开始为储存饮用水的水库修建水坝，水坝一律用石头建造，水泥时代尚未到来。威尔士北部艾兰山谷底部是不透水的岩石，年降雨量很大，地势高于伯明翰市，被选为筑坝地点。政府强行征购了土地，3栋乡村别墅、18家农场，以及一所学校和一个教堂被拆除，100余人搬迁（只有地主拿到了少量补偿费）。1893年，工人进驻，筑坝工程动工，工程9年后完工。19世纪70年代，在韦尔努伊湖也修建了一个为利物浦市供水的水坝。欧洲各地筑坝工程项目纷纷上马。德国第一个水坝于1891年在雷姆沙伊德附近竣工。

仅仅提供干净饮水还不足以改善城市面貌。19世纪一个著名城市更新工程是拿破仑三世时期巴黎行政长官乔治-欧仁·奥斯曼（Georges-Eugène Haussmann, 1809—1891）男爵1853年上任后不久搞的。他的目标是拆除巴黎市内据一位评论家说"丑陋不堪、终日不见阳光的蛛网街道"。自称"拆除艺术家"的奥斯曼把狭街窄巷拓宽成宽敞大道的同时，也消除了革命群众修筑街垒的理想之地，从而使城市对代表秩序的力量开放。根据他的宏大计划，西岱岛上的私宅几乎全部被拆除，当地人口从15万人锐减到5 000人。奥斯曼在《回忆录》（1890）里不无得意地写道："老巴黎已被掏空，叛乱街区和残存街垒片瓦不剩。"大批工人被迫离开市区，搬迁到更远的地方安身，从而为兴建大型公共建筑铺平了道路，比如巴黎歌剧院（1875年落成）和恢宏的火车站。各条中央大道两旁建起了一栋栋楼层一样高、临街一面式样雷同的新古典风格建筑，同时增添了新广场和公共园地。奥斯曼任行政长官期间，行使前任没有的大权，彻底改造了法国首都的面貌。改造工程以他未曾设想的一个地标性建筑辉煌收尾,那就是古斯塔夫·埃菲尔(Gustave Eiffel, 1832—1923)为1889年巴黎世界博览会建造的埃菲尔铁塔。奥斯曼去世后,巴黎市区改造工程继续进行,但步子放慢了。

巴黎重建期间,位于蒙福孔的垃圾处理站变成了一个郁郁葱葱、山丘披绿的公园。改造法国首都的街道还为建立新的地下供水和污水处理系统提供了机会。奥斯曼写道:"地下通道是这座大都市的器官,其作用恰如人体内脏,默默工作,却无影无形。"巴黎市修建的地下下水道里面宽敞无比。喜爱冒险的旅游者获准来此一游,有人把下水道游说成"名副其实的凤尾船游,船舱地面铺有地毯,船上有软垫椅子,隧道被灯光照得通明"。1870年版《拉鲁斯词典》骄傲地写道:"有身份的外国人离开这座城市前,无一不想参观一次著名的巴黎下水道。"女游客与男游客一样受欢迎,一名美国游客评论说:"妩媚女郎的身影会使下水道更加诱人。"文人墨客也对巴黎下水道心驰神往。游览时想象自己正在重复雨果小说《悲惨世界》里面主人公冉·阿让的经历,不禁魂销魄荡。

城市更新的同时,欧洲城镇还不断加大投入,改善居民的居住条件。1862年,以伦敦为基地的美国金融家乔治·皮博迪(George Peabody, 1795—1869)创立了"皮博迪信托基金"。两年后,信托基金在斯皮塔佛德为穷人建了第一个居住小区,共有22套住房,9家店铺,楼房每层装有水龙头,顶层有浴室和洗衣房。截至1882年,皮博迪信托基金在伦敦一共建造了3 500间住房,解决了14 600人的住房问题。在哥本哈根,由私人倡导的社会性住房建设也不断发展。医生对贫民窟状况极为担心,认为那是1853年霍乱瘟疫暴发的根源。哥本哈根最初修建了大约250套住房，低价租给穷人。在很多城市，住房建设赶不上人口增长速度。圣彼得堡的房子从1869年的8.8万套增至1900年的15.5万套，同一时期，每套房子的住户人数从7人增到7.4人。19、20世纪之交时，圣彼得堡1/3的居民依然住在没有自来水等基本设施的房子里。在鲁尔地区的新工业城市杜伊斯堡，每间住房的平均居住人数在1875年时是1.3人，10年后增至1.5人。在法国北部的纺织城里尔，1863年对一栋楼房的抽查结果显示，一共有271人在此居住，人均居住面积仅有1.7平方米。

无论投机建筑商为迁入城市的移民修建合租房居住区的速度有多快，住房问题上的改革往往都阻力重重。尽管如此，19世纪下半叶，城市服务设施方面有了重大改进。各地市政府拆除了中世纪的老城墙，为众多城镇的发展扫清了道路。1837年，汉堡在旧城墙处修建了绿地公园。1857年，维也纳修建了环城公路。环线两侧恢宏的公共建筑拔地而起。城市翻新了道路，路面重新铺过。19世纪中叶以前，伦敦街道都是用木头铺的，而不是像传说中说的那样用黄金铺路。1846年和1851年，奇普赛街和舰队街才先后改用花岗岩铺路。人行道问世的时间更晚。在英国大多数城镇，交通繁忙时行人上街是要冒生命危险的。在规模较大的城市，街上拥挤不堪。马车、马拉大车、手推车、二轮双座马车（在欧洲大陆上则是称为fiacre或Droschke的小型出租马车）挤在一起，道路为之堵塞。交通管制几乎不存在。1868年，人们尝试在英国议会大厦外面安装人工控制的煤气交通指示灯，结果交通灯爆炸，炸死了操纵交通灯的一名警察。控制交通的尝试于是不了了之。此后一直到20世纪20年代，欧洲各地再没有安装过交通指示灯。1835年后，英格兰才制定了必须沿马路一侧行驶的法律。迟至

1899年，比利时才出台类似规定。在意大利，左行还是右行因地而异。西班牙同样没有一定之规。奥匈帝国，还有葡萄牙和瑞典，一律车行左道。而在受到拿破仑一世狂热推行标准化影响的欧洲地区，比如丹麦、荷兰、德国西部等地，一律车行右道。俄国也是右行，该规定出自叶卡捷琳娜大帝。从20世纪初拍摄的欧洲城市照片中可以看出，这类规定常常是形同虚设。

不过至少夜间，越来越多的街道开始有灯光照明。18世纪末已有了煤气灯。早在1815年，伦敦的威斯敏斯特大桥和蓓尔美尔街就用煤气灯照明了。拿破仑战争结束后，煤气灯使用愈加普遍，迅速蔓延到英国各地城镇。巴黎直到19世纪40年代才普遍使用了煤气灯。1860年时，仅伦敦一地消耗的煤气量就是德国全国的2倍。1819年，圣彼得堡点亮了全市第一盏煤气路灯；到19世纪中，已有800盏路灯为俄国首都的街道和广场提供照明。1875年，俄国一位军事工程师帕维尔·尼古拉耶维奇·雅勃洛奇科夫（Pavel Nikolayevich Yablochkov, 1847—1894）首次发明了电照明弧光灯，人称"雅勃洛奇科夫烛"。欧洲大陆上使用公共电灯照明的首座城市是匈牙利的蒂米什瓦拉。1884年，该城共安装了731盏路灯。当时斯旺和爱迪生发明的白炽灯已经取代了弧光灯。以伦敦为先，各地城市开始建造中央发电站。19世纪下半叶，继法国工程师阿方斯·卢贝（Alphonse Loubat, 1799—1866）发明槽轨后，欧洲很多城市建了市区有轨电车系统。早期欧洲各地有轨车皆用马拉，从圣彼得堡到萨拉热窝都是如此。19世纪末，圣彼得堡的有轨车系统总长114千米，每年运载乘客8500万人次。萨拉热窝第一辆马拉有轨车于1883年开始运营，12年后被有轨电车取代。喂养照料马匹花费大，而且不能每天都用同一匹马，需要频频更换马匹。1879年,西门子发明了导电轨道,此后他开发了通过导电轨道向有轨车输送电力的技术。电气化的诱惑随之增大。不出两年,世界首批有轨电车在柏林投入运行。1885年,欧洲国家采用了美国人发明的受电杆后,行人穿过马路时走在铁轨上,再也不会有触电风险了。

当时各大城市为了解决街道堵塞问题,纷纷模仿即将投入运营的首条地铁——伦敦市区地铁——修建地铁。自1863年起,伦敦地下开通普通蒸汽列车。有轨电车技术问世后,列车改用更洁净的动力。19世纪90年代投入运营的3条新线一开始就把电作为动力。自从发现伦敦地层土质松软、可以钻透后,挖掘更深更窄的隧道——当地人称"管道"(tube)——成为可能。最早的地铁车厢没安窗户,因为觉得乘客乘坐地下交通工具时,无须知道身在何方,人们称这种车厢为"软垫房"。一家英国公司在伊斯坦布尔建造了世界第二条地铁线,1875年投入运营。1896年,格拉斯哥开通了第三条地铁线,用的是缆索铁路。同一年,布达佩斯用的架空线路地铁也投入使用。巴黎紧随其后,建成了自己的地铁。1900年,巴黎第一条地铁线开始运营。在很多欧洲城市,除了地铁外,还有通向市郊的地面和高架铁路系统。自1882年起,柏林"城铁"把现有铁路线和一些专线连在一起,承运每天上下班的市民。

随着欧洲城市的不断扩大,诸如此类的城市改建工程旨在解决如何高效、廉价地运送成千上万乃至数百万人的基本问题。不过城市改建还有不易察觉的原因。1815年后的几十年里,各国君主和统治者为了加强自己的合法性,在国内大兴土木,比如,巴伐利亚国王路德维希一世下令让莱奥·冯·克伦泽(Leo von Klenze,1784—1864)为慕尼黑设计高大的新古典主义风格建筑和城市空间,卡尔·弗里德里希·申克尔(Karl Friedrich Schinkel 1781—1841)在柏林建造了"新岗哨"(1816)、"纪念解放战争普鲁士国家纪念碑"(1826)和"柏林旧博物馆"(1830)。柏林面貌焕然一新,从一个土里土气的静寂小城变成了气势恢宏的国都。格特弗里德·森佩尔(Gottfried Semper, 1803—1879)在萨克森首府德累斯顿、弗里德里希·魏因布伦纳(Friedrich Weinbrenner, 1766—1826)及其学生在巴登大公国首府卡尔斯鲁厄建造了类似风格的楼房。沿宽敞大道两侧,宏大的公共建筑鳞次栉比,举目望去,帝王气十足,设计者意在给人以震慑感,借此强化忠君思想。同一时期,英国摄政、后来的国王乔治四世下令在伦敦建造了摄政街和摄政公园。乔治手下最负盛名的建筑师约翰·纳什(John Nash, 1752—1835)指导了工程。拿破仑三世时代巴黎的"奥斯曼化"产生于同一历史背景。

19世纪70—80年代,轮到布达佩斯了。笔直的安德拉什大街建于1872—1876年,道路两边是一栋栋新起的恢宏建筑,包括艺术学院(1871)、音乐学院(1875)和歌剧院(1884)。大道末端是英雄广场,出自加利西亚出生的德国建筑师阿尔贝特·席克丹茨(Albert Schickedanz, 1846—1915)之手,他把新建的艺术博物馆和艺术宫分置于广场两侧。1906年,广场中央又建了一个千禧年纪念碑,纪念马札尔人收复喀尔巴阡盆地。大道一侧的公园气势宏大,完美展现了民族文化。新国家诞生后,兴建公共建筑、打造一个像样的国都马上提到日程之首。1878年,自治的保加利亚大公国(1908年独立为保加利亚王国)成立后,选择索非亚这个居民不足1.2万人的小城作为首都。被欧洲协调体系扶上王位的亚历山大·冯巴滕贝格(Alexander von

Battenberg, 1857—1893）是俄国沙皇的侄子，他指定两位维也纳建筑师弗里德里希·格吕南格尔（Friedrich Grünanger, 1856—1929）和维克托·伦佩尔迈尔（Viktor Rumpelmayer, 1830—1885）设计督造两座王室宫殿（一座在索非亚，另一座在黑海海滨）。外国培养的保加利亚建筑师建造了议会大楼、大火车站（1888年启用）和一批政府部门大楼。后来成为首都最大商业街的维托沙大道于1883年建成。索非亚逐渐褪去了昔日的土气和冷清，渐渐有了一国之都的气势。

与大城市形成鲜明对照的是，19世纪大部分时间里，欧洲各地的众多小镇几乎没有变化。由于交通不便，加上主要依赖内地农村提供的市场，这些小镇往往与新工业化的发展隔绝。1883年版的《贝德克尔东南欧旅游指南》告诫说，德布勒森反映了"匈牙利的种种特征，没有人行道，雨天时，狭窄街道一片泥泞"。1858年版《默里斯堪的纳维亚半岛旅游指南》告诫去冰岛首都雷克雅未克的无畏旅游者，当地只有"一些小木屋"，一无客栈，二无公路，三没吃没喝。该指南建议打算前往的游客自带帐篷。冰岛极其贫困。越是经济落后或没有发展起来的地方，城市化和城市建设越难于生根。1868年，保加利亚爱国者柳本·斯托伊切夫·卡拉韦洛夫（Lyuben Stoychev Karavelov, 1834—1879）走进保加利亚境内的普罗夫迪夫时，举目四望，看到的是奥斯曼人长期统治的结果——东方社会的肮脏邋遢："随行马匹踏进没腿的泥污里，歪歪斜斜地艰难行走。空气中散发着恶臭。我们不得不捂住鼻子。街上到处是死狗死鸡。连马匹都陷入泥沼。"1885年保加利亚实现自治后，城市建设才开始起步。19、20世纪之交及其后，即使是欧洲最气派的大都市，也有城市贫民。1900年，伯明翰有4万户人家没有自来水，将近6万人没有自己的卫生设施。迟至1895年，

2 000人以上的普鲁士城镇中，只有42%的居民有管道自来水，另外的58%居民饮水靠水井、泉眼、河水或雨水。19世纪结束时，城市建设取得了长足进展，但前面的道路依然漫长。

资产阶级的胜利

伴随工业的飞速发展,城市社会阶层迅速发生了根本变化,产生了一个多重意义上的全新社会阶级——资产阶级。"资产阶级"(bourgeois, Bürger, borghese)一词本身的含义是城市居民。在前工业化城市的社会秩序中,占统治地位的行会里面也有少数受过教育的医生、律师、公证员、药剂师、小吏和书记官。很多老城镇为上层世袭贵族集团所把持。在保住自己地位的前提下,世袭贵族不得不接纳越来越多的银行家、实业家和专业人员。1875年,瑞士巴塞尔市推行改革,将民主因素引入该市政治制度。尽管如此,19世纪90年代,巴塞尔市主要权力机构中,半数成员仍然来自19世纪初形成的一个封闭的贵族集团圈子。旧贵族集团逐渐丧失了昔日享有的法律特权后,实际上已融入一个新的城市中产阶级。亚得里亚海边的港口城市的里雅斯特,1815年人口为4.5万人,一个世纪后增至23万人。1838年通过的一部新宪法规定,选举"有才华、有知识、工作兢兢业业的人",外加符合最低财产标准的人。此后,昔日把持选举的贵族集团丧失了权力。1850年出台的一项改革措施从教育和财产方面进一步扩大了对公民(不同于居民)定义的诠释,包括拥有学位,有一技之长,如建筑师、外科医生、药剂师等,船长、工匠、律师和商人亦在其中。

19世纪的100年里，经济和社会变革导致以上群体的人数不断增加。在很多欧洲国家，资产阶级的影响不断增长。从1815年到1914年，官吏、教师、金融家、律师、医生及其他专业人员在挪威人口中所占比例从6%增至22%。19世纪末，一项统计显示，瑞典有1.5万名商人和实业家，4 700名工程师，7 000名政府公务员，包括大学在内的各级学校教师7 600人，还有3 300名医生和药剂师。这些人组成了一个自成一体的社会阶级。他们与自由自在的农民中最富的人构成了促进社会和政治自由的动力——当时的瑞典依然是一个农业社会。在较不发达的社会，资产阶级人数虽然增长很快，但往往还是居于少数，其社会和政治力量仍然相对薄弱。1900年前后，匈牙利45%的医生和35%的医学院学生是犹太人。波兰资产阶级中讲德语的群体人数很多，主要集中在说德语的城镇，如但泽、埃尔宾、托伦。维也纳与这些地方形成鲜明对照，庞大的官僚机构在那里治理哈布斯堡君主国全境内的事务，资产阶级人多势众。

在大多数欧洲国家，都市中产阶级最初通过各种交往形式结成社会群体，比如19世纪的阅读圈子、咖啡馆、社交俱乐部或文化组织。德国城镇社交俱乐部常见的名字有"赌城"或"和谐"。社交俱乐部所在社会的性质决定了其成员的构成。在德国格丁根大学城，俱乐部40%的成员是教授或讲师，而在巴伐利亚首都慕尼黑，70%的社交俱乐部成员是贵族、军官和官吏。在法兰克福金融中心，成员大多是银行家、商人和实业家。无论何地，这类社团都想扩大成员来源，把知识分子和富人拉进来。19世纪20—30年代，德国各地涌现出一大批新组织，仅在奥格斯堡一地，就有"蒂沃利"（Tivoli, 1825）、"康科迪亚"（the Concordia, 1827）、"资源"（the Resource, 1829）、"活跃"（the Enlivenment, 1829）、"愉快"（the Jollity, 1830）这几个。为了把社会下层成员拒之门外，加入这类社团的门槛一般定得比较高，其内部组织方式则采取民主代表制。随着这些组织大量出现，中产阶级分化为不同的宗教、政治和职业集团，尤其是1850年后。不过，一人加入多个社团有助于加强阶级的凝聚力。19世纪70年代，曼海姆音乐协会38%的成员同时也是该市最大的社交俱乐部"和谐"的成员，该俱乐部成员还包括44%的艺术协会会员和56%的自然史协会会员。这类俱乐部几乎一半成员是城里的纳税大户。对中产阶级而言，跻身都市文化生活是确保职业和社交成功的关键。对医生、律师和其他职业人员来说，知晓与资产阶级其他成员交往的社会礼仪是工作不可或缺的一部分，加入俱乐部或社团也许是赢得病人或客户的手段，也是业余消遣的方式。

这些社团与传统沙龙有所不同。沙龙多是贵族光顾的场所，虽然沙龙成员或到访者不拘社会地位，但毫无疑问有很强的贵族气质。妇女在召集主持沙龙上起着举足轻重的作用，但受到资产阶级社交俱乐部的排斥。沙龙里常见的两性暧昧关系在严守伦理道德的社交俱乐部极为罕见。各个俱乐部都有一套详尽的规则和程序，而沙龙始终是只为谈天的非正式的聚会场所。人们聚在沙龙里讨论文学和哲学等问题，社交俱乐部讨论的问题范围总体来说比沙龙广得多。沙龙不欢迎人们发表政治歧见，而社交俱乐部在这方面毫无顾忌。沙龙在整个19世纪始终存在：布鲁塞尔有马尔基奥尼丝·阿尔科纳蒂-维斯孔蒂（Marchioness Arconati-Visconti, 1800—1871）夫人开办的沙龙，米兰沙龙是克拉拉·马费伊（Clara Maffei, 1814—1886）夫人于1834年成立的，乌普萨拉的马拉·西尔弗斯托尔佩（Malla Silfverstolpe, 1782—1861）夫人牵头组织了对文学艺术的讨论，众多其他欧洲城市情形相同。然而，沙龙日益被新出现的资产阶级社交社团取代。这些社团成员皆为男性，遵守新的"男子汉"守则：沉稳、坚毅、刚直、勤勉、自律。这些社团的成员认为，以上秉性妇女一概不具备。

无论是在沙龙还是在新兴的社团组织里，均不见金融家和产业家的身影。这一部分人构成了"经济"或"企业"资产阶级阶层。与律师、教师、医生、工程师构成的"知识"或"职业"资产阶级不同，他们的收入直接取决于市场。两种类型的资产阶级都被社会和家庭纽带越来越紧密地联系在一起。1900 年时，在普鲁士莱茵兰地区，只有34%的高官妻子也出身官吏家庭，48%的官太太的父亲要么经商，要么兴办实业。官僚阶层逐渐与人数不断扩大的中产阶级结为一体。普鲁士莱茵兰地区高级官吏的父亲中，官员、商人或实业家、地主、军人分别占 37%、30%、17%和 6%。19 世纪末，法国、英国和德国商人阶层的 1/3/ 甚至 1/2 受过高等教育。昔日豪门大户和书香之家瞧不起靠"做生意"致富的人家，如今门第观念渐渐淡薄了。

都市化、工业增长、国家扩张、人口增加，这意味着需要更多的医生、律师、工程师、教师及其他专业人员，以上行业的就业人数不断增加。英格兰和威尔士的"公务员和专业人员"总数在 1851 年时仅20 万人，40 年后增至 56 万人。随着知识日益复杂，培训和认证变得更加重要。在欧洲大陆，人们通过在大学攻读学位获取知识。1877 年，意大利 40%的大学生攻读法律；1830—1860 年，德国大学将近 1/3 的在校生是法学院学生。无怪乎这一时期议会中律师出身的议员人数最多。种种书面法典界定了法律在欧洲大陆的应用，这些法典三番五次修改，为法律行业提供了大量素材。1815年，英格兰和威尔士的从业律师数量已经很可观，达到1.58万人；1891年，这一数字增至22万人。欧洲其他国家的从业律师数量同样大幅增加。

自然，各地的法律从业人员在资格和能力方面有很大不同，有法国外省小镇水平低、收入微薄的公证人，也有城里富裕的事务律师和伦敦高收入的出庭律师。律师不断呼吁打击不合格的自我兜售者也就不足为奇了，德国人称后者为Winkeladvokaten，意思是街头巷尾的叫卖者，意大利人称之为faccendieri，意即操盘手。19世纪80年代，据说那不勒斯市司法大厅有如跳蚤市场，兜售自己的律师遍布各个角落。无怪乎在19世纪80年代，意大利有1.8万名从业律师渴望对自己的行业加强管理。然而，制定相关立法的努力往往受挫，或是法律条文的效力被既得利益集团大大削弱。英格兰是法律行业管理的楷模。1825年成立的法律协会负责制定加入律师行业的标准，组织考试，强制实施现有标准。事务律师准备案卷，出庭律师上庭辩护，他们住在律师学院（Inns of Court）里，在那里获得资格认证，基本在律师学院内的律师事务所（chambers）从业。直到1894年，英格兰才成立了一个具有广泛基础的机构——律师委员会，负责处理违背职业标准的事例，此前相关事例一直由司法部门处理。

19世纪，多数欧洲国家的政府机关和高层国家机构日益膨胀，这些部门也走过了专业化进程。截至1914年，意大利大约有16.6万个高级公务员职位，314名部门负责人，而1882年时部门负责人只有区区103人。19世纪头几十年，公务员和政府官员往往既怠惰腐败，又不称职，与果戈理在剧本《钦差大臣》（1836）里讽刺挖苦的市长无异，那位市长误以为一位来访者是圣彼得堡派来的钦差。政治上保持中立

第四章 社会革命

的观念深入人心,过程也很缓慢。在19世纪初期的法国,包括各地区行政长官在内的高级文官同属一个政治机构。王朝复辟时期任命了一批贵族,尤其是前流亡贵族;七月王朝改用波拿巴党人和一批新人;第二帝国时期,有爵位的官员数量锐减。在西班牙,政局的动荡对官僚机构也有影响。1898年,贝尼托·佩雷斯·加尔多斯(Benito Pérez Galdós, 1843—1920)写了一部小说《门迪萨瓦尔》(*Mendizabal*),里面一个人物告诉主人公,自己为官25年,"经历了14届政府,7次被解职"。与西班牙文官队伍中的其他官吏一样,他的去留全凭上司一句话,工作朝不保夕。上一代剧作家安东尼奥·希尔-萨拉特(Antonio Gil y Zárate, 1793—1861)辛辣地讽刺说:"在政府当差其实就是不干事、白领一份俸禄……有无才能无关紧要……一切取决于被任命的人是不是亲朋好友。"英国1854年的《诺斯科特-特里维廉报告》深受中国文官制度影响,报告建议通过公开考试择优录用政府官员,官员的升迁也是一样。政府官员必须保持中立,为现政府服务,同时又不仰其鼻息。法国的高级公务员在巴黎政治学院接受专门培训,该校简称"巴黎政院",是一所创立于1872年的精英大学。

与近代文官体制不同,医学职业古已有之,而且相对稳定。19世纪后半叶,英格兰和威尔士合格从医者的人数几乎没有变化,1851年是1.92万人,40年后仅为2.08万人。19世纪中叶,英国医生的社会地位并不高,去达官显贵和豪门大户的宅邸必须走给商人用的旁门。安东尼·特罗洛普(Anthony Trollope, 1815—1882)写过一部小说《布尔汉普顿的牧师》(1870),里面的一个人物"还不至于斩钉截铁地说医生不是绅士,甚至连外科医生也算不上,但她绝对不会给予医生她认为只属于法律界和教会人士的绝对特权待遇。人们对文官和土木工程师恐怕同样心存疑问……"1858年，英国成立了医学总委员会，英国医学界在总委员会的指导下，基本上实行自我管理，与其他职业无异。法国医生的人数增长也很缓慢，1866年为1.1万人，1906年比1.3万人略多一点，第一次世界大战前夕，医生人数跃增到2万人。医学教育仍然很落后。20世纪初，巴黎医学院学生频频抗议学非所用，实验室拥挤不堪，极少数家财万贯的医生把持了医学界。1911年，不满教育水准低劣的学生把巴黎大学医学院院长反锁在他的实验室里，导致医学院关闭一个月。德国医生协会成立于1822年，目的有二。一是为了杜绝不合格从医者的竞争，协会痛斥后者是江湖庸医（Kurpfuscher），二是通过制定管理条例确立医生的地位。随着互惠团体、医保和医学慈善团体的发展，医生的收入来源不再限于富人患者。从19世纪40年代到1882年，德意志帝国医学院的学生人数从1 600人增至5 000人以上。19、20世纪之交时，普鲁士和意大利的合格医生人数分别为1.8万人和2.2万余人。

工程学更为现代，其发展速度远远超过医学。欧洲城镇不断扩大，工程师人数也随之增加，他们筑路开渠、修建铁路。新建的工厂和办公大楼如雨后春笋。1850年，英格兰和威尔士一共有900名工程师，40年后，工程师数量跃增到1.5万人。意大利规定，从事工程建筑的人必须在意大利大学专修过土木工程课程，从事工程行业者被组织成军事化的工程兵队伍，隶属于政府专门部门。意大利统一后开始大兴土木，公路和铁路工程为工程师提供了新机会，国家始终是头号雇主。在法国，随着时间的推移，军队对工程行业的垄断程度急剧下降，但国家依然是最大的雇主。受圣西门主义者影响，加上创立于1794年的巴黎综合理工学院声誉日隆，工程师仍然享有较高的社会地位。19世纪末，随着工程师人数不断增加，这一职业成了攀登社会阶梯的途径。德国成立了技术学校，截至1914年，有超过1.1万人入技校学习。19、20世纪之交时，德国工程技术学生占大学生总数的1/5。一如其他职业，欧洲各国的工程师通过成立专业协会来维护行业的特征和地位，比如1856年成立的德意志工程师协会、1848年法国成立的土木工程师协会，以及同时期成立、于1846年对建筑师敞开大门的奥地利工程师协会。1872年，第一届意大利工程师大会在米兰召开。1875年在佛罗伦萨召开的一届大会呼吁建立全国工程师登记册，但没有结果，成立一个全国协会的建议同样无果而终。由于内部纷争不已，意见不一，尤其在如何看待政府在这一行业中作用的问题上，联合始终未能取得进展。直到1908年，24家协会才联合组建了一个全国联合会。

由于一些特殊障碍，俄国未能形成一个独立的资产阶级。19世纪60年代以前，商人不得拥有农奴或购买土地。国家对商人横征暴敛，把商人当作一个封闭社会等级对待。1897年的人口普查显示，俄国仅有50万名商人，与东正教教士和修士人数相当，但只及贵族和官员人数的1/3。大多数商人属于旧礼仪派，比如把普尔列夫斯基吓跑的司科蒲奇派，因而与社会更加隔绝。很多商人出身卑微。最终，商人还是设法挣脱了沙皇政权施加的重重限制。技术专家和专业人员挣脱种种束缚更加不易。19世纪大部分时期，他们只能在隶属沙皇政府的军事化组织里工作。举例来说，3/4的医生是政府雇员，其中大多数人毕业于各所军事医学院；94%的采矿工程师和超过3/4的运输工程师毕业于军事工程院校，在工程兵部队服役。直到19世纪60年代改革后，大学和技校才取代了以上体制。19世纪的大部分年代里，俄国知识分子阶层扮演了中产阶级的角色。这一阶层人数不多，包括大学教授和讲师、医生、律师，很多人出身贵族。

19世纪90年代，伴随地方自治运动，地方和地区政府崛起。加之谢尔盖·维特大力推动工业化进程，技术和专业人员数量开始激增，依西欧发展模式逐渐形成一个中产阶级。直到19世纪最后10年，各行业才开始建立自己的组织，但成果很有限。自1885年起，沙皇政府允许医生行业召开代表大会，认为这类会议对交流信息、制定关于流行病的政策确有必要，但禁止律师行业这样做。律师行业只在1872年召开过一届代表大会，工程行业连一届代表大会也没有召开过。各行业只能退而采取其他交流方式，比如出版专刊、成立校友联谊会、举行科学会议，或以各种非正式方式保持联系。在沙皇政府眼里，涵盖范围广、自我管理的专业机构形成了政治威胁。在一个由腐败政府官员继续把持大部分工作职位和合同的社会里，制定道德操守守则很难，甚至不可能实现，而这种守则是西欧国家实现专业化的核心内容。

随着技术及其他专业知识的不断发展，欧洲各国越来越需要教授这类知识的人才。一如法律界和医学界，这一行业内社会等级和收入同样千差万别，高低端之间境况悬殊。高端人才包括大学教授和一些学校的高级讲师，比如，法国的大学预科和德国的高级中学这类学校的老师中，很多人，可以说大多数人拥有名牌大学博士学位。低端人才包括外省小镇卑微的小学教师和乡村教师，为了养家糊口，他们往往不得不再打一份工，这部分人其实并不属于资产阶级。身为政府雇员，院校老师易受政治压力。19世纪20年代，一些大学教授因所持的自由观点被学校解雇，比如弗朗索瓦·基佐和维克多·库赞。1837

年，在格丁根大学任教的7位教授也因为这个原因被开除，这一事件臭名昭著。迟至19世纪90年代，这样的事还时有发生，1892年，普鲁士政府下令不得晋升在柏林大学执教的物理学家莱奥·阿伦斯（Leo Arons, 1860—1919），8年后，阿伦斯又因给社会民主党捐钱而被解雇。俄国政治上的控制更严。

在欧洲各地，收入和社会地位高低不均的资产阶级发展很不平衡。19世纪末，随着欧洲各国经济的增长，资产阶级人数和势力毫无疑问也不断增加。所谓资产阶级是指家中雇有用人，与体力劳动毫不沾边。1911年，在中产阶级居住的伦敦汉普斯特德郊区，每1 000个居民中就有737名用人。身为中产阶级一员意味着不仅识字，还拥有文凭，最好是高中和大学或职业资格证书都有，参加各种团体、慈善事业或社会开展的活动，有足够的收入在环境宜人的郊区买一栋别墅或一套舒适的公寓房子，或如欧洲大陆更常见的那样，租一套这样的房子。赢得社会地位不是靠爵位或世袭，而是凭个人奋斗、品德高尚、生活方式和"体面"的外在表现。一家之内，女眷不在外打工，中产阶级上层人家的女人多投身各种慈善事业，但这不意味着她们只是标榜更高社会地位的被动存在。在一个资产阶级家庭里，女主人需要管理仆人，操持一家开支，确保家人衣食及其他用物无忧。家庭堪称资产阶级生活的核心。

经过几十年的岁月流逝，各地的政治体制已经适应了新的中产阶级世界，甚至连沙俄也不例外。有些社会阶层的人感觉到，1900年时，他们的黄金时代已经终结。新世纪头一年，德国作家托马斯·曼（Thomas Mann, 1875—1955）描写中产阶级上层人家生活的名著《布登勃洛克一家》问世。该书刻画了一个商人家庭，家庭成员基本价值观尽丧，终日耽溺于酒色，导致几十年后家道败落。家族的每一代男人都患有日趋恶化的牙病，作者把它作为这一家族走向堕落过程的象征。现实生活中，莫罗佐夫家族的兴衰与这部小说里描写的家族惊人地相似。该家族第一代人萨瓦·瓦西里耶维奇·莫罗佐夫（Savva Vasilyevich Morozov, 1770—1862）挣脱了农奴制的桎梏，创办了俄国数一数二的工业企业。他的孙子萨瓦·季莫费耶夫维奇（Savva Timofeyevich, 1862—1905）违背家庭传统，去剑桥大学攻读化学，归国后赞助莫斯科艺术剧院，与思想激进的社会主义作家马克西姆·高尔基（Maxim Gorky, 1868—1936）结为好友。他试图推行一种与工人分享利润的计划，结果被母亲逐出家族企业。季莫费耶夫维奇后来在戛纳自杀，也有人说是谋杀。作家埃米尔·左拉（Émile Zola, 1840—1902）发表的长篇现实主义系列小说《卢贡-马卡尔家族》（1871—1893）描写了遗传缺陷给一个资产级家庭造成的后果。托马斯·曼的哥哥海因里希·曼（Heinrich, Mann, 1871—1950）写了一部小说，叫《垃圾教授》（1905），着重揭露道德上的伪善，讽刺道貌岸然的德国教授的虚伪。19世纪初，形形色色的中产阶级人士仍然是社会的中坚力量，在诸多方面也是政治中坚力量，但他们越发感到，必须与社会底层成员分享权力。

小资产阶级

马克思及其信徒认为，小资产阶级或中下层阶级是注定要消亡的一个过渡性社会阶层，一部分人上升为生产资料占有者，其余的人沦为除了出卖自身劳动力、受资本家剥削外一无所有的工人阶级。19世纪中叶，马克思在著述中把小资产阶级定性为一批背景各异的人组成的阶层，包括贫农、小手工业者和小零售商。19世纪下半叶社会剧烈动荡，造成了这些社会群体内部的激烈竞争，同时也扩大了中下层阶级队伍，既改造了这一阶层，也保证了它的未来。教育体制的巨大发展为在体面边缘挣扎的教师提供了就业机会。1846年英国实行认证教师制度后，教师薪酬每年平均仍然只有100英镑，相当于大多数小职员的平均收入。1871年，英格兰和威尔士小职员总数大约为12.9万人，1901年增至46.1万人。打字机时代到来之前，这些小职员构成了一个清一色男人的职业，包括文档保管员、抄写员，以及金融、法律、保险等行业里的类似雇员和下层公务员。1870年英国一个小职员回答一份书面就业调查时说："小职员身价低廉，乐意接受180英镑甚至更低年薪的人成千上万，他们的境况永远不会改善。"

这是不折不扣的中下层阶级职业。狄更斯在小说里生动描写了从事该职业人员恶劣的工作环境。在小说《匹克威克外传》（1836）中，道森和福格律师事务所的小职员办公室"阴暗，散发着一股霉味，一道高高的木壁挡板把小职员与窥视的低俗人隔开，墙上挂了一本年历、一溜挂帽子的小钩子，屋内有两把破旧木椅、一座发出很大滴答滴答响声的挂钟、一个伞架，几排架子上摆放了几摞脏兮兮的文件，还有几个存放陈年旧文档、上面贴有标签的箱子，另有一些大小不一、形状各异的石质墨水瓶子"。小说《圣诞颂歌》（1843）里面的鲍勃•克拉特基特是高利贷商人斯克鲁奇手下的一个小职员，为人正直，但不得志，饱受吝啬无比的雇主折磨。小说《大卫•科波菲尔》（1850）里面的反面人物希普是一个野心勃勃、工于心计的小职员，一门心思往上爬。有些小人物的确如愿以偿。查尔斯•普特尔是小说《小人物日记》（1892）里的主人公，也许可以说是反面人物。他住在郊区，胸无大志，生活单调枯燥。作家乔治•格罗史密斯（George Grossmith, 1847—1912）和威登•格罗史密斯（Weedon Grossmith, 1854—1919）兄弟对此人冷嘲热讽。普特尔后来晋升为高级职员，薪酬增加了100英镑，但他与昔日结识的当地小店主交往时常常感到气恼，觉得他们档次太低。

小店主是19世纪的亮点之一，至少就经济意义而言。随着城镇的扩大，各地之间的交通得到改善，但昔日出售农村产品的每周集市已不能满足日益增长的人口的需要。固定和专门零售店数量激增。例如，对英格兰北部6个城镇的调查显示，1801年，每136个居民有一家店铺，半个世纪后，增加到每57个居民有一家店铺。新的零售方式确立后，居民与店铺的比例稳定了下来。新零售方式中，在全国各地设有分店的连锁店最重要。文具公司 W. H. 史密斯创立于1792年，之后通过在火车站开设报亭发展为全国性的大公司，第一家报亭建于1848年。各种合作社和威尔士企业家普赖斯·普赖斯-琼斯（Pryce Pryce-Jones, 1834—1920）1861年发明的邮购零售增加了竞争。自不待言，邮购零售业离不开高效的全国邮政系统。评论员评论维多利亚时代英格兰地方政府时，很快开始使用"店铺政治"一词，意指零售商可以左右地方政府（从1832到1867年，小店主占地方选民人数的1/3）。

这一领域最惊人的创新是百货商店。五花八门的专卖零售商聚集在同一屋檐下，从而减少了经常开支。新出现的百货商店有好几层，出售形形色色的商品，包括诸多奢侈品。位于泰恩河畔纽卡斯尔的班布里奇百货商店创办于1838年，是最早的百货商店之一，1849年时，它已有23家分店。同年创办的巴黎乐蓬马歇百货商店按固定价格出售商品，在顾客惯于与店主或集市小摊贩讨价还价的时代，这又是一项创举。百货商店因左拉写的小说《妇女乐园》（1883）而留名。左拉在小说里描述了百货商店的多项创新，如邮购销售、促销手段、大幅打折等，描写了小店主无力降低价格与百货商店竞争，生意受到重创的遭遇。这些百货商店堪称成功企业。从1879年到1889年，乐蓬马歇百货商店在布鲁塞尔开办的分店从18家增至32家，销售商品中新添了童装、帽子、香水、法兰绒衣服及众多其他种类。德国连锁百货商店是犹太布商开办的，包括1881年在维斯马开始经商的鲁道夫·卡施泰特（Rudolph Karstadt, 1856—1944），还有蒂茨两兄弟。两兄弟中的弟弟奥斯卡·蒂茨（Oskar Tietz, 1858—1923）1882年在格拉开办了自己的第一家商店，很快在德国北部建了一连串连锁商店，包括位于柏林亚历山大广场的一家；哥哥莱昂哈德·蒂茨（Leonhard Tietz, 1849—1914）1879年在施特拉尔松德投身商业。兄弟俩撇开中间商，直接从生产者那里进货，从而可以更好地控制价格，而普通零售商很难做到。

百货商店模式很快推广到其他地方。在布达佩斯，西蒙·霍尔策时装店于 1895 年开张，12 年后在一栋大厦里占了 4 层，出售成衣，这又是一项创新。19 世纪末，像哈罗德百货公司这样的百货商店已成为"消费主义的教堂"。哈罗德公司旧址被一场大火焚毁后，于 19 世纪 90 年代末在伦敦西区的布朗普顿街建起了商店。购物成了一项消遣，中产阶级妇女无须上岁数的女伴陪同，可以随意闲逛。受过专门训练的店员，绝大部分是女性，可以有一份稳定工作，代价是每天要站立 13 个小时。20 世纪初时，布达佩斯安德拉什大街上与歌剧院比邻的巴黎百货商店占了一栋大厦的整整 6 层，出售的商品琳琅满目，价格不一。商店正面厚厚的透明玻璃橱窗里展示着各式商品，商店里四处悬挂着艺术家画作，陈设着艺术装饰物。建于 1910 年的巴黎玛莎丽丹百货商店室内安装了蒸汽供暖管道、传送信函的气压输送管系统、运送商品包裹的自动传送带，窗外还装了电动遮阳篷。

以上这些新式零售商店其实仅占零售业营业额的 15%。小商店、肉铺、面包坊、杂货店、蔬菜水果店、乳品店等店铺越来越多，以满足日益增长的社会需求。马德里的马德里-巴黎百货商店雇用了 416 人，而 20 世纪初时，马德里市一共有 8 851 名商人从事"普通商业"，雇用了近 2.5 万名工人，平均每个商人雇了差不多 3 个工人。1905—1907 年的 3 年内，德国商店数量增加了 42%；同一时期，德国全国人口仅增加了 8%。一个参与 1892 年英国一项调查的人形容说："小街上到处是小店铺，有时候客厅窗子或小地窖都被当作卖东西的地方。出售的商品五花八门，有针织品、薯片、浴室瓷砖，还有杂七杂八的其他用物，以及糖果。只要是他们觉得能卖的，他们就卖。"很多这类小商贩生活没有保障。19、20世纪之交时，不来梅地区1/3的零售店铺维持不到6年。根据1905年做的一项调查，根特市将近一半的杂货店维持不到5年。

工匠个人开办的小作坊情况也是一样。1890—1895年这5年很有代表性。这一时期，爱丁堡有1/3的小作坊倒闭。为了捍卫自身利益，同时创造一个社交环境，小资产阶级内部的小店主、小职员及其他人成立了越来越多的俱乐部和社团组织。1867年，木工联谊会在里昂成立，其"宗旨是在木工之间建立定期友好往来关系，加深彼此之间的兄弟情谊，同时共同促进本行业的发展"。布鲁塞尔的糕点厨师在1887年成立了一个社团，为的是"给成员提供一个不时聚会叙旧的机会"，同时代表自己的行业提出要求。富勒姆商人协会不仅为成员举办聚餐会，还致力于促进自身经济利益。在德国，德意志商贩中央协会（1899）、德意志促进商业中央协会（1907）和类似组织均努力维护自己成员的经济利益。早在19世纪末以前，以上组织就自称"中间等级"的代表，把自己同处于两极的工人阶级和资产阶级及贵族区别开来。来自大企业和社会主义消费者合作社的竞争导致以上社团成员在政治上转向右翼，开始产生恐犹排犹情绪。不过，历史学家对这一现象的叙述有夸大不实之处。

然而，1896年成立的带有民粹主义色彩的德意志全国商业雇员协会无疑具有排犹性质，该组织的前身是3年前在汉堡成立的一个团体。随着女秘书逐渐取代男性职员，该组织也开始仇视女权运动。这个极端仇视犹太人和妇女的协会称，女权运动是犹太人为破坏德国人家庭而策划的阴谋，但这种宣传没有产生什么效果。妇女，主要是中产阶级家庭中受过教育的女子，不断加入靠技术驱动的现代新行业，比如邮政局、电话局总机台、百货商店，以及使用女打字员的各行各业。1870年，丹麦发明家拉斯穆斯·马林-汉森（Rasmus Malling-Hansen, 1835—1890）首次商业化生产打字机，此后，女打字员迅速取代了文档保管员和抄写员。小资产阶级与中产阶级最显著的区别之一是，教师、小店主、低微办事员、自立门户的工匠和小商贩的妻子和未婚女儿必须工作，或无偿协助家人，或外出打工挣钱。在殷实的资产阶级人家，女眷则无须工作。根据一项职业普查，1907年时，德国54%从事商业的人都是在家族商店里工作。遗孀接管丈夫的企业十分常见。渴望跻身富裕阶层的小资产阶级人家耻于让外人知道自己的家人做工。希腊出生的意大利作家马蒂尔德·塞劳（Matilde Serao, 1856—1927）写过很多部小说，其中一部小说中的一个女人"并没有看不起店主，但内心更希望自己是一位阔太太，而不是店主婆娘，更希望当家庭主妇，而不是卖糖果的人，更希望是相夫教子的母亲，而不是在店铺站柜台"。与小资产阶级和上层阶级的差别相比，在攀登社会阶梯的欲望和阶级意识上，小资产阶级与无产阶级的差别要鲜明的多。

"失去的只是锁链"

20世纪初,在众多实现了工业化的国家,由挣工资的体力劳动者及其家人构成的无产阶级已经发展为人数最庞大的社会阶级。1914年时,法国全国人口将近4 200万,产业工人占大约400万。在完全实现了工业化的英国,1868年全国人口大约为4 500万,产业工人数量超过1 600万,中产阶级和上层阶级人数加在一起不到500万,产业工人的数量远远超过其他参与经济活动的社会阶级人数的总和。在德国,体力劳动者(包括农业工人)及其家人占全国人口的近2/3。贫富收入差距悬殊。据一项估算,1867年英国有独立收入的1 000万人中,大约5万人("上层阶级")每年收入超过1 000英镑,15万人("中产阶级")每年收入在300到1 000英镑之间,185.4万人("中下层阶级")每年收入不到300英镑,778.5万人每年收入低于100英镑,其中将近225万人是农工,其余的人为城镇里的技术和非技术工人。富人鄙夷社会下层阶级。有人比较了桑德赫斯皇家军事学院学员与海洋协会办的慈善学校招收学生的数据,结果显示,1840年时,家庭条件优越的学生身高比其他学生高出23厘米。在海洋协会学校就读的贫寒子弟很多来自伦敦,他们是欧洲和北美地区身材最矮的群体,比当时美国黑奴的平均身高还要矮5~8厘米。在苏格兰男性囚徒中,格拉斯哥本地人比其他犯人矮将近2.5厘米。身高研究结果显示,直到19世纪晚期,英国人的平均身高才开始增加。

身高之差反映了健康和营养状况之差。1900年前后,伦敦郊区汉普斯特德富人区新生儿的预期寿命为50岁,伦敦贫苦工人阶级居住的萨瑟克区则是36岁。两者的差距首先反映了两个区婴儿死亡率的悬殊。截至1900年,英格兰中产阶级家庭96%的新生儿活过头一年,而伦敦贫民窟的新生儿只有33%能活过第一年。1817年,在巴黎富豪居住的几个区,平均死亡率比全市平均死亡率低16个千分点,19世纪中叶时低27个千分点,1891年时低23个千分点。19世纪前50年,巴黎穷人区的死亡率比全市死亡率高出23~24个千分点,到1891年时才降为6个千分点。工业城镇的死亡率最高。城市内工人阶级的住宅区拥挤不堪,空气污浊。例如,19世纪90年代初,在鲁尔区和下莱茵区工业地带,肺结核死亡率为4.5‰,在东普鲁士农业区为2‰。大约同一时期,在汉堡市两个最富裕的区域,肺结核死亡率为1.3‰,邻水的贫民窟则为3.3‰。富人区和穷人区的婴儿死亡率分别是11.4‰和25.1‰。死于霍乱等疾病的穷人远多于富人。1892年,汉堡市年收入800~1 000马克的体力劳动者和年收入2 000~3 500马克的纳税人的疾病死亡率分别为62‰和37‰,而年收入超过5万马克的纳税人的死亡率仅5‰。

城市不断扩展后,越来越多的人涌入城市寻找就业机会,把新鲜食品从农村送进城又要防止食品腐烂越来越困难。只有富豪家里才有冰库,存放取自冰川、雪山或北部山区的冰块。苏格兰工程师詹姆斯·哈里森(James Harrison, 1816—1893)一生大部分时间在澳大利亚度过。19世纪50年代,他造出了世界上第一台蒸发压缩制冷机并获得专利。哈里森主要用它冷冻啤酒。迟至1911年，美国通用电气公司制造的第一批家用冰箱才问世，每台售价1 000美元，是一辆汽车价格的两倍，普通人家自然是用不起的。仿佛夏季食物腐烂问题对穷人还不够严重似的，食品卫生标准几乎不存在。直到19世纪末，汉堡市内狗拉的售奶小板车还在穿街走巷。车上是一桶桶未经消毒的牛奶，桶漆成红色，桶盖大敞，据说热天拉车的狗渴了，"就舔从牛奶桶里滴滴答答流出的牛奶"。城市内的母亲很少用母乳喂养孩子，年轻母亲产后几乎马上就要上班，变质牛奶和含结核菌的牛奶是导致婴儿死亡的一大原因。工人阶级往往只买得起没人要的东西，破了的鸡蛋、发霉的面包、磕碰过的水果、动物内脏，还有未售出的不新鲜肉类和鱼。对穷人来说，能吃上这些东西已经算是美餐了。他们基本上只吃面包、马铃薯、玉米糊和其他淀粉食品。1875年，在鲁尔地区的矿山和钢铁城波鸿，一个普通工人家庭每天食品平均开支如下：面包60芬尼，黄油、肥肉、猪油和其他动物脂肪39芬尼，马铃薯24芬尼，咖啡15芬尼，蔬菜15芬尼。面包价格便宜，在穷人饮食中所占的分量比以上开支数字显示的还要大。

消费者与生产者日益分家后，越来越多的商品通过批发商和中间人转手卖给商店。竞争日趋激烈，想方设法保住或增加利润的商人抓住机会在食物里掺假。1878年俾斯麦指令编写的一份官方报告揭示，为了增加分量，商人往面粉里掺兑了重晶石、石膏和白垩。在德国南部地区，有人用苦味酸甚至尿液给"鸡蛋面条"涂上一层黄色。1889年，汉堡市抽查了黄油产品，发现60%掺了人造黄油（1869年在法国注册专利的黄油替代物，用菜油和牛肉脂肪制成）。1890年，柏林市检验了一批食品和饮料，发现24%的产品掺假。使用种种毫无益处的添加剂减少了食品的营养价值，有时甚至会危及生命。1855年，英国医生阿瑟·希尔·哈塞尔（Arthur Hill Hassell, 1817—1894）发现，面粉和面包里掺有明矾，茶叶里掺杂了黑色火药，牛奶兑过水，咖啡里用了铅氧化物添色剂。1860年通过的《食品掺假法案》收效甚微，一个主要原因是地方政府为了维护贸易利益，不愿增设食品分析员一职。直到1872年通过了一项新法案后，政府才加大了调查食品造假案子的力度。19世纪80年代，更先进的化学分析技术得到采用后，德国等国家制定的相关立法始见成效。1878年，应零售商的要求，法国建立了第一个食品检验实验室，检验批发商批发的食品质量，但直到1905年才颁布了一项法律，规定食品掺假和不实食品饮料广告一律违法。该法律还设立了葡萄酒以葡萄酒产地命名的制度，一直沿用至今。迟至19世纪最后20年，营养标准才开始制定。

伴随欧洲许多城镇居住状况的改善和"卫生革命"，居民的饮食也得到了改善，但就业没有保障。这既反映了资本主义企业依然很脆弱，也反映了第一代产业工人的态度。他们中很多人仍然与土地息息相关。在法国南部卡尔莫矿区，当需求疲软时，公司常常解雇工人，分文不付，1886年，这种情况竟然有56天。工人旷工也有后果，尤其农忙季节，工人常常返乡帮助家人收割庄稼。卡尔莫矿区矿工每月出勤率如果达到23%的话，甚至有奖金。欧洲各地工人给周末加了一天，习惯休星期一。英国叫"圣星期一"，德国称"蓝色星期一"。在西班牙西北部的阿斯图里亚斯煤田，多达3/4的矿工不仅每逢繁多的宗教假日就不上班，连假日后的第二天也不上班。很多行业内的工人来去无常，随意性很大。港口码头一般依每艘船进出港时间每次雇用一批工人。每逢淡季，尤其是冬季时，工人就失去了收入来源。在根特市的福特曼棉纺厂，小时工资取代了日工资，忙时厂主可以延长工作时间，无须担心工人会抗议。1858年时，福特曼棉纺厂工人每周工作75小时，平均每天工作时间近13小时。需求旺盛时，工厂会增加计件工人需要完成的每匹布的长度（工人按完成的每匹布领取工资）。经济不景气时，厂主马上削减工人工资。至于工资是如何计算的，工人从来不得而知。

很多行业采用了计件工资。工厂根据工人的产量付给工资，矿区根据每班工人挖掘出的煤量计算工资。由于有的煤层煤坚硬，有的煤层煤比较松软，同一煤层不同地段的煤质也不同，因此每挖一车煤，都需要不断计算应付多少工资，以确保报酬公平。矿工使用手工工具挖煤。井下作业工人把窄轨上的运煤车沿水平坑道推到绞车处，再由蒸汽动力绞车提拉到地面上。矿工下到矿井深层煤层作业面所需时间可能长达1小时。"乘绞车上下矿井时间"不断引起纠纷，尤其是矿主拒绝为矿工上下矿井时间付钱时。各地工人的劳动时间都很长，而且设备简陋。19世纪80年代，布达佩斯大部分工厂工人一天工作12小时。根据1910年对5 000家工厂做的一项调查，只有109家工厂有厕所，有食堂的工厂仅75家。工伤事故司空见惯，重大矿难屡上报刊头条，比如1906年法国北部库里耶尔煤矿发生的矿难，1 000多名工人在一次大爆炸中丧生，其中有很多童工。长期来看，对工人损伤更大的是日常的工伤、死亡和疾病。当时医学界刚能诊断出一些慢性病，比如硅肺病和尘肺病。英国工厂及工场总督查长在1899年的年度报告中，列举了向有执照的外科医生报告的22 771起工业事故，其中871起致人死亡，150起工人致残，2 521起导致一只手残废，2 706起属于烫伤烧伤事故，1 202起导致骨折。仅1890年一年，俄国各家冶金工厂就有245人死于事故，3 508人重伤。到1904年，以上死伤人数分别增至556人和66 680人，占劳动力总数的11%。

在雇用大批女工的棉纺厂，衣服很容易被卷进机器里。在引入安全设备之前，工人被机器轧断手指的事故屡屡发生。尘埃飞扬的工作环境伤害了工人的肺。自动纺织机发出的震耳欲聋的噪声常常导致工人失聪。具备照顾带小孩母亲设施的工厂寥寥无几。1910年，布达佩斯市调查了5 000家工厂，只有7家有日间托儿所。新产业带来了新危险，白磷火柴制造就是一个例子，那是在1830年由法国人夏尔·索里亚（Charles Sauria, 1812—1895）发明的。19世纪中叶，英国每天要用掉大约2.5亿根火柴，其中大部分是随意摩擦点火的火柴（Lucifers），安全火柴在英国从未畅销过。在位于伦敦的布赖恩特与梅火柴厂，用于制造可燃火柴头的白磷产生的气体开始给工人身体造成严重损害。工厂工人几乎是清一色女工和童工，工人需要先准备好磷溶液，然后把火柴杆放在里面浸沾。他们的牙龈开始溃烂，牙齿脱落，颌骨慢慢腐烂，流出散发臭味的脓水，有时从鼻子里往外流脓，人称"磷毒性颌骨坏死"。1906年在伯尔尼签署的一项国际公约禁止使用白磷，两年后，英国议会批准了该公约。

布赖恩特与梅火柴厂等工厂的女工绝大多数年轻未婚，西班牙塞维利亚烟草工厂雇用的4 542名工人中，4 046人是女工。烟草业工人好斗是出了名的。1830年，马德里一家烟草工厂的工人抗议厂方削减工资，骚乱持续了整整5天。这引起了法国作曲家乔治·比才（Georges Bizet, 1838—1875）的注意。1875年，他改编了普罗斯佩·梅里美（Prosper Mérimée, 1803—1870）1845年写的一部小说，创作了所有虚构的西班牙女工中最著名的一个——吉卜赛女郎卡门。人们普遍认为，妇女心灵手巧，比男人更适于做精细活。在把妇女所做的家务延伸到外部世界的一些行业内，如食品饮料业、衣服制造业、洗衣行业和家政服务业，出外工作的妇女分布也很密集。在棉纺业主导的工业化初期，操作新式织机的工人大多是女工。19世纪中期，在法国北部的鲁贝纺织城，55%的女工在棉纺厂做工。当地33%的10岁以上女子和18%的已婚妇女受雇于各家工厂，一半人在棉纺厂工作。不过，这没有代表性。已婚有孩子的工人阶级妇女通常必须在家操持家务。1829年法国裁缝巴泰勒米·蒂莫尼耶（Barthélemy Thimonnier, 1793—1857）发明的缝纫机带来了新的可能性，美国发明家艾萨克·辛格（Isaac Singer, 1811—1875）将其改造后用于商业。辛格精力惊人，一生与不同女人生了至少24个孩子。1851年，辛格获得了缝纫机专利权，此后不久开始大批生产缝纫机，推动了新"包出制"的诞生。在这一制度下，布商从中间商那里订购衣服，中间商有使用辛格牌缝纫机的工场，雇用的女工不超过20人。

涉及妇女就业的立法大多是为工厂制定的。1885年，俄国规定了妇女工作时限。大约同一时期，德国也做出了类似规定。1890年，一位（男性）联邦议会议员称，这样做是为了确保"工人及其家人能受惠于家庭生活所含的崇高精神，享受壁炉和家的温暖，如今这一切似乎岌岌可危"。19世纪晚期，家政服务已成为工人阶级妇女就业人数最多的行业之一，仅德国一国就有250万名用人。1887年，西班牙女劳动力大约有150万人，其中女用人有32.2万人。从1851年到1871年，英格兰和威尔士住家女用人总数的增长速度超过总人口增长速度两倍，从75万人增至120万人。大多数女佣在只雇一个"什么活都干的用人"的家庭做工。1851年，在英格兰北部军事重镇约克郡，将近

60%的受雇妇女是用人。1900年，汉堡90%的家庭用人是妇女，大多来自周边地区。大约75%用人的雇主是只雇一个用人的中产阶级家庭。管理家政服务行业难度很大。截至19世纪80年代，汉堡一家地方法庭每年审理大约2 000起用人与雇主之间的纠纷案件。法庭记录显示，用人经常控诉遭受雇主辱骂欺压，工作时间长，生活条件差，工资微薄，甚至拿不到工资，尤其是人身自由受到限制。雇主若是不喜欢新用人的名字，会强行更改其名，用人只有顺从。

就业的产业条件在农村也逐渐具备了，尤其是在农民大量生产农产品销往国内外市场的地方。19世纪末务农之艰辛，可以从波美拉尼亚农民弗朗茨·雷拜因（Franz Rehbein, 1867—1901）的一生中窥见一斑，他的自传于1911年出版。弗朗茨的母亲是洗衣女工，父亲是裁缝。他幼年时，父亲死于肺结核病。为了谋生，他不得不在农场做工。他先在一家炼糖厂找到了一份工作，之后又在一个庄园里当用人，最后逃到汉堡，应征入伍。复员后，弗朗茨再次务农。当时石勒苏益格-荷尔斯泰因已经普遍使用蒸汽动力脱粒机，但只有大庄园主才有自己的脱粒机。大部分脱粒机和操作人员被独立承包商租给他人，承包商根据需要把脱粒机从一家农场运到另一家农场。使用脱粒机需要大量人手，每台机器多至30人，有人给机器送水加水，有人把稻草打成捆，有人拾谷穗。少数有脱粒机的人也使用机械捆草机，减少了所需人手，但大部分工作还得靠双手。工作条件极其恶劣，机器发出的噪声震耳欲聋，扬起的粉尘堵塞了雇工的鼻孔，被雇工吸入嗓子和肺部。据弗朗茨说，雇工咳嗽时会吐出"黑色黏液结块"。雨天时，他们的皮肤上是厚厚一层粉尘。雇工领取小时工资，最低工资仅15芬尼。他们通常每天凌晨3点出工，一直到晚上九十点钟才收工，有时甚至更晚，只有吃饭或给机器加润滑油时，才能休息一会儿。弗朗茨写道："人与机器不分家。他成了机器的奴隶，自身也成为机器的一部分。"脱粒机还很危险。1895年，弗朗茨的一只胳膊卷进了机器里，结果被截肢。

劳动力自由市场出现后，加上失去土地、靠打零工为生的贫苦农民日益增多，越来越多的农村年轻人流入城镇，寻找更有保障、19世纪末时报酬也算更好的工作，普鲁士人称这一现象为"逃离土地"（Landflucht）。这意味着女人必须干男人的活，因为妇女依然留在家乡，直到丈夫或未婚夫挣的钱能买块立锥之地接家人过去。1913年对德国北部城乡人均年收入的统计结果清楚显示，弃农进城当工人的诱惑极大：西普鲁士"平原地区"的人均年收入为480马克，波美拉尼亚地区为576马克，而柏林和汉堡分别是1 254马克和1 313马克。不错，城镇里的中产阶级收入较高，而农民只要有一小块地或菜园就能存活，但即使把这些因素考虑在内，以上数字仍显示，一个工业发达国家大部分城镇居民的生活水准已高于农村居民。

城市和农村劳动阶级内部又分出诸多社会阶层。男工和女工的工资收入悬殊。以西班牙纺织业为例，19世纪50年代，女工工资只相当于男工的一半，直到1914年才涨至2/3。不过，男人及其家人同样不能避免社会分成不同阶层造成的影响。伦敦的技术工匠瞧不起非技术工人，在非技术工人内部，船工瞧不起码头工，终身合同工看不起临时工。英格兰工人在爱尔兰工人面前有优越感，同样，鲁尔地区的德国工人瞧不起意大利人和波兰人。以上不同阶层之间的隔阂往往反映了收入差距。19世纪末时，法国的吹玻璃工人一天挣大约10法郎，而纺织工只挣1法郎65生丁。挣工资的体力劳动者与人数少得多的中产阶级和上层阶级富人之间的收入差距巨大，与此相比，下层阶级内部的工资差别简直不算什么。正如马克思所预言的，所有体力劳动者都一样贫穷，备受压迫。19世纪大部分时期，欧洲很多地区的体力劳动者没有基本权利，从而单独形成了一个社会阶级。渐渐地，一个具有代际遗传特性的固定无产阶级形成了。1846年在德国南部埃斯林根市建了一家机车工厂后，一时很难招募到长期劳工，到1856年，工厂已有1 000多名工人，但大多数人干了几个月后就不辞而别，或是去了其他地方，很多人在夏季农忙时回家帮助收庄稼。工人流动的模式反映了农时模式，而不是某一产业的需求规律。正式工夏季返乡时，厂家雇用当地纺织工人顶替他们的工作。直到19世纪70年代末爆发了农业危机后，这一模式才发生了变化。夏季，工人开始留在工作岗位上，逐渐割断了与他们来自的乡村之间的联系。

在威尔士北部的石板采石区，采石工往往不住在采石场。他们在山坡上有一小块自家农田。妻子和家人白天喂养几头牛羊、一头猪和几只鸡。自家田地距离较远的工人只能住在采石场宿舍，家人整整一周都要负责喂养家畜。1892年，一家采石场的经理抱怨说："一到夏天，比如打牧草的季节，手下的工人大多返乡。"1911年据国家采矿局说，西班牙西北部阿斯图里亚斯煤矿2/3的矿工是"既有地又拖家带口的农民，他们有时在矿上做工，有时回家种地"。在圣彼得堡，年轻工人依然与家乡村子保持联系。1908年对570名技术工人的调查显示，42%的已婚工人和67%的单身工人把一部分工资交给在农村的亲属。即使在圣彼得堡，根据1910年的人口普查结果，划归"农民"的人中，也有将近20%男人和25%女人是在当地出生的；1902年，圣彼得堡16%的男子和21%的工厂工人属于第二代工人。一个具有代际传递特性的固定无产阶级也在俄国逐渐形成。19世纪结束前，这一现象酝酿着重大的政治后果。

"流氓无产阶级"

各地保守分子对欧洲的城市化进程惶惶不安。德国保守社会理论家威廉·海因里希·里尔认为，大城市导致了传统家庭和社会地位结构的坍塌，人因此"精神亢奋，迷失困惑，对社会心怀不满"，犯罪率上升是必然结果。如1863年伦敦《泰晤士报》所说，社会评论家不安地注意到，出现了一个"无可救药的犯罪阶级"。1832年，卡尔·马克思用生动的语言描述了充斥着罪犯的底层阶级，也就是"流氓无产阶级"：

> 在这个团体里，除了一些生计可疑和来历不明的堕落放荡者，除了资产阶级中的败类和冒险分子，就是一些流氓、退伍的士兵、释放的刑事犯、脱逃的劳役犯、骗子、卖艺人、流民、扒手、玩魔术的、赌棍、私娼狗腿、妓院老板、挑夫、下流作家、拉琴卖唱的、捡破烂的、磨刀的、补锅的、叫花子，一句话，就是被法国人称作流浪游民的那个完全不固定的不得不只身四处漂泊的人群。*

---

* 这段话出自《路易·波拿巴的雾月十八日》，载于《马克思恩格斯全集（第八卷）》（人民出版社，1961年），第174页。——编者注

第四章　社会革命

参与镇压1871年巴黎公社运动的军官对这一阶级持同样看法。他们把起义归咎于"危险阶级",归咎于那些"形容枯槁、衣衫褴褛……的男人和与他们在一起的脏兮兮女人"。伦敦一贫如洗犯罪阶级的境况与巴黎底层或那不勒斯贫民窟的穷人一样悲惨。报社记者亨利·梅休(Henry Mayhew,1812—1887)调查穷人状况后,写了四卷本的《伦敦劳工与伦敦穷人》(1851—1861)。梅休与同事一道采访了形形色色的犯人,既有"普通小偷",也有"入室行窃犯",记录了城市社会底层群体的生活,靠从泰晤士河上的驳船上偷煤再倒卖给穷人为生的"流浪儿"也在其中。狄更斯小说《我们共同的朋友》(1864—1865)里面的女主人公丽齐·赫克萨姆与父亲一道在顺流漂浮的死尸身上翻找,看兜里是不是装了什么,这些死者要么不慎坠河,要么投河自尽。

这个所谓的单独社会阶级有自己的习俗、习惯和用语。很多评论家有意利用有产阶级读者对这一社会阶级所怀的既怕又好奇的心态。狄更斯在小说《雾都孤儿》中描写了伦敦底层社会。妓女南希、残暴的入室行窃犯比尔·塞克斯、邪恶的费金都属于这个阶层。费金是一个少年窃贼团伙的头子,奥利弗曾受过这一团伙的胁迫。法国作家欧仁·弗兰索瓦·维多克(Eugène François Vidocq,1775—1857)也在小说中描写了城市的犯罪阶层。他当过扒手,伪造过证件,是一名惯犯,入狱后成了警方密探。狄更斯在小说里也描写了法国城市里的犯罪集团。拿破仑时代后期,维多克组建了法国警探队,之后又发表了一系列描述底层社会的书(大多是他人代笔写的),其中一本讲的是底层社会使用的俚语。德国警官弗里德里希·克里斯蒂安·贝内迪克特·阿韦-拉勒门特(Friedrich Christian Benedikt Avé-Lallemant,

1809—1892）撰写了一部介绍犯罪阶层的四卷本书，最后一卷是犯罪阶层成员用语词典。不过，存在这样一个单独的社会阶层基本上是作家的主观臆想。不少穷人随着自己境遇的沉浮时而犯罪，时而洗手不干，在有可能的时候努力靠劳动谋生，他们的经济生活是合法和非法活动的混合体。19世纪末社会调查家查尔斯·布思（Charles Booth, 1840—1916）绘制的著名伦敦街区地图反映了这一社会现实。他用不同颜色标出伦敦市区各处的贫富差距，蓝色专指社会最底层"邪恶不法分子"居住的街区。

很多在其他方面堪称奉公守法公民的工人认为，偷自己雇主的东西天经地义。矿区的矿工觉得，家里用从矿区带回的煤取暖完全合法，因为煤是他们挖的。19世纪70年代，上西里西亚的矿主提议搜查下班矿工，确保没人私自把煤带出矿，大约3 000名矿工为此举行罢工。码头也是一样。码头工人和码头装卸工常常盗走囤积在码头待售待用的物资。1891年，《汉堡证券交易所报》报道说："如果工人上夜班，身边又没人监督，有人一夜体重长了几磅有什么可奇怪的呢？多出的几磅其实是咖啡。"伦敦产业规模很小，有一部分几乎完全依赖偷盗的物资。家具店使用偷来的木料，服装店用盗出的布料，这些店的供应商并没有因此成为职业盗贼。当然，职业罪犯的确存在。阿瑟·哈丁（Arthur Harding, 1886—1981）从小在伦敦东区的"杰戈"贫民窟长大。他暮年时回忆，自己走上犯罪道路是从做小偷开始的，此后胆子越来越大。1908年，他成了"砖巷拖车帮"的"国王"或"老大"，"一个狡黠无比的凶恶罪犯……一个庞大窃贼集团的头子"。哈丁回忆说："1904年前后我搞到第一把枪。"不久后，哈丁及其同伙开始四处敲诈，向地下非法赌博场所勒索保护费："上门敲诈俱乐部时，我们会挥舞手枪，喝令所有人站起来，让他们知道这不是儿戏。"其他许多港口城市同样存在犯罪阶层。1906年，北海对岸的汉堡爆发了一场大规模政治示威，就在全市警察的注意力被吸引过去时，码头附近巷子区的居民从家里跑出来，向路灯投掷石头。他们先砸碎路灯，接着又打碎市中心各家首饰店的橱窗玻璃，拽开安装在窗外的防盗护栏。一名目击者报告说："橱窗刚被打破，贪婪的手指马上伸进被破坏的防盗护栏里面，抓住橱窗里展出的手表和金银首饰……"时人看到这类事件的报道后，更认为城市化必然导致犯罪率上升、社会走向失序。

1893年，一份俄国杂志指出："犯罪数据证实，城市犯罪率高于乡村。"城市居民的生活没有保障。他们背井离乡，与家人分离，又得不到教会道德教化的沐浴。都市生活的种种诱惑远多于贫困乡村。农村地区的犯罪大多是暴力案件，往往与人际关系有关。随着城镇的不断扩展，犯罪性质发生了变化，涉及财产的犯罪案子越来越多。以俄国为例，1874—1913年，85%的谋杀案、89%的过失杀人案和85%的强暴案发生在农村，偷窃和贩卖被盗物品的案件农村只占50%多一点，虽然当时俄国绝大部分人口居住在农村。以上数字有一定欺骗性。它们往往不含农村地方法院处理的案子，更重要的一点是，这些数字无视一个事实：农村地区的犯罪往往反映了不同价值观之间以及农民与地方当局之间的冲突。

公众一般认为，靠勤劳创造的财产不同于现成财产。后者包括制作家具、建造房屋、制造工具不可或缺的木材，以及用于取暖和做饭的燃料。解放农奴后，林区归私人所有，很多地区释放后的农奴拒绝接受林区私有化的后果。1815—1848年，普鲁士因盗窃木材而被定罪的人数激增。19世纪30—40年代，普鲁士（不包括莱茵省）盗窃林木的人数不断上升，1836年为12万人，10年后增至25.3万人。1856和1865年，盗窃林木罪犯人数分别为35.1万人和37.3万人。这一时期，盗窃林木是普鲁士最常见的犯罪。1836年，普鲁士王国每10万名居民中，就有1 000人因盗窃林木被定罪。与此形成对照的是，其他各种偷盗案件加在一起，每10万人中仅有236人被定罪。致伤致残的犯罪案，每10万人中才23人被定罪。各村村民都卷入林木盗窃，导致地主雇用的护林员与当地农民之间爆发武装冲突。地主现在想把森林作为生财手段，当地农民依然把森林视为公有财产。农民与护林员纠纷的背后是不同文化之间的冲突，而且冲突始终没有得到彻底解决。

19世纪的大部分时间里，农村社会自行执法，部分地区直至第一次世界大战前夕甚至之后都还这么做。对违反村规的人，会依照本村习俗加以惩处，法国人称这种惩处方法为"瞎闹音乐"（charivari），英国人称其为"喧闹音乐"（rough music）或"吵闹游行"（skimmington），德国人管这个叫"赶山羊"（Haberfeldtreiben），意大利人叫它"敲钟"（scampanate）。法国的"瞎闹音乐"有多种形式，最常见的做法是，村里的年轻人聚集在一起举行模拟审判，或砍掉违法者模拟像的头，或把模拟像付之一炬。在有些地区，违法者脸上被涂上蜜后粘上羽毛，头戴睡帽，手上拿一个纺纱杆，倒骑毛驴在村里游街示众。还有一种做法更为常见，尤其在英格兰。托马斯·哈代（Thomas Hardy, 1840—1928）的小说《卡斯特桥市长》（1886）中有一段描写。黎明时分，一群年轻人聚集在违法者房子外，焚烧模拟像，高声辱骂此人，唱为此目的专门谱写的歌曲，吹号角，摇牛铃铛，敲打锅碗瓢盆，大声模仿猫叫（德国人称之为Katzenmusik，即"野猫叫春"），一连几夜不止。在巴伐利亚，如果一个农民勾引了自己的女仆，村里年轻人就会从他家马厩里拉出一辆大车，拆散后把部件运到他家屋顶上，重新组装好后往大车里填满牛粪，这一做法叫Mistwagenstellen（摆粪车）。犯有盗窃、诽谤甚至弑婴罪的人也会受到同样惩罚。这一惩罚方式也用于往啤酒里兑水的酿酒商、放高利贷者，以及未经允许屡次侵越他人私地的农民。

以上种种做法不仅在英格兰、法国和德国十分普遍，在意大利、奥地利、匈牙利、荷兰和斯堪的纳维亚半岛同样常见。在俄国，"瞎闹音乐"主要用于盗贼，当地称之为vozbdenie（"游街示众"）。村民押小偷在村里游街，有时给他套上马轭，四周的人用锅碗瓢盆、水桶、洗衣盆和铁制品使劲敲打自家的门。盗马贼最遭人恨。1887年，乌曼斯克的村民甚至冲进关押了5名盗马贼的监狱，把盗贼拉到囚室外面一顿暴打，四周围观的人高喊："狠狠地打，打死他们！"1905年，俄国《法学家》杂志发表的一篇文章写道："人们对小偷、盗匪、恶棍及其他不法分子私自执法的消息通过电报传来……这简直让人产生时空错位感，以为俄国突然被搬到了美国的大草原，私刑法在俄国被授予了公民权。"沙俄政府官员和社会开明人士认为，以上种种行为是农民野蛮落后的写照。1912年，一位俄国作家哀叹说："没有什么是神圣的，无政府主义和无神论盛行，道德彻底沦丧。"

19世纪末，族间世仇和血仇在南欧地区仍然十分普遍。一旦有人违反了社会习俗，比如退婚、打架、盗窃财产，发生地界或畜群上的纠纷，哪怕只是侮辱了村内一位长者，即使是开玩笑，都有可能导致仇人家族杀死肇事者，开启延续几十年之久的血仇，直到付给受害者家属赔偿金后才休止。在希腊马尼半岛，村村都修建了高大的碉堡，用于追踪发现他们宣布有血仇的仇家家族成员。农忙时双方会暂时休战，但在持续的血仇关系下，有时全家会被对方斩尽杀绝。1821—1852年，在法国科西嘉岛，地方当局有案可查的涉及族间血仇的谋杀案就不下4 300起。以上统计数字令人不寒而栗，但血仇在助长暴力蔓延的同时，也规范了使用暴力的方式，将其转化为一种仪式。在黑山，受辱家族会正式指定某人前去复仇，此人必须对一套誓词起誓。肇事者若犯有罪行，受害者家人可以要求罪犯家人依照习俗允许他们直接找本人了结。派谁去杀人、杀死谁（通常是与犯罪者血缘关系最近的男性亲属）取决于当地习俗。阿尔巴尼亚甚至还有一整套世代口头流传的血仇规则，称为"列克族规"（Kanun Leke），包括规定为捍卫家族荣誉而杀死仇人的方式。直到1913年，其中的部分内容才见诸文字。这套规则称："血债要用血来偿还。"

各国政府对这一风俗造成的社会混乱越来越无法容忍。英国《1882年公路法》取缔了"吵闹游行"的做法，但在少数地区，这一习俗一直延续到20世纪。在德国，1894年发生了最后几起"赶山羊"事件，警方逮捕了所有参与的人。巴尔干半岛的国家没有能力行使权威，血仇逐渐演变为各族群之间的厮杀，比如黑山家族与阿尔巴尼亚家族之间的仇杀。塞尔维亚族内的复仇事件日益减少，因为一些名门望族认识到，这样做只会有利于欺凌他们的奥斯曼人。在科西嘉岛和意大利南部，国家在控制暴力行为方面取得了有限进展，死于族间血仇的人数有所下降。19世纪60年代，西西里的血仇以更危险的新形式呈现出来。彼此对立的帮派——黑手党——取代了被新独立的意大利国家遣散的地主私人武装。初期的黑手党充当地主惩罚佃户的打手,之后开始涉足收取保护费及形形色色的犯罪活动,最后发展到为争夺赃物互相厮杀。在国家力量薄弱、无力管辖山区和偏远地区的地方,比如阿尔巴尼亚、卡塔尼亚、科西嘉岛和马尼半岛,血仇和族间复仇之风依然盛行。

社会保守派把农村视为太平、宁静、重伦理、有秩序的世外桃源,这一看法与现实相去甚远。实际上,统计数据显示,伴随英国城镇的迅猛发展,记录在案的盗窃罪和暴力犯罪是不断减少的。1901年的《罪案登记册》写道:"人们的行为举止发生了很大变化。昔日动辄恶语相向、拳脚相加,如今改为动口不动手。不同社会阶级成员之间的行为举止差距日益缩小。无法无天之风日衰。"巴伐利亚人格奥尔格·冯·迈尔(Georg von Mayr, 1841—1925)开编写"道德统计数据"之先河,他把食品盗窃与食品价格联系在一起。不久之后,欧洲各地开始发布官方犯罪统计数字。德国每年人身伤害案件数量呈现下降趋势,1882—1885年为每年369起,1914年降至346起。当时德国最大城市柏林的犯罪率只比全国平均值略高一点。威尔士工业增长迅猛,南部有煤田,北部是石板采石场地带。1851年,威尔士每845人中有一名罪犯,1899年降至每2 994人有一名罪犯。宗教、节欲、自律、生活水准的提高,还有教育都起了作用。英国内政大臣威廉·哈考特(William Harcourt, 1827—1904)爵士向首相格莱斯顿汇报说,犯罪率下降"是我国社会地平线上一道鼓舞人心的亮光"。一个地区工业化和城市化程度越高,犯罪率越低。

各国推行的法律改革确立了陪审团公开审判制度,比如普鲁士1815年的《刑法典》,以及意大利带有法国烙印的1863年《刑法典》及众多类似立法。这对19世纪晚期涌现的大众报刊来说,好比是送上的一份厚礼。公众对罪犯和各种案情的兴趣日益浓厚。审判耸人听闻谋杀案的报道开始登上报刊的头版头条，比如美国顺势疗法医师霍利·克里平（Hawley Crippen, 1862—1910）和德国前磨坊主、惯犯奥古斯特·施特尼克尔（August Sternickel, 1866—1913）的案件。克里平医生谋杀了自己的妻子，在一艘横渡大西洋的邮轮上与同行的年轻情妇一起被捕。施特尼克尔抢劫一名农夫时将其勒死，各家报刊天天在头版头条追踪报道他受审过程，1913年，施特尼克尔在奥得河畔法兰克福被处死。读者沉湎于侦探破案故事，狄更斯小说《荒凉山庄》（1852—1853）里的侦探巴克特、陀思妥耶夫斯基小说《罪与罚》（1866）中的探长波尔菲里都大受欢迎。描写独立办案的职业侦探的文学作品在英国尤其走红，阿瑟·柯南·道尔（Arthur Conan Doyle, 1859—1930）爵士虚构的侦探福尔摩斯就是一例。在德国等欧洲其他地区，口供比间接证据的作用大，基于分析线索的破案小说不大好写，而且，如果故事里的平民侦探显得比警察高明，有批评警局无能之嫌，作者还可能因此惹上麻烦。为了迎合中产阶级读者，作家主要描写中产阶级世界里的犯罪和罪犯，或在作品中引入来自陌生地区的歹徒。在他们眼里，城市内社会渣滓的犯罪平淡无奇，不值一写，而这类犯罪却是狄更斯和维多克等社会小说家关注的对象。欧洲主要大城市里的一些街区依然很危险，有身份的人是不会光顾这些地方的。不过，实际情况并不像批评城市化的人所说那么可怕，犯罪率还是呈不断下降趋势的。

移居潮

在 19 世纪的进程中，数百万欧洲人为了逃避贫困和压迫离开欧洲，去海外寻找新生活。他们的动机往往很复杂。很多人在欧洲的日子前景黯淡，毫无希望，而在美洲大陆不仅可以享受自由，还可以廉价获得土地，种地既可以糊口，又能赢利，他们很难抵御这些诱惑。政治迫害是移居海外的又一动机，尤其是对 1848 年革命浪潮中的激进分子和革命者来说。大约 3 万名"四八年革命党人"（forty-eighters）在美国俄亥俄州辛辛那提附近定居，那里后来被称为"莱茵河上区"（over-the-Rhine）。1853 年一位教皇使者来此地访问时，引发了当地暴力抗议。在欧洲大陆，伦敦是形形色色革命者的首选流亡地，从马克思到科苏特·拉约什都选择了那里。在他们之前，一大批波兰政治家在 1831 年起义失败后也流亡海外，但很多人选择在巴黎定居。1848 年革命浪潮期间，在很多欧洲国家都可以看到波兰民族主义者的身影，他们还参加了美国的内战。同来自其他国家的大部分流亡者不同，海外波兰流亡者坚决不肯切断与祖国的纽带。1863 年起义期间，波兰流亡者在美国成立了波兰中央委员会，向起义者提供援助。尤利安·乌尔森·聂姆策维奇（Julian Ursyn Niemcewicz, 1758—1814）是一个颇有代表性的人物。18 世纪 90 年代初，他是赞成革命的民族主义者，1795年波兰起义失败后，他流亡美国，在拿破仑入侵波兰后返回祖国。他在1817年写了《3 333年，又名难以置信之梦》，这是波兰首篇有影响力的反犹文章，他设想了祖国将处于犹太人统治之下的可怕的遥远未来。他去世后，文章于1858年发表。该文提出了阴谋论，说"犹太人的波兰"正在取代昔日的波兰共同体的社会结构，此说对崛起的波兰右翼民族主义者产生了巨大影响。在相对开明的19世纪20年代，聂姆策维奇在波兰王国政府内任过职。1831年，他因参与起义再次被迫流亡海外。一连串的挫折令他意气消沉，死前不久，他留下一句话："人人都有祖国，唯独波兰人只有墓地。"位于巴黎郊区的他的墓碑上刻有一行墓志铭："在泪水被流放的地方，他的眼中依然噙满波兰泪水。"

19世纪自始至终，政治流亡者络绎不绝地前往伦敦或美国，也有一些人去了拉丁美洲，但移居人数最多的年份是1831年和1848年。规模最大的移民潮来自爱尔兰。从1848年到1855年，爱尔兰全国人口从850万降至600万。初期的人口下降主要是饥荒造成的，此后人口继续减少几乎完全是移居海外的结果。据1921年的人口普查结果，爱尔兰全国人口不足450万。截至1861年，有70多万人移居英国本土，20多万人去了加拿大，28.9万人移居澳大利亚（很多人去澳大利亚是因为19世纪60年代的淘金热）。去美国的人最多，1848—1921年，超过300万爱尔兰人移居美国。1900年时，定居美国的爱尔兰移民人数已经超过了爱尔兰本国人口。这些爱尔兰人并不都是一贫如洗。1846—1851年，爱尔兰人从银行提取了价值超过120万英镑的黄金。大部分钱用于支付横渡大西洋的船票费，也有很多人的旅费是渴望把农民从自己庄园赶走的地主资助的。有些人得到政府的资助，少

第四章　社会革命　　　　　　　　　　　　　　　　　　　　　443

数人靠已经移居美国的亲友资助。爱尔兰移民一般是 20 岁出头的小伙子。都柏林南部威克洛郡的一名妇女写道："我们这一地区的青少年已经不多了，很快中年男人也要走光了，他们现在成群结队涌向美国。"千方百计想离开爱尔兰的家庭合伙凑路费。有几家人说："我们只想离开爱尔兰，无论去哪儿，日子也不会比这里更苦。"

爱尔兰可以说是一国人民因经济灾难大批逃离欧洲的最突出例子。德国的情况显示，其他因素同样可以成为一国人民移居海外的强大动因，比如农民占有的土地碎片化，尤其是在实行可分割遗产制的德国西南地区。无力与英国工业竞争的手工行业迅速陷入危机是又一原因。19 世纪 20 年代、30 年代和 40 年代期间，德意志邦联分别有大约 2.15 万人、14 万人和近 42 万人移居海外。"饥饿的四十年代"也是一个原因。1846—1857 年，一场严重的农业危机过后，超过 100 万人离开德国移居海外。1862 年美国国会通过《宅地法》后，美国的吸引力增加。《宅地法》允许定居者花很少的钱在中西部地区圈地务农，甚至可以免费圈地。这一消息很快传到了欧洲。1864—1873 年，又有 100 万人离开德国。19 世纪 70 年代经济萧条后，美国的吸引力才开始减退。1880 年前后，世界经济的复苏又掀起了新一波移民潮，到 1890 年，已有 180 万德国人移居海外，这一次，移民主要来自德国东北部贫困地区。19 世纪 90 年代德国工业迅猛发展后，德国境内就业机会增加，吸收了大部分有可能移居海外的人口，1895—1913 年，仅有 50 万名德国人移居海外。不过，从 1820 年到 1914 年，还是有 500 多万名德国人移居美国；1820—1860 年，德国移民占美国境内移民总数的 31%，仅次于爱尔兰移民；1861—1890 年，在美国的德国移民占移民总数的近 29%，居各国移民之首。

1.《诺里奇附近的风车》(1816),约翰·克罗姆(John Crome, 1768—1821)作(Tate Gallery, London, 2016)。1815年4月,坦博拉火山爆发,喷出的硫黄把天空变成了黄色,1816年更是成为"无夏之年",造成欧洲各地的饥荒

2.《君主们的蛋糕》,讽刺维也纳会议的漫画,法国画派,1815年,私人收藏(The Stapleton Collection/Bridgeman Images)。奥地利皇帝弗朗茨一世、普鲁士国王腓特烈·威廉三世、沙皇亚历山大一世、英国摄政王、那不勒斯国王若阿尚·缪拉在维也纳会议上瓜分欧洲,身旁站着儿子的拿破仑从厄尔巴岛返回,剪走了法国。塔列朗伏在桌子底下,紧紧抓着路易十八的勋章

3.《希俄斯岛的大屠杀》，欧仁·德拉克洛瓦作于1824年，藏于卢浮宫（Lanmas/Alamy）。这一大型画作描绘了奥斯曼军队突破希腊起义者的包围后犯下的暴行。希俄斯岛上可能有多达3万名居民被杀，更多居民被卖为奴隶。此前，希腊起义者在伯罗奔尼撒半岛上多次屠杀穆斯林土耳其人

4.《被拖去解体的战舰"勇猛号"》，约瑟夫·马洛德·威廉·透纳作于1838年，藏于英国国家美术馆（Bridgeman Images）。"勇猛号"参加过1805年特拉法尔加海战，是那批木质战舰中最后的几艘之一，它正被一艘蒸汽动力的拖船拖去解体。这象征着工业时代的到来和英国海上力量的变化，虽说画面引发了焦虑之情，但英国仍是海上霸主

5.《大饥荒》,乔治·弗雷德里克·沃茨(1817—1904)作于1850年,藏于沃茨画廊(Trustees of the Watts Gallery/Bridgeman Images)。该画原名《爱尔兰大驱逐》,表现爱尔兰大饥荒中本可避免的人类苦难的画作不多,这是其中一幅。那场饥荒是19世纪最严重的饥荒,它在19世纪40年代末期导致100万名爱尔兰人死亡,19世纪50年代,大量移民从爱尔兰流出

6.《1861年俄国解放农奴》,鲍里斯·米哈伊洛维奇·库斯托季耶夫(1878—1927)作于1907年,藏于俄罗斯下诺夫哥罗德州美术馆(Bridgeman Images)。画作表现当地官员宣读沙皇亚历山大一世解放农奴敕令的情景。数世纪以来数百万农民的奴役状态由此解除,这是19世纪欧洲最重要的解放法案

7. 瑞典法伦的露天铜矿，平版画，作于 1850 年前后（akgimages/ullstein bild）。这座铜矿曾在几个世纪中为欧洲供应了大部分铜，但 19 世纪中期以后，它的地位就被智利和美国的一些用现代方法开采的铜矿取代了

8.《从圣彼得堡到沙皇村的第一列火车》，平版画，弗里德里希·冯·马滕斯（1800—1875）作于 1837 年（Heritage Image Partnership/Alamy）。俄国铁路建设缓慢，铁轨轨距比欧洲大多数地区的宽。这条铁路主要供王公大臣在叶卡捷琳娜宫和其他地方之间往来

《印第安纳州的新和谐公社》，版画，F. 贝特作于 1838 年（Chronicle/Alamy）。"新和谐公社"产生于空想社会主义者罗伯特·欧文的设想。欧文是富有的英国实业家，他在 1825 年买下了美国印第安纳州的和谐镇，希望建立理想中的社会主义社区。像大多数欧洲空想社会主义者在美国试办的公社一样，新和谐公社没能维持多久

温迪施格雷茨炮击布拉格，平版画，藏于维也纳博物馆（akg-images）。布拉格城中，捷克和德意志民族主义者的分歧妨碍了反哈布斯堡起义的进展，在奥地利陆军元帅温迪施格雷茨的镇压下，起义者于 1848 年 6 月 17 日投降。中欧的反革命进程由此开启

11. 克尼格雷茨（萨多瓦）战役，版画，作于 1866 年（Interfoto/Alamy）。赫尔穆特·冯·毛奇统率的普鲁士军队机动灵活，奥地利军队则动作很慢。普鲁士军队突入敌方中央阵地，奥地利军队溃散。不包括奥地利在内的德意志统一之路由此开启

12. 拿破仑三世的军队穿过塞尼山隘口，版画，作于 19 世纪，藏于米兰复兴博物馆（Copyright © 2016. Photo Scala, Florence）。拿破仑三世的军队走在他伯父拿破仑一世修造的道路上，准备前去支援皮埃蒙特军队，将奥地利人赶出意大利北部。1859 年 6 月 24 日的索尔弗利诺战役之后，意大利统一的脚步就不可阻挡了

13.《维也纳城的舞会》,威廉·高泽(Wilhelm Gause,1853—1915)作于 1904 年,藏于维也纳博物馆(akg-images)。画作描绘了贵族的社交世界。画面中央,反犹的维也纳市长卡尔·卢埃格尔正与利奥波德大公和其他权贵交谈,这说明卢埃格尔已为哈布斯堡上流社会所接受

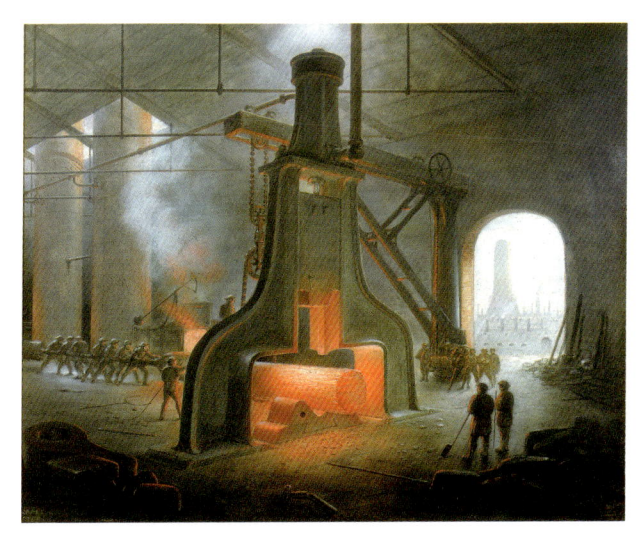

14.《曼彻斯特内史密斯铸造厂的汽锤》,詹姆斯·内史密斯(James Nasmyth,1808—1890)作于 1871 年(Hulton Archive/Getty Images)。詹姆斯·内史密斯是苏格兰发明家,他在曼彻斯特的铸造厂安装了他发明的汽锤。汽锤只需很少的人力,就能将铁加工成机器零件,这是工业革命时代的重要创新

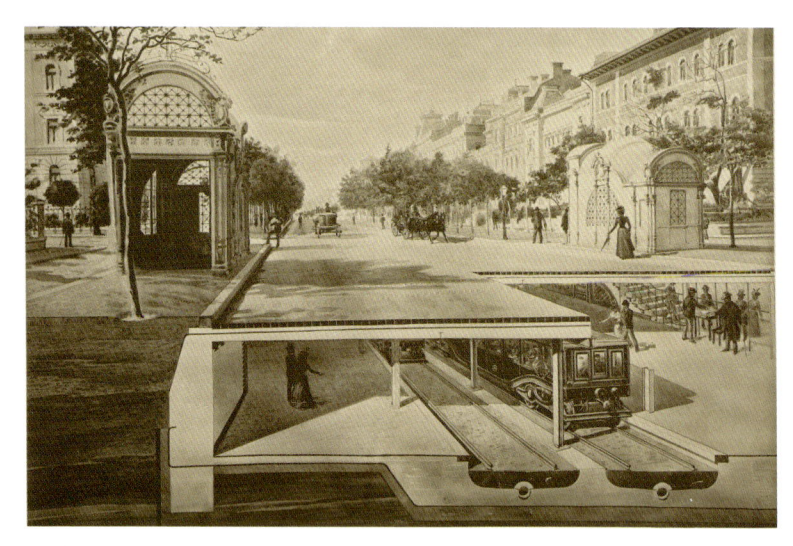

15.《布达佩斯千禧地铁示意图》,作于 1896 年,藏于布达佩斯基什采利博物馆〔photo: György Klösz〕。著名的安德拉什大街地下的地铁站,地铁开通于 1896 年。这是世界上第二条电气化地铁(伦敦地铁是第一条),每日可运送 3.5 万人次,是匈牙利首都城市现代化的光荣证据

16.《移民》,拉法埃洛·甘博吉(Raffaello Gambogi, 1874—1943)作于 1894 年,藏于里窝那法托里乔瓦尼民间博物馆〔De Agostini/Bridgeman Images〕。画中的意大利人在里窝那港口上船,准备远赴新西兰,此举是受了移民机构广告宣传的影响。直到 19、20 世纪之交,意大利才出现了海外移民大潮,在那之后,每年有超过 15 万人移民海外,多数去了阿根廷或美国

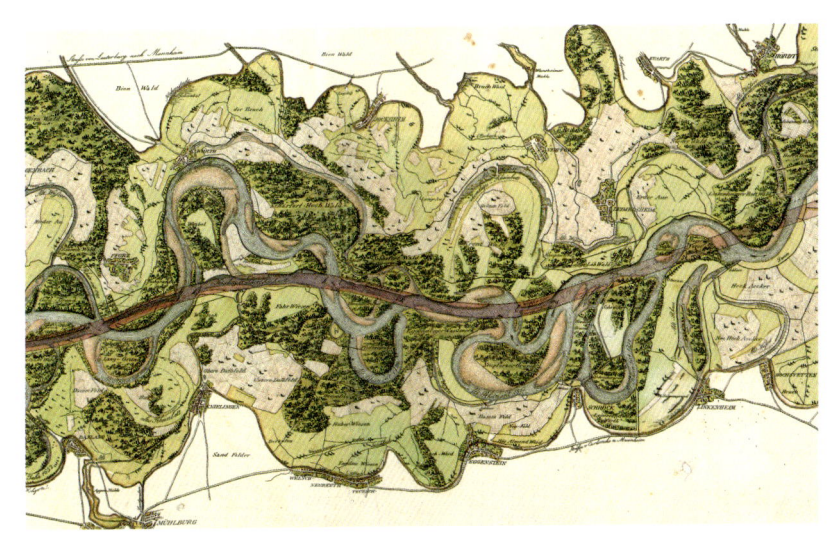

17.《诺伊堡与松德恩海姆之间莱茵河的水文地质图》，C. F. 穆勒出版社，卡尔斯鲁厄，1822/1825 年，藏于卡尔斯鲁厄档案馆（H/Rheinstrom Nr. 72, GLA/Landesarchiv Baden-Württemberg）。图中红色部分是工程师约翰·戈特弗里德·图拉规划的新河道。经过几十年的时间，莱茵河的河道改直，变得更有利于航行，河流长度缩短了 82 千米。这是 19 世纪的众多河流工程之一

18.《斗牛》，文森特·加西亚·德·帕雷德斯（Vicente Garcia de Paredes, 1845—1903）作于 1892 年（De Agostini/Getty Images）。19 世纪，斗牛这一观赏性体育项目风靡西班牙各地。当时，猎狐在英国大受欢迎，甚至到了要从欧洲大陆进口成千上万只狐狸幼崽的地步

19. 将跨大西洋电缆运上"大东方号"汽船,《新闻画报》(*Die Illustrirte Zeitung*)插图(akg-images),1865 年 3 月。跨大西洋海底电缆铺设成功后,全球快速通信成为可能。1884 年的华盛顿会议规划了时区,确定了国际日期变更线

20. 塞尔维亚边境,人们为预防霍乱而消毒,《小日报》插图,1911 年 1 月(Mary Evans/Alamy)。1911 年,霍乱从中东传到欧洲,强制消毒等卫生措施有效减轻了疫病的危害,降低了欧洲的死亡率。图中的消毒喷雾可能没起太大作用

21.《处决卡尔·路德维希·桑德》,平版画,J. M. 弗尔茨和 A. P. 艾森作于 1820 年〔Copyright ©
2016 Scala, Florence / Bildarchiv Preußscher Kulturbesitz, Berlin〕。1820 年 5 月 20 日,卡尔·路德维
希·桑德遭到处决,罪名是谋杀支持俄国的剧作家奥古斯特·冯·科策布。1848 年革命之前,
欧洲许多国家公开行刑,1848 年以后,许多政府惧怕大规模的公众聚会,改为狱内处决

22.《纪念保加利亚教会脱
离普世牧首辖区独立》
根据尼古拉·帕夫洛
维奇(Nikolai Pavlovich,
1835—1894)画作所作
的平版画,1872 年,
藏于俄罗斯国家图书
馆(Bridgeman Images)。
经过 15 年的斗争,保
加利亚教会于 1872 年
脱离普世牧首辖区独
立。19 世纪的欧洲,
民族主义与普世基督
教的冲突越发激烈,
保加利亚督主教辖区
的建立就是一种表现

23.《悲惨世界》,广告,朱尔·谢雷(Jules Cheret, 1836—1932)作于 1886 年,私人收藏(Archives Charmet/Bridgeman Images)。维克多·雨果小说《悲惨世界》1886 年版的广告,该小说初版于 1862 年。当时有许多小说描写 19 世纪城市工业社会中穷苦人的生活,《悲惨世界》是其中之一

24.《在绿气球歌厅》,卡其米日·西库尔斯基(Kazimierz Sichulsk, 1879—1942)作于 1908 年,藏于华沙米茨凯维奇文学博物馆。"绿气球"(Zielony Balonik)是克拉科夫的著名文学歌厅,1905 年开张,6 年多后在俄国警察的干预下被迫关闭。巴黎、巴塞罗那、柏林等地也有类似场所,它们与现代主义艺术关系密切

25. 争取妇女选举权的女子闯进巴黎的一个投票站,《小日报》插图,1908 年 5 月（Art Archive/Alamy）。于贝蒂娜·奥克莱尔等法国妇女积极争取妇女选举权,他们在 1908 年 5 月闯进一个投票站,掀翻投票箱,抗议妇女被剥夺选举权。挪威和芬兰在 1914 年以前就已赋予妇女选举权,但法国妇女直到 1944 年才获得选举权

26.《刺杀安东尼奥·卡诺瓦斯·德尔·卡斯蒂略》,胡安·孔巴－加西亚作于 1897 年（Tarker/Bridgeman Images）。1897 年 8 月 8 日,西班牙首相安东尼奥·卡诺瓦斯·德尔·卡斯蒂略遇刺,行凶者想为此前被处决的 5 名西班牙无政府主义者报仇。那些年里,欧洲还发生了许多这类暴行

27. 《攻击》，爱德华·伊斯多（Edvard Isto, 1865—1905）作于1899年，藏于芬兰国家博物馆（photo: Markku Haverinen）。画中，一只代表俄国的鹰想从芬兰女子手中夺走法典。这幅画被大量复制，成为芬兰反俄罗斯化民族斗争的象征

28. 挪威立法机构宣布从瑞典独立，着色照片，弗雷德里克·希尔夫纳－拉斯穆森（Frederik Hilfling-Rasmussen, 1869—1941），《挪威历史图解》配图，1909年。1905年6月7日，挪威议会宣布从瑞典独立。独立过程没有流血，主要是因为瑞典当局担心瑞典工人会发起反对军事干预的总罢工

29. 德国部队突破赫雷罗人的包围,《小日报》插图,1904年2月21日(Getty Images)。柏林派去纳米比亚平乱的武装部队对赫雷罗部落赶尽杀绝,这是帝国主义时代欧洲列强的殖民暴行之一

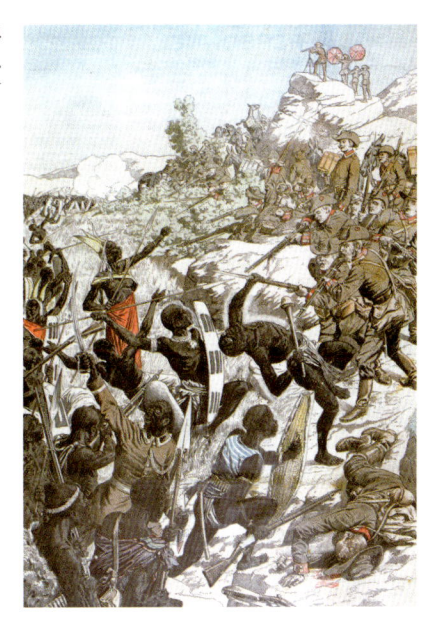

30. 1913年7月21日,土耳其军队在第二次阿德里安堡战役中击败保加利亚军队(Photo12/ullstein bild)。画中的壕沟、飞机、重炮,以及保加利亚人身上的卡其布军服,都像是一年后爆发的第一次世界大战的预演

31. 《狼（巴尔干战争）》，弗朗茨·马尔克作于 1913 年，藏于奥尔布赖特－诺克斯画廊（akg-images）。这位年轻的德国艺术家用立体主义技法表现巴尔干诸国贪得无厌，彼此争夺，吹走了已经开始凋谢的人性之花。1916 年 3 月 4 日，马尔克本人死于凡尔登战役

32. 弗朗茨·斐迪南大公及妻子遇刺，《王冠画报》插图，1914 年 6 月（Alamy）。1914 年 6 月 28 日，弗朗茨·斐迪南大公及妻子索菲·霍泰克女伯爵在萨拉热窝遇刺。这幅速写显然参考了目击者的报告，画中几个人站的位置以及大公戴的帽子都符合实际情况。不过，跟这幅画描绘的不同，先中枪的是大公。注意方向盘的位置：奥匈帝国的车辆靠左行驶

斯堪的纳维亚半岛的情况与德国大致相同。当地绝大部分土地不适于耕种，瑞典地表一半以上被森林覆盖，挪威地表的 3/4 是山岭和其他不可耕地。1890 年美国全国人口普查结果显示，有 80 万人称自己是美籍瑞典人。19 世纪 60 年代、70 年代、80 年代和 90 年代，瑞典分别有大约 15 万人、近 14 万人、34.7 万人和超过 18 万人移居海外。最初瑞典人选择移民美国是为饥荒所迫，后来去美国的瑞典人则是听亲人说，在美国可以过上好日子，在美国的亲戚还常常出钱买船票。运送移民的各家邮轮公司因此大发横财，通常邮轮航线经过汉堡或不来梅，再到利物浦或南安普顿，最后到达纽约。各家公司很快开始在瑞典主要城市做广告。移民在寄回的家信中讲述了北美大平原上的田园生活，人人平等，没有瑞典国内的那种贵族。受此诱惑，瑞典人拖家带口移居美国。美国人欢迎瑞典人，觉得他们勤劳守法，做事有条不紊，沉稳，而且是新教徒。1885 年，一个公理会牧师表示，瑞典移民"寻求美国国旗的庇护，不是为了在我们中间引入和宣扬社会主义、虚无主义和共产主义……他们比其他任何一国人都更像美国人"。挪威人态度同样积极，加之国内粮食歉收，可耕地匮乏，1825—1900 年，有大约 80 万名挪威人移居美国和加拿大，19 世纪 80 年代移民高峰期时，则有多达 18.8 万人移民。19 世纪，挪威移民占本国人口比例高于英国或爱尔兰，80 年代是每 10 万人 971 人，而 60 年代爱尔兰移民高峰期时是每 10 万人 608 人。1870—1900 年，气候严酷，1875 年又有一次火山大爆发，1.5 万名冰岛人移民北美，当时冰岛总人口为 7.5 万人，移民人数占了 20%，比例相当惊人。仅 1887 年一年，就有大约 3% 冰岛人移民海外。

丹麦的情况与以上国家截然不同。丹麦地势平缓，夏季较长。19

世纪末时，全国土地大部分是可耕地和草场，占全国总面积的75%，而瑞典和挪威的可耕地和草场分别只占12%和3%。想移民海外的丹麦人很少。丹麦的经济发展以实现食品加工业的机械化为依托，同时从种植粮食转向生产肉类和奶制品。这一时期丹麦生产的黄油和腊肉成为大宗出口商品。丹麦的做法引起了其他地方人士的注意。1908年，爱尔兰农业改革家霍洛斯·普伦基特（Horace Plunkett, 1854—1932）大声疾呼："我一向认为，如果我国的改革者追求把爱尔兰建成第二个丹麦，这绝非一个坏目标。"但爱尔兰并不具备丹麦农村享有的一些优势，比如一个处于社会中层的独立的农民阶级，农民文化水平高，有一个小型农村银行体系，没有很深的政治和宗教分歧。丹麦农民合资建立了乳制品合作社（自1882年起）、屠宰场（1887）、鸡蛋包装站（1891）和腊肉厂（1887）。这种情况并没有在爱尔兰发生。1900年时，丹麦腊肉生产合作社的数量已经超过了私人企业的数量。出于以上种种原因，移居海外的丹麦人数量很有限。

奥匈移民海外的人数持续上升，19世纪60年代是18.3万人，70年代是28.6万人，80年代29.4万人，90年代跃至49.6万人。一如其他国家，也有相当多的奥匈移民后来返国，占移民人数的1/6到1/2。举例来说，1904年，10.1万人离开匈牙利，同时有大约4.7万人返回。1900—1914年，超过100万人离开哈布斯堡帝国，其中绝大多数人移民美国。1903年，匈牙利政府与丘纳德航运公司签署了一项协议，移民人数随之增加。当时的一位评论家认为，这么多人移民海外，反映了"工人阶级的悲惨生活状况：工时长，工资低，宿舍简陋，大庄园管理方式生硬粗暴，缺少小块耕地"。不过，农业工人通常选择前往德国、俄国或罗马尼亚，而不是一开始就打定主意漂洋过海，移居海外。

经济因素也是西班牙人移民海外的主因。西班牙曾严格限制移民，1853年通过一项新法律后开始放宽对移民的限制。但直到19世纪80年代，移民人数才开始激增。1882—1896年，有36万名西班牙人移民新大陆。1904—1915年的数字显示，又有170万人漂洋过海，其中50万人前往阿根廷。移民来自加利西亚、阿斯图里亚斯、桑坦德和加那利群岛等地，都是无力养活日益增加的人口的贫困农业区。还有一些西班牙人移民北非，尤其是1830年法国变阿尔及利亚为殖民地后，也有的人去了法国，这批人数量不大，大多数人不打算久居海外。1900年，法国有8万名西班牙移民，1911年增至10.5万人。1907年，招工代理人甚至到马拉加省招募45岁以下的农工"免费乘船移民夏威夷州"，截至1914年，有大约7 735名无地劳工离开西班牙，大多数人后来去了加利福尼亚。

俄国大规模移民始于1881年沙皇亚历山大二世被暗杀后掀起的迫害犹太人潮，大批犹太人逃离俄国。俄国移民兼有政治和经济动机。1881年后，每年都有数千人移民他国。1881—1890年，近80万人离开俄国；1891—1900年，160万人移民；1901—1910年，又有160万人去国。仅1911—1914年，就有多达86.8万人离开俄国。犹太人被限制在沙俄帝国西部地区的犹太人定居点内，生活艰辛困苦。19世纪末，有1/3的犹太人靠救济度日。犹太人被逐出莫斯科，加之1891—1892年俄国暴发了一场大饥荒，仅1891年一年，就有9.4万名俄国公民经不来梅和汉堡港移民美国，翌年又有7万人离境。75%~85%的移民为犹太人。20世纪初，大批旧礼仪教派信徒为了躲避东正教政府的迫害，步犹太人后尘移民海外。1900年，旧礼仪派下的一个分支杜霍波尔教派大批移民,其中7 500人迁到加拿大西部,成立合作社,拒绝入学受教育,奉行裸体主义,在当地掀起轩然大波。

欧洲最后一波海外移民潮来自意大利南部。20世纪初,意大利南部地区的农业仍然十分落后,只有意大利北部实现了农业的商业化生产。北意大利地区有足够的资金支撑机械化和化肥的推广。进入20世纪后,国家为开垦耕地提供资金,修建公路和供水设施。截至1915年,35.2万公顷土地通过各种方法得到了改良,其中仅有2 298公顷在南意大利。北意大利的农民还受益于罐头产业和甜菜加工业的发展,而南意大利几乎没有怎么受益。南意大利人均收入只及意大利西北部地区的一半。南意大利人深陷周而复始的贫穷落后循环,越来越多的人移民海外。1898—1914年期间,每年至少有15万人离开意大利,其中2/3以上的人来自南意大利,1/4来自西西里岛。有些年份的移民人数甚至还要高。仅1913年一年,就有87.3万人移民海外。移民海外人数占意大利全国人口的比例,在19世纪80年代为0.6%,1900—1913年增至1.8%。汽船问世后,横渡大西洋的时间大大缩短。1897—1906年,40%的意大利移民又返回故土。到1913年,归国意大利移民增至66%。大多数意大利移民是没有技术的农村青壮劳力,其中一些人多次返回阿根廷或美国,据估计,20世纪头10年,大约150万名意大利人永久移民海外。意大利总理朱塞佩·扎纳尔代利(Giuseppe Zanardelli, 1826—1903)是有史以来第一位到访意大利南部巴西利卡塔地区莫利泰尔诺的政府首脑。当地镇长对他说:"我谨代表本地8 000人欢迎你,其中3 000人在美国,另外5 000人正准备步其后尘。"扎纳尔代利听到后大吃一惊。

大规模移居海外的现象几乎遍及欧洲各地。1890—1914 年，希腊全国人口的 1/6 移民海外，要么去了美国，要么去了埃及。英、法、葡、荷等欧洲国家在海外拥有帝国，同样有大批人移居海外，其中的法国是一大例外。由于法国出生率低，农民的土地使用权有保障，因此法国人没有离开本土。1815—1914 年，据估计总共有 6 000 万人离开欧洲，其中 3 400 万人移民美国，400 万人移居加拿大，大约 100 万人去了澳大利亚和新西兰。1857—1940 年，700 万名欧洲人移民阿根廷；1821—1945 年，500 万人移居巴西；1841—1915 年，西欧人口自然增长部分的 1/4 移民海外，人口净损失 3 500 万。

世界人口平衡开始发生变化。19 世纪中叶时，美国人口仅略多于英国或法国人口。美国国土面积比后来的德意志帝国稍小一点。第一次世界大战前夕，美国把其他国家远远甩在后面，总人口超过 9 200 万。在这一时期的大部分年月里，欧洲在世界人口中所占比例实际上增加了，从 1850 年的 22% 增至 1900 年的 25% 左右（作为参照，21 世纪初欧洲在世界人口中所占比例为 10%）。1800 年欧洲总人口为 1.88 亿，1914 年跃至 4.58 亿。欧洲人口的增加是 19 世纪一波又一波大规模移民海外潮的主要推动力。以上全球范围的数字未能体现不同地区和不同国家之间的巨大差异。俄国人口增加了 300%，原因之一是沙俄吞并了中亚、高加索和西伯利亚大片地区。英国人口增加了 400%。意大利和西班牙人口增长了将近 100%。而法国人口增长十分缓慢，仅增加了 50%。

世界各地人口的增加是全球化进程社会层面的写照。这一进程在第一次大战爆发前夕达到顶峰。资本、商品、人员和思想从一个大洲流向另一个大洲，速度越来越快，规模越来越大。通信速度的提高推动了贸易的发展，减少了欧洲与美国和亚洲之间的商品价格差。1870—1914年，各大洲之间的商品价格差减少了1/2甚至3/4。这一时期，欧洲主宰了海外投资。1913年，海外投资占英国净国民财富的32%。截至1900年，对外投资占法国国内储蓄额的近20%。大部分海外投资流向其他欧洲国家（占法国海外投资的60%，德国的53%），同时资本也流向海外。1870—1913年，英国对外投资的21%流向美国，德国对美投资占海外投资16%（相当于德国对拉美的投资，仅略低于英国投资额）。技术转让涉及所有技术和产业。美国日益成为汽车制造业等新产业的创新者。这是第一个全球化时代，欧洲依然称雄世界。欧洲国家强化与它们在非洲、亚洲、澳大拉西亚和拉丁美洲正式和非正式殖民地之间的关系，体现了欧洲的霸主地位。

从1914年时百姓的日常生活中，可以感受到时代的变迁。19世纪最后25年，欧洲城市出现的大百货商场自豪地销售着来自世界各地的商品，小零售商也卖进口商品，尤其是茶叶和咖啡，还有热带水果、香料、烟草、大米、蔗糖及其他很多商品。在德国，"殖民地商品"一词即指这类来自异国他乡的产品。有些零售网点专门销售进口商品。资产阶级中很大一部分人因海外贸易开阔了眼界。利物浦的很多大商贸行培训其他国家商行送来实习的学徒，既有来自德国和法国的，也有来自拉美地区的。19世纪70年代，据说汉堡有"数十名上了岁数的绅士，熟悉'密西西比河流域的每一座城市'，'伦敦去过不下20次'"，但从未去过柏林。19世纪末，大多数行业的专业人员开始参加各种国际会议和协会，与他国同行交流思想和业务。政治流亡者、印刷机、电报和电台促进了各大洲之间的思想转播。社会主义者、女权主义者等把自己看作全球政治解放运动的组成部分，召开自己的国际代表大会，举办国际会议。世界博览会就是这一切的象征。举办世界博览会的想法源自1851年伦敦博览会。仅两年后，纽约市就举办了万国工业博览会，为此建造了自己的水晶宫。1876年和1893年，费城和芝加哥继伦敦之后又先后承办了世界博览会。其他欧洲国家和美国一些州也纷纷举办展览。1851年时，英国宣扬自己是世界工厂；1914年时，显然英国不再一枝独秀了。

早在第一次世界大战爆发前，欧洲就经历了一场巨大的社会革命，但与马克思和巴枯宁想象的革命大相径庭。伴随1848—1871年欧洲大陆上发生的重大政治变革，不同阶级之间的关系发生了变化，但这一变化是在较长时间内发生的。经济变革释放出力量，废除农奴制等政治改革得到实施，选举立法机构出现（虽然权力有限），19世纪初维持波罗的海地区贵族权力的那种集团特权终结了，商人、金融家和专家阶层财富和政治抱负膨胀，这一切都打击了传统的贵族地主阶级。一个混合型新社会精英阶层已经崛起，其基础是资产阶级信奉的节俭、勤奋、节制和责任感等价值观。这些价值观在欧洲大片地区成为社会及政治生活的指导原则，体现在城市更新、公共卫生和个人卫生、农业改良、刑法改革，以及治理下层社会犯罪分子和不法之徒等方面，并以种种形式影响到小资产阶级和有一定社会地位的工人阶级，无论他们与医生、律师、教师或商人的政见分歧有多深。这样的社会与法国大革命和拿破仑战争大动荡后的社会极为不同。如后文所述，这一社会还对周围的自然环境产生了并不总是有益的重大影响。

第五章

征服大自然

降服野性荒原

1835年,渴望改善家乡面貌的开明匈牙利贵族诗人塞迈雷·拜尔陶隆(Bertalan Szemere, 1812—1869)决定周游欧洲各国,了解他国人民和他们对匈牙利的看法。塞迈雷博览群书,富有语言天赋,会说英语、法语、德语和意大利语。1840年塞迈雷返国后,发表了他一路写的旅行札记。他刚上路不久就遇到一件事,显示了他国人对匈牙利的无知。在波希米亚一个叫特普利采的小镇,他不得不耐着性子听身边一名捷克警察以不容置疑的口吻向家人数落匈牙利的落后。

他喋喋不休地说:"那个地方冬天出门可危险了。到处野兽出没,比如狗熊。"我告诉他:"在我们国家,冬季狗熊一直冬眠。"心想现在这个老人该无话可说了。可我想错了。他哈哈大笑,说:"什么?狗熊?还是冬天?我知道狗熊是不睡觉的。它们在雪地上蹦跳不止,就像小羊羔一样!""狗熊!"他的妻子儿女惊呼,死死盯住我。我安慰自己,他们是可怜我。谁让我住在一个这么可怕的国家呢?这位父亲接着说:"对,狗熊。还有狼。有时十几匹狼追逐送邮件的士兵,肯定有不少邮差遭遇不幸,因为有的马匹被狼咬伤,第二天只看到了邮差穿的靴子。一次我坐雪橇从加利西亚返回，遇到狼群追逐，为了摆脱狼群，只能把背囊切成一片片扔给狼……冬季天寒地冻……大雪下个不停，群山和森林白茫茫一片。村里全然不见房舍的影子。门完全被雪封死，无法打开。可怜的村民都被大雪困在家里。"

出于一个匈牙利人的民族自豪感，旅行家急于驳斥这位警察的不实之词。塞迈雷鼓起勇气告诉对方，在他的祖国，雪并不比波希米亚的雪更深，只是"这里的人冬天照旧出门"。警察得意扬扬地回答说："你说的不错，因为我们这里每天都把道路上的积雪清除干净。"塞迈雷只能默认（"我没再跟他争辩"）："我们国家的确不清扫路上的积雪，但我们自己明白，不扫雪不是因为懒惰，而是顺应上天旨意。每逢冬天，老天爷就带来寒冷和雪，寒冷使积雪不化，一到春天，又送来温暖，融化积雪。"

也许是为了听到对自己祖国不那么无知的比较正面的评价，塞迈雷离开波希米亚，到了西北部的普鲁士。然而，当地人对匈牙利同样怀有偏见。他听到有人斩钉截铁地对他说："匈牙利土地肥沃，自然物产丰富，但地广人稀。森林里野兽成群，犹如其他地方家畜成群……没有开垦过的荒野上，盗匪成群出没。沼泽地散发出难闻的气味。天气和意大利一样炎热……国家一团漆黑。在那里居住的都是些农奴和领主。"他越往西走，当地人对匈牙利的了解就越少。与他聊天的法国人只知道匈牙利匪盗成群。他到了英国后，遇到的英国人对匈牙利无知到了极点，只知道它产一种叫托考伊的甜酒。塞迈雷心灰意冷，但他没有放弃努力，极力从爱国主义角度解释匈牙利人与大自然之间的紧密纽带，说这种纽带塑造了匈牙利人强烈的自由精神。他喜欢伦敦，那里有占地面积很大的公园，大自然可以不受约束地舒展自己。塞迈雷崇尚艺术家约翰·康斯太布尔（John Constable, 1776—1837）现实主义风格的风景油画。他的作品表现了人的直觉和纯大自然风景，与法国学院派画家的风格形成鲜明对比。英国画家不是画古典题材，而是画本国自然风光，英国人的自由精神即源于此。而匈牙利政治腐败，人民处于哈布斯堡王朝压迫之下。塞迈雷希望匈牙利仿效英国的精神。其他匈牙利自由派改革者不同意他的观点，认为自己祖国与大自然之间的紧密纽带是落后的象征。1846年，著名自由派政治家戈罗韦·伊什特万（István Gorove, 1819—1891）说："野人可以随心所欲，以大森林为家，迁入城市的人必须使自己适应周围的人。这就是我们目前在欧洲的状况。"戈罗韦和很多人一样，认为匈牙利必须更文明、更欧洲化。另一位自由派改革家塞切尼·伊什特万以实际行动表达了这一观点。他不畏风险，把机床设备从英国偷运到匈牙利。

塞迈雷出于对天赋自由的热爱，投身1848年革命，出任具有自由主义色彩的民族主义政府总理。匈牙利投降后，为了不让圣伊什特万王冠、宝球、权杖及其他王位标志落入战胜者哈布斯堡人手中，1849年8月23日，塞迈雷把这些珍宝埋藏在巴纳特地区的奥尔绍瓦，在附近一棵树上留下了记号（1853年，塞迈雷身边的一个人向哈布斯堡王朝出卖了埋藏地点，帝国士兵挖出了这批王权珍物）。塞迈雷从奥尔绍瓦秘密越境进入土耳其，之后辗转去了巴黎，最后到了伦敦。1851年，哈布斯堡当局在匈牙利缺席判处他死刑。塞迈雷痛恨19世纪50年代革命浪潮后的维也纳专制统治："在沉重的赋税负担下，昔日繁花似锦的庄园正在逐一消失……"而塞迈雷认为，匈牙利人亲近自然，热爱大自然赋予的自由，因此，正如他对帕默斯顿勋爵所说的,"匈牙利是西方文明流入那些东方国家的天然渠道"。

塞迈雷的妻子叫尤尔科维奇·莱奥波尔迪娜(Leopoldina Jurkovich, 1829—1865),她在1846年嫁给他,后来带着大儿子与他一起颠沛流离。1850年,两人的第二个孩子出生,两个月后就夭折了。1858年和1859年,又有两个孩子相继降生,都活了下来。塞迈雷大半生穷困潦倒。他在巴黎结识了一个匈牙利流亡者,此人是个骗子,骗取了他的信任,把他妻子从匈牙利带出来的存款全部骗走。塞迈雷试着做过贩卖匈牙利葡萄酒的生意,想以此谋生,酒运到巴黎后全坏掉了。他与其他匈牙利流亡者龃龉不断,公开指责科苏特怀一己之私,企图在匈牙利变相建立自家王朝,结果塞迈雷成了孤家寡人。他一贫如洗,神志开始不正常,又患了头疼病,夜里总是噩梦缠身,梦见被骗子骗走钱财。1856年,他在日记里写道:"我什么也干不下去,什么书也读不进去,脑海里出现很多想法,却无力将其付诸实施。这是一个大问题。"他的日记越来越短,意思也越来越不连贯。1862年1月以后,他就不再写日记了。1863年,塞迈雷精神彻底崩溃,完全失去控制,陷入歇斯底里的狂怒中。1864年末一个深夜,他再次犯病,殴打家人。在妻子协助下,塞迈雷向哈布斯堡皇帝弗朗茨·约瑟夫申请赦免,得到皇帝批准,于1865年1月返回匈牙利,3个月后住进了精神病院。他暴怒发作越来越频繁,病情日益严重,4年后去世。塞迈雷曾与声称他的国家无力降服自己自然环境的论调论战,临终时竟失去自我控制的能力,完全丧失了文明的虚饰,堕入赤裸裸的感情发泄。

塞迈雷的例子似乎证实,欧洲人普遍对匈牙利人生存的自然环境抱有偏见。农村到处是未开化的人和匪盗。1883年,《贝德克尔旅游指南》告诫德国读者:"在一些偏僻地区,游客仍然有遭到攻击的危险。"儒勒·凡尔纳（Jules Verne, 1828—1905）和布莱姆·斯托克（Bram Stoker, 1847—1912）分别在小说《喀尔巴阡古堡》(1893）和《德古拉》(1897）中描写了人与兽之间的超自然交融。两部小说的地点都设定在匈牙利境内特兰西瓦尼亚的布拉索夫小镇附近，这绝非偶然。19世纪时，不仅在匈牙利，在欧洲大片地区到处可以感受到大自然的存在及其主宰人类命运的威力。广袤的土地荒无人烟，从未垦殖过。1815年，普鲁士对土地使用状况做了一次调查，结果显示只有1/4的土地用于种植庄稼，1/5的土地用于放牧，其余是山脉、森林和荒芜之地，大约占土地总面积的55%。19世纪期间，在人口增长压力下，这一状况逐渐改变。从1805年到1864年，普鲁士可耕地翻了一番。从1860年到1905年，罗马尼亚可耕地从247万公顷增至550万公顷。1818—1860年，西班牙新开垦了大约400万公顷土地。然而，这一过程产生的结果有限，尤其是19世纪头几十年。18世纪80年代和19世纪40年代，波希米亚的可耕地增加了1/5，但即使到了19世纪后期，波希米亚可耕地仍然不到该省土地面积的一半。19世纪上半叶，俄国欧洲部分的可耕地增加了50%以上，但直到19世纪60年代，沙俄欧洲部分仍有4/5的土地未被开垦。

在欧洲的荒凉大地上，栖息着各种各样凶猛的野兽。塞迈雷路上遇到的捷克人提到了狼，当时的人最怕狼。狼通常躲避人类，但饥饿或走投无路时也会攻击人。官方统计数据显示，19世纪期间，俄国每年大约有200人被狼吃掉。1870—1887年，葬身狼腹者多达1 500人。19世纪80年代，匈牙利泰梅什县发生过狼群窜入农户宅院叼走羊的事情。直到1900年甚至更晚，瑞典还把猎杀狼定为法律义务。在西班牙、意大利、葡萄牙、法国和巴尔干半岛很多地区，尤其是在比利牛斯山脉或亚平宁山脉这样的山区，狼群四处游荡。在法国大革命和拿破仑战争的动荡年代，很多地区狼的数量增加了。据1817年的一份报道，波兰有一只狼"在最近战事中养成了在战场吃死尸的习惯"，嗜吃人肉，而不吃其他动物，一名林业工人把自己两岁的孩子绑在树上当诱饵，待狼走近时将其射杀。战后法国恢复秩序后，人们又开始猎杀狼。19世纪20年代有1 500只狼被猎杀。19世纪90年代，法国莫尔旺山区、孚日山区、布列塔尼及其他地区依然没有停止对狼的猎杀。19世纪末，在西欧和中欧大部分地区，狼被逐到了小片荒凉偏僻地带，几乎被赶尽杀绝。狼不像狐狸，它们始终没学会适应城市生活。只有在俄国和远东地区，依然可以随处看到狼。

当时欧洲很多地区的大量野生动物因长期遭到捕杀而基本灭绝。熊是欧洲大陆山区的原生动物，结果被阿尔卑斯山区的山民捕杀殆尽，山民猎熊是因为自己养的羊被熊吃了。19世纪末期，只有在南欧的高海拔山区、巴尔干半岛等地，尤其是俄国和芬兰这两个把熊当作国家象征的地方，还能看到熊。只有在人迹罕至的地区才能猎到熊。约瑟夫·波托茨基（József Potocki, 1862—1922）伯爵是沃里尼亚地区的波兰贵族地主，他跑到俄国北部地区才捕杀到了一头母熊和3只幼崽。20世纪初，英国博物学家理查德·莱德克（Richard Lydekker, 1849—1915）去他家登门拜访，在楼梯过道看到制成标本的这头母熊和3只熊崽。棕熊成了捕猎对象。捕获的棕熊被训练成"会跳舞的熊"，尤其是在俄国。据说，从1866年到1886年，动物园主、动物交易商卡尔·哈根贝克（Carl Hagenbeck, 1844—1913）贩卖了1 000头熊。他的侄子维利·哈根贝克（Willy Hagenbeck, 1884—1965）拥有一个马戏团，他教会70头北极熊叠成一个金字塔。为达此目的，他手段残忍,用鞭子和棍子打熊,或不给它们喂食,然后用肉作诱饵引诱熊做规定动作,动作完成了,熊就能得到奖赏。

欧洲各地城市居民越来越同情熊的遭遇。1889年,瑞士一家讽刺杂志刊登了一篇讥讽文章,称如果熊灭绝了,阿尔卑斯山"昔日的神秘感也将消失"。"如果熊想吃小牛犊,为什么非要杀死这只可以教育的无害熊呢?应该把它培养成导游。如此一来,各方都可受益。我们瑞士又可以对人夸耀,其他地方依旧猎熊杀熊,而我们的做法独树一帜,与众不同!"熊开始得到有产阶级公众的喜爱。柏林动物园园长路德维希·黑克(Ludwig Heck, 1860—1951)说,熊"模仿人类的滑稽,反映了人类自身的扭曲形象",尤其是它后腿站立或啃食用前爪死死抓住的食物时。黑克说,公众"像喜欢猴子一样"喜欢熊,但熊对人似乎没有这份温情。黑克早年曾被熊咬掉左手的两个指头尖。19、20世纪之交时,对熊的驯养加深了人们对熊的喜爱。富人家孩子喜欢玩拧紧发条后会跳舞的玩具熊,晚上抱着玩具熊入睡。1902年,美国发生的一件事促成了玩具熊在美国的发明。"泰迪"·罗斯福("Teddy" Roosevelt, 1858—1919)总统拒绝开枪打死被绑在树上供他射杀的一头熊。此后不久,德国史泰福(Steiff)公司开始成千上万地生产玩具熊。至于熊本是大自然野生动物这一点,完全被人忘记了。

在自家豪宅圈养熊这类野生动物越来越不现实。18世纪末时,设在伦敦塔内的英国皇家动物园圈养了280只各类动物,此后园内动物越来越少。1835年一名士兵差点葬身狮口后,园内残存动物悉数迁到摄政公园。19世纪末期,仍有不少贵族王宫有私家鹿苑,里面还养了其他各种动物,波托茨基伯爵就在自己的采邑里养了美洲野牛,但王室动物园已极为罕见。萨克森-科堡-哥达的斐迪南(Ferdinand of

Sachsen-Coburg-Gotha, 1861—1948）拥有的也许是近代唯一一个王室动物园。1887 年，他成为保加利亚君主，登基没几天，就在自己的王宫花园里造了一个大笼子，里面养了一只黑兀鹫，此后又陆续增添了其他动物，包括每天供给斐迪南新鲜牛奶的母牛。1893 年，该动物园向公众开放，每周 3 天接待游人。不久之后，动物园开始向公众展示种种珍奇动物，包括一头西藏牦牛和一条密西西比短吻鳄。原来的牛棚改建为狮房，里面养了两头非洲狮。这个御苑内的动物园逐渐演变成现代意义上的动物园。

随着城市化的迅猛发展，越来越多的人对野生动物感到陌生，只能靠动物展览得到有关野生动物的知识。举办动物展可以体现一种科学使命，同时使人认识到人类对自然界的征服。19 世纪 30 年代末，年轻的维多利亚女王先后 6 次前往德鲁里街观看著名美国驯狮家艾萨克·范安布格（Issac Van Amburgh, 1811—1865）的表演，他的绝技是把头伸进狮子口中。据说，范安布格驯狮成功的秘诀是用一根长铁棍狠狠打狮子。即使是在对待动物不那么残暴的动物园，体型庞大的食肉动物被关在狭小笼子里，通常活不过两年。有些动物园就是为赢利而建的。布洛涅森林内的动植物园建于 1860 年，目的是驯化、饲养和出售有用的动物，比如安哥拉山羊、美洲驼和羊驼。1870—1871 年普鲁士人围困巴黎期间，城内动物大多被饥饿的巴黎人吃掉了。

1871 年，波兰第一个动物园开业，开办这个动物园显然是出于商业目的。动物园主是个餐馆老板，在普鲁士统治下的波兹南，他为了招揽顾客，在自家餐馆后院养了一批动物。1883 年，他把这些动物挪到一块占地 5 公顷的地方。1907 年时，动物园里已经有了 900 只动物，每年有 25 万人次前来观赏。1868 年，一只长颈鹿从德国一家私人动物园运抵布达佩斯，放置在市内植物园里一处占地16公顷的园地里，与众多其他动物一起向公众展出，这是布达佩斯的第一只长颈鹿。两年前建立的这个动物园从成立之日起即服务于科学目的。动物园管理方数次易主，时而是一家学术学会，时而是市政府。动物园兼有夸耀一国疆土广袤的作用。1826年，斯坦福·莱佛士（Stamford Raffles, 1781—1826）爵士和汉弗莱·戴维（Humphry Davy, 1778—1829）爵士一起创立了伦敦动物学会，开始规划在摄政公园内建一个动物园。莱佛士是东印度公司的高级经理，也是新加坡的建立者。他认为："英国动物的种类和数量都超过其他国家，但没有一个场所可以用于展览英国统治下的世界大片地区的动物。"莱佛士还有一个想法，那就是借助伦敦动物园展示他认为支撑了大英帝国统治的组织和科学原则。莱佛士生前未能看到自己的梦想成为现实。伦敦动物园在1828年——他去世后两年——向动物学会成员开放，1847年对公众开放。

人们对动物的态度也起了变化。在19世纪的进程中，城市内的资产阶级逐渐取缔农村人依然热衷观赏的残忍表演，比如把一头熊绑在柱子上，放群犬去扑咬。在1824年成立的"防止虐待动物协会"的游说下，英国于1835年取缔了这类表演，包括斗鸡。不过，《1835年防止虐待动物法》不保护野生动物，因此，用獾当诱饵放狗去咬的做法一直延续到19世纪末甚至更晚。1833年出版的《野外记录》称："这只非凡的小动物受到来自四面八方的人和猎犬的反复攻击，始终顽强抵抗，直到因寡不敌众，遍体鳞伤，气衰力竭而死。"把獾从洞穴里逐出也是时人热衷的消遣方式。一个乡村评论家说："带着猎场看守人、守林人及其他随从外出一日，或在林中，或在山坡上寻獾洞穴而掘之，好不快活！"自由派政治家阿尔弗雷德·皮斯（Alfred Pease,

1857—1939）爵士在世界上第一部论述獾的专著中称："在被称为进步时代的今天，防止英国任何一种野生动物灭绝的唯一办法就是追捕它。"

英国乡绅日益热衷猎狐，狐狸越来越少，19世纪中叶时，英国每年需要从荷兰、德国和法国输进1 000多只幼狐，在伦敦林德贺市场上售卖，猎狐者购买后将其放生。在有些地区，猎犬扑倒狐狸后，猎人会救下它，留着下次狩猎时用。德文郡有一只狐狸因先后被捉36次而出名。猎犬受过训练，不会杀死或伤害猎物。奥斯卡·王尔德（Oscar Wilde, 1854—1900）说过一句令人印象深刻的话，他说猎狐是"不可理喻之人追捕不可食用动物的行为"。猎狐活动一直延续到贵族阶级没落的时代。昔日仅限于贵族圈子的消遣娱乐活动大多已经消亡，比如携鹰捕猎，原因是狩猎者的社会成分扩大了，富农和乡绅也加了进来，而鹰猎活动并没有向下普及。在欧洲大陆农奴制度下，只有贵族地主才有狩猎权。1815年后，《拿破仑法典》在莱茵河左岸、意大利北部和法国国内生根。被大革命荡涤的狩猎特权中，仅有极少数得到恢复，但受到种种限制。在旧封建法依然盛行的地区，公众在这一问题上反应激烈。1848年向普鲁士议会提交的所有请愿中，要求废除狩猎特权的请愿书占13%。正是在这一年，普鲁士议会采取了一系列措施，赋予地主（包括自耕农）在自家土地上狩猎的权利。即使是在大革命后的19世纪50年代，以上措施也未被废止。

在18世纪的西班牙，供贵族消遣的斗牛表演已经大众化，人们修建了斗牛观看台，引入了徒步斗牛士。19世纪末，斗牛表演风靡西班牙各地，成为该国最大的观赏性体育项目。英国和欧洲大陆各地珍爱动物者纷纷抨击斗牛比赛，但没有任何效果。其实对西班牙人这种以杀戮动物为乐的做法，没有什么可大惊小怪的。19世纪末，狩猎作为社会地位的标志已成为欧洲富人阶层的一项主要消遣。一些庄园主圈养专供狩猎用的动物和禽鸟，在自己的庄园内精心组织狩猎活动。爱德华七世（Edward VII, 1841—1910）酷爱狩猎。他还是威尔士亲王时，为了白天多点时间狩猎野鸡和鹧鸪，把他在诺福克桑德灵厄姆庄园家中的所有钟表往前拨了半小时。他在庄园内的鸟类保护区养了禽鸟，专门种植荞麦和芥菜作为鸟食。雏鸟长大后被放飞，每年大约有7000只鸟被射杀。桑德灵厄姆庄园的一本"狩猎册"里有一行字：1907年11月7日，射杀了752只鹧鸪。当时，后膛枪已经取代了前膛枪，加上猎手不再靠猎犬驱赶猎物，而是把猎物往枪口下赶，一次打落这么多只鸟不再是什么难事。在英国王室位于巴尔莫勒尔的苏格兰庄园，猎物是公鹿，每年有八九十只公鹿被猎杀。1858年9月21日，尚是威尔士亲王的爱德华射杀了第一头公鹿，那时他才16岁，当时有人评论道："不难想象，当时这个孩子是多么兴奋……他有可能继承王位，有可能受到帝国各地臣民的爱戴，但首次射杀那头公鹿的美妙瞬间，一生只有一次。"

国君还有机会体验异国风情带来的刺激。爱德华继位前访问锡兰期间，参加了一次猎象活动。1500人用整整两周时间为他搭建了一个四周围了一圈栏栅的高台。他在高台上摆好射击姿势，等候了5个小时。负责把猎物从藏身地赶出来的人在林中放火后，惊恐万状的野象向他冲来。尽管目标很大，但他只打伤了其中两头象。亲王带领随从徒步在热带丛林中穿行，寻觅被击中的大象，最后找到了一头受伤的象，开枪将其射杀。他爬上小山般的大象躯体，用递给他的一把长刀割下大象的尾巴——猎象人一般都把象尾巴作为战利品。爱德华在印度还射杀过一只怀了 4 只虎崽的母老虎，连开 4 枪才把它打死。爱德华七世的狩猎壮举在当时的有钱人中绝非个例。据说奥地利的弗朗茨·斐迪南大公一生射杀了大约 30 万只动物，有鹿、熊、老虎、大象、鳄鱼及众多其他动物。他使用的双管曼利彻尔步枪是专为他一人定制的。斐迪南素以神枪手著称。一次德皇威廉二世安排他猎野猪，60 头野猪被放出猪栏后，他一口气射杀了 59 头。1914 年他遭暗杀前不久，得意地为死于他枪口之下的第 3 000 头公鹿做了记录。没有什么能比这种方式更能显示人胜于天。

同一时期，欧洲各地的上层阶级开始设法在自己的庄园内再现自然环境，至少是在具备植物条件的地方。18 世纪，规整式园林式微，此后精心打造天然野趣庭园之风日盛。英国园艺家格特鲁德·杰基尔（Gertrude Jekyll, 1843—1932）在英国、欧洲大陆和美国设计建造了 400 多座庭院。受她的影响，小径两边大片茂盛的绿色带、野花花坛和精心搭配的不同色彩和质地的花草取代了 19 世纪初期以人造桥、造作的建筑、遗址和雕塑为特征的风景庭园。园艺家遵循爱尔兰人威廉·罗宾逊（William Robinson, 1838—1935）首先提出的"野趣庭园"概念，追求看上去与自然界无异，甚至还显得有几分杂乱的庭园，这样的庭园比大自然更多姿多彩，更有浑然天成感。不过，当时还没有保护野外自然环境的观念。在世界各地，人们肆意猎杀各种飞禽走兽，无论它们是否有用。收藏家展示珍禽异鸟的蛋，风靡一时，时人以攀比自己收藏的鸟蛋为乐。据说，大海雀蛋的售价相当于一个熟练工人一年的工资。大海雀是一种不会飞的海鸟，不怕人，很像南极企鹅。在采集鸟蛋者的追逐下，加上收藏家热衷把成年大海雀制成标本供人观赏，大海雀最终灭绝。1844 年 7 月，渔民捕获了不列颠群岛上最后一只大海雀。渔民从未见过这种鸟，喂养了它3天。3日后风暴骤起，渔民认为是这只鸟行巫术招来的，于是把鸟杀死。同一时期，一位收藏家出资雇人，在冰岛附近的埃尔德岛上杀死了欧洲的最后一只大海雀。此后，大海雀与波图格萨北山羊（1892）、撒丁岛猞猁（1900前后）和欧洲野马（1909）一起在地球上绝迹。

驾驭自然力

19世纪的欧洲还面临自然界的其他严峻挑战。巍峨的山脉隔开了欧洲各地。比利牛斯山脉横亘在法国和西班牙之间,阿尔卑斯山脉把意大利与法国、瑞士、德国和奥地利隔开,斯堪的纳维亚山脉分隔了挪威和瑞典,喀尔巴阡山脉绵延近1 000千米,山的一侧贴近波兰和乌克兰边境,另一侧是斯洛伐克、罗马尼亚和匈牙利。喀尔巴阡山脉和斯堪的纳维亚山脉的最高峰海拔都超过2 400米,比利牛斯山脉最高峰的海拔超过3 400米,阿尔卑斯山脉的则超过4 800米。以上地区山脉纵横,蜿蜒千里,人烟稀少。夏季,居无定所的牧民在山坡上放羊。冬季,大雪切断了村民与外界的联系,他们一连几个月待在自己的房子里,与饲养的牲口住在一起取暖,以夏天剩下的腌制食品为食。亚平宁山脉自北向南贯穿意大利。巴尔干山脉沿亚得里亚海东北海岸线与亚平宁山脉平行延伸。两个山脉最高峰的海拔均超过2 000米,但都低于该地区的积雪线,它们给交通造成的障碍还是非常大。

自古以来,人们穿行于山口之间,但修建穿越阿尔卑斯山主要山口的公路始于拿破仑,目的是运送军队和给养。一如其他山区,每逢冬季,阿尔卑斯山区的道路数月断行。山脉本身给人类征服自然提出了又一个挑战。征服群山成为一项体育运动。英国高等法院法官阿尔弗雷德·威尔斯（Alfred Wills, 1828—1912）爵士为登山运动的先驱，他在1854年登上了韦特峰，3年后又创建了阿尔卑斯俱乐部。1865年，爱德华·怀伯尔（Edward Whymper, 1840—1911）带领一个登山队首次攀登马特峰，成功登顶，但付出了4人死亡的代价。当地向导以引领登山队攀登著名山峰为生，比如瑞士木雕家梅尔希奥·安德雷格（Melchior Anderegg, 1828—1914）。不过，登山活动基本上始终是英国中上层阶级的运动。滑雪是一项新运动，不如登山那么引人瞩目，但深受大众喜爱。在德国大学就读的挪威学生把这项运动引入哈茨山区和黑森林地区。当地人看到这些挪威学生在松软雪坡上飞驰而下时，觉得他们"疯癫狂放，滑稽可笑"。达沃斯和圣莫里茨等度假胜地最初受游人青睐是因为山区空气清新干燥。19世纪80年代，新建的公路和铁路线通车后，这些度假胜地开始在冬季向游人开放，滑雪运动随之流行到阿尔卑斯山区。19、20世纪之交时，滑雪俱乐部纷纷涌现，俱乐部成员教当地居民滑雪，称掌握滑雪技巧"改变了山区居民的生活"，"学会滑雪的山民得以自由驰骋"。

在这段时期内，极地树线以下的欧洲大片未开垦地区被茂密的森林覆盖。英格兰的情况在欧洲很特殊。19世纪末，英格兰的森林覆盖面积仅为5%，而直到20世纪，挪威和瑞典国土的2/3，奥地利、波希米亚、摩拉维亚、俄国和巴尔干诸国国土的1/3，德国国土的1/4以上，波兰国土的近1/4，法国和比利时国土的近1/5和瑞士国土的1/6仍被森林覆盖。只有在种植小麦和供出口的其他农产品的可耕地区，森林覆盖面积才比较小，比如匈牙利、荷兰和丹麦，三国森林覆盖率分别为11%、7%和5%。旅行家一旦离开林海中有人烟的地方，走进密林深处，就远离了文明或半文明世界。德国民族主义作家格林兄弟收集的民间传说常常以森林为背景：韩塞尔和葛雷特兄妹俩出生在一个伐木工人之家，心肠歹毒的继母想抛弃他们，把两个孩子领到密林深处；"小红帽"穿过林子去看祖母时，一只狼尾随其后；邪恶女王想害死白雪公主，吩咐手下的一个仆人把她领到密林深处，结果不为人类所知的一群小矮人搭救了她，邪恶女王的毒计没有得逞。不过，森林也可以是自由之地。逃走的农奴或在逃犯可以藏身林中，森林里物产丰富，足以维持逃亡者的生命。19世纪30年代及以后，参加起义的波兰民族主义者为了躲避哥萨克人的报复，遁入密林深处。抵制城市化和工业化的保守派评论家威廉·海因里希·里尔写道："森林是德国民俗文化的心脏地带。一个没有森林的村子如同一座没有历史建筑、剧场和艺术画廊的城市。"

然而，森林始终面临威胁。在森林边缘地带，农民砍伐树木，或用作木柴，或用来盖房，或制作各种工具、大车及其他手工制品。据统计，俄国农民居住的木屋平均每15年就要彻底翻新一次，原因是农民没有办法防止木头因风吹雨打而腐朽。大多数城镇的房子也是用木料建成的。19世纪中叶，据估计仅在明斯克一地，为了建房子或修缮8 000栋年久失修的房子和其他建筑，平均每年要砍伐60万棵树。俄国江河里往来航行的500条驳船，建造每条驳船需要500棵树的木料。伐木成了一大产业。1900年前后，俄国每年向英国、德国和荷兰输出200多万吨木材。若有战事，砍伐森林的速度就更快了。19世纪70—80年代土耳其战争期间，保加利亚和塞尔维亚边界附近的大片林木被砍伐。西班牙半岛战争和卡洛斯战争期间，为了不让匪盗有藏身之地，大片树林被砍掉。

19世纪，欧洲各地森林遭到最严重的砍伐。农学家开始认识到，毁掉森林会导致水土流失，甚至让气候发生变化。1836年，俄国人种学家瓦季姆·瓦西列维奇·帕谢克（Vadim Vasilevich Passek, 1808—1842）哀叹："据老人说，哈尔科夫省气候越来越恶劣，旱灾和霜冻频频发生，这一变化有可能是毁林的结果。"树木被砍伐后，降雨或积雪融化造成水土流失，在草原上冲刷出一条条沟壑。阿克萨克夫一家住在俄国东南部的萨马拉地区，他家附近多出一条山沟，长2.4千米，宽43米。19世纪90年代，俄国南部的沙尘暴据说"十分可怖"，尤其是在春季。据1890年统计，仅半个世纪内，意大利失去了160万~200万公顷林地。从1700年到1850年，欧洲森林面积减了25%，从1850年到1920年，又减了5%。孚日山区和上索恩河流域一带的大片森林遭到砍伐，为造船厂提供木材。巴黎、里昂及其他大城市附近的树林也被砍伐。19世纪30年代，已有法国旅行家写到，比利牛斯山脉和阿尔卑斯山脉山坡"满目荒芜，寸草不生，唯有光秃秃的岩石"。法国经济学家阿道夫·布朗基写道："自今日起再过50年，法国与萨伏依之间恐怕就只剩下一片荒漠了。"

直到19世纪末，煤逐渐成为重要燃料来源，造房和制造工具改为使用钢铁后，砍伐森林的步伐才开始放慢。俄国各地的农业团体开始大规模植树造林，政府也制定了鼓励植树造林的政策。从1871年到1900年，在顿河哥萨克人居住的地方，新增的森林面积从2.4万公顷增至近3.3万公顷。然而，鼓励植树的政策往往收效有限。据报道，1885年在萨马拉和斯塔夫罗波尔两省属地（国有土地）栽种了127公顷树林，只有不到20公顷的树林存活下来。在北欧其他地区，木材产业的不断发展对植树造林的影响更大。据说，19世纪上半叶，苏格兰的希菲尔德庄园栽种了5 000万棵树。截至1881年，斯特拉斯佩和罗西斯地区一共栽种了1.2万公顷树木，其中有苏格兰松及其他具有商业价值的树种，比如落叶松和云杉。地质学家和农学家还开始认识到，砍伐森林易造成山体滑坡和水灾。亚平宁山脉的树林遭砍伐后，原来把山坡上土壤固定住的树根没有了，雪崩越来越频繁。意大利卡拉布里亚大区科森扎两省的林业官员报告说，仅1903年一年，就发生了156起山体滑坡事件，面积超过2 000公顷。位于意大利南部巴西利卡塔地区的巴森托河每年裹挟42万立方米泥沙，从亚平宁山区奔流而下，注入塔兰托湾，淤泥堵塞了河口。有些地区的土地严重退化，成了光秃秃的荒石滩，根本无法种植庄稼。河流因淤泥越积越多而流水不畅，河水漫出河堤，形成沼泽地，滋生出携带疟原虫的蚊子，人类几乎无法在此生存。

意大利历届政府开始出钱推动大规模垦田及其他土地改造计划。让-弗朗索瓦·马约尔·德·蒙特里谢尔（Jean-François Mayor de Montricher, 1810—1858）是一名瑞士工程师，父亲是富有的银行家。1862—1875年，在奇维泰拉-切西亲王亚历山德罗·托洛尼亚（Alessandro Torlonia, 1800—1886）的推动下，他排干了意大利中部导致疟疾肆虐的富奇内湖，在那之前，罗马时代修建的排水渠已经淤塞许多个世纪了。就在这项耗资巨大的工程进行当中，据说罗马有人风言风语说："要么托洛尼亚排干富奇内湖，要么他被富奇内湖熬得灯枯油尽。"截至1907年，仅费拉拉省一地就新开垦出了8万公顷良田，尤其是在波河河口一带，河水各条支流被一一堵住，沙丘被铲平，河水重新归道，洪涝危害随之减轻。然而，在欧洲各地，洪涝仍然是最大的天灾，人民饱受水灾之苦。1838年3月，因上游地区冰雪融化，多瑙河河水漫出河堤，淹没了布达佩斯市区。大块浮冰横冲直撞，撞到的房屋顷刻坍塌。洪水退去后来到此地的克罗地亚作家扬·科德鲁-德勒古沙努（Ion Codru-Drăguşanu, 1818—1884）写道："倒塌房屋不计其数，此地距森林甚远，附近一带木材极少，造房使用的材料质量低劣，用的是砖坯和夯过的土。"1879年，毛罗什河水漫出河堤，淹没匈牙利南部赛格德市。全市5 723栋房子仅存265栋，165人丧生。弗朗茨·约瑟夫皇帝亲临此地视察后，许诺要重建该城。赛格德市劫后重生，新建成的塞格德市内街道笔直宽阔，现代风格的公共建筑遍布全市。

一条条河流平缓流过纵横交织的田野和绿地。然而，其中不少河流依然没有固定河道，肆意漫流，船只无法航行。多年来为降服河水投入不断增大。1876年，台伯河水因疏浚工程无效而多次淤积后，河两岸筑起石头砌成的河堤，引导河水。1816年一场大洪灾过后，法国东北部伊泽尔河两侧修建了两条分别长42千米的大堤，整个工程于1854年竣工。1853—1866年，在多瑙河匆忙上马了一项工程，用炸药炸掉了河道中游的豪斯坦因山上滚落的岩石，彻底消除了千百年来此处河水湍急带来的航行之患。19世纪30年代，人们疏浚了保加利亚与罗马尼亚之间"铁门"处的浅滩，19世纪末时又新建了一条运河，彻底绕过这片浅滩。规模最大的水利工程要属对莱茵河的整治。19世纪前，莱茵河穿峡谷而下，漫至下游平原，在各处形成沼泽区，区内蚊虫肆虐，疟疾成为当地头号杀手。巴塞尔和美因茨之间的河流最宽处仅4千米，大一点的驳船几乎无法通行。1812年，军事工程师约翰·戈特弗里德·图拉（Johann Gottfried Tulla, 1770—1828）制定了方案，沿两地河道挖了很深的河床，用大坝圈住河水，引导莱茵河各条支流汇入主流，去掉各处环流和曲流，改直河道，制造障碍阻止河水漫到两侧沼泽地。图拉搞的这项工程把河流长度缩短了 82 千米，宽度限制在 200 米。此后很少再发生洪涝，沼泽地逐渐排干，增添了 1 万公顷良田，代价是原沼泽地的植被和动物遭到毁灭性破坏。1876 年项目完工时，图拉本人早已去世。当地河岸一带肆虐的疟疾夺去了他的生命。

大规模洪涝灾害的威胁逐渐减轻，但欧洲边缘地带面临的另一重大危害犹存，那就是地震。1829 年 3 月 21 日，西班牙发生了一次大地震，重灾区位于东南部的穆尔西亚。据报道，当地严重受损的村庄不计其数："拉马他遍地瓦砾……瓜尔达马尔已不见踪影，只剩下孤零零的两个风车。"1880 年，地震袭击了萨格勒布，严重损坏了市内大教堂，1 500 多座建筑物或受损，或坍塌。翌年，希俄斯岛在一场地震中受到重创，64 个村子中有 25 个被毁，死伤者达 7 866 人。此前希俄斯岛已有晦气之地的名声，1822 年，当地居民遭到土耳其人屠杀。1904 年，保加利亚索非亚南部地区发生地震，损失惨重。一名记者报道说："所有兵营化为瓦砾，一个大火药库完全被毁。"1908 年 12 月 28 日，意大利南部墨西拿和卡拉布里亚两地部分城镇被一场地震夷平，据计死亡人数在 7.5 万到 20 万之间。这次地震还引发了浪头高达 12 米的海啸，沿岸大片地区受灾。当时一无任何防震措施，二无任何抗震建筑技术。人们忧恐的又一原因是，他们无法预测火山何时会爆发。几次火山爆发给大片地区造成严重破坏，尤其是 1875 年冰岛高地中部阿斯基亚火山的一次爆发，巨大的火山灰团腾空而起，牲畜纷纷中毒倒毙，远至瑞典都未能幸免。19 世纪维苏威火山先后喷发 8 次，1906 年的一次喷发导致那不勒斯市严重受损，原定 1908 年在罗马举

第五章　征服大自然　　473

办的奥林匹克运动会不得不易地伦敦。

各地人们无不感到恐惧的另一灾害是火灾，那个时代的建筑大多是木质结构的，欧洲城镇火灾频发。19世纪最大一场火灾是1842年的汉堡大火。5月5日凌晨，河边一栋半木质建筑起火，火势迅速蔓延到四周仓库，焚毁了库内存放的紫胶树脂、橡胶等物资及其他可燃材料。1000余人参与灭火，一共动用了34辆消防车从港口汲水。内阿尔斯特湖把汉堡市分为东西两区。由于天气干燥，风助火势，夹在港口与内阿尔斯特湖之间的一大片城区陷入火海。汉堡市政府炸掉了沿途房屋，试图切断火路，但巨大的火舌腾跃而过。存放在市政厅的文书档案被转移走后，消防员动用了800磅炸药把市政厅夷为平地。市内教堂化为瓦砾。直到南风改向，吹向大海，大火才渐渐熄灭。2万余人的住房被烧毁，1100栋房屋、102所仓库、94家酒吧和酒店、7座教堂、2座犹太会堂和难以计数的政府建筑化为灰烬。汉堡收到了将近700万马克救灾捐款，最大一笔捐助款5万马克来自俄国沙皇尼古拉一世。汉堡周边的城镇向无家可归的人施粥，提供面包和其他食物。不法分子趁火打劫，在仍然冒烟的废墟中拿走能拿走的物品，肆无忌惮地在"鹅市场"分赃，全然不把市民纠察队放在眼里。

欧洲重大火灾远不止汉堡大火灾这一场。1834年，伦敦的一场大火吞噬了英国议会所在地——历史悠久的威斯敏斯特宫。威廉四世（William IV, 1765—1837）视察仍在冒烟的火灾现场时，"对大火的凶猛吃惊不已，尽管原建筑高大坚固，很多地方的墙还是用厚厚的大石头砌的，但依然抵御不了熊熊大火"。大批干燥易燃的木质计数筹（陈旧过时的中世纪税收记录方法，又称"刻痕棒"）被塞到了供暖用的炉膛里，以至火势失控。首相墨尔本勋爵（Lord Melbourne, 1779—

1848）称这场大火的起因是"自有文字记载以来最愚蠢的行为之一"。最终在废墟原址上建起了富丽堂皇的新哥特风格英国议会大厦，19世纪60年代以后的人对这栋建筑都很熟悉。1861年5月10日深夜，瑞士小镇格拉鲁斯的一家旅馆失火，当时正刮着强劲的西南风，大火很快向四周蔓延，一发不可收拾。第二天上午，全镇2/3的房屋已化为灰烬，教堂、镇公所、邮局、学校等建筑毁于大火，593栋建筑被夷平，包括电报局和火车站，"导致火灾灾情无法传送出去"。

1862年5月，圣彼得堡全市多处失火。军人区全区被大火吞灭，40栋楼房被焚毁，只剩下"一片残垣断壁"。全市一度有5处陷入火海。人们普遍认为是有人有意纵火。"大学生""激进分子""波兰人"都成了怀疑对象。几名左翼知识分子被逮捕，但始终未查出他们与火灾有何干系。事情过去后，陀思妥耶夫斯基于1871—1872年写了小说《群魔》，书里描写了整个郊区火焰四起的情景。参加舞会的客人透过窗子看到起火，马上怀疑是心怀怨恨的工厂工人故意放的："这些可怜的魔鬼！能触动他们的唯有大火。"除了以上提到的几场著名火灾外，各地城镇小火灾几乎不断。赫尔米尼亚·福利奥·德·科纳维勒年轻时随任外交官的父亲住在伊斯坦布尔。她提到"这一地区接二连三发生火灾，夜空中只见火苗不断上蹿，空气中弥漫着焚烧过的气味，驶往一处处火灾现场的救护车呼啸而过，不断划破夜晚的宁静"。指挥消防队的是一位上了岁数的匈牙利伯爵，当年的救火车是马拉的，他喜欢亲自驾着马车去救火。等救火马车赶到火灾现场时，往往为时已晚，消防员无能为力。就城镇人口与火灾造成损失的比例而言，挪威奥勒松小镇的一次火灾可以说是最具毁灭性的一次。大火起于1904年1月23日半夜，1万人因这次大火无家可归，不过仅有

第五章 征服大自然

475

一人死于火灾。

在农村地区,火灾更是司空见惯,尤其是在用茅草铺农舍和牲口棚顶的地方。仅1857年一年,法国就有两个村子毁于大火。在上马恩省的阿庞斯河畔弗雷斯内村,有114间房子被烧毁,100人无家可归。在布雷斯地区的弗莱特朗村,仅有的17所房子被悉数焚毁。自不待言,火灾也可以是人为纵火所致。一项研究分析了1879—1900年在巴伐利亚农村地区发生的114起纵火案,结果显示,频发的纵火案往往起因于怨恨,怨恨对象包括刻薄的农民或歹毒的雇主、继承家产的兄长、虐待自己的父母,也有些人纵火是为了报复侮辱自己的人,无论是真的受辱,还是自己臆想的。有一人被控纵火烧毁哥哥继承的家庭磨坊,他坦白说:"是我放的火……因为我哥哥虐待我和母亲,我气不过才这么干的。"剧作家安东·契诃夫(Anton Chekhov, 1860—1904)在1897年发表的小说《农民》中,以村子里的一场火灾作引子,描绘了乡村生活的图景:男人围站在一起,一脸惊愕,"眼中含泪,一副无奈的样子";村里的女人歇斯底里,跑来跑去,哭号不止,"仿佛在参加一场葬礼"。1902年,俄国叶卡捷琳诺斯拉夫省的一名官员报告说:"纵火的瘟疫在许许多多村子里暴发了。"1905—1906年革命期间,农民的积怨引发了更大一波纵火浪潮。

19世纪期间,由于火灾频发以及由此造成的人员财产损失,尤其是城镇火灾,各地普遍采取措施避免这类灾难,一旦预防措施失效,马上果断处置这类事件。1867年,巴黎消防队改为一个团的建制,由一名上校指挥,1914年时,消防队已有48名军官、1800人。巴黎每个区都设有自己的消防站。自从有了消防汽车,消防队抵达火灾现场的时间缩短了,但迟至1914年,巴黎很多消防车依然用马拉。直到 1875 年，法国各地的消防部门才实现了标准化。各地市政府迟迟不出台可以降低火灾风险的建筑规则，其他国家的专业消防队更是姗姗来迟。汉堡直到 1869 年才成立了一个消防队，尽管 27 年前发生过一次大火灾。大多数火灾是靠志愿消防员扑灭的。1914 年时，汉堡市已经可以夸耀有一支拥有 500 名消防员的消防队伍，配备有最新式蒸汽泵、伸缩梯和化学消防装置。具体落实防火措施属于各地市政府的职责，包括安装火灾警报器，在街头安消防栓。当时火灾警报器仍很少见，1914 年，柏林市有 700 个，布达佩斯市只有 149 个。截至 1914 年，维也纳一共有 3 260 个消防栓，罗马有 3 350 个。各处消防站开始通过电话联系在一起。1914 年时，罗马市已有 7 个消防站安装了电话。很多城市逐渐出台建筑规章，以求降低火灾风险。罗马市政府要求店铺必须在楼上一层安装防火地板，将店铺与楼上住房隔绝。火灾风险于是逐渐降低。

家家户户每日烧火产生的煤烟更是一个老大难问题。随着城镇不断扩张，越来越多的家庭开始使用廉价煤，烧煤产生的含硫烟尘飘入大气中。工厂烟囱里冒出的大量有毒气体加重了环境污染。据说，前往汉堡的人在半路上就能知道快到目的地了，因为"远远看到笼罩在城市上空的一层黑烟"。空气中的煤烟和煤灰粒子四周的水凝固后，污染更有可能形成挥之不去的霾。1877—1895 年，慕尼黑每年雾霾天平均 59 天，此后 10 年，年均雾霾天增至 80 天。英国西米德兰兹工业区上空是一层煤烟和煤灰，自 19 世纪 40 年代起，这一地区就被人称为"黑色之地"。撰写铁路指南手册的塞缪尔·西德尼（Samuel Sidney, 1813—1883）说："白天永远昏暗无光。"1913 年，一名飞行员驾机飞过鲁尔地区，用他的话说，"有些地方被一层厚厚的雾霾包裹起来,难以辨认方向,不得不紧急降落"。树木上树叶尽脱,草地蒙上了一层黑色。爱丁堡因为雾霾太重,被人称为"老雾都"。

冬季时节伦敦浓重的黄雾更是一大奇观。因空气中悬浮含硫粒子,自然形成的薄雾变成了黄颜色的浓雾。1873年,史密斯菲尔德牲畜展上展出的牲畜因浓雾而窒息。一直到19世纪80年代,伦敦的雾霾日益加重,发生得越来越频繁。罢工的港口工人在浓雾掩护下,现身繁华的伦敦西区。不少作家在自己的作品中把"伦敦的浓雾特征"作为隐喻。狄更斯在小说《荒凉山庄》的开头几段就把雾霾作为大法官庭蓄意制造的混乱的象征。罗伯特·路易斯·史蒂文森(Robert Louis Stevenson, 1850—1894)在小说《化身博士》(1886)里,用雾表示罩在多重性格罪犯身上的神秘色彩。英国艺术家纷纷逃离伦敦,前往意大利呼吸清新空气。外国艺术家则接踵来到伦敦,捕捉雾气造成的大气效果,其中名气最大的是印象派画家克劳德·莫奈(Claude Monet, 1840—1926)。他住在萨伏依旅馆,透过房间窗子观察外面,画了100多幅笼罩在雾中的泰晤士河图。莫奈也许觉得伦敦的雾很迷人,然而一直到1914年,浓重的黄色雾霾始终是人们患上致死的气管炎和其他呼吸道疾病的原因。狄更斯在小说《老古玩店》(1841)中说,地面上的一切都被包裹在雾中,"分辨不清一两米外是何物"。各地也曾努力控制有害气体排放,但都因阻力重重而搁浅了。主要障碍来自两方面:一是实业家不肯采用昂贵的除烟设备,二是政治家不愿触动公民使用自家炉灶的神圣权利。

日益缩短的距离

19世纪，征服自然不仅意味着征服荒野和那里栖息的动物，驾驭自然力以及自然力对人类日常生活的影响，还涉及人类生存和生活方式的基本要素。人类活动和交往的主要制约因素是距离、空间和出行不易。在19世纪的大部分时间里，很多村子进出极其不易，尤其是山区，冬季就更难了。19世纪20年代，在法国旅行的游客注意到，村民所需的一切几乎都是自产的。衣服是用当地羊毛、大麻或亚麻纤维织的，面包是用自家种的谷物烤的，想吃肉时就宰一头猪、一只羊或一头小牛，冬季吃熏肉或腌肉，所需的极少铁制用具购自流动小商贩。村民的婚姻也限于当地。以巴伐利亚的黑岑豪森村为例，19世纪上半叶，77%的新娘和新郎来自方圆1.6千米内的村子。在法国及欧洲其他地区，情况类似的村子数不胜数。在19世纪的大部分时间里，大多数欧洲人不出远门，生活空间极其有限。各地人使用的五花八门度量衡单位即是这一现象的反映。例如，长度单位"厄尔"最初指一个正常成年男子胳膊肘与指头尖之间的距离，人的平均身高在增长，1厄尔代表的长度本身就不固定，而且，这个量还因地而异。法国厄尔代表的长度是瑞典厄尔的两倍多，芬兰、苏格兰和波兰也各有自己的厄尔，德国各地厄尔长度差别在38~81厘米之间。即使在同一个地方，单位代表的长度也可能不一样：在萨克森，旧制的1杆相当于7.5厄尔，新制的1杆相当于16尺，比旧制的1杆略长一点。在巴登和巴伐利亚，1杆都算10尺，这比较方便，然而，两地的杆长短不一，巴登的1杆比巴伐利亚的1杆略长一点。丹麦的1杆更短，但与普鲁士的1杆相等；不过，在丹麦，1杆等于10尺，在普鲁士，1杆等于12尺。至于更长的距离，各地通常使用"里"这一单位。然而，里的长度同样千差万别。在威斯巴登，1里相当于今天的1 000米，显示了法国米制对德国西部地区的影响。在普法尔茨地区，1里合4 630米，在威斯特伐利亚，1里相当于1.1万米。在很多地方，传统上一直以一人一天能耕作的土地面积为地表面积的衡量单位，因此该单位代表的面积大小因土地性质、耕种方式和使用工具的不同而异。1茹纳尔（journal，一人一天能耕作的面积）在法国洛林地区合8.27公顷，在上马恩省合10.46公顷，在萨尔特省相当17.8公顷，在朗德省为17公顷薄地或14公顷良田。

官方为统一度量衡出台了种种规定，但农民都置之不理。1861年，当地一名法国教师说，官方制定的度量衡单位已经出台很多年了，当地农民十有八九不理不睬。如果不是经常从事贸易，农民有什么必要理睬呢？在法国西南部偏僻贫困的塔恩省，经济学家亨利·博德里亚（Henri Baudrillart, 1821—1892）发现，当地没人知道"公顷"这个单位。各牧区的人使用的度量衡单位五花八门。不过，越来越多的欧洲人开始把"米"或基于米的其他单位作为衡量距离的单位，这是法国大革命的成果之一。当年巴黎派出一个科学考察队，沿贯穿南北两极的线测量地球周长（这支科考队自然没有亲赴极地，只是测量了从敦刻尔克到巴塞罗那之间的距离，然后按比例放大），自不待言，他们沿着的那条线穿过巴黎。他们测出的赤道到北极点距离的千万分之一被定为1米。后来科学家发现，这次测量的结果并不准确，但该单位沿袭了下来。一个原因是，出于不断发展的贸易和工业需要，各国政府不得不考虑度量衡标准化问题。1875年，17个国家签署了一项国际米制公约。英国人对此不予理睬。英国、美国和许多地区沿袭《1824年不列颠度量衡法案》确立的帝国制，坚持用英里、弗隆、链、码、英尺和英寸计量长度，用路德、平方杆和英亩计量面积。俄国人继续使用18世纪初实现标准化的俄制计量单位。俄国的计量制参照了英国的帝国制，但又不完全一样。1俄尺相当于1英尺（约30厘米），1俄寸合1英寸（2.54厘米），但1俄里（verst，意为"一趟犁"）长3 500英尺（约1 067米），比1英里短很多，1英里合5 280英尺（约1 609米）。

19世纪下半叶是修建铁路的时代，欧洲大陆大部分地区采用米制是这一时代产生的结果之一，因为各家铁路公司需要标准化的长度计量单位。截至1880年，纵横欧洲大陆的铁路长度已超过16万千米。很多昔日没有铁路的国家开始修建铁路。1855年，西班牙颁布《铁路法》，为修建铁路的公司提供资金，不仅允许它们使用公共土地，还允许它们连续10年免税进口燃料和建筑材料。《铁路法》出台后，外国商家积极参与西班牙铁路修建工程，法国人特别能抓住机会。截至1858年，西班牙修建的铁路超过4 800千米，但管理铁路的外国公司完全无视西班牙的经济需求，修建的铁路线从马德里或巴塞罗那向外辐射，而不是沿传统的通商路线。在相当长的一段时期内，西班牙无法以廉价可靠的方式把西班牙北部阿斯图里亚斯地区煤矿产的煤运到东部300多千米外比斯开省的铸造厂，后者不得不从威尔士进口煤。19世纪60年代，俄国也掀起了修建铁路潮，得到政府担保的私人公司是铁路热的推手。19世纪50年代中叶，俄国铁路长度只有1 200千米，到1881年，铁路长度增至约2.3万千米。俄国铁路总里程1840年时为32千米，1900年增至8.5万千米。同一时期，意大利的铁路总里程从32千米增至2.6万千米，奥匈帝国的铁路总里程则从232千米增至5.8万千米。瑞典铁路总长在1860年时仅848千米，到1900年，增至1.8万千米。

规模最大的铁路修建项目无疑是横穿西伯利亚的铁路线。这条铁路起自太平洋沿岸的符拉迪沃斯托克，终于乌拉尔山的车里雅宾斯克，在这里与俄国欧洲部分的铁路对接。1891年，西伯利亚铁路同时在东西两端和中段动工，1904年，铁路基本完工。沙俄政府修建这条铁路主要出于军事和战略考虑，有了这条铁路，俄国就可以把军队迅速调到偏远地区。铁路有一段穿越中国东北，为俄国渗透这一地区打开了大门。1905—1906年日俄战争后，俄国又在阿穆尔河（黑龙江）北侧俄方境内动工修建一条新铁路，为下一场俄日冲突提前做准备。现在旅客可以乘坐火车从大西洋一直走到太平洋。这条线上有一列豪华"国际"列车，客厅摆放了一架三角钢琴，浴室用的是大理石材料。但是，火车的平均时速仅32千米，而且只能使用俄国的宽轨，而当时大多数欧洲国家都采用了乔治·斯蒂芬森的标准轨。各国在信号技术、操作方法、安全规定以及保险条款方面依然存在差异，造成了一些问题。1878—1886年，在瑞士伯尔尼召开了一系列国际会议，制定了涉及以上问题及其他方面的规则，增加了国际旅行的便利。

1850年后，火车车厢内的条件也得到很大改善，变得更加舒适。头等车厢装有玻璃窗和靠垫座椅，冬季还提供热水。不过，火车处理垃圾的方法不太讲卫生，直接倾倒在铁轨上面。在欧洲大部分地区，这一做法一直持续到20世纪下半叶。19世纪70年代，美国人乔治·普尔曼（George Pullman, 1831—1897）发明的餐车和卧铺车厢开始投入使用。普尔曼改进了车厢结构的设计，乘客可以在车厢之间穿行。父亲是比利时银行家的佐治·纳吉麦克（Georges Nagelmackers, 1845—1905）创立了国际卧铺车公司，开通了数条国际铁路线，其中最著名的是1883年6月5日投入运营的"东方快车"。该列车单程票价300法郎，相当于一名体力劳动者整整两周的薪酬。火车上的侍者一律身穿制服，餐车提供的晚餐共有7道菜，乘客就餐必须身着晚礼服。"东方快车"完全是为富人设计的。火车从巴黎出发，沿一条蜿蜒曲折的铁路线行驶80个小时后抵达伊斯坦布尔，全程约3 600千米，在法国和德国境内时速为72千米，匈牙利境内48千米，罗马尼亚境内32千米。1894年时，罗马尼亚境内又有了一条新铁路，全程所需时间缩短了10个小时。1906年辛普伦隧道贯通后，"东方快车"改走威尼斯—萨格勒布—贝尔格莱德新线，全程所需时间缩短到53个小时。

铁路和汽船让地球变小了，在很短时间内行完很远的路程逐渐成为现实。1873年，儒勒·凡尔纳在小说《八十天环游地球》里描述的就是这一发展趋势。铁路、汽船和电报成了欧洲国家建立和维护海外帝国不可或缺的手段，也是19世纪英国等欧洲国家称霸世界的重要技术基础。倘若没有迅捷的交通通信手段，一国根本不可能从本国首都遥控遍及全球的庞大帝国。铁路的扩展和识字率的普及还造就了19世纪这个书信的黄金时代。1830年，法国每年邮寄的信件数量为6 400万，10年后增至9 400万。1839年，发明家兼社会改革家罗兰·希尔（Rowland Hill, 1795—1879）首先在英国统一了邮资收费标

第五章 征服大自然 483

准。两年后，邮件数量因邮票的发明而激增。英国皇家邮政局每年递送的邮件，在1860年为5.64亿件，1880年增至12亿件，1900年更是高达23亿件。最早的明信片只是贴好邮票的空白卡片，上面没有图画，19世纪90年代，绘图"私人"明信片问世，此后明信片的流通量增长尤其快：1870年，共有7 500万张明信片被寄出，到了1914年，这个数字跃至9.27亿。为了应对明信片的激增，英国各大城市每天4次递送信件。德国每个州都有自己的邮政机构，直到1871年，德国成立了德意志帝国邮政总局。海因里希·冯·斯特凡（Heinrich von Stephan, 1831—1897）出任局长。1874年，斯特凡推动成立了万国邮政联盟，该联盟废除了国际信件和包裹上必须贴有途经国家邮票的旧规定，大大提高了全球和欧洲各国邮政的效率。从此以后，各国对本国和外国邮件统一收费，有权截取国际邮政带来的收入，同时还规定，国际邮件一律按统一的单一价格收费。

　　铁路网不断扩展后，不仅信件和明信片，还有越来越多成批生产的产品被运送到昔日欧洲偏远地区。各条铁路支线把警察、教师和其他国家工作人员，还有书报杂志、各种食品、化肥、新型农机产品运送到远离城市中心的乡镇，从而大幅提高了农耕效率和生产率。农产品生产得以跟上城镇人口的增长。产业化的纺织业、人造纤维、机械工程和钢铁生产挤垮了当地的家庭小产业和手工业。交通运输更发达后，较富裕的农民能够很快把自己的产品运送到城镇。年轻人也得以离开农村，来到远离家乡的工业中心和新建工厂，这进一步打破了传统的农村生活模式。支线铁路给千百万人提供了新的廉价旅行方式，而就在这一大众化进程起步之时，汽车的问世导致了它的逆转。汽车是德国人卡尔·本茨（Karl Benz, 1844—1929）发明的，他通过一系列技术实验获得了许多专利,包括电池点火系统、火花塞、汽化器、变速杆、水式散热器和离合器。1886年,本茨推出了世界上第一辆汽车,即"无马马车"。他的妻子瞒着他,开着这部车子去看望106千米外的一个亲戚,半路上找了一个补鞋匠,让他给刹车板钉个皮垫子,就这样发明了刹车垫。在那之后,本茨又加了一个传动装置,建了一家更大的汽车制造厂。很快,其他国家的公司蜂起仿效。有些新的"无马马车"用的引擎是工程师鲁道夫·狄塞尔(Rudolf Diesel, 1858—1913)发明的。狄塞尔的一生反映了新生汽车产业的跨国特征。他生在巴黎,长在巴黎,在德国受的教育。本茨本人与法国两家机械制造公司"潘哈德"和"标致"关系密切,两家公司也开始制造自己品牌的汽车。工厂大部分设备从美国进口。法国拥有一流的公路体系,很早就具备了驾车出游的条件,乡村医生和小地主很快开始购买廉价型轿车。法国产业的特点是有大量小型企业,非常适合新兴的汽车制造业。很快法国出现了诸如达拉克(1896,实现标准化生产的首家汽车生产商)、雷诺(1898)、标致(1899)和德·迪翁-布东(率先大批生产V8引擎)等一批汽车厂家,汽车产量跃居欧洲首位。截至1914年,法国生产了4.5万辆汽车。米其林(1889)发明了充气轮胎后,驾车出行更加舒适。

汽车制造业发展最快的地方也许是意大利。有政府的赞助扶持,加上电力资源价格低廉,截至1907年,意大利已有71家汽车制造商,大多以都灵为基地,主要生产受外国富人青睐的高性能轿车。富人喜欢开布加迪牌或阿尔法·罗密欧牌跑车,从飙车中寻求刺激。布佳迪牌汽车创立于1908年,创始人是埃托雷·布加迪(Ettore Bugatti, 1881—1947)。阿尔法·罗密欧(1910)在1906年时还是法国达拉克厂商下属的一家分厂。菲亚特汽车公司（Fabbrica Italiana Automobili Torino, FIAT）成立于1899年，创始人是一批前骑兵军官，包括几位具有自由主义倾向的贵族。菲亚特公司生产赛车，但总经理乔瓦尼·阿涅利（Giovanni Agnelli, 1866—1945）很早就认识到，生产大众型汽车更赚钱。为此他专程前往美国向亨利·福特（Henry Ford, 1863—1947）取经。当时福特已在生产成千上万辆汽车，赚得盆盈钵满。1908年，以价格低廉著称的福特T型轿车问世。阿涅利访问期间，被问到是否有可能把生产福特T型汽车的流水线生产方式引入欧洲，问话者注意到："阿涅利先生避而不答。我一直在观察他的面部表情。听到我的问题时，他眼睛一亮，但面部没有显露任何表情。他迅速改换了话题。"

没过多久，谜底就揭开了。1912年时，已公开上市的菲亚特汽车公司已在制造一款廉价轿车——零型轿车（Model Zero），1903年生产了150辆，1914年增至4 500辆。英国跟不上这种速度。1890年，商人兼工程师弗雷德里克·西姆斯（Frederick Simms, 1863—1944）获准在联合王国和大英帝国生产德国发明家戈特利布·戴姆勒（Gottlieb Daimler, 1834—1900）设计的高速汽油发动机。西姆斯发明了"汽油"和"汽车"两个英语词，还是皇家汽车俱乐部的创始人。一开始，他只制造摩托艇。1896年，西姆斯开办了一家制造戴姆勒牌汽车的工厂。1899年，他又发明制造了世界首辆装甲轿车。其他人纷纷仿效，尤其是赫伯特·奥斯汀（Herbert Austin, 1866—1941）。通常认为，奥斯汀生产了第一辆百分之百英国造轿车。1906年，查尔斯·罗尔斯（Charles Rolls, 1877—1910）和亨利·罗伊斯（Henry Royce, 1863—1933）联手创办了一家新公司，专门制造大马力豪华轿车。汽车产业起伏不定。当时英国有200余家汽车厂商，到1914年仅有半数存活。

联合王国本土上最大的汽车厂家是一家美国公司——福特汽车公司。

第一次世界大战前,汽车仍然不常见,但汽车未来发展前景日益明朗。法国在1900年时有3 000辆汽车,此后汽车数量猛增,到第一次世界大战前夕已有10万辆以上,而当时英国全国公路上奔跑的汽车数量已是这个数字的两倍。1865年,英国议会针对蒸汽机车出台了一项法案,规定公路上行驶的"机车"时速不得超过4英里(约6.4千米),同时规定必须有一人举着小红旗走在车前。迫于驾驶者的巨大压力,1896年,议会废止了该法案,允许把汽车最高时速提高到14英里(约22.5千米),1904年又出台了全国汽车时速新法规,所有在国有公路上行驶的汽车时速不得超过20英里(约32千米)。法国的做法与此不同,城镇外的公路一律不限时速。一名英国驾驶者称,法国乡村对"飙车族"来说是绝佳之地,在这里"他们可以一脚把油门踩到底,在公路上兜一天风"。1914年以前,有车族几乎全是富人,比如肯尼斯·格雷厄姆(Kenneth Grahame, 1859—1932)写的儿童文学作品《柳林风声》(1908)中迷恋汽车的暴发户癞蛤蟆先生。有了汽车后,富人出行无须再乘坐大众性质的火车,改为乘坐私人轿车,向外界炫耀自己的财富和时髦。各国王室成员同样痴迷汽车。1910年,沙皇尼古拉二世的帝国私家车房里存放了22部汽车,外加一批司机。沙皇短途旅行时,乘坐法国制造的德洛奈-贝尔维尔牌汽车,若出远门,则改乘90马力的梅赛德斯牌汽车。德皇威廉二世为自己座驾专门定制了一个喇叭,大声播放瓦格纳1854年谱写的歌剧《莱茵的黄金》中雷神多纳的唱段。

再普通不过的自行车是更大众化的交通工具。自行车由"小马驹"(dandy horse)演变而来。1817年,德国一位退休林业官员卡尔·德莱斯（Karl Drais, 1785—1851）发明了"小马驹",那是一种木质结构的两轮车,骑车人用双脚蹬地带动车子向前滚动。直到19世纪60年代,几位发明家才开始尝试用脚镫子驱动车子,自行车由此而生。他们都自称是自行车的发明者,时至今日,对他们的说法仍无定论。早期自行车用的是外面套着铁圈的木轮子,因而有"筋骨震颤器"之称。由于前轮越大,车子走得越快,因此19世纪70年代的"普通自行车"前轮巨大,后轮奇小,被后人称为"摩天轮自行车"。英国发明家詹姆斯·斯塔利（James Starley, 1831—1881）设计的链条驱动式差速装置解决了这一难题。1885年,他的侄子约翰·肯普·斯塔利（John Kemp Starley, 1855—1901）造出了"罗孚"安全自行车,比此前各种类型的自行车更安全。两年后,苏格兰人约翰·博伊德·邓洛普（John Boyd Dunlop, 1840—1921）开始推销充气轮胎,为此后10年骑自行车热开辟了道路。自行车价格不断下降,销售量随之上升。1911年,已有大约11%的荷兰纳税人拥有一辆自行车,大多数人都属于低纳税阶层,显示自行车已经进入工人阶级的生活。在荷兰这样地势平坦的国家,骑自行车自然很受欢迎。自行车俱乐部开始出现,比如创立于1884年的威尔斯登自行车俱乐部。该俱乐部位于伦敦郊区,主要举行社交活动,包括只向男士开放的音乐会,以及每年演出的默剧。1868年5月31日,在法国巴黎举行了首届自行车赛,赛程1 200米。詹姆斯·莫尔（James Moore, 1849—1935）夺得冠军。不久后,英国人和法国人分别于1892年和1900年成立了两家国际自行车协会。1903年,将近50万人齐聚法国沿线城镇,观看第一届环法自行车赛的赛手经过。而且不只在法国城镇。比赛组织者为了抒发自己的爱国情怀,还安排选手穿过1871年被德国人吞并的阿尔萨斯-洛林地区。

自行车作为解放妇女的一种手段具有重要意义。奥地利女权主义者罗莎·麦瑞德（Rosa Mayreder, 1858—1938）称，就对妇女解放做出的贡献而言，自行车所起的作用超过所有女权主义者的努力。有了自行车后，妇女外出无须有人陪伴。服饰也随之改变，不再穿昔日累赘的连衣裙，改穿"更为合理的"裙裤，看上去显得活泼、健美，从而推进了妇女争取的社会平等。自行车尤其受到中产阶级妇女的青睐。1901年，柏林一家杂志刊登了一则消息："简直无法抵制自行车的诱惑。它太迷人，太新颖，太时髦，太有用，太有益于健康了。终于有一天，市长的女儿也开始骑自行车。没过几年，她母亲也给自己买了一匹小铁马。"左拉小说《巴黎》（1898）里面的一个人物玛丽说："将来我要是有个女儿，等她长到10岁就教她学骑自行车，不为别的，就为了教她为人处事之道。"自行车的意义同样引起了顽固抵制变革者的注意。一次在维也纳，年轻的赫尔米尼亚看见一个老年贵妇让花工拾一些小石子，放在花园里的一张桌子上："她坐在花园的树篱后面，四处张望，看有没有骑自行车的女人。如果有哪个女人胆敢从她面前骑过去，马上会遭到雨点般的碎石袭击。老伯爵夫人边扔石头边骂：'贱妇！贱妇！'" 1897年，反对接纳女生的剑桥大学男生模拟吊死一个女人模拟像时，就把模拟肖像放在一辆自行车上。

横向距离缩短的同时，垂直空间也不再是难以逾越的障碍。设计出切实可行的电梯样品模型后，大百货商场纷纷开始安装电梯。1898年，伦敦哈罗德百货公司在位于布朗普顿路上的商店安装了一部"移动楼梯"，它只有一条皮传送带，由224块连在一起的板条组成，一路摇晃不停地把顾客送到大楼二层。惊魂未定的顾客走下扶梯后，早已恭候在那里的店员递上白兰地和嗅盐为他们压惊。8年后，伦敦市区北部霍罗威路地铁站安装了一部螺旋式自动扶梯,但几小时后就停开了,从未正式投入使用。1900年巴黎世界博览会上,美国一家升降器械公司展出了一部更现代化的自动扶梯,板条到了电梯最上端和最下端时可横向移动。由于一些实际困难,直到第一次世界大战前,自动扶梯都未能普及。与自动扶梯的情况不同,当时,升降电梯已成为高层建筑的一个常见特征。煤矿使用类似电梯的升降机已有近百年的历史,这种升降机使用蒸汽动力绞盘,把装载矿工的笼子送到井下水平巷道,再把井下工人带回到地面。现代电梯的发明要归功于伊莱沙·格雷夫斯·奥的斯(Elisha Graves Otis, 1811—1861)。1854年,他发明了一种安全保护装置,可以防止电缆断裂时升降机坠落。19世纪末,电动马达取代了他发明的使用充水对重的液压动力系统。纽约和芝加哥的大楼楼层不断增高后,使用电梯的地方越来越多。很快电梯传到了欧洲,欧洲的豪华酒店成为电梯的首批用户。各地市政府和警察部门迅速出台了一套安全规则,规定电梯操作员必须受过训练,合格上岗。当年电梯还不能自动对准每一楼层停下,需要靠操作员操控。操作员必须参加考试,检验他们是否能在每一层楼精准停住和启动电梯。出了一连串人走进电梯门不慎失足坠落身亡的不幸事故后,酒店在电梯和大堂入口处安装了安全门,一个身穿制服的工作人员负责开关门。没过多久,各家酒店开始争相炫耀,住在高层的客人无须爬楼梯就可以回到自己房间。《贝德克尔旅游指南》特别带上一笔,指出一些酒店设施齐全,比如柏林的"罗马大酒店":"酒店位置绝佳,一共有120间客房,每间都有浴室,还有电梯和电灯。"1892年的《贝德克尔旅游指南》出版时,电梯尚不多见,20年后,电梯成为所有豪华酒店应具备的一个特征。旅游指南不再专门提及电梯,只有在介绍廉价旅馆时，才会提及"没有电梯和中央供暖设备"。电梯问世后，不仅酒店越来越高，办公大楼的楼层也不断增高。维也纳的奥地利邮政储蓄银行大厦是奥托·瓦格纳（Otto Wagner, 1841—1918）设计建造的，一共有 8 层，1905 年投入使用。它的高度不久就被 1911 年建于利物浦的皇家利物大厦超过。沃尔特·奥布里·托马斯（Walter Aubrey Thomas, 1864—1934）设计的这栋大楼用钢筋混凝土建造，共有 11 层，高约 90 米，是当时欧洲第一高楼。

电梯还颠倒了不同社会等级在高层建筑内的位置。电梯问世前，廉价房间都在高层，住客回自己房间必须爬很多层楼梯。酒店普遍安装了电梯后，高层房间面积增大，加上窗外景色极佳，又远离繁忙喧嚣的街道，于是高层房间成了最昂贵的房间。阁楼一向是贫困的标志，从卡尔·施皮茨韦格（Carl Spitzweg, 1808—1885）那幅题为《潦倒诗人》（1839）的画作中就能看出。画中一个潦倒诗人缩在自己床上，大声朗读自己的诗作，陋室空空荡荡，地上散落着书本，一把撑开的雨伞遮挡住屋顶漏雨的地方。电梯还带来了顶层套房和楼顶花园。高档公寓里总有一部专供用人使用的电梯。1903 年发明了电子按钮后，电梯可以自动停在各层，一些楼房甚至允许客人自己操作电梯（酒店和百货商店因客流量大，仍然保留了由专人操作电梯的做法）。公寓里安装电梯后，住户同住一栋楼的意识弱化了，乘电梯上楼的人与其他楼层的住户相互隔绝，而昔日爬楼梯时，住在上层的住户有机会认识楼下的邻居。

无论电梯升得多高，终究要回到地面。18 世纪，人类开始尝试征服天空，为此发明了热气球，此后又发明了氢气球，可以飞得更高更远，在空中逗留时间也更长。氢气球用于向公众做飞行表演。索菲·布朗夏尔（Sophie Blanchard, 1778—1819）因乘氢气球飞行而闻名，飞过很多地方，包括飞越阿尔卑斯山，最终殒命巴黎蒂沃利公园。当时，在乐队伴奏下，她在挂篮里点放烟花，结果点燃了气球中的气体，导致气球坠地，自己身亡。气球飞行事业从此一蹶不振，直到查尔斯·格林（Charles Green, 1785—1870）重启气球飞行。他从煤矿公司购买坑道瓦斯，从而降低了气球飞行的成本。格林乘气球飞行多年，成功升空526次。1836年，他携一名助手从伦敦沃克斯霍尔公园起飞，飞越英吉利海峡。气球飞行高度超过3 200米，18个小时后落在了法兰克福北面，途中他和助手在挂篮里吃了一顿丰盛的野餐。这次飞行再次掀起了气球飞行热。格林甚至提出要飞越大西洋，但他还算明智，从未将此想法付诸实施。

维克多·雨果对飞行的前景兴奋不已，乐观地称，一旦能控制气球的飞行方向，气球"马上会完全、彻底、永远地消除世界任何一地的边界……各国军队会消失，战争恐怖也将化为乌有"。然而现实与他的预言天差地别。自1858年起，气球被用于航拍或其他用途。1862年，英国气象学家詹姆斯·格莱舍（James Glaisher, 1809—1903）乘气球测量高层大气气压及其他数据（他乘坐的气球上升高度在9 000米左右，人差点被冻死）。不久后，气球开始用于军事。1870—1871年普法战争期间巴黎被普军围困时，交战双方派己方军官乘气球侦查敌军部署或传递命令。小说纷纷描写欧洲飞人对地面上的非洲部族拥有的优势，比如儒勒·凡尔纳的畅销小说《气球上的五星期》。欧洲各国军队在当时参与的多次殖民战争中开始使用侦查气球。如雨果所说，未来的关键在于找到一种能控制气球飞行方向的安全可靠的办法，使气球飞行不再取决于风向。人们尝试了许多方法，或使用蒸汽动力，或让一群人转动轮子，有的方法成功了，最终，内燃机和电动机的诞生解决了这一难题。1884年，一艘名为"法兰西"的军事飞艇首飞成功，降落在始发地。第一艘飞艇用于军事也许是必然的。

飞艇的外形必须设计成子弹形状，而不能是圆的。飞艇上装有控制方向的舵和推动飞艇前行的螺旋桨。旅居巴黎的巴西人阿尔贝托·桑托斯-杜蒙特（Alberto Santos-Dumont, 1873—1932）受凡尔纳作品启发，设计了据认为是世界上第一个可操纵的气球。1901年，他乘气球绕埃菲尔铁塔飞行，引起轰动。不过，最著名的先驱者要属斐迪南·冯·齐柏林（Ferdinand von Zeppelin, 1838—1917）伯爵。他是德军工程师，美国内战期间曾作为观察员派驻联邦军。退休后，他研制出了一种新型飞艇，铝壳外边用一层棉布包裹，飞艇携带一些可伸缩氢气囊。齐柏林成立了一家股份有限责任公司，靠公司收入和政府资助建造了几艘鱼雷形状的庞大飞艇。1908年8月，其中一艘飞艇首飞成功，引起各地公众广泛注意。截至1914年8月，齐柏林又造了20艘飞艇，6艘专门用于搭载富人客户，剩余14艘用于军事。德国各地掀起齐柏林热，热销五花八门的齐柏林杂志、齐柏林明信片、齐柏林装饰品和齐柏林玩具。齐柏林品牌成了德国技术实力和民族骄傲的象征。一首歌唱道，谁咒骂"德国"，齐柏林飞艇就会"从空中扔下东西砸在他的脑壳上"。

此时，人类在飞行尝试上已经取得了又一重大突破。第一个比空气重的飞行器试飞成功。1903年，奥维尔·莱特（Orville Wright, 1871—1948）和威尔伯·莱特（Wilbur Wright, 1867—1912）兄弟在北卡罗来纳州的小鹰镇试飞了第一个靠动力驱动的"飞行器"。此前滑翔机发明家德国人奥托·李林塔尔（Otto Lilienthal, 1848—1896）已经设计了数个航空器,包括蝙蝠状弓形翼飞行器。他还造了一座塔,用于试验自己设计的飞行器,一次他从塔顶跳下,颈椎重伤,不治身亡,再没有机会进一步研制他设想的动力飞行器。桑托斯-杜蒙特闻知莱特兄弟的成果后,很快对飞艇失去兴趣。他仿照箱形风筝模型造了一架双翼飞机。1906年10月23日,桑托斯-杜蒙特在巴黎近郊成功完成了正式记载的欧洲首次飞机试飞。飞机设计不断改进,不久之后,1909年7月25日,发明了汽车前灯的路易·布莱里奥(Louis Blériot, 1872—1936)驾驶自己研制的单翼飞机飞越英吉利海峡,得到了伦敦《每日邮报》颁发的1 000英镑奖金。据估计,他驾机启程时,观望者超过1万人。当时飞机还没有投入商用。第一次世界大战爆发前,法国财政部部长雅克·施耐德(Jacques Schneider, 1879—1928)在1912年宣布设立"施耐德奖",奖励航速最快的小飞机的设计师。此举极大地推动了技术革新,在第一次世界大战期间开花结果,使西线战场上空的空中格斗成为可能。

此时,梦想家、幻想家、科幻作家已经把眼光投向地球大气层以外的世界。在天文学领域有了一些重大发现。1846年9月23日,德国天文学家约翰·伽勒(Johann Galle, 1812—1910)观测到了19世纪新发现的唯一一颗行星——海王星。他根据行星天王星运行轨道上的摄动迹象,通过演算得出了海王星的位置。天文望远镜观测到的范围和精度不断改进,尤其是1857年镀银镜子问世后。20年后,1877年火星大冲时,意大利天文学家乔瓦尼·斯基亚帕雷利(Giovanni Schiaparelli, 1835—1910)使用一台22英寸(约55.9厘米)口径的天文望远镜观察到火星表层有一些线条。他称之为canali("水道"之意),读了他报告的美国人兴奋不已,把水道误译成"运河"。斯基亚帕雷利发现的这一现象引发了人们对这一红色行星上是否存在智慧生命的种种猜测。此后的观测未能找到这些线条的位置，最终发现，这些线条原来是一种光学错觉。此前法国作家和天文学家卡米伊·弗拉马里翁（Camille Flammarion, 1842—1925）已经提出，宇宙中有智慧生命存在，但他的这一信念源于自己的宗教信仰，他设想灵魂可以穿越宇宙在其他行星转世。弗拉马里翁积极宣扬火星上存在一个比地球上的人类"聪明很多"的外星文明的观点。他善于宣传自己的观点，给自己罩上了一层神秘面纱。弗拉马里翁常常提及一件事：在一个风雨交加的夜晚，他写的《大气：大众气象学》（1888）一书中论述"风"的一章手稿被风从桌面上吹走，飘出窗外。翌日，书稿竟然一页不乱地落到了印刷商的办公室里。

弗拉马里翁笃信天文学是向善的力量。他写到，倘若世人知道"凝望星空会使人从内心深处感到极大的快乐，法国乃至整个欧洲都会遍布天文望远镜（而不是刺刀林立），从而促进普天下的和平和幸福"。大多数作家的观点则比较悲观。1897年，德国数学老师库尔德·拉斯维茨（Kurd Lasswitz, 1848—1910）出版了《两个行星》一书，该书讲述几个极地探险家被来自红色星球的外星人绑架到火星的故事。探险家发现，火星表面沟渠纵横，火星人是一个善于航海的民族。火星人派了一支强大舰队前往英格兰，打败了皇家海军。小说情节纯属一厢情愿，但这说明早在德国拥有一支海军前，一些德国人就已经在做海军梦了。英国作家赫伯特·乔治·威尔斯（Herbert George Wells, 1866—1946）的作品更是奇思异想，他在同年分期刊载的小说《星际战争》中，讲述了头颅长得像乌贼的火星人入侵地球的故事。他们驾驶先进的高腿"作战机器"横冲直撞，所到之处，一切生命被他们释放的热射线和黑烟吞噬，最终，火星人死于普通细菌感染。科幻小说作家继续创作关于火星上甚至月球上存在种种文明的作品，比如威尔斯写的《月球上最早的人类》（1901），尽管英国博物学家阿尔弗雷德·拉塞尔·华莱士（Alfred Russel Wallace, 1823—1913）告诫说，这两个星球太冷，不可能存在任何生命。另一位教师、俄国数学家康斯坦丁·爱德华多维奇·齐奥尔科夫斯基（Konstantin Eduardovich Tsiolkovsky, 1857—1935）写了一篇没什么人读过的论文，题为《利用喷气工具探索宇宙空间》，在文中提出一个数学公式，阐述了火箭能够脱离地球引力的原理，然而直到很多年后，齐奥尔科夫斯基提出的原理才被采用。当时人类对空间的征服止步于地球大气层。

现代时间概念的诞生

通信交通不仅受到穿越横向和纵向空间难度的制约,还受到时间和量测时间复杂性的制约。19世纪早期,时间及其量测方式基本上没有一定之规。前工业化社会的人以日照正午为准量测时间。在地球表面的不同地点,日照正午的时间自然也不同,而且会随着季节的变化而变化。会用钟表报时的人寥寥无几,即使在有钟表的地方,学校也不教学生这一技能。钟点仅仅给人们一个大致的时间概念。在农村大部分地区,教堂只有做礼拜时才鸣钟,比如晨祷和晚祷,给村民提供稍微准确一点的时间。绝大多数人根本不需要准确知道几点几分。钟表通常只有一个时针。既报时又报分的做法是渐渐流行开来的。越来越多的人移居城市或在工厂和煤矿做工,按小时领取工资,计时对雇主和工人越来越重要。1890年,美国发明了打卡机,工人出入工厂时,机器在卡上打印上时间。"自动记录上下班时间制"很快开始普及。为了避免因迟到受罚,工人需要表。19世纪初,世界怀表年产量40万块左右,1895年跃至250万块。19、20世纪之交时,德国历史学家卡尔·兰普雷希特(Karl Lamprecht, 1856—1915)称,5 200万德国人已拥有1 200万块怀表。

19世纪初期,欧洲各城镇自己定时间,为钟表定时并不考虑周边居民遵守的时间。早期的工厂依然依据当地时间给钟表定时，但这并没有维持多久，实现时间标准化的愿望是不可阻挡的，铁路的延伸是推动时间标准化的最大动力。19世纪70年代中期，德意志统一后的各地时间还是五花八门，不同城市各有各的时间。德意志帝国境内的铁路时刻表不得不以各地时间为准，乘客只能自己根据当地钟表时间校准自己的怀表。各家铁路公司出于内部需要，感到有必要实现时间标准化。1840年，苏格兰人亚历山大·贝恩（Alexander Bain, 1811—1877）发明了同步电钟。自19世纪40年代中期起，德国钟表制造商马蒂亚斯·希普（Matthias Hipp, 1813—1893）为铁路公司大量生产电钟。在英国，每天一早，海军部一位信使携带一块显示准确伦敦时间的表，搭乘从伦敦尤斯敦火车站发车的爱尔兰邮政列车到霍利黑德港，把表交给乘班轮去都柏林的爱尔兰官吏，他们从都柏林返回时，再把表还给信使，让他带回伦敦。到1855年，英国几乎所有公共场合的钟表都采用了格林尼治平时，比法律强制规定使用格林尼治平时早了25年。推动采用格林尼治平时的铁路公司感到，兼顾各地地方时间过于复杂。

直到19世纪末，有些地方甚至更晚，英国很多火车站的挂钟依然有两个分针，一个显示格林尼治时间，另一个显示当地时间。比利时和荷兰直到1892年才引入标准时间，翌年奥匈帝国和意大利也开始采用标准时间。法国各家铁路公司认识到巴黎地处全国铁路网中心，于是把各自的时刻表时间调整为巴黎时间。1891年，法国颁布了一项法律，强制规定在法国全境使用巴黎时间，但各家铁路公司故意把火车站钟表时间调得比巴黎时间慢5分钟，这样迟到几分钟的乘客不至于误了火车，而行驶中的火车上的钟表时间依然遵照全国标准时。在德国，积极倡导使用标准时的最大势力不是铁路公司或其他经济势力集团，而是陆军元帅赫尔穆特·冯·毛奇。在统一德国的历次战争中，毛奇善于发挥铁路的作用，使用铁路迅速调动部队，他认为，混乱的时区是未来实现军事现代化的一大障碍。19世纪90年代初，毛奇抱怨说："德国现在有5个时区，这是昔日四分五裂的德国遗留下来的。现在德国已经成为一个帝国，理应消除这一现象。"他同意以格林尼治子午线为基准，把从柏林东边穿过的东经15度线上的时间作为全国标准时间。毛奇称："我们需要统一德国各地的时间。"1893年，德国实现了这一目标。

随着电报体系在欧洲乃至全世界的应用，统一时间标准变得越来越紧迫。19世纪50年代初，人们首次在英吉利海峡铺设了海底电缆。1852年，电磁电报的先驱爱德华·海顿（Edward Highton, 1817—1859）评论说："时间和空间距离荡然无存。年变成了天，天变成了秒。英里变成了一英寸的一个零头。"直到1865年，当时世界上最大的船"大东方号"才成功铺设了一条横跨大西洋的海底电缆。此后兴起了铺设电缆潮。到了1871年，著名德比赛马会比赛结束5分钟内，加尔各答对赛马投注的人已经可以知道比赛结果了。由于大英帝国疆域广袤，工业领先世界各国，1890年世界将近2/3的电报线路为英国公司所拥有，它们控制了15.6万千米长的电缆。电报体系影响的范围远远超出了大英帝国的疆界。1892年，匈牙利作家马克斯·诺尔道（Max Nordau, 1849—1923）指出，新全球通信网络的发展意味着如今一个普通村民的视野超过了一个世纪前的一国政府首脑。他若翻开报纸，就能"津津有味地阅读以下一连串消息：智利发生的革命、东非的丛林战、中国华北的一场屠杀、俄国的饥荒"。新的通信体系

第五章 征服大自然

意义非同小可，也许还隐含巨大危险，因此它不能掌控在私人手里。欧洲各国政府逐渐接管了电报体系。绝大多数电报用户是私人，但新闻机构马上认识到了电报的潜在用途。富有进取精神的保罗·朱利叶斯·冯·路透（Paul Julius von Reuter, 1816—1899）在德国亚琛成立了使用信鸽传递消息的新闻机构，1851年，他搬到有电报线路可用的伦敦，7年后又在英国设立了总部。伦敦《泰晤士报》的无畏记者威廉·霍华德·罗素利用新生的电报系统给国内报社编辑拍发电报，报道克里米亚战争中英军指挥暴露出的种种问题，描述了英军的惨重损失、军官的无能、野战医院条件的恶劣。他的实时报道在英国国内掀起了一场政治风暴。

拍发电报需要受过训练的技术人员，而电话人人都会用。1876年，苏格兰出生的工程师亚历山大·格雷厄姆·贝尔（Alexander Graham Bell, 1847—1922）发明了电话机和电话传送系统，为此获得专利。早期的电话线几乎无隐私可言：用一条"合用线"打电话时，沿线各站的电话铃都会响，任何人都可以听到电话里的交谈内容。电话使用须知包括讲话前先冲听筒大喊一声"喂！"绅士应避免让自己的胡须碰到话筒。第一次世界大战前夕，英国全国有50万人成为全国电话服务行业的客户。布达佩斯大约有2.7万名电话用户，他们还可以享受电子工程师普什卡什·蒂沃道尔（Tivadar Puskás, 1844—1893）发明的电话新闻和音乐播放服务，1900年，这一服务的用户达6 437人。电话加快了新闻的广泛传播。早在1880年，伦敦《泰晤士报》就接通了一条直通英国议会下院的电话线，为第二天清晨发行的报纸提供前一天晚上辩论的消息。意大利人古列尔莫·马可尼（Guglielmo Marconi, 1874—1937）获得专利的新式无线电报系统是又一个重大发明，但在第一次世界大战前仍处于萌芽阶段。马可尼后来入了英国籍。1897 年，马可尼成立了英国马可尼公司，开始使用新的无线电报系统，尤其用于海上通信。

为了操作电报系统，对时间的掌握必须精确到小时、分钟乃至秒。苏格兰出生的加拿大工程师桑福德·弗莱明（Sandford Fleming, 1827—1915）爵士指出，建立一个国际电报网需要统一时间标准。这一电报网将"完全覆盖地球表层，观察文明社会的行为；远隔千山万水的不同地区之间不再有时间间隔"。在电报建起的全球通信网中，全球各地"同一时间可以看到正午、午夜、日出和日落"，"星期日实际上始于星期六正午，一直到星期一正午才结束"。这给一些领域带来了无法忍受的不确定性，比如保险行业和立法。人们不知道法律或保险单到底从何时开始生效。1884 年，迫于通信全球化的压力，25 国代表在华盛顿开会，讨论世界时间标准化问题。此前海员已经通过天文钟做到了时间同步。天文钟以格林尼治子午线为准，量测出不同经度的时间。这反映了英国主宰世界航海业的地位。华盛顿会议采用了这一标准，按经度把全球划分为 24 个时区，把子午线作为区分东半球和西半球的零时区线，并在太平洋人口最稀少地区画出一条国际日期变更线。

法国政府不得不接受英国确立的世界时间，深感屈辱。1894 年，法国无政府主义者马夏尔·布尔丹（Martial Bourdin, 1868—1894）为了发泄对英国人的愤恨，在格林尼治引爆了一枚炸弹，后来波兰裔英国小说家约瑟夫·康拉德（Joseph Conrad, 1857—1924）把这一事件写入了小说《间谍》（1907）。教会也加入了反对者的行列。中世纪的地图绘制者把耶路撒冷这座普世之城视为地球中心，19 世纪 80 年代末，教会人士阿贝·切萨雷·通迪尼·德·夸伦吉（Abbé Cesare Tondini de

Quarenghi, 1839—1907）极力鼓动把子午线改到耶路撒冷，但没有成功。1911年法国颁布的一部法律统一了法国时间，将其定为"比巴黎平时慢9分21秒"，只字不提格林尼治。法国人急于从英国人手中夺回主导权。1912年，法国政府主办了一次国际时间大会，建立了一个各国普遍接受的确立时间及全球报时的制度。当时埃菲尔铁塔已经通过无线电信号发送巴黎时间，同时从巴黎天文台接收量测的天文时间值。1913年7月1日上午10点，埃菲尔铁塔对世界各地的8个接收站首次发出了覆盖全球的时间信号。一名法国评论家炫耀说："格林尼治曾取代巴黎，被定为本初子午线所在地。现在巴黎成为初始时间中心，宇宙的钟表。"

在数学家和自然哲学家艾萨克·牛顿（Isaac Newton, 1642—1727）爵士描述的宇宙中，时间是均匀、绝对、单向的。这一观念奠定了19世纪诸多观念中最具普遍性的观念——进步观——的基础。认为世界各地时间以线性方式均匀向前流动的观念增强了人类的想象力，人们可以遐想超出自己人生体验的遥远过去。法国大革命后，人们把革命爆发那一年定为元年，然后是第二年、第三年，以此类推，改历法的做法已经使人感到革命后的年代有别于革命前。新历法虽然没能延续下去，但古今不同的观念在欧洲文化中广泛流传，与18世纪形成鲜明对照。18世纪流行的看法是，就人和社会而言，古今大致相同。人们想象中的往昔也开始向前延伸。一些基督教理论家依据《圣经》把地球诞生日子推算到公元前4 004年，例如大主教詹姆斯·厄谢尔（James Ussher, 1581—1656），但地质考察得出的结果与此有异。1863年时，英国物理学家开尔文男爵威廉·汤姆森（William Thomson, 1824—1907）已根据冷却率推算地球年龄大约为1亿年。时间向后延伸之久远大大超出了此前人们的想象。时间不仅范围扩大了，还变得更均匀、更有条理。

往昔时光延伸的同时，现世时光收缩了。在19世纪的进程中，如英国散文家威廉·拉斯博恩·格雷格（William Rathbone Greg, 1809—1881）所说，人们日益感到生活中"没有闲暇，没有间歇，整日**疲于奔命**"。格雷格认为："19世纪晚期人类生活最显著的特点就是**速度**。"英国律师和历史学家弗雷德里克·哈里森（Frederic Harrison, 1831—1923）比较了19世纪80年代的生活和半个世纪前自己的青年时代，他回想自己年轻时，很少看见有人行事匆忙，如今"我们无时无刻不被人驱赶得滴溜溜转"。英国东西海岸线的铁路公司相互竞争，都想拥有从伦敦直通苏格兰的第一条铁路。快速帆船之间展开激烈竞赛，看谁能先把中国每年产的新茶运回欧洲。1872年，运输茶叶的"卡蒂萨克号"快帆在一场广为人知的竞赛中输给了竞争对手"塞莫皮莱号"快帆：6月18日，两艘船同时驶离上海，先后于10月19日和20日返抵伦敦。1869年苏伊士运河开通后，汽船获得重大优势，因为帆船仍然必须走绕好望角的航线。跨大西洋航行的竞争更加激烈。各家船舶公司之间的角逐很快成为它们在岸上总部所在国的实力的象征。在横渡大西洋的竞赛中，1897年，德国船超过英国船夺得第一，1909年又输给了英国，因英国推出了平均航速超过26海里的邮轮"毛里塔尼亚号"，这一纪录直到1927年才被打破。德国"帝王号"豪华邮轮和白星航运公司旗下的"奥林匹克号"豪华邮轮仿如海上宫殿，船上各种服务设施一应俱全。邮轮越造越豪华，大张旗鼓地投入运营。1912年4月15日，世界吨位最大的邮船、白星航运公司新造的"泰坦尼克号"首航时触冰沉没，1 500人丧生。人们对邮轮的信心顿减。"泰坦尼克号"缺乏安全预防措施,船上没有足够的救生艇,上流社会乘客享受种种特权等内幕曝光后,社会上一片哗然。两年后,各国缔结了《国际海上人命安全公约》。

一如海上,陆上时间也日益给人以紧迫感。1912—1914年,意大利艺术家、形而上学画派创始人乔治·德·基里科(Giorgio de Chirico, 1888—1978)创作了一系列作品。画布上大地一片空旷,唯有主宰万物的偌大时钟和地面上寥寥几个微小人形,有几幅画上可以看到一列火车,一幅画甚至取名为《动身时刻的忧郁》。基里科似乎想表达一个意思:时间主宰了人与人之间的交往。画家只能在其作品中描绘出钟表上清晰可见的钟点显示的一个瞬间,基里科在画中描绘的情景被定格在一个静止时间点上。一些画家试图通过在一块画布上绘出某一物体在一段时间内所处的不同阶段,来表现物体的运动过程,尤其是早期意大利未来派画家,还有法国艺术家马塞尔·杜尚(Marcel Duchamp, 1887—1968),杜尚1912年的作品《下楼梯的裸体女人》就是这样。19世纪80年代诞生的电影可以加速时间、冻结时间,在讲述故事时跳过几分钟、几小时、几天,甚至更长的时间。更令人惊奇的是,如1895年路易斯·吕米埃(Louis Lumière, 1864—1948)和奥古斯特·吕米埃(Auguste Lumière, 1862—1954)兄弟展示的那样,他们可以采用从后往前播放电影的简单手法让时间逆转。跳水的人似乎跃出水面,落到起跳板上。打破的鸡蛋重新回到蛋壳里。玻璃碎片飞回桌面,重新组合成一个完好无损的酒杯。时间开始显得似乎是可变的、可塑的、不确定的。科学领域内的相对论反映了这一现象。1905年,阿尔伯特·爱因斯坦(Albert Einstein, 1879—1955)向全世界科学界宣布了这一理论。他论述相对论的论文相当深奥,但含义并不深奥：对于观察者来说，时间和空间都是相对的，移动中的钟表也许比静止不动的钟表走得更慢；如果两个观察者处于相对运动状态，同样两件事，一个人看到它们同时发生，在另一个人眼中，则可能不是同时发生的。光速是一个恒量，在真空中任何观察者观测到的光速都一样，而且光速无法超越。质量和能量是一回事。以上结论把时间和空间置于全新视角，其复杂程度远远超过传统力学。直到1915年爱因斯坦完成了广义相对论后，以上理论的意义才显现出来。当时有少数物理学家已经认识到，这些理论革新了关于时间和空间的基本概念。

大瘟疫的终结

对19世纪的欧洲人而言，时间短暂还体现在另一层意义上：与后来的世代相比，他们的寿命很短。19世纪大部分年代，欧洲人不得不生活在疾病肆虐的环境中，这些疾病轻者致残，重者致命。在气候温暖、地势低洼的沼泽地带，散发臭味的水里滋生的蚊子四处传播疟疾。地中海和黑海一带均流行疟疾，在法国和荷兰沿海一带，还有莱茵河和多瑙河流域，疟疾也很常见，直到这几条河流得到治理。1826年，北海沿岸暴发一场流行病，2万人染病，大批人死亡。迟至19世纪末，意大利每年还有200万人患流行病，其中2万人死亡，患"四日热"的人更是不计其数。治疗疟疾的特效药是奎宁。1820年，两位法国医学科学家从玻利维亚人和秘鲁人常用的金鸡纳树皮中提取出了奎宁。1834年，侨居圭亚那的德国医生卡尔·瓦尔堡（Carl Warburg, 1805—1892）研制出了把奎宁作为主要成分的"瓦尔堡酊"。直到1897年，在英属殖民地印度工作的英国外科医生罗纳德·罗斯（Ronald Ross, 1857—1932）爵士才证实，疟疾是通过蚊子传播的。同一时期，随着沼泽地的水被排干和河流归渠，欧洲的疟疾发病率逐渐下降。这与任何医学研究无关，而是一项旨在促进商贸的政策产生的附带结果，也是可喜结果。

19世纪的欧洲人所患的各种严重疾病，包括具有潜在致命威胁的疾病中，最常见的是肺结核。这是一种主要侵袭肺部的痨病。人体不断"耗损"，病人咳血不止，体内器官逐渐衰竭，直至死亡。1815年，医生托马斯·扬（Thomas Young, 1773—1829）估计："这种疾病极为常见。欧洲大约有1/4的人被肺结核过早夺去生命。"19世纪初，巴黎一家大医院做的696例尸体解剖中，大约250例的死因被确认为肺结核。1819年，约翰·济慈（John Keats, 1795—1821）在《夜莺颂》中形容患肺结核的病人"苍白、消瘦、死亡"，两年后，他本人也死于肺结核。19世纪下半叶，英格兰和威尔士20～24岁年龄段的死者中，几乎半数死于肺结核。由于肺结核的症状较轻，病情发展通常很缓慢，患病原因与放荡行为无甚关系，肺结核病于是披上了一层近乎高尚的色彩。时人普遍认为，肺结核患者对生命的体验更强烈。作曲家肖邦被人婉转地形容为"弱不禁风"。肖邦临终前几年不停地谱写乐曲，后来他的一个学生回忆说，肖邦坐在钢琴旁即兴发挥，"把我们带到之前我们茫然无知、之后也无缘重返的境地"。1849年，肖邦死于肺结核。

不少作家和评论家认为，肺结核使病人的道德得到升华。这一观点掩盖了以下事实：肺结核蔓延的根源是拥挤不堪的住房、有损健康的工作条件和营养不良。换言之，这不是艺术家、知识分子和社会名流的病，而是穷人病。看透了俄国社会的俄国小说家陀思妥耶夫斯基对此一清二楚。所有文学作品中，恐怕没有比小说《罪与罚》（1866）中对患肺结核的寡妇卡捷琳娜·伊凡诺夫娜死亡的描写更可怕的了。她因丈夫酗酒而陷入贫困，丈夫死后更是一贫如洗，开始神志不清。走投无路的伊凡诺夫娜领着幼小的孩子走上街头卖唱，挣几个小钱，被一名警察捉住后,挣脱后逃跑,一路跟跟跄跄,最终口吐鲜血,倒毙街头。警察说:"以前我见过这种人。她死于肺结核。"伊凡诺夫娜死得既无尊严又怪诞。导致她死亡的赤贫并没有让她在精神上得到升华,而是丧失尊严和发狂。

最贫困的人也是最容易患上肺结核的群体,因为他们居住和工作的地方拥挤、潮湿、卫生条件差。最常见的疗法是清新的空气、干燥干净的环境、健康的饮食,在气候温和的南方、山区或海边疗养。毋庸赘言,如此奢侈,只有富裕人家才办得到。住疗养院的人太少,难以在统计学上衡量效果。不过,19世纪下半叶,几乎各地的肺结核死亡率都下降了。从1850年到1900年,肺结核死亡率下降幅度占所有死亡率降幅的大约一半,虽然1894年时仍有说法称,每年欧洲死于肺结核的人数相当于克里米亚战争中的死亡人数。导致肺结核死亡率下降的主因很有可能是饮食的改善,直接的医学干预反而收效甚微。1870年,德国医生罗伯特·科赫(Robert Koch, 1843—1910)发现了炭疽病的病因和传染方式。1882年,他通过对微观样品进行化学鉴别染色表明,他研究过的所有患者身上都携带肺结核杆菌。科赫在自己实验室里培养了肺结核杆菌,把它们注射到健康动物体内,不久后,这些动物出现了肺结核的典型症状。科赫在更大范围内进行重复实验,验证了他的发现。科赫指出,肺结核是通过咳嗽传播的。这一发现是一个重大成就,使他在世界上一举成名,这一成果对减少肺结核的发病率没有产生实际影响。直到卡介苗接种(1921)时代来临和20世纪研制出抗生素后,肺结核发病率才开始下降。

当时,医学领域内取得的最大成就是战胜了天花。18世纪晚期,欧洲每年有20万人死于天花。用感染过的针擦蹭皮肤预防天花的办法始于中国，18世纪中叶，这一方法经奥斯曼帝国传到欧洲。18世纪末，英国乡村医生爱德华·詹纳（Edward Jenner, 1749—1823）于1798年革新了治疗天花的方法。他注意到，挤奶女工没人患上天花。詹纳由此推断，挤奶女工之所以有免疫力，是因为已经感染上了一种与天花相似的病——牛痘，而牛痘对人类完全无害。詹纳借用拉丁语里"牛"一词，把他新的预防办法称为"种痘"（vaccination）。这一方法很快推广到各地。各国政府开始强制本国人民接种牛痘疫苗。19世纪中，普鲁士王国颁布法律，禁止没有接种牛痘疫苗证书的年轻人入学、从师学艺、就业或参军。据记录，每年普鲁士每100个新生婴儿中，就有66个接种了牛痘疫苗。其他国家纷纷仿效。法国政府的措施极其不力，1870—1871年普法战争期间，法军中有12.5万人患上天花，其中大约2.8万人不治身亡；而普鲁士人及其盟友只有8 500人染上天花，仅死了400人。法军士兵返国后，天花开始在欧洲各地蔓延。截至19世纪70年代，多达50万人死于天花。1871年，英国政府强制规定接种牛痘。由于采取了以上措施，早在1914年以前很久，天花在欧洲就已十分罕见了。

工业化过程中，其他疾病反而增加了。城市污染日益严重，导致伤寒死亡率上升。伤寒是一种水传播疾病，19世纪50年代，伦敦每10万人中就有87例伤寒，60年代增加到89例。1861年，维多利亚女王的丈夫阿尔伯特亲王死于伤寒。维多利亚时代晚期，伦敦全市开展了大规模的清污除垢活动。到第一次世界大战前夕，伤寒发病率降至每10万人不到9例。19世纪80年代初，科赫的助手发现了伤寒病原体。这一发现很快促使人得出结论：没有显露出任何伤寒症状的人也有可能携带病毒。一个例子是著名的"伤寒玛丽"，玛丽·马伦

（Mary Mallon, 1869—1938）移居美国，20世纪初，她走到哪里，就把伤寒流行病带到哪里，但她本人看上去安然无恙。公共健康运动马上考虑到了这一事实。其他一些疾病很快也显示具有这一特点，尤其是白喉，还有猩红热、脑膜炎、脊髓灰质炎等。鲜奶或水都可能携带以上疾病的病菌。预防这类疾病的最有效方法是开展个人卫生教育，外加执行净化水源等公共健康措施。

最令人惊奇的是，时不时横扫欧洲的各种瘟疫逐渐消失。数百年来，鼠疫，又称"黑死病"，肆虐欧洲。1815—1818年波斯尼亚鼠疫终结后，哈布斯堡王朝在东南欧建立的军事防线和地中海各港口采取的隔离措施遏制了鼠疫的蔓延。斑疹伤寒要顽固一些，这是一种靠体虱传播的传染病。战争是斑疹伤寒蔓延的一大原因，因为大批军人居住在卫生条件差的环境中。饥荒是斑疹伤寒传播的又一原因。19世纪战争和饥荒不那么频繁是斑疹伤寒病例下降的主因。荒年时，农村大批人口涌入城镇觅食。19世纪40年代末，爱尔兰的马铃薯饥荒和中欧地区的饥荒导致斑疹伤寒暴发。在德国病理学家鲁道夫·菲尔绍（Rudolf Virchow, 1821—1902）等激进自由派人士眼里，与其说斑疹伤寒是落后导致的愚昧和不爱清洁的反映，不如说它是压制和剥夺基本人权的结果。1848年，菲尔绍受普鲁士政府委托，调查上西里西亚暴发的斑疹伤寒。他谴责当地人不讲卫生、游手好闲和酗酒的行为，但坚决不同意以上习惯源自这一地区的居民大多是波兰人的说法。他提出，当地人之所以自暴自弃，是因为他们丧失了参与文化和政治生活的权利。菲尔绍因提交的这份报告而被免职。今天回过头来看，这份报告不失为社会医学早期经典论著之一，报告执笔人后来成为知名自由派人士和俾斯麦的对头也就不足为奇了。俾斯麦对菲尔绍没完没了的抨击愤怒不已，在 1865 年提出与他决斗。受到决斗挑战的菲尔绍有权选择双方决斗使用何种武器。众所周知，他选了两根香肠。一根做熟了自己吃，另一根是生的，里面塞进了致命的旋毛幼虫，留给俾斯麦。所幸俾斯麦最终明智地撤回了决斗提议。

斑疹伤寒与肮脏和不洁之间的关系已确定无疑。城镇变干净、人们养成更卫生的生活习惯后，斑疹伤寒的发病率大幅下降。19 世纪从始至终，圣彼得堡每年都暴发瘟疫。参加俄土战争的士兵返回俄国后，1878 年斑疹伤寒发病率达到高峰，共有 8 000 多例。1891 年饥荒期间，农民大批涌入圣彼得堡，300 多人死于斑疹伤寒。正常年景下，由于公共卫生和个人卫生的改善，即便是俄国，发病率和死亡率也呈下降趋势。直到 1909 年，人们才发现了斑疹伤寒的病因和传播方式。突尼斯巴斯德学院院长、法国细菌学家夏尔·尼科勒（Charles Nicolle, 1866—1936）注意到，斑疹伤寒病人不换衣服时才会把病传染给其他人。他检查了患者的脏衣服，确定里面有虱子。他把一些虱子放在一只健康黑猩猩身上后，黑猩猩发病了。尼科勒因这一发现获得了诺贝尔医学奖。

斑疹伤寒和天花发病率下降、鼠疫绝迹后，欧洲还要应对生命和健康面临的全新威胁：亚细亚霍乱。英国征服印度北部后，打通了途经阿富汗和波斯的新商路。1817 年，霍乱病菌从孟加拉的水库蔓延到欧洲，最初是随着移动的军队向西扩散，此后沿商路蔓延。霍乱之所以蔓延到欧洲，是因为欧洲的战略势力扩张到整个亚洲。这一传染病很快被命名为"亚细亚霍乱"。当时流行的一个观点是，亚细亚霍乱是亚洲人对欧洲人的报复。很多欧洲人认为，正当西方文明达到进步和成就的巅峰时，欧洲遭到了落后愚昧的东方的致命入侵。亚细亚霍乱传到欧洲后，借助19世纪欧洲发展的又一基本特征迅速扩散：工业化确保霍乱可以通过公路、河流和铁路迅速蔓延，在新工业化社会人口拥挤、环境肮脏的城镇和海港的人群中传播，或通过污染的水源和食品，或通过直接的人体接触。霍乱死亡率极高，感染的人死亡率平均为50%，但死亡率高仅仅是霍乱可怕的原因之一。对19世纪的资产阶级来说，同样可怕的是霍乱不仅发病突然，而且病情急转直下，从最初表现出症状到死亡常常不超过24小时。患者上吐下泻，体内液体大量流失，一本正经、刻意遮掩人体机能的维多利亚时代的人为之震撼。安详去世与死于霍乱有天壤之别。

19世纪20年代和30年代初，亚洲和欧洲有数百万人死于霍乱。1848—1849年，霍乱再次暴发，同样是从东方蔓延到西方，横跨大西洋的船只又把霍乱带到美国。19世纪60年代中，霍乱又一次暴发，又一次漂洋过海。19世纪80年代，瘟疫接连不断，一直持续到19世纪90年代初才结束。时人注意到，瘟疫肆虐恰逢战乱和革命年代。镇压1830—1831年波兰民族起义的俄军把霍乱传到了西方。1848—1849年维护旧秩序的军队镇压欧洲各地革命时，又有俄军参加，霍乱紧随其后。1854—1856年暴发的霍乱也是从俄国蔓延到欧洲各国的，但唯有这一次，霍乱跨越亚欧大陆，从西方回到了东方，随参加克里米亚战争的英法军队传播到土耳其、保加利亚和中东地区。1866年和1871年流行的瘟疫是俾斯麦发动的德意志统一战争的结果。1892年，如潮的犹太移民把霍乱带到中欧——为了逃避俄国对犹太人的迫害，他们乘船从汉堡前往美国重建新家园。

中欧酷热的天气和易北河的臭水为杆菌的繁殖提供了理想环境。杆菌从移民居住的廉价房子和设备简陋的肮脏营地进入河水，被潮水冲到了上游流域，很快流入汉堡的进水口，在水未经过滤的水库蔓延，再通过水泵进入城市中的千家万户。政府卫生机构发现霍乱首批受害者后，要么采取手段应对，要么对公众提前发出预警。数以千计的患者被从感染的房屋中移送到医院，半数人有去无回。仅仅6周内，汉堡全市就有1万人死于霍乱。1892年，西欧和中欧地区唯有汉堡疫情最重。赤贫阶层受害最大，他们居住在拥挤不堪的肮脏房屋内，共用卫生间，根本无法依照1884年发现了病原杆菌的罗伯特·科赫的建议，采取各种预防措施，如喝水前先把水煮开。科赫视察瘟疫最严重的港口一带贫民窟时，想起了他在埃及和印度看到的贫民窟，转身对随从说："先生们，我忘了我现在是在欧洲。"在欧洲帝国主义时代达到巅峰之时，很难想象出比这更尖锐的论断。

除了科赫外，法国化学家路易·巴斯德（Louis Pasteur, 1822—1895）在疾病的细菌理论基础上也有了重大发现，他研制出炭疽病和狂犬病疫苗，还发明了巴斯德消毒法，通过加热杀死牛奶里可能携带的细菌。然而，19世纪期间，直接的医学干预没能预防各种传染病，更不用说治愈这些传染病了。19世纪下半叶以提供洁净水和适当污水处理为标志的欧洲城市卫生革命无疑遏止了霍乱的蔓延，同时降低了斑疹伤寒和伤寒及类似传染病的发病率。1892年以后，控制边界、给火车乘客消毒及其他类似措施极为有效地防止了霍乱在欧洲各地的蔓延。霍乱是所有瘟疫中最后被征服的。1910年，奥斯曼帝国再次暴发霍乱，随后霍乱蔓延到那不勒斯。1911年，那不勒斯霍乱再起，此时那不勒斯当局和意大利政府已汲取了1884年霍乱的教训，那一年那不勒斯全城因霍乱发生了大规模骚乱。政府没有动用警察采取强制性措施，而是组建了卫生队，其成员主要是卫生队所在地区的工人。队员接到指示，要耐心劝导群众，不要动粗，以免引起公众恐慌。政府下令禁止在街头出售食品，水井和蓄水池一律封闭，对下水道进行消毒处理，监测供水情况，暂时禁止在海港一带游泳，清扫街道和患者住房，销毁患者的衣物。以上措施最初受到公众抵制，但不久就被普遍接受，恰如1892年的汉堡。

走出死亡的阴影

瘟疫也许会上报纸的头版头条,但真正的杀手潜伏于每日每时:营养不良,卫生条件差,形形色色的痼疾。在欧洲边缘地带,以上因素可以产生毁灭性后果。丹麦管辖的冰岛位置偏僻,不生长树木。比北极圈稍南一点的北方气候严酷,但因温暖的北大西洋洋流而得到缓解,北大西洋洋流把源自墨西哥湾的暖流带到大西洋北面。然而,因冬季漫长、缺乏日照,冰岛种植季节很短,每年只有4～5个月。除了喂牲畜的草以外,其他作物很难生长。冰岛地表的3/4是荒芜的熔岩地带、冰川、山脉和沙漠,岛上居民缩在沿海很小一块区域。数百年的过度放牧破坏了草地,减少了牲畜数量。19世纪中期,冰岛大约有30万只羊和2.5万头牛。冰岛人口在中世纪时达到顶峰,有10万余人。因火山爆发、瘟疫、寒冬和饥荒,19世纪初,冰岛人口减少至5万。沿海出现大片浮冰时,沿海平原的气温骤降,连草都不再生长。

19世纪的冰岛人主要以牛羊肉和鱼肉为食,维生素C缺乏症十分普遍,清洁标准低得可怜。1852年,无畏的奥地利探险家伊达·普法伊费尔(Ida Pfeiffer, 1797—1858)称用茅草当屋顶、屋内烟熏火燎的农舍"肮脏透顶"。她发现,一间屋子地上"痰迹斑斑,人一不小心就会滑倒"。到访冰岛的人常常对冰岛人的生活状况感慨不已。由于营养不良，冰岛男人的平均身高（根据骸骨测出）在中世纪时为1.73米，1800年时为1.67米。直到19世纪70年代，冰岛人口粗死亡率还是30‰，是1892年正闹霍乱的汉堡市人口死亡率的两倍多。死者大多是婴儿。19世纪40年代，冰岛婴儿年均死亡率高达35%，是挪威和瑞典婴儿死亡率的两倍多。19世纪50年代，冰岛人的预期寿命仅32岁。相对来说，出生率很高，从19世纪30年代一直到50年代，始终在40‰上下。人民生活如此悲惨的地方绝不是只有冰岛。直到1900年，西班牙的死亡率一直居高不下，始终在30‰左右。原因之一是，虽然自1798年起天花疫苗已经普及，但政府没有给内地农村人口接种天花疫苗。19世纪上半叶，被送到育婴堂的孩子越来越多，这更是雪上加霜，育婴堂里58%的孩子活不过5岁。农村地区的贫困可能造成致命后果。19世纪80年代，在意大利艾米利亚-罗马涅区实行收益分成佃农制的贝尔塔利亚一带，婴儿死亡率每年在20%到30%之间。

不过19世纪欧洲大部分地区的死亡率均大幅下降，尤其是婴儿死亡率。英格兰和威尔士的死亡率1800年时为27‰，1913年降至14‰，同一时期，德国死亡率从26‰降至15‰，法国从30‰降至18‰，意大利的死亡率从1850年的30‰降至1913年的19‰。奥匈帝国的死亡率下降比较缓慢，1800年为28‰，1913年为20‰，不过毕竟还是下降了。婴儿死亡率降低，大规模瘟疫终结，卫生条件改善，预防疾病的有效措施出现，以上这一切意味着19世纪最后20年到20世纪前10年之间出生的普通欧洲人，活到成年、中年甚至耄耋之年的可能性大大增加了。瑞典新生儿的预期寿命在19世纪初大约是37岁，在19世纪中为43岁，到1910年时，就已经是58岁了。同一时期，荷兰人的预期寿命从 32 岁增至 54 岁，尤其是 1880 年以后。英格兰和威尔士人口的预期寿命也不断增加，从 36 岁增至 53 岁。法国也是一样，从 34 岁增到 50 岁。1910 年，俄国的情况与上述国家形成鲜明对比，新生儿的预期寿命仍然只比 32 岁高一点。西班牙正好是 32 岁，还不如俄国。

由于死亡如影随形，死亡在 19 世纪文化中占有核心位置毫不奇怪。葬礼是在大庭广众之下举行的活动，常常有大批人参加。1852 年，英国为威灵顿公爵举行国葬，他的遗体葬在圣保罗大教堂地下，数以千计的人参加了这场葬礼。俄国沙皇亚历山大三世（Alexander III, 1845—1894）去世后，圣彼得堡举城哀悼。所有人一律穿黑衣，剧院和音乐厅一律停业。对沙皇遗体匆忙做了防腐处理后，人们开始把他的遗体从他去世时所在的克里米亚半岛的里瓦迪亚运回首都。他们走了两周，途经莫斯科和众多其他城镇。遗体运到圣彼得堡后，停放在彼得保罗要塞，当时尸体已开始腐烂。1885 年，巴黎为小说家、诗人和政治鼓动家维克多·雨果举行葬礼，其规模之大不亚于亚历山大三世的葬礼。据估计，200 多万人跟随雨果的灵柩从凯旋门一路步行到先贤祠。据说有 20 余万人跟在载有德国社会民主党创始人之一威廉·李卜克内西（Wilhelm Liebknecht, 1826—1900）遗体的灵车后面穿过柏林街道。送葬队伍携带了"1 500 个花圈，每个花圈上都拴了一条红丝带"。在德国主要城市，送葬已成为社会主义者惯用的示威方式，大批党员和工会会员借送葬机会高举旗帜在市内游行。

平民百姓的丧礼同样讲究。城市中产阶级通常会买殡仪茶壶、镶黑边的信封、用来包住前门铜门环的黑绉布，甚至还为雨天准备了殡仪专用雨伞。1824 年后的文献中，有伦敦一家殡仪馆的订货簿，上面

记录了为一场极为铺张的葬礼所做的准备:

> 一口里面填衬有白缎子的厚重棺材,一个填衬有白缎子的棺材盖,棺材里面放置的被褥、被单和枕头,一个橡木做的结实盒子,上面覆盖上等质地的黑布,上等镀银钉子及其他镀银装饰物,用黑鸵鸟羽毛扎制成的一个羽状物外加拿它的人,为工作人员准备的丝绸围巾、帽圈和手套,送给送葬者的礼物,葬礼侍从和权杖,受雇的骑马送葬人,用于包裹旗杆的丝绸,质地最好的黑天鹅绒棺罩,马匹的布鞍垫,更多的鸵鸟羽毛、斗篷,携带棍杖的跟班,帽圈和手套,黑纱,随行雇员,路途中住宿费,车夫,殡仪承办者,一家人去赫里福德郡所需过路费,以上种种费用加在一起共计803.11英镑。

在那个年代,这是一笔巨大的开支。19世纪40年代,英国贵族葬礼的平均开支在800到1500英镑之间,一位绅士的葬礼大约需要花费200到400英镑。威灵顿公爵的葬礼耗资1.1万英镑,因其奢华而遭到广泛批评。当时已经有人呼吁缩小殡仪规模,减少殡仪开支。1894年《柳叶刀》杂志评论说:"上层及中上层阶级的殡仪费用大幅下降。经调查发现,只需10到15英镑即可办一场体面的丧礼,既不失对死者的敬意,又不铺张浪费。"对死者的悼念不止于葬礼。依据社会风俗,死者配偶必须穿两年黑衣丧服,之后再穿半年半丧服,通常是灰色或淡紫色。维多利亚女王为丈夫阿尔伯特亲王正式服丧5年仅仅是时间上异乎寻常地长,与基本习俗并无二致。

维多利亚时代墓地的墓碑考究,尺寸巨大,以此表达对死者的永久怀念。正因如此，瘟疫期间死者被葬在没有任何标志的万人公墓里令公众十分不安。19世纪中叶照相技术问世后，悼念者参加葬礼前，甚至可以与躺在棺材里的死者或死去的亲人合影。死者眼睛微张，穿戴整齐，仿佛依然活着。瑞典和挪威国王奥斯卡一世（1799—1859）是第一位生前下令他死后可以给他在棺材中的遗体拍照的君主，但绝不是最后一位。死亡是常见的诗歌主题。丁尼生勋爵阿尔弗雷德（Alfred, Lord Tennyson, 1809—1892）为悼念亡友阿瑟·哈勒姆（Arthur Hallam, 1811—1833）写的一首流传甚广的诗《悼念》十分著名。壮烈牺牲尤其受到尊崇。亚瑟·德维斯（Arthur Devis, 1762—1822）以1805年海军上将纳尔逊在特拉法尔加海战中阵亡为题材创作了一幅画，被人反复模仿复制。令人诧异的是，文学和绘画作品表现的尸体完好无损，没有血污，没有豁开的伤口，没有惨不忍睹的景象。维多利亚时代的葬礼也是一样。在尸体化妆师的巧手下，死者看上去好似依然活着。为了对死亡表示敬意，死亡的悲惨现实被掩盖了起来。

基督教强调死得体面，从狄更斯小说里对濒死者的描写可以清楚看出这一点。体面的死亡指一个人死前头脑一直保持清醒。濒临死亡的病人高烧下与神志错乱做的斗争也可隐喻为了悔过和得到宽恕而做的挣扎。无论多么痛苦，宗教都保证痛苦终将被战胜。病危者的亲人，甚至包括孩子在内，围在病床前，目睹奄奄一息的人缓缓走入永恒世界。不过，公众的态度逐渐发生了变化，时人最关心的是避免今生受苦。19世纪末，一个人死前若不知道自己死期将至，会被人视为一件幸事。人们认为，最理想的死法是猝死，或是在睡梦中去世。在托尔斯泰写的故事《三死》（1859）里，一个富商不肯明告妻子，她已来日无多（称"这会要她的命"），他的这一说法逻辑上有点讲不通），最终，富商叫来一个穷亲戚告诉她这个坏消息，但这个女人制止了他："不要试图让我做好精神准备。"在托尔斯泰后来写的另一部更著名的小说《伊万·伊里奇之死》（1886）中，主人公的亲朋好友事先商量好，让他相信自己并没有生命之忧。众人"对他的恐惧哈哈大笑，这一难以名状的恐怖之物已经深入骨髓，一刻不停啮噬他的心，把他死死拽到没人知道的地方，众人却当它只是逗人的玩笑"。甚至连他的医生也不停给他康复的希望："我们很快就会治好你的病！"伊万·伊里奇陷入昏迷后，医生支支吾吾地对他妻子说："没事的……我……"医生思忖道："告诉她又有何用？反正她也听不懂。"死亡越来越成为一件不寻常的事情，尤其是对青壮年人而言，至少中产阶级和上层阶级越来越不知道该如何应对死亡。

生活在农村的大多数欧洲人对上述对待死亡的态度感到极其陌生。直到19、20世纪之交乃至更晚，农村死亡率始终居高不下。西西里岛、希腊或俄罗斯干草原上如果哪家死了人，就会把村里的女人招来，把尸体擦洗干净，为死者恸哭，并为遗体下葬做好准备。家里若有挂钟，就会让钟停摆。屋里的镜子全都转过来对着墙，不让死者的灵魂看到自己。水缸里的水会倒掉，以免灵魂溺水。在瑞典、法国农村及其他一些地方，当地教堂用丧钟节奏来表明死者的年龄和性别。通常人死后3天内举行葬礼。如果死者是女人，棺材里会放满首饰；如果是男人，会放进一个烟斗和一瓶葡萄酒；如果是孩子，则放玩具。无论何地，棺材里面都会放进一小枚硬币，付给天堂门口的圣彼得。在俄国，人们有时会在棺材里放一些尖利石块，提醒死者带走他们的罪孽。随着岁月的流逝，葬礼才逐渐转由商业化的殡仪员操办。

乡下人尤其注意确保不发生人没死就被埋葬的事情。在德国，法兰克福一家墓地有一间屋子，里面装了带线的铃铛，线的一头系在死者手指上。遗体的眼睛被合上，防止死者看到生者后把他们召唤走。不只是在特兰西瓦尼亚，在欧洲很多地区，从死者身上站立起来的吸血鬼的传说令人感到不安甚至恐惧。把死者葬在圣化的土地上在一定程度上可以消除这一威胁。然而，随着人口的增加，墓地开始变得拥挤，叠放在一起的尸体可能会冒出地面，给公共健康造成严重威胁。世俗运动、社会主义运动和反教会运动开始大力提倡世俗葬礼，而不是宗教葬礼。1880年时，布鲁塞尔已有1/4的葬礼用世俗方式举行。越来越多的墓地从城市中心迁走。从长远观点看，出路还是火葬。信奉尸体在"最后审判日"会复活的人对火葬深恶痛绝。1864年，德累斯顿市尝试在西门子设计的一个封闭装置里焚烧了一具尸体。1873年，维也纳世博会上展出了两位意大利科学家设计的一个类似装置。著名外科医生亨利·汤普森（Henry Thompson, 1820—1904）爵士有时也给比利时国王看病，他对展出的装置十分赞赏，翌年创立了英国火葬协会。1888年，该协会在位于萨里郡的沃金火葬场焚烧了28具尸体。这一做法传开了。瑞典医生和政治家里卡德·瓦夫林斯基（Richard Wawrinsky, 1852—1933）积极倡导在卫生的地方实行火葬。1887年，瑞典建造了第一个火葬场，之后又陆续建了更多火葬场，尽管天主教会一直到20世纪下半叶都还禁止火葬。

火葬日益普及，从另一方面说明对于欧洲的中产阶级和上层阶级来说，死亡不再是日常生活中司空见惯之事。死亡率下降后，他们对死亡开始感到陌生。退休的政治家阿盖尔公爵（Duke of Argyll, 1823—1900）年老失智多年后奄奄一息，他的女儿弗朗西丝·贝尔福（Frances Balfour, 1858—1931）在写给姐夫阿瑟·贝尔福的（Arthur

Balfour, 1848—1930）的信中流露出极度的恐惧，对濒危病人床前情景只字不提。死亡成了人们交谈中忌讳的话题。基督教斩钉截铁的教义渐衰后，人们甚至开始寻找所谓的科学证据，证明死亡不过是走入来世的一个过程。19世纪末，19世纪40年代源于美国的唯灵论盛极一时。"降神会"在各处涌现，人们提出五花八门的所谓证据，称来世依然有灵魂存在。据说，死者可以借灵媒的声音与生者交谈，或是给生者带来灵感，让生者不自觉地在一张空白纸上写字，死者甚至可以用移动桌椅的办法来显示自身存在。1914年时，死亡已成为百姓不愿承认存在的东西，至少在城市是这样。因这一态度，第一次世界大战的大规模杀戮使公众受到了更大心理创伤。

抑制原始欲望

死亡率的下降是 19 世纪欧洲人口史上最显著的特点之一，死亡率开始下降后不久，生育率也随之下降。这两个趋势加在一起，构成了历史学家口中的"人口过渡"。欧洲各地的出生率均呈现下降趋势。瑞典出生率在 1800 年为 31‰，到 1913 年降至 14‰，英国出生率从 38‰降至 24‰，德国从 40‰降至 28‰，法国从 33‰降至 19‰，奥匈帝国从 41‰降到 30‰。意大利的情况与以上几国形成鲜明对比，出生率不仅下降缓慢，而且降幅不大，从 1850 年的 37‰降至 1913 年的 32‰。俄国明显落在其他欧洲国家后面。俄国出生率在 1850 年时为 51‰，1913 年降至 43‰。不过，欧洲各地出生率的总体趋势都是往下降，这意味着每个育龄妇女生育孩子的平均数量也减少了。从 1800 年到 1910 年，英格兰和威尔士每个育龄妇女平均生育孩子的数量从接近 6 个减至将近 3 个。从 1870 年到 1910 年，荷兰和德国每个育龄妇女平均生育孩子的数量分别从 4.6 个和 5.3 个降至 3.3 个和 3.5 个。从欧洲大陆整体看，每个育龄妇女生育孩子的平均数量从 1870 年的 4.7 个降至 1910 年的 3.4 个。另一种更准确的统计方法是看每个妇女婚内生育和养活了多少孩子，换言之，不包括私生子。这一方法得出的结果与上面的无异。奥地利从 1880 年的 6.8 降至 1910 年的 5.9，英格兰和威尔士从1851年的6.8降至1911年的4.7，德国从1867年的7.6降至1910年的5.4。大致可以说，19世纪中叶以后，在欧洲大部分地区，每个妇女婚内预期会生6到8个孩子，1910年前后减至5个甚至更少。爱尔兰、挪威和瑞典是例外，这三国的数字始终在7个孩子上下徘徊。

欧洲各国生育率的高低和时间先后上的差异导致一些国家担心自己落在他国后面，尤其是法国。19世纪末，"鼓励生育派"成为法国一股重要政治力量。1800年法国全国人口为3 000万，1910年仅增加到4 000万。同一时期，英国人口翻了一番，从2 000万增至4 500万。俄国人口增长得更快，从4 800万增至1.42亿，不过增加的很大一部分人口是俄国向东扩张的结果。奥地利帝国的人口从2 900万增至5 100万。意大利人口1860年为2 300万，1910年增至3 500万。但最令法国担忧的是德国人口的增长。1860年，德国人口为4 100万，只比法国略多一点；1910年，德国人口增至6 500万。19世纪90年代，德国出生率为36‰，与19世纪中叶以来的情况相同，然而法国的出生率下降了，从原本就不高的27‰降至22‰。在德国政府和评论家眼里，这是德意志民族青春勃发的象征，也是法国人走向没落的象征。直到19、20世纪之交时，德国人口增长才趋向稳定，此后开始走低，由此引发了一场激烈辩论。国家采取各种措施竭力制止人口下降，最终没有产生任何结果。

生育率大幅下降是如何实现的呢？当时世界上根本没有避孕药，人工避孕手段效果很差，而且没有普及。1844年硫化橡胶问世，19世纪50年代，固特异轮胎公司开始生产橡胶避孕套（看上去和自行车内胎差不多厚），但价格昂贵，而且安全性差。再者，各国政府均不赞成推销和销售橡胶避孕套，担心出生率下降会削弱本国的军事实力。根据1900年的一项法律，德国的避孕套广告展示含有"不雅用途"的物品，应当禁止。公众出于道德考虑，普遍不赞成使用避孕工具。1900年，妇科医生保罗·茨魏费尔（Paul Zweifel, 1848—1927）称："使用避孕工具只会助长淫欲。"产婆，尤其是农村地区的产婆，可以提供子宫帽和化学避孕药，但这些避孕手段均属非法，而且不可靠。其他避孕方法效果更差，也不为人所熟悉，包括19世纪20年代后出版的性知识手册宣传的中断性交避孕法。不过，据1899年对医生做的一项调查，中断性交避孕法在法国最常见，其他地方的情况很可能也一样。同一项调查指出，几乎没人使用避孕套。据医生和产婆说，1914年前人工流产已经越来越普遍，尽管几乎各地都禁止这样做。据估计，1905—1910年，德国每年有10万到30万起人工流产，流产者主要是来自社会各阶层的单身妇女，尤其是小资产阶级。

最保险的避孕方式只有一个——禁欲。由于怀孕的风险及其后果都由妇女承担，妇女首先开始压抑自己的性欲望。如果18世纪有人说妇女没有性能力，人们会觉得很怪异，如今这一观点却越来越流行，尤其是在资产阶级内。淑女婚前必须严守贞操，不小心怀孕不仅有可能败坏一个家庭的名声，还会使一家人背上沉重的经济负担。正是为了促进禁欲，维多利亚时代才出现了道貌岸然之风盛行的现象，其突出代表就是托马斯·鲍德勒（Thomas Bowdler, 1754—1825）编辑的10卷本《家藏版莎士比亚戏剧集》，这套书除原文外没有添加任何新东西，但略去了不适合当着一家人大声朗读的字句。被删掉的内容确实令人愕然。对教士的不敬之语不见了，人体的部分器官回避不提，"人体"一词多被"人"取代，放荡的人物消失得无影无踪，比

第五章 征服大自然

如《亨利四世》下篇里的妓女桃儿·贴席。鲍德勒的这套书主要由他姐姐亨丽埃塔（Henrietta, 1750—1830）编纂，1807年首次出版发行，1818年全书定型。该书先后再版了50次，最后一次是1896年。早期版本备受人诟病。一位评论家称，新版本自以为是，认为一家人大声朗读莎士比亚作品"令人作呕"。其实早在1820年，一家有影响的杂志《爱丁堡书评》就声称："难以启齿、原本就不该写的内容如今不再见之于世从各方面讲都是好事。"19世纪后期，这类观点更加流行，在很多国家掀起查禁色情文学之风。德国警察编写了一个长长的淫秽书单。1871年，意大利内政部部长乔瓦尼·兰扎（Giovanni Lanza, 1810—1882）称："凡是品行端正的人都知道，淫秽图像和黄色书籍对年轻人的危害有多大……伤风败俗会导致整个民族走向堕落。"

经过删节的"大众版"经典文学著作日益走红。很多国家还出台了报刊检查法。中产阶级妇女往往受到道貌岸然势力的攻击。教育不断普及后，童工劳动收入随之下降。用在孩子身上的开支有必要减少，面对压力，中产阶级妇女的生育率首先下降。法律限制使用童工和初等教育扩大后，中产阶级以下阶层的孩子从收入来源变为经济负担，工人阶级的生育率也跟着下降。工人阶级的性压抑在某种程度上也许比中产阶级轻。左拉在小说《萌芽》（1885）里描绘的放荡无度主要出自作家本人的想象，而不是冷静观察社会的结果。书中描写了行人夜晚在煤矿居民区的街上看到的情景，每个街口都有一对对交媾的男女。毫不奇怪，欧洲各地私生子数量也开始下降，从19世纪40年代起一路走低，一直延续到19世纪末。换言之，妇女不仅减少了婚内性生活，也减少了婚外性生活。

人们常常认为，婚外产子、遭人白眼是妇女被迫卖淫的主要原因。19世纪，卖淫业发展很快。1899年，马德里有2 000名注册妓女，此外还有大约7 000名非法妓女。西班牙首都共有150家正式登记的妓院，定期接受卫生检查。小说家皮奥·巴罗哈（Pio Baroja, 1872—1956）在1911年写到妓院老鸨对妓女十分歹毒，克扣她们的收入，不给她们饱饭吃，妓女沦落到"出卖性的无产阶级"的悲惨境地。马德里的注册妓女中，1/4原是家庭女佣，还有1/4很可能原来是纺织女工，迫于贫困卖淫。1869年圣彼得堡人口普查显示，全市大约有2 000名妓女，据说这仅是真实数字的1/4。注册妓女住在城市中心区，主要集中在领有政府许可证的妓院里。19世纪70年代，柏林市对2 224名注册妓女做了一项调查，结果显示近一半妓女是手工业者的女儿，20%来自工人家庭，14%出身小官吏家庭。大多数妓女年龄在20岁上下，干过的工作多种多样，但以私家用人和女侍者为主。1909—1910年，慕尼黑妓女总数为4 560人，其中当过女用人或女侍者的妓女分别为1 261人和1 162人。纺织业和制衣业不景气时，地下妓女人数激增，数以千计；经济复苏后，人数又再次回落。大多数妓女根据对额外收入的需要在这一行业进进出出。

随着年轻人纷纷涌入城市寻找工作，欧洲城市不断扩大，色情业也随之扩展，以满足他们的性需求。最能反映男人对妓女依赖程度的统计指标就是源于梅毒的死亡率。从1850年到19世纪60年代末，英格兰和威尔士死于梅毒的人数骤增，此后保持不变，从19世纪80年代中起开始走低。梅毒死亡率一般较低，感染梅毒的人数一定远远超出死亡人数。1864年，英军全军有将近30%的官兵患有性病，包括梅毒。截至19世纪70年代末，圣彼得堡每年新增加的梅毒患者大约为3万人，也就是说，每1 000名居民中就有45名患者。直到1905

第五章　征服大自然　　527

年,两位德国科学家弗里茨·邵丁(Fritz Schaudinn, 1871—1906)和埃里希·霍夫曼(Erich Hoffmann, 1868—1959)才发现了梅毒的病原体。在梅毒治疗上,不寻常的是很快就有了比较有效的治疗办法。法兰克福的科学家保罗·埃尔利希(Paul Ehrlich, 1854—1915)一直致力于通过实验找到一种用砷化合物攻击细菌而不使其他细胞受损的方法。他用各种砷化合物进行实验,1909年,他在第606次实验中成功找到了治疗梅毒的化学疗法,他称之为"洒尔佛散"。翌年,制药的赫斯特股份公司开始推销,几年后又上市了经过改进的药物。埃尔利希将这种药物称为"魔术子弹"。

嫖娼的男人不会遭到社会白眼,他们不过是"生活放荡的"年轻人而已,不让他们患上性病成为男性为主的政府的一大任务。从1802年起,法国的娼妓必须在警察局注册登记。此后几十年里,大多数欧洲国家都对娼妓实行管理。卫生学家亚历山大·帕朗-迪沙特莱(Alexandre Parent-Duchâtelet, 1790—1836)为政府采取的这类措施提供了权威医学依据。1836年,他写的论述巴黎色情行业的专著在他去世后出版,影响巨大。他绘制了巴黎娼妓分布图,称登记行为不检点的女人,把她们关起来,定期接受体检,有病的人送到封闭的医院病房直到康复为止,是她们咎由自取,因为她们"任意放纵自己,生活无度,不配享有自由"。帕朗-迪沙特莱得出的结论是:"给予娼妓自由就是容忍放荡,容忍放荡就会毁掉社会。"

当然,社会等级高的"名妓"和同一阶层的社会名流不受官方法规的约束。上流社会的人更有可能为谋取住房、衣物、首饰等好处而从事性交易,如此可以不沾上商业化卖淫的污点。这也是少数女人趋炎附势的手段,比如洛拉·蒙特斯。歌唱家、演员布朗什·达蒂尼（Blanche d'Antigny, 1840—1874）是左拉小说《娜娜》（1880）里娜娜的原型。据说布朗什·达蒂尼先后与巴黎、罗马尼亚和俄国情人缠绵。她在俄国与圣彼得堡警察局长有一段风流韵事，还是埃及在位君主的情妇。君主和王公贵族大多有情妇或绯闻不断。据法国警方说，多次访问巴黎的爱德华七世在自己下榻的酒店房间幽会了俄国使馆的一连串贵妇人，毫无疑问厚赏了她们提供的服务。至于下层社会，作家笔下受欺凌的年轻姑娘都是底层社会善良的受害者，比如狄更斯小说《雾都孤儿》里面的南希和雨果小说《悲惨世界》里面的芳汀。南希最终被自己粗暴的情人、窃贼塞克斯活活打死。在贫困中挣扎的芳汀被迫卖了自己的秀发和门牙，最后在一阵痉挛中死去，埋在穷人公墓里。

警方的戒规就是为后一类女人制定的。19世纪60年代，巴黎培养的妇科专家威廉·阿克顿（William Acton, 1813—1875）医生在英国为警方的做法辩护。他认为，沦为娼妓的女人身心都不健全，在整体女性中属于另类。阿克顿赤裸裸地称："大多数妇女（对她们来说是幸事）对性没什么兴趣。"他认为，男人的性欲很强，需要得到宣泄。阿克顿认为，一眼就能看出哪些女人应该被逮捕并投入监狱。他问道：

那些既非陪伴监督人，又非被陪伴监督者的人，"没人知道是何许人也"，在公园、林荫大道和时尚聚会场所与我们的妻子女儿擦肩而过的面容姣好的女子是些什么人？那些女人脸上涂脂抹粉，打扮得花枝招展，沿街招摇，大胆上前勾搭过路行人，她们是什么人？那些缺衣少食、蜷缩在黑魆魆的拱门下或冷僻街巷中、令人不忍心看的可怜女人是些什么人？

1864年、1866年、1869年，英国先后出台了3个《传染病法》。阿克顿和负责执行这些法案的政府官员一样，认为以上问题的答案很简单：这些女子都是娼妓。其实她们也许不过是婚前就有性行为的女子，或是与几个人搞婚外恋的女子，甚至只是没有监督人陪伴、自己随意溜达的女子。依照以上法案，被诊断出患有性传播疾病的妇女一律收监接受治疗。认为色情业有助于维护婚姻和家庭体制的观点在欧洲各地盛行。意大利政治家和人类学家保罗·曼泰加扎（Paolo Mantegazza, 1831—1910）说得很简略："付费满足性欲比对家人不忠强百倍，也比通奸行为被道德习俗接受强百倍。"

　　以上观点激怒了社会改革家，比如英国女权主义者约瑟芬·巴特勒（Josephine Butler, 1828—1906）。1869年只有男子才能参加的废除《传染病法》全国协会成立后不久，巴特勒成立了全国妇女协会，领导了这场运动。巴特勒认为，国家规范卖淫业反而助长了男人嫖娼，因为他们觉得可以避免染上性病，而娼妓却被迫过一种与女人谦恭的天性格格不入的堕落生活。一份宣扬社会纯洁的小册子称："靠卖淫为生的堕落女人是社会的害虫。你们可以怜悯她们，采用一切办法改造她们，但没有义务给予她们从事那种有害行业的自由，正如没有义务给予任何腐蚀社会的人自由一样。"1888年，人称"开膛手杰克"的一个神秘连环杀手在穷人居住的伦敦东区连续杀死了数名妓女。案发后，不但没有引起公众对受害者的同情，反而加深了人们对妓女的负面看法。记者威廉·托马斯·斯特德（William Thomas Stead, 1849—1912）通过题为《现代巴比伦的处女贡品》的系列报道揭露了最恶劣的性剥削形式——儿童色情。文章发表后，社会一片哗然，然而收效甚微，唯一结果是把同意性行为的年龄从13岁提高到16岁。

在巴特勒开展的运动的大力推动下,《传染病法》终于在1886年得到废除。她试图把这一运动扩展到欧洲大陆,但彻底失败了,她在《我对一场伟大运动的回忆》(1896)一书中讲述了这段经历。巴特勒在文中怒斥欧洲各地的警察当局对她或置之不理,或嗤之以鼻。直到19、20世纪之交时,法国、德国及其他地方的女权主义者开展的反对登记妓女的运动才开始得到公众的支持。各地警察许可开办的妓院接二连三地关闭。举例来说,从1834年到1874年,汉堡妓院的数量从98家增至191家,19世纪80年代时回落到157家。英国1885年的《刑法修正案》给予警察关闭妓院的广泛权力。法国1906年颁布的一项法律也提高了同意性行为的年龄,导致大批妓女被关入监狱。妓女现在受到警方更严厉的管制,大多数妓女于是改为非法卖淫。大批性工作者激烈反对"新管制主义"。1908年在鲁昂一地引发了大规模的妓女骚乱。注册登记过的妓女攻击逮捕她们的警察,又咬又踢,把警察的衣服扯成碎片,满口污言秽语。被转送他处的妓女在巴黎圣拉扎尔站从火车里逃出,扯开上身衣服,掀起裙子,高声辱骂警察。对峙双方一边是不停高呼"我们是寻欢作乐的女子"、毫不避讳自己行当的年轻姑娘,另一边是卫道士,要么把她们看作堕落男人的无辜受害者,要么当她们是腐蚀社会秩序的邪恶分子。妓女造反以最具戏剧色彩的形式反映了双方之间的鸿沟。

英国大力打击色情业的一个结果是雄心勃勃的自由派政治家亨利·拉布谢尔(Henry Labouchère, 1831—1912)对1885年《刑法修正案》提出了一项修正案,对涉及男人之间不当行为的人处以最长两年的苦役。拉布谢尔称,他提出这一修正案是因为看到英国各地城市男妓泛滥。实际上这一修正案涵盖了男人之间的种种性行为。新法案虽然不及此前制定的对付鸡奸的法律严酷——后者对被判有罪的人施以死刑（1861年废止）——但涵盖范围更广。拉布谢尔修正案还反映了净化社会运动倡导者普遍持有的一种观点：男人之间的同性恋是放荡无度的男子淫欲的结果，是反对双重标准运动同样极力遏制的对象。在打击妓女卖淫和男人同性恋问题上，人们都以公共道德操守为理由，还有保护年轻人的需要。19世纪90年代中期剧作家奥斯卡·王尔德受审期间，对年轻人的保护尤其引起公众关注。在男人之间同性恋关系属于非法的其他国家，比如德国，公众对待这类丑闻的态度也是一样。1907—1908年，记者马克西米利安·哈登（Maximilian Harden, 1861—1927）陷入一连串诽谤官司。他指控德皇的密友奥伊伦堡亲王菲利普（Philip, Prince of Eulenburg, 1847—1921）和宫廷大臣及军中一些将领一直保持同性恋关系。丑闻传出后，德国举国上下为之惊恐，反对派社会民主党人趁机煽风点火。因做伪证而受到起诉的奥伊伦堡亲王身败名裂，德皇的声誉大跌。不无矛盾的是，把同性恋定为非法成了加深性取向意识、强化同性恋亚文化的一个重要因素。

英国定男子同性恋为非法，但没有定妇女之间的同性恋关系为非法。其原因并不像传说的那样，英国政府内没人敢向维多利亚女王提出这个问题，而是因为人们认为女人之间不存在性冲动，这一观点是净化社会运动的基础。欧洲大陆只将男子同性恋定为非法的深层原因也是认为男女情况不同，比如1871年的《德意志帝国刑法典》，或1835年、1845年和1903年俄国先后颁布的刑法。在"浪漫友情"的概念下，女同性恋关系可以得到包容。像约克郡富婆安妮·利斯特（Anne Lister, 1791—1840）那样清楚意识到自己性取向的女子十分罕见。她貌有男人相，身穿黑衣，毫不掩饰地追求其他女人，当地社会对她的行为很不以为然，称她是"绅士杰克"。女同性恋者毕竟没有给社会造成普遍恐慌，改革者针对的是男人的肉欲。在一些人眼里，比同性恋更恶劣的肉欲表现形式是手淫。当时手淫给社会造成了道德上的恐慌。净化社会运动倡导者詹姆斯·威尔逊（James Wilson, 1836—1931）牧师宣称："罗马帝国亡了，其他国家也亡了。如果英格兰也亡了，必是亡于这一罪孽和不信仰上帝。"

此时一场逆运动正在进行。一些色情刊物对维多利亚时代的核心价值观提出挑战，比如印有奥布里·比尔兹利（Aubrey Beardsley, 1872—1898）版画插图的《黄皮书》杂志，挑战世俗的奥斯卡·王尔德推波助澜。意大利诗人加布里埃尔·邓南遮（Gabriele D'Annunzio, 1863—1938）不仅故意公开与女演员埃莉诺拉·杜塞（Eleanora Duse, 1858—1924）谈情说爱，还写了《快乐的孩子》（1889）这类文学作品，招致教会的抨击，被斥为伤风败俗。慕尼黑的弗兰克·韦德金德（Frank Wedekind, 1864—1918）写的剧本更是在社会上引起轩然大波，尤其是《青春觉醒》（1891）以及"璐璐"组剧剧本《地神》（1895）和《潘多拉的盒子》（1904）。他的剧本抨击对性的压抑，描写了女同性恋、卖淫和集体手淫等主题。颓废主义运动的出现显示了维多利亚时代晚期及此后的爱德华时代社会在性问题上的复杂心态。1892年，医生马克斯·诺尔道写了《堕落》一书，抨击种种新潮流，认为它们预示了整个社会的没落和道德堕落。争取女子选举权运动的招贴画提出了一个经典口号："妇女参选，男人守贞。"这一核心思想一直延续到20世纪60年代避孕药问世。克丽丝特布尔·潘克赫斯特（Christabel Pankhurst, 1880—1958）在小册子《大祸害及消除之办法》中宣扬男人禁欲，认为这是结束卖淫的唯一办法。她提出的这一主张也许并不像众多历史学家认为的那样怪异。挪威戏剧家亨里克·易卜生（Henrik Ibesn, 1828—1906）的剧作《群鬼》1882年首演时仍然引起大哗，因为该剧描写了一种性病给剧中主角之一造成的长期后果。报刊纷纷攻击该剧，《每日电讯报》写道："易卜生写的《群鬼》简直令人厌恶。"

对性的严肃研究始于19世纪60年代晚期。匈牙利记者卡罗伊·科本尼（Károly Kertbeny, 1824—1882）发起了一场运动，试图阻止禁止同性恋的《德意志帝国刑法典》的起草工作。"同性恋"一词也是他本人在1860年发明的。19世纪末对性问题讨论的日益开放反映在出版的各种著作和论文上，也许亦是受这些作品影响的结果。其中最引人注目的是精神科医生理查德·冯·克拉夫特-埃宾（Richard von Krafft-Ebing, 1840—1902）男爵的论著，他在《性精神病态》（1840—1902）一书里探讨了此前人们避讳的各种性的表现形式。该书是专为医学和法律专业人员写的，为了打消好色之徒的兴趣，作者故意把它写成学术性著作，语言干巴枯燥，使用了大量拉丁词。该书探讨了同性恋（"性倒置"）、恋童癖和双性恋的行为。"性施虐狂""性受虐狂"等词因此书而流行，前者源自萨德侯爵（Marquis de Sade, 1740—1814）残忍的性行为，后者得名于利奥波德·冯·萨克-马索克（Leopold von Sacher-Masoch, 1836—1895），他的小说《穿裘皮的维纳斯》（1870）的主人公自愿接受种种性侮辱。克拉夫特-埃宾是刻板的卫道士，认为性的一切表现形式都是病态的，除非目的是为了生殖。尽管克拉夫特-埃宾落笔时异常小心谨慎，他写的这本书依然推动了对性问题的公开讨论。不过他对女性性特点的看法与当时流行的观点无异，他认为，一个女人若"神志发育正常，家教很严，她的性欲会很弱"。

1896年，克拉夫特-埃宾的英国同行哈夫洛克·霭理士（Havelock

Ellis, 1859—1939）发表了他自己撰写的医学课本《性心理学》，把"自恋"和"自动恋"引入词汇。霭理士的观点影响了奥地利神经学家西格蒙德·弗洛伊德（Sigmund Freud, 1856—1939），他发明了"精神分析"疗法，使用催眠术和自由联想法帮助病人通过潜意识恢复对童年遭受的性创伤的记忆，治疗他们所患的神经疾病。1902年成立的"星期三心理分析协会"对以上观点展开了讨论。弗洛伊德对精神病学家的影响日益增大，最终成立了"国际精神分析协会"。弗洛伊德的部分弟子在学术观点上开始与他分道扬镳，尤其是瑞士心理学家卡尔·古斯塔夫·荣格（Carl Gustav Jung, 1875—1961）。荣格首创了"外倾型"和"内倾型"两词，设想存在着人人都有、构成人在心灵上信仰宗教基础的"集体无意识"。然而，精神分析的主流还是弗洛伊德。直到第一次世界大战后，弗洛伊德的观点才真正产生了重大影响。现实情况是，尽管对性展开了公开讨论，尽管有声色犬马的邓南遮这种人，但这一时期及其后年代生育率持续下降清楚显示，大多数人是在有意压抑自己的性欲，而不是放纵性欲。

治疗疼痛

19世纪以前，人类对无时无刻不在的疼痛束手无策，各种民间土法治疗手段充其量只能减轻疼痛，动大手术时没有麻醉药，仅靠使用大量酒精或鸦片麻木患者的感官，甚至像拔牙这样的小手术也会造成难以忍受的剧痛。18世纪欧洲人开始大量吃糖后，拔牙日益频繁。为了麻痹感官，人们采用了18世纪90年代奥地利医生弗朗茨·安东·梅斯梅尔（Franz Anton Mesmer, 1734—1815）发明的"动物磁流术"，也就是"催眠术"，19世纪20年代，法国的医生将其推广。1837年，在伦敦大学附属医院，医生约翰·埃利奥特森（John Elliotson, 1791—1868）在两个分别得了癔症和癫痫病的家庭用人身上做了一连串试验，此后催眠术风靡一时。埃利奥特森声称，他把自己体内的一种无形磁性液体传导给病人后，病人体温升高，驱走了病魔。"麦斯麦术"（Mesmerism），即今人所谓催眠术，马上在社会各阶层中流行起来，直到有人揭露，埃利奥特森的患者其实自始至终都在装病，催眠术才声名狼藉。医生马上停止把它作为手术的一种麻醉手段，而改用化学麻醉剂，而19世纪40年代初时，把催眠术作为麻醉手段十分普遍。

采用化学手段治疗病痛始于口腔医学。1844年，笑气（一氧化二氮）首先用于美国的牙医手术，然而它和 19 世纪 40 年代用的另外两种麻药乙醚和吗啡一样，既不可靠，还会产生不良副作用，比如有时会使人上瘾。当时最常用的麻醉药是氯仿（三氯甲烷），苏格兰外科医生詹姆斯·扬·辛普森（James Young Simpson, 1811—1870）发现了它的麻醉效果。1853 年维多利亚女王分娩时用它镇痛，此后氯仿得到广泛使用。维多利亚女王在日记里写道："服药后神宁心静，感觉好极了。"但有人反对哪怕是对接受截肢手术的人使用麻醉药，理由是麻醉药是对自然界的不敬，尤其是像分娩这样的自然而然的事情，更不需要使用麻醉药，麻醉药既危险，又无必要，特别是对士兵而言，他们已对疼痛习以为常。俄国外科医生尼古拉·伊万诺维奇·皮罗戈夫（Nikolai Ivanovich Pirogov, 1810—1881）首先在战场上使用了麻醉剂。克里米亚战争期间，他对接受截肢的人使用了乙醚（他还发明了用于治疗骨折的石膏绷带），但还有很多士兵是在神志完全清醒的时候接受手术的。1854 年 11 月，弗洛伦丝·南丁格尔抵达位于斯库塔里的一家野战医院后不久写道：

> 我正在截肢手术室安放屏风。明天被截肢的可怜人如果目睹他的战友今天死在手术刀下的话，会留下可怕的印象，减少他的存活机会。其实我这么做没什么用。这些被伤口折磨得奄奄一息的人，手术死亡率高得惊人。一会儿有人大出血，一会儿出现医院内坏疽。每隔 10 分钟，就有人紧急呼叫卫生员。我们必须在外科医生赶到之前先用软布塞住伤口，尽我们所能止血。

很多病人拒绝接受麻醉，担心手术后自己苏醒不过来。一名教士告诉辛普森，氯仿是"撒旦的圈套，导致全社会的人心肠变硬，使上帝听不到人们受难求救时发出的殷切呼喊声"。受苦对灵魂是好事，肉眼凡胎的人不应该躲避受苦。约翰·霍尔（John Hall, 1795—1866）医生多年在军中服役，曾任克里米亚英国驻军医务总监。他顽固地与南丁格尔作对，称"娴熟使用手术刀是一剂强效兴奋剂，听一个人渴求帮助的嚎叫声比看着他无声沉入坟墓强百倍"。鉴于全身麻醉有一定风险，外科医生探寻只需对身体做局部麻醉的方法，尤其是动小手术时。奥地利眼科医生卡尔·科勒（Karl Koller, 1857—1944）为防止手术刀触到患者眼睛时患者做出反射动作，首先对患者使用了局部麻醉。他先在自己身上做实验，成功地使用了可卡因。很快，可卡因在牙医行业流行开来。长期以来，民间一直使用自然减痛药方，比如柳树皮和绣线菊。18世纪时，从以上植物中提取出了活性成分水杨酸，1859年，人们弄清了其分子结构，1897年，拜耳化学公司开始生产一种从绣线菊属植物中提取的合成药物乙酰水杨酸，起名"阿司匹林"。两年后，近代最早的有效镇痛药阿司匹林开始销往世界各地。

麻醉剂问世前，外科医生引以为豪的是仅用几分钟时间即可锯掉一条腿。这样做或许可以减轻伤者痛苦，但不意味着手术一定会成功，尤其是外科医生做手术一不洗手，二不对手术器械进行消毒，还重复使用未经消毒的旧绷带。匈牙利医生塞麦尔维斯·伊格纳茨（Ignaz Semmelweis, 1818—1865）首先认识到患者在医院受到感染的风险。1847年，据他观察，在他工作的维也纳总医院，在医生病房分娩的妇女有1/3死于"产褥热"，而由产婆接生的妇女死亡率仅为10%左右。塞麦尔维斯注意到，医学院的学生解剖完尸体后，不洗手就走进产房。于是他在产房外面放了一盆用氯消过毒的水，要求学生走进产房前必须用消毒水为自己消毒。此后死亡率跌至仅1%。

然而，塞麦尔维斯提不出任何科学依据来解释这一奇效。他对自己理论的执着追求导致他得罪了其他医生。体液疾病和痉挛性疾病理论都无法解释他的观点。包括詹姆斯·辛普森在内的很多医生认为，产褥热更有可能是人与人之间传染造成的，医生自己传播疾病的说法令他们感到受辱。塞麦尔维斯的任职合同到期后，维也纳总医院没有和他续签，而是让他改教产科学，但只准许他用皮制人体模型演示。几天后，心灰意冷的塞麦尔维斯辞去了教职，去了布达佩斯的一家医院。他在这家医院又一次把产褥热死亡率几乎降至零。1861年，塞麦尔维斯撰写了一本为自己做法辩护的书，结果受到医学杂志的激烈抨击。把产褥热归咎于其他原因的课本更流行。塞麦尔维斯无法让医学界接受他的观点，精神上备受打击，在公众场合的行为举止变得越来越怪异，最终被关进了一家精神病院。他试图逃走，遭到看守暴打，被套上了紧身衣。入院两周后，他死于伤口感染。

此后又过了很长时间，外科无菌术和术前消毒才被广泛接受。疾病生源说终于为这一做法提供了科学依据。研究过巴斯德成果的约瑟夫·李斯特（Joseph Lister, 1827—1912）认为，有办法防止细菌感染伤口。接受手术的患者手术后常常因为伤口感染而痛苦地死去。一名11岁男孩从大车上掉下去后大腿骨折，李斯特治疗时用了浸过亚麻籽油和石炭酸的敷料，他用锡箔包住敷料，防止液体挥发。伤者的伤口没有感染，骨头完全复位。手术后6周，这个男孩自己走出了医院。此前人们把黄稠脓视为不好的体液从人体内溢出的迹象，但李斯特提出，这是伤口感染的危险兆头。很快他的一套做法得到推广，包括给

第五章 征服大自然 539

外科伤口排血，手术前洗手，用石炭酸清洗伤口，在伤口上使用敷料。1877年，他从格拉斯哥迁居伦敦，培训年轻外科医生，此后这套措施更加流行。纽卡斯尔医院采纳了李斯特"抗菌术"后，各类外科手术的死亡率从60%跌至1%。

李斯特移居伦敦一年后，罗伯特·科赫发现了导致血液中毒即败血症的细菌，这一发现进一步推动了各方面措施的改善，比如彻底清扫外科病房，对外科手术器械进行高温消毒（1887），使用消毒过的橡胶手套（1894）和波兰外科医生约翰内斯·冯·米库利奇-拉德基（Johannes von Mikulicz-Radecki, 1850—1905）引入的口罩。在战场上普及抗菌措施的步伐仍然十分缓慢。普法战争（1870—1871）期间，法国外科医生做的截肢手术多达1.32万例，患者死亡率高达76%。接受截肢手术的巴黎公社伤员无一人存活。直到1875年，法国才出版了第一份抗菌和防止感染操作手册，撰写这份手册的外科医生朱斯特·卢卡-尚皮奥内（Just Lucas-Championnière, 1843—1913）观看过李斯特的临床操作方法。引入以上措施减少了疼痛，外科医生还可以做耗时很长的手术，治疗此前难以触及的人体内脏器官。

以上种种创新外加麻醉剂使医院的作用发生了重大变化，极大提高了医院的声誉。19世纪初，医院是穷人有去无回的地方。欧洲大陆各地的医院主要是为实现自己济世行善誓言的女修道院开办的。甚至直到20世纪初，德国总数7.5万名的护士中，还是仅有3 000人接受过专业训练，其余的人都是修女或女执事。法国反教会的第三共和国与德国的情况很不一样。19世纪70年代，法国开始实行专业培训。南丁格尔从克里米亚返回英国后，创办了一所护校。第一次世界大战前夕，护士行业的专业化已扩展至军事部门，各国军队认识到，需要减少战时官兵的感染和死亡率。1900年时，在医学科学尤其是细菌学领域取得的成就极大提高了医学行业的名望。与此同时，疾病基金和类似机构的出现逐渐为广大民众打开了医院大门。人类对疾病及病因有了全新认识，治疗方法也随之发生了巨大变化。19世纪前几十年，解剖学校蓬勃发展，医学界人士得以了解人体内部器官的结构和功能。长期以来，常见的一种做法是用蚂蟥帮助恢复患者的体液平衡。法国医生弗朗索瓦-约瑟夫·维克托·布鲁赛（François-Joseph Victor Broussais, 1772—1838）在拿破仑大军中服过役，先后去过德国、荷兰和西班牙，他找到了使用这些吸血虫的新理由，称给患者放血可以根治他认为是疾病根源的血液炎症。受他的影响，截至19世纪30年代中，法国每年进口的蚂蟥高达3 300万条，直到19世纪末细菌学问世后，给患者放血的做法才开始减少。

1819年，法国医生勒内·拉埃内克（René Laennec, 1781—1826）发明的听诊器革新了诊断方法。乔治·艾略特（George Eliot, 1819—1880）写的小说《米德尔马契》（写于1871—1872年，但以19世纪30年代为背景）里面有个主人公是英国医生特蒂斯·利德盖特，他从巴黎回国后开始使用听诊器，遭到家乡其他医生的强烈反对。其他发明包括喉镜和检眼镜。喉镜是住在巴黎的西班牙男中音歌唱家兼声乐教师曼努埃尔·加西亚（Manuel García, 1805—1906）于1855年发明的，很快被医学界采用。同一年，德国医生赫尔曼·冯·亥姆霍兹（Hermann von Helmholtz, 1821—1894）发明了检眼镜。喉镜和检眼镜的发明推动了专科医学和专科医院的发展。圣彼得堡和维也纳分别于1834年和1837年建立了儿童医院。眼科医院、肿瘤医院、皮肤科医院、整形外科医院及其他类似医院相继成立，提高了医院在公众心目中的地位。但是，新的发现和治疗方法依然不能治愈大多数疾病。直到 1945 年发现了抗生素并将其用于治疗后，才有了对付常见传染病的办法。医学界治疗疼痛的努力已经起步，但完成这一进程仍然路途漫漫。

疯癫与文明

19世纪期间，人们不断尝试通过科学方法认识并最终节制人性。新诞生的颅相学首开这一领域的先河。19世纪初，弗朗茨·加尔（Franz Gall, 1758—1828）和在爱丁堡教书的约翰·施普尔茨海姆（Johann Spurzheim, 1776—1832）发明了颅相学，此后传给了乔治·库姆（George Combe, 1788—1858），库姆论述该学科的著述对颅相学在英国的广泛传播起了决定性作用。1828年，他写的《人的构造》一书出版，到1859年就已售出30万册。据一项统计，《人的构造》是19世纪40—50年代的第四大畅销书，前三本分别是《圣经》、《天路历程》和《鲁滨孙漂流记》。颅相学红极一时，200多人在英国巡回讲授颅相学，向各地的技工学校传授其要义。颅相学作为一种确立性格特征的科学方法简单易懂，又是世俗的、理性的，尤其受到技工学校师生的热捧。颅相学家认为，大脑有心理、灵性和道德等不同功能，掌管这些功能的是大脑的不同区域，这一重要的深刻见解为后来神经心理学的发展奠定了基础。每个人在不同程度上以不同的组合方式具有这些功能，这反映在每一种功能在大脑中所占面积的大小上。通过测量遮盖每一种功能的头盖骨面积，更准确地说，是测量颅相学家认为这一功能所在的区域的面积，即可确定一个人的性格结构。库姆认为，个人可以通过努力来争取自我完善，改变头颅隆起部分的形状。库姆提倡节俭、整洁、守时、勤奋等品德，在工业化突飞猛进的时代，颅相学如此热门也就没什么好奇怪的了。1850年以后，人们越发认识到颅相学核心要义的武断之处及其在医学上的荒谬，颅相学名声大跌，最终被1831年成立的英国科学促进协会正式摒弃。颅相学在英国以外的地方从未产生过什么影响，尤其是法国，法国的颅相学与世俗的、唯物主义的左翼思想流派混合在一起。

  颅相学由盛转衰期间，对精神病患者的看护方式发生了一场革命。启蒙理性主义进一步明确了神志正常与精神失常之间的界限，促成了专为精神病患者建立的"疯人院"，以便与此前随意把精神病人和罪犯关在一切的监狱区别开来。精神病学成为医学内的独立分科。改革者主张取消对精神病患者的约束，使用各种治疗手段治愈患者或至少减轻患者的症状。法国精神病学家让-艾蒂安·多米尼克·埃斯基罗尔（Jean-Étienne Dominique Esquirol, 1772—1840）是宣扬为精神失常者单独建立医疗设施的主要人物，他说："精神病院是一种治疗手段。"1838年，法国颁布了一项法律，规定在法国每个省建立合格医生管理的精神病院，埃斯基罗尔是该法的主要起草人。埃斯基罗尔首创"幻觉"一词，提出了"偏执狂"及其不同的表现形式——包括"盗窃癖""慕男狂""纵火狂"——的诊断方法。巴黎东南部的沙朗通有一家精神病院，萨德侯爵1814年去世前一直被关在这里。埃斯基罗尔在这家精神病院采用了一种新式疗法，"让精神病患者摆脱平日的消遣习惯，远离自己的居所，与家人、朋友和仆人隔离开，身边换上陌生人，完全改变他们的生活方式"。采取了以上措施后，心理医生使用一种新的刺激方法使患者的神志恢复正常。甚至"白痴"也受到训练,尤其是在康沃尔郡的医生约翰·兰登·唐(John Langdon Down, 1828—1896)识别出了后人所说的"唐氏综合征"后。

精神病学生理学派的首席代表威廉·格里辛格(Wilhelm Griesinger, 1817—1868)表达了类似的乐观看法。他提出了一个影响深远的观点:"每一种精神病都源自大脑疾病。"格里辛格认为,所有精神病都可以划分为慢性和急性两种类型,慢性精神病患者应当被送进位于农村的精神病院,急性精神病患者应被送入市内精神病院。如果患者从一种类型转成另一种类型,就需要转送到相应的精神病院。这意味着建立一种综合精神病院体制,各所精神病院院长的权力被大大削弱。因此毫不奇怪,他的这一设想遭到来自各方的反对。格里辛格认为,不应简单把精神病患者关起来,更不应永久束缚他们的人身自由,而是应该让他们去工作,刺激他们的大脑,这么做还可以抵销在各地兴建大型精神病院的费用及日常开支。经过格里辛格的努力,精神病学成为一个学科。1865年,格里辛格出任柏林大学精神病学系首任主任。虽然埃斯基罗尔和格里辛格在精神失常的病因问题上看法不一,两人都对精神病持一种新的乐观态度。众多欧洲国家都为精神病患者修建了专门设施就是这一态度的反映。

国家着手改革《济贫法》的同时,也开始为它现在相信无力照顾自己的人承担起照护责任。1838年埃斯基罗尔建议的那部法国法律被其他欧洲国家仿效,1841年荷兰就颁布了类似法律。这些法律规定把国家建立的精神病医院置于医学界监督之下。在英格兰和威尔士,随着"疯人院这一行"内种种虐待病人的行为逐渐曝光,私人疯人院对患者的护理饱受诟病。早在1828年,就有一项法律建立了"精神病督察员"监督制及许可证发放审批制度。1844年,精神病院里的2.1万名患者大多在私人疯人院。1845年英国颁布了一项法律，规定每个郡都要为穷人建立受到医学界监督的精神病院，私人疯人院于是成了中产阶级和上层阶级把患精神病的家人送去的地方。新建的精神病院位于乡村，比如1831年在汉威尔建立的米德尔塞克斯郡精神病院，它们解除了对患者的种种限制，鼓励患者在室外活动，做一些有益的事情。汉威尔一共有450名患者，一度是世界上规模最大的精神病院。由于需要入新型精神病院的患者人数不断增加，新建的精神病院规模越来越大。位于伦敦北部的科尔尼哈奇精神病院正面超过400米长，1849年医院开工时，阿尔伯特亲王亲自为其奠基。

1825年，普鲁士锡格堡地方政府从地方土地税收中拨款，在高度城市化的莱茵兰地区建立了第一家精神病院，最初计划接纳200名患者，慢性精神病人、智力上有缺陷的人、老人和癫痫病人一律不收。地方政府或私人可以提出入院申请，由院长决定是否接受。患者的看护费用基本由患者亲属承担。截至1842年，自1825年起接收的患者中，255人出身军人或白领职业家庭，528人来自手工业者或商人家庭，还有177名商贩、162名农民、28名随从、311名工人。工人在患者中占少数，但在全国人口中已占大多数。当地封建等级会议因这家精神病院带来的开支对它无比憎恶。尽管如此，自由派还是设法维护了它作为一家进步慈善机构的性质。1843年，该院院长卡尔·维甘德·马克西米利安·雅各比（Carl Wigand Maximilian Jacobi, 1775—1858）告诉等级会议：

医院把精神失常的人从他们龟缩的牢笼和洞穴中解救出来，打破了他们身上的锁链，把他们安置在干燥明亮的房间里，让他们睡在洁净的床上，受到看护和保护，四周有花园田野，安排他们做有益的工作和各种娱乐活动，提供医护治疗和宗教安慰。简而言之，给他们提供了今人认为一家设备齐全的精神病医院应有的一切服务。

成立这家精神病院及其他类似机构带来了一个问题：为什么有些人被诊断为患有精神失常症，其他人却没有？精神病院的成立及其发展其实主要不是医学进步的结果，而是不断衍变的社会道德观念的结果。

同一时期，在位于普鲁士黑森-拿骚省的埃伯巴赫精神病院，很多患者都被诊断为患有宗教躁狂症。入院前，他们显露出与超自然物沟通交流的种种症状。这些人在农村的环境中尚能受到容忍，但不见容于那个时代的资产阶级社会。宗教神秘主义、忧郁、预言、着魔乃至激情都与资产阶级信奉的自我节制和适度格格不入，新出现的精神病学把它们一律解释为精神错乱。精神病院里的治疗不仅有恢复体内和大脑里液体平衡的种种疗法，比如放血，或把患者从高处扔到冷水中，有点像是医学蹦极（埃伯巴赫的一名医生说他们"从24米高的教堂穹顶上把患者从秋千上解开"），还有各种逐走精神障碍的医疗手段，例如把患者绑在一把椅子上，然后让椅子沿其轴线高速转动。以上种种治疗方法还可以用作惩戒手段，尤其是针对精神病院里来自下层阶级的大多数患者。与此形成对照的是，埃伯巴赫精神病院邀请中产阶级患者参加定期举办的沙龙，也就是有资深医护人员参加的"晚会"，他们一起品茶聊天、打台球。埃伯巴赫精神病院举行晚会时，通常先请一位认为自己是法国王太子的患者讲话。阶级行为规范和性别行为规范对于诊断和治疗至关重要。男人和女人举止要得体的观念成为新出现的公共领域的核心内容之一。违反这些行为规范会导致被人视为精神失常，尤其是下层阶级成员。在公众场合举止狂放、桀骜不驯的妇女被贴上"女性色情狂"的标签。被送进精神病院的妇女以传统方式抗议把自己关在里面，她们常常采用的粗俗不堪的抗议方式往往又证实了对她们的诊断。举止呆滞麻木、回避与人交往、达不到新兴资产阶级理想中生气勃勃的男子标准的男人也被送入精神病院，理由是他们患有"手淫性精神失常症"。

一家建于19世纪50年代的挪威精神病院列出了精神失常的种种原因："遗传"（33例）、"手淫"（30例）、"失恋"（23例）、"放纵酗酒"（22例）、"家庭生活不幸"（22例，几乎全是女性）、"烦恼"（13例）、梅毒（11例）、"惊吓或劳累过度"（10例）。医院分5个区域，分别给"社会阶层较高的安静患者"、穷人患者、"闹事患者"、"亢奋，具有暴力倾向的患者"和"堕落下流的患者"使用。医院工作人员阅读用欧洲主要语言出版的精神病学专业刊物，努力使患者习惯过正常生活。患者住单人或双人房间，平时参加锻炼。医院设有食堂，还专门有一间屋子用于患者之间的交际活动。1857年，英国医生威廉·劳德·林赛（William Lauder Lindsay, 1829—1880）访问这家精神病院后汇报说："男士有台球室，女士可以弹钢琴，和我们正常人的生活一样。"精神病院安排男患者去伐木，女患者做针线活。据林赛讲，患者的精神失常分以下几种类型：忧郁（71例）、躁狂症（43例）、痴呆症（30例）。精神病院在认为有必要时，会为了镇定患者而不加限制地给他们服用鸦片。患者总数为250人，每年大约有65人出院。据这家精神病院讲，出院患者要么完全治好了，要么病症大大减轻。

欧洲的精神病院大多建在偏远地区，原因之一是城市居民往往不同意在自己住区内安置精神病患者。例如，1892年9月，柏林市施特格利茨居民委员会向德意志帝国宰相请愿，要求制止"私人开办的精神病院在本区蔓延……否则不仅本区居民的平静生活和人身安全会受到严重威胁，周边地区的名声也会受损，导致拉低房价"。不过，19世纪末、20世纪初的主流精神病学理论还是强调患者需要自然环境、清新的乡间空气和活动空间。1907年，维也纳分离派建筑师奥托·瓦格纳设计建造的一所模范精神病院投入使用。该院地处维也纳森林中，院内山坡上错落有致地排列了40间小巧玲珑的病房，还有一个新艺术运动风格的精美小教堂。此时，革新精神病学家已对19世纪中叶建造的庞大精神病院失去了兴趣，更喜欢内部管制不那么严的精神病院，但拆除早期建造的庞大楼群、在原地改建更先进的精神病院几乎得不到任何经费。

哪怕是最先进的精神病院，面对无法治愈的精神病也无能为力，作曲家罗伯特·舒曼（Robert Schumann, 1810—1856）就是一个著名例子。1853年，舒曼的情绪开始波动，时而亢奋，时而忧郁，天使和魔鬼的幻象交替出现。1854年2月27日，舒曼担心自己会做出伤害妻子——钢琴家兼作曲家克拉拉·舒曼（Clara Schumann, 1819—1896）——的事情，从一座桥上纵身跃入莱茵河。被船上的人救起后，他自己住进了位于波恩安德尼希的一家不大的私人精神病院。入院后，舒曼的病情迅速恶化。1856年7月29日，舒曼在这家精神病院病逝。造成他病症的原因有可能是脑瘤，也有可能是三期梅毒外加汞中毒。另一个著名例子是画家文森特·凡·高（Vincent van Gogh, 1853—1890）。凡·高患有抑郁症和精神障碍，1888年12月23日，他与友人画家保罗·高更争吵后，用刀片割下自己左耳上的一块肉，包起来留给当地一家妓院里的一个妓女。凡·高意识到自己需要接受治疗，住进了位于普罗旺斯圣保罗的圣雷米精神病院。从1889年到1890年，凡·高在这里住了两年。住院期间他可以到户外活动，受到医院的细心监护，院方不让他抽烟喝酒，防止他再次吃油漆和松节油。凡·高写道："我住在这里作画比在院外更开心。长期住在这里会有助于我养成有规律的生活习惯。日子久了，我的生活会更有条理。"对他的治疗十分简单，以泡澡为主，每周两次，每次两小时，治疗没有效果。凡·高并没有在此久住，而是离开了精神病院，但继续受到医生监护。1890年7月27日，他用一把左轮手枪冲自己的胸膛开了一枪，两天后死于伤口感染。

19世纪中叶大型精神病院模式之所以不成功，原因之一是这些机构人员不足。一个根本问题是患者数量以前所未有的速度增长，而出院患者人数极少。以爱尔兰为例，1901年一年内，全国各地的精神病院一共接纳了3 700名患者，出院的患者有1 300人，后者中又有数以百计的人很快再次入院。1904年的一份报告承认："夏季农忙时，精神病患者的家人把病人从医院领回家干活的现象非常普遍。"19世纪70年代之后，"治愈率"并没有增加，爱尔兰全国入精神病院的患者人数反而激增，1914年达到每10万人490名，同时期英格兰和威尔士为每10万人298人。这是大饥荒过后几十年里爱尔兰政府慷慨解囊、为本国穷人建造各种设施的结果。早在1838年，威廉·埃利斯（William Ellis, 1780—1839）就因地方政府不断逼他接纳更多患者而被迫辞去汉威尔精神病院院长一职。1844年，视察该精神病院的人报告说："医院的两名驻院医务人员需要看护将近1 000名患者。"19世纪最后几十年里，精神病院的护理状况进一步恶化。

精神病院里的大部分工作由护理人员承担。根据1837年的一份报告，护理人员往往是"其他行业的失业人员……招聘标准只有两条，一是身体强壮，二是有一定自制力，后一条常常被忽略；上岗的人对精神失常是什么一无所知"。他们只会维持秩序，而且方式简单生硬。19世纪60年代中期，一名自己住进汉威尔精神病院的患者说，看护人员的行为加重了他的抑郁：

> 他们给患者喂饭的方式、使用的语言、不堪入耳的影射、满口脏字的回骂……看护人员与患者竞赛谁笑声最大，他们粗鲁地吼叫和推搡，踩脚趾头，大谈疾病，患者狂躁无助，看护人员对结果漠不关心，以上种种可耻现象加深了此前我已有的印象：我受到了上帝的诅咒。

康诺利·诺曼（Connolly Norman, 1853—1908）兼任爱尔兰几家精神病院的院长。1895年，他要求其中一家精神病院的董事会解雇殴打一位患者、将其肋骨打断的两名看护人员。董事拒绝支持他，结果两名看护继续留在岗位上。19世纪80年代和20世纪初，申诉案子成倍增长。精神病院里人满为患，暴力事件层出不穷，监理和工作人员故意视而不见。一次一位患者死亡后，诺曼找看护人员询问事情经过，他说："看护人员告诉我，只要他们还在这里工作，就不会提供任何证据，因为这样做会给自己带来危险。"

19、20世纪之交时，各家精神病院里的患者人数增长得比以往更快。19世纪中期的几十年里，大多数精神病患者或精神障碍者仍然由亲属照料。1871年，普鲁士做了一次人口普查，把55 043人定为"精神失常"，其中41 262人住在家里，占总数的75%。此后几十年里，这一比例发生了很大变化。从1875年到1910年，普鲁士总人口增加了60%，城镇人口增加了137%，而精神病院的患者人数增加了429%。1910年，普鲁士一共有7.9万名男患者和6.4万名女患者，其中超过半数的人被定为患有"精神障碍失常症"。荷兰的情况与普鲁士大致相同。1850年，荷兰每10万名居民中有52名精神病患者，1910年增至每10万人144名患者。同一时期，瑞士精神病患者的人数增加了一倍。随着城市化的迅猛发展，在家里照护精神不正常的亲属越来越困难，这些患者更有可能引起国家的注意。

除了以上变化外，精神病学理论也逐渐转向认为，很多精神病属于遗传性质，很难根治。1866年、1871年和1882年，格丁根大学、海德堡大学、莱比锡和波恩大学分别设立了精神病学教授职位，不是为了培养在精神病院工作的医生，而是为了从事理论和研究工作，尤其是对大脑的研究。在精神病院工作的医生只是通过工作学会治疗精神病人的普通医生，最终改变人们态度的还是学者。学者们提出了一个观点：精神病主要源于机体。"神经症领域的拿破仑"让-马丁·沙尔科（Jean-Martin Charcot, 1825—1893）在巴黎萨尔佩特里尔医院建立了神经科门诊。他是描述多发性硬化和帕金森病［沙尔科用詹姆斯·帕金森（James Parkinson, 1755—1824）的名字命名这一疾病，1817年，帕金森发表了论述"震颤麻痹"的重要论文］的第一人。沙尔科主要研究癔症。当时人们认为，这是女子性高潮障碍症状。沙尔科提出，在男人中间这一症状和在女人中一样常见，其根源是心理性的，而不是生理性的。但他没能影响执业医生，后者继续建议对被认为患有此症的女孩使用束缚皮带、进行注射或用内科器械治疗。对那些用英国执业医生艾萨克·贝克·布朗（Isaac Baker Brown, 1811—1873）的话说变得"焦躁不安、情绪激动……无视家庭生活给社会造成的影响"的妇女，除了以上治疗手段外，女性生殖器残割也很普遍。自1859年起，布朗在他就职的伦敦外科医院做了很多例这类手术。1871年，他因滥用职权而被产科学会逐出。他称自己没做什么不寻常的事，对他的惩罚不公平，他这么说也许并非毫无道理。

埃米尔·克雷佩林（Emil Kraepelin, 1856—1926）表达的观点最悲观。他撰写的精神病学手册于1883年出版，此后不断更新再版。克雷佩林在手册中提出，精神失常主要是后天遗传和生物因素造成的。他称，精神病学迈出了"决定性的一步，不再根据症状，而是从临床角度审视精神错乱"。症状不过是某种综合征的表现，精神分裂症或躁郁症等遗传性精神失常没有任何治疗方法可以治愈。克雷佩林把这一观点推广开来，运用范围远远超出通常意义上的精神疾病，酗酒、小偷小摸等种种偏差行为都被视为病症。各地警察和地方政府如获至宝，马上把他的观点当作对付不顺从的穷人的手段，将狂饮重新定义为"一种间歇性躁狂症"，往往不顾家人的强烈反对，把酒徒送入精神病院。庞大的精神病院于是成了行为异常者的垃圾场。在德文郡精神病院工作的约翰·巴克尼尔（John Bucknill, 1817—1897）在一份年度报告中指出：

> 法律规定，对自身及他人构成威胁的疯子应该隔离在疯人院里，接受绝对必要的看护。如今这一法律的适用范围进一步扩大，涵盖了该法生效时根本不会被视为疯子的更大群体。1845年

以来，医学科学发现了一个全新的精神错乱领域，雅致挑剔的文明不愿接触有瑕疵的同胞，收容精神错乱者的种种机构人满为患，里面的人越来越像外面世界的人。

经过一个世纪治愈精神失常的努力后，人们在控制无法控制的事情方面似乎没有取得什么进展，实际情况是问题反而更严重了。行为偏差和精神失常似乎是一枚硬币的两面。

规训与惩罚

1858年，在位于汉诺威的格丁根大学城，行刑手把一个被判有罪的谋杀犯押出城外，带到当时俗称"渡鸦石"的行刑台上。四周早已是人山人海，人们等待观看行刑。目睹行刑过程的解剖学家海因里希·威廉·格特弗里德·冯·瓦尔代尔-哈尔茨（Heinrich Wilhelm Gottfried von Waldeyer-Hartz, 1836—1921）描述了以下情景：

> 几个行刑助手用一个皮兜子兜住犯人的下巴，一人拽住皮兜子，使劲把犯人的头往后拉。刽子手从披风里抽出一把刀刃锋利、装饰讲究的执法大刀，走到死刑犯的左侧，双臂挥刀向犯人头上砍去，转瞬间犯人身首异处。刽子手刀法干净利索，一刀砍断脖子。犯人的头颅留在皮兜子里，脖子伤口处喷射出两股血柱，忽高忽低，反复数次后血柱越来越低，越来越无力。犯人的心脏也逐渐停止了跳动……几个癫痫病患者等在断头台一侧。行刑前，他们给行刑手几个玻璃杯。行刑手用杯子盛上犯人流出的冒着血泡的血，递给患者。患者接过杯子一饮而尽。

已经是1858年了，居然还发生以上的事，人们可能会为此感到吃惊。实际上直到19世纪后半叶,类似这样的公开行刑在欧洲很多地区还十分普遍。大批群众观看行刑,据估计有时多达2万人。刑场四周可以看到各色各样的人,装神弄鬼的,兜售食品饮料的,唱黄色小调或民间小曲的。

在英国,犯人被公开处以绞刑后,犯人亲属和解剖学校派来领取犯人尸体的人之间常常发生冲突。那些留在示众架上任其腐烂的尸体——英格兰最后一次处死犯人后暴尸示众于1832年发生在莱斯特——有时会被人盗去器官,当作民间治病的手段。在普鲁士,公开行刑要么用斧头,要么用一个沉重的大车轮子。犯人四肢摊开,趴在行刑台上,行刑手把车轮子从上面扔到犯人身上,车轮子处决方式一直用到1848年。莱茵兰司法当局使用断头台,法国占领时引入了这一方式。后来,因为断头台与法国大革命的关系,德国很多地方的保守政府弃之不用,包括普鲁士和巴伐利亚。奥地利和英格兰对死刑犯处以绞刑。自1820年起,铁环绞刑被用于西班牙各地,犯人被绑在一根柱子上,行刑手从犯人身后拧紧他脖子上套的铁圈,将其勒死。

由于资产阶级反感公开行刑的做法,各地政府对此也日益不安,公开行刑次数逐渐减少,最终彻底废止。1840年,狄更斯目睹一次绞刑后诉说了自己的感受:"实难表述对这一场景的恰当感受……没有悲哀,没有恐惧,没有憎恶,没有沉重感。只有下流粗俗、堕落、轻浮、醉酒,以及其他五十种招摇的邪恶。"1848年以后,欧洲各地政府惧怕大规模的公众聚会,无论出于何种原因。普鲁士和萨克森分别于1851年和1855年改为在监狱内处决犯人,1861年时,德意志其他各邦国均已改成狱内处决。1868年,英国终止了公开行刑的做法。俄国早就这样做了,最后一次公开行刑是在1826年,当时5个十二月党人在大批群众围观下被处以绞刑。因绳索断开，犯人侥幸活了下来，围观群众高声请求豁免犯人，按照传统风俗，绳索断开是上帝表达的意愿，然而狠心的沙皇尼古拉一世下令在绞架上系上新绳索，绞刑照常进行。法国从1832年起把行刑地点移到了关押犯人的监狱的大门外。1870年后，法国不再使用断头台，改为在平地处决犯人，从而使外人更难看到行刑场景。法国废除公开行刑的努力遭到保守派和废除死刑派的抵制，最终搁浅。废除死刑派认为，改为在监狱大墙内行刑会改善死刑在人们心目中的形象，从而更难彻底废除死刑。

与此同时，还开始了一场改革，意在减少死刑判决的数量。到1815年，除英国外，欧洲各地几乎均对死刑加以限制，死刑仅用于一级谋杀罪和叛国罪。只有在英国，杀人罪和盗窃罪同样适用死刑。19世纪20年代，英格兰和威尔士3/4被绞死的人罪行涉及财产，只有1/5的人是杀人犯。根据被后人称为"血腥法典"的法律，有200种犯罪当处死刑，不过90%被判死刑的人后来都得到了减刑。尽管如此，从1816年到1820年，英格兰和威尔士一共绞死了518人，从1821年到1825年末，有364人被绞死，从1826年到1830年，有308人被绞死。与此相比，普鲁士每年平均被绞死的人数仅4到5人。当时普鲁士人口为1 600万，与英格兰和威尔士人口大致相等。英国被处死者的数量持续下降，到19世纪40年代，英国处死的犯人人数已接近欧洲的平均值（如法国每年34人左右）。19世纪20年代，法国每10万人中仅有1人被处死，这一数字基本保持到19世纪末。1905年俄国革命后，被处死者的数量开始回升，从19世纪80—90年代每年大约15人，增至1907年的627人，1908年更涨到1 342人，几乎所有死刑犯都被处决了。这一现象主要反映了政治上的焦虑和尼古拉二世镇压异见的决心，而不是国家的刑法政策。

早在18世纪，首先提出依罪行轻重程度量刑原则的意大利法学家切萨雷·贝卡里亚（Cesare Beccaria, 1738—1794）就主张废除死刑，理由是实践证明，死刑作为一种威慑手段不起任何作用。19世纪30—40年代，一批包括德国法学家卡尔·米特迈尔（Carl Mittermaier, 1787—1867）在内的改革家用统计数据证明了贝卡里亚的观点，显示在终止处决的地方，无论何地，谋杀案件数量均没有增加。精神病学问世后，减轻精神失常者责任的原则开始被引入法庭。自不待言，各国君主和国家元首依然热衷于保留死刑，因为他们可以借死刑行使国君的象征性权利，通过减免死刑展示上天给予他们的生杀予夺大权。出于宗教上的考虑，他们签署死刑令时开始有所顾忌。一批君主在审判不公或预料不远的将来会废除死刑时，拒绝钦可死刑判决，比如1855年后的荷兰国王、1863年后的意大利国王，1865年后的比利时国王、1866年后的萨克森国王、1872年后的挪威和丹麦国王，以及1878年后的普鲁士国王威廉一世。

自由派批评家称，死刑是中世纪遗留下来的过时产物，与现代文明相去甚远。惩罚不只是为了遏制犯罪，也是改造罪犯的手段。1848年后，随着各国议会权力的扩大，这一原则最终获胜。众多欧洲国家在法律上或事实上废除了死刑。许多新颁布的法典包括取缔死刑的条款，比如1866比利时颁布的法典和1870年荷兰颁布的法律。希腊等习惯使用断头台或没有断头台时改用行刑队的国家则继续沿用死刑。在普鲁士，俾斯麦排除了自由派的阻挠，在1866—1867年的北德意志邦联刑法典中保留了死刑。1888年急于宣示自己君权的威廉二世登上普鲁士王位后，死刑再次受到追捧。威廉二世迅速在死刑判决书上签字的习惯导致凶杀案数量锐减，因为法院和法官一改昔日他更宽厚的祖父威廉一世在位时他们的做法，在死刑判决上更加谨慎。

从多方面看，死刑是长期形成的惩戒制度遗留下的最后残迹，这一制度重在惩罚罪犯的肉体。在农奴制下，肉刑极为普遍。直到19世纪下半叶，欧洲各地依然流行鞭刑。作为一种死刑的鞭刑在19世纪60年代被大多数德意志邦国废除，1870年，荷兰废除鞭刑，大致同一时期，其他国家也相继废止了把犯人鞭打至死的做法。然而，英国的鞭刑在此后还保留了很长时间。其他国家几乎无一例外保留了在监狱内施鞭刑的做法。德国新入狱的犯人先被鞭打一顿，作为"见面礼"，犯人出狱时再被鞭打一顿。在欧洲南部地区，监狱惩罚犯人时惯用的手法是打脚板，这一做法一直延续到20世纪中，部分国家沿用的时间甚至更长。俄国直到废除农奴制后才结束了肉刑，虽然1845年通过了一项内容截然相反的法律；俄国迟至1817年才废除了劓刑。19世纪末，作为一种司法惩治手段的肉刑基本上销声匿迹，包括在奥斯曼帝国。1858年的《奥斯曼帝国刑法典》删除了肉刑，但伊斯兰法庭对通奸之类的罪行依旧判罚鞭刑。

面对昔日惩戒方式的衰微，各国政府需要找到替代办法。把罪犯流放海外马上成为一个选项。这一办法的好处是既惩治了罪犯，消除了他们给社会造成的威胁，又给海外殖民地提供了劳动力。俄国人最喜欢用这种办法，19世纪期间把大约86.5万名犯人流放到西伯利亚。俄国还用政治流放手段惩罚波兰起义者。1830—1831年起义后，大约有2万名起义者被流放到西伯利亚。1863年起义后，又有2万余人被送往西伯利亚。很多人在西伯利亚度过了余生。1897年，革命者弗拉基米尔·伊里奇·列宁（Vladimir Ilyich Lenin, 1870—1924）被判流放西伯利亚3年,在那里结识了1863年被流放的部分起义者。被流放者常常被分散关押在很大一片区域内,防止他们互相串联,例如,任何一地关押的十二月党人都不超过3人。被流放到西伯利亚的囚犯一路上有时乘雪橇,有时徒步,遭到虐待是家常便饭。1850年,因参加革命活动而被流放到鄂木斯克的陀思妥耶夫斯基路途上两次被鞭挞,服4年苦役期间,他还戴上手铐脚镣。不过同普通囚犯相比,政治流放者的待遇还算是好的。普通犯人常常被送到距离中国边境不远的涅耳琴斯克盐矿做苦工,劳动既繁重又危险。直到19、20世纪之交时,流放制度才告结束。

18世纪大部分年代里,英国把犯人流放到美国,1776年后美国去不成了,于是转向澳大利亚。19世纪20年代,英国每年有大约3000名囚犯被流放到澳大利亚。19世纪40年代,澳大利亚移民人数增加后,开始抵制英国源源不断用船把犯人运到澳大利亚。19世纪50年代,由于在英国国内和澳大利亚遭到公众反对,流放人数开始下降,1867年,流放制度彻底结束。也许不无讽刺的是,这一时期恰值法国开始流放犯人。1852年,拿破仑三世政府在法属圭亚那的魔岛建了一座监狱。里面条件恶劣,监狱看守残暴,犯人往往性命不保。先后有8万名囚犯被关押在这里,直到1946年,这家监狱才被关闭。法国的政治犯没有被送到魔岛上,而是被流放到遥远的太平洋新喀里多尼亚岛。该地在1897年被废弃前,先后关押了2万余人,其中不少人是政治犯。在一些德意志邦国,囚犯可以自己选择是否被流放海外。19世纪20年代初,梅克伦堡的一批囚犯选择流放巴西。直到19世纪中,汉诺威国王还经常提议免费送囚犯去美洲,而不是耗资将他们关押,如果囚犯同意,还能给他们签发隐去犯罪记录的假护照。

从长远讲，取代死刑和肉刑的唯一选择是监狱。18世纪就有了监狱，但主要用于关押待审的人。监狱逐渐用于惩治囚犯后，存在的种种问题很快暴露无遗。刑法改革者提出修建专门用途的教养院和监狱，建立一个旨在击垮囚犯意志、改造其性格、使其成为对社会有用的人的监狱体系。1790年，位于美国费城的核桃街监狱开新型监狱制度之先河，其指导思想是粗衣、糙食、苦工，该监狱在欧洲受到广泛报道和赞扬。古斯塔夫·德·博蒙（Gustave de Beaumont, 1802—1866）和阿列克西·德·托克维尔合写的两卷本专著《论美国的监狱制度及其在法国的应用》（1833）起了很大作用。英国效仿美国，1842年在伦敦的本顿维尔建造了第一所新型监狱，很快欧洲各地纷纷效仿。新型监狱里的每个囚犯都有一组号码，叫到自己号码时必须答应。监狱内走廊两侧是关押囚犯的一间间单人囚室。犯人走出囚室时必须戴口罩，以掩盖他们的身份。读《圣经》、做礼拜、接受宗教教诲等宗教活动是改造犯人的核心内容。监狱里的小教堂结构是特别设计的，囚犯彼此之间看不见对方，但可以看见神父，所有囚犯也都在神父视野之内（哲学家杰里米·边沁构想的圆形监狱的完美例子）。监狱使用转动不止的踏车，迫使囚徒习惯吃苦。囚犯必须一刻不停地蹬踏车，一般一次2小时，一停下来，人就会被夹在中间，造成严重伤害。

19世纪中叶，监狱改革席卷欧洲各地。基督教贵格会成员伊丽莎白·费赖（Elizabeth Fry, 1780—1845）积极倡导英国监狱的改革。1817年，她看到伦敦纽盖特监狱内的状况后极为震惊，创办了一个改革协会，推动成立了"促进女犯改造英国妇女协会"，通常认为这是英国第一场由妇女领导的全国性改革运动。费赖撰写了大量文章论述监狱改革，名声大噪。1842年普鲁士国王腓特烈·威廉四世对英国进行国事访问时，专门去拜访她，与她讨论监狱改革问题。在威廉四世之前，德意志新教牧师特奥多尔·弗利德纳（Theodor Fliedner, 1800—1864）曾于1823年见过费赖。受她影响，弗利德纳3年后创立了"改善普鲁士莱茵地区监狱"协会。1835年，当局听取了他的意见，仿照费城核桃街模式在科隆的克林格尔皮茨建造了一所新型监狱。1840年，意大利米兰改革家卡洛·卡塔内奥写了一部颇具影响力的专著，宣扬费城监狱体制。他称，在新体制下：

> 绞刑架及与之相连的一切野蛮仪式均废弃不用。在单身牢房的死寂中，惩罚不仅得到升华，变得崇高，而且触及精神层面。对付滋事者的最有力手段不再是仅仅使其遭受肉体上的疼痛，而是造成精神上的巨大痛苦。这种痛苦是社会性的，因为它剥夺了那些惹是生非者人际交往的日常乐趣。

皮埃蒙特依照美国模式建造了一批新监狱，在托斯卡纳的沃尔泰拉和圣吉米尼亚诺分别修建了一所有新型单人囚室的男子监狱和一所女子监狱。19世纪40年代初，法国被关押的囚犯超过10万人。法国新建的监狱对费城监狱制度稍加改造，规定单人囚禁只用于晚上。建造新监狱是为了取代昔日建在水边的苦役犯牢房，被判划帆船的犯人关在那里；如今犯人被套上锁链，送去修路，就像雨果小说《悲惨世界》里面的男主角冉·阿让那样。法国监狱改革家夏尔·卢卡（Charles Lucas, 1803—1889）抨击死刑制度，呼吁按罪行性质区分犯人，用严格的规训手段改造犯人的性格。1885年开始实行缓刑和假释后，监视原则推广到了社区。

改革家满腔热忱，积极乐观，但因政府限制预算而屡屡碰壁，刑罚制度不受政治家和政府官员的重视。1885年改革后，法国关在单人牢房的囚犯仍然只占10%。人口增加后，服刑人数也随之增加，修建监狱的速度永远跟不上囚犯增长的速度，导致监狱人满为患。新建监狱的单人牢房很快改为关押2到3人，从而打破了隔离原则。1864年意大利全面改革刑罚制度后，几乎所有犯人都必须劳动。监狱里人满为患的现象依然极其严重。直到1901年，大多数监狱还把犯人每两人用链子锁在一起，看守携带皮鞭、棍子和枪支，严密监视在宽敞大厅里面的犯人。俄国的囚犯人数从1884年的8.8万人增至1893年的11.6万人。1900年流放西伯利亚制度终止后，犯人人数进一步增加。每逢皇家盛典，如皇室添嗣，会对犯人进行大赦，截至1905年1月，俄国监狱因犯人数因频繁大赦减至7.5万人。1905年革命遭到镇压后，监狱因犯人数再次迅速攀升，1913年时，监狱一共关押了14万人。与此同时，监狱内的状况急剧恶化。1906年时，犯人的死亡率还与普通百姓的死亡率大致相同（11‰和14‰），到1911年，犯人死亡率就增至近50‰。俄国监狱改革搁浅是因为当权者对政局感到焦虑，而不是因为预算拮据。

监狱改革最失败的例子也许是奥斯曼帝国。1851年，颇具影响力的英国大使斯特拉特福德·坎宁爵士写了一份措辞严厉的备忘录，迫使奥斯曼政府做出努力改善监狱状况。坎宁在备忘录里批评奥斯曼帝国的监狱纯属凑合性质。形形色色的犯人，轻犯和杀人犯，待审被告和已被判刑的犯人，男人和女人，成人和孩子，一律被混杂关押在一起。1871年时，作为对坎宁批评的回应，奥斯曼帝国政府在伊斯坦布尔建造了一所模范监狱，1880年又出台了新的管理章程，把不同类型的犯人分开关押。然而，新措施从未得到正式敕令的认可，多被弃置不用。伊斯坦布尔模范监狱建成后无人效仿。奥斯曼帝国中央政府无力控制下属省份，区域和地方官员无视苏丹推行的改革。随着监狱里囚犯人数不断增加，监狱状况不断恶化，腐败盛行，人满为患导致疾病流行。由于看守人数不足，囚犯之间经常斗殴，监狱内骚乱不止。犯人必须自己做饭，监狱不负责囚犯伙食。囚犯所需食品由家属或慈善组织提供。囚犯受虐待的事例数不胜数。美籍亚美尼亚律师瓦汉·卡尔达什安（Vahan Cardashian, 1882—1934）甚至绘声绘色地讲，苏丹阿卜杜勒·哈米德二世在位时期，狱方为了逼迫基督徒囚犯招供，毒打他们，用烧红的烙铁烙身子，如果犯人仍不招供，就"剃光他们的头发，在头皮上切开口子，头顶上放上各种虫子"。直到1911年青年土耳其党人执掌权力后，才建立了一个中央监狱管理机构，此后颁布了一连串的法令，打击腐败，取缔监狱看守往监狱里偷运酒精饮料的做法，严惩看守私吞囚犯食物的行为，打击其他不法行径。土耳其的新统治者还努力增加监狱看守人数。1914年，土耳其看守与囚犯的比例已经达到1∶16，同时期欧洲的比例平均为1∶7。

尽管实行了新的隔离监禁和惩戒制度，欧洲各地的囚犯并没有悔过自新，而是不断再次入狱。1875年，法国一名议员警告众议院："法国有一批流民，游走于监狱和自由社会之间。"面对这一局势，加上受查尔斯·达尔文（Charles Darwin, 1809—1882）提出的进化论影响，切萨雷·龙勃罗梭（Cesare Lombroso, 1835—1909）提出，罪犯不是后天产物，而是天生的，是倒退到人类进化早期阶段的返祖现象。1863年在意大利军中服役的龙勃罗梭参加过卡拉布里亚地区的剿匪。1876

年，他发表了《犯罪人论》一书。龙勃罗梭利用照相技术的发展成果，称天生的罪犯胳膊长，五官具有猿人特征，他认为，犯罪是返祖现象，也就是说，罪犯是进化过程中的返祖者。他的这一观点从未得到很多人的支持。后来他又修正了自己的观点，提出遗传性犯罪亦是数代人酗酒、性传播疾病或营养不良的结果。19世纪末，犯罪乃遗传所致的基本观点开始流传到欧洲各地。

龙勃罗梭的学生恩里科·费里（Enrico Ferri, 1856—1929）、古斯塔夫·阿沙芬堡（Gustav Aschaffenburg, 1866—1944）、弗朗西斯·高尔顿（Francis Galton, 1822—1911）和拉斐尔·萨利利亚斯（Rafael Salillas, 1854—1923）分别在意大利、德国、英国和西班牙宣扬龙勃罗梭的基本思想，影响深远。研究罪行和犯罪不再是法律和法律工作者的工作，而是进入了医学和犯罪学范畴。19世纪90年代及其后年代，有人开始鼓吹强制"劣等人"做绝育手术。劣等人或许可以工作，但不能传宗接代。龙勃罗梭本人以及至少同意他的部分观点的很多人开始依据新理论宣扬死刑，也就是说，极端退化的犯罪者，那些有暴力遗传基因的罪犯，既不会改邪归正，又无法挣脱遗传的禁锢，只能彻底灭绝他们。惩戒转了一大圈后又回到了起始点，从中世纪和近代早期惩罚肉体，到启蒙时期和维多利亚时代惩罚精神，再到19、20世纪之交时再次惩罚肉体。

以上变革的基础归根结底还是国家强制实施法律的权力不断增大。因犯罪被逮捕判刑的人越来越多。19世纪初，经历了法国大革命和拿破仑战争的欧洲各国社会混乱，匪患、偷窃、走私以及形形色色的犯罪活动猖獗，重建并维护政治社会秩序成为欧洲诸国的优先目标。实现这一目标的最重要手段是法国式宪兵队，即驻扎在农村地区的准军事骑兵部队，比如1844年西班牙组建的国民警卫队、1825年十二月党人起义结束后俄国成立的宪兵队，此外还有1848年革命浪潮后哈布斯堡王朝为巩固政权建立的宪兵队，宪兵的头盔带有尖角，1857年，这支部队已有将近1.9万人，包括1 500名骑警。当局向一些地区派出宪兵队是为了推动农村移风易俗，如1910年来自布科维纳的一份文件所说，"让宪兵成为替当地百姓排忧解难的朋友和权威"。哈布斯堡政府认为，当地宪兵起到了向百姓宣播西方文明的作用（文件中提到，宪兵的一项职责是教当地人"如何在信封上写地址"）。

19世纪城镇的迅猛扩展造成了一个性质不同的执法问题。昔日的守夜人制度充满弊端，1840年，有人把哈布斯堡的守夜制度形容为"本地和外来流氓的庇护所"，守夜人常常喝得酩酊大醉，不起任何作用。19世纪50年代，守夜人被纳入新组建的警察部队。伴随城镇的发展，需要有一支新型的身穿制服的警察队伍。1829年，巴黎警察局长路易-马里·德·贝里姆（Louis-Marie de Belleyme, 1787—1862）成立了巴黎警察队，警察身穿蓝色制服，头戴双角帽。6个月后，英国建立了伦敦警队，警官身穿蓝色燕尾服，头戴黑色高顶帽。1828年，德·贝里姆的副手称："城市警察以保护巴黎居民的安全为己任，确保昼夜平安、交通畅通无阻、街道洁净，预防犯罪，维护公共场所的秩序，破获犯罪案件，抓捕罪犯。"公众对新成立的警队一时不适应，伦敦一些市民把警察视为欧洲大陆专制制度的工具，警察在街上常常受到袭击。1830年，伦敦一位警官为两个斗殴的酒鬼拉架，结果被两人活活打死，成为第一位因公殉职的警官。陪审团称酒鬼打死警官"属于正当杀人"，因为警官"执行公务时举止失当"。

德国常常使用军队维持秩序，或预防和打击驻军城市内哪怕是轻微的不法行径。1840年，有驻军的城市人口占普鲁士城市人口的一半。1848年革命期间，柏林的自由派政府仿照伦敦模式成立了一支新的身穿制服的警察部队，警察头戴高帽，显示与军人的区别。1848—1956年，这支警察部队（Schutzmannschaft，字面意思是"保安队"）归卡尔·冯·欣克尔德（Karl von Hinckeldey，1805—1856）统辖，他利用自己手中握有的大权改善监狱条件，制订社会福利计划，修建公共浴场，清扫街道，还做了很多其他事情。普鲁士的消防队、监狱看管人员和负责实施《济贫法》的大部分机构统归警察管辖。除此之外，警察还负责监管市场，为城市新居民办理登记手续，逮捕流浪者，监视一切公共集会，为娱乐设施发放许可证，监管公共妓院，批准兽医和药剂师执业资格。警察有权发布法令和罚款，这一权力一直延续到1914年。一如法国，德国从军队里抽调一批有作战经验的官兵组建了一支警队，被选上的官兵只要同意继续在军队服役12年，即可保证他们复员后被警察部门录用。警察按军队编制，携带马刀，而不是英国警察用的木制警棍。执法的军事色彩经过革命时期的改革仍然保留下来。

19世纪，欧洲大多数国家逐渐开始把城市警察与诸如宪兵这样的军事组织分开，这样做有时会引起混乱和争斗。例如，意大利的城市警察拥有类似德国警察的广泛权力，然而意大利的"卡宾枪骑兵队"（相当于法国宪兵队）与1860年组建的公安队伍之间职权重叠。军队负责需要动用武力解决的问题，比如剿匪，尤其是意大利南部地区的剿匪。各城镇还有自己的城市卫兵，他们与公安人员常常产生职权上的纠纷。尽管建立了以上种种治安队伍，其成员人数仍然落伍于意大利城市的扩展速度。直到19、20世纪之交后，意大利政府才着手改

第五章　征服大自然

革，但意大利南部长期存在的混乱局面依然未能消除。黑手党和克莫拉势力从农村蔓延到城市后，情况越发复杂。

在欧洲其他地方，警力紧张的情况也很明显。1900年，俄国人口大约为1.27亿人，警察人数还不足5万人。1878年，俄国新组建了一支警队。1903年，为了在乡村建立法制秩序，俄国又增添了一支4万余人的骑警部队。1905年革命浪潮期间，该部队很快被调去镇压各地的起义，此后再没有用于执法。这支警察队伍人数少得可怜。以梁赞省为例，1913年，当地农村人口超过200万，但只有251名警官、58名警监。法官、警察和地方官吏效率低下，腐败透顶。不过，欧洲很多国家的警察还是发挥了很好的作用，例如，匈牙利警察维持交通要道的畅通，巡游街头以遏制犯罪。从1908年到1912年，布达佩斯市两个区的警力加强后，轻微犯罪案件减少了一半。但总体来看，19世纪各国政府遏制或改造人口中不良分子犯罪性格的努力收效有限。

在诸多领域，征服自然的努力已达到了人力所及的极限。在驯服荒野大自然和驾驭自然力方面，人类取得了一定进展，种种不良后果也随之产生，包括生物灭绝和砍伐森林造成的危害。城市化以及为取暖、照明和获得动力大量使用化石燃料造成了大气污染，其后果在20世纪和21世纪日趋严重。尽管时空概念和对时空的实际体验发展得很快，但是欧洲的大部分人同世界其他地区的人一样，依然不能离开地面很远，也不能在地球上高速穿行。很多人对时空有了新的体验和新的认识后，感到自己生活在一个前所未有的迅猛变革时代。医学上的重大成果加深了这一印象。形形色色的大瘟疫销声匿迹，抗菌术的问世大大减少了感染病例，人类的肉体疼痛也在一定程度上得到了控制，甚至连动物的疼痛都成了一场反对残忍体育项目运动的主题，到

1914年，这一运动取得了显著成果。人性更难改变，但生育率和死亡率的下降极大改变了人类对人生的看法。征服自然给妇女、旅行家和军队带来了种种可能，同时又向许多人关上了门，尤其是偏离社会规范者、边缘人和精神不正常的人。在征服自然的过程中，由于科学发现了地球及其演变过程的真相，《圣经》之说被削弱，宗教和信仰受到生死攸关的挑战。技术发展日新月异，先是出现了照相技术，19世纪末时又有了电影、无线广播和录音技术，人类表达自身情感、用文学艺术手段描述自然世界时，也遇到了种种新问题。

第六章

情感时代

追怀往昔

今天,女作家弗雷德丽卡·布雷默(Fredrika Bremer, 1801—1865)在自己的故乡斯堪的纳维亚半岛几乎已被人遗忘,但19世纪中叶,她是欧洲极负盛名的小说家。布雷默出生在瑞典统治下的芬兰奥布(今天的图尔库)附近,家中除她之外,还有4个女孩和2个男孩。父亲卡尔·弗雷德里克·布雷默(Carl Fredrik Bremer, 1770—1830)是一名富商。1804年,弗雷德丽卡3岁时,父亲携全家迁居斯德哥尔摩,在城南16千米的阿斯塔买了一栋乡村别墅,又在斯德哥尔摩市中心买了一套公寓。在法国家庭女教师和其他私人教师的辅导下,弗雷德丽卡自幼学习中上层阶级淑女的必习技能,英语、法语和德语会话,还有钢琴、舞蹈、针线活计、刺绣、绘画,她样样都会。但是,在婚嫁市场上她先天不足,长得不如她姐姐漂亮,布雷默本人深知这一点。直到她50岁那一年,她还对崇拜者说:"我要是长得再漂亮一点就好了。"弗雷德丽卡越来越陷入想象中的世界,从幻想中得到慰藉。每到夜幕降临,全家人会围坐在一起读书,大多是父亲挑选出的严肃历史书,但她和几个姐妹更喜欢读让-雅克·卢梭(Jean-Jacques Rousseau, 1712—1778)的作品。后来,全家改读沃尔特·司各特(Walter Scott, 1771—1832)爵士写的历史小说,小说刻画了侠肝义胆的绿林好汉罗布·罗伊和罗宾汉,讲述了他们的浪漫爱情故事,描绘了昔日风景如画的苏格兰和中世纪的英格兰风光。

弗雷德丽卡的父亲对女儿管教极严,弗雷德丽卡患上了抑郁症。1826 年冬天,她的父母待在斯德哥尔摩,把她留在阿斯塔照顾姐妹中身子最弱的两个。弗雷德丽卡开始让妹妹服用草药,很快她被当地人视为神医,上门找她治病的人络绎不绝。为了赚点钱帮助更多的人,弗雷德丽卡开始写作。她的作品描写了她身处的资产阶级世界中的家庭生活,既有写实的一面,又有诗情画意、颂扬崇高品质的一面,既有传奇式的冒险经历,又有缠绵悱恻的浪漫插曲。她的第一部小说《H 家庭》(1831)里面的主角之一、美丽的盲人姑娘伊丽莎白在一场暴风雨中走出家门,来到悬崖边上,伸出双臂吐露了深埋于心的爱情:"一道道耀眼的闪电划过茫茫原野上方的夜空,四周狂风怒吼,暴雨如注,滚滚雷声不时在头顶上炸开。盲人姑娘伫立在悬崖边上,像是暴风雨之精灵,看上去狂野吓人。"她放声歌唱,歌声盖过了暴风骤雨:"我为自由之日欢呼……我自由了……我终于盼到了这一天。"她告诉监护人:"你束缚我的肉体,限制我的言行,现在我傲立在你面前,强大而坚强。"令读者意外的是,伊丽莎白没有纵身跃下悬崖,而是挣扎着回到家里,死在自己的床上。在布雷默的小说中,对躺在床上奄奄一息的人的描写多充满浪漫和庄严色彩。布雷默在一个故事里索性反问读者:"我的读者朋友会不会感到惊奇,本应只用于怡情的笔,却用来描写一个又一个临终之人,仿佛构成日常生活的是一长列没有尽头的行尸走肉?"

布雷默的小说充满了对哥特式梦境的描写,还有目光狂野的年轻人、啜泣的姑娘、一望无际的松树林、茂林中的清泉。《H 家庭》出

第六章 情感时代 573

版后立即畅销，获瑞典文学院奖。布雷默不满自己所受的"杂乱无章"的教育，聘请了一名私人教师佩尔·博克林（Per Böklin, 1796—1867）。博克林是当地小学校长，写过一本论述古希腊人各种口音的专著，同时兼当出版人和德文翻译。他为布雷默开了一门课，讲述德国哲学及其与基督教信仰的关系。布雷默的第二部小说《会长的女儿》汲取了她与自己私人教师交往的经历，书里甚至直接引用了老师写给她的信和为她开列的阅读书目。小说围绕一个富人的四个女儿和家庭女教师展开，女教师对女性教育所持的开明观点与雇主的保守思想发生了冲突。女教师以无比辛辣的笔触描述了男人心目中的理想女人："我们待在屋里的人虽多，但没有侵占任何人的空间。我们化解了生活中的种种矛盾和对立冲突。如果没有我们，这些矛盾和冲突会毁掉所有人。我们把家收拾得井井有条，严格按照操作程序把肉腌好。我们在一起不失分寸地议论街坊四邻。只有在必要时我们才思考。"小说结尾时，几个姑娘终于说服父亲允许她们发展自己的个性和创造力。和布雷默写的其他小说不同，这个故事以皆大欢喜收尾。

布雷默与单身的博克林陷入热恋。博克林向她求婚，但遭到拒绝，布雷默称，为了写作，她需要过独身生活，不受为人之妻之累。为了走出这段恋情，布雷默躲到了挪威，住在朋友家中。在这里她撰写了深受读者喜爱的小说《街坊四邻：日常生活中的故事》（1836），书中一位严厉的家长最后突然失明，布雷默的作品中不乏失明的人物。布雷默描写受到束缚、没有个人自由的妇女，而她的个人生活也像她笔下的妇女那样不幸。由于布雷默未婚，因此无论她年龄多大，在法律上依然被视为未成年人。1830年她父亲去世后，她的弟弟克拉斯·布雷默（Claes Bremer, 1804—1839）对她靠写作获取的丰厚收入完全拥有合法支配权，此时布雷默的小说家生涯刚刚起步。不到10年时间，克拉斯就在赌场里把她的收入输掉了一大半。直到1839年克拉斯在潦倒中死去，加之前几年她的另一个兄弟也去世了，布雷默才得以自主处理个人事务。

19世纪40年代和50年代初布雷默写的几部小说中，开始出现宗教和神启的主题，例如《午夜太阳：一位朝圣者》（1849）。布雷默博览群书时，读了介绍乌托邦社会的作品，1848年她发表的一部小说即以乌托邦公社为主题。小说中的两个人物去了位于马萨诸塞州洛厄尔的法郎吉公社，返回家乡后试图在瑞典也建立一个类似公社。翌年，布雷默前往美国洛厄尔参观，拜访了拉尔夫·沃尔多·爱默生（Ralph Waldo Emerson, 1803—1882），"一个安静的人，气质高贵，不苟言笑，一头黑发，面色苍白，外貌特征突出"。她还结识了一批知名政治家和文人学者。好学的布雷默此次出行携带了"厚厚几大本黑格尔哲学著作"。受名人之累，她整日忙于应酬，根本没有时间读书。这次美国之行的最大收获是，布雷默对美国奴隶制的罪恶和残忍有了一定认识。她骇然写道："在信奉基督教和思想自由的美国，这一野蛮制度产生了令人完全无法理解、没有丝毫人性的行为。我难以相信这是现实而不是噩梦。"

布雷默返回瑞典后，写了小说《赫塔》（1856），强烈呼吁解放受到法律和社会奴役的妇女。小说主人公赫塔的父亲脾气暴躁，专横霸道，他告诉女儿："你没有一丝一毫支配自己财产、自己人身自由和未来生活的权利。一切都由父亲决定。"这个父亲不善于经营家庭庄园，在一场火灾中被烧伤。有一段时间，他允许赫塔去小学教书，获得一份收入。最终赫塔不顾父亲的反对，与躺在床上奄奄一息的心上人英韦结婚(父亲咆哮说:"你敢不听我的话?")。英韦为了抢救一艘失火轮船上的乘客而身负重伤。小说发表后,布雷默的收入有了保证。她开始游历海外,先遍游欧洲各地,寻找宗教灵感,之后去了巴勒斯坦。布雷默返回瑞典后写了6卷旅行札记。最终,她回到阿斯塔定居,1865年新年前夜,她因肺炎不治去世。

布雷默的小说融合了时代的两大文化潮流,把情感主义、热爱大自然和哥特式意象与常常围绕家庭和家庭生活展开的故事结合到一起。这一时期(1815—1848)被人称为"比德迈艺术时期",在梅特涅压制政治讨论的大环境下,中欧地区的作家也转向描写家庭生活或不含政治色彩的乡村生活。贵族诗人、《诗集》作者安妮特·冯·德罗斯特-许尔斯霍夫(Annette von Droste-Hülshoff, 1797—1848)是这一潮流的突出代表,她创作的诗歌以歌咏宗教和大自然为主。在奥地利,出生于波希米亚的作家阿达尔贝特·施蒂弗特(Adalbert Stifter, 1805—1868)因他对大自然的描写而闻名。对威廉·华兹华斯(William Wordsworth, 1770—1850)这样的诗人来说,灵感和情感源自绚丽的自然风光,尤其是他所在的英格兰大湖区的崇山峻岭和山中溪流。比德迈艺术时期的艺术家不厌其烦,用细致入微的笔法描写了一幕幕家庭和乡村生活情景,常常以虔诚和多愁善感的方式讲述情节简单的故事。这一文体传到了斯堪的纳维亚半岛,简单自然的家具造型风格也传到了那里,"比德迈风格"一词尤指这类家具。正如英国浪漫派诗人摒弃了古典题材和细腻的暗喻,改用朴实无华的语言,比德迈风格家具反映了对法兰西帝国时期做工考究的桃花心木桌椅及类似家具的一种逆动。比德迈风格家具线条简练,突出实用性,深受新兴中产阶级喜爱。由于比德迈风格家具用的是欧洲本地产的木材,如樱桃木或橡木，而不是从海外进口的昂贵硬木，家具价格对中产阶级不再可望而不可即。在瑞典，这类家具被称为"卡尔·约翰家具"，得名于当时在位的瑞典国王卡尔十四世·约翰（Karl XIV Johan, 1763—1844）。卡尔十四世·约翰是拿破仑战争中的一位显赫人物，以贝尔纳多特元帅的身份结束了他的戎马生涯。

音乐也转向家庭。18世纪贵族和宗教人士赞助作曲家的日子早已逝去，至少没有了昔日的盛况。路德维希·冯·贝多芬（Ludvig van Beethoven, 1770—1827）、卡尔·马里亚·冯·韦伯（Carl Maria von Weber, 1786—1826）、焦阿基诺·罗西尼（Gioachino Rossini, 1792—1868）、埃克托尔·柏辽兹（Hector Berlioz, 1803—1869）和弗朗茨·李斯特（1811—1886）谱写的曲子公开演出时依然备受追捧，但音乐在一定程度上退缩到了家庭、沙龙等私人圈子内。弗朗茨·舒伯特（Franz Schubert, 1797—1828）的作品是一个绝好例子，舒伯特的很多曲子都是为家人或友人晚上或周末欣赏音乐谱写的。即便如此，梅特涅手下的警察对哪怕是私下的聚会依然疑心重重，尤其是青年人的聚会。1820年，当局以颠覆罪名逮捕了舒伯特及四名友人，作曲家本人受到严厉训斥，他的一个友人被投入监狱。舒伯特的喜歌剧《密谋者》（1823）因作品名字而被官方封杀。舒伯特想靠公开演出他的作品获取收入，但演出都不成功。舒伯特只成功举办过一次个人作品专场音乐会，演奏的曲子以室内乐作品、独唱歌曲和钢琴作品为主。凡是具有一定水准的业余音乐演奏家，均可在自己家中演奏这些曲子。舒伯特的声乐套曲《美丽的磨坊女》（1823）、《冬之旅》（1828）和《天鹅之歌》（1828）把人带入了与世隔绝的个人天地，以上作品在小范围内演奏时令人浮想联翩。

一如舒伯特，罗伯特·舒曼早期只写钢琴作品。为了谋生，他一边谱曲，一边兼写音乐文章。他创作的钢琴套曲咏颂艺术爱好者之间的友情，如《狂欢节》（1834—1835）和《大卫同盟之舞》（1837），里面的每首短曲里都有音乐密码，代表舒曼朋友圈内的人。在描写儿童生活的所有音乐作品中，貌似简单的《童年情景》（1838）也许是最著名的一部，里面有玩具（《骑木马》），有游戏（《捉迷藏》），还有幻想（《梦幻曲》，这也许是他最知名的作品）。舒曼后来才开始写艺术歌曲，他借鉴了舒伯特首创的声乐套曲形式，写下了叙事的声乐作品，通常描绘单恋。舒曼晚年写了一些室内乐，还创作了几部气势磅礴的交响乐作品，尤其是《钢琴协奏曲》（1845）和《大提琴协奏曲》（1850），此时，公开音乐会演出已经给他带来了源源不断的稳定收入。

即使是舒曼的晚期作品，依然具有节奏飘忽不定的特点，同时含有一种内敛，这与当时一些作曲家（比如李斯特）热衷于炫耀个人艺术才华的风格大相径庭。李斯特在19世纪40年代的公开演出令观众如痴如醉。海因里希·海涅称之为"李斯特狂热症"。这是"不折不扣的疯狂"，每次演出结束，都会有妇女争抢他的手帕和手套，有人还试图剪掉他的一缕头发。李斯特一生追求天才崇拜，站在强调家庭氛围的比德迈艺术风格的对立面。有一定水准的业余音乐演奏家可以演奏18世纪和19世纪初作曲家谱写的所有器乐作品和室内乐作品，甚至包括贝多芬《槌子键琴奏鸣曲》（1818）中最后的赋格——如果忽略后来补加的速度标记的话。19世纪20年代则出现了一批演奏大师，他们擅长演奏常人无法驾驭的音乐作品。开此先河的其实是小提琴家尼科洛·帕格尼尼（Niccolò Paganini, 1782—1840），而不是李斯特。帕格尼尼手指修长，可以同时在4根弦上拉出3个八度。帕格尼尼才华横溢,当时风传他为了获取艺术才华而把灵魂出卖给了魔鬼,帕格尼尼任谣言流传,不予反驳。像李斯特一样,为了炫耀自己的才华,帕格尼尼亲自作曲,以《二十四首随想曲》(1802—1817)最著名,他也出钱请像柏辽兹这样的专业作曲家为他谱写音乐。柏辽兹在回忆录中写,帕格尼尼"蓄一头长发,有一双深邃的眼睛,神色怪异,看上去像是霜打了似的,简直是一个魔鬼附身的家伙"。

柏辽兹本人的作品充满了浪漫主义精神。浪漫主义是针对18世纪唯理主义的一场新艺术运动,强调人的情感、异域风情和大自然风光。柏辽兹的作品中不仅有与强盗邂逅、独自在山中游荡的拜伦式英雄(《哈罗尔德在意大利》,1834),还有地中海的海盗(作于1844年的《海盗》,也取自拜伦作品)。《幻想交响曲》(1830)描绘了艺术家用药后出现的幻觉,包括"走向断头台"和"女巫安息日夜会之梦"。浪漫主义时期早期的一些作品是作家吸食鸦片后写出的,包括塞缪尔·泰勒·柯勒律治(Samuel Taylor Coleridge, 1772—1834)的著名诗歌《忽必烈汗》(1816)。他染上毒瘾,每周要用多达4夸脱(约3.8升)的鸦片酊。托马斯·德·昆西(Thomas de Quincey, 1785—1859)在《瘾君子自白》一书中详细描写了鸦片的作用,鸦片会扭曲时间感和空间感,令他精神亢奋,一些浪漫派艺术家为此染上鸦片瘾。启蒙运动强调情感从属于理性思考,浪漫主义反其道而行之,强调个人感受是真理和真实世界及其艺术表现形式的本源。

浪漫主义的典型形象是一个形单影只的人,如德国画家卡斯帕·大卫·弗里德里希(Caspar David Friedrich, 1774—1840)的作品《雾海中的漫游者》(1818)。画中人物征服山顶后,伫立山巅,一览山下的壮丽风光,他背对观画者,沉思变幻莫测的未知未来,也许是在默想来世。受到煎熬的天才是浪漫主义艺术理念的核心,贝多芬本人就体现了艺术和煎熬在浪漫主义式的痛苦中的交织。从二十几岁开始,他的听力越来越差,1814年底彻底失聪。贝多芬后期创作的弦乐四重奏带有浓重的个人色彩,普通人很难听懂,同时期的作曲家路易斯·施波尔(Louis Spohr, 1784—1859)——他的动听作品如今已经没有多少人听了——称贝多芬的弦乐四重奏作品是"无法破译、没有改过的可怕作品"。然而,1825年和1826年,莱比锡连续两年举办了一系列音乐会,演奏了贝多芬的所有交响曲,包括《第九交响曲》(1824)及终曲大合唱。晚年的贝多芬靠收取作曲佣金和谱写室内乐和钢琴作品谋生,写下了含轻快欢愉的第二(也是最后一个)乐章的《第111号钢琴奏鸣曲》(1822)和变幻无穷的《迪亚贝利变奏曲》(1819—1823)。贝多芬是一个过渡性人物,早期他完全承袭古典传统,晚期创作的作品则挣脱了古典传统的束缚。贝多芬的灵感遵循了浪漫主义原则,摒弃了受规则束缚的种种形式(如不同乐章的数目和长度),以即兴和无拘无束的方式抒发情感。

艾米莉·勃朗特(Emily Brontë, 1818—1848)《呼啸山庄》(1847)里的主人公希斯克利夫也许最形象地体现了情感丰富的浪漫主义英雄特征。用艾米莉的话说,他是一个"皮肤黝黑的吉卜赛人"。约克郡的一个乡绅收养了他。希斯克利夫追求乡绅的女儿,被对方轻蔑拒绝。他陷入绝望和愤怒之中,毕生处心积虑报复收养他的这一家人。文学评论家偏爱艾米莉名气更大的姐姐夏洛蒂的小说,夏洛蒂小说《简·爱》(1847)流传最广。小说讲述了身为家庭女教师的同名女主角挣脱种种束缚、逐渐走向独立的过程。小说中反复出现浪漫主义的主题,尤其是鬼魅般的神秘喊叫声,最终发现声音来自一个疯女人,罗切斯特先生把她藏在约克郡偏僻地方的住宅阁楼里。罗切斯特和简·爱双双坠入情网。然而最终真相大白，阁楼里的疯女人竟是罗切斯特的妻子，他年轻时感情用事，不慎与之结婚。根据法律，简·爱和罗切斯特无法结婚。小说结尾时，疯女人把房子付之一炬。罗切斯特因房屋坍塌受伤，双目失明。故事自述者简·爱返回庄园，解救了罗切斯特先生。最后一章开头那句话广为人知："诸位读者，我嫁给了他。"

小说《简·爱》中的大量意象在布雷默的作品中均可以看到：失明，火灾造成的伤害和死亡，妇女渴求解放，法律对妇女自由的种种约束。和布雷默作品中的女主角一样，简·爱本人是一个虔诚的基督教徒，追求自我完善。勃朗特三姐妹的小说以荒凉的约克郡高沼地为背景，她们描绘的原生态大自然不是供人驱使和驾驭，而是让人仰慕的壮丽风光。浪漫主义艺术意在唤起强烈的情感，而不只是欣悦和哀伤，这尤其体现在浪漫主义艺术表达的主题上，主题包括敬畏、恐怖，甚至厌恶。玛丽·雪莱（Mary Shelley, 1797—1851）的《弗兰肯斯坦》（1818）描写一名科学家从一些尸体上取出各种器官，造出一个怪物，造成灾难性后果的故事。浪漫主义绘画摒弃了学院派因袭古典传统的画风，改为描绘野性的自然风光，比如欧仁·德拉克洛瓦的画作《风暴中受惊的马》（1824），画中的马前腿腾空，表达的纯粹是一种情感，又比如 J. M. W. 透纳对海景和空气的细致入微的描绘。透纳的《贩奴船》（1840）和《暴风雪中的汽船》（1842）两幅画中的人物在光线效果中显得模糊不清，画中唯有大自然。观念保守的观众不赞成透纳背离古典画派严格遵守透视法的做法，颇具影响力的艺术评论家约翰·拉斯金对此的回答是，透纳的画履行了艺术家最重要的职责——

忠实于大自然。

画作《贩奴船》描绘的是台风来临前，奴隶把已死或奄奄一息的奴隶从船上扔到海里的情景，作品所含的政治色彩在很多浪漫主义作品中也可以看到。拜伦产生的影响既有美学意义，也有政治意义。德拉克洛瓦画的《萨达纳帕勒斯之死》取材于拜伦戏剧《萨达纳帕勒斯》（1827）。德拉克洛瓦的另外两幅作品《希俄斯岛的大屠杀》（1824）和《自由引导人民》（1830）创作于推翻查理十世后。俄国诗人和剧作家普希金积极关注希腊的独立战争，他发表的诗歌激励了十二月党人。诗人兼剧作家亚当·密茨凯维奇的史诗《塔杜施先生》（1834）讴歌了波兰人的民族主义，史诗缅怀昔日独立的波兰-立陶宛王国："我的祖国！你犹如健康。你的珍贵，我浑然不觉。直到我失去了你，才如梦方醒！"弗里德里克·肖邦创作的勇武的《波兰舞曲》和轻柔的《马祖卡舞曲》以音乐形式表达了波兰人民的民族特征。和早期浪漫主义的诸多作品一样，肖邦的《前奏曲》和《叙事曲》摒弃了古典形式（这里指奏鸣曲），改用即兴的行云流水结构，体现了情感的即兴抒发（为了体现这一原则，舒伯特甚至把他一首钢琴曲命名为《即兴曲》）。早期浪漫主义作品表达的情感基本上属于内向型，局限于个人感受，而不是面向大众。诗人、小说家、艺术歌曲作曲家和画家都描写了爱情和绝望、希望和信仰、荒凉和绚丽，但完全基于个人的生活感受和体验。

艺术家和作家追求表达真实情感时，回到了启蒙时代之前的遥远年代汲取灵感。柏辽兹的《威弗利》（1828）和《罗伯·罗伊》（1831）序曲受沃尔特·司各特爵士历史小说的启发。费利克斯·门德尔松-巴托尔迪（Felix Mendelssohn-Bartholdy, 1809—1847）的《苏格兰交响曲》（1842）以浪漫主义手法描绘了苏格兰，作品模仿了风笛和苏格兰舞蹈韵律。加埃塔诺·多尼采蒂（Gaetano Donizetti, 1797—1848）创作的歌剧《拉美莫尔的露琪亚》（1835）取材于司各特写的一部小说。法国作家大仲马称，他阅读《艾凡赫》（又译《劫后英雄传》，1820）时，"有一种被电击的感觉"。此后大仲马埋头写了好几部历史小说，包括《三个火枪手》（1844）、《基度山伯爵》（1844—1845）和《罗宾汉》（1863）。匈牙利作家米克洛什·约锡卡（Jósika Miklós, 1794—1865）在小说《阿巴菲》（1854）中甚至原封不动引用了司各特的原话。小说以特兰西瓦尼亚为背景，是第一部匈牙利语历史小说。普希金称司各特是"苏格兰魔法师"。约翰·沃尔夫冈·冯·歌德（Johann Wolfgang von Goethe, 1749—1832）是德国最著名的作家，他倡导古典主义原则，同时又通过他创作的诗剧《浮士德》（1808完成第一部，1832年完成第二部）对浪漫主义艺术家产生了莫大影响。歌德如此评论司各特："我在他身上发现了一种遵循自我法则的全新艺术形式。"

维克多·雨果从司各特对自然风光和波澜壮阔的历史场景的细腻描写中受到启发，创作了长篇小说《巴黎圣母院》（1831）。小说讲述了15世纪背景下的一个凄美爱情故事。故事围绕贫穷的残疾敲钟人卡西莫多和吉卜赛女郎爱丝美拉达展开（司各特《艾凡赫》里面的主角蕊贝卡同样是下层社会的姑娘，她是一个犹太高利贷商人的女儿）。多年后，虚构了福尔摩斯这一人物的阿瑟·柯南·道尔爵士也以类似方式显示了司各特对他的影响。柯南·道尔认为，他写的中世纪题材小说《白衣军团》（1891）和续集《奈杰尔爵士》（1906）及其他历史题材作品才是自己对文学的真正贡献。柯南·道尔一度甚至杀死了他虚构的这位侦探，因为福尔摩斯让柯南·道尔觉得自己更严肃的作品黯然失色。迫于公众压力，柯南·道尔不得不让福尔摩斯复活。德国史学家利奥波德·冯·兰克（Leopold von Ranke, 1795—1886）阅读司各特的作品后说了一句名言：在上帝眼里，所有时代都是平等的。他认为，历史学家的使命是使用移情手法深入探究时代的内在实质，搞清楚"时代的本来面目"，而不是像18世纪的史学家那样，简单地把一个时代贬为落后野蛮。

音乐领域内，艺术家也开始回首往昔，从中汲取灵感。一个突出例子是门德尔松-巴托尔迪重新发现了约翰·塞巴斯蒂安·巴赫（Johann Sebastian Bach, 1685—1750）伟大作品的价值，此前巴赫的作品被人认为过于陈旧。1829年3月11日，门德尔松举办了一场公开音乐会，演奏了《马太受难曲》（1727），听众中有普鲁士国王、诗人海涅和哲学家黑格尔，巴赫去世后，这部作品一直尘封。演出大获成功。歌德听说演出成功后说："我仿佛听到了来自远方大海的咆哮。"这一时代，各地几乎无一例外既演奏当代作品，也演奏老作品，甚至更愿意演奏老作品。为了让浪漫主义时代的听众更容易接受巴赫作品，门德尔松把《马太受难曲》全曲长度缩短了一半，改变了配器方式，修改了和声，对独唱演员的部分做了润色。乔治·弗里德里克·亨德尔（George Friedrich Handel, 1685—1759）的清唱剧《弥赛亚》（1741）深受听众喜爱，比巴赫的任何一部作品都受欢迎。受亨德尔启发，门德尔松等作曲家纷纷谱写清唱剧。然而，19世纪演出的清唱剧与亨德尔的原作大不相同，配器得到了加强，合唱部人数更多。1857年在伦敦水晶宫举行的"亨德尔音乐节"演出上，一个200人的合唱团在500名乐手的伴奏下演唱了《弥赛亚》。这一时期出现的众多业余合唱团举行的演出大多阵容庞大。

发现过去的确往往意味着要对昔日风格"加以改造",以迎合今人趣味。19世纪20年代,建筑领域依然被新古典主义风格主宰。欧洲众多首都的政府建筑体现了这一建筑风格,从卡尔·弗里德里希·申克尔设计的柏林皇家博物馆(1823—1830,今称"柏林旧博物馆"),到汉斯·林斯托夫(Hans Linstow, 1787—1851)建造的奥斯陆王宫(1824—1848),都是如此。浪漫主义时期,新古典主义建筑风格受到了奥古斯塔斯·皮金(Augustus Pugin, 1812—1852)在英国开创的新哥特风格的挑战,最终被后者压倒。皮金刚出道时曾为根据司各特《肯尼沃斯城堡》改编的歌剧设计舞台布景。1833年,他发表了颇具影响力的论文《哥特式建筑范例》。此后,查尔斯·巴里(Charles Barry, 1795—1860)委托他在威斯敏斯特建造一座新的议会大厦。旧议会大厦毁于1834年的一场大火。建筑面积庞大的新哥特式大厦用了30年时间才竣工,新议会大厦气势恢宏,只有1895—1904年匈牙利建筑师施坦德尔·伊姆雷(Imre Steindl, 1839—1902)在布达佩斯建造的同一风格议会大厦能与之媲美。19世纪40年代时,新哥特主义已经获胜,当时,各地建筑师和设计师忙于"改造"各式各样的建筑,使之更符合心目中的中世纪精神。皮金坚持在他复原的众多教堂内安装圣坛屏,虽然当时这么做已没有必要了。欧仁·维奥莱-勒-杜克(Eugène Viollet-le-Duc, 1814—1879)"改进了"辉煌的巴黎圣母院天主教堂,添加了原来没有的滴水嘴兽,用他认为更逼真的现代雕像替换了部分中世纪雕像。1849年,法国政府下令拆除法国卡尔卡松城堡南段破败不堪的城墙。在巴黎市长的积极活动下,法国政府决定委托维奥莱-勒-杜克修复这段城墙。他使用了与城墙风格不符的法国北部的一些建筑材料,例如石板瓦屋顶。

19世纪后期，皮金和维奥莱-勒-杜克翻修古建筑的做法引发了一场保护国家遗产的运动。这场运动不仅得到了各国国内游说团体的支持，还得到了国际刊物和国际会议及国际组织的支持。各国政府逐渐认识到，保留古建筑原貌，而不是添枝加叶，可以更好地把古今结合在一起。日益增长的民族自豪感也为保护主义者开展的运动提供了助力。各种国际协议，尤其是1899年和1907年在海牙签署的协议，敦促战争中的战胜者保护被征服民族的文化遗产，而不是肆意掠夺。拿破仑战争前的历次战争期间，掠夺他国文物司空见惯，拿破仑时代也是如此。19世纪末，亨德尔一些内容更高深的作品始见天日。自门德尔松起，举办尊重原作品风格的公开演奏会已蔚然成风。亨德尔的这些作品成为举办更原汁原味音乐会的基础。1815年，德国的巴赫学会启动了一项意义重大的工程，出版这位伟大作曲家的全部作品，不做任何删改。1900年这项工作结束后，学会自行解散。民族遗产和历史真实性这两个概念终于合二为一。

浪漫主义与宗教

浪漫主义强调情感在人类精神中的主导地位，从而为宗教挣脱启蒙运动理性主义者对它的蔑视铺平了道路，使宗教回归文化主流。法国大革命和拿破仑战争期间，教会的世俗权力被大大削弱，进一步推动了这一进程。天主教教区的普通教士如今不再仰赖贵族的恩惠，而是期望罗马教皇的领导。在北欧和中欧地区，这意味着他们的目光越过阿尔卑斯山，紧紧盯住山南边，因此，他们被人称为"越山主义者"。在梵蒂冈的极力怂恿下，教皇至上的越山主义者信奉好战色彩浓厚的天主教，对法国大革命及其后果的恐惧和仇视更加深了他们的信仰。他们转向新的宗教信仰形式，包括尊奉1854年教皇庇护九世宣布的"无沾成胎说"，进行纪念基督道成肉身的圣心崇拜，他们把这些作为激发情感的源泉。大规模的朝圣活动再次复活。德国西部城市特里尔的朝圣活动也许尤其不寻常。普鲁士国王腓特烈·威廉四世取消了对天主教徒集会的限制后，大主教威廉·阿诺尔迪（Wilhelm Arnoldi, 1798—1864）邀请虔诚的教徒前来当地天主教堂，瞻仰里面陈列的据传基督被钉上十字架前身穿的长袍，以这种方式反对启蒙运动的怀疑主义。50万人井然有序从这件遗物前鱼贯走过，其中绝大部分是穷人，这显示了复兴的天主教虔诚信仰的威力之大、影响之广。

越来越多的人相信异象和神启,许多人相信法国女佣埃丝特尔·法盖特(Estelle Faguette, 1843—1929)和利雪的泰蕾兹·马丁(Thérèse Martin of Lisieux, 1873—1897)十几岁时体验的异象和神启。比利牛斯山区卢尔德村有一个受人崇拜的女子贝尔纳黛特·苏比鲁(Bernadette Soubirous, 1844—1879),据说贝尔纳黛特在当地一个岩洞里见到了圣母马利亚的异象,圣母告诉她:"我是无沾成胎。"有病的人开始络绎不绝前往岩洞。圣母指示贝尔纳黛特在岩洞原地建造了一座教堂,人们又去教堂寻求灵丹妙药。很多人称,去过教堂后他们的病就好了。贝尔纳黛特是一个不识字的笃信宗教的淳朴姑娘,教会仔细调查了她所说之事,贝尔纳黛特坚持己说。教会宣布,她看到的异象是真的。1876年,10万名天主教徒,包括35位主教,在卢尔德村聚会,庆祝一尊新圣母雕像落成。类似贝尔纳黛特的故事还有不少,但影响力不大。1876年7月,萨尔地区马平根村的三个姑娘称见到了一个白衣女子,自称"无沾成胎"。一周之内,前来现场朝圣的人多达2万。据几个姑娘说,圣母告诉她们,这里的一处泉水可以治愈疾病。很多前来朝圣的人称,他们去过泉眼后,疾病神奇地消失了。异象之说流传如此之广,一个原因是德意志天主教徒普遍相信,启示了法国人的圣母一定也会启示德意志人。普鲁士警察当局介入此事,派一名化名"马洛"的侦探前往村子调查。几个村民被控诈骗,受到审讯,传侦探在证人席上作证时,他伪造的证据被彻底戳穿。一个普鲁士步兵连奉命来到这个村子,用刺刀强行驱散了数千名朝圣者。教会慑于普鲁士政府对事态的强硬反应,拒绝证实和支持异象的真实性。然而,群众的宗教感情不是教会和国家这样的机构能够轻易压制的。那几个女孩最终承认,故事完全是编造的,只为恶作剧,后来看到这么多人相信此说，就不敢再改口了。

19世纪初福音奋兴后，英国各地出现了大量志愿者组织，比如"抑制罪恶协会"（1820）。在很多这类组织中，中产阶级妇女扮演了领导角色。自威廉·威尔伯福斯（William Wilberforce, 1759—1833）以来的积极卫道士大肆讨伐他们视为堕落的艺术和文学，屡屡起诉艺术家和作家。资产阶级的持重战胜了贵族的放荡和平民百姓的堕落。高尚事业不容怀疑和取笑；凡报刊检查制度无法压制的，都被新潮打入冷宫。19世纪20年代末和30年代，英国推行了宗教改革。其中一项内容就是废除了圣公会的部分特权。自16世纪宗教改革运动以来，英国人认为信奉天主教无异于叛国。和不从国教的新教徒一样，天主教徒长期以来不仅被牛津大学和剑桥大学拒之门外，还不得担任公职，只有英国圣公会的付费成员才有资格在政府内任职。1828年及1829年，议会法案废止以上限制。就天主教徒而言，法案的目的之一是缓和爱尔兰日益紧张的局势。越来越多的圣公会牧师从事态的发展中觉察到了危险，尤其是英国政府削减了爱尔兰人主教人数，建议把爱尔兰人主教的一部分收入收归国有，此后实行了教会什一税代偿，宣布世俗婚礼和在不从国教的教堂里举办的婚礼合法，成立了一个常设宗教委员会改革主教教区内的管理体制，以上举措皆在1836年一年之内实施。

牛津大学一批以约翰·亨利·纽曼（John Henry Newman, 1801—1890）、约翰·基布尔（John Keble, 1792—1866）和爱德华·普西（Edward Pusey, 1800—1882）为首的圣公会牧师陆续发表了一系列单张，抨击推行改革的辉格党政府"举国叛教"，批评议会干预教会事务、扩大不从国教者的权利，是"公然无视上帝的主权"。这场运动史称"单张运动",其成员认为,英国国教圣公会延续了使徒传统,布道时更应该重视仪式和礼服穿着,多用天主教的礼仪。普西被禁止布道两年。纽曼最终按自己相信的道理,于1845年加入罗马天主教会,后来成为一名枢机主教。1851年,又一名圣公会显要信徒亨利·爱德华·曼宁(Henry Edward Manning, 1808—1892)加入了天主教会,他后来成为威斯敏斯特枢机大主教,位居1850年恢复的英国天主教会之首。英国恢复天主教会的一个重要原因是,1850年以前的大饥荒后,大批信奉天主教的爱尔兰移民流入英国。虽然采取了这一对策,涌入的爱尔兰人继续认同天主教和爱尔兰民族主义,19世纪80年代时,已经出现了抵制新教徒在爱尔兰日益坐大的运动。在欧洲的另一端,波兰人对天主教的认同感更加强烈。波兰当时处于信奉新教的普鲁士和信奉东正教的俄国的高压统治之下,罗马天主教成为波兰民族运动的核心。甚至在天主教会谴责了1831年和1863年波兰人的起义后,波兰人对天主教的信仰非但丝毫未减,还因波兰兴起的对圣母马利亚的崇拜得到强化,波兰人对圣母马利亚的虔诚几乎超过欧洲任何一地。

基督教内部有各式各样的教派,与上述运动相对的是1739年约翰·卫斯理(John Wesley, 1703—1791)在英国开创的卫理公会运动。截至1850年,该运动成员达到48.9万人。福音奋兴运动在威尔士和苏格兰展开,在英国各地的矿区和工业区,浸信会、一位论派等形形色色的教派赢得大批信徒。农民中也出现不再信奉英国国教的趋势,诺福克郡各地的守旧派卫理公会教堂数量激增就是这一现象的表现。尽管各教派教义千差万别,但它们都强调简化宗教信仰,一切以《圣经》为准,省去宗教仪式,以露天布道方式扩大自己的影响。通常社会下层中流行这种形式，参加奋兴集会的大批群众常常陷入癫狂，随后归信。情感主义取代了18世纪宗教所含的理性主义。这种运动中包含的情感主义与英国天主教运动的程度相当，但两种运动的教义截然相反。不从国教的新教徒尤其强调过有节制、井然有序的生活，从而为工人阶级的自我改善开辟了道路。从一种视角看，以上这一切也许只是灌输吃苦耐劳、生活规律、节制欲望等习惯的一种手段。资本主义制度需要新生的产业工人养成这些习惯，同时又让劳动阶层觉得每日的艰辛劳作乃命中注定。不过，换一个角度看，以上教义推动了政治领域内的民主改革。不从国教的新教徒鼓励人读书和受教育，给工人一种自尊感，当时残酷的工业资本主义正在逐渐取代昔日雇主的家长式管理。

以上种种现象归根结底，是对启蒙运动和法国大革命期间反教权主义的一种逆动。普鲁士国王腓特烈·威廉三世为了促进宗教复兴，于1817年颁布敕令，把加尔文宗和路德派教会合并，由新成立的政府部门宗教、教育及医学事务部（Kultusministerium）管理，此后不少德意志邦国加以效仿（如1821年在巴登）。普鲁士国王引入了一整套全新的标准礼拜仪式，包括圣坛服饰、耶稣受难像、蜡烛、主教穿的丝质长袍和其他天主教衣着。这招致大批牧师的强烈抵制，但截至1825年时，7 782个新教教堂中已有5 343个采用了新的礼拜仪式。众多牧师之所以能抵制新的礼拜仪式，是因为1794年颁布的《普鲁士国家的一般邦法》宣布实行宗教信仰自由。此后的较量又持续了很久。1834年，腓特烈·威廉三世最终被迫服输，实际上等于承认了堂区自主权和礼拜仪式多样化。此后，各地牧师维护自己的认同就容易多了，他们或倾向路德派教义，或拥护加尔文宗教义。北欧地区的情况也大致相同，例如，从1818年起，挪威政府内设立国家事务部，专司教会事务。

　　针对启蒙思想和国家扶持的类天主教仪式，一场基于"觉醒"观的运动在信奉新教的斯堪的纳维亚各地蔓延。运动发起人是一些在各地巡回布道的牧师，比如出身农民家庭的汉斯·尼尔森·侯格（Hans Nielsen Hauge, 1771—1824）。他向自己的教徒宣扬严守安息日和清教教义。在他的布道会上，归信者发誓放弃享乐和轻浮的举止，用毁坏娱乐器材的方式表达自己的坚定立场，一名惊愕不已的观察家看到"小提琴家把自己的小提琴付之一炬"。摩拉维亚教会倡导读《圣经》、个人祷告和认罪，宣扬过一种清苦虔诚的生活，在波罗的海沿岸地区发展了大批新教徒，库尔兰一地的教徒数量从1818年的9 800人增至1839年的2.63万人，爱沙尼亚的教徒1818年为2.19万人，1839年跃升到7.5万人。欧洲其他地区的新教也经历了相似的"觉醒"，寻求把宗教从启蒙理性主义中解救出来。在信奉路德派教义的芬兰，卡累利阿宗教复兴运动表现为祷告会和唱赞美诗的庆典活动。统治芬兰的俄国当局极力打压，害怕这些活动引发民族主义骚乱，结果适得其反，反而把路德派和芬兰独立事业更紧密地联系在一起。19世纪中，匈牙利新教徒占全国人口比例升至约22%，其中大多数人是加尔文宗信徒。由于自由派革命家基本上是新教徒，比如科苏特·拉约什，因此维也纳政府在1859年下令将新教会众置于国家监控之下。翌年迫于英国的压力，维也纳政府不得不撤销这道敕令。根据1867年的《奥匈折中方案》，各民族开始享有自治权，新教徒1848年赢得的各项法律权利完全得到恢复。19世纪初瑞士新教的"觉醒"更引人注目。弗朗索瓦·戈桑（François Gaussen, 1790—1863）等人积极宣扬采用"合理教义",把《圣经》当作宗教信仰和实践的无误指南。部分教会宣布独立,最终导致瑞士归正宗的正统地位在1907—1909年期间被取消。

俄国反对启蒙理性主义的首领是亚历山大一世。深受女预言家尤利亚妮·冯·克吕德纳(Juliane von Krüdener, 1764—1824)影响的沙皇被神秘主义吸引。克吕德纳告诉沙皇,拿破仑这个"敌基督"将败在他手下。亚历山大坚信自己讨伐这位法国皇帝乃上帝的意旨,一次,亚历山大邀请克吕德纳出席他为梅特涅举办的一场私人晚宴,特别为不在场的基督留出一个席位。受克吕德纳影响,1815年,亚历山大组建了神圣同盟,笃信这一同盟具有神启之力。他的继任者较为务实,把亚历山大的信仰变为讲求实际的政策。尼古拉一世把东正教教会看作其专制政权下的一个分支,开启了将沙俄帝国境内其他宗教和教派全部置于国家控制之下的漫长传统。尼古拉一世尤其痛恨所谓"旧礼仪派"教徒,这个分裂教会的教派拒绝接受200年前的教会改革,此后一直不见容于历代沙皇。旧礼仪派的一些团体认为,世界的统治者是敌基督,他们不要神父,也不为沙皇祷告。很多人希望简化崇拜仪式,抨击教会礼拜仪式使用复调音乐。他们中的大多数人坚信古教会斯拉夫语《圣经》的神圣性。一些人甚至否定婚姻,不肯使用货币。一个团体摒弃圣像,透过一个墙洞向东方祷告,这批人被称为"打洞派"(Dyrniki),意思是对着墙洞崇拜的人;否定派(Nyetovtsy)如其名字所含之意,对教堂、神父和种种圣礼一概拒绝;司科蒲奇派(Skoptsy)践行自我阉割,以此作为圣洁的标志。践行自我殉道的"菲利普派"(Filippovtsy)以这种方式强化信仰,18世纪这一宗派逐渐消亡也就不足为奇了。

旧礼仪派信徒令都主教菲拉列特〔Metropolitan Philaret,瓦西里·米哈伊洛维奇·德罗兹多夫（Vasily Mikhailovich Drozdov，1782—1867）]寝食难安。他从1821年起直到去世都是莫斯科东正教会的首领，任职40余年。受他的影响，1820年沙俄帝国下令取缔耶稣会，两年后禁令又扩展到共济会。在基督教逼人改宗的压力下，1843—1855年被征入伍的5万名不满18岁的犹太青年中，有半数人受洗。1845—1847年，建于1836年的里加教区内的7.4万名库尔兰人和爱沙尼亚人改信了东正教。然而，改信常常只是表面上的。波兰和乌克兰的东仪天主教会与东正教会正式合并的消息宣布了不止一次，但对信徒没有产生任何明显影响，他们依然尊奉教皇的权威。从前，与东正教徒结婚的路德派信徒必须让孩子信奉东正教，沙皇亚历山大二世废止了这条规定后，1865—1874年期间，大约4万名从小信奉东正教的爱沙尼亚人和库尔兰人改宗路德派。

1905年的俄国革命撼动了被官方尊为国家机构的东正教会的地位，沙皇尼古拉二世被迫宣布宗教自由。曾任圣主教公会总监的康斯坦丁·彼得罗维奇·波别多诺斯采夫（Konstantin Petrovich Pobedonostsev，1827—1907）抱怨道："所有人都疯了，无论祭司还是世俗之人。"特立独行的圣职修道士伊利奥多尔[Iliodor，谢尔盖·米哈伊洛维奇·特鲁法诺夫（Sergei Mikhailovich Trufanov，1880—1952）]对抗一些神职人员的自由派倾向，颂扬1905年革命后反动势力"把可爱的祖国从无神论者、强盗、亵渎分子、扔炸弹的人、煽动叛乱分子、谎话连篇的记者和诽谤者手中解放出来的神圣壮举，所有这些人都受到上帝的诅咒和世人的唾弃"。他发动了一场反政府的群众运动。1911年，沙皇尼古拉二世召见他，让他把攻击矛头对准犹太人。此后不久，伊利奥多尔晋升为牧首，但他依旧惹是生非。作为一个摇摇欲坠国家的宗教支柱，俄国东正教会在内外交攻下变得虚弱不堪。

希腊东正教会坚定支持了19世纪20年代的独立运动，1833年，希腊议会宣布，希腊东正教会享有自治，不再依附于君士坦丁堡普世牧首。然而，国王奥托很快没收了教会地产，关闭了600所修道院，开始在希腊实行拿破仑时代在他出生的巴伐利亚制定的世俗化立法。然而，君士坦丁堡牧首一职依然被希腊人把持，希腊东正教会继续在希腊以外的巴尔干各地行使职责。面对罗马天主教的再度兴起，东正教会的各分支渴望联合起来。1848年，东正教四大牧首辖区召开一次宗教会议，正式宣布罗马天主教会为异端，具有分裂教会的性质，此后又谴责教皇无误论是亵渎之说，"无沾成胎说"教条不属实。东正教自身内部也麻烦四起。1901年，《新约》被新译成通俗希腊语在雅典引发了骚乱。这一版本是在伦敦翻译的，由希腊一家日报《卫城》在雅典出版。牧首斥责译文是亵渎行为，学生走上街头，捣毁了这家报社的办公室。11月8日，学生在宙斯神庙外举行大规模抗议活动，要求对该书译者处以绝罚（逐出教会）。希腊总理动用军队弹压，8名示威者被士兵开枪打死，70余人受伤。在随后掀起的轩然大波中，希腊总理和首肯译文的都主教被迫辞职。1911年希腊宪法规定，只能使用古希腊文版本的《圣经》，哪怕大多数希腊人看不懂。

一如奥斯曼帝国其他地区，保加利亚的基督徒在希腊东正教牧首的宗主权下建立了自己的社区。保加利亚民族主义日益高涨，担任神父尤其是主教的希腊人逐渐被保加利亚人取代。1870年，一贯悉心境内基督教徒分裂的奥斯曼当局允许成立一个享有自治权的保加利亚督主教辖区，这对保加利亚民族主义者至关重要，因为学校体系归宗教

第六章　情感时代　　595

机构管。1874年,斯科普里和奥赫里德两地主教辖区的基督徒居民分别以91%和97%的多数票加入保加利亚督主教辖区。马其顿一大片地区从此被置于保加利亚教会控制之下。1872年,阿塔纳斯·米哈伊洛夫·恰拉科夫(Atanas Mihaylov Chalakov, 1816—1888)被选为督主教,1879年,他被推举为立宪会议及此后的国民议会议长,从中可以看出他与民族主义政府的密切关系。1872年,他宣布督主教辖区享有自治,君士坦丁堡牧首宗教会议旋即免去他的圣职,把他及其首要追随者逐出教会,称他们信奉异端,用民族主义分裂教会。尽管如此,督主教辖区仍是一派兴旺,创办或接管了成千所学校和其他教育机构。在塞尔维亚和保加利亚等崛起的民族国家中,教会与国家日益靠近,最终,这些国家与超民族性质的宗教机构一刀两断。类似现象也发生在上述国家以西地区。

异见、怀疑和不信

政教关系日趋紧张与宗教信仰热的再度兴起密切相连，尤其在信奉天主教的欧洲地区。意大利走向统一期间，教皇庇护九世面对教皇国被并入意大利王国的局面，在全民公投中，13.3万票支持合并，仅有1 500票反对。意大利新议会颁布了一项法律，承认庇护九世的国家元首地位，给予派驻梵蒂冈的外国使团外交豁免权，同时拨给教皇优厚的年俸。然而，庇护九世及其继任者拒绝了这一解决方案，拒不领取政府的补贴。此后双方成对峙之势，一直持续到1929年。教皇下令禁止天主教徒介入意大利政治，宣布哪怕参与投票也是"不当"行为，但这一禁令落为一纸空文。教皇称自己是"梵蒂冈囚徒"，在梵蒂冈一直住到1878年去世。他不厌其烦屡屡抗议意大利国家采取的行动，这没有什么可奇怪的。新统一的意大利为了控制全国，解散了3.8万所教会机构和隶属教会的公司并没收其资产，神学院学生被强制服兵役，世俗婚礼被定为法律义务，数十名主教和枢机主教被逮捕。教会开办的学校以及部分宗教修道会依旧存在，绝大多数有资格投票的天主教徒继续在选举中投票，但天主教会机构与意大利王国之间的隔阂依然很深。

1864年，失去世俗权力的庇护九世发布了《谬误举要》。《谬误举要》称，认为人类理性与基督教信仰有冲突，认为新教只是基督教的另一种形式，宣布天主教不应是排除其他崇拜形式的唯一国家宗教，这些观点一概属于谬误。第80条称，认为"罗马教皇可以也应该接受和赞同近来出现的进步、自由主义和文明"是谬误。世俗婚礼应被视为非法和无效，婚姻事宜只应由教会办理（73—74条），必须让教会而不是国家办教育（45—47条）。教皇为加强自己的地位，召开了一次梵蒂冈宗教公会。1870年，宗教公会发布了《教皇无误宣言》，自那以后，教皇得以发布具有上帝权威的敕令和通谕，不容任何异见。自由派天主教徒大为震惊。他们中的一些人被解除教授职务，比如尝试用现代鉴别学方法研读《圣经》的神学家兼历史学家阿尔弗雷德·卢瓦西（Alfred Loisy, 1857—1940）。1893年，教皇颁布通谕《上智之天主》，对这些人严加斥责，重申《旧约》和《新约》的字义真理不容置疑。各方对此做出的反应中，曾在一份带自由色彩的天主教期刊做过编辑的历史学家阿克顿勋爵（1834—1902）说的一句话也许流传最广，他针对教皇说："权力导致腐败，绝对权力绝对导致腐败。"

19世纪70年代，法国教会与国家之间也爆发了类似冲突。19世纪70年代，君主主义者长期操控议会，第三共和国软弱无力。君主主义者在议会中的势力日衰后，19世纪70年代末到80年代初左右了法国教育政策的茹费里（Jules Ferry, 1832—1893）采取了一系列打击教会的措施。他说："我的目标是建立既没有上帝也没有国王的人类社会。"茹费里把天主教会的办学机构逐出法国，大力推行教育体系的世俗化。他任教育部部长和总理期间，在他的广泛影响下，星期日礼拜的各项法律被废除（1879），墓地不再分教派（1881），离婚正式合法化（1884）。茹费里去职后，反教会政治并没有止步。20世纪初，所有修道会都被解散（仅剩下特拉普派一支。共和党人觉得他们不是威胁，因为特拉普派教徒一向闭口不言），大约1万所教会学校被关闭。1905年，教会的国教地位终被废除，政教彻底分家。国家完全取消了对教会的财政补贴，同时收回了教会拥有的大多数房产。任命主教需要得到国家批准。1878年当选的教皇利奥十三世（Leo XIII, 1810—1903）发动了一场外交攻势，试图结束政教冲突。他发布了著名的《新事》（又名《劳工问题》）通谕，呼吁天主教徒采取行动解决工业化和都市化造成的众多社会问题，同时敦促教士不要卷入政治。这在法国导致了所谓的"归顺"，即教会敦促天主教徒与第三共和国和解。众多堂区教士对此大失所望，他们在布道坛上继续攻击共和国。国家也没有采取任何行动废止仍在施行的反教会法律，非但没有废止，反而还强化这些法律。

19世纪末德国教会与国家之间的斗争同样激烈，但比法国结束得早。为了确保本国天主教徒忠于自己，德国新建立的政治体制把他们置于自己控制之下，正如庇护九世试图把天主教徒置于教皇权力之下一样。俾斯麦尤其把德意志帝国境内的大批少数派天主教徒视为"帝国的敌人"，因为他们大多是南德意志邦国的公民，1866年曾站在奥地利一边与普鲁士为敌。此外，波森（波兹南）和西里西亚地区人数可观的波兰少数族裔对民族主义事业的坚定支持大多源自他们对天主教的强烈效忠。1871年，俾斯麦针对利用布道为自己政治目的服务的教士立法，1872年又将天主教会开办的学校置于政府监管之下，取缔耶稣会，断绝与梵蒂冈的外交关系。至少自18世纪中起，欧洲各国政府几乎都对耶稣会格外怀疑。1873年，普鲁士颁布了《五月法令》，把培养教士的职责移交给了国家，规定任命教士必须得到政府认可。

此后5年内，普鲁士境内的神学院一半被关闭。1875年，普鲁士政府取消了对天主教会的补贴，各地的宗教修道会被悉数解散，全国一律采用世俗结婚仪式。德国自由派人士更是推波助澜，在这场他们称之为"文化斗争"的运动中为俾斯麦摇旗呐喊。对垒的一方持开明的进步观点，另一方代表了反动的蒙昧主义。天主教教士不肯屈服于新法律，他们抵制国家开办的培训机构，拒绝把教士的任命提交政府批准。警察开始介入，截至19世纪70年代中期，989个天主教堂区没有教区神父，225名教士被投入监狱，2名大主教和3名主教被解职，特里尔主教在监狱服完9个月刑期后不久去世。据称在马平根地出现的幻象现象引发了一场波澜，成为冲突的焦点。大批德国天主教徒加入1871年新成立的天主教中央党，在政治舞台上慷慨陈词，倾诉自己的怨愤。1878年，教皇利奥十三世当选，为双方和解铺平了道路，尤其是俾斯麦现在掉转枪口，对准新出现的"帝国敌人"社会主义工人党。1880年，俾斯麦推出一项法律，废止政府解职教士的权力。1882年，普鲁士恢复了与罗马教廷的外交关系，翌年又淡化了"文化斗争"立法中一些严厉条款。但是，天主教中央党的崛起并未因此中止，该党在帝国议会中的议员人数很快跃居首位。

政教冲突不止于意大利、法国和德国。19世纪70年代，奥地利的自由派政府规定任命教士必须得到政府批准，同时废除了1855年与教皇签署的宗教协定，实现了婚姻的世俗化，并把教会学校置于国家管制之下。但是，皇帝弗朗茨·约瑟夫否决了强制推行世俗婚礼的建议，一场汹涌澎湃的天主教政治运动由此而起，其表现形式是1891年成立的基督教社会党。1879—1884年，比利时同样陷入"学校之战"，自由派试图使教育世俗化，但遭到天主教徒的强烈抵制，后者举行示威抗议活动，参与骚乱。在科特赖克镇，两名示威者被警察打死。1884年选举产生了一个天主教政府后，自由派在他们控制的200余个城市举行大规模示威活动，天主教徒针锋相对，举行了规模浩大的反示威。最终国王被迫亲自干预，将两名最激进的持教皇至上论的大臣解职，迫使天主教政府软化其立场。荷兰最南边的省份天主教居民占少数，但人数众多。1853年教皇任命了几位主教后，新教教士起而抗议。1872年，一项限制宗教列队行进的法律引发了群众与警察之间的暴力冲突，1878年，一群朝圣者冲击了林堡省鲁尔蒙德附近警察设置的警戒线。在19世纪的西班牙，打击教会的立法层出不穷。自1900年起，冲突和示威持续不断。世俗主义者仿效法国人上街游行，在通常禁食一天的受难日大办宴会，还特别在圣周这一周搞了一个"反教会周"。

欧洲新出现的国家也好，国家体制发生了重大变化的国家也好，推行改革的自由派政府也好，无一例外敌视教会，但各地教会面对的挑战不止于此。从长远看，民众的世俗化是对教会更严重的威胁。1851年，英国展开了全国人口普查，宗教方面的结果显示，人口普查的那个星期日，大多数大城市只有不到10%的居民去教堂做礼拜。1852年，英国一名主教说："居住在农村的手工业者和劳动者至少还有可能在教堂找到一席之地，通常他们也需要这一席之地。他们离开农村来到城市后，既找不到信仰上帝的一席之地，又没有牧师引导他们遵循上帝教诲，因此不难理解为什么他们大多失去了敬拜上帝和祷告的习惯。"类似情况也发生在俄国。在圣彼得堡主教教区，从1876年到1887年，只增添了85座教堂。修建教堂的经费必须在当地筹措，在工人阶级居住的地区很难筹到钱，原因是当地的大批居民要么刚来不久,要么很快迁往他地就业。1891年德国对各地教会做的一项统计调查显示,在汉堡和首都柏林,牧师与当地居民的比例分别为1∶8 000和1∶10 000,大大低于19世纪初1∶3 000的比例。1891—1895年,普鲁士每年参加圣餐仪式的教徒为每百人43人,而柏林仅为每百人16人。1880年,斯德哥尔摩只有10%的成年男子领圣餐,19、20世纪之交时,只有15%的巴黎居民参加弥撒,同一时期,只有22%的伦敦居民去教堂做礼拜。各项立法也为民众放弃自己的宗教义务敞开了大门。1845年挪威通过了《宗教异见法》,解除了公民必须加入教会的法律义务。1849年,丹麦步挪威后尘通过了类似法律。

宗教奋兴运动竭力抵制大城市和工业化地区世俗化的影响,尤其是在德国。1848年,福音派慈善家约翰·欣里希·维歇恩(Johann Hinrich Wichern, 1808—1881)创立了"国内传教会",旨在通过在穷人中间开展慈善事业向他们传播基于路德派教义的保守社会观点。当时各种传教团体纷纷出现,致力于在欧洲以外不信上帝的人中间发展信徒。维歇恩顺势而为,仿效这些社团开创了自己的运动。他开创的这一运动蔓延到其他北欧国家,包括丹麦。该运动在丹麦起于1861年,其成员在农村地区开展宗教活动,以宗教信仰为基础把不同社会阶级聚合在一起,也许还有防止教堂会众脱离国教改信当时瑞典兴起的一些激进新教教派的用意。天主教会很快起而效仿。自19世纪90年代起,西班牙一些具有社会忧患意识的教士在巴伦西亚、马德里等城市组织了工人教会团体(Workers' Circle),截至1912年,成立的这类组织有258个之多,成员总数达18万人。在信奉东正教的俄国,1881年,巡回传教士成立了"以东正教会精神传播宗教和道德启蒙会",该会在圣彼得堡各家工厂举行集会,吸引了大批追随者。1905

年，一个类似组织"亚历山大·涅夫斯基自我节制会"拥有 7.5 万名成员，同年它还印刷了 1 万份论述工人问题的小册子。这类活动很容易推动坚定的神职人员积极卷入政治。神父格奥尔基·阿波洛诺维奇·加蓬（Georgiy Apollonovich Gapon, 1870—1906）领导了工人的示威活动，最终引发了 1905 年革命。此后沙俄当局镇压这类活动也就不足为奇了。

这类运动固然表达了广大民众的焦虑，但农村的虔诚百姓与城镇里世俗化的不信教居民之间的差异很容易被夸大。据记载，1900 年，俄国 87% 的男教徒和 91% 的女教徒参加了城市和乡村东正教教堂的忏悔和圣餐仪式。在欧洲大片地区，堂区无疑依然是农村居民生活的中心。然而，农村地区举行的宗教仪式常常与教会的理想水准相去甚远。法国对奥尔良主教区的调查显示，截至 1850 年，仅有 10.6% 的当地居民领复活节圣餐，经常去教堂礼拜的人数就更少了。村民在乡村教堂里常常吵吵嚷嚷。19 世纪 50 年代，一名法国堂区牧师抱怨说，信徒从不认真听他布道，而是大声喧哗、吐痰、咳嗽、交头接耳、坐立不安，进出时使劲摔门。工业化城市里的工人及家属也许不常去教堂，但每逢人生中的重大事件，他们依然重视宗教。1910 年，89% 出生于新教家庭的婴儿和 72% 出生于天主教家庭的婴儿受洗。1896—1900 年，在"红色"萨克森，90% 的夫妇在教堂结婚，99% 的死者按宗教仪式下葬。社会民主党成员有时给孩子起明显带有社会主义色彩的名字，以此显示他们的政治信仰，比如，为纪念德国早期社会主义领袖斐迪南·拉萨尔，给女孩起名"拉萨琳"尤其普遍，不过，家长依然让孩子接受洗礼。

世俗化过程对男女的影响是不同的。19 世纪中期，在奥尔良主教区内，11.6%的妇女领复活节圣餐，而领圣餐的男人只有2%。在1830年后归比利时统辖的地区内，1780年修女与修士的比例为40∶60，8年后，这一比例变成60∶40。妇女大多从事教书、护理或慈善工作。俄国的情况也大致相同。从1850年到1912年，修士人数翻了一番，略高于2.1万人，修女人数则从8 533人激增至70 453人。抨击教会的人认为，这是女性感情用事的表现。法国历史学家儒勒·米什莱（Jules Michelet, 1798—1874）是反教会的共和党人，他称告解神父或"勾引"他人妻子，或用"属灵的杖鞭打"妇女，把她们带坏，导致世风日下。米什莱满腹怨气，也许是因为他的情妇临终前没有找他，而是找了她的告解神父。很多人亦有同感。直到19世纪末及此后很久，法国共和党人始终不肯赋予妇女选举权，一个重要原因是他们对妇女持有偏见，认为妇女易受教会摆布。

19世纪期间，教会权力日益衰微，国家权力不断扩大。生活在人口稠密工业区的普通男性居民，在一定程度上也包括妇女，不再去教堂礼拜，洗礼仪式和婚丧仪式等标志人生进入新阶段的重大场合除外。种种现象令虔诚的教徒忧心忡忡。不过直到第一次世界大战前夕，欧洲文化始终是宗教主导的文化。不仅如此，19世纪欧洲的基督徒通过大量建立传教团体，把自己的信念传播到世界各地，其规模之大超过此前任何一个世纪。他们借欧洲称霸世界之机，利用交通条件的迅速改善，在世界各大洲传播基督教。海外传教团从18世纪末起在英国国内就很活跃，1815年在巴塞尔、1821年在丹麦、1822年在法国、1824年在柏林、1835年在瑞典都成立了海外传教团。这些传教团体兴办学校，发行报纸，修建教堂，竭力抑遏与之对立的基督教教派的传教士。新一波传教活动起于新教徒，但天主教会紧随其后，于

1868年成立了"白衣传教会",这些世俗教士身穿白色长袍,外披斗篷,耶稣会士开始传教的时间就更早了。很多传教士惨死在拒绝改信的人手中。枢机主教夏尔·拉维热里(Charles Lavigerie, 1825—1892)组建了"基督民兵"保护传教士,但这一做法没有得到广泛认可,因为这让传教活动看上去太像是十字军运动的重演。

传教士到世界各地传教的同时,基督教在欧洲受到人们日益强烈的怀疑和审视。社会学家马克斯·韦伯(Max Weber, 1864—1920)认为,这一时代的根本特征是所谓的"世界祛魅"。农村居民认为,自然界是神奇造物,受超自然力主宰;在世界走向祛魅的过程中,这一观点被基于科学认识的有明确目标的理性信仰体系所取代。信仰上发生这一变化的最初主要是城市工人阶级部分成员,尤其是在中欧,外加自由资产阶级。近代科学发现的成果及科学倡导者对宗教提出了日益明确的挑战,促成了新观念的发展。大卫·弗里德里希·施特劳斯(David Friedrich Strauss, 1808—1874)及其著述对弗雷德丽卡·布雷默影响甚深,从布雷默写的《晨更》(1842)一书中尤其可以看出这一点。施特劳斯写的《耶稣传》出版于1835—1836年,当时他年仅27岁。施特劳斯运用现代文本鉴别学方法,称福音书中讲述的种种神奇现象纯系神话,他向人展示,能证明历史上确有耶稣其人的证据少得可怜。施特劳斯表述的观点令基督教护教者惊恐万状。乔治·艾略特把施特劳斯的著作译成英文,于1846年出版。福音派社会改革家、第七代沙夫茨伯里伯爵安东尼·阿什利-库珀(Anthony Ashley-Cooper, 1801—1885)说它是"从地狱口中吐出的危害最大的一部书"。

年轻的古典语文学家兼哲学家弗里德里希·尼采(Friedrich Nietzsche, 1844—1900)阅读了施特劳斯的著作后坚信,历史研究结果彻底证明了基督教义完全不可信。尼采以他惯常的箴言行文风格宣布："上帝死了。"在众多价值体系并存的现代世界，基督教宣扬的普世价值体系再也讲不通了，各人必须靠意志力提出自己的价值观，那些提出了一套超越传统善恶观的新价值论的人就是超人。尼采把他们的强力意志与平民百姓的平庸和流行文化的肤浅做了鲜明对比。尼采在世时，他的大部分著作没有多少读者，也未发表过，他患上引发痴呆的三期梅毒，默默结束了生命。但是，尼采深深影响了丹麦作家格奥尔·布兰德斯（Georg Brandes, 1842—1927）。1873年，布兰德斯在自己开设的一系列讲座上抨击基督教，称它是已死的意识形态。据说受他启发，丹麦开始实行世俗成年礼（不过绝大多数丹麦家庭依旧遵循教会仪式）。

基督徒的失望对宗教信仰的腐蚀力有时不亚于哲学上的怀疑，丹麦哲学家兼神学家索伦·克尔凯郭尔（Søren Kierkegaard, 1813—1855）的著作就是一个突出的例子。他抨击青年黑格尔派的无神决定论，强调个人意识的绝对自主性。克尔凯郭尔认为，有组织的宗教，尤其是受国家控制的宗教使人变得幼稚，与外部世界妥协颠覆了人的信仰。他写道："基督教的观点是受难，是渴求献身，是属于另一个世界。"克尔凯郭尔本人去世时，他的思想已经开始对丹麦教会产生重大影响。1855年官方发表的讣告指出："克尔凯郭尔博士揭示了政教合一产生的致命恶果，加深了众多世俗信徒的顾忌，如今他们感到已无法继续留在教会里。"同年，丹麦教会免除了信徒只参加本堂区礼拜仪式的义务，允许他们自由选择堂区。两年后，丹麦教会依据宗教信仰应当是成人的个人选择的观点，废止了必须给婴儿施洗的强制规定。

19世纪基督教面临的种种思想挑战中，对它冲击最大的要数科学唯物主义的兴起。1830—1833 年，查尔斯·赖尔（Charles Lyell, 1797—1875）爵士撰写的三卷本《地质学原理》问世。他在书中表示，找不到任何发生过挪亚大洪水的证据，世界也不像多年前一名教士詹姆斯·厄谢尔（James Ussher, 1581—1656）所说的那样诞生于公元前 4004 年 10 月 23 日前夜，而是比这一日期早得多。他提出的观点重创了基督教教义。面对诸如赖尔和施特劳斯等人的著述，许多基督教作家和思想家最初的反应是祭出自然神学论，该理论断定，存在一个出自上天之手的宏大的自然界规划，世间万物中唯一具有灵魂的人类被置于上帝设计的自然界的核心。然而，继续维护这一观点越来越难。1844 年，《自然创造史的遗迹》匿名出版，其真正作者是苏格兰出版商兼地质学家罗伯特·钱伯斯（Robert Chambers, 1802—1871）。该书以太阳系开篇，以人类的出现为终篇，描述自然世界。作者提出，"从动物学角度看，而不考虑神学赋予人的独特特征"，人不过是动物中的一种。博物学家查尔斯·达尔文对基督教信念提出意义更为深远的挑战。1831—1836 年，他乘"贝格尔号"船前往加拉帕戈斯群岛，采集岛上化石，看到了物种的千姿百态。另一位博物学家阿尔弗雷德·拉塞尔·华莱士独立得出了类似结论。1859 年，达尔文抢先一步发表了他的名著《物种起源》，该书卷首一句话可谓语出惊人："直到不久前，大多数博物学家，包括我本人都认为，每一种物种是独立创造出来的，但这一观点是错误的。"达尔文宣称，物种的最终形态不是上帝创造的，而是在漫长岁月中进化的结果。

　　由于达尔文在进化论中融入了维多利亚时代中期的乐观主义，又依据基督教教义解释了自然秩序，加上在他之前已经有了钱伯斯和赖尔的著述，《物种起源》一书的出版给宗教带来的冲击被减弱了。生物学家托马斯·赫胥黎（Thomas Huxley, 1825—1895）成了达尔文观点的积极倡导者。1860年，赫胥黎来到不列颠科学促进协会，围绕达尔文的理论舌战牛津大主教塞缪尔·威尔伯福斯（Samuel Wilberforce, 1805—1873）。威尔伯福斯素以能言善辩、口若悬河著称，人称"油嘴山姆"，迪斯累里称他的修辞风格"油腻圆滑"。以下是伊莎贝拉·西奇威克（Isabella Sidgwick, 1825—1908）描绘的一幕：

> 威尔伯福斯大主教从座位上起身，以轻柔嘲弄的口吻，操着华丽流畅的语言侃侃而谈，驳斥进化论观点不值一信，原鸽就是原鸽，古今无异。他脸上浮现出一丝傲慢的笑意，转身问他的对手："您说自己是从猴子进化来的。请问是指您祖父那一支，还是祖母那一支？"赫胥黎先生不急不慢地站起来，他身材修长，面容苍白冷峻。他站立在我们面前，表情异常平静严肃，随后语出惊人。似乎没人还记得他说了些什么。我觉得没人能在赫胥黎说过后还能记住，因为他这番话的含义令众人惊愕不已。但没人听不懂他的意思：他不以自己的祖先是猴子为耻，但会耻于认识一个把个人才华用于掩盖事实真相的人。他的意思没人不明白。产生的效果极为震撼，一位女士当场昏厥过去，被人抬出场外。我和在场的其他人一样，情不自禁地从座位上一跃而起。

达尔文及其学说因这场辩论名声大噪。无论他喜欢与否，进化论与神造说、事实与信仰现在已经针锋相对了。

基督教及其他信仰

一如达尔文本人，绝大多数科学家和学者认为，他们的科学成果或多或少与基督教教义相符。但有些作家，如布兰德斯，还有众多普通社会主义者认为，《圣经》的权威性因种种科学发现而受到了致命打击。在信仰的另一极端，农村地区除了基督教外，还盛行种种迷信和巫术，其中不少源自基督教诞生前的时代。1899年，一名观察家称，外赫布里底群岛的居民依然相信存在"形形色色的邪恶力量"。在德国，人们用死刑犯人的血治病，认为他们的血有神奇疗效，这不过是被认为可以预防和治愈疾病的大量迷信习俗中的一个。乡下人开的药方中，有服用在特定时间采摘的草药，有念符咒，或如在葡萄牙那样，用浸泡在伤者尿里的蜥蜴尸体制成神奇药水，涂抹在伤口上。发烧病人会在杜松、山楂树或其他树下放置礼物。在巴尔干半岛沿海的波美拉尼亚地区，农民对付霍乱的办法是挖出第一个死于霍乱的人的尸体，举行仪式砍下死者的头。法国中部波旁地区的人对付淋巴结结核的办法是举行仪式，让7个儿子中年龄最大的那个在圣约翰之夜日出前触摸患者，出席这类仪式的人数以百计。各地的圣址、喷泉、树丛、水井、蘑菇圈，无一不具有神力。施用巫术的事情仍然时有发生。1863年，阿登地区的一个砖匠被判有罪，罪名是雇凶杀死了一个据说对他的砖窑施妖术的男巫。1887年，法国中北部索洛涅地区的一对年轻夫妇听信男巫的话，杀死了女方的母亲，为此被处以极刑。形形色色的符咒书行销于农村集市，尤其是基于中世纪炼金术师大阿尔贝特（Albertus Magnus，约1200—1280）写的《大阿尔贝特》《小阿尔贝特》的种种流行读物。如果某人突然走了好运，人们会说："他衣服兜里肯定有'小阿尔贝特'！"

乡村教士常常不顾教会上层的反对，继续从事巫术活动。法国乡村教堂依然敲钟驱赶风暴，虽然教会三番五次下令禁止这样做。百姓从教堂取来小瓶圣水，放在烟囱顶端，以求自己的庄稼和房子得到保佑。接下来百姓自然会去诸如卢尔德这样的基督教朝拜圣地寻求治愈疾病，或在教堂放置还愿牌子和手写的祷词，祈求顺利通过考试。教会为信仰各种奇迹的做法放行，然而奇迹与巫术之间的界限很难划清。在乡村集市和节日期间，占卜师生意兴隆。算命是吉卜赛女人的专长，她们还靠兜售驱赶疾病的符咒赚钱。因世俗教育的发展和法律的限制，支撑此类活动的信仰体系日益受到削弱。父母辈也许还会沿用种种迷信做法，但孩子们在学校里接触了新观念。各地法庭对涉及施魔法、使用春药等巫术活动的案子更加怀疑。1843年，诺里奇地方法官受理一起案子。一名妇女指控妹妹把蛇血和水混在一起制成药水，放入一个牡蛎壳内，再把丈夫剪下的指甲放在里面，导致她丈夫瘫痪。法官驳回了案子。1894年，在法国旅行的一名英国人看到烟囱上放置了一些避雷用的圣水瓶子，但当时教会和国家已经开始大力推广安装避雷针。城市内的巫术活动更是急剧减少。乡下人需要处理好与自然界的关系，城里人没有这种紧迫需要。

多数派宗教与少数派宗教之间的关系比基督教与迷信之间的关

系更加紧张。奥斯曼帝国奉伊斯兰教为国教，但对生活在帝国欧洲领土内的众多基督徒一般颇为宽容。面对欧洲科学文化日益严峻的挑战，在应做出多大调整的问题上，伊斯兰教学者莫衷一是。苏丹阿卜杜勒·哈米德二世设法将近代世俗体制引入帝国的同时，竭力维护对伊斯兰教的传统诠释，禁止输入在奥斯曼帝国境外印刷的《古兰经》。他坚称自己是正统的哈里发，竭力让分离出去的什叶派回到正统。奥斯曼帝国属下的巴尔干地区居住了大量穆斯林人口。波斯尼亚人口大约2/3属于伊斯兰教逊尼派。1912年，色雷斯西部有大约12万名穆斯林居民，其中有改宗的希腊人后代、突厥人，还有来自保加利亚的穆斯林。阿尔巴尼亚人口将近60%是穆斯林，大多数是逊尼派，少数人是拜克塔什教团信徒，属于苏菲派，主流逊尼派穆斯林把他们视为异教徒。阿尔巴尼亚穆斯林以善于经商和开办企业著称，在奥斯曼帝国的管理上发挥了重要作用，比如19世纪20年代初臭名昭著的台佩莱纳的阿里帕夏。沙俄帝国吞并高加索后，数十万名穆斯林大规模南迁，奥斯曼帝国因此更加强调自己的伊斯兰特征。其后果是19世纪末巴尔干半岛上的基督徒与穆斯林之间的关系日趋紧张，最终导致1912—1914年血腥的巴尔干战争。

19世纪前的千百年里，基督徒把伊斯兰教视为对基督教欧洲的一大威胁。19世纪时，基督徒已不再这样看待伊斯兰教，但欧洲各地的犹太人社区有时仍被基督徒视为一种威胁。19世纪末，欧洲大约有900万名犹太教徒，在欧洲大陆的非基督徒中人数居首，其中520万人处于沙皇统治之下，占俄国人口的将近5%，犹太人必须住在为他们划出的居住地区，其疆域与前波兰-立陶宛王国的疆域大致吻合，包括今天的立陶宛、波兰、乌克兰、白俄罗斯、摩尔多瓦和俄罗斯西部。建于1791年的犹太人居住区的边界数次变更，某些类别的犹太人有时获准在犹太人居住区外定居。1891年，数千名犹太人被逐出莫斯科和圣彼得堡，被迫返回犹太人居住区。对大学里犹太学生的数量，法律明文加以限制（犹太人居住区内为10%，莫斯科、圣彼得堡和基辅各为3%）。犹太人居住区内的犹太人大多住在被称为什泰特勒（shtetls）的地方，生活贫困。犹太人居住区的犹太人主要讲意第绪语，遵行各种严格的宗教仪式，穿同样的服装。东正教居民在国家纵容下歧视迫害犹太人的现象十分普遍。1881年沙皇亚历山大二世遇刺身亡后，基督教暴民大肆迫害犹太人，40余人被杀，200多名犹太妇女遭到强奸。1903—1906年，再次爆发反犹骚乱，波及200余个城镇，2 000多名犹太人丧生，乌克兰受冲击最大。这类暴乱事件受到政府怂恿，通常以基督教教士为首。暴乱期间，一个个村庄被捣毁，犹太人财产损失惨重。因此毫不奇怪，19世纪和20世纪初，200多万名犹太人离开沙俄帝国前往英国等地（尤其是美国）开辟新生活。他们常常得到犹太人慈善家的赞助，比如莫里茨·德·希尔施（Maurice de Hirsch, 1831—1896）男爵，他是德裔犹太银行家，家在巴黎，用投机铁路赚取的财富成立了当时世界上最大的慈善机构，帮助数千名俄国犹太人移民阿根廷，这些"犹太牧人"在南美大草原上纵马驰骋。

1900年，奥匈帝国境内也有200万名犹太人，占总人口的4.6%，其中80多万居住在从前属于波兰的加利西亚。他们与生活在犹太人居住地区内的犹太居民有大致相同的文化特征。19世纪末，他们中越来越多的人离开加利西亚，迁往布达佩斯，这样的人几乎占了该市人口的1/4。据当时估计，罗马尼亚境内有25万名犹太人；截至1914年，布科维纳的犹太人占当地人口的13%。同一时期，德国的犹太人口数量从 50 万增至 60 多万，俄国移民大批涌入是犹太人口增加的重要原因。1900 年前后，英国境内大约有 25 万名犹太人，荷兰境内有 10 万，法国 8.6 万，意大利 3.5 万，其他国家也有少量的犹太人。19 世纪早期，各地的犹太人备受歧视。1815 年拿破仑战败后，被他废除的一些限制又恢复了，法兰克福就是这样。不过，法兰克福市没有恢复往日的做法，规定犹太人必须住在老城隔离区内的犹太人区。欧洲各地其他城市的情况几乎与法兰克福无异。唯一的例外是罗马，当地的犹太人依然被强迫住在 1555 年建的用围墙围起的犹太人区内，1848 年革命期间，犹太人获准迁出，教皇庇护九世即位后，又把犹太人赶回居住区，不过他在 1850 年废除了对犹太人区居民征收的人头税。1870 年罗马并入意大利王国后，欧洲仅存的这一犹太人区随之消失，18 年后，犹太人区的城墙被拆除。沙俄帝国内的犹太人居住区也是为了限制犹太人的行动自由而设的，其规模远远超过罗马城的犹太人区。

即使是在犹太人可以自由选择居住地的地区，王朝复辟时期，欧洲很多国家的犹太人依然被剥夺了基本公民权。1791 年，法国大革命荡除了对犹太人的歧视。拿破仑在被他征服的地区给予了犹太人平等地位，但在有些地方，犹太人的平等权利又被收回了。比利时和希腊从一开始就给予犹太人完全平等的地位，其他地区犹太人的解放姗姗来迟，符腾堡在 1828 年，荷兰 1834 年，瑞典和挪威 1835 年，汉诺威 1842 年，丹麦和汉堡 1849 年，而且往往需要一场政治大动荡，比如 1848 年革命。1867 年，奥匈帝国的犹太人获得解放。北德意志邦联及其后的德意志帝国在其宪法中给予犹太人完全平等的权利，而保加利亚和塞尔维亚的犹太人要一直等到 1878 年才成为享有充分权利的

第六章　情感时代

公民。西班牙和葡萄牙更晚，分别是1910年和1911年。直到1917年革命前不久，俄国的犹太人才获得公民权利。罗马尼亚的犹太人迟至1923年才享有平等权利。英国犹太人争取平等地位的斗争持续了数十年。1829年的《天主教解禁法》并不惠及犹太人，一些提案建议把该法条款扩至犹太人，遭到以威灵顿公爵为首的保守的上院否决，直到1846年颁布了《宗教观点解放法案》后才获得通过。由于犹太人必须对基督教誓词宣誓，故依然依然被排斥在议会之外，直到《犹太人解放法》(1858)允许犹太人宣誓就职议会议员时可以不说"以一名基督徒的真正信仰"这句誓言，犹太人才得以进入议会。

当时，欧洲和美国的犹太人开始分裂为犹太教正统派和犹太教改革派两支。正统派会众希望维持传统的信仰和做法，改革派会众寻求使信仰跟上时代步伐。1841年，英国建了第一个改革派犹太会堂，德国的首席拉比立即否认该会堂属于犹太教，当时他对不列颠群岛仍有影响力。1858年成立了一个联合会堂，但两派之间的分歧继续阻碍犹太人争取获得彻底解放的斗争。尽管如此，实现了宗教平等还是一大进步，代表犹太人社区的各种新老志愿者组织不断施压是取得这一重大成就的原因之一。当时欧洲各地信奉基督教的少数族裔也获得了解放。由此产生的一个后果是越来越多的犹太人改信基督教。19世纪前70年，大约有1.1万名德国犹太人改信基督教，此后改信人数大增，19世纪后30年，有1.15万人改信基督教。犹太人与基督徒的通婚占犹太人婚姻总数的比例，1900年在柏林是18%，到1914年在杜塞尔多夫是近1/3。在第一次大战前夕的汉堡，犹太人嫁娶犹太人的婚姻与犹太人嫁娶基督徒的婚姻，其比例已达到100比73。匈牙利的情况完全不同。虽然该国大多数犹太人已经同化，但1895—1907年期间，匈牙利全国83万名犹太人中，仅有5 000人改信基督教。中欧和西欧的犹太宗教社区为了抵制逐渐消亡的进程，成立了自己的文化组织，创办种种报纸、俱乐部和青年团体，然而收效甚微，难以阻挡大多数国家内犹太人改信基督教的大潮。

由于数百年来法律一直禁止犹太人占有土地，加之犹太人在封建制度下始终受到排斥，但不受基督徒不得放高利贷规定的限制，因此绝大多数犹太人聚集在银行、金融及其他专业行业。贫穷犹太人则集中在制衣行业（19世纪90年代，俄国的犹太移民把制衣业带到伦敦东区）。1910年人口普查结果显示，布达佩斯的犹太人占银行和金融服务业内个体经营者的85%，以上行业雇员的42%，个体商人的54%，其雇员的62%，实业家的13%，其雇员的22%。匈牙利大约45%的律师和49%的医生是犹太人。柏林、法兰克福和维也纳等地犹太人人数不及匈牙利，但在当地人口中所占比例依然很高。富有的犹太人银行家举世闻名，例如罗斯柴尔德家族。该家族作为法兰克福宫廷银行家起家，凭借雄厚财力被几国封为贵族，如1818年和1847年分别在奥地利和英国被封爵。除罗斯柴尔德家族外，还有众多犹太人开办的大金融公司，但论财富和影响，没有一家能与罗斯柴尔德家族相比。普鲁士犹太人中，仅有两人被封为贵族，另一位是格尔松·冯·布莱希罗德（Gerson von Bleichröder, 1822—1893），他成了俾斯麦的私人银行家，为俾斯麦1864和1866年先后发动的德国统一战争筹措经费，让俾斯麦无须通过德意志邦联的批准获得经费。

犹太人银行家大多积极投身慈善事业，但无人能超过意大利出生、身高1.9米的摩西·蒙蒂菲奥里（Moses Montefiore, 1784—1885）爵士。他一生长寿，生前数次访问耶路撒冷，在耶路撒冷老城墙外建造了犹太人救济院"平安居所"。蒙蒂菲奥里和奥斯曼帝国苏丹一起出面搭救身陷困境的犹太人。1867年，他前往罗马尼亚，帮助当地处境艰危的犹太人。蒙蒂菲奥里在耶路撒冷人数不多的犹太社区开展慈善工作，为犹太复国主义的诞生起了一定的奠基作用。然而，旨在结束犹太人流散世界各地的这一运动的真正创始人是说德语的匈牙利人特奥多尔·赫茨尔（Theodor Herzl, 1860—1904），他写了《犹太国》（1896）一书，呼吁所有犹太人返回巴勒斯坦。赫茨尔是能干的游说家，他的第一次耶路撒冷之行特别选在德皇威廉二世访问耶路撒冷之际。赫茨尔拜见德皇时，向他陈述了自己的观点。赫茨尔成立的"世界犹太复国主义组织"召开过几次大会，推动犹太复国主义事业。他去世后，这一运动的性质发生了变化，从正统派犹太教转变为社会主义左翼。直到第一次世界大战前夕，该运动始终是一支微不足道的力量。

基督教会仇视犹太教已有数百年的历史，从这一传统中又生出了一种更恶毒的新偏见形式，它基于所谓的种族差异科学理论。新词"反犹主义"的日益流行显示了这一变化。该词是奥地利摩拉维亚犹太人莫里茨·施泰因施奈德（Moritz Steinschneider, 1816—1907）首先提出来的，他后来成为普鲁士的东方学者。德国记者威廉·马尔（Wilhelm Marr, 1819—1904）写的《犹太教战胜德意志社会》（1879）一书推广了这一概念。马尔临终前放弃了自己的观点，但他的作品反映了德国国内一股右翼政治潮流。在马尔之前，普鲁士宫廷牧师阿道夫·施特克尔（Adolf Stoecker, 1835—1909）已经开始推动这一潮流，呼吁从法律上限制各行业内从业犹太人的数量，削弱他们在世界商界的势力。1878年，施特克尔在德国创建基督教社会党，初衷是把工人引离社会主义，但收效甚微。如社会民主党领袖奥古斯特·倍倍尔（August Bebel, 1840—1913）所说，反犹主义是"傻瓜的社会主义"。社会民主党内的少数几个活动家把工人的苦难归咎于犹太人而不是资本家，但他们不过是无足轻重的小人物。有犹太人血统的社会主义者反而很受欢迎，比如保罗·辛格（Paul Singer, 1844—1911）。一个原因是，普通党员认为，国家和社会对犹太人的歧视和对工人的歧视没有什么不同。反犹主义政治在信奉新教的农民中产生了共鸣。他们不明白为什么自己身陷经济困境，尤其在 19 世纪 70 年代，但支持这些农民的人并不多。特奥多尔·弗里奇（Theodor Fritsch, 1852—1933）竭力宣扬反犹运动的核心观念和政策。以理查德·瓦格纳的遗孀柯西玛（Cosima, 1837—1930）为首的一个小圈子在拜罗伊特知识阶层中享有一定声望，尤其是柯西玛的英国女婿休斯顿·斯图尔特·张伯伦（Houston Stewart Chamberlain, 1855—1927）和他写的《19 世纪的基础》一书。1914 年以前，虽然可以感觉到反犹主义对德国政治的影响，但这种影响十分有限，只不过存在一些极端民族主义分子小集团而已。

奥地利的卡尔·卢埃格尔（Karl Lueger, 1844—1910）把反犹主义作为达到其政治目的的手段。他任过维也纳市长，政绩斐然，是一个恣肆的政治煽动家。卢埃格尔极力迎合维也纳的中产阶级下层和农民，公开指责犹太人把他们带入经济困境。正是卢埃格尔炮制了用来指匈牙利首都的"犹太人佩斯"一词，那里的专业阶层中，犹太人占了很高比例（"佩斯"一词在德语里还有"瘟疫"之意）。卢埃格尔的反犹言论抬高了此类观点在维也纳的地位。他是不是真信自己的观点值得怀疑。一次，他的一个追随者在一家维也纳咖啡馆指责他和几个犹太人同坐一桌，他回答说："谁是犹太人，我说了算。"选民似乎对这一切毫不在乎。1902年，卢埃格尔巩固了己方在市议会中的多数席位地位。另一个奥地利人在反犹行为上有过之而无不及，他是一个铁路巨头的儿子，叫格奥尔格·里特尔·冯·舍纳勒尔（Georg Ritter von Schönerer, 1842—1921）。19世纪80年代初，舍纳勒尔成立了一个德意志民族主义协会，鼓动奥地利与波希米亚一起并入德意志帝国。后来他把自己的党重新命名为"泛德意志民族党"，并在国家议会上放言，自己"渴望看到一支德意志军队开进奥地利把它灭掉的那一天"。正是舍纳勒尔模仿中世纪所谓的日耳曼英雄，发明了"嗨尔"（Heil！）式敬礼，他的追随者也称他为"元首"。1888年，舍纳勒尔率领一帮人捣毁了一家没等德皇去世就报道他死讯的报社。他因自己哗众取宠的表演被弗朗茨·约瑟夫削爵（1880年他才被封爵）。舍纳勒尔并不就此收手，1898年又领导了"脱离罗马"运动，鼓动奥地利人改信路德宗，再次惹恼了教会和奥皇。舍纳勒尔始终不过是一个不入流的政客。1907年，他丧失了在帝国议会中的席位。舍纳勒尔和卢埃格尔鼓吹的反犹主义后来开花结果，化为阿道夫·希特勒（Adolf Hitler, 1889—1945）的理论，当时希特勒还是一个寄身维也纳的年轻人。

此类政客大肆宣扬种种反犹理论，宣称犹太民族体现的犹太精神不怀好意，试图破坏家庭等社会结构，搅乱经济，为了宣扬"世界主义"精神摧毁国家的爱国主义基础。俄国境内对犹太人的集体迫害起于阴谋论，人们指责犹太人是给沙皇造成政治麻烦的罪魁祸首。所有反犹小册子中，影响最大的《锡安长老会纪要》就出自俄国，1897年东拼西凑而成的这份小册子声称巴黎的一个犹太人小集团密谋控制全世界，荒谬的是，其材料来源还包括1864年一部法国政治讽刺剧和

1872年译成俄文的一部德国通俗小说。小册子内容枯燥乏味，但经过反犹思想包装后，在第一次世界大战后产生了广泛影响。早在1914年以前，反犹主义就已渗入欧洲文化，表现为文学作品中虚构的各色人物，其中最有名的也许是乔治·杜·莫里耶（George du Maurier, 1834—1896）小说《软帽子》（1894）中的斯文加利，斯文加利是个蓬头垢面、虚伪圆滑的狡诈坏蛋，玩弄手法诱使天真无邪的女主角迷上了他。在狄更斯的小说《雾都孤儿》中，作者笔下的邪恶人物费金明显是犹太人，他操纵盘剥一个街头流浪儿扒手团伙，最终被绞死。

不过，种种反犹的陈词滥调和阴谋论也遭到很多人的抨击。狄更斯因有人指责他反犹而感到无比羞愧，为此，他在完成的最后一部小说《我们共同的朋友》（1864—1865）中塑造了一个具有高尚情操的犹太人瑞亚，但远不如费金的形象生动。乔治·艾略特写的《丹尼尔·德隆达》（1876）用同情的笔触描写了犹太人的文化。第七章将提到，审讯德雷福斯案子期间法国迸发的反犹仇恨受到广泛抵制和反对，尤其是左翼人士。只要反犹偏见犹存，只要犹太人依然被排斥在各种组织之外，比如普鲁士的军官团、英国众多的俱乐部和社团或俄国政治和社会上层体制，犹太人的解放就仍然没有完成。带有种族主义色彩的反犹主义的泛起是一个值得警惕的迹象，但从1900年的角度看，欧洲大部分地区的犹太人获得平等权利是社会解放的一大胜利。

攀登巴别塔

反犹主义等政治学说的蔓延也映照了民族主义的崛起。民族主义的表现形式比19世纪初更具排他性，更咄咄逼人。民族主义崛起的基础是在书写文字基础上形成的民族认同。王朝复辟时期，从在结婚登记册或应征入伍表上是签上本人名字还是画个十字架来判断，民众的识字水平极不均衡。普鲁士90%的男子会读写，苏格兰超过80%，法国和英格兰有读写能力的成年男子略超过50%。在其他地方，具有阅读能力的人很少。18世纪中叶时，奥地利、俄国、意大利、西班牙和爱尔兰60%~80%的成年男子依然不识字。迟至19世纪初，在匈牙利沃什州，乡绅阶层的识字率不及40%。妇女的读写能力就更差了，这反映出欧洲大部分地区的妇女几乎没上过学。19世纪40年代，法国和比利时2/3的妇女依然不识字，在英格兰，这个比例超过50%，意大利和西班牙90%以上的妇女是文盲。不会识文断字的农村居民数量远远大于城市居民。19世纪60年代，柏林99%的成人已经具有阅读能力，而在落后的西普鲁士农村地区，仅有67%的人识字。在意大利南部地区，几乎没人识字，意大利北部地区这种情况比较少见。迟至19世纪末，塞尔维亚、克罗地亚、罗马尼亚和罗塞尼亚等地还有3/4的成人没有读写能力。而在阿尔卑斯山区的福拉尔贝格州，仅有 1% 的奥地利人不识字。手工业者、专业技术人员、中产阶级和城镇居民中识字的人数远远多于农村劳动力和城市下层阶级。19世纪 60 年代，俄军入伍的新兵中，仅有 7% 的人会读写，直到 1890年，识字的新兵也没有超过 1/3。

由于没有本民族书写文字为基础，认同感扎根于地域而不是民族。1837 年，一名经济学家在一篇讨论比利牛斯山脉的文章中评论说："每个山谷依旧是一方小天地，与周边世界差别之大恰如水星与天王星之别。一个村子就是一个族群，犹如国家，各有各的爱国主义。"1864年，一名教育督查员巡视法国东南部山区洛泽尔省的一所乡村学校。他问学生他们身在哪个国家，没有一人能够回答。这位督导员又问："你们是英国人，还是俄国人？"学生依然茫然不知。在尚未实现政治统一的国家，比如德意志和意大利，民众的国家意识就更淡薄了。不错，通过语言和口音可以分辨出社会阶层。狄更斯所著小说《匹克威克外传》里的山姆·维勒总是把"v"音发成"w"音，一听就知道是伦敦下层阶级说的土话。但是，在大多数国家，语言和口音的主要作用是区分来自不同地域的人，而不是区分社会阶层。一个人一开口，别人马上知道他来自马赛，因为马赛人发"r"音时喉音很重，不是像 19 世纪大多数法国人那样发舌尖颤音。一国之内各地区的用语常常各不相同。例如，马铃薯在德国中北部地区叫"Kartoffel"，南部地区叫"Erdapfel"，西部是"Grumbeer"，东北部地区是"Schucke"，在萨克森部分地区和勃兰登堡叫"Knulle"。丹麦的日德兰半岛以中部一条垂直线为界，线以西的人把定冠词放在名词前，以东的人则放在名词后。大多数意大利人只说本地方言。有些方言很特别，如果不是本地人的话，几乎听不懂。弗洛拉·特里斯坦在法国各地旅行时抱怨"没人讲法语",甚至连尼姆和圣艾蒂安这样的城镇也不例外。在这种地方,"感觉像是置身于美洲密林深处的荒蛮之地"。

在欧洲很多地区,截然不同的语言作为主要交流手段同时并存。欧洲各国都有些地区只说少数民族语言,比如威尔士语或苏格兰盖尔语,西班牙西北部的巴斯克语,或斯堪的纳维亚半岛上的游牧民族拉普人说的萨米语。1873年,据报道,布列塔尼有人"不说法语,也不想说法语"。有些方言地域性极强。法国利穆赞省流行一句谚语:"到哪个村,说哪村话。"劳济茨地区的索布人是人数最少的说斯拉夫语的群体,直到20世纪都不失自己的特征,虽然四周都是德意志人。在意大利南部的卡拉布里亚,当地人仍然操一种古希腊语变种方言,很可能源自昔日该地区被拜占庭帝国统治时期。在中欧和东欧地区,几百年的商贸往来和定居更是形成了多种语言混杂的局面,同一座城市的居民常常讲不同的语言。作家埃利亚斯·卡内蒂(Elias Canetti, 1905—1994)从小在多瑙河下游的小城市鲁斯丘克长大,他记得在街上可以同时听到"七八种不同的语言":"有希腊人、阿尔巴尼亚人、亚美尼亚人、吉卜赛人。土耳其人住在自己的聚居区内。多瑙河北边的罗马尼亚人经常来这里,还有来往于此地的黑海地区的俄国人。"卡内蒂本人属于当地犹太人社群,说拉地诺语。拉地诺语是西班牙语的一种古老方言,1492年被驱逐的西班牙系犹太人把这种方言带到欧洲各地,数百年后,他们的后人依旧讲此方言。他们鄙视说意第绪语的德系犹太人。意第绪语基本上是一种日耳曼语言,是东欧各地犹太人的通用语言。

鲁斯丘克的情况绝非个例。德意志商人、犹太商人,以及定居居民把波罗的海南岸沿海一带和东欧大片地区的城镇变成了说德语的聚居区。与此同时，农村移民在特兰西瓦尼亚形成了一个很大的人口稠密的德语区。很多城镇的人会说不止一种语言，根据需要从一种语言改说另一种语言。例如，直到 19 世纪中叶，布拉格居民还大多会说捷克语和德语，同时认为自己是波希米亚人，他们的认同感是社区和地区的性质决定的，与民族性质无关。大多数欧洲人没有什么坚定的民族认同感，这反映在旅行者跨越各国边境时无须携带护照。有些国家原来保留了关于护照的硬性规定，自从有了铁路，这些规定就被废除了。挪威、法国、瑞典和葡萄牙分别于 1850 年、1860 年和 1863 年取消了过境出示护照的规定。希腊于 1835 年开始实施护照规定，但和其他众多政府规定一样，基本上从未真正实施过。只有保加利亚、罗马尼亚、俄国和土耳其继续要求入境的人出示身份证件和签证。法语仍然是中上层阶级使用的欧洲通用语言，因此跨境旅行相当便利。在异国的旅行者如果不会讲当地语言，与教士讲拉丁文也能彼此沟通。

欧洲各地支离破碎的状况得到改变，不仅是因为交通发展了起来，也是因为基础教育不断扩大，尤其是在 19 世纪后半叶。在这几十年期间，很多国家都努力普及初等义务教育。1880 年英国通过了一项法律，规定 10 岁以下的儿童必须上学，1899 年又将年龄延至 12 岁。从 1910 年起，英国的初等教育完全免费，始建于 1840 年的女王督学团负责督察教育达标情况，其权限如今扩大到全国范围。政治精英阶层认为，新的产业工人阶级亟须受教育。1862 年，英国记者兼政治家罗伯特·洛（Robert Lowe, 1811—1892）提出了一项教育改革措施，表示"必须教育我国的技术工匠"，否则工人无法看懂机床操作说明书，更不要说让获得了更多权利的工人明了议会政治体制处理的各种问题了。1867年《改革法案》出台后不久,又通过了一项法案,在英格兰和威尔士各地建立教育委员会,负责提供当地中小学的经费,这一举措极大削减了英国圣公会的作用。截至1883年,英国各地已有3 692所属于教育委员会的学校。19、20世纪之交时,仍有大约1.4万所教会学校,这些教会学校面临资金严重短缺及其他困难。1902年通过的新《教育法案》把英国所有官办学校统一划归地方教育部门管辖,截至1914年,政府又新办了1 000多所中级学校。

教育和扫盲有助于开启民智的观点也启发了法国自由派和保守派政治家。1833年,基佐推动通过了一项法律,规定每个村子建一所小学。他说:"民众因愚昧无知而狂躁凶暴……我们努力在每个村子打造一支必要时政府可加利用的道德力量。"左拉说:"法国的未来将取决于小学教师。"法国社会各阶层普遍认为,1870年法国之所以战败,是因为德国的初等教育质量优于法国。茹费里等一批反教会政治家进一步推动了法国初等教育的普及。1879—1881年,茹费里提出的改革措施获得通过,进一步扩大了免费世俗义务教育范围,把3至13岁的孩子全部纳入。新办学校不向学生灌输天主教教义,而是依据世俗准则讲授道德戒律,对学生动之以情,谆谆教诲。用茹费里的话说,"老师的职责不是让学生死记硬背,而是启迪他们的心灵,让他们通过亲身体验感受道德法则至高无上的威严"。爱国主义教育是世俗学校体制的首要目标。除了教授读、写、算外,课程以法国历史和地理为主,世界其他地区的历史和地理不在教学范围之内。

自由派政府尤其热衷于促进初等教育,重视识字和识数能力。具有自由主义色彩的西班牙已经把在每个村子建一所小学的目标写入1812年宪法。于1821年、1836年和1845年颁布的一系列教育法进一步推动了这一宏大设想。1857年颁布的《莫亚诺法》规定，9岁以下的孩子必须接受义务教育，付不起学费的孩子可享受免费教育。虽说国家提供的资金很少，但1900年政府首次设立教育部后，经费稍有增加，此后学校经费状况不断改善。和在欧洲其他国家一样，自由派的首要目标是削弱教会对教育的影响，通过使用单一民族语言加强国家统一，从而使人民具有民族认同感。西班牙使用的单一语言是卡斯蒂利亚语，然而经费短缺意味着政府开办的学校难以落实这些政策。1908年，马德里市修道会开办的学校数量依然超过官办学校，前者为411所，后者135所。加泰罗尼亚的情况也是如此。法国的少数族群语言和地域方言主要分布在农村地区，而西班牙的方言集中在巴塞罗那的工业发达中心和巴斯克农村，因此法国解决这个问题会比西班牙容易一些。

同样，直到19世纪末，俄国的初等教育仍基本被教会把持，但经过地方自治机构的积极努力，这一状况得到改变。地方自治机构致力于为农民办学，尤其为此投入了资金。到第一次世界大战爆发时，圣主教公会名下共有3.4万所小学，而隶属教育部和地方政府的学校有8.1万所。不过，这些学校的条件极差。大多数小学只有一个班级，教授宗教、俄语、算数、写作和唱歌等。较大的学校会开设地理历史课程，这些学校大多在城市，校舍往往十分简陋。作家亚历山大·谢尔盖耶维奇·涅韦罗夫（Alexander Sergeyevich Neverov, 1886—1923）回忆19世纪90年代他上的乡村小学时说："校舍是一栋黢黑的矮房子，里面摆了一张张长条书桌，天花板破旧不堪，教室是从教堂看护人住的房间分割出来的。"城镇里的学校状况也好不到哪去。同一时期，圣彼得堡市内的一所小学不过是一套三居室房子里的两间，外加

第六章 情感时代　　625

一块黑板、少许桌椅。尽管房舍简陋,俄国的学校依然在提高民众识字率和识数能力上发挥了显著作用。

提高成年人文化水平的运动从另一方面改善了大众教育。丹麦牧师兼自由民族主义者尼古拉·弗雷德里克·塞韦林·格伦特维（Nikolaj Frederik Severin Grundtvig, 1783—1872）开创的"平民中学"尤其重要。格伦特维是位多产的作家,一生发表了1500首赞美诗和难以计数的著述和论文。受新教觉醒运动的启发,他认为除了向民众灌输强烈的民族意识、激励他们发挥个人创造力外,还应该向他们传授实用技能。1864年丹麦在石勒苏益格-荷尔斯泰因战争中战败后,格伦特维的这一思想在丹麦社会引起共鸣。3年后,丹麦建起了21所平民中学。以不同形式呈现的这一运动蔓延到挪威和瑞典,并受到诸多国家的效仿,尤其是德国。19世纪20年代,英国医生兼慈善家乔治·伯克贝克（George Birkbeck, 1776—1841）分别在格拉斯哥和伦敦创办了技工学院。截至19世纪中,英国各地这类学校超过700所,旨在为成人提供内容广泛的教育,尤其偏重机械工程和科学。学校通常采取开设课程和开放图书馆的方式。"技工",即工人阶级成员（很多时候包括妇女在内）,可以阅览图书馆里的书。通过以上种种方式,初等教育逐渐对欧洲各地的识字率和语言标准化产生了影响。

民族主义者试图发展出一种标准书写文字和口语语言,为他们宣扬的民族认同和民族国家提供佐证。通常他们选择某一特殊方言。保加利亚把该国西部地区的方言作为保加利亚标准语的基础。意大利用的是王公间流行的托斯卡纳方言,而1860年意大利全国人口中,只有2.5%的人把它作为日常交流语言。亚历山德罗·曼佐尼（Alessandro Manzoni, 1785—1873）1827年的历史小说《约婚夫妇》出版后，进一步扩大了托斯卡纳方言对知识阶层的影响。一些民族主义者认为，以反西班牙为主旨的这部小说也针对占领意大利北部的奥地利人（梅特涅对意大利人同样仇视，称意大利不过是"一个地理名词"）。后来，曼佐尼在把托斯卡纳方言定为统一后意大利官方语言的委员会中发挥了关键作用，进一步扩大了其影响。有时选择某一方言是出于政治考虑。1838 年，克罗地亚作家柳代维特·盖伊（Ljudevit Gaj, 1809—1872）放弃卡伊方言，改用斯洛伐克语，因为很多塞尔维亚人也说斯洛伐克语，他希望借此推动他宣扬的南部斯拉夫民族的统一。后来他创造了多年被称为塞尔维亚-克罗地亚语的一种文字（在克罗地亚用罗马字母书写，在塞尔维亚用西里尔字母书写）。有时民族主义者会造出全新的语言，尼诺斯克语就是一个例子。民族主义者们发明这种语言是为了取代标准书写语言波克默尔语，他们认为既有的书写语言因受丹麦语影响而不再纯正。但是，尼诺斯克语始终没能获得超过四分之一挪威人的青眼。民族主义者努力为本民族文化寻根溯源的同时，也推动了语言的统一。在芬兰，地方政府卫生官员兼民族主义诗人埃利亚斯·伦洛特（Elias Lönnrot, 1802—1884）致力于这一事业。他从农村各地采集民间故事和歌曲，从中挑选出与总体结构最匹配的内容，自己添写少量起承转合段落（今人认为，他的文字只占史诗的 3%），然后整理成民族史诗《卡莱瓦拉》（1835 年出版，1849 年又做了补充）。随着芬兰语的标准语地位逐渐稳固（当时芬兰知识分子大多说瑞典语），这部史诗成为沙俄帝国内的芬兰人培养民族认同意识、争取国家独立的聚焦点。

不仅语言，历史也成为民族认同的基础，包括信史和臆想的历史。爱尔兰民族主义运动始于争取恢复被 1800 年《联合法案》废除的自主机构，包括爱尔兰议会。欧洲近代早期，波兰-立陶宛王国是一个大国，18世纪，波兰被普鲁士、奥地利和俄国三家瓜分。对昔日文化的记忆在波兰发挥了关键作用。然而，为本民族文化奠定历史根基并不总是轻而易举的事情。对于希腊独立运动的支持者来说，诉诸古希腊文明，把它作为19世纪希腊建国诉求的依据理所当然。人文主义学者阿扎曼蒂奥斯·科赖斯（Adamantios Coraïs, 1748—1833）毕业于法国东南部的蒙彼利埃大学，1789—1794年法国大革命期间一直住在巴黎，与托马斯·杰斐逊互通书信。为了在古希腊文明与希腊独立运动之间建立联系，他不仅出版了新版本的古希腊经典作品，还推动普及一种被称为"纯正希腊语"的通俗希腊语，试图以此去掉希腊通行口语中的外来成分，尤其是增添的拜占庭成分，从而使其尽可能贴近古希腊语。然而，绝大多数希腊平民百姓不大懂这种语言，它从未成为一种通用语言。毕竟，语言未必总是立国的根基。自宗教改革时代起，瑞士境内说德语、意大利语、法语和罗曼什语的居民一直在同一邦联国家内共处。19世纪瑞士国内争端纷起，其原因与语言并无关系。上西里西亚东部地区的波兰人因受德国影响，说的波兰语被"稀释"了，人称"掺水波兰人"，他们不肯加入波兰民族主义事业。境内几种语言并存的比利时情况差不多，说佛兰德语和瓦隆语的居民一直生活在1830年建立的国家内，没有分道扬镳，不过，比利时的统一有时不那么稳固。

19世纪上半叶，各地的民族主义者多认为，欧洲各国无一例外都在迈向先进文明社会，各国只有起点和发展速度的不同。19世纪初的英国文学作品把德国描写成一片荒蛮之地，当地人既骁勇善良，又粗鲁无常。萨拉·奥斯汀（Sarah Austin, 1793—1867）倾慕德国文化生活，把德国文学作品翻译成英语。1854年，她说自己在德国乡村"看到了一种我们以为早已逝去的文明状态……对小时候从父母那里听到的事情忆起得越多，就越能了解今日德国社会的风俗"。《伦敦劳工与伦敦贫民》（1851）是调查19世纪40年代贫困现象的经典，作者亨利·梅休发现德国极端落后。梅休写道："从英格兰一路向南走，恍如时光倒流……在德国看到的人，其文明程度以及社会和家庭进步水准至少比我们落后一个世纪。"熟悉他国情况并不能克服偏见。在法国大革命和拿破仑战争的大动荡年代，迎合贵族的"壮游"不复存在。英国新出现的中产阶级去欧洲大陆旅游开始参加商业旅游团。这一行业中，以浸信会牧师托马斯·库克（Thomas Cook, 1808—1892）创立的旅游公司最为成功。他靠为宣传节欲的人组团出行起家，以团购方式从铁路公司得到折扣车票。

19世纪60年代末，库克组织的旅游团足迹遍及欧洲大陆。英国游客的所见所闻更让他们觉得自己比他国人优越。英国人鄙视欧洲大陆人，欧洲大陆人也普遍瞧不起英国人。1890年，罗马尼亚作家尼古拉·约尔加（Nicolae Iorga, 1871—1940）看到在威尼斯的英国人后抱怨道：

> 到处都可以看到他们的身影：酒店里，狭窄街道上，漆成黑色的凤尾船里，各处雕像前，塔楼顶端的平台上。男人留修剪过的短胡须，手里拿一本《贝德克尔旅游指南》，挽着爱妻（无论何时都挽着臂），妻子们娇柔可爱，眼球灰白，脸蛋红扑扑的，露着大板牙。男人个个神情冷漠，举止矜持，说话时断时续，含糊不清，偶尔夹杂着法语，不知所云。

第六章　情感时代

如同弗洛拉·特里斯坦,很多法国人目睹了伴随英国工业化的悲惨生活和压迫后,对他们是否希望法国的未来如若今天之英国产生了怀疑。1853年,法国作家泰奥菲尔·戈蒂耶(Théophile Gautier,1811—1872)写道:"伦敦也许会是下一个罗马,但永远不会是下一个雅典。能成为下一个雅典的只有巴黎。"在走什么道路的问题上,俄国国内各派的争执尤其激烈。诸如康斯坦丁·谢尔盖耶维奇·阿克萨科夫(Konstantin Sergeyevich Aksakov, 1817—1860)这样的"斯拉夫文化热爱者"认为,未来俄国应扎根于俄国农民的价值观和东正教传统;而"西化派"希望引进西欧的文化标准,曾在英国流亡多年的赫尔岑就持这种观点。居斯坦侯爵(Marquis de Custine, 1790—1857)1839年游历过俄国。在他这样的作家眼中,俄国的亚细亚色彩过于浓厚。居斯坦侯爵认为,俄国贵族阶层"受到的欧洲文明熏陶极为肤浅,当受人溺爱的野蛮人有余,当一个有教养的人则不足"。

把各式各样观点串在一起的是进步理念,无论是欢迎还是抵制进步。去欧洲大陆旅行的英国人不停抱怨城镇的肮脏,但他们相信,欧洲大陆的城镇会和昔日英国一样,经历一场卫生革命。然而,19世纪后期的几十年里,种族歧视开始取代文化歧视,各国沿着同一条道路走向未来的观念逐渐让位于不同民族具有与生俱来而且不可更改的特征的观点。例如,1863—1864年波兰起义后,俄国有人开始提出,需要压制波兰民族,而不是引导它走向自由和进步。报社编辑米哈伊尔·尼基福罗维奇·卡特科夫(Mikhail Nikiforovich Katkov, 1818—1887)称,波兰人和俄国人同属斯拉夫人,波兰人的认同感必须融入俄国大文化,波兰人是一个"部族",他们与"大俄罗斯世界"里的其他人一样,"构成了这一世界的有机机体,深感与它同属一体,具体体现为沙皇集国家和最高权力于一身"。俄国人对乌克兰泛起的民族认同感的敌意甚至更深。1876年，内务大臣彼得·亚历山德罗维奇·瓦卢耶夫（Pyotr Alexandrovich Valuev, 1815—1890）告诫沙皇说："允许用乌克兰方言为普通百姓创立一种特殊文学意味着密谋把乌克兰从俄国分离出去。"其他国家也开始推行同化少数民族的政策，尤其是普鲁士。俾斯麦执政及其后时期，普鲁士出台了限制东部省份的人使用波兰语的政策，同时鼓励说德语的人迁往东部定居。

较大国家的民族主义鼓吹者普遍认为，弱小民族及其文化不太可能形成国家。例如，不仅英格兰人，连威尔士知识阶层里的很多人也以为，威尔士语会"顺利、体面、和平地死亡"。1847年议会对威尔士公国的教育状况展开调查时，一名威尔士教士告诉议会："虽然我们感情上对威尔士语难以割舍，但没人想推迟对它施行安乐死。"最终威尔士语还是存活了下来。

教育扩大，跨境交流日益频繁，从一国到另一国越来越便利，旅游业兴起，越来越多的书从一种语言被译成其他语言，所有这一切并没有像一些人希望的那样增加各国之间的相互了解。卢德维克·拉扎德·柴门霍夫（Ludwik Lazard Zamenhof, 1859—1917）为克服语言障碍所做的努力举世瞩目。他原是波兰作家兼眼科医生，编纂了第一部意第绪语语法书（1879），在《第一书》（1887）中，柴门霍夫发明了"世界语"，取"希望之语"之意。1905年，世界语倡导者在布洛涅举办了一届世界语学者大会。然而，世界语从未进入任何一地的主流文化。

渴求知识

初等教育的主要目的是教授本国语言，在19世纪大部分年代，中等教育以讲授古希腊和古罗马经典作品为主。例如，1837年普鲁士政府为初中制定的课程表中，拉丁语课几乎占了1/3，希腊语的比重仅次于拉丁语。1856年革命浪潮后，社会回归保守主义价值观，宗教内容首次被列入学校课程，德皇威廉二世依然不满意。他担心，突出西塞罗（公元前106—前143）这样的宣扬共和国自由理论的作者培育了不赞成德意志帝国君主立宪体制的一代文人。他强调，体格训练和性格培养不可或缺。1890年他称："高级中学的教学必须以讲授德国文化特征为主。我们希望造就年轻的德国人，而不是年轻的希腊人和罗马人。"1892年，普鲁士全国开始使用新课程表。新课程表分别把拉丁语课和古希腊语课的课时削减了20%和10%。与此同时，更注重实用技能的实科中学体系的变革尺度更大。两类学校体系都在课程中增添了德国文学和历史内容，强调教师要具有"爱国主义情怀"。

德国中产阶级队伍逐渐扩大，普通中级学校的学生数量随之增加。以普鲁士为例，1911年，普通中学学生从1850年的不到5万人增至10.8万人。有人开始抱怨学校人满为患。从1875年到1911年，普通中学的数量从261所增至372所，校舍拥挤现象有一定缓解。19

世纪末，俄国共有191所高中，外加115所技校。反动的沙皇亚历山大三世执政期间，发布了一条臭名昭著的敕令，规定中级学校"不接收司机、仆人、厨师、洗衣工人、小商贩及类似行业从业者的孩子入学，不应鼓励这些孩子离开他们所属的生活环境，也许个别天资出众的孩子除外"。俄国的初中因此具有社会排他性特征。20世纪初，课程中加入了更多的实用内容，作为俄国中级教育基础的古典课程地位随之下降。法国公立中学培养的学生下一步是考取大学。公立中学讲授的古典课程比重大幅下降，近代课程越来越受重视，尤其是法语、文学和历史，以及各门科学。这一做法很受学生欢迎。昔日的学生忆起当年被迫接受古典教育的情景时一腔怒火。1856年，雨果怒斥道："希腊语的推销商们！拉丁文的推销商们！雇佣文人们！学监助理们！庸人们！先生们！我恨你们这些老学究！"法国的中等教育体系不断扩大，1850年在校生有3万人，1881年为5.3万人，1910年是6.2万人。1899年，国家开办的中级学校学生大约占中学生总数的51%，教会学校学生占43%，私人开办的学校学生占6%。尽管如此，11~17岁年龄段的男孩中，上过中学的孩子占的比例始终不到3%。

法国公立中学条件简陋。学校校舍多是原来教会、医院、军营和女修道院的楼房。1877年，一位督察员巡视一所公学时问："这个院子空空、窗子破旧、东倒西歪的大房子是什么？学校？农庄？还是客栈？"不过，1769年通过的一条法令至少废除了体罚，40年后拿破仑颁布的一条敕令强化了这一规定。英吉利海峡对面的中学却是另一种样子。精英阶层的孩子在付费的"公学"受教育。19世纪初，学校集合全体学生观看用桦木鞭子鞭打某个学生赤裸的后背是家常便饭。学生犯了点小错，比如未能正确解析拉丁文或希腊文语法，就会遭到鞭

第六章 情感时代

打。狄更斯小说《大卫·科波菲尔》(1850)中的小学校长克里克尔先生"每天如同骑兵,冲进男孩群中一路左劈右砍,无情抽打四周的学生,随后扬长而去"。学生的反抗与校长的暴虐一样司空见惯。学生都知道,挨打在所难免。伊顿公学的一个学生出钱让画家在他后背画了一幅校长肖像,据说校长用了两根鞭子才抹掉那幅画,盛怒之下,他打断了第一根鞭子。1818年,温切斯特的一群学生占据了塔楼,把校长的几扇门封死。最终20人被开除,校长也被迫辞职。伊顿公学的学生用大锤子把校长办公桌砸碎,放在讲台上一个用木板拼成的小间里,7人被开除。狄更斯在小说《尼古拉斯·尼克尔贝》(1839)中无情嘲讽了廉价寄宿学校。多西伯义斯堂的校长瓦克福·斯奎尔斯粗陋无知,又阴鸷狠辣。学校成了上流社会成员遗弃私生子的地方。这种状况一直延续了很久才逐渐得到改善。

1828年,托马斯·阿诺德(Thomas Arnold, 1795—1824)出任拉格比公学校长,他在改变学校现状方面起了很大作用。阿诺德把治愈灵魂视为首要使命,其次是灌输伦理道德,再次才是开启心智。阿诺德曾放言,他宁愿学生以为太阳围绕地球转,也不愿看到学生漠视道德生活的基本准则。"自不待言,一位基督徒和英国人必学的知识是基督教教义、道德和政治哲学。"阿诺德整顿了学校秩序,建立了一套惩戒制度,指定听话的高年级学生担任级长和班长,负责维护执行纪律,包括体罚。英国各地中学纷纷效仿他的改革。托马斯·休斯(Thomas Hughes, 1822—1896)写的畅销小说《汤姆·布朗的求学时代》(1857)进一步扩大了阿诺德推行的改革的社会影响。作者休斯上过拉格比公学,讲述了阿诺德博士上任前高年级学生的状况:霸凌、虐待、性侵、赌博、酗酒、嫖娼。小说里的反面角色是哈里·弗莱希曼。校长依照基督教基本行为准则从严治校后,以上现象风流云散。

各地中学的首要目标是为学生考取大学做准备。高等学府里的学生数量很少。19世纪50年代,西班牙全国只有7 000余名大学生,1868年增至1.2万人。此后一直到20世纪,大学生人数继续缓慢增长。鉴于学生分布在10所大学里,以上学生数量依然有限。和欧洲其他地方一样,西班牙大学的首要职能是向年轻人传授专业知识,尤其是法学和医学。绝大部分学生来自殷实的中产阶级家庭,父母付得起昂贵的学业证书费,有了证书方可从业。西班牙的大学大多历史悠久(萨拉曼卡大学是西班牙最古老的大学,建于1218年。意大利的博洛尼亚大学历史更久远,可追溯到1088年,是欧洲最古老的大学)。法国的情况很不同。1789年大革命时期,全国22所大学被视为特权、腐败和游手好闲的堡垒,悉数被解散,代之以培训律师、医生和教师的专科学校和学院。有些学校后来成为著名高等学府和一流科研中心,如建于1795年、1826年复建的巴黎高等师范学院。医学科学家路易·巴斯德在此推行了一系列重大改革(并不是所有改革都受欢迎。一次他威胁说,学生抽烟一经发现立即开除,全校80名学生中的73人马上退学)。这类学校的学生通常人数很少。波旁王朝复辟时期,卡昂的文学院仅有20名学生。1876年,克莱蒙费朗的文学院只有区区7名学生。这类学校的经费来自考试费用,而不是政府资助,校舍往往年久失修。

一些法国人认为,法国之所以在1870—1871年战争中战败,是因为德国的大学优于法国。德国大学里的所有学科都是开放式的,学生可以任选一门攻读,也可以同时学几门,而法国只有一些互不相关的单科专业培训学校。把现有学校和学院合并为大学因此成为法国共和党人推动的诸多事业之一,但直到1896年,法国各省的学校才仿效德国模式整合为大学。即便如此,当时德国大学在很多学科上依然遥遥领先于法国,甚至法语语文学也不例外,法国学生攻读这些学科必须能看懂德文。高等学院远比一般大学重要,尤其在工程、采矿和商贸领域。创立于1872年的巴黎政治学院是培养政治精英的摇篮,1868年成立的巴黎高等研究实践学院设立了人文学科。有些学校的专业范围很窄,1821年成立的法国国立文献学院的中世纪文本研读专业驰名欧洲。创建于1791年、隶属国防部的巴黎综合理工学院主要培养军事工程人才,1804年,拿破仑将其改为一所军事学院。

19世纪后期法国着手建立大学的举动表明,当时欧洲最先进的高等教育体制在德国。德国高教体制遵循了威廉·冯·洪堡的办学思想。洪堡在普鲁士内政部工作期间,专注于把教学和科研合为一体,做到教师有教学自由,学生有选课自由,并吸纳了古典理想和理性主义哲学的求知原则。洪堡提出:"探究和创造乃人类一切追求的核心。"受洪堡启发,1810年创立了柏林大学,该大学明显体现了一种有异于法国高等学院的理想。洪堡认为,法国的高等学院课程僵死,一味追求整齐划一和纪律,损害了创新和改革精神,德国在拿破仑战争中屡屡败北后,思想界恰恰最缺少这种精神。按洪堡的设想,大学应该按各种科目内含的思想价值开展研究和教学,而不是培养学生未来就业技能,但他的设想在19世纪上半叶并未实现。举例来说,1830—1860年,德国各大学录取学生总数的30%攻读神学,日后加入神职队伍;30%的学生攻读法律,日后在政府供职或加入法律行业;15%的学生学习文理学科,日后从事教学;5%的学生攻读自然科学。

政府对大学控制极严。1817—1840年德国各大学任命的全职教授中，1/3是政府有关教育部门派来的，事先没有经过大学教师的同意，往往也不征求他们的意见。因此教学自由实际上受到政府干预的钳制。大学规模依然很小。不过，从1871年到1914年，德国22所大学的学生人数从1.3万人增至6.1万人，包括1871年普法战争中从法国攫取的斯特拉斯堡大学，还有创立于1914年的法兰克福大学。柏林大学学生人数从2 200人增至8 000人，成为德国规模最大的大学。第一次世界大战前夕，慕尼黑大学学生人数也达到了6 600人，莱比锡大学学生人数超过5 300人。从1850年到1870年，父亲拥有学位的学生比例下降，从1/2左右降至比1/3略高一点。在莱比锡，1909年时这一比例降到30%以下。出身实业家、商人和金融家家庭的学生人数不断增加。

德国高等教育模式受到广泛模仿。例如，1837年，希腊国王奥托依照德国模式创立了奥托大学（1862年国王下台后，学校更名为"国立大学"），学校下设有各系，同时在卡波迪斯特里亚大学开设了各门科学课程。1811年在奥斯陆成立的皇家腓特烈大学完全仿效新成立的柏林大学的模式。历史更悠久的大学也起而效仿，包括创立于1479年的哥本哈根大学，1801年海军上将纳尔逊炮击哥本哈根市时，该校毁于炮火，19世纪30年代学校复建，此后10年又仿照德国模式改革了学科设置。创办一所大学是任何一个有自尊感的国家必做之事。1888年，保加利亚建立了一个包括三门学科的高等教育机构，1904年转为大学。国家对大学仍然严加控制。1907年斐迪南国王出席国家大剧院落成典礼时，大学生嘘声四起，他下令关闭大学6个月，将学校教授悉数罢免。19世纪更早时，雅盖隆大学的命运更具戏剧性。1364年，该校在克拉科夫成立，一直是波兰思想界活动的中心。1846年奥地利正式兼并克拉科夫后，把马克西姆礼堂里面的陈设拆卸一空，改作粮店，弗朗茨·约瑟夫皇帝亲自过问此事，大学才得以幸存。俄国对波兰王国境内的各所大学心存戒心，尤其对大学里的学生不放心。1863年波兰起义后，俄国当局关闭了1816年创立的华沙大学，用一个高等教育机构取而代之，专门为占领军开办课程，只用俄语授课。

俄国境内的大学同样受到政府的严密监控。大学生是俄国知识阶层的一部分，备受政府怀疑。沙皇政府左右为难，如果控制过严，对教学内容卡得太死，俄国年轻人会去国外留学，尤其是德国大学。沙皇亚历山大一世早就说过，德国大学是"年轻人学到与宗教和道德伦理背道而驰的观念的地方"。19世纪后期，俄国青年开始去苏黎世和瑞士其他开明大学留学。作为亚历山大二世改革的一部分，1863年，俄国颁布了《大学法规》，把自治权还给了各所大学，包括教授的任命，同时允许教学和学习自由。这也是洪堡教育体制的理想目标。1882年秋，圣彼得堡和卡赞两地大学爆发骚乱，学生要求增加代表权。1884年颁布了新的大学法规，规定校长、系主任和教授一律由政府任命。学生骚动并没有因此平息。1887年再次爆发学生骚乱，起因是一个学生在音乐会上打了政府大学督察员一个耳光。直到1905年，学生连续几个月示威后，俄国大学才恢复了自治。

如同俄国，古典教育在英国的重要性也逐渐下降，一些近代课程的比重超过了拉丁语和古希腊语。但直到1920年，掌握古希腊语依然是报考任何专业的必备条件，要求掌握拉丁语的规定延续时间更长。古老的牛津大学和剑桥大学与英国圣公会之间的联系减弱。新成立的大学完全是世俗性质的，如1826年最早成立的伦敦大学（现在叫"伦敦大学学院"）。外地的各所学院早年主要帮助学生参加伦敦组织的学位考试，之后自身也扩建为新大学，比如，1851年成立的欧文斯学院在1880年并入曼彻斯特维多利亚大学。高等教育与科学和知识专业化的扩展遍及欧洲各地。结构合理、资金充足的德国大学执科研领域牛耳。早在1914年以前，发明了炸药的瑞典发明家、卜福斯兵工厂厂主阿尔弗雷德·诺贝尔设立的奖金就已授给了一批德国科学家。1901年，第一个诺贝尔物理学奖授给了威廉·伦琴（Wilhelm Röntgen, 1845—1923），他于1895年发现了电磁辐射，即X光线。同一时期，几乎半数的诺贝尔化学奖授给了德国人。当时科学领域依然是男人的天下，但也有妇女打破了科学界的玻璃天花板。波兰出生的法国物理学家玛丽·居里（Marie Curie, 1867—1934）名气最大，她通过研究发明了"放射性"一词。1898年，她与丈夫皮埃尔·居里一起发现了两种新元素，分别命名为"镭"和"钋"（居里夫人还是位充满激情的波兰民族主义者）。丈夫在一次车祸中丧生后，她接替丈夫的位置在巴黎大学执教，成为该校第一位女教授。居里夫人一生两次获诺贝尔奖，分别是物理学奖和化学奖，成为获此殊荣的唯一一位女性。然而一件事显示了女科学家的地位。一次她与丈夫受邀去伦敦介绍他们的研究成果，皇家学院只邀请皮埃尔对听众发表演说，居里夫人只能坐在一旁默听，无权发言。

1891年，居里夫人移居法国，埋头从事科学研究。俄国和波兰的大学虽然政治上受到压制，但在科研方面并不落后。创立于1804年的俄国卡赞帝国大学于1830年建了化学实验室和天文台，还开设了医学、化学、数学和地理学院。俄国数学教授尼古拉斯·伊万诺维奇·罗巴切夫斯基（Nicholas Ivanovich Lobachevsky, 1792—1856）是近代非欧几何学的创始人之一。1859年，俄国化学教授亚历山大·米哈伊洛维奇·布特列洛夫（Alexander Mikhaylovich Butlerov, 1828—1886）发现了天然产生的有机化合物甲醛，一代又一代尸体防腐处理师受益于这一发现。1844年，另一位化学家、波罗的海德意志人卡尔·克劳斯（Karl Klaus, 1796—1864）发现了元素钌。19世纪70年代，在奥地利统治下的加利西亚，当地政府忌惮波兰民族主义浪潮的日益高涨，增加了位于克拉科夫的雅盖隆大学的自治权，拨款建造新教学楼，增添教学设备，尤其在自然科学领域。在德国留过学的物理学家齐格蒙特·弗罗布莱夫斯基（Zygmunt Wróblewski, 1845—1888）和同事卡罗尔·奥尔谢夫斯基（Karol Olszewski, 1846—1915）一道发明了氧气和氮的液化方法，奥尔谢夫斯基后来在一次实验中死于烧伤。其他地方以大学为依托的科研活动起步时间还要晚一些。

英语中"科学家"一词始现于1833年，是威廉·休厄尔（William Whewell, 1794—1866）造的。而迟至1851年，人们才设立了剑桥大学自然科学荣誉学位考试。19世纪早期，只有像皇家学院这样的机构才有实验室。19世纪中叶，爱尔兰数学物理学家威廉·汤姆森只能把自己的实验室设在格拉斯哥大学内一个废弃酒窖和旁边的煤窖里。他的一个学生后来抱怨说：

> 实验室里没有专供学生使用的仪器……没有规定去实验室的时间，没有助手辅导学生或解答问题，做实验没有分数，没有实验间，连实验费都不需要付……一个男孩隔一段时间来实验室给炉灶添煤，弄得室内煤灰飞扬，落了一地。尽管环境恶劣，但学生照旧埋头做实验。

直到 1874 年，剑桥大学才建立了一个物理实验室，以大学校长、第七代德文郡公爵威廉·卡文迪什（William Cavendish, 1808—1891）命名，他帮助实验室获得了资助。在旧体制下，学生全凭个人想象做实验，实验往往导致灾难性后果。后来教学和科研的标准操作程序相继产生，例如生物学领域内的解剖程序。学校还任命了技术助理，利用工业生产提供的机会制造了标准化设备。显微镜和望远镜更加精密，借助化学染色，观察微生物和细菌更加容易。19 世纪末时，科学研究和教育已经完全专业化。当时英国的物理学研究已达到很高水平：詹姆斯·克拉克·麦克斯韦（James Clerk Maxwell, 1831—1879）、约瑟夫·汤姆森（Joseph Thomson, 1856—1940）、新西兰人欧内斯特·卢瑟福（Ernest Rutherford, 1871—1937）分别提出了电磁理论（1861）、发现了电子（1897）、提出了放射半衰期概念（1899）。1850 年，英国各大学内设有 60 个理工学科教授职位，但不包括医学，半个世纪后增至 400 个。

19 世纪末时，人类普遍对科学的未来感到乐观，科学概念扩大到涵盖一切成系统的知识。19 世纪 40 年代，奥古斯特·孔德提出了实证主义，他的代表作《实证主义概观》（1865）被译成英文。实证主义认为，科学观测是行动的唯一依据，必须摒弃先验观念，只有肉眼可见、可核实的东西才是真实的。人们相信，只要在一切学科采用科学方法，世上就没有了解不了的事物。例如，1895—1902 年在剑桥大学任近代史教授的阿克顿勋爵认为，历史学达到了"完整和确定的科学标准"。时人普遍认为，利奥波德·冯·兰克已把历史打造成一门科学，各地的历史学教授均强调，必须采用标准的来源鉴别方法，辨析开展历史研究所依据的史料的真伪，欧洲各地大学均有人效仿兰克。

第六章 情感时代

兰克对早期的历史学家不屑一顾，称他们是业余史学家，治史不严谨，还带有政治偏见，甚至连当红作家、辉格党政治家托马斯·巴宾顿·麦考莱（Thomas Babington Macaulay, 1800—1859）也不例外。麦考莱的著述情感色彩太重，需要有一种冷静、不带感情的方法。时人认为，兰克提供了这一方法。

然而，这只是一种幻觉。所谓基于来源鉴别分析和原始研究的客观性，其本身不过是为个人信奉的观念披上了一件外衣。兰克提出的观点，即历史学家的使命是指出每个时代的主要潮流，为下一代德国史学家把普鲁士的崛起和德意志统一视为19世纪的大潮铺平了道路。任何反对德意志统一的言行都被斥为抗拒历史潮流。在历史著述中，俾斯麦解决德意志统一问题之道被说成不仅是唯一可行的办法，而且是唯一可取的办法。海因里希·冯·特赖奇克（Heinrich von Treitschke, 1834—1896）是这一观点的代表人物，他著有多卷本《19世纪德国史》（去世时只写到1847年）。特赖奇克是个赤裸裸的德意志民族主义者，又是反犹狂热分子，他门下弟子众多，包括奥托·欣策（Otto Hintze, 1861—1940）、弗里德里希·迈内克（Friedrich Meinecke, 1862—1954）和泛德意志政治家海因里希·克拉斯（Heinrich Class, 1868—1953）。通过这些学生，他的影响一直延续到20世纪。看来，兰克史学观并非不带任何感情色彩，鼓吹它的人称自己尊重科学、观点客观，但他们的著述带有鲜明的政治目的。

情感的性别化

1848年，一本畅销德国的大百科全书在"两性的具体特征"词条下解释说，男女不仅体质不同，智力和精神特征也不同："女人是感情型生物……男人是思考型生物……牵动情感的事对女人影响更大。"类似观点在同时代出版的众多其他百科全书中也可以看到。在19世纪，情感是体现两性差异的一种现象。1904年，另一本词典称"智力和思想是男人的事"，而女人"远离生活的喧嚣"，因为她们生性富于想象，多愁善感，柔情似水。在这个问题上，上一个时代的百科全书要么保持缄默，要么一笔带过。1887年，德国社会学家费迪南德·滕尼斯（Ferdinand Tönnies, 1855—1936）完成名著《共同体与社会》时，一些人已经把性别差异提升到了普世原则的高度。滕尼斯本人认为，在前工业时代，有机共同体的聚合力靠女性情感维系，而取代了前工业时代共同体的工业社会（令他痛惜地）被男人的理性所主宰，妇女渐渐被异化，丧失了自己的本性。滕尼斯认为，工厂的年轻女工不可避免地受到在此意义上的"社会"影响，"心智开启，变得冷漠世故。有违她们天性之事，莫大于此；为害之大，也莫过于此"。

在浪漫主义时代，男人稍有伤心处，大庭广众之下啜泣很平常。狄更斯写作时，每写到死亡情景，都为之流泪，他的一些读者反应更大。例如，爱尔兰民族主义领袖丹尼尔·奥康奈尔一次在火车上阅读《老古玩店》（1841），读到描写女主角——纯洁少女小耐儿香消玉殒的段落时，简直无法自持，他"满面泪水"，啜泣不止，大声吼道："他不该杀死她！"随即把书扔出窗外。拜伦勋爵每次在剧院观看悲剧都泪如泉涌。据他说，一次他在意大利看演出时，"浑身颤抖，呼吸困难"。法官詹姆斯·肖·威尔斯（James Shaw Willes, 1814—1872）以谋杀罪名判一名女子死刑时，"伏在桌面上啜泣了几秒钟"，虽然他知道，因有情可原的具体情况，犯人十之八九会被减刑。根据当年报道，不仅法官，"陪审团成员和在场的大部分民众也泪水盈眶"。

然而，19世纪下半叶，眼泪不再是浪漫主义多愁善感的象征，而成为女性脆弱的象征。查尔斯·达尔文在《人和动物的情感表达》（1872）一书中提出，哭泣是软弱的表现。他写道："英国人若非伤心到了极点，绝少哭哭啼啼，而在欧洲大陆某些地方，男人动不动就流泪。"其实欧洲大陆上也可以看到类似观点。1892年，匈牙利作家马克斯·诺尔道称，一个"动辄哭泣"的男人显然"功能退化"，生来感情脆弱。19世纪下半叶，"是条汉子"成为公众夸赞人的关键词，至少在男人圈内是这样。公共领域的逐渐扩大，尤其是议会制度的产生和发展基于一个假定：只有男人才具有参与政治和立法活动所需的理性和责任感。男人俱乐部取代了18世纪末、19世纪初女性主导的沙龙。很多男人的团体，如1848年法兰克福议会，还有伦敦的卡尔顿俱乐部（1832）和改革俱乐部（1836），发挥了举足轻重的政治作用。强调男子气概最终发展为对英雄的崇拜。托马斯·卡莱尔在《论英雄、英雄崇拜和历史上的英雄业绩》（1841）一书中写道："历史就是伟人传记。"他指的是运用手中权力、扫除一切敌手、称雄一世的盖世超人。后来，尼采在其哲学著述中提出了与卡莱尔极不相同的伟人观。奥地利作家奥托·魏宁格（Otto Weininger, 1880—1903）在其宏著《性与性格》中从尼采观点引出一个结论。魏宁格认为，唯具有男子气的女人，如女同性恋者，才能真正获得解放，剩余的女人都是被动的，没有成就和创造力。魏宁格自杀身亡，年仅23岁，该书在他死后出版。魏宁格还是个激烈的反犹主义者，他称犹太人生性像女人，无法完成使自己成为天才的男人使命。魏宁格本人是犹太人，又是在杰出天才贝多芬在维也纳的故居中自杀身亡，他的死可以说是他一生中必然会迈出的最后一步。也许这是犹太人恨自己的最极端例子。

维多利亚时代的英国和欧洲大陆男子用蓄络腮胡子或八字须的方式表现男子气，这一风尚大约始于19世纪中。截至19世纪70年代末，照片上过《伦敦新闻画报》页面的男子中，有一半人蓄络腮胡子。有人以医学为由蓄胡子，19世纪中叶盛行疾病瘴气说，受此影响，时人认为胡子可以过滤掉对人体有害的气雾（俾斯麦称自己的八字须是"我的口罩"）。更重要的是，男人留胡子更容易给外人呈现一副面无表情的面孔，做到喜怒不形于色，因社会认为，流露情感是女性特征。在欧洲大陆知识阶层，蓄浓密络腮胡子的人比英国人少。例如，希腊男人不分社会阶层都蓄八字须，但通常只有政客才特意蓄络腮胡子，比如埃莱夫塞里奥斯·韦尼泽洛斯（Eleftherios Venizelos, 1864—1936），他想给国际社会留下一个好形象。俄国沙皇尼古拉二世（1868—1918）和他表兄英国国王乔治五世（1865—1936）样貌相似，和他们一样，韦尼泽洛斯只留了修剪整齐的短胡子。俄国沙皇亚历山大三世也许是为了迎合国际社会时尚才蓄了浓密的络腮胡子。由于一脸络腮胡子令人联想起俄国农民，俄国上流社会和中产阶级的男子一般不蓄胡子，而这恰恰是作家列夫·托尔斯泰蓄蓬乱大胡子的原因。

德国男子的胡须一般比较平常，但蓄浓密胡须的也大有人在。据与尼采同时代的瑞士语文学家雅各布·梅利（Jacob Mähly, 1828—1902）讲，尼采精心蓄了"一口茂密胡须，确保不会有任何人说他女气"。德国男人尤以种种奇形怪状的胡子著称，从德皇威廉一世两鬓的粗硬大胡子，到海军元帅阿尔弗雷德·冯·提尔皮茨（Alfred von Tirpitz, 1849—1930）蓄的两撇分开的长胡子，再到德皇威廉二世（Wilhelm II, 1859—1941）精心蓄的两撇上翘胡须。19世纪40年代以前，蓄络腮胡子是在文化和政治上标新立异的表现，只有艺术家和宪章派人士才蓄胡子。宪章运动和1848年欧洲革命失败后，蓄络腮胡子登上大雅之堂。此风盛行，不是因为参加1856年克里米亚战争的英勇士兵返乡时都胡子拉碴，这一风尚与剃须技术也没有什么关系，不但没关系，简直是藐视剃须技术的存在。越来越多的男人对1847年威廉·亨森（William Henson, 1812—1888）发明的安全剃刀带来的便利不屑一顾。亨森本人似乎也没怎么利用自己的发明成果，而是蓄了一口修剪得很漂亮连鬓胡子。欧洲大陆上的男子——很多人是艺术家——基本上步英国人蓄胡子风尚的后尘。例如，法国印象派艺术家几乎人人蓄络腮胡子。19世纪40年代，俄国作曲家米哈伊尔·伊万诺维奇·格林卡（Mikhail Ivanovich Glinka, 1804—1857）胡子刮得干干净净，到了1856年，他却蓄了修剪整齐的大胡子。他的同行彼得·伊里奇·柴可夫斯基（Pyotr Ilyich Tchaikovsky, 1840—1893）也是一样。19世纪60年代，勃拉姆斯不再剃胡子。挪威剧作家亨里克·易卜生提供了另一种蓄须风格，同样为世人所接受。他从 19 世纪 60 年代中开始在两鬓蓄大胡子（他在那之前几年就蓄起了络腮胡）。第一次世界大战前夕，奥匈帝国皇帝弗朗茨·约瑟夫仍然在两鬓蓄着大胡子，让人感到他是一个早已逝去的世界的遗老。

19 世纪时，高顶黑色大礼帽也是男子气概的象征。高顶黑色大礼帽取代了 19 世纪 20 年代的三角帽后，中产阶层的男子几乎每人一顶。1850 年，阿尔伯特亲王也开始戴高顶黑色大礼帽，大礼帽注定将风靡英国。欧洲大陆很快也起而效仿。高顶黑色大礼帽的质地从海狸皮改为绸缎后，高度加长，在美国成为"烟囱式高顶大礼帽"。于是市场上开始销售一种可折叠高顶黑色大礼帽，尤其适合去剧场看戏和欣赏歌剧时戴。与蓄络腮胡子不同，戴高顶黑色大礼帽之风一直延续到第一次世界大战及其后年代。高顶黑色大礼帽，外加一件黑色长披风和自 19 世纪 30 年代起取代过膝短裤的长裤，成为资产阶级体面身份的象征，彰显戴帽子的人的尊贵地位和权力。高顶黑色大礼帽的主要用途不是护住脑壳，而是举帽向他人致意。不戴帽子的人一看就是精神失常或未开化之徒。1893 年，柏林一家报纸报道说，有人注意到"一个没戴帽子的男人"在街头游荡，骚扰过往行人，显然此人精神不正常。狄更斯小说《我们共同的朋友》（1864—1865）里的加弗·赫克萨姆靠打捞泰晤士河中的死尸、掏取死者兜里的钱为生，作者形容他"像野人一样"，因为他"头发蓬乱"。

在更早的年代，包括 18 世纪，贵族的衣着显示他们是有爵位的贵族成员。高顶黑色大礼帽和黑披风流行后，贵族与上层资产阶级之间的界限开始变得模糊不清，继而完全消失。通常灰色或黑色衣服突出男子气概，妇女的服饰则较为艳丽。流行的裙子从高腰线转向低腰，19世纪50年代，又开始流行裙撑，裙撑由几个圈环支撑，向外鼓起的裙子完全遮住了人的自然体形。女权思想兴起后，这种笨拙不便的服装被紧身的"公主线"服装取代。思想更开放的女权主义者开始穿灯笼裤，人称"布卢默女服"，名字取自宣扬节欲和女权的阿梅利亚·布卢默（Amelia Bloomer, 1818—1894）之姓。布卢默参照19世纪50年代土耳其人穿的宽大马裤发明了灯笼裤。服装纸样和缝纫机日益普及后，妇女时装日新月异。时装行业随之兴起，每个季节都推出新款服装。19世纪80年代裙子后面加的防止裙摆拖地的"裙撑"仅流行了几年，通常用鲸骨制成的束腰紧身胸衣则盛行了整个19世纪。如同男人，妇女也时兴戴帽子，不过妇女戴的帽子通常尺寸不大，至少直到20世纪头10到15年都是这样。此后开始流行华丽的宽檐帽，帽子上面插着源自殖民地、染成五颜六色的鸵鸟羽毛。诸如此类的服装只有富裕人家才穿得起。不过，随着百货商店的逐渐扩张，时装对中下层妇女也不再遥不可及。

兴起于19世纪中期的蓄胡子之风，究其原因，恐怕是对很多欧洲国家内出现的新女权运动的一种逆动。妇女借助女权运动开始活跃于公共领域，宣传承认妇女的平等权利。19世纪前几十年，把男人和女人分别定性为理性动物和感性动物的观点也体现在法律中。法律把妇女和孩子归为一类，由丈夫代行其权利，未婚女子则由父亲代行权利。欧洲国家通常把妇女排斥在大多数专业行业之外，医学和法律专业化后，妇女更难越过门槛。妇女不享有法律权利，因此在商业、银行业和金融业内难有作为。大多数专业行业需要大学文凭，而欧洲大部分地区的妇女直到19世纪晚期才得以迈入大学校门。《拿破仑法典》不仅是法国、比利时、西班牙、葡萄牙和波兰等国民法的依据，还是德国西部大部分地区民法的基础，同时对 1864 年的《罗马尼亚法典》影响极深。根据《拿破仑法典》，妇女不是法人，而被视为未成年人，直到婚嫁为止，结婚后的女人由丈夫代行其法律权利，妇女无权签署合同，若想从事有酬劳职业、改换地址、提起诉讼，需要得到父亲或丈夫的同意。法律还规定，妻子必须服从丈夫。丈夫有权迫使妻子住在他选择的地方。她若与他人通奸，可以被判两年以下的监禁，而男人与他人私通根本不是罪。如果丈夫发现妻子与他人通奸而杀死了妻子，不得以谋杀罪名起诉他；而妻子若伤害了丈夫，则得不到任何法律保护。《拿破仑法典》最初允许离婚，波旁王朝复辟后，法国于 1816 年废除了这一权利。

俄国 1836 年法典规定，无论丈夫去哪里，妻子都必须跟随自己的丈夫，西伯利亚除外。妻子不具有法人身份，无论工作、上学、出行还是从商，均需父亲或丈夫同意。如果一方有通奸行为，或不加解释离家出走超过 5 年，或公民权利被剥夺，理论上允许解除婚姻，但实际上很难做到。托尔斯泰小说《安娜·卡列尼娜》（1877）里面的同名女主人公嫁给了一个她不爱的政府官员。她与年龄比她小的渥伦斯基私通，给他生了一个孩子。虽然她丈夫最终同意离婚，但她还是无法解除婚姻，因为法律只允许无辜一方提出离婚，同时规定要么过失一方忏悔，要么提供对方不忠的证据，而这样做会毁掉安娜的名誉。绝望之下，她卧轨自杀。德国 1900 年的民法典取代了此前的一切法律条款，该法典通行于德意志帝国境内各地。法典废除了普鲁士启蒙时期制定的法律中给予妇女的少量权利，规定妇女结婚后全部财产归丈夫，同时引入了罪责原则，从而增大了离婚难度。

尽管依然存在种种不平等现象，但 19 世纪的一大特点是妇女权益不断得到改善。在瑞典，倡导妇女权利的先驱者是弗雷德丽卡·布雷默，在所谓"赫塔辩论"之后，她的斗争产生了政治结果，1858年，瑞典未婚妇女开始享有充分法律权利。1862年，布雷默公开支持给予妇女选举权，同年，城市选举权扩大到法律承认的成年女子。很多国家有组织的女权运动起源于女性办的慈善事业，布雷默也参加了济贫性质的教育和慈善活动。妇女通过这类活动走进公共领域，直面贫穷妇女因不享有法律权利而遇到的诸多问题。改善至少部分妇女境况的一个办法是进入专业行业。在索菲娅·杰克斯-布莱克（Sophia Jex-Blake, 1840—1912）的积极奔走下，1869年，妇女得以参加爱丁堡大学的入学考试（一共有152名考生，分数最高的7名考生中，4人是女考生）。1870年11月18日，爱丁堡大学医学院的学生受一些思想保守的教授怂恿，阻挡女考生前往设在外科医生大厅的考场，向她们投掷垃圾和泥块。尽管闹事者被大学处以罚款，但1873年苏格兰最高民事法院依然裁决，医学院不该录取妇女，妇女也无权参加考试。妇女于是去国外求学，然后回国执业。1892年以后，苏格兰各地大学开始平等录取女生。

英国人伊丽莎白·加勒特·安德森（Elizabeth Garrett Anderson, 1836—1917）利用药剂师协会章程里的一处漏洞获得了行医执照，协会马上堵住了漏洞。伊丽莎白从巴黎大学获得医学学位后，经过一番周折，于1870年在伦敦开了一家私人诊所。3年后又利用一处漏洞被接纳为不列颠医学学会会员。之后该学会也马上修改了章程，杜绝更多妇女加入。然而，在英国行医的首位妇女既不是伊丽莎白·安德森，也不是杰克斯-布莱克，而是詹姆斯·巴里（James Barry, 约1792—1865）医生，巴里是在爱尔兰出生长大的姑娘，原名玛格丽特·安·巴尔克利（Margaret Ann Bulkley）。巴尔克利成年后，为了能上爱丁堡大学医学院而女扮男装（这是家人为她出的主意）。1812年，巴里获得医学学位，此后她一生扮作男人，成为一名出色的军医，先后在南非、毛里求斯、圣赫勒拿、加拿大和加勒比等地服役，身边只有一个黑人男仆和一条狗陪伴。她死后世人方知她是女儿身，令医学界十分尴尬。

欧洲大陆妇女的首选大学大部分在瑞士。1847年，创办了12年的苏黎世大学向妇女敞开大门。19世纪70年代，建于1834年的伯尔尼大学开始接纳攻读学位的女生，2 000余名学生中，大约一半来自瑞士以外的国家。俄国和德国妇女在瑞士得到了在本国被剥夺的机会。在与瑞士比邻的自由色彩浓厚的南德巴登邦国，1902年各大学开始接纳女生，到了1908年，德国所有大学都对妇女敞开了大门。1860—1861年自由主义黄金时期，俄国各大学曾开门接纳女生，但为时很短，1862年妇女又被逐出大学校门，此后俄国妇女只能去海外留学。即使这样也不为沙皇政府所容，在它眼里，去海外留学是滋生政治激进主义的温床，沙皇政府于是把在国外留学的女生悉数召回国。最终解决办法是在圣彼得堡专门为女子开设讲习班，其水平低于大学，不过妇女还是可以享受19世纪70年代不断扩展的中等教育。19世纪80年代，反动政府关闭了已有的女子讲习班，只保留一个，置于秘密警察严密监视之下，新一波女子出国留学潮随之而起。沙皇尼古拉二世政府对此惶恐不安，于19世纪90年代恢复了女子讲习班。到1904年，在女子讲习班学习的学生有五六千人，而此前的20年里仅有150名学生。1905年以后，妇女终于获准参加国立大学入学考试。其他众多国家的情况也大致相同。1893年，德国第一所政府资助的女子小学诞生。法国直到1880年才建立了一套女子中等教育体系，但这些学校不以帮助女生攻读大学学士学位为目的。1869年，剑桥大学设立了第一所女子学院——格顿学院。直到20世纪中叶，女生才获准攻读学位，即使她们通过了考试，在那之前也拿不到学位。虽然进展迟缓，但变革已经起步。

在私人领域，妇女权利也有所改善。1857年英格兰颁布的《婚姻诉讼法》首次允许离婚，无须再通过特别的议会法案。《婚姻诉讼法》还内含合法分居条款。伦敦新成立了一个离婚法庭，6年内处理了千余件离婚案，但法庭仍然没有做到对男女一视同仁。男人仅凭妻子通奸一条并指出与妻子通奸的一方即可申请离婚，而妇女除了丈夫通奸外，还要证明自己受到丈夫虐待，或丈夫重婚，或有其他劣行，而且不能说出与丈夫通奸的人是谁。1870年，英国妇女权利状况进一步改善。英国议会通过了《已婚妇女财产法》，规定妻子赚取的收入归自己所有，1882年，这一规定的范围进一步扩大，妻子结婚时带来的财产也包括在内。1884年，法国终于将离婚合法化。根据1875年通过的一项法律，德国承认了妇女在法律上的独立个人地位。19世纪末，众多国家妇女的财产权和抚养子女权均得到改善。妇女作为杂志编辑和报纸专栏撰稿人活跃在公共领域中，所谓妇女太感情用事，无法参与公共生活的观点受到致命打击。

各地女权主义组织主要产生于环境宽松的19世纪60—70年代，它们积极争取改善妇女在法律和教育领域的地位。瑞典有组织的女权主义运动始于1873年成立的"维护已婚女子财产权协会"。该协会在经济问题上积极宣传自己的观点。丹麦妇女协会成立于1871年，此前自由派调整了政策。1883年结束国家对色情业的管制成为热点问题后，该协会趋向左倾。挪威的情况与丹麦大致相同。1887年，民族主义作家比昂斯滕·比昂松（Bjørnstjerne Bjørnson, 1832—1910）在一系列演讲中抨击双重道德标准。1892年，"白丝带会"诞生，积极宣扬社会纯洁、节欲和妇女选举权。法国早期女权主义运动与共和思想密切相连。女权主义运动的两个主要人物莱昂·里谢（Léon Richer, 1824—1911）和玛丽亚·德雷姆（Maria Deraismes, 1828—1894）均是共济会成员。1875年，亲君政府取缔了她们创立的改善妇女境况协会，当时协会只有150名成员，每次出席会议的不过10到12人。1882—1883年，里谢又创建了一个争取妇女解放的新组织，即"法国争取妇女权利联盟"，但该组织被男人操控，男性成员几乎占成员总数的一半。1883年，出现了一个更激进的组织"争取妇女选举权协会"，领导人是于贝蒂娜·奥克莱尔（Hubertine Auclert, 1848—1914）。这两个组织人数有限，影响力不大。信奉新教的中产阶级妇女主导了德国的女权主义运动，其中社会小说家路易丝·奥托-彼得斯（1819—1895）早在1848年革命期间就是积极的女权主义者。她抓住开明政治东山再起的机会，于1865年创立了"全德妇女联合会"，此后的30年里，该协会谨言慎行。当时在德意志大部分地区，包括普鲁士，法律禁止妇女参与任何政治活动，协会因此无法呼吁给予妇女选举权。它去帝国议会请愿，要求在1900年颁布的民法典中加入已婚女子财产权，却无果而终。

19世纪末以前，各地的女权主义运动几乎完全是中产阶级运动，基本上与当时占欧洲人口绝大多数的广大农民阶级无关。19世纪期间，农村地区妇女的境况在某些方面甚至恶化了。在高度工业化时代，年轻男子为了寻找更高收入而离乡进城，留下来的妇女劳动负担更重，同时还要操持家务、抚养孩子。1912年德国北部蔡茨地区的一名医生写道："劳动分工起了变化，妇女的劳动更加繁重。"废除农奴制后，妇女在婚嫁问题上享有较大自由。伴随交通的改善，妇女更容易走出自己所在的村子结识更多的人，择偶范围随之扩大。但就大多数妇女而言，离婚仍然可望而不可即。英国妇女离婚虽然不像往日那么困难，但离婚费用高昂，这说明在民间，人们仍认为贩卖老婆是正当的。托马斯·哈代的小说《卡斯特桥市长》(1886)开篇对这一习俗有一段描述：靠打捆干草为生的农民亨查尔喝了掺朗姆酒的甜牛奶麦粥后，醉醺醺地把老婆苏珊拽到集市上，卖给了出价最高的人。在实际生活中，卖方通常事先找好买方。据1833年的一篇报道，在埃塞克斯埃平镇的集市上，一名妇女被卖了两先令六便士。她的丈夫被带到法官那里后，称自己与妻子已分居一段时间："我老婆公开与一个名叫布莱德雷的男人姘居，买主也是此人。"第一次世界大战前，政府取缔了卖妻习俗，这一习俗反映了农村地区对男女婚姻关系的普遍冷漠，城市中产阶级对此大感震惊。女权主义运动的重点是改善教育、争取财产权和婚姻自由权，而这并不是广大劳动阶层妇女关心的问题，后者一生劳碌，生儿育女，为生存而挣扎。

尽管如此，女权主义者争取到的成果还是为赋予所有妇女有意义的权利铺平了道路。虽然1914年以前仅有极少数妇女跻身专业行业领域，但她们能够作为医生行医或入大学学习本身为未来树立了至关重要的先例。女权主义者赢得论战不是靠人人权利平等的观点，而是靠宣扬女人比男人更讲道德、更有同情心、感情更丰富的观点。很多女权主义者称，妇女通过参与慈善事业证明了自身价值，显示她们不仅能把母性运用于全社会，还能以负责任的方式组织和引导母性，从而使所有人受惠。因此妇女进入公共领域、工业行业和行政部门时，必须显得刚毅，她们开始以冷漠面目出现。1911年，《每日镜报》宣称"泪水涟涟的女子已不复存在"，文章的大字标题是《从不掉泪的女人：商界女子的坚毅取代了昔日维多利亚时代的眼泪和歇斯底里》。无论女权主义者如何强调妇女与大自然和情感世界的密切关系，她们奋斗的最终结果是中产阶级和上流社会的妇女与男人一样，养成了美国人所谓"抿紧上唇"的沉稳习惯。

追求快乐

和世界各地的人一样，欧洲人一般通过种种文化活动追求快乐。对快乐的追求并不总是与劳作的世界完全分开。在前工业化社会，男耕女织时会以唱歌的方式决定劳动的快慢节奏，一则可以减轻工作的单调枯燥，二则把握自己的劳动节奏。法国有句谚语："耕者唱歌，耕犁不止。"在比利牛斯山区，当地人雇妇女跟在收割者后面，合着他们的割麦节奏唱歌。在一些特殊场合，如婚礼或舞会，当地人还会边演奏小提琴、风琴和鼓等乐器，边唱父母教的曲子或从货郎那里买来的民歌曲子，或在村里空地和草地上席地而坐，听巡回歌手唱歌。德国的"板凳歌手"通常携带一个小背包巡游四方，背包里塞满了歌谱和插图小册子，讲述神奇事件、奇特传闻、悚人谋杀案和凄美爱情故事，故事押韵合拍，这类歌曲统称为 Moritaten（街头曲艺），因为它们一般都以道德说教（moral message）收尾。民歌大多哀叹贫苦农民的困苦遭遇，诉说食不果腹、劳动繁重、赋税劳役沉重和生活中的其他苦楚，尤其是在百姓处于水深火热的地区。一首罗马尼亚民歌唱道："他们把我们当牛一样使唤，像剪羊毛羊一样盘剥我们。"村民举行婚礼时唱的是低俗的曲子，1848年革命等社会大动荡年代，人们也出于政治需要改编民歌。

社会逐渐走向工业化和城市化后,绝大多数民歌随之消亡。1893年,一位研究俄国民间文化的不知名美国人写道:"昔日动听的民歌消失在咝咝作响的蒸汽声中。"简短欢快的歌曲取代了节奏缓慢的史诗和民歌,讲述个人经历的歌曲取代了村社仪式,来自城镇的歌曲取代了传统曲调。伴随铁路的扩展和交通的改善,法国农村的年轻人开始热衷唱从巴黎传来的法语歌曲,对用当地方言唱的歌曲失去兴趣。村里的牧师和小学教师向村民散发打印的歌曲集,内含宣扬爱国主义和伦理道德的曲子,同时鼓励成立合唱团体,借此达到引导乡村音乐的目的。1864年,法国南部奥德省一名学校督察员得意地报告说:"在校方和教师的努力下,众多合唱队演唱的爱国和宗教歌曲取代了下流小调。"游吟民歌手难以与之竞争,逐渐从社会上消失。在传统乡村舞蹈中,男男女女或面对面排成两列,或围成一个圈,舞会为年轻人依照村社规则求偶提供了机会;到19世纪70年代时,年轻人开始喜欢成双成对跳华尔兹舞、波尔卡舞或方阵舞——19世纪80年代,洛林的一名观察家称之为"城里人跳的舞"。1891年,来自法国西南部地区洛哈盖的报道称:"老式舞蹈正在逐渐消失。大多数舞蹈已不复存在,化为对往事的记忆。"舞蹈与逢年过节举办的仪式分家,成为一种有组织的大众娱乐消遣方式。

国家对乡村大众文化日益敌视。政府官员试图限制集市和宗教列队行进,认为这些活动威胁了公共秩序。政府以健康和安全为由限制一些动作野蛮、常常致人受伤的比赛,同时借口保护动物取缔了以活物为目标的射击和投掷项目竞赛。俄国的官员和中产阶级伦理家在百姓集市和种种仪式上目睹酗酒现象,痛心疾首。1908年,一个宣传禁酒的人在守护神节期间抱怨道,农民"狂饮不止,人人陷入疯狂之中,互相咬下对方手指，或相互厮打致死……宗教节日时亦是如此……众人狂饮伏特加酒，堕落行为和混乱比比皆是"。每逢这类节日，打群架现象十分普遍，死伤人是常事。19世纪90年代末，俄国已有近50个城市取缔或限制假日市场，防止农民进城参加这类活动。在英格兰等地，圈地活动夺走了大量通常用于举办乡村娱乐活动的场地。弗雷德丽卡·布雷默作品英译者玛丽·豪伊特（Mary Howitt）的丈夫威廉·豪伊特（William Howitt, 1792—1879）是个作家，他注意到，1840年时，"大众体育和娱乐活动发生了巨大变化……据我回忆，跳莫里斯舞的人、化装表演演员、犁地游行者和唱圣诞颂歌的人越来越罕见"。

经济学家、巡回法官约瑟夫·凯（Joseph Kay, 1821—1878）注意到，社会底层成员大批涌入新工业化城市，产生的后果尤其不幸。他在1850年指出："如今英格兰的穷人可以说没处消遣，要么去麦芽啤酒馆，要么去高档小酒店。"酒精是工业化的润滑剂。在新的城市世界里，酒馆和酒吧纷纷出现。1890年，法国北部工业区每46个居民就有一个酒吧，迎合城市工人阶级的饮酒需要。截至1910年，法国人每年喝掉将近50亿升葡萄酒，不过葡萄种植者和酒吧老板常常往酒里兑水，酒不会太烈。各地政府试图限制酒精饮料的销售，但收效甚微。例如，为了绕过普鲁士的许可证法，有人开始经营廉价简陋的饮酒俱乐部，通常设在一群工人私下租的房间里。到1893年，鲁尔煤矿区内已有100多家饮酒俱乐部，成员超过1.6万人。这种俱乐部德语叫Schnapskasinos，从名字可以看出，它既卖瓶装啤酒，也卖烧酒（Schnaps）。德国人喝烧酒，法国人则更喜欢喝苦艾酒。苦艾酒是一种用有药效的苦艾植物酿的烈酒，酒呈绿色。截至1910年，法国人一年要喝掉 3 600 万升苦艾酒。后来，发生了一起苦艾酒酗酒者的恶性杀人案件。1908 年，瑞士经公投把禁苦艾酒写入宪法。荷兰和法国也分别于 1909 年和 1914 年禁销苦艾酒。

俄国政府一向不愿为减少酒精消费做努力，19 世纪 90 年代，政府开始垄断伏特加酿酒业，其从酒精销售中获得的收入几乎呈指数增加，从一年 2.5 亿卢布增至第一次世界大战前夕的将近 10 亿卢布。19 世纪大部分时期，俄国政府收入的将近 1/3 来自对伏特加的征税。陀思妥耶夫斯基的小说《罪与罚》(1866) 里，有大段对圣彼得堡酒吧和小酒店里酗酒情景的描写。小说开篇是无可救药的酒鬼马尔梅拉多夫喝醉后的一段独白，他没钱买酒，把女儿卖给了妓院，陀思妥耶夫斯基最初想把这部小说起名为《酒鬼》。欧洲各地的社会评论家也报道了类似情况。恩格斯在《英国工人阶级状况》(1844) 中提到，周六下午领到工资后，"所有的工人都从自己的贫民窟中涌到大街上去，这时，人们就可以看到酗酒的全部粗野情形"。*工业化时代早期，甚至早在工业化开始之前，欧洲各地就有了各种宣扬戒酒的组织，它们受宗教运动的激励，通过道德劝诫以及立法和增税等手段遏制酗酒，斯堪的纳维亚半岛上的这类组织势力尤其大。瑞典政府垄断了烈性酒的销售，只有在受到管制的店里才能买到酒。挪威也施加了类似管制，1833 年，阿夸维特酒的年人均消费量为 18 升，1851 年降至 6.8 升。工人可以更容易地买到纯净水和软饮料来解渴。从 1899 年到 1913 年，德国各地的酒精消费下降了 25%。19 世纪 80 年代，英国啤酒消费量开始下降，19 世纪 70 年代，每年每人为 182 升，到第一次世

---

* 引文来自《英国工人阶级状况》，载于《马克思恩格斯全集（第二卷）》（人民出版社，1958 年），第 413 页。——编者注

大战前夕，降至不足 136 升。1800 年时，喝茶已经成为英国资产阶级家庭生活中不可或缺的内容。随着城市的扩展，中产阶级下层和劳动阶级成员也开始喝茶。19 世纪 40 年代，英国人均茶叶年消费量为 0.73 千克，19 世纪 70 年代跃至 2 千克，19 世纪 90 年代增加到 2.6 千克。

各种俱乐部和社团提供了除饮酒外的其他消遣方式。法兰西第二帝国时期，北部工业城市里尔有 63 家饮酒俱乐部，还有 37 家扑克俱乐部、23 家保龄球俱乐部、13 家撞柱游戏俱乐部、10 家箭术俱乐部和 18 家弩弓俱乐部。矿工大多饲养用于比赛的鸽子或灰狗，也许鸽子和灰狗是矿工在煤井下面无法享受的行动自由和疾速的象征。很多地区成立了足球俱乐部，加强了城市新社区的纽带。1863 年建立的英格兰足球协会，其初衷是强制执行 1848 年公立学校代表在剑桥大学三一学院制定的"剑桥规则"，该协会为名牌大学所主宰。1883 年，来自工人阶级的布莱克本奥林匹克队在足球协会杯决赛中打败老伊顿人队，开启了一个新时代。足球迅速在欧洲大陆流行开来，通常是英国人带去的。早在 1863 年，《苏格兰人报》就报道说："几个旅居巴黎的英国绅士最近组建了一个足球俱乐部……经当局批准，开始在布洛涅森林举行足球赛，法国人看得目瞪口呆。"1874 年，英国工人成立了德累斯顿英吉利足球俱乐部，之后其他俱乐部纷纷出现。1899 年，英国花边工人赫伯特·吉尔平（Herbert Kilpin, 1870—1917）组建了 AC 米兰足球俱乐部，当时的名字叫"米兰板球和足球俱乐部"（板球为时不长）。1894 年，利沃夫与克拉科夫两队举行了波兰有史以来的首场足球赛。开赛第 6 分钟，利沃夫队的沃齐米日·乔米基（Włodzimierz Chomicki, 1878—1953）踢进了波兰有史以来的第一个球，裁判旋即宣布比赛结束，利沃夫队因此获胜——可见当时人们还不熟悉足球比赛规则。1914年时,足球已逐渐发展为一项国际性体育运动。足球爱好者中,工人渐渐占了大多数。很多球队都来自工业化城市,比如鲁尔的沙尔克04足球俱乐部,"04"代表球队组建的日期,该队队员人称"矿工"。

伴随识字率的提高,大众报纸的问世提供了另一种消遣方式。自亚历山大二世起,俄国逐渐放宽了对书报的管制,"廉价报纸"随之出现。报纸只有一页纸,不征订,只在街头出售,这类"马路报纸"中,卖得最好的一份叫《莫斯科小报》(*Moscow Sheet*),编辑尼古拉斯·帕斯图霍夫(Nicholas Pastukhov, 1831—1911)当初开一家小客栈,他手下的一名记者称他是"文盲编辑,与文盲读者为伍,知道他们爱看什么"。1870年,有人对圣彼得堡的一份廉价报纸嗤之以鼻,称它是"谣言、流言蜚语外加新闻的废品旧货栈"。青年作家契诃夫的编辑告诉他,"我们要先抓住那些愚蠢读者,然后用知识性强的文章教化他们"。实际上知识性强的文章并不多见。自19世纪70年代起,法国开始有地方报纸,但最初只有中产阶级才阅读报纸。不过1896年警方称一家报纸《康塔尔展望报》(*L'Avenir du Cantal*)"农民很喜欢看"。这家报纸的销售量扶摇直上,一周达2 300份,超过20年前法国中南部康塔尔省报纸销量的总和。1903年,吉佩的布雷顿镇有人指出,大众的读报热"加剧了各家报纸之间的竞争,它们竞相报道奇闻逸事,或刊载传统故事,对有思想的内容和对话越来越不感兴趣"。

法国的廉价报纸与俄国的廉价报纸同样追求猎奇。1863年创办的《小日报》(*Le Petit Journal*)的版面充斥着谋杀、丑闻及形形色色耸人听闻的内容。这家报纸的老板莫伊塞·波利多尔·米洛(Moïse Polydore Millaud, 1813—1871)告诉他聘用的第一个编辑,必须"不怕别人骂自己愚蠢……要去发现普通百姓都在想什么，然后以此为指南"。截至1880年，这家报纸销售量超过50万份。这类报纸不仅街头可以买到，铁路沿线上的小亭子也卖。到19世纪末、20世纪初时，此类报纸已有1 000余家。巴黎各家日报的发行量1870年为100万份，1910年激增至500万份。1881年新颁布的新闻法和进口美国霍伊公司制造的快速轮转印刷机起了推波助澜的作用。1855年英国废除印花税后，报纸发行量激增。不过此后很久，即使是畅销报纸，如发行量15万份的《每日新闻报》和19世纪70年代末发行量达到19万份的《每日电讯报》，版面也始终一成不变，内容严肃。

直到1896年，才有了一种货真价实的大众报纸——《每日邮报》。截至1902年，该报的发行量超过100万份，居世界各国报纸之首。《每日邮报》靠耸人听闻的标题和噱头很快超越其他报纸，吸引了大批读者。例如，1906年，它为飞机首次飞跃英吉利海峡提供了1 000英镑奖金。报纸开始以报道现实生活中的事件来哗众取宠，而不再用报道怪异奇闻之说来追求轰动效应。德国尤其如此。德国民众识字率普遍较高，加之1848年革命后实际上结束了报刊出版前的检查制度，德国报业蓬勃发展。截至1862年，仅柏林一地就出现了32份报纸，其中6份报纸每日出双刊。1866年，《科隆报》(*Cologne Newspaper*)日印刷量大约6万份。插图周报比一般报纸更受读者欢迎，比如1875年末拥有40万订户的《凉亭》(*Die Gartenlaube*)，还有《喧声》(*Kladderadatsch*)和《傻大哥》(*Simplicissimus*)这样的讽刺期刊。德国报社数量从1850年的大约1 500家增至1914年的4 221家。为产业工人办报的德国社会民主党亚文化群在社会上享有很高声誉，直到20世纪20年代崛起的商业报纸取代了这一亚文化群后，追求轰动效果才成为德国报纸的一大特征。

伴随公共图书馆数量的增加，除了报纸杂志外，工业化时代出现的工人阶级对图书的兴趣也与日俱增。19 世纪 50 年代，用两个先令即可买到再版的畅销小说。同一时期，出版商理查德·本特利（Richard Bentley, 1794—1871）在他的"铁路图书馆"开始印刷定价一先令的图书。这类提高趣味的大众文学并不是凭空出现的，它们旨在消除被改革者视为追求猎奇的"廉价惊险小说"带来的不良影响。在德国，后者以"叫卖小说"为代表，这类廉价小说分期刊载，在街头出售或挨家挨户推销。19 世纪 90 年代初出版的《柏林刽子手》是这类小说的典型，连续分 130 周刊载。开头几章，死刑、谋杀、绑架、决斗、掘墓、溺毙、事故、纵火、谍战，应有尽有。为了平衡，出版商也出版一些廉价版经典作品，像加里波第这样英雄人物的传记深受大众喜爱，1861 年俄国成立的"传播好书协会"这样的组织也出版一些内容健康的图书，但粗制滥造。至于哪一类图书最畅销，几乎不存在任何疑问。出于对工人阶级读书趣味的关切，英国于 1850 年颁布了《公共图书馆法》，确立了由地方政府出钱建造免费图书馆的方针。在欧洲大陆，这一理念传播缓慢。直到 1910 年，才有法国人欧仁·莫雷尔（Eugène Morel, 1869—1934）积极倡导公共图书馆理念。更常见的是，各种读书会和工会在自己建造的社区中心开设小型图书馆。

廉价小说还被用作情节剧的素材。维多利亚时期，情节剧盛极一时。剧作《一串珍珠》(又译《理发师陶德》, 1846—1847) 很有代表性。剧中的反面人物斯文尼·陶德是"舰队街上的魔鬼理发师"，他杀死顾客后，把受害者做成肉饼。每次他一出场，观众马上嘘声不止。除了反面人物外，男主角通常是一个不起眼的纯真小伙，还有一个同样天真、处境危险的少女，外加年迈的父亲或母亲和一个仆人。19世纪50年代，作为一种大众娱乐形式的综艺剧院（music hall）开始出现，情节剧与综艺剧院融为一体。位于伦敦兰贝斯区的坎特伯雷厅是最早的一家综艺剧院，建于1852年。到1878年，伦敦已有78个大型综艺剧院。主持人先对晚上上演的歌曲、舞蹈、喜剧、杂耍等节目做一介绍，观众则一边观看演出，一边吃喝，剧场内吵闹打斗，混乱不堪。1868年，一名评论家形容英格兰的综艺剧院是"肆意放荡的殿堂"，观众"在低级歌曲和下流表演中沉沦"。在综艺剧院演唱的歌曲，歌词谈不上有任何新意，如一首歌曲所唱："神思遐想自快活。"道德改革家对一些演员的下流表演深恶痛绝，如玛丽·劳埃德（Marie Lloyd, 1870—1922），中产阶级评论家称她的表演伤风败俗，危害极大。

  法国起初只有简单的歌手咖啡馆，如19世纪50年代位于巴黎蒙马特高地的"刺客酒吧"（后更名为"狡兔酒吧"），文人墨客和艺术家经常光顾。后来，更讲究的场出现了，那样的地方拥有滑稽说笑演员和乐队，上演固定的舞蹈节目，演员装扮华丽，其中名气最大的当属创建于1869年的"女神游乐厅"。1889年开张的"红磨坊"夜总会是以一群女孩高踢腿为特征的康康舞的诞生地，画家亨利·德·图卢兹-罗特列克（Henri de Toulouse-Lautrec, 1864—1901）常去光顾，"红磨坊"夜总会的广告张贴画即出自他手。这种地方亦有有伤风化的表演，诸如密斯丹格苔［Mistinguett，原名让娜·布儒瓦（Jeanne Bourgeois），1875—1956）］这样的演员迎合形形色色耽于娱乐的观众的趣味。1881年，"黑猫夜总会"（又名"艺术歌厅"，但该名很快不再用）在蒙马特区开张营业。作曲家埃里克·萨蒂（Erik Satie, 1866—

1925）曾在这家歌厅弹钢琴为生。1897 年创办人兼老板鲁道夫·萨利斯（Rodolphe Salis, 1851—1897）去世后，夜总会关门停业。德国工人阶级去的地方叫"叮当响厅"，功能相当于综艺剧院，19 世纪 70 年代起自柏林，很快在德国北部和西部地区流行开来。"叮当响厅"这一名字源自顾客边唱副歌，边用手中刀叉敲击玻璃杯发出的声音。1879 年时，"叮当响厅"已在帝国议会受到抨击，有人称："鉴于演出内容轻佻，性质纯属挑逗，'叮当响厅'的存在有伤风化。"

开办文学艺术咖啡馆之风从法国吹向其他地方，各地纷纷效仿。克拉科夫的"绿气球"歌厅建于 1905 年，为作家和画家提供了一个聚会场所，1912 年，在检查制度和警察干预下，歌厅被迫关闭。1901 年创办的柏林"特级歌舞厅"请奥地利作曲家阿诺德·勋伯格（Arnold Schoenberg, 1874—1951）出任音乐总监。巴塞罗那的"四只猫"咖啡馆始建于 1897 年，当初是一个啤酒馆，兼当小酒店和廉价旅馆。从外表上看，它简直是巴黎同类咖啡馆的翻版，以表演加泰罗尼亚传统木偶戏著称。它常常展出现代派风格的绘画作品，借此向公众兜售。也许是这一原因，几年后，咖啡馆于 1903 年关闭。1876 年开业的维也纳"中央咖啡馆"生命力更强，仅 1913 年一年，光顾这家咖啡馆的人中就有弗洛伊德、后来的南斯拉夫共产党人约瑟普·布罗兹·铁托（Josip Broz Tito, 1892—1980）、阿道夫·希特勒和弗拉基米尔·伊里奇·列宁。第一次世界大战前夕，奥地利社会党领导人维克托·阿德勒（Victor Adle, 1852—1918）告诫外交大臣利奥波德·贝希托尔德（Leopold Berchtold, 1863—1918）伯爵，一场欧洲战争会在俄国引发革命。贝希托尔德伯爵语带讥讽地问他："谁会领导这场革命呢？莫不是坐在中央咖啡馆里的布隆施泰因先生？"列夫·达维多维奇·布隆施泰因（Lev Davidovich Bronstein, 1879—1940）还真是一位革命家，不过他从事革命活动用的是化名列昂·托洛茨基（Leon Trotsky）。

19世纪80年代，慕尼黑一些知名啤酒馆室内大厅宽敞，室外花园点缀，为成百上千的顾客提供食品、饮料和演出，比如"市民"啤酒馆（Bürgerbräukeller, 1885）和"狮子"啤酒馆（Löwenbräukeller, 1888），啤酒馆自己的乐队演奏背景音乐，每逢周六晚上，一批歌手和喜剧演员登台表演节目。俄国的这类场所与酒精消费没什么关系，因为厂主和宣扬禁酒的组织有自己的剧场，上演短剧、轻歌剧、闹剧和杂耍，小丑、魔术师、喜剧演员及其他大众娱乐型演员表演各种节目。仅1899年一年，种种大众禁酒监督团体就组织了1 332场戏剧演出和1 356场户外演出，1904年，以上演出分别增至5 139场和4 238场，40%的节目属于严肃戏剧。据报道，这类演出导致忏悔节和其他民间节日期间上演的大众戏剧绝迹［伊戈尔·费奥多罗维奇·斯特拉文斯基（Igor Fyodorovich Stravinsky, 1882—1971）创作的芭蕾舞剧《彼得鲁什卡》（1911）即以忏悔节为背景］。1908年有人称："大众禁酒监督团体打击了粗俗大众热衷低级趣味表演的风俗，唤起他们对古典艺术的热爱。"然而，情节剧依旧是俄国最流行的戏剧形式。1902年，一名经理抱怨说："无论表演采取什么新形式，哪怕披上艺术的外衣，公众都一概不感兴趣。他们只迷恋令人肝肠寸断的剧作，煽情的表演让他们看得如醉如痴。"

除了剧院、啤酒馆、酒吧和咖啡馆外，舞厅为欧洲各地的工人阶级提供了又一处消遣场所，通常舞厅比一间腾空了家具的小酒馆大不了多少。这类舞厅属于另一个世界。这里跳的舞蹈迥然不同于中产阶级和上流社会成员伴随约翰·施特劳斯（Johann Strauss, 1825—1899）

等维也纳作曲家谱写的华尔兹舞曲跳的舞蹈，也不同于欧洲各地村社社员舞姿优美的舞蹈。在舞厅跳舞的人舞步简单，音乐单调。德国神学家、社会调查者保罗·格雷（Paul Göhre, 1864—1928）做过3个月的工人，观察无产阶级成员的生活状况。1895年，他对周日晚上在开姆尼茨工业化郊区舞厅看到的情景深恶痛绝："舞厅里的这些年轻工人从周日晚上一直跳到周一凌晨，不仅花掉了辛辛苦苦挣来的工资，还耗尽了精力，丧失了理想和纯真。"各地政府开始以维护公共秩序和道德为名，对这类场所加以限制。20世纪初，在英国开办综艺剧院需要有许可证，第一次世界大战前夕，终于禁止在综艺剧院出售含酒精饮料。德国也采取了类似措施，杜塞尔多夫的警方把公共舞厅关门时间提前到晚上10点，德国其他工业城市旋即照搬。

1914年以前，跳舞的舞曲必须由乐队演奏。1877年爱迪生发明的使用蜡筒的唱机在当时鲜为人知。出于宣传目的，格莱斯顿、德皇威廉二世、丁尼生及其他人的声音被录制下来，直到今日，我们仍可以听到他们的声音。德国出生的美国人埃米尔·贝利纳（Emile Berliner, 1851—1929）改进了唱机技术，于1887年发明了唱盘，可以在他称为"留声机"的机器上播放，但唱盘的旋转速度很难控制，一张唱片只能放两分钟音乐。由于录音设备只能录下距离很近的声音，完整的管弦乐队只能让位给12人左右的小乐队。复制唱片的方法在很久之后才发明出来，因此乐师若想有50张唱片可卖，就得重复录制50次。杰出的意大利男高音歌唱家恩里科·卡鲁索（Enrico Caruso, 1873—1921）录制的首批唱片引起轰动，他浑厚的嗓音尤适合这种新媒介，1914年时，他已能靠销售自己的唱片每年收入2万英镑。柴可夫斯基称留声机是"19世纪所有发明中最令人惊奇、最美好、最有意思的一个"。他还特意让爱迪生录下了他的声音，留给后人。

19世纪末，出现了一种新的娱乐手段——电影，其他一切娱乐活动黯然失色，电影很快主宰了大众的消遣时间。早在1839年，法国人路易·达盖尔（Louis Daguerre, 1787—1851）已经用所谓"达盖尔银版摄影法"做出了第一张照片。19世纪50年代技术进一步改进后，英国摄影师罗杰·芬顿（Roger Fenton, 1819—1869）拍下了令人触目惊心的克里米亚战争照片。早期照片需要长时间曝光才能达到效果，被摄者若想要一张画面不模糊的肖像照，就必须一动不动坐很久，甚至长达半小时。为了防止身体摆动，被摄者通常需要用支架固定自己的头部、胳膊和腰部；摄影师必须把相机安在一个三脚架上，用一块黑布遮住自己的头，防止漏光。直到19世纪末有了明胶感光板后，人们才有可能拍摄移动物体。1888年美国首先推出廉价柯达箱式照相机后，摄影对普通百姓不再遥不可及。同一时期，对多镜头和打孔赛璐珞胶片的实验催生了电影的发明。1895年，卢米埃尔兄弟放映了世界上第一部电影。一次放电影，观众看到一列火车冲银幕驶来，不禁大惊失色，在座椅上猛地后仰，还有人从座位上跳起，逃向放映厅后方。到了1897年，已经有了几家电影制片厂，也设计出了用于摇摄的旋转相机。由于放电影成本远低于真人表演，因此电影在欧洲各地迅速流行开来。1895年时，柏林的"冬苑"剧场就在放映早期的一镜到底的电影了。新开发的技术让多镜头、使用多卷胶片的电影成为可能，拍摄和推销电影的公司应运而生。1905年，匹兹堡的"镍币影院"开电影院先河。

电影放映机（该词为卢米埃尔兄弟首创）迅速流行开来，一个例子是西班牙。早在1896年，西班牙就上映了第一部单镜头的电影。

电影在大城市工人居住区极受欢迎。最初电影只是种种表演中的一项，在俗称"棚屋"的简陋场地放映，如工棚或地下室。截至1910年，仅巴塞罗那一地就有100多处放映电影的场所，包括兰布拉大街两侧那些能容纳1 000人左右的大型电影院。电影院内的座位依票价贵贱隔开，中产阶级可以免受来看电影的工人阶级喧嚣之苦。在这种场所，通常会雇用一位钢琴家为银幕上放映的无声画面演奏背景音乐，有时还会放映手工上色的彩色电影，不过通常都是黑白电影。1914年普查结果显示，西班牙的电影院有900余家，包括走村串乡放映的流动电影。1912年，西班牙政府担心电影内容有伤风化，建立了放映前审查制度。其他国家也一样。例如，英国于1909年颁布了《电影放映法》，1912年又成立了"不列颠电影审查委员会"。也许一般人想不到，出产电影最多的国家是丹麦。1906年北欧电影公司成立后，翌年就拍摄了67部粗制滥造的电影。1914年时，所有欧洲国家放映的电影中，大部分还是进口的美国片。欧洲电影业固然诞生了，但好莱坞主宰全球的苗头已经显现，当时美国各家电影制片公司开始迁离东海岸。

现实主义与民族主义

摄影和电影的现实主义对艺术的发展产生了深远影响。19世纪中叶，浪漫主义时代接近尾声，画家的创作风格日益回归现实主义，比如，居斯塔夫·库尔贝（Gustave Courbet, 1819—1877）摒弃昔日神秘和宗教题材，转而关注现世生活。从库尔贝的风景画中，看不到浪漫主义惯用的夸张笔法和构图技巧，画作体现了一种自然主义手法，让人感到画家身临其境，即兴动了作画念头。在《碎石工》（1849）中，库尔贝画了路边两个砸石头的农民。《奥南的葬礼》（1849）画的是他长辈的葬礼，画中人物不是衣着华丽的模特，而是参加葬礼的人，出殡者井然有序。如果换了浪漫主义画家画同一题材，出殡者一定会做出种种痛不欲生的表情。库尔贝说："《奥南的葬礼》其实是浪漫主义的葬礼。"后来他抱怨说："如同1830年的人被冠以浪漫主义者之名一样，我也被冠以现实主义者之名。"库尔贝的作品毫无疑问开启了一种新的文化风格。库尔贝本人是政治激进分子，积极参加了1871年的巴黎公社活动，他画贫民不是为了表现自然风光，而是为了抨击社会。在《拾穗者》（1857）中，让-弗朗索瓦·米勒（Jean-François Millet, 1814—1875）描绘的情境是贫苦的农家女弯腰拾捡庄稼收割后散落在田里的谷穗。凡·高在《吃马铃薯的人》（1885）中描画了一群农民，他们在一盏小灯的昏暗灯光下，围坐在桌边吃自己种的马铃薯。凡·高说，他想通过农民的外形表达，农民就是"用抓食马铃薯的这双手在田间耕作的"。

属于1848年创立的"拉斐尔前派"的英国画家是另一类现实主义者。从一种角度看，丹特·加布里埃尔·罗塞蒂（Dante Gabriel Rossetti, 1828—1882）、威廉·霍尔曼·亨特（William Holman Hunt, 1827—1910）、约翰·埃佛勒特·米莱斯（John Everett Millais, 1829—1896）及同行画家反映了浪漫主义的关切。他们以中世纪和宗教题材为主要内容，与古典模式和技法分道扬镳，探寻真实的表现方式，同时还采用新现实主义的手法，用普通人当模特，比如出身工人阶级家庭的女孩或妓女。1850年展出的米莱斯画作《基督在父母家中》广受非议。画家没用超凡的宗教意象，而是以一个画家肮脏杂乱的画室为背景，基督一家被画成普通穷苦人。雕塑家奥古斯特·罗丹（Auguste Rodin, 1840—1917）争议更大，他的雕塑作品与古典学院派的平滑柔润风格大相径庭。罗丹没有依循希腊古典传统，他的雕刻作品姿势夸张，立意新颖，雕像质感粗糙，直接唤起观众的情感。1864年，巴黎沙龙拒绝接收《伤鼻的男人》这个巴黎街头搬运工的半身塑像，理由是鉴赏家认为这是一个未完成的作品。《青铜时代》（1877）是一尊与真人一样大小的裸体男子雕像，巴黎沙龙筛选委员会经过表决，以微弱多数同意收藏它。这一作品令批评家迷惑不解，因为它不反映任何历史或神话主题，用罗丹的话说，它"仅仅是一尊简单雕像，与任何主题无关"。当时罗丹已经开始走红。有人出钱委托他雕塑一扇大门的缘饰，依但丁作品取名"地狱之门"，这一雕塑最终半途而废，但罗丹为此创作的一些人物雕像后来举世闻名，尤其是《思想者》和《吻》。

第一尊青铜雕像《思想者》完成于1904年，后来又制作了多尊；《吻》是一尊大理石雕像，创作于1889年。尽管罗丹作品备受争议，但19、20世纪之交时，他不仅名扬天下，而且绕过学院派，受到政府认可。

现实主义之风迅速刮到其他国家。俄国14位年轻艺术家组成了"巡回展览画派"，1863年，他们退出皇家美术学院，自己组建了一个美术家合作工厂，创作的作品包括伊里亚·叶菲莫维奇·列宾（Ilya Yefimovich Repin, 1844—1930）的名画《伏尔加河上的纤夫》（1873）。现实主义风格小说同样以现实生活为背景，而不是沉浸在浪漫主义的过去，但不是所有现实主义小说都是这样。现实主义小说把读者带入熟悉的世界，讲述的道德和社会故事与自己的生活没啥区别，只不过更曲折、更精彩，读者有时会情不自禁产生支持作者革新思想的愿望。文学上的现实主义与视觉艺术上的现实主义在时间上并不完全吻合。《舒昂党人》（1829）、《驴皮记》（1831）等巴尔扎克早期小说和幻想寓言模仿沃尔特·司各特的历史小说。19世纪30年代，巴尔扎克一改往日风格，转而以现实主义手法撰写系列小说《人间喜剧》。仍有一些画家不理会现实主义潮流，继续把《圣经》和古典历史故事作为绘画题材，但毫无疑问，19世纪中叶以后，以忠于现实生活的手法反映当时生活的艺术作品和小说已成为主流。

正是工业化进程催生了现实主义小说，使之成为描写社会全貌的表达形式。现实主义小说家写了芸芸众生，描写各种人物之间变化不定的关系。狄更斯是现实主义小说大师，他的多部小说旨在以文学形式揭露当时社会的种种罪恶现象及其严重后果，急切呼吁解决社会问题。《雾都孤儿》（1837—1839）描写了伦敦罪恶丛生、社会混乱的现象，《荒凉山庄》（1852—1853）揭露了英国过时的民法体系造成的不公正和代价,《艰难时世》（1854）抨击了新生产业家奉行的功利主义哲学的残酷无情。"社会小说"具有强烈的批评社会色彩。查尔斯·金斯莱（Charles Kingsley, 1819—1875）写的《阿尔顿·洛克》描写了服装行业对农民工和工人的剥削，反映了身为宪章派成员的作者对他们寄予的同情。伊丽莎白·盖斯凯尔（Elizabeth Gaskell, 1810—1865）的小说《玛丽·巴顿》（1848）揭露了作者所谓"制造商一心追求财富、损人利己、麻木不仁带来的不幸和可憎激情"。《悲惨世界》（1862）描写了雨果眼中当时的三大社会问题："男人因贫困而沉沦，妇女因饥饿而堕落，孩子因上夜班而失去童年。"埃米尔·左拉在《小酒店》（1877）中以激烈的笔触描绘了巴黎贫民窟居住环境恶劣的图景。他在另一部作品《萌芽》（1885）中，以数十年的时间跨度，描写了一个矿区内生活的政治和社会特征，他生动讲述了一场罢工的始末及其后的起义过程。高尔基的小说《底层》（1902）描写一个流浪汉收容所，里面俄国穷人的境况更触目惊心。

现实主义小说之所以能在众多欧洲国家畅销，一个重要原因是随着中产阶级人数和财富的增长，医生、教师、公务员、科学家和各类白领工人也加入了商人、实业家、律师、银行家、雇主和地主等富人的行列，图书市场应运而生。据英国1851年的人口统计，富裕阶层人数超过30万人，这是有史以来首次统计富人人数。30年后，这一数字翻了一番。印刷业内，蒸汽印刷机取代了手工印刷机，机器生产降低了纸张成本，大幅提高了纸张产量，图书价格随之下降，图书数量激增。连载小说十分普遍，包括狄更斯和陀思妥耶夫斯基的小说。除了"廉价惊险小说"和叫卖小说外，又出现了一类中产阶级小说，迎合受过教育的读者的需求。1800—1825年，英国每年出版580部图书，19世纪中叶，每年出版的图书超过2 500部，到19世纪末，超过6 000部。1855年，俄国出版的各类图书达1 020部，到1894年，这一数字涨了差不多10倍，达到10 691部，相当于英国和美国出版的新书的总和。

人们越来越喜欢读非小说类图书，从百科全书、实用手册到三卷本的人物传记。然而，19世纪30年代，英国出版的小说在图书总量中所占比重为16%，半个世纪后增至近25%。阅读小说曾是上流社会妇女的消遣方式，如今成为中产阶级男女的普遍嗜好。也许是出于吸引观众读者的需要，现实主义艺术家和作家既关注穷人和被剥削阶级，也关注富裕阶层。肖像画依旧是画家的重要收入来源，在文学领域，那一时期出版的长篇家族传奇故事往往以资产阶级为中心。屠格涅夫的《父与子》剖析了观念保守的老一辈人与持虚无主义思想的年轻知识分子之间的对立和冲突。左拉的《鲁贡-马卡尔家族》（1871—1893）由20部小说组成，他称："小说描写的对象是在一个崇尚自由真理的时代之初，肆无忌惮攫取占有一切好东西、最终被自己的贪欲所毁的一家人，反映了新世界的诞生带来的致命震荡。"

乔治·艾略特在《米德尔马契》（1871—1872）一书中，讲述了铁路、医药及其他近代化前兆带来的变化对一个泥古不化的小镇的冲击。福楼拜本来打算写历史幻想小说，经朋友劝说放弃这一想法后，写了《包法利夫人》（1856），以现实主义手法细致描写了一个羸弱乡村医生百无聊赖的夫人和她的日常生活与情事。台奥多尔·冯塔纳写的《艾菲·布里斯特》（1894）和托尔斯泰的《安娜·卡列尼娜》（1877）里面都含偷情内容，无论是真的还是臆想的，还有上流社会已婚妇女饱受压抑的生活。特罗洛普在六卷本系列小说《巴塞特郡纪事》(1855—1867)中描写了虚构的一个外省城市里显达人物的沉浮过程，他的《帕利泽小说》(1865—1880)讲的是出身名门望族的一家人参与议会政治的故事。美国作家亨利·詹姆斯（Henry James, 1843—1916）曾说，特罗洛普"不可估量的长处在于他对庸常生活的透彻认识"，他的这一评论看似夸奖，实则有讽刺之意。无论现实主义小说和绘画表达的内容多么平淡无奇，它们都与浪漫主义时期的文化作品有一个共同点：诉诸人的情感，通过深入刻画人物性格，唤起观众和读者的同情和共鸣。

文学现实主义是欧洲一场范围广泛的运动。在葡萄牙，这一运动以若泽·马里亚·埃萨·德·盖罗斯（José Maria de Eça de Queirós, 1845—1900）为代表。19世纪70年代，盖罗斯任葡萄牙领事，住在泰恩河畔纽卡斯尔，受到英国现实小说的濡染。他并不喜欢英国（他访问布里斯托尔时写道："在我看来，这个社会乏善可陈，人们思维狭隘，烹调蔬菜的方式粗陋。"）。盖罗斯的小说因此以葡萄牙为背景，最著名的一部是《阿马罗神父的罪恶》(1875)，小说讲述一名年轻教士与女房东女儿偷情的故事，首次发表后在社会上引起轰动。斯堪的纳维亚半岛的现实主义运动主要体现在戏剧上。瑞典剧作家奥古斯特·斯特林堡（August Strindberg, 1849—1912）的剧作《父亲》(1887)和《茱莉小姐》(1888)体现了左拉在《戏剧中的自然主义》(1881)中提出的理念，摒弃复杂夸张的结构，改为挖掘人物性格。同一时期，挪威剧作家易卜生用丹麦语从事创作，他在剧本中通过精心构思的情节，揭露了资产阶级堂皇生活表象掩盖下人受到压抑的悲惨现实，如《玩偶之家》(1879)和《建筑大师》(1892)。爱尔兰剧作家乔治·萧伯纳（George Bernard Shaw, 1856—1950）深受易卜生影响，他创作的剧本含有强烈批评社会的思想，比如抨击贫民窟房东的《鳏夫的房产》（1892）、揭露在性问题上虚伪表现的《华伦夫人的职业》（1893），以及讲述不同社会阶层之间巨大文化差异的风尚喜剧《卖花女》（1912）。格哈特·霍普特曼（Gerhart Hauptmann, 1862—1946）的《织工》（1892）生动描绘了19世纪40年代西里西亚遭受压迫的贫穷工人的悲惨境况。现实主义诞生前的戏剧大多肤浅造作，例如乔治·费多（Georges Feydeau, 1862—1921）创作的闹剧，情节复杂，充满离奇巧合。此后喜剧和闹剧依然层出不穷，但同时代的戏剧开始具有严肃的文化内涵。

现实主义甚至渗入矫揉造作的歌剧领域。意大利统一后，歌剧深受意大利文学"真实主义"的影响。旗手是路易吉·卡普阿纳（Luigi Capuana, 1839—1915），他原是浪漫主义诗人，19世纪70年代开始写他口中的"现实诗歌"。卡普阿纳与同时代的文人一道，从历史转向现实，从烧炭党这样的浪漫化题材转向大众的现实生活。1890年，托斯卡纳地区作曲家彼得罗·马斯卡尼（Pietro Mascagni, 1863—1945）把维尔加的《乡村骑士》剧本改编为一部独幕歌剧。歌剧讲述了西西里岛一群农民的爱情故事，这与意大利歌剧惯常采用的历史或荒诞题材天差地别。《乡村骑士》常常与鲁杰罗·莱翁卡瓦洛（Ruggero Leoncavallo, 1857—1919）的独幕歌剧《丑角》同演，《丑角》首演于1892年。朱塞佩·威尔第（Giuseppe Verdi, 1813—1901）暮年时也顺势应时，不再采用浪漫主义题材，如根据大仲马的小说《茶花女》改编的同名歌剧（1853）。威尔第创作的最后几部歌剧均取材于莎士比亚，如《奥赛罗》（1887）和《法尔斯塔夫》（1893）。以上两部歌剧均未采用典型的现实主义主题，但都摒弃了传统歌剧宣叙调与咏叹调交替出现的模式，改为一种延续流动的音乐风格，对话部分之后是歌唱。

威尔第的后继者公认是托斯卡纳的贾科莫·普契尼（Giacomo Puccini, 1858—1924）。普契尼原是浪漫主义作曲家，也创作过一些歌剧，如根据亨利·米尔热 1851 年写的一本小说改编的《艺术家生涯》（1896）。此后他转向"真实主义"，创作了《托斯卡》（1900）。他的出版商称："这就是我要的歌剧，没有离奇的夸张，没有精心设计的奇观剧情，也无须惯常的冗长音乐伴奏。"《蝴蝶夫人》（1904）和《西部女郎》（1910）两部歌剧的现实主义色彩更明显，讲述的故事或刚刚发生，或距今不久，而《托斯卡》讲述的故事发生在拿破仑战争期间。歌剧中现实主义的最极端代表恐怕是摩拉维亚作曲家莱奥什·雅纳切克（Leoš Janáček, 1854—1928），他创作的歌剧《耶奴发》（1904）讲述了摩拉维亚一个穷村子里弑婴和救赎的故事，该歌剧是使用白话随对话节奏演唱的最早几部歌剧之一。现实主义歌剧首演时，往往引发极大争议。例如，法国作曲家乔治·比才创作的歌剧《卡门》（1875）表现日常生活和工人阶层人物，令观众骇然，剧场内一片死寂。比才抱怨说："我为他们写的这部作品，这些有产阶级一个字也看不懂。"演出《卡门》的剧场一半座位是空的。1876 年热过很短一段时间后，该剧不再在巴黎上演，直到 1883 年才恢复演出。1875 年 10 月，《卡门》在维也纳上演时反响很好，不过演出成功的一个原因是，宣叙调取代了剧中的一部分对话，同时在第二幕中加了作曲家早先谱写的一段芭蕾舞曲。比才本人没能看到这场打了折扣的成功演出，当年 6 月，他因突发心脏病去世，年仅 36 岁。

众多国家内出现的现实主义思潮恰值文学和文化民族主义的崛起，这绝非偶然。19 世纪文学民族主义最具代表性的作品之一是记者出身的博莱斯瓦夫·普鲁斯［Bolesław Prus，亚历山大·格洛瓦茨基（Alexander Glowacki, 1847—1912）的笔名］写的小说《玩偶》（1890）。小说以界限分明的华沙为背景，描写了1848年和1863年波兰人理想的两次破灭。小说里的几位主角生活在一个由势利贵族阶层主宰的社会制度下，贵族不想采取革命行动把祖国从外国人统治下解放出来。俄国作家尤其乐于描写1812年拿破仑的战败，以托尔斯泰的《战争与和平》（1869）为代表。托尔斯泰本人说，这部作品"不是小说，也不是诗歌，更不是历史叙事"。这部宏著当然不仅仅是歌颂俄国人面对外敌入侵表现出的坚韧不拔精神，而是具有更深刻的含义，从小说对博罗季诺战役的描写中，看不到任何讴歌英雄壮举的影子。直到19世纪末甚至更晚，法国画家还屡屡把拿破仑战争作为绘画题材，正如意大利画家为意大利统一运动的胜利感到骄傲一样。左拉的小说《崩溃》（1892）控诉了色当战役（1870）期间法国高级军事将领的无能和普鲁士军队的残暴。在现实主义艺术领域，自称"巡回展览画派"的俄国画家开创了一种新的风景画风格，既描绘风景如画的俄国乡村，又反映住在农村、靠务农为生的人的艰辛生活。1874—1879年，波希米亚作曲家贝德里赫·斯美塔纳（Bedřich Smetana, 1824—1884）创作了题为《我的祖国》的系列交响诗，以音乐形式描绘捷克的乡村，讲述捷克民族英雄和历史传说故事。德国画家安东·冯·维尔纳（Anton von Werner, 1843—1915）擅长从爱国主义角度画德意志统一时期的历史事件（由于他名气太大，竟摊到了一份吃力不讨好的差事——教德皇威廉二世画画）。

19世纪中叶，歌剧在意大利已成为深受大众喜爱的艺术形式，歌剧音乐被全国各地的乡村乐队演奏。爱国歌曲或可以被视为具有爱国性质的歌曲地位上升，成为近代民歌。这也是歌剧在意大利民族主义文化发展中起了重大作用的一个原因。艺术在19世纪早期受到严格控制，但依然传播了民族主义思想，深受大众喜爱的焦阿基诺·罗西尼创作的歌剧《阿尔及尔的意大利女郎》（1813）就是一例，剧中的意大利奴隶听到有人鼓动他们"胸怀祖国，为国尽忠；放眼意大利，英勇无畏的人再次出现"。维琴佐·贝利尼（Vincenzo Bellini, 1801—1835）的歌剧《诺尔玛》（1831）描写了高卢人反抗罗马人占领军的起义。威尔第的歌剧《纳布科》（1841）处处影射奥地利对意大利北部的占领，尤其是著名唱段《希伯来奴隶的合唱》。萨韦里奥·梅尔卡丹特（Saverio Mercadante, 1795—1870）创作的歌剧《豪拉提乌斯与库里提乌斯》（1846）已被今人遗忘，歌剧讲述了中世纪意大利人抗击德意志入侵者的故事。歌剧在帕尔马上演时，甚至引发了一场暴动，观众听到"我们发誓，要么解放祖国，要么为此捐躯"的歌词时，一起涌上街头，帕尔马大公仓皇出逃。瓦格纳把"德意志艺术"的胜利作为乐剧《纽伦堡的名歌手》（1868）的主题，他在剧中引用了源自中世纪的一个预言："德意志人民和德意志帝国在外族统治下四分五裂，邪恶势力危害我们。"瓦格纳经常迸发文化上妄自尊大的狂热，在那之前3年，他说："我是最纯粹的德意志人。我就是德意志精神。"

19世纪从始至终，民族主义精神贯穿俄国作曲家的作品。莫杰斯特·彼得罗维奇·穆索尔斯基（Modest Petrovich Mussorgsky, 1839—1881）希望自己的音乐"完全是俄国的产物，没有德国音乐的玄奥和俗套……扎根于本国土壤，靠吃俄国面包汲取养分"。穆索尔斯基在谱写的歌曲和歌剧《鲍里斯·戈杜诺夫》（1873）的早期版本中，尝试再现俄语演讲的节奏和语调。柴可夫斯基的《1812序曲》首演于1880

年，乐曲结尾时，伴随大炮轰鸣响起雄壮的俄国国歌，庆祝俄国战胜拿破仑。亚历山大·鲍罗丁（Alexander Borodin, 1833—1887）创作的一部未完成歌剧《伊戈尔王子》为沙俄帝国吞并中亚地区辩护。19世纪后期，民族主义以使用民间歌曲的形式出现，比如斯美塔纳的歌剧《被出卖的新嫁娘》（1866）。歌剧以具有典型现实主义色彩的一个村子为背景，采用富里安特舞曲等捷克舞曲形式。安东宁·德沃夏克（Antonín Dvořák, 1841—1904）仿效斯美塔纳，在自己的作品中揉进了民歌，他的《斯拉夫舞曲》（1878—1886）把民歌曲调引入了音乐厅。芬兰作曲家让·西贝柳斯（Jean Sibelius, 1865—1957）把音乐创作与芬兰人民塑造民族特征、挣脱俄国统治的斗争结合在一起，这体现在他的《卡累利亚组曲》（1893）等作品，尤其是《芬兰颂》（1899—1900）中。英国作曲家爱德华·埃尔加（Edward Elgar, 1857—1934）在他创作的《威风堂堂进行曲》第一组扉页上题了一句话："在有老鹰翅膀徽记的旗帜下，我听到了整个民族行进的脚步声。"钢琴演奏家兼作曲家伊萨克·阿尔贝尼兹（Isaac Albéniz, 1860—1909）在他创作的钢琴曲中，融入了弗拉曼柯舞曲旋律和西班牙民间音乐，如《西班牙组曲》（1890）和《伊比利亚》（1905—1909），他的多部作品被改编成吉他曲，吉他是最具西班牙色彩的乐器。挪威政府甚至给爱德华·格里格（Edvard Grieg, 1843—1907）颁发养老金，以表彰他的音乐为挪威民族认同形成所做出的贡献。不过，格里格越来越不喜欢也许是他最著名的作品——为易卜生1867年剧本《培尔·金特》谱写的配曲《在山魔王的宫殿里》，"因为它散发着牛屎味和膨胀的挪威民族主义"。

春之祭

浪漫主义日趋衰落后，标准的古典音乐形式复活，其实后者从来没有完全销声匿迹。业余音乐爱好者离不开古典音乐，钢琴乐和室内乐不愁没有市场。中产阶级走向富裕后，各地城市的自豪感越来越强。各地开始兴建专用音乐厅，比如阿伯丁音乐厅、莱比锡布商大厦音乐厅（1884）、阿姆斯特丹音乐厅（1888）、莱顿剧院（1891）和日内瓦的维多利亚音乐厅（1894）。对演奏大师的崇拜推动作曲家与演奏家合作，为后者谱写用于演奏的协奏曲，勃拉姆斯与匈牙利小提琴家约阿希姆·约瑟夫（Joseph Joachim, 1831—1907）之间的关系就是一个显著的例子。不过，勃拉姆斯常常对约阿希姆提出的演奏方面的意见置之不理，以至于有位评论家称，《小提琴协奏曲》（1878）与其说是为小提琴写的，不如说是为抵制小提琴而写的。1827年贝多芬去世后，交响曲沉寂过一段时间，之后再次占据乐队演奏曲目单的中心。罗伯特·舒曼直到后期才开始写交响曲、协奏曲和室内乐。勃拉姆斯慑于前辈贝多芬的高大，用了20多年的时间谱写他的《第一交响曲》，他在该曲最后乐章的主题中，直接向他这位伟大前辈的《第九交响曲》致敬。交响曲成为体现音乐天才的最重要标志，这段时期后期的几位作曲家，如安东·布鲁克纳（Anton Bruckner, 1824—1896）、古斯塔夫·马勒（Gustav Mahler, 1860—1911）和西贝柳斯，几乎没有写过其他大型作品。作为其重要地位的标志，交响曲的演奏时间更长，乐队规模更大。布鲁克纳的《第八交响曲》（1892）和马勒的《第三交响曲》（1896）均长达一个半小时。交响乐需要庞大的乐队，有时还包括合唱队。马勒的《第八交响曲》（1910）因参加演出的人数众多，有"千人交响曲"之称。马勒与西贝柳斯有一段著名对话。马勒对西贝柳斯说："交响曲必须和人世间一样，无所不包。"这位芬兰作曲家则强调，交响曲需要有"深刻的逻辑和内在联系"。西贝柳斯的交响曲比他这位奥地利同行的作品要短得多，结构也更紧凑。

这类作品的传统可以一直追溯到贝多芬。勃拉姆斯等作曲家还有向贝多芬致敬之意。一如门德尔松-巴托尔迪，勃拉姆斯的作品基本上采用传统音乐形式，比如他的弦乐四重奏、协奏曲、钢琴奏鸣曲和三重奏、合唱《德意志安魂曲》及古典体裁下的其他作品。然而，"新德国乐派"的提倡者把这一切贬斥为墨守成规。一些新的音乐形式被视为代表未来的音乐，如李斯特首创的交响诗和瓦格纳创作的乐剧，其风格自由，叙事和具象派艺术特征兼而有之。瓦格纳认为，乐剧是"完整的艺术作品"，演奏乐剧类似于举办神圣仪式，他的最后一部作品《帕西法尔》就是不折不扣的神圣仪式。1882年，这部歌剧在拜罗伊特剧院上演，1874—1876年，瓦格纳为演奏自己的歌剧而修建了这座剧院。爱德华·汉斯立克（Eduard Hanslick, 1825—1904）等评论家认为，音乐能唤起听众的情感，但音乐本身不能代表情感。瓦格纳抨击汉斯立克和赞成他观点的人是"一个音乐节欲团体"，惧怕情感的流露，对汉斯立克"优雅地掩盖自己犹太人血统"的做法嗤之以鼻。这场"浪漫主义成员之争"掩盖了一个事实：争论双方其实有很多共同点。勃拉姆斯私下称:"我是最出色的瓦格纳派分子。"勃拉姆斯的音乐常常引起极大争议,1859年他的《第一钢琴协奏曲》上演时,听众席上嘘声一片。气势磅礴的第一乐章和钢琴乐的姗姗来迟令听众感到怪异。瓦格纳和勃拉姆斯代表了晚期浪漫主义的不同表现形式。有一种观点认为,瓦格纳拓展了和声范畴,将其推向半音体系,尤其是他的《特里斯坦与伊索尔德》(1857—1859)。但正如勋伯格后来所说,勃拉姆斯本人对调性的处理同样不失为一种创新。

瓦格纳派成员对"新音乐"的探索反映了他们对传统文化形式的日益不满。19世纪最后几十年里,传统文化形式反映在很多艺术领域中。在绘画领域,照相机开始颠覆现实主义和绘画艺术,迫使艺术家重新思考自己行当的性质。一批以克劳德·莫奈、皮埃尔-奥古斯特·雷诺阿(Pierre-Auguste Renoir, 1841—1919)、阿尔弗莱德·希斯莱(Alfred Sisley, 1839—1899)和卡米耶·毕沙罗(Camille Pissarro, 1830—1903)为首的巴黎艺术家具有现实主义的诸多基本特征,尤其是对庸常生活的关注。在爱德华·马奈的影响下,他们冲破了古典学院派的传统模式,不再简单描绘静止的现实,而是记录下给观察者留下的往往转瞬即逝的印象。古典学院派每年举办的沙龙画展排斥他们的作品,他们于是在1863年成立了"落选作品沙龙"。后来,他们被人称为印象派画家,"印象派"一词源自对莫奈作品《日出:印象》(1872)的评论。印象派画家走出画室,深入原野乡村作画,以粗放的笔法和大胆的色彩记录下光色效果。莫奈甚至在同一天的不同时辰或同一年的不同季节数十遍地重复画同一主题,例如干草垛、滑铁卢桥和鲁昂大教堂,以表现它在不同光线、薄雾、浓雾、阴影下给观察者留下的印象。当时刚刚发明的彩色胶卷尚处于实验阶段,没有普及。通过使用生动变幻的颜色,印象派画家多了一种不同于摄影的选择。最初,公众对他们的作品冷嘲热讽,到19世纪末时,印象派画家已被社会广泛接受。

通过克劳德·德彪西(Claude Debussy,1862—1918)的作品,印象主义之风蔓至音乐领域,但德彪西本人不承认自己的作品是"蠢人口中的'印象主义'作品",他表示"这一提法完全不准确"。德彪西摒弃了传统音乐形式,创作采用非传统和声和细腻音色的钢琴和管弦乐作品,以唤起薄雾、雨中花园、水面倒影、被淹没的教堂、阿纳卡普里群山引发的情绪情感,他最长的管弦乐作品《大海》(1903—1905)就描绘了波涛以及波涛与风的对话。同是法国人的莫里斯·拉威尔(Maurice Ravel,1875—1937)同样拒绝把自己的作品归类为印象主义,拉威尔创作了更多的抽象音乐。公平而论,他的几部作品可以算作印象主义作品,例如钢琴组曲《镜》(1905)。法国文学领域里的象征主义运动对德彪西的影响尤深。象征主义运动标志着与现实主义分道扬镳,转向灵性和梦幻。1886年,希腊出生的诗人让·莫雷亚斯(Jean Moréas,1856—1910)在《象征主义宣言》中称,试图直接反映现实世界是徒劳的,如同印象派画家的作品,需要做的不是描绘"物象本身,而是描绘物象产生的效果"。在宣言上署名的三位诗人夏尔·波德莱尔(Charles Baudelaire,1821—1867)、保罗·魏尔伦(Paul Verlaine,1844—1896)和斯特凡·马拉美(Stéphane Mallarmé,1842—1898)既运用语言的含义,也用语言的声音来表达作品主题给他们留下的印象。德彪西和拉威尔的许多作品受象征主义诗人启发,尤其是德彪西为管弦乐队写的交响诗《牧神午后》(1894)和拉威尔为花腔女高音和室内合奏乐队写的《斯特凡·马拉美的三首诗》。

象征主义画派画家的作品保留了具象画派的内核，同时又把作品置于非具象背景下。德国画家弗朗茨·冯·施图克（Franz von Stuck, 1863—1928）的画作《罪孽》（1893）表现了一个从阴影中走出的裸女。挪威画家爱德华·蒙克（Edvard Munch, 1863—1944）因《呐喊》（1893）而扬名。奥地利画家古斯塔夫·克林姆特（Gustav Klimt, 1862—1918）的《犹滴与荷罗孚尼之头》（1901）表现了一个性感的半裸女人，她被拜占庭式的金饰包围。克林姆特在画作中渲染外表装饰之时，19世纪90年代装饰艺术领域内的"新艺术"运动（又名"青年风格"运动）方兴未艾，其特点是弯曲的线条、抛物线和艺术风格的字体。挪威奥勒松市内建筑的装饰显然体现了这一新风格。1904年，该市毁于一场大火，3年后，该市重建。新建的匈牙利佩斯市内的诸多建筑也是一样。俄国作家亚历山大·亚历山德罗维奇·勃洛克（Alexander Alexandrovich Blok, 1880—1921）和安德烈·别雷［Andrei Bely，原名鲍里斯·尼古拉耶维奇·布加耶夫（Boris Nikolaevich Bugaev），1880—1934］把声音引发图像联想的方法和实验性韵律引入自己的诗作。象征主义派艺术家不仅抵制现实主义派绘画，还抵制把艺术当作民族主义工具的做法。他们提出，艺术完全自立于社会和政治生活之外。用左拉的话说，法国作家若利斯-卡尔·于斯曼（Joris-Karl Huysmans, 1848—1907）的小说《逆流》（1884）给予现实主义"重重一击"。这部小说里的作为，或者说不作为，发生在一个幻觉世界里，在这一世界里，想象的事情比现实生活更现实。奥斯卡·王尔德小说《道林·格雷的画像》（1890）里的主人公生活放荡无度，他的画像因此变得丑陋，而他本人却容貌依旧，岁月和罪孽行径没有在脸上留下任何痕迹。19世纪90年代倡导唯美主义的王尔德等人认为，应该只为艺术追求艺术，不应有任何其他目的。

以上潮流为艺术与具象派分道扬镳、斩断与过去几百年的传统风格的纽带铺平了道路。1910年，英国画家兼艺术评论家罗杰·弗莱（Roger Fry, 1866—1934）为伦敦展出的保罗·高更、文森特·凡·高及其他画家的作品创造了"后印象派"一词。参展画作背离了印象派的细微风格，在用色上越来越随心所欲，使用鲜明的颜色作画。高更笔下赤道以南太平洋热带诸岛生活图景，如《死者的幽灵在注视》（1892），还有凡·高《星夜》（1889）里的螺旋状云彩，不是用颜色表现绘画对象，而是用颜色来解释对象的情感。另一位知名画家保罗·塞尚（Paul Cézanne, 1839—1906）在背离具象主义传统的道路上走得更远，以几何图形的象征手法表现自然风景。亨利·马蒂斯（Henri Matisse, 1869—1954）的绘画比塞尚有过之而无不及，颜料与绘画对象的自然颜色毫无相似之处，例如，《戴帽子的女人》（1905）这幅画中，端坐的女性的鼻子和额头被涂上了绿色。安德烈·德朗（André Derain, 1880—1954）的《查令十字桥》（1906）用的是刺眼的绿、蓝、红、黄。一名评论家把马蒂斯和德朗的作品比作野兽，于是他们被人称为"野兽派"画家。德国也有与他们风格相似的作品。1905年，恩斯特·路德维希·基希纳（Ernst Ludwig Kirchner, 1880—1938）和一些人在德累斯顿组成一个团体，起名"桥社"，其成员试图通过自己的作品抒发艺术家的内在创作欲望，因此被冠以"表现主义"之名。一个名叫"青骑士"的团体更为激进，1911年，该社在慕尼黑成立，名字取自弗朗茨·马尔克（Franz Marc, 1880—1916）的画作《蓝马》，蓝马的背景是红、黄、紫、蓝几种颜色交织的山丘。

1912 年，伦敦第二次举办后印象主义画派展览期间，艺术评论家克莱夫·贝尔（Clive Bell, 1881—1964）评论道："我们已经不再问这幅画象征什么，而是问：我们对这幅画有什么感受？"他的这番话同样适用于那一时代视觉艺术领域内的其他潮流。青骑士社的另一位成员、旅居海外的俄国人瓦西里·瓦西里耶维奇·康定斯基（Wassily Wassilyevich Kandinsky, 1866—1944）创作了最早的纯抽象作品，如《方块与同心圆》（1913），从颜色到形式都斩断了与具象艺术风格的联系。巴黎"立体派"画家乔治·布拉克（Georges Braque, 1882—1963）和巴勃罗·毕加索（Pablo Picasso, 1881—1973）把画面分解为一组复杂的几何图案，从不同角度表现被画对象。他们用单一的浅淡颜色，通常是灰色或褐色，取代野兽派使用的鲜明色彩。画中依然可以看出被画对象，但完全被打碎，像是万花筒，布拉克的《小提琴与烛台》（1910）就是一例。1912 年，立体派画家开始用拼贴方式彻底抹掉景深感和透视感，比如毕加索的《玻璃杯和苏士酒瓶》（1912），画布上贴着报纸碎片，看上去与被画对象毫不沾边。以上潮流的影响很快波及欧洲各地，产生了一批作品，包括捷克画家弗朗齐歇克·库普卡（František Kupka, 1871—1957）的《无定形：两种颜色的赋格》（1912）、意大利未来主义派画家贾科莫·巴拉（Giacomo Balla, 1871—1958）的《抽象速度和声音》。未来主义是第一次世界大战爆发前最后 15 年里涌现出的众多团体和运动中的一个，开创人是诗人菲利波·托马索·马里内蒂（Filippo Tommaso Marinetti, 1876—1944）。1909 年，马里内蒂发表了《未来主义宣言》，热情洋溢地描述了由机器、冲突和侵略主导的未来世界。他写道："我们要歌颂战争——净化世界的唯一手段。我们要赞美军国主义、爱国主义、自由创造者的毁灭姿态。

我们歌颂值得为之献身的美好理想。我们称赞一切蔑视女人的言行。"未来主义力求捕捉《宣言》描述的这一世界的喧嚣、运动及其他特征。

未来主义派对机器的崇拜与对传统民俗文化的复兴形成鲜明对比,后者成为打造民族文化努力的一部分。挪威民俗博物馆创建人汉斯·奥尔(Hans Aall, 1869—1946)称,他的收藏宗旨是提醒国人,"最重要的是,我们同属一个民族……我们是挪威人"。19世纪末,诸如英国民歌协会这样的组织纷纷出现,拉尔夫·沃恩·威廉斯(Ralph Vaughan Williams, 1872—1958)等音乐家开始用蜡筒留声机录下一些老年男女歌手演唱的传统乡村民歌。这一切听上去无伤大雅。人们脑海里浮现出以下图景:脚穿凉鞋、一身粗布衫的中产阶级知识分子探寻另一种生活方式,以求摆脱工业化社会生产的产品和城市生活,重新拾回传统民俗艺术的自然简朴技能和风格。这恰恰是始于19世纪80年代的"艺术与手工艺运动"创始人威廉·莫里斯(William Morris, 1834—1896)受约翰·拉斯金的影响想做的事,也是一个名叫"制造同盟"的德国组织追求的目标。1904年,制造同盟的核心人物、建筑师赫尔曼·穆特修斯(Hermann Muthesius, 1861—1927)发表了体现"艺术与手工艺运动"精神的三卷本著作《英格兰的住宅》。在奥地利和瑞士,1912年和1913年间也出现了类似组织。这些组织抨击工业资本主义,开展的活动带有明显的左翼色彩。

然而,重拾"原始"民俗文化有引起分裂的一面。欧洲帝国巩固了它们在非洲和亚洲建立的殖民地后,非洲的艺术品输入了欧洲,比如贝宁的青铜器。探索现实主义之外道路的艺术家看到这些艺术作品后如醉如痴。1907年,毕加索在巴黎参观了一个非洲艺术展,此后开始尝试把非洲艺术风格融入自己的作品，尤其是油画《阿维尼翁少女》（1907），毕加索在二维平面上描绘了一群妓女，其中两人戴非洲面具，这幅作品标志着他走向立体主义的一个重要阶段。"原始主义"一词很快被用来指这一类作品，而且不仅限于视觉艺术。在音乐领域，作曲家发现，民歌的和声和旋律与欧洲古典音乐的和声和旋律常常极为不同。像沃恩·威廉斯一样，作曲家巴托克·贝拉（Béla Bartók, 1881—1945）游走乡间，四处采集民歌。在他们之前，一些古典作曲家也用民歌，但他们修改了民歌旋律，去掉了民歌和声的野味，磨掉了民歌的棱角。巴托克反其道而行之，把民歌融入自己的作品时，保留了民歌的原汁原味。

其他作曲家也开始冲击已被瓦格纳拓宽的调性界限，最终完全冲破界限。阿诺德·勋伯格因个人生活中发生的一件事开始创作无调性音乐。他的妻子与画家里夏德·格斯特尔（Richard Gerstl, 1883—1908）偷情，她返回丈夫身边后，格斯特尔自杀身亡。勋伯格在《第二弦乐四重奏》（1908）和声乐套曲《空中花园篇》（1908—1909）中，斩断了传统调性对音乐的束缚。他创作无调性"情节剧"《月光下的皮埃罗》（1912）时，为了弥补损失的和声而精心采用了一些技法，在一个小型室内乐团的伴奏下，一位女高音演员唱诵了诗歌。勋伯格表示，他的音乐"不是构建的，而是自然表达的"，不带任何格式化的拖沓情感。他的两大弟子阿尔班·贝尔格（Alban Berg, 1885—1935）和重视细节的安东·韦伯恩（Anton Webern, 1883—1945）效法老师创作无调性音乐。不过，其他作曲家在作品中保留了调性，只是对华美的和声和音乐的过度浪漫主义色彩加以抵制，如深受大众喜爱的《玫瑰骑士》（1911）。理查·施特劳斯（Richard Strauss, 1864—1949）的这

第六章　情感时代

部歌剧没有了他早期歌剧《莎乐美》（1905）和《厄勒克特拉》（1909）对不谐和音的不时运用，而是表达了更传统的晚期浪漫主义风格。西贝柳斯说，自己创作晦暗、简洁、充满不谐和音的《第四交响曲》，就是为了"抗议时下的音乐"——他指的是施特劳斯，而不是勋伯格。西贝柳斯补充说，这部交响曲与晚期浪漫主义风格不同，"没有一丝一毫的马戏杂耍成分"。

现代主义音乐在歌剧院和音乐厅频频遭到听众的抗议，有时听众反应强烈。1913年3月31日，维也纳上演勋伯格、贝尔格和韦伯恩的作品时发生了打斗，警察赶到现场，音乐会提前收场。之后法庭开庭审理音乐会组织者挥拳殴打抗议者一案。事件目击者、轻歌剧作曲家奥斯卡·施特劳斯（Oscar Straus, 1870—1954）辛辣地评论说，那一记拳头是当晚听到的最谐和的声音。1913年5月29日，伊戈尔·斯特拉文斯基的芭蕾舞剧《春之祭》在香榭丽舍剧场首演，掀起了一场更大的风波。此前斯特拉文斯基已为富有魄力的谢尔盖·帕夫洛维奇·季阿吉列夫（Sergei Pavlovich Diaghilev, 1872—1929）和他领导的俄罗斯芭蕾舞团写了两部大获成功的芭蕾舞剧。第一部芭蕾舞剧《火鸟》（1910）一举奠定了斯特拉文斯基在巴黎音乐界的新秀地位，第二部芭蕾舞剧《彼得鲁什卡》（1910—1911）更受欢迎，虽然剧中使用了双调性，即两个声部有不同的主音且相互冲突，而且斯特拉文斯基不顾季阿吉列夫的反对，拒绝用传统和声解决结尾。《春之祭》刚开场，座无虚席的剧场内就有一伙人狂笑喝倒彩，遭到与之对立的另一伙人的怒斥。不一会儿，舞台上的演员已听不见乐池里管弦乐团演奏的音乐了。乐团指挥皮埃尔·蒙特（Pierre Monteux, 1875—1964）后来回忆，闹事者"把能扔的东西纷纷掷向乐池"。从乐池里传出了不谐和的乐句和刺耳的和弦，伴随着震撼、不规则、重复的律动，舞蹈演员表演异教仪式，使劲用脚踩地，剧情是一个年轻姑娘在舞蹈旋转中倒地身亡，观众陷入疯狂。一名观众回忆，后排的一个男子"开始有节奏地用拳头敲击我的脑壳"，男子本人如痴如狂，一时竟没有意识到自己的行为。一名伯爵夫人从座位上站起，冕状头饰歪斜，怒喝道："我活了六十年，这还是头一回有人胆敢嘲笑我！"两拨人对骂，至少有一人提出决斗。在震耳的口哨声和喧叫声中，剧场的灯亮了，40余名闹事者被逐出剧场，演员在一团混乱中继续演出，一直坚持到终场。

次日，各家报纸无一例外从负面角度报道这场演出，称音乐和舞蹈"野蛮"，俄罗斯芭蕾舞团应该卷铺盖回俄国。斯特拉文斯基后来说，音乐不过是音符的抽象组合，只能表达自身，任何其他内容都无法表达。然而《春之祭》唤起的无法抑制的强大情感证明，他的说法不实。原始风格的音乐，把音乐置于异教而不是基督教背景下，外加使用彼此冲突的多重节奏和多重调性，所有这一切冲破了欧洲文化的平滑表层，意在搅动和打破现状，对创作动听音乐的浪漫主义晚期作曲家提出挑战，后者包括卡米耶·圣-桑（Camille Saint-Saëns, 1835—1921）、加布里埃尔·福雷（Gabriel Fauré, 1845—1924），以及年轻得多的谢尔盖·瓦西里耶维奇·拉赫马尼诺夫（Sergei Vasilievich Rachmaninov, 1873—1943）。1914年，英国作曲家古斯塔夫·冯·霍尔斯特（Gustav von Holst, 1874—1934，第一次世界大战期间，他去掉了名字里的"冯"字）写下了《火星，战争使者》，其中反复出现的震耳和弦、刺耳的不谐和音和沉重的鼓点似乎预示了战前歌舞升平世界的终结。此前，受到现代主义画家、作家和作曲家冲击的战前世界已开始动摇。称斯特拉文斯基的《春之祭》"野蛮"的评论家不仅对其音乐不满，而且对编舞背离古典芭蕾舞的服饰、舞蹈风格和设计不满。香榭丽舍剧场爆发骚乱仅仅一年后，一场世界大战爆发。真正的野蛮将横扫欧洲各国。

第七章

民主的挑战

最后的边疆

一批广为人知的新闻图片反映了20世纪早期的英国社会状况，其中一张上有一位体态娇小、衣着考究的妇女。1914年5月21日，她被一个头戴警帽、高大结实的警官抱起，带离白金汉宫入口处。她双脚离地，嘴巴张开，不知是在抗议还是在喊痛。她叫埃米琳·潘克赫斯特（Emmeline Pankhurst, 1858—1928），一直试图向国王乔治五世递交一份赋予妇女选举权的请愿书。埃米琳任何时候都衣着得体，她的一个女儿评论说："母亲一向认为，姣好容貌和得体穿着是从事公职的必要条件。"此前埃米琳为争取妇女选举权积极奔走，投身往往属于非法的运动，为此多次与警察发生冲突。这一次，她被警察带到了霍洛韦女子监狱。埃米琳总爱说，她命中注定是革命者，因为她出生在巴士底日这一天。其实她的生日是1858年7月15日，比巴士底日晚一天。她非常喜欢卡莱尔写的法国大革命史（一次她说，这本书"激励了我一生"）。埃米琳的家族毫无疑问具有政治传统。她爷爷目睹了1819年的"彼得卢惨案"，奶奶积极参加了反谷物法同盟的活动（1838—1846），父亲是曼彻斯特附近的一个殷实商人，在美国参加过废奴运动。埃米琳年幼时，父亲给她念过哈丽雅特·比彻·斯托（Harriet Beecher Stowe, 1811—1896）抨击奴隶制的小说《汤姆叔叔的小屋》(1852)。如同 19 世纪众多政治领域，在解放奴隶问题上使用的语言也用于争取解放其他社会群体的活动，这一次是解放妇女。

埃米琳的父母都支持赋予妇女选举权。她母亲订阅了莉迪娅·贝克尔（Lydia Becker, 1827—1890）主编的《妇女选举权杂志》。贝克尔女士也是曼彻斯特人，1867 年创立了"妇女选举权全国协会"，同时积极推动教育委员会接纳妇女成员。1870 年，贝克尔当选为曼彻斯特教育委员会委员。1874 年，埃米琳参加了贝克尔召开的一次会议，后来她写道："我离开会场时，已成为自觉坚定支持妇女选举权的人。"1878 年，她认识了理查德·潘克赫斯特（Richard Pankhurst, 1834—1898），一名比她大 24 岁的支持妇女选举权律师。埃米琳提议两人自由同居，潘克赫斯特不同意，担心这样做会遭到社会孤立，至少埃米琳会如此。两人于 1879 年结婚，1886 年迁居伦敦，埃米琳为他生了 5 个孩子。1889 年，他们举家搬迁到布鲁姆斯伯里市，住在罗素广场附近，这里已成为争取妇女选举权积极分子的中心，其中还有美国知名人士哈丽雅特·斯坦顿·布拉奇（Harriet Stanton Blatch, 1856—1940）。1889 年，埃米琳与丈夫创立了"妇女选举权同盟"，积极争取妇女参加地方选举的权利。然而没过多久，同盟就因在工联主义和爱尔兰地方自治等问题上产生分裂而解散。埃米琳对妇女选举权运动停滞不前深感失望。1903 年，她和女儿克丽丝特布尔（Christabel, 1880—1958）及其他四人成立了"妇女社会政治同盟"，开始招募支持者，尤其是在兰开夏郡。该同盟发行一份时事通讯，组织请愿，举行集会。1905 年 5 月，赋予妇女选举权的法案被议会下院封杀，埃米琳及其支持者在下院外面大喊大叫，抗议下院阻挠法案通过。

这次抗议活动引起社会对她们这个组织的注意。埃米琳似乎认为，这标志着妇女社会政治同盟已成为一支政治力量。《每日邮报》称其成员为"争取妇女选举权女子"。同盟成员采取的手法越来越大胆。1908年2月，埃米琳试图进入议会，向首相阿斯奎斯递交一份抗议书，结果被捕，在滋事罪名下被判监禁6周，她入狱后名声大噪。1909年6月，她为了确保警方再次逮捕她，扇了一个警官两个耳光。埃米琳开展的运动在社会上获得广泛支持。1908年6月21日，25万到50万人参加了妇女社会政治同盟在伦敦海德公园组织的一次户外集会。阿斯奎斯政府对这次集会没有采取任何行动，争取妇女选举权女子的举动于是愈加激烈。有两人向唐宁街首相官邸的窗子投掷石块（当时官邸入口处没有设置路障），与此同时，其他成员打碎了伦敦西区店铺的玻璃。她们被逮捕投入霍洛韦女子监狱后，包括埃米琳在内的14人绝食，抗议监狱里的恶劣条件。狱方于是强使囚犯进食，用钢夹钳把她们的嘴撑开，再把饲管塞进喉咙里，过程极为痛苦。埃米琳手持一个大陶罐自卫，才不至于被强制喂食。她写道："霍洛韦已成为一个恐怖和酷刑之地，令人毛骨悚然的暴力事件几乎每日层出不穷。医生奔走于囚室之间，履行自己可怕的职责。"

1913年，政府颁布了《病囚暂释法》，争取妇女选举权女子称之为"猫鼠法"。根据这一法规，狱囚，包括埃米琳，可以因绝食造成身体虚弱而被释放出狱，待狱囚身体有所恢复后，再送回监狱服完刑期。与此同时，警察对付争取妇女选举权女子示威时粗暴至极。埃米琳聘请了一批女子保镖，人人受过柔道训练，手持棍棒。她的追随者对建筑物的袭击变本加厉，企图放火焚烧首相准备前去发表讲话的都柏林皇家剧院，但未成功。她们向阿斯奎斯乘坐的马车投掷一把斧头，放火焚烧邮箱，烧毁了摄政公园里的一个亭子、皇家植物园里面的兰花房和停在国王诺顿车站的数节空车厢。支持妇女选举权的加拿大女子玛丽·理查森（Mary Richardson, 1882/3—1961）炸掉一个火车站，打碎内政部大楼的窗子。1914年3月，她在国立美术馆用刀子划破迭戈·委拉斯凯兹（Diego Velázquez, 1599—1660）的画作《镜前的维纳斯》，称："我想毁掉神话史上绝代佳人的画像，以抗议政府迫害潘克赫斯特女士。她才是当代第一佳人。"其他支持妇女选举权女子把硫酸泼洒在高尔夫球场，在地上烧出"给妇女选举权"的口号，并袭击一些政治家。埃米莉·怀尔丁·戴维森（Emily Wilding Davison, 1872—1913）有纵火前科，还袭击过一个她误认为是财政大臣的男子。1913年6月4日，她在埃普瑟姆德比赛马会上冲到国王马前，很可能是想把一条标语系在马身上，旋即被按倒在地。几天后，她因伤重不治去世，成为第一个为支持妇女选举权捐躯的女子。

这种"制造骇人事件"的运动在支持妇女选举权运动内部造成严重分歧。埃米琳为压制不同意见，取消了每年召开的妇女社会政治同盟年会，剥夺成员表达反对意见的权利。以她为首、包括她女儿克丽丝特布尔在内的一小伙人把持了决策权。埃米琳称，妇女选举权运动成员是"一支野战军"，与民主不相干。1907年，几名重要成员已退出妇女社会政治同盟，组建了"妇女自由同盟"，其成员人数很快超过埃米琳的组织。妇女自由同盟的活动仅限于非暴力的消极抗争。妇女社会政治同盟还不分青红皂白开除了一些成员，包括埃米琳的两个女儿西尔维娅和阿黛尔，埃米琳认为，这些人和社会主义运动走得太近。有人认为，妇女选举权运动成员动辄诉诸暴力和对民主的蔑视也许是法西斯主义手段的前兆。但不要忘记，她们的暴力行为几乎全部针对男性社会的物质象征（如高尔夫球场）。她们和法西斯成员不同，从未认真策划过杀害或伤害个人。毫无疑问,妇女选举权事业因为她们才广为人知,但同时代的一些人认为,她们的暴力手段和极端主义把政府逼到墙角,更难支持赋予妇女选举权。

持这一观点的同代人中,不乏赞成给予妇女选举权的温和人士。19世纪末,这一过程曲折的事业已颇有时日。1869年,自由主义哲学家约翰·斯图尔特·密尔(John Stuart Mill, 1806—1873)发表了《妇女的屈从地位》一文,这是最具影响力的宣传女权的文章之一。19世纪30年代初,密尔与知识分子哈丽雅特·泰勒(Harriet Taylor, 1807—1858)结为密友,当时泰勒已与丈夫分手。她丈夫去世两年后,1851年她与密尔结婚。从密尔写的这篇文章中,明显能看出她对密尔的影响。文章把妇女解放诠释为"消除对妇女的种种限制,承认妇女与男子享有公民的一切平等权利,对妇女开放一切体面的职业以及培养在这些行业就业的培训教育机构",废止"法律给予丈夫的操控妻子的过度权力"。密尔并不认为妇女在所有领域与男子具有同等能力,但他认为,不让妇女试一试自己是否具有这种能力是不对的。如果妇女在某一领域不如男子,自由竞争会证明这一点,无须设置法律障碍。密尔认为,妇女在法律和社会上受到排斥,无法参与多方面的政治、经济、文化和公共生活导致社会失去了一半成员的才干,对社会危害极大。不过,密尔认为,只应给予中产阶级妇女平等权利,无产阶级妇女不包括在内。他写道:"我认为,在家庭经济来源不是靠财产,而是靠薪酬的情况下,现在常见的男人在外挣钱、妻子在内持家的安排总的来说似乎是两个群体之间最合适的分工。"

密尔的这篇文章很快被翻译成丹麦语、法语、德语和瑞典语。1870年时,俄国女权主义者已经围绕它展开辩论了。1866—1867年,正当英国辩论第二次改革法案时，已是议会议员的密尔在下院发言，支持给予妇女选举权，这是首次在议会提出这一要求。1859年成立的促进妇女就业协会表态支持密尔。1867年，莉迪娅·贝克尔成立了妇女选举权全国协会，但新成立的这一组织未能得到格莱斯顿和其他著名自由派人士的支持，影响日衰。直到19世纪80年代约瑟芬·巴特勒发起废除《传染病法》运动后，该组织才再次东山再起。很多人认为，如果妇女有选举权的话，这一运动的胜利会来得更快。1897年，立场温和的妇女选举权运动结束了内部派系纷争，统一在"妇女选举权全国同盟"（下面简称"全国同盟"）旗帜下，领导人是米莉森特·加勒特·福西特（Millicent Garrett Fawcett, 1847—1929），她的姐姐伊丽莎白·加勒特·安德森领导了争取妇女从医权利运动。"全国同盟"召开会议，发行宣传册子和杂志，宣传给予妇女选举权。1907年，该同盟在伦敦市中心组织了一次示威游行。英国议会下院现在已赞成给予妇女选举权，尤其是1886年和1897年相关立法提案在下院辩论期间，但议会上院依然抵制。在妇女参政运动女积极分子的宣传鼓动下，"全国同盟"声势越来越大，成员人数远远超过了妇女社会政治同盟，1913年达到5万人，而后者成员仅200余人。然而第一次世界大战爆发时，"全国同盟"开展的运动一如支持妇女选举权女子的运动，成功希望渺茫。

法国自由女权主义运动遇到的阻力与英国的情况很不一样。共和派政治家大力推动改善妇女教育，认为这会促使妇女脱离教会，但他们始终反对给予妇女选举权，认为这样做会加强君主主义者势力，削弱共和国。教会里的保守派对给予妇女任何个人权利的想法深怀戒心。不无讽刺的是，妇女笃信宗教的一个重要原因是，教会为妇女提供了家庭以外的少数活动场所之一，妇女可以在这里积极开展活动，无须面对男人的敌视。不过在1876年，法国也掀起了一场支持妇女选举权运动。到1883年，该运动已提出了广泛的女权主义主张，包括在法律、教育、就业、薪酬和选举上实现男女平等。早在1885年，女权运动领导人于贝蒂娜·奥克莱尔就组织了支持妇女选举权的街头示威活动，还在当年大选同一时间举行了一次"影子选举"，15位妇女竞选，在社会上广为传扬，但她们未能进入议会。

1904年《拿破仑法典》一百周年之际，奥克莱尔在巴黎发动了一连串女权主义示威游行，当众撕毁这一著名文献的副本。她的同伴设法钻入百年庆典官方宴会的一个阳台，释放了一批巨大的气球，上面写着："《拿破仑法典》压迫妇女。《拿破仑法典》令共和国蒙羞。"出席宴会的人目瞪口呆。1907年，奥克莱尔再次在巴黎市内发起游行示威。翌年，她与20名支持者闯入议会大厅，向政客散发传单。她最出名的抗议举动也发生在同一年。巴黎市长选举期间，奥克莱尔和一个同伴走进一个投票站，掀翻投票箱，抗议剥夺妇女选举权，她名扬法国，但没赢得多少支持者。1913年，争取妇女选举权协会拥有1万名会员，但大多数人属于下属的不同组织，如各种节欲团体和妇女工会。即使是1914年7月一次规模空前的女权主义游行，也只有6 000人参加，与伦敦数万人参加的支持妇女选举权集会不可同日而语。法国反对女权主义者的各方势力过于强大，那里的女权主义者要一直等到第二次世界大战在欧洲结束后，才能看到妇女被赋予选举权。

英国以外的规模最大的支持妇女选举权运动发生在德国。与法国女权主义者的情况不同，德国的女权主义者没有她们最明显的政治盟友对她们抱有敌意的问题。但这些盟友，即进步党人，既没有英国自由党人或法国共和派人数上的优势，也不具有它们左右政治的能力。1893年世界博览会期间，在芝加哥举行了国际女权主义者大会。德国女权主义者在会上同意建立一个新的总组织——"德意志妇女协会联盟"。翌年，该组织正式成立，截至1914年，会员人数达到25万人。在该组织内部及其边缘地带，出现了女演员玛丽·施特里特（Marie Stritt, 1855—1928）领导的一个激进派别。施特里特的父亲是律师和帝国议会议员。该激进派别的成员宣传反对政府管制色情业，对警察提出诉讼，组织公开集会。此类激进活动促使帝国议会首次认真辩论妇女选举权问题。在警察的打压下，激进运动毫无进展。1902年，律师安妮塔·奥格斯堡（Anita Augspurg, 1857—1943）和伙伴莉达·古斯塔瓦·海曼（Lida Gustava Heymann, 1868—1943）在汉堡创立了"德意志妇女选举权同盟"。汉堡的情况很特殊，当地妇女参加政治集会不违法。女权主义者海伦妮·施特克（Helene Stöcker, 1869—1943）崇尚尼采提出的个人挣脱传统观念束缚的学说，主张给予未婚母亲和私生子平等法律地位，免费发放避孕工具，使堕胎及其他措施合法化。这一切撼动了资产阶级的传统道德观念，令女权主义运动中的温和派无法接受，她们借1908年妇女参加政治活动合法化之机，在德意志妇女协会联盟内接纳了众多右翼新教组织，反对堕胎合法化建议。施特克愤而辞职，表示抗议。取代她的是一个远比她保守的人物——历史小说家兼记者格特鲁德·博伊默（Gertrud Bäumer, 1873—1954）。

1908—1914年，女权主义运动中的激进派别陷入内讧，四分五裂。施特克的"新道德"运动难以自圆其说。同时，就重点应该是开办妇女诊所等福利举措，还是开展争取妇女权利的政治运动，运动内部争执不休。争论双方相互攻击，称对方为了赢得选票而与执行委员会的一些男委员上床，结果引发了至少7起耸人听闻的诽谤案，闹得沸沸扬扬，这对"新道德"运动而言很难说是什么光彩的事。在妇女应该争取与男子平等的选举权还是争取成人普选权的问题上，争取妇女选举权组织分裂成为三个对立派别。前者意味着接受普鲁士实行的财产资格选举权，从而剥夺数百万名工人阶级妇女的选举权；后者意味着与主张普鲁士所有成年男子和妇女都有选举权的社会主义者结盟。女权主义者还日益受到右翼激进民族主义者的敌视，后者抨击她们破坏家庭。为此，女权主义者不再宣扬实现妇女经济和职业独立，改为强调妇女在家庭中的作用。女权主义运动中越来越多的女性社会工作者中，有一些社会达尔文主义者，她们认为，妇女的首要作用是生儿育女，保证子女健康成长。与此同时，女权和平主义者，如奥格斯堡、海曼和施特克，在女权主义运动内外受到民族主义者围攻，政治上越发边缘化。德国的女权主义运动貌似强大，但指导思想不清。第一次世界大战前夕，该运动处于虚弱和分裂状态。

1908年以前，德国妇女开展政治活动始终受到法律限制，而在俄国，妇女政治活动几乎不存在。1905年革命期间，沙皇尼古拉二世颁布了《十月宣言》，许诺推行广泛改革，但对妇女解放只字不提，令俄国女权主义者愤怒不已。她们成立了"争取妇女平等权利全俄同盟"，截至1907年，成员人数已达1.2万人，成员们积极开展活动，争取妇女选举权和法律上的平等地位。该同盟与温和的自由派立宪民主党关系密切，同时隶属于"工会总联合会"，后者是1905年革命期间出现的由中产阶级白领团体建立的组织。工会总联合会宣布："争取妇女权利斗争与争取俄国政治解放斗争紧密相连。"它起草了给政治家和俄国议会议员的请愿书，同时得到了文化界知名人士的支持。女权主义者向议会递交请愿表前，大规模邮寄请愿表，同时在各家杂志上刊登，或在街头散发，请路人签名。有份请愿书得到了超过2.6万人的签名。工会总联合会派代表出席了1906年在哥本哈根召开的"妇女选举权国际联盟"（1902年由美英两国争取妇女选举权者创立）大会。1908年，工会总联合会召开了全俄妇女代表大会，1 000余名代表出席了会议，讨论了广泛的问题，俄国社会女权主义的元老安娜·帕夫洛夫娜·菲洛索弗娃（Anna Pavlovna Filosofova, 1837—1912）主持了这次大会。

然而，会议因社会主义派妇女的干扰多次中断。她们打断"资产阶级"女权主义者的发言，用脚跺地板，扮鬼脸，称政治权利与一贫如洗的工人阶级妇女毫不沾边。主持会议的人在主席台上怒喝："我们不想听你们讲话！"社会主义派妇女中途退场以示抗议。右翼方面，俄国议会议员建议，女权主义者需要去诊所检查自己精神是否正常，一名议员甚至称她们是"娼妓"，菲洛索弗娃听到后潸然泪下。在警察不断打压下，1908年，工会总联合会解体。女权主义者随即成立了一个"争取妇女平等同盟"，比工会总联合会更精简，组织得更好。争取妇女平等同盟再次把重点放在向俄国议会请愿、呼吁给予妇女选举权上。1912年，该同盟得到40名议员的支持。翌年，自由派领导人帕维尔·尼古拉耶维奇·米留可夫（Pavel Nikolayevich Milyukov, 1859—1943）向议会提出一份男女普选权提案，他早期曾在一个女子学院执教。他介绍给予妇女选举权的条款时，右翼议员哄堂大笑。最终表决结果是206票反对，106票赞成，提案被否决。这标志着争取妇女选举权运动的终结。女权主义运动失去了支持，人数下降到仅数千人，绝大多数是职业妇女，尤以医生为多。第一次世界大战爆发前的最后几年，俄国民主和议会机构不断受到遏制，殃及女权主义运动。

在欧洲大部分地区，女权主义者通过建立全球性组织增强了自身力量，此类组织包括"国际妇女理事会"（1888）、妇女选举权国际联盟等等。到了1914年，女权主义者至少使妇女选举权问题成为政治家无法忽视的问题。决定妇女选举权运动命运的最重要因素是民族主义。1914年时，德国的民族主义组织已带有浓重的专制主义、大男子主义和咄咄逼人色彩，有时还含有反犹思想。在此背景下，出现了一个"德意志反对妇女解放同盟"，它称德国的女权主义运动受犹太妇女操控，这一指控纯系子虚乌有。不过，匈牙利女权主义运动的确是这样，因为该国人数不多的城市中产阶级成员绝大部分是犹太人。农村乡绅阶层主导的匈牙利民族主义反映在社会问题上，观点同样保守。大多数政党反对"女权主义者协会"积极开展的宣传活动。1904年，格吕克利希·维尔玛（Vilma Glücklich, 1872—1927）和施维默·罗西卡（Rosika Schwimmer, 1877—1948）一起创办了该协会。格吕克利希是匈牙利首位被大学录取的妇女。施维默是和平主义者，也是德国激进女权主义者安妮塔·奥格斯堡和莉达·古斯塔瓦·海曼的挚友。1913年，格吕克利希和施维默在布达佩斯共同主持召开了妇女选举权国际联盟第七届代表大会。她们在匈牙利开展了种种宣传运动，包括在1912年举行一次大规模示威，参加者达万余人，她们还散发布告和传单，给议员拍电报，在讲演场所就妇女选举权问题质问参选的候选人。然而，匈牙利女权主义运动未能赢得本国民族主义者的支持，后者对领导运动的犹太人有戒心，而且反对女权运动在国际政治上奉行的和平主义立场。

不过，民族主义也有可能支持赋予妇女权利。很多国家的女权主义者把教育作为重点，提出必须向妇女灌输民族价值观和理想，让她们将其传授给孩子。这一观点极大地推动了波希米亚女权主义运动的发展。在该运动提交的请愿书上签名的人数是在奥地利女权运动请愿书上签名人数的4倍。她们的观点得到了捷克民族主义运动领导人的支持，后者坚信，捷克妇女需要教孩子捷克语，而不是德语。捷克妇女选举权运动是从1905—1906年一场争取男子普选权的民族主义运动中分化出来的。在此期间，弗兰齐什卡·普拉明科娃（Františka Plamínková, 1875—1942）创建了"妇女选举权委员会"，提出妇女选举权问题超越政治。1909年，妇女选举权委员会正式要求除英语、法语和德语外，把捷克语列为妇女选举权国际联盟的第四种正式语言（但无果而终），显示了对民族主义事业的支持。在哈布斯堡帝国内，妇女事业得到了捷克民族主义领导人托马什·加里格·马萨里克（Tomáš Garrigue Masaryk, 1850—1937）的坚决支持。马萨里克一次去莱比锡，结识了美国女子夏洛特·加里格（Charlotte Garrigue, 1850—1923），两人结为伉俪，可以说马萨里克是在妻子影响下成为女权事业的坚定支持者的。捷克各政党均接受赋予妇女选举权原则，推出妇女候选人竞选波希米亚议会席位，只是妇女没有希望当选为议会议员（当选的唯一一位女候选人被哈布斯堡王朝任命的总督否决）。

民族主义和女权主义相辅相成最成功的例子在斯堪的纳维亚半岛。自1814年起，挪威一直处于瑞典统治之下。在挪威激进自由党内，主张完全脱离瑞典的成员支持赋予妇女选举权。1893年时，该党在具有自治地位的国家议会中已占多数席位，但还没有达到修改宪法所需的2/3多数。翌年，一份要求给予妇女公民权的请愿书得到1.2

万人的签名。1895年，教师兼记者吉娜·克罗格（Gina Krog, 1847—1916）成立了"妇女选举权全国协会"。1880年，她在伦敦结识了福西特。克罗格领导的协会积极开展争取妇女选举权活动，1901年为妇女赢得城市选举权。正当欧洲列强的注意力转向1905年俄国革命时，瑞典和挪威政府之间就后者是否有权自行任命领事问题发生争执。双方经过谈判，挪威完全获得独立。一位丹麦亲王被选作挪威国王，即哈康七世（Haakon VII, 1872—1957）。1907年，新宪法给予有财产妇女有限选举权。1913年，一个左翼自由派政府实现了在完全平等基础上的普选权。

女权主义与民族主义之间的联系在芬兰产生的影响更大。芬兰虽是沙俄帝国的一部分，但依然保留了自己的政治体制，包括沿袭下来的封建等级会议（有代表权的不同社会等级）。随着民族主义的日益高涨，芬兰人民积极争取芬兰语与瑞典语的平等地位。一场女权主义运动随之产生，其核心是一个读书团体，讨论约翰·斯图尔特·密尔的《妇女的屈从地位》一文。1884年，芬兰人赢得了语言平等。女权主义者指出妇女在"用本国语言教育孩子"上所起的关键作用。1872年时，芬兰妇女已获得参加城市选举的权利。20年后，卢奇娜·哈格曼（Lucina Hagman, 1853—1946）成立了"妇女协会联合会"，为完全实现政治平等而斗争。哈格曼是小学教师，还教过作曲家西贝柳斯。政治压迫加上沙皇当局推行的俄罗斯化促使芬兰各派民族主义者团结在一起。1905年沙皇在俄罗斯帝国境内放开公民自由后，一个国家立法机构取代了封建等级会议制度。1906年，立法机构宣布实行成人男女普选权。沙皇待危机过去后收回了自己的否决权，1910年时，俄国政府再度巩固了自己的地位。由于芬兰议会中已有女议员，因此1909

年芬兰宪法中依然加入了平等权利条款，但直到1917年，这些条款才完全生效。

1914年时，欧洲各地的女权主义运动均把争取选举权作为首要目标。在女权主义者看来，她们的诉求似乎是不可阻挡的国际舆论潮流的一部分，最终必将获胜。有时女权主义者也尝试推动社会实现财产和就业平等权利。不过第一次世界大战前夕，职业妇女人数依然很少。就民众代表权、扩大男子选举权、国家主权等更重大问题展开的辩论常常触发争取选举权的斗争。在很多国家，包括丹麦，争取选举权的斗争在地方和城市一级取得了一些成果。截至1910年，丹麦争取妇女选举权运动人数超过2.3万人。1912年，自由派控制的丹麦议会下院以100票对14票的优势通过了妇女选举权法案，但在上院受阻。1909年，瑞典争取妇女选举权人士赢得了妇女参加地方选举的权利，1912年又在议会下院争取到多数议员支持完全赋予妇女选举权。然而，和丹麦的情况一样，法案未能在上院获得通过。妇女选举权是民主最后的边疆。随着现存政治体制面临民主越来越大的挑战，女权主义者取得了一定成果，但直到战争降临，距离实现终极目标似乎依然路途漫漫。

各国女权主义运动和它们隶属的形形色色国际组织之所以能团结一致，原因是绝大多数女权运动及女权国际组织的成员来自资产阶级，持自由政治观点。甚至连英国的争取妇女选举权女子也没有提出给予各阶级妇女选举权，而是仅仅争取平等选举权。欧洲各地的财产法依然偏向男人。中产阶级女权主义者争取妇女平等选举权，其实只是为人数很少的有产妇女争取这一权利。约翰·斯图尔特·密尔最初提出平等权利，是指妇女与男子同属人类，男女自然平等。这一观点日益被另一种观点所取代：正因为男女不同，才应该给予妇女平等地位。女权主义运动中的激进派认为，给予妇女选举权能实现世界和平，结束性剥削，取缔有管制的也许还包括未加管制的色情业，全面改造社会道德。主流女权主义者认为，给予妇女选举权会加强维系一国国民团结的纽带。她们要求充分发挥妇女价值观的社会作用。以上观点体现为一些欧洲国家建立了现代福利社会。扎根于宗教信仰、具有悠久传统的妇女慈善事业为之一变，成为新出现的以妇女为主体的现代福利事业，例如社会福利工作。

福利国家的崛起

19世纪末、20世纪初，妇女进入公共领域的同时，欧洲国家针对工人阶级日益高涨的权益诉求开始对政策做出重大调整。这是这段时期民主挑战的一大特点。第一次世界大战爆发前的最后15年，各国政府对军火弹药的需求不断增长，从而带动了经济的增长。这一时期工潮空前激烈。1906年，法国大约40万名工人罢工，要求实行8小时工作制。1905和1912年，鲁尔地区罢工潮此起彼伏，矿工要求改善工作条件、提高薪酬待遇。西班牙参加罢工的工人人数从1910年的3.5万人增至1913年的8.4万人。1911年，英国全国铁路工人首次罢工，全国矿工继之，于1912年首次举行罢工。除了大规模的产业工人集体罢工外，还有一些发生在工厂和矿井的小规模罢工，主要针对具体厂矿的不公正做法，这类罢工一般为时不长。不断高涨的工潮给沙俄政府提出越来越大的挑战，1914年7月，圣彼得堡爆发一场总罢工。这类罢工越来越带有明显政治色彩，如1907年10月10日"红色星期四"在布达佩斯举行的总罢工和大规模示威，要求实现男子普选权。1906年1月17日"红色星期三"这一天，汉堡也举行了示威，示威者试图阻止对工人投票权的限制，但失败了。

随着欧洲各地工会运动的发展，罢工规模越来越大，发生得越来越频繁。在很多国家，这一现象初现于19世纪中叶革命后的几十年间。1855年，苏格兰矿工亚历山大·麦克唐纳（Alexander Macdonald, 1821—1881）指出，拉纳克郡的一次罢工期间，"矿工内部的分裂帮了矿主的忙，如果他们铁了心抵制正义要求的话"。他敦促成立工会，"消除自己内部的混乱状况"。1863年，全国矿工协会成立。1868年，英国工会联盟成立。其基础远比19世纪上半叶成立的工会稳固，因为它基本上由分散的手工业者工会组成，扎根于当地。这类工会人称"新型工会"，比如1860年罗伯特·阿普尔加思（Robert Applegarth, 1834—1924）创立的"木匠和细木工联合会"。尽管雇主百般阻挠，但英国各地工会的存在已不可改变。19世纪90年代，英国工会会员人数略高于150万，1900年增至250万，到了1914年，工会会员人数已经超过400万。

其他国家的工联成果远不及英国。1910年，西班牙"阿斯图里亚斯社会主义矿工联盟"从几年前被雇主摧毁的一些地方小工会的废墟上崛起，成为社会主义工会联盟"劳动者总联盟"的一个分支。1888年劳动者总联盟成立时，成员为3 355人，1910年增至4万人，1914年，随着分散工会纷纷加入，劳动者总联盟成员人数接近12万人。它的一个强劲竞争者是全国劳工联盟。全国劳工联盟创立于1910年，奉行工联主义宗旨，主张通过一次总罢工推翻资本主义政府，这一组织尤其受到铁路工人和电工的支持。工会成员仅占工人总数的一小部分。德国的情况和西班牙差不多。截至1914年，已有200多万德国工人加入工会，但工会力量依然相对薄弱，靠集体谈判达成的协议少得可怜。瑞典的情况截然不同。1906年，瑞典雇主和工会的全国性组织正式相互承认对方。德国的雇主大多强烈坚持，他们有权决定薪酬和工作条件，无须征求工人同意。即使是在德国矿工力量鼎盛时期1910—1911年，鲁尔地区也只有40%的矿工加入了工会。为了与占主导地位的社会主义工会抗衡，德国成立了天主教和自由派工会，造成了工会运动的分裂。此外，与工会作对的德国破坏罢工者在雇主资助下成立了自己的"黄色"工会，在法国也有类似情况。

法国的工会组织支离破碎、力量薄弱，罢工运动又屡屡失败，未能取得有限的实际成果，少数具有革命倾向的人于是倒向激进工联主义。1895年成立的"劳工总联盟"反对与任何政党结盟，其主要领导人、记者出身的埃米尔·普热（Émile Pouget, 1860—1931）宣扬把破坏作为产业斗争的手段，他把总罢工视为推翻政府的政治武器。然而，劳工总联盟发动的罢工屡屡失败，主要原因是经费拮据。它的大多数成员属于改良主义者，受下属一个分支组织"劳动交易所"的影响尤其大，这类组织帮助各行业的工人寻找就业机会，打破了不同行业之间的壁垒。截至1901年，法国共有74个具有劳动交易所性质的组织。不无矛盾的是，尽管其灵魂人物、激进记者费尔南德·佩卢蒂埃（Fernand Pelloutier, 1867—1901）把劳动交易所视为国中之国，它们在财政上却靠政府补贴。1864年，罢工合法化，20年后，工会也获得合法地位。然而一如英国，法国法律规定，工会若怂恿工人破坏合同，使用威胁手段，或从事"欺诈活动"，就要负赔偿责任。法国各家工会为了绕过这些限制，常常自我解散，改头换面后再次出现，但这样做严重制约了行动自由。

尽管自身存在种种问题，但欧洲各地工会的崛起以及此起彼伏的罢工形成了一股强大力量，推动各国政府制定社会立法，安抚工人的不满。有时这样做含有明显政治目的。法国政府意识到，火车司机长时间驾驶火车会危及公共安全。19世纪60年代，一名火车司机因连续3站不停车而险遭解雇，他坦白说，自己连续工作了38个小时，熬不住睡着了。法国政府因此多次敦促铁路公司限制工作时间。1891年，法国政府终于说服铁路公司同意，工人每天工作时间不超过12小时。公众关切也是提出改进措施的一个原因。1860年和1872年的《英国煤矿管理法案》含有多项安全保障措施，由一个督查机构监督实施。1880年，英国议会终于通过立法，规定雇主要对工业事故负赔偿责任。这一立法既反映了新出现的工会所起的作用，也反映了公众听到工伤事故报道后常常对工人抱有的同情。其他法案规定，工作场所的卫生环境必须达标，各行各业的工作条件也有了相关规定。然而，依然没有一个全面的社会福利方案，工人年迈体衰无法工作或生病时，生活完全失去保障，往往陷入极度贫困。

在社会福利方面率先做出重大变革的不是别人，恰恰是俾斯麦。19世纪80年代，他推行了一系列国家福利措施。这位铁血宰相称，国家必须"通过立法和行政手段满足工人阶级的合理愿望"。俾斯麦内心把他口中的"国家社会主义"看作变相的贵族家长式统治。国家社会主义的发展很快超出了俾斯麦的政治初衷。1883年，俾斯麦引入了医疗保险，建立了疾病基金，工人自己必须负担基金的2/3，但有权竞选担任管理委员会会员，从19、20世纪之交开始，工人在管理委员会占多数。1885年时，德国疾病保险制度已经覆盖了430万名工人。1884和1889年，工伤保险制度和老年及残疾退休金制度分别出台。以上计划都得到了国家大力资助。不过，各类保险制度的局限性显而易见，比如，养老金只适用于70岁以上的男子，即使到了19世纪末，也只有27%的男性工人超过这一年龄。1890年俾斯麦下台几个月后，以上制度的涵盖范围进一步扩大，禁止女工和青少年上夜班，同时立法限制工时。第一次世界大战前夕，疾病保险覆盖了1 500万名德国人，工伤保险2 800万人，100万人领取养老金。以上措施未能阻止德国人投票支持社会主义者，但在防止工人阶级支持社会主义左翼派别上很可能起了一定作用。

其他欧洲国家纷纷效仿俾斯麦在德国推行的改革。匈牙利在1884年建立了工厂督查机构，1900年建立了义务医疗保险制，截至1911年，已覆盖100多万名工人。1907年，匈牙利政府建立强制工伤保险制度，为工伤者提供最多10周的免费医疗，外加带薪病假。1898年，意大利建立了一个由政府资助的养老金基金。1891年，瑞典政府开始为医疗保险拨款，1913年又建立了欧洲第一个全面医保制度。1910年，法国开始实行工人退休金制度（报告员在法国众议院称，这是"第三共和国最伟大、最完美的改革"）。虽然符合条件的人中只有1/3的人为退休金支付了自己应付金额，但毕竟开了一个头。1905年颁布的一项法律对养老金和疾病补助做出了规定。到了1914年，已有超过50万人每年从以上制度中至少得到一定数额的补贴。1898年，法国立法建立了由国家资助的事故赔偿制度，废除了此前要求受害者证明事故系雇主懈怠造成的规定。英国的现代福利社会是战前几年执政的自由党政府建立的，一是出于发自内心的社会良知，二是如同俾斯麦，想防止工人阶级倒向社会主义。以上措施还包括建立养老金制度（1908），设立劳动交易所（1909），执行改进后的建房和城市规划标准（1909），以及建立涵盖疾病补助和失业救济金的全民保险制度（1911）。以上种种改革撼动了1834年的《济贫法》，但直到进入20世纪后很久，该法才最终被废除。

第七章 民主的挑战

以上改革显示，当初俾斯麦针对工人阶级上层制订的福利计划已经扩大到社会较低阶层。在那之前，救济最贫困人口是教会的工作，后来，私人慈善活动和市政府的济贫措施逐渐取代了教会的慈善事业。英国的中产阶级妇女尤其积极，比如奥克塔维娅·希尔（Octavia Hill, 1838—1912）。她开创了旨在改善工人阶级居住条件的"示范住房"运动，并于1869年创办了"慈善组织会"，把埃尔伯费尔德济贫制度引入英国。该制度始创于1852年，当初是为了应对1848年在恩格斯成长的工业发达地区爆发的革命浪潮。埃尔伯费尔德济贫制度有一套督查员体系，督查员负责查访穷人，就补助金的适当数额提出建议，查核穷人家庭状况是否属实，帮助穷人尽快找到工作。一旦有工作机会，穷人就必须接受，否则将丧失补助金。埃尔伯费尔德济贫制度从教会手中接管了贫穷问题，把济贫事业置于世俗社会的管控之下。过去几十年世俗和教会慈善作用的转变从荷兰一例看得尤其清楚。1854年，荷兰颁布一项法律，把教会定为主要救济组织，只有万不得已时城市当局才会介入，然而，国家的救济负担越来越重，1855年负担济贫开支的40%，1913年增至57%。医学界不断敦促在医疗方面采取更得力的措施。1851年，荷兰社会评论家杰罗尼莫·德·博斯·肯珀（Jeronimo de Bosch Kemper, 1808—1876）写道："一俟人民的健康得到改善，贫穷的一大根源就将消失。"对这一问题的辩论旷日持久，直到1901年荷兰最终实施了《公共健康法》、《住房法》和《工伤法》，承担了过去100年推给教会的济贫重任。在很多方面，世俗救济机构与传统的基督教教会慈善机构无甚区别，比如，1833年在巴黎创办的圣文森特·德·保罗协会常常访问贫苦人家，埃尔伯费尔德济贫制度的督查员对该组织恐怕不会有陌生感。

究其实质，福利国家的崛起是针对左翼政治派别日益深入人心（尤其是在工人阶级中间）做出的反应。19世纪末和20世纪初，保守派和自由派认识到，社会主义是对他们政治地位的最大威胁，社会主义的核心思想与主流政党的国家至上观念格格不入。受马克思、恩格斯及其信徒的影响，社会主义者认为，工业化国家或正在实现工业化国家的工人阶级受到残酷剥削和压迫，他们没有任何义务效忠于压榨自己的资本家和资本家操控的民族国家，打仗更不符合他们的利益，他们只会被当作炮灰，让实业家大发战争财。社会主义运动公开宣布，它的目标是推翻"资产阶级"社会的主要机构，包括私有财产、私人公司、警察、军队、教会，甚至家庭，取而代之的是一个财产公有、孩子由社区抚养、废除宗教、由工人管理企业的国家。后来证明，社会主义政治其实没有以上设想那么激进，往往是雷声大，雨点小，党纲中所载的宏大目标与现实生活中政治家的务实精神常常不是一回事。一个重要原因是福利国家的出现，工人在社会主义理论要摧毁的社会中获得越来越大的利益。就此意义而言，可以说福利国家创始人实现了他们的政治初衷。

第二国际及其对手

19世纪70年代初,两大原因导致创立于1864年的国际工人协会解体,一是马克思和巴枯宁两人的追随者之间的分歧造成内部分裂,二是1871年巴黎公社失败后警察当局疯狂镇压工人运动。1876年,国际工人协会正式解散。到了1889年,再次尝试把欧洲各国工人团结在一个运动之下的时机已经成熟,一个新组织在巴黎成立,通称"第二国际",第二国际一直延续到1914年。在此期间,它定期举行代表大会,通过决议,制定对各国支部具有约束力的方针政策。第二国际的中坚力量是德国社会主义运动,它源自19世纪60年代在普鲁士开展的立宪斗争,当时斐迪南·拉萨尔创立了全德工人联合会。拉萨尔及继任者推行的政策包括国家控制下的生产者合作社、议会至上和男子普选权。1868—1869年,又一个社会主义政党——德国社会民主工党——形成了,领导人是威廉·李卜克内西和奥古斯特·倍倍尔。李卜克内西当过小学教师和记者,参加过1848年革命,倍倍尔则是普鲁士军官的儿子,两人深受马克思和恩格斯思想的熏陶。1875年,全德工人联合会和德国社会民主工党在德国哥达召开大会,联合组建了德国社会主义工人党。不过,马克思在《哥达纲领批判》(1875)中表示,成立新党的想法主要出自拉萨尔而不是他本人。新成立的德国社会主义工人党与其说是社会主义政党，不如说是激进民主党，它丝毫不提经济发展规律和国家的阶级基础，也不提发动革命的必要性。倍倍尔本人信奉欧根·杜林（Eugen Dühring, 1833—1921）的学说，杜林不但不是什么社会主义者，还是一个反犹分子。1877 年，恩格斯为了清除他在党内的影响，写了《反杜林论》（全名是《欧根·杜林先生在科学中实行的变革》），倍倍尔和党内其他同事阅读后，改为信仰马克思主义基本原理。

从 1878 年到 1890 年，德国社会主义工人党处于非法地位。德国社会主义者与自由派人士之间的政见分歧本来就深如沟壑，在此期间，双方更是势不两立，德国社会主义工人党对带有俾斯麦烙印的国家也越发敌视。在这一背景下，马克思主义的革命学说以及它断言历史规律决定革命最终必然胜利之说极有吸引力。1887 在瑞士圣加伦召开的代表大会上，拉萨尔派的残余代表被击败，1891 年，恢复合法地位的工人党在爱尔福特召开代表大会，更名为"德国社会民主党"，通过了一个马克思主义性质的新纲领。马克思已于 1883 年去世，当时党内的思想旗手是恩格斯，他在新党纲中加入了经济决定论思想。随着工人阶级人数和力量的不断增加，加之对工人阶级的盘剥变本加厉，工业化的不断发展将导致资本主义制度灭亡。资本主义国家的一切机构，从教会到军队，从学校到司法制度，都不过是用于洗脑的工具。无产阶级革命将扫除旧制度，代之以一个平等、没有阶级的社会主义社会。

除了以上源自马克思的信念外，恩格斯又在社会民主党的指导思想中添加了一个因素——达尔文的进化论，从而微妙地改变了指导思想的意义。恩格斯采纳了进化论，而不是"普鲁士王室哲学家"黑格尔提出的辩证历史发展观。早在 1895 年恩格斯逝世前，职业记者卡尔·考茨基（1854—1938）就已跃升为德国社会民主党的头号理论家。考茨基认为，既然科学理论已证明社会演变将导向工人阶级执掌政权，那么党唯一需要做的事情就是保存好自己，革命自然而然会发生。自 1890 年起，德国社会民主党竭力避免再次被政府取缔的风险，越来越强调自己的和平与守法性质。为了做好准备迎接革命，它专注于党内建设。德国社会民主党拒绝与自由派等"资产阶级"政党合作，以保持自身在社会和意识形态上的纯洁性，等待革命的到来。德国社会民主党还宣称，由于资产阶级未能完成在德国建立一个自由社会的历史使命，因此推行自由主义改革的重任落到了无产阶级肩上。这意味着不仅致力于改良制度，去掉最恶劣的做法，还要坚持走议会道路实现革命。社会民主党认为，一俟在帝国议会中赢得多数席位，政权就唾手可得。这一理论在现实中得到验证。自 1890 年起，德国社会民主党党员人数和选票不断增加，1912 年成为国家议会中的第一大党，拥有 110 个席位。截至第一次世界大战前夕，社会民主党党员人数超过 100 万，不仅是德国，也是全世界最大的政党。

然而，德国社会民主党日益陷入政治瘫痪。党的左翼和右翼都在努力探寻今后发展的方向。右翼修正主义者以爱德华·伯恩施坦（Eduard Bernstein, 1850—1932）为首。伯恩施坦的父亲是犹太人，在柏林当火车司机。伯恩施坦自 1872 年起积极投身社会主义运动，参与起草了《爱尔福特纲领》。在英国流亡期间，他吸收了修正主义理论，19、20 世纪之交时，他发表了一系列文章，提出局势的发展证明，马克思关于无产阶级不断贫困化的预言是错误的。他认为，工人阶级的生活状况实际上越来越好，革命不会发生，党应该改变方针，实行自由改良主义。伯恩施坦对马克思观点的批评在党内引起激烈辩论，普通党员认为辩论造成党的分裂，因而支持领导人压制讨论。修正主义者是一小批孤立的知识分子，在党内没有权力根基，最终他们的观点没成气候。实用主义者在党内不断增多，影响远远超过修正主义派，他们认为，伯恩施坦及其追随者高度重视的意识形态问题没有意义。伊格纳茨·奥尔（Ignaz Auer, 1846—1907）等人认为，只需放手发展党员、争取工人阶级利益就可以了。奥尔原是一名制马具工人，19世纪90年代期间为党的建设做出了重大贡献。巴伐利亚社会主义领导人格奥尔格·冯·福尔马尔（Georg von Vollmar, 1850—1922）曾是一名军官，他愿意与左翼自由派和国家合作，只要这样做有助于实现必要的改革。在德国南部地区，社会民主党议员因此投票支持国家预算，与自由派私下密切合作。社会民主党党员还积极参与社区服务和医疗保险事业。工会主要关心为会员带来实际利益，对社会民主党的影响日益增大。工会转变成为群众性组织后，需要有一批领取薪酬的全职工作人员，于是，一批专注党的日常工作而非社会主义理论、政治原则和长远战略等宏观问题的人担任了各级领导职务，扩大了实用主义者的队伍，增强了他们在党内的影响力。

德国警察觉得，只要某一政党意在推翻国家政权，就尽可骚扰破坏它的政治活动，无须任何立法授权。警察当局充分利用有权参加公共集会并"维持秩序"的规定，甚至随意找个借口驱散社会民主党的集会，同时对右翼政党的活动听之任之。截至1914年，社会民主党主办的报章杂志的编辑均坐过监狱，少则几个月，多则数年，罪名从诽谤警察到冒犯君主都有。社会民主党党员及其支持者被排斥在政府部门之外，没有社会民主党人担任军官、法官或政府官员。发明了汞汽灯的物理学家莱奥·阿隆（Leo Arons, 1860—1919）加入社会民主党，积极参与活动后，德皇威廉二世称："我不能容忍社会主义者……在皇家大学教授青年一代。"为了把阿隆从他任教的柏林大学开除，1898年专门颁布了一项法律。克虏伯等重工业企业家聘用一批私人侦探监视自己职工的活动，一旦发现社会主义分子，立即将其开除。

这种歧视做法助长了社会民主党内一个左翼派别的崛起，它认为改良方案没有出路，呼吁直接发动革命。这个左翼派别的领袖是记者兼作家罗莎·卢森堡（Rosa Luxemburg, 1871—1919）。1889年，她为躲避沙皇当局从波兰王国流亡瑞士，进入苏黎世大学学习，1897年获得近代波兰经济史博士学位，此后移居德国，结婚后获德国国籍（这桩婚姻完全是出于实际考虑，夫妇俩从未在一起生活过，5年后两人离婚）。卢森堡撰写了一系列理论文章，试图找出驱动帝国主义的经济力量，她的代表作是《资本积累论》（1913）。不过，最著名的还是她的反战立场。卢森堡认为，如果所有可能参战的国家的无产阶级举行大规模罢工，就可以制止战争，也必须制止战争。1907年，在斯图加特召开的第二国际代表大会上，卢森堡成功地提出了一个动议，呼吁一旦战争迫在眉睫，欧洲各地就举行总罢工。卢森堡说："社会民主不过是近代无产阶级开展阶级斗争的表现形式。这场斗争的动力源自对斗争本身历史意义的认识。人民群众实际上是自己的领袖，辩证地开创了自己的发展道路。"以上观点显示，卢森堡比其他人更倾向民主，然而她甩开领导、仅靠人民群众发动革命的想法注定不会成功。她的同事、同属激进派的卡尔·李卜克内西（Karl Liebknecht, 1871—1919）是早期社会主义运动领导人威廉·李卜克内西的儿子，他本人是律师和帝国议会议员。他在《军国主义与反军国主义》中提出了与卢森堡相似的观点，反对拉工人充当帝国主义战争的炮灰。然而直到战争爆发，卢森堡、李卜克内西及少数追随者在党内还是势单力孤。

1889年初创立的奥地利社会民主党与德国社会民主党结成紧密同盟。奥地利的社会主义者比德国社会主义者更关注理论问题（德国社会民主党大理论家考茨基也是奥地利人），别具一格。奥地利社会主义者身处一个多民族的君主国家，故尤其关注民族主义，而在传统马克思主义学说中，民族主义问题基本被忽略。奥托·鲍威尔（Otto Bauer, 1881—1938）在《民族问题和社会民主党》（1907）中承认，人类文化因各放异彩的民族国家而更加灿烂，但他依然支持第二国际奉行的发动欧洲总罢工以阻止战争的政策。最终证明这一政策是徒劳的，但有一场社会主义运动成功阻止了战争，那场运动发生在瑞典。亚尔马·布兰廷（Hjalmar Branting, 1860—1925）原是天文学家，后改行做记者，1889年，他创建了社会民主党。20世纪初，布兰廷领导了一场运动，阻止政府动员预备役人员对分离的挪威发动战争。布兰廷呼吁在"国王，别插手挪威！"的口号下发动一场总罢工，瑞典政府担心征募不到一支军队去攻打挪威，被迫做出让步，两国得以和平分手。这恐怕是战前欧洲政治性总罢工以大获全胜告终的唯一一例。

英国社会主义运动的意识形态色彩远小于欧洲大陆上的社会主义运动。宪章运动失败后出现的新型工会与自由党渊源很深。一直到19世纪80年代，激进社会主义思潮才再度兴起。首批新生社会主义组织中就有社会民主联盟，其领导人亨利·海因德曼（Henry Hyndman, 1842—1921）出身富商家庭，毕业于剑桥大学三一学院，还是一流的板球手。身为记者，他目睹了1866年奥地利与意大利的血腥战争，对战争深恶痛绝。1880年，海因德曼乘船横渡大西洋，途中阅读了《资本论》，成为马克思主义信徒。他的同事包括威廉·莫里斯、马克思的女儿爱琳娜（1855—1898）和两名技术工人兼工会活动家汤姆·曼（Tom Mann, 1856—1941）和约翰·伯恩斯（John Burns, 1858—1943）。海因德曼读了马克思的著作后，原以为至迟到19世纪80年代，资本主义社会就会自我毁灭。1890年，他毫不气馁，把资本主义的末日改为1900年，仍然是风浪不起地自行消失。海因德曼的纲领包括废除君主制和解散军队，不无矛盾的是，还有防止妇女解放，他认为妇女解放偏离了社会主义宗旨。海因德曼行事专横跋扈，触怒疏远了他身边的骨干分子。19世纪80年代末，这些人已全部辞职。当时社会民主联盟只有3 000人左右。它始终只是一个派别，又是英国唯一一个讨论马克思观点的运动，虽然它并不完全赞成马克思的观点。"费边社"是一个思想性更强的团体，创立于1884年，名字取自采用拖延战术而不是硬拼打败汉尼拔的罗马将军。费边社有2 000名左右会员，人数虽不多，但它出版的《费边论丛》（1884—1901）影响甚广。一些社会名流为它出版的各种刊物撰稿，比如剧作家、《费边社会主义论文集》（1889）的编者萧伯纳，社会改革家比阿特丽丝·韦布（Beatrice Webb, 1858—1943）和丈夫悉尼·韦布（Sidney Webb, 1859—1947）。

英国工人阶级政治上的主要代表是起源于工会的工党。截至1888年，工会会员已有近75万人，绝大多数人属于英国工会联盟。1886—1887年，英国工会联盟成立了一个选举委员会，要求增加工人阶级在议会中的席位。苏格兰和英格兰北部的工会与自由党人决裂，提名工人阶级自己的候选人参加议会选举。1892年，参选的苏格兰人凯尔·哈迪（Keir Hardie, 1856—1915）当选为伦敦南西汉姆贫民区议员。

哈迪是私生子，当过矿工工会领导人，但不是马克思主义者。他说："我开展工作的灵感主要来自基督教义，而不是其他源泉。"1893年，哈迪在布拉德福德创立了独立工党，该党代表出自海因德曼的社会民主联盟和费边社。独立工党的目标是实现"生产、分配和交换手段的集体所有制"。早期工党与自由党结成同盟参加地方选举。1906年，工党在下院赢得29席，自由党提出的候选人中则有26名矿工工会代表当选。1910年，40余名工党候选人在选举中胜出。然而直到战后，工党才取代自由党，成为最大的左翼政党。

法国社会主义运动同样力量单薄，内部分裂为不同派系。最重要的一派，也是与德国模式最相近的一派的领导人是茹尔·盖得（Jules Guesde, 1845—1922）。他参加过巴黎公社，19世纪70年代流亡意大利，1876年改信马克思主义。当过记者和小吏的盖得令资产阶级不寒而栗。他瘦高个，头发披肩，一脸大黑胡子，面色苍白，戴一副金属框架眼镜。盖得在意识形态上观点僵硬固执。1880年，他在马克思的帮助下成立了"法国工人党"，马克思的女婿保罗·拉法格（Paul Lafargue, 1842—1911）与盖得私交甚笃。马克思去世前不久给两人写信，批评他们只会空谈革命，两人向马克思保证，他们是马克思主义者，据说，马克思的回复是"这么说我自己肯定不是马克思主义者了"。盖得扎根于法国北部的纺织工人，通过在当地开展社交活动争取支持者。他的党源自法国中东部地区的一个名叫"玛丽安娜"的秘密团体，在矿工中颇有威信。在法国南部，盖得主要依赖雅各宾时代后的激进中下层阶级。1898年时，社会成分复杂的法国工人党已有1.6万名党员，在议会中赢得13个席位，成为法国社会主义派别中最大的一支，但与德国相比仍然微不足道。与德国社会民主党人不同，"盖得派"争取到了工会的支持,这是他们成功的一个关键条件。

从1881—1882年开始,盖得派多了一个竞争对手,一个叫"可能派"的团体。可能派的领导人是从医的保罗·布鲁斯(Paul Brousse, 1844—1912)。和众多政党一样,"可能派"这个名字当初也是对手给起的,起名字的对手是盖得,他讥讽他们卖身投靠资产阶级。布鲁斯回敬说,他接受这个名字,反称盖得是"不可能派"。布鲁斯认为,最终将通过经济变革实现社会主义,革命是不必要的。他专注于城市问题,争取在地方掌权。1889年,可能派在巴黎市议会和议会下院分别赢得9席和2席。布鲁斯行医赚钱后,立场趋向中间派,提出最终不会爆发革命。印刷工人让·阿列曼(Jean Allemane, 1843—1935)是前巴黎公社成员,主张把总罢工作为政治武器,他不同意布鲁斯的悲观论点,1890年与他分道扬镳,创建了"工人社会革命党"。工人社会革命党以工人为主体,1892年在全国议会赢得5席。然而,当选议员与地方选区的政党关系紧密,后者认为,这些议员事事都要向他们请示。几位议员感到在议会中无所适从,于1896年脱离了工人社会革命党。

此时,一个新人物脱颖而出:让·饶勒斯(Jean Jaurès, 1859—1914)。他统一并最终引领了法国社会主义运动。饶勒斯称自己是"知书达礼的农夫",穿衣打扮与资产阶级无异,还穿一件黑披风。不过,他衣冠不整,裤腿过短,口袋塞得鼓鼓囊囊,不是书就是文件,看上去和哪个社会阶级都不沾边。从他不修边幅倒可以看出,他是一位哲学教授。饶勒斯是杰出的演说家,对听众的情绪变化有一种常人没有的直觉。他看清激进派并不认真推行社会改革后,离开了激进党,成为一名不属于任何政党的社会主义者。亚历山大·米勒兰(Alexandre

Millerand, 1859—1943）加入了他的行列。米勒兰是律师，因在法庭上为政府起诉的罢工者辩护而扬名。他试图使分属不同党派的社会主义议员联合起来，包括盖得派和可能派，让他们共同支持一个最低纲领，包括垄断企业国有化、公共服务城市化、保障小资产者的独立地位。1899 年，米勒兰应邀加入以皮埃尔·瓦尔德克-卢梭（Pierre Waldeck-Rousseau, 1846—1904）为首的内阁，出任工商部部长一职。同时入阁的还有因镇压巴黎公社而臭名昭著的加斯东·加利费（Gaston Galliffet, 1830—1909）将军。社会主义者抨击米勒兰是机会主义者，与他断绝往来，果不其然，第一次世界大战结束后，他成了共和国的总统，观念保守。

米勒兰没做成的事，饶勒斯做成了。可能派的分裂和独立社会主义议员人数的增加助了他一臂之力。1900 年，饶勒斯组建了自己的政党，在地方一级选举上与激进党人结盟，借此增加本党在议会中的议员人数。20 世纪初，他回报了激进党人，支持他们提出的反教会议案。盖得遵循德国人不与资产阶级政党合作的路线，说服 1904 年在阿姆斯特丹举行的第二国际代表大会公开谴责饶勒斯。饶勒斯明智地接受了批评，终止了与激进党人的合作，并于 1905 年实现了各社会主义党派的统一，组建了工人国际法国支部。饶勒斯起草的 1908 年党纲如同德国社会民主党人的党纲，照顾到了各派观点。针对盖得派，党纲提出以发动革命为终极目标；针对残存的阿列曼派成员，党纲提出一俟机会成熟就举行总罢工；针对持可能派观点的人，党纲提出立即开展竞选活动，推进城市管理改革，支持工会。到 1914 年，法国社会主义者人数在此基础上翻了一番，超过 9 万人，但仍不及德国社会民主党党员的 1/10。法国社会主义运动继续陷入派系纷争。左翼以坚决反对军国主义的古斯塔夫·埃尔韦（Gustave Hervé, 1871—1944）为首，右翼领袖是鼓吹爱国的亚历山大·瓦雷纳（Alexandre Varenne, 1870—1947）。该党从未与工会结成紧密同盟，虽然在一些选举中获胜，但始终未能动员起广大农民。尽管如此，1914年时，法国社会主义者已是一支不可小觑的力量，在国民议会601个席位中拥有102席，几乎是1906年时席位的两倍。

法国社会主义运动还必须应对来自左翼的一个强劲对手——无政府主义者。至少就理论而言，两者都希望摧毁现存秩序，建立一个无阶级的社会。社会主义者认为，资产阶级的阶级统治是不平等和压迫的根源；无政府主义者则认为，国家本身的存在才是根源。社会主义者愿意等待时机发动革命，无政府主义者希望马上发动革命。社会主义者在一定程度上愿意走议会道路，无政府主义者摒弃议会民主，主张直接诉诸革命行动，换言之，"用实际行动做宣传"。马克思及追随者在第一国际战胜巴枯宁后，无政府主义者转向采用个人暴力和恐怖主义手段颠覆国家。他们办的报纸举行抽奖，奖品包括手枪和匕首。零散的无政府主义者对资产阶级社会无所不用其极，手段包括抢劫、谋杀和安放炸弹，其高峰是1894年暗杀法兰西共和国总统马里·弗朗索瓦·萨迪·卡诺（Marie François Sadi Carnot, 1837—1894）。卡诺在里昂出席完宴会，乘一辆敞篷马车正要离开，被一个年轻的意大利无政府主义者桑特·杰罗尼莫·卡塞里奥（Sante Geronimo Caserio, 1873—1894）刺杀。卡塞里奥宣称，他这样做是为了报复政府处决无政府主义者埃米尔·亨利（Émile Henry, 1872—1894），后者在巴黎圣拉扎尔火车站咖啡馆里引爆了一枚炸弹，炸死1人，炸伤20人。有人谴责他滥杀无辜，亨利回答："没有无辜者。"

亨利安炸弹，是为了报复处决另一名无政府主义者奥古斯特·瓦扬（Auguste Vaillant, 1861—1894）。1893年，瓦扬在众议院投掷了一枚炸弹（因为是土造的，威力有限，没有炸死任何人，但炸伤数人）。瓦扬被绞死前留下的最后遗言是："干掉资产阶级！无政府主义万岁！"除瓦扬和亨利外，还有许多无政府主义殉道者和勇士，其中最出名的恐怕是弗朗索瓦·拉瓦绍尔（François Ravachol, 1859—1892）。他被判犯有一连串罪行，包括企图炸掉一些法官居住的公寓楼群，谋杀圣艾蒂安地区一位年迈修道士并盗窃其存款，杀害一名地毯商和两个老妇。法官宣读判决书时，他高喊："无政府主义万岁！"埃米尔·亨利受审时，清楚道出了貌似盲目袭击的背后动机："我想让资产阶级认识到，他们恣肆享乐的日子到头了。令他们趾高气扬的胜利成果将被撼动。他们的金牛犊将在底座上剧烈摇晃，直到被震倒，滚落到泥浆和血水中。"

诸如此类的事件给公众普遍造成了一种印象：无政府主义者是一些不修边幅、胡子拉碴、头戴贝雷帽、手持炸弹的人。正是自这一段时间起，出现了一批描写无政府主义者的著名文学作品，比如左拉的《萌芽》（1885）、亨利·詹姆斯的《卡萨玛西玛公主》（1886），以及约瑟夫·康拉德以伦敦为背景的《间谍》（1907）。其实无政府主义恐怖分子人数极少，他们造成的最大后果是令资产阶级社会惊恐不安，招致警方严厉镇压，尤其是1893年12月颁布了一系列"罪恶的法律"（奥古斯特·瓦扬投掷炸弹两天后通过），允许法国政府封闭无政府主义者办的大部分报纸。无政府主义在意大利和西班牙闹出的动静更大。巴枯宁对这两国影响最深。1864—1867年，这位俄国革命者在意大利旅居了3年，深受年轻一代激进分子的崇拜。巴枯宁不无乐观地写道:"社会革命的降临地不在别处,就在身边的意大利……意大利的广大农民已经成为一支发动社会革命的大军。"1874年,巴枯宁参加无政府主义者在博洛尼亚发动的起义,有人向警察告发了革命者的计划,起义还没开始就结束了。巴枯宁脑海里闪过自杀念头,最后还是化装成教士亡命瑞士。1877年,他的信徒埃里科·马拉泰斯塔(Errico Malatesta, 1853—1932)和后来人称"斯捷普尼亚克"的俄国革命者谢尔盖·米哈伊洛维奇·克拉夫钦斯基(Sergei Mikhailovich Kravchinsky, 1851—1895)闯进贝内文托附近的坎帕尼亚山区,宣布废黜国王,焚烧小镇的文牍档案。无政府主义者得到了当地农民的支持,但被调来的军队逮捕。1878年,同情他们的陪审团判他们无罪。

马拉泰斯塔一直活到法西斯当权的时代,时而坐牢,时而流亡伦敦,靠做电工谋生。当电工时,他为抢劫猎犬沟渠街一家珠宝店的劫匪提供了作案工具。警察赶到现场后与劫匪交火,3名警察负伤。劫匪躲在西德尼街的一栋房子里负隅顽抗。内政大臣温斯顿·丘吉尔(Winston Churchill, 1874—1965)亲自指挥警察把房子团团围住,最后把劫匪悉数击毙。19世纪90年代到20世纪初,零散的意大利无政府主义者积极倡导"用实际行动做宣传"。他们中有暗杀意大利国王翁贝托一世(Umberto I, 1844—1900)的加埃塔诺·布雷希(Gaetano Bresci, 1869—1901),为报复处决5名西班牙无政府主义者而刺杀西班牙首相安东尼奥·卡诺瓦斯·德尔·卡斯蒂略(Antonio Cánovas del Castillo,1828—1897)的米凯莱·安焦利洛(Michele Angiolillo, 1871—1897),还有1898年用一把10厘米长钢锥刺死奥匈帝国皇后伊丽莎白的路易吉·卢切尼(Luigi Lucheni, 1873—1910)。卢切尼行刺前在日记里写道:"我真想杀死个什么人,但必须是个大人物报纸才会刊登。"

巴枯宁在西班牙影响最大。19世纪70年代，他的意大利信徒朱塞佩·法内利（Giuseppe Fanelli, 1827—1877）接触了一小批傅立叶和普鲁东的追随者，说服他们在第二国际内建立宣扬巴枯宁思想的分支。法内利不懂西班牙语，只说法语。据听过他演说的一个人回忆，他的声调"可以随他演讲的内容不断变化，抨击剥削者和暴君时，语调慷慨激昂，谈到人民疾苦时，马上又变得悲悯哀婉"。法内利和追随者鼓动在巴塞罗那举行政治罢工，受到当地工人拥护。他们的观点深深影响了农村贫穷的佃农和南方小农。19世纪90年代时，无政府主义者已在西班牙各地组织大规模示威活动，导致1909年7月25日到8月2日发生在巴塞罗那的"惨剧周"。当时，数千名示威者抗议政府招兵去非洲服役，政府调集军队镇压，1 000余人被打死，1 700人被控参与武装叛乱，其中5人被判处死刑，59人被判无期徒刑。1910年，这一事件催生了一个无政府工团主义性质的工会——全国劳动联盟（简称CNT）。

德国的情况与西班牙截然不同，无政府主义从没有在德国扎根。一个主要原因是德国有组织的产业工人阶级力量强大。无政府主义者最大的一次机会是在1883年9月的一天。德皇威廉一世、俾斯麦和一批德意志王公定于这一天去莱茵河畔吕德斯海姆的一座小山出席"日耳曼尼亚"雕像的揭幕仪式。几个无政府主义者在他们必经之路的下水道安置了一枚大炸弹，倘若得逞，会造成重大人员伤亡。但是，他们缺乏经费，买不起防潮导火索，仪式前一夜下雨，炸弹受潮后没有爆炸。几周后，这些人炸毁了法兰克福警察局，被捕后供认了曾策划在揭幕仪式上制造爆炸事件的图谋。3人被砍头，2人被监禁，2人无罪开释。在审判席上，一人听到宣判后高喊："我要是有10个脑袋，也会欣然献给同一事业！"德国无政府主义影响最持久的地方其实不是本国，而是美国。1880年，装订工人约翰·莫斯特（Johann Most, 1846—1906）被社会主义工人党开除，他在1882年移民美国，改名约翰（John），积极参与了美国兴起的无政府主义运动。意大利移民在这场运动中起的作用尤其令人瞩目。1885年，莫斯特出版了《革命战争之科学》一书（副标题是"关于使用和制作硝化甘油、炸药、硝棉、雷汞、炸弹、导火索、毒药等的实用手册"）。他一生数次坐牢，一次被指控怂恿他人暗杀总统威廉·麦金莱（William McKinley, 1843—1901）。

在莫斯特的美国追随者中，俄国移民爱玛·戈德曼（Emma Goldman, 1869—1940）名气最大，人称"红色爱玛"。受恩格斯《家庭、私有制和国家的起源》（1884）等经典论著的影响，无政府主义和社会主义领导人至少在理论上都支持男女平等。德国社会主义领袖倍倍尔撰写的《妇女与社会主义》（1879）流传最广。该书描述了遭受社会和经济剥削的工人阶级妇女的悲惨境况，尤其是被迫卖淫的妇女，描绘了一幅革命后的新世界图景：男女完全平等，对婚姻和家庭生活的种种传统束缚荡然无存。德国社会主义妇女组织之所以在欧洲的社会主义妇女组织中举足轻重，这本书起了一定的作用。1896年，克拉拉·蔡特金（Clara Zetkin, 1857—1933）把几个分散的地方团体合并为一个组织，直到第一次世界大战前夕，克拉拉都是该组织的领袖人物。她出生在萨克森的一个小村子，本名克拉拉·艾斯纳（Clara Eissner），她当小学校长的父亲是德国人，母亲是法国人，受过极好教育。19世纪70年代末，克拉拉积极投身社会主义运动，结识了俄国革命家奥西普·蔡特金（Ossip Zetkin, 1848—1889），奥西普成为她的导师和伴侣。两人没有结婚，但生了两个儿子。克拉拉随奥西普流亡，先去了苏黎世，之后移居巴黎。由于生活困苦，两人均染上了肺结核。奥西普于1889年去世，克拉拉则康复了。后来，她嫁给了比她小18岁的艺术家格奥尔格·聪德尔（Georg Zundel, 1875—1948）。她的两段恋情显示，她完全藐视资产阶级传统观念。

正是在巴黎期间，克拉拉阅读了倍倍尔写的文章，同时结识了恩格斯，从此成为社会主义女权思想的坚定支持者。蔡特金去世后，克拉拉返回德国，接管了一家半死不活的社会主义女权杂志，更名为《平等报》。1914年时，这份杂志发行量已达12.5万份。杂志宣传的观点一以贯之：无产阶级妇女的斗争是工人积极争取彻底改造社会的斗争的不可或缺的组成部分。克拉拉谴责女权主义运动自立门户的观点，称之为"资产阶级"思想，不断抨击女权运动的领导人。在路易丝·齐茨（Luise Zietz, 1865—1922）的协助下，克拉拉·蔡特金发展了一批"鼓动家"，致力于招募工人阶级妇女。齐茨本人是烟草工人，嫁给了汉堡的一个码头工人。德国很多地区的法律禁止妇女参加政治活动，最初活动没有什么进展。1905年法律放宽后，尤其是1908年废止了这些法律后，女权运动蓬勃发展，1914年时已有17.5万人参与，成员绝大多数是社会民主党男党员和工会男会员的妻子。她们的丈夫认识到，如果妻子敌视他们从事的政治活动或对其漠不关心，他们就难以专心致志投入工作，尤其是罢工和资方闭厂停工期间。再者，妻子若不教育孩子支持社会主义事业，就会危及社会主义事业的未来。出于以上考虑，社会民主党党纲加进了妇女解放原则，包括给予妇女充分政治权利。

社会民主党并不想看到参加社会主义运动的妇女独立自主。从

1900到1908年每两年召开一次的妇女大会尤其受到社民党男党员的敌视。在他们的阻挠下,第一次世界大战前,妇女大会仅在1911年又召开过一次。运动内部一个争议更大的问题是国际妇女节。1910年在哥本哈根召开的国际社会主义者妇女代表大会仿效美国社会主义妇女运动,在克拉拉的倡议下通过了设立国际妇女节的决议。1911年3月19日,奥地利、丹麦、德国、瑞士、美国等国的妇女举行示威,要求给予妇女选举权。1912年、1913年和1914年,以上几国妇女又举行示威。游行队伍沉默不语,蜿蜒穿过城市街道。坚定信仰社会主义的妇女高举旗帜,上面写着"给予妇女选举权"的大字。社会民主党的男性领导人多次试图阻拦妇女上街游行抗议,但都失败了。1912年,社会民主党撤销了它的妇女局。这时克拉拉·蔡特金和罗莎·卢森堡(她一直不涉足妇女问题,认为妇女问题会分散她从事革命活动的精力)早已转到极端左翼一边。1908年,妇女运动领袖克拉拉·蔡特金被撤换。社会民主党支持给予妇女选举权从来只是做做样子,从一件事即可清楚看出这一点。1910年社会民主党看到有可能给予普鲁士所有成年男子选举权后,马上表示赞成,绝口不提妇女选举权。

无论是规模还是组织纪律,德国社会主义妇女运动在欧洲都首屈一指。法国一批激进女权主义者成立了"女权社会主义小组",其中最重要的人物是路易丝·索莫诺(Louise Saumoneau, 1875—1950)。索莫诺出身工人家庭,父母是细木工,本人是裁缝。索莫诺与克拉拉·蔡特金持同样观点,认为对妇女问题的关注与革命事业毫无关系,因而不为主流社会主义者所容。1914年,各派社会主义者加在一起总数为9万人,其中妇女不足1 000人。普鲁东写的厌女文章影响依然很深,法国仍然是以小手工业为主的家庭型经济。工会从来不赞成妇女运动，认为这会影响男人的工资。奥地利、丹麦和荷兰均有妇女社会主义运动，规模不大，但意义重大。英国工党内也有少数妇女十分活跃。德国人在争取妇女权利的国际运动中处于绝对主导地位，甚至超过了在第二国际中的地位。

虽然各地有组织的社会主义运动不团结，但它们依然是第一次世界大战爆发前25年推动欧洲政治民主化的最强大动力。当时声势浩大的社会主义组织拥有数百万名追随者，绝大多数来自产业工人阶级。这些组织公开致力于在政治中实现人民大众的平等权利，实行政府负责制，废除君主制和爵位贵族制度，去除国教，破除封建地主等级制，通过摧毁资本主义制度和在一切经济领域建立公有制消灭剥削制度，从而使社会成员生活在一个渗透社会主义价值观的世界里。社会主义者精心编织了一张大网，包括社会主义组织、报章杂志、形形色色的俱乐部和协会、工会、教育机构及其他机构，以此为手段向人民传达以上信念，尤其在德国和奥地利。社会主义以这种方式改变了数百万普通工人的人生。然而，当时主导政治制度的精英阶层认为，社会主义对社会稳定和秩序构成越来越大的威胁。保守派，最终还有自由派政府推行福利改革，竭力化解工人阶级的不满，消除他们的不安全感和贫穷造成的人民对国家基本体制的不满和绝望。截至1900年，几乎所有欧洲国家都进入了大众时代。形形色色的政党和集团争夺人心，争取人民大众的支持。

大众时代

如果说现代民主的基石是成人普选权和政府对议会和选民负责的话，那么19世纪后半叶欧洲历史潮流似乎不可阻挡地朝这一方向发展。1848年革命后的复辟回潮并不意味着自由主义的失败。恰恰相反，在一些国家，宪政主义获胜，议会至高无上的地位得到确立，还推行了具有进步意义的改革，比如新闻自由、法律面前人人平等、陪审团公审制度等等。19世纪中叶，或因革命，或为了预防革命，欧洲国家几乎无一例外用议会取代了传统的封建等级代表制。瑞典比较晚，直到1865年，一个民选议会才取代了封建等级代表制。普鲁士更具代表性，1848年革命浪潮期间，普鲁士建立了议会。各国先后扩大了选举权，把新生社会阶级包括进来。

早在19世纪结束前，一些国家已经实现了男子普选权。希腊自1829年立国起就以成年男子选举权原则为基础（但1877年以前不包括失业者）。法国于1848年开始实行男子普选，此后一直延续下去。1871年德意志帝国成立时，在全国选举中实行了男子普选。奥地利于1907年给予所有成年男子选举权。意大利在1882年和1887年先后两次有限扩大男子选举权，1912年完全实现了男子普选权。西班牙的1869年宪法赋予所有成年男子选举权。其他一些国家显然已着手扩大公民权，但 1914 年时尚未完成。19 世纪 40 年代，瑞典的选民人数略有增加，1865 年的议会上院选举中，大约 20% 的成年男子获得选举权，40% 获得下院选举权，1909 年，选举权再次大幅扩大，但没有实现普选。挪威于 1898 年开始实行男子普选权，当时民族主义情绪高涨，自由派政治家试图为他们推行的挣脱瑞典统治的政策争取最大合法性。1849 年丹麦建国时，只有 1/7 的成年男子有权参加下院选举，这是 19 世纪中叶革命浪潮的结果之一，此后选举权不断扩大，直到 1915 年彻底实现了男子普选权。

一些国家赋予全体成年男子选举权的进程比较缓慢。英国 1867 年的《改革法案》已经增加了选民人数，从 1 365 000 人增至 2 446 000 人，约占成年男子总数的 1/3。选举权仍然受财产资格限制，但比 1832 年时放宽了很多。不仅城市中产阶级，少数技术工人也享有选举权。52 个小市镇的议会席位被取消，席位重新分配。1872 年，无记名投票制度开始实行，削弱了地主权力，杜绝了贿赂和恐吓选民的现象。1884 年，1867 年《改革法案》条款延至农村。一年后，重新分配了 142 个选区，其中 39 个并入伦敦，剩余选区并入北部一些工业城市。将近 2/3 的成年男子享有了选举权。1884 年，罗马尼亚扩大了 1866 年的选举权范围，涵盖了大部分中产阶级，但把广大农民排斥在外，结果 1907 年酿成一场农民起义，席卷全国各地。

19 世纪欧洲各国宪法中，影响最大的要数比利时的 1831 年宪法。这部宪法因吸纳了信仰自由、受教育权利等基本自由原则而闻名于世，它也设置了很高的财产资格标准，享有选举权的比利时男子仅有 4.5 万人。1848 年革命期间，男选民人数翻了一番，增至 9 万人。1892 年，仅 4.4% 的男子（包括各年龄段）有选举权。比利时人民为争

第七章 民主的挑战

取男子普选权，在各地举行罢工和街头示威抗议。在此背景下，1893年，比利时通过了一部新宪法，规定凡年满24岁的男子皆有选举权，34岁以上男子如有家室和可课税的房子，则有两张选票，拥有专业技能资格和财产的人有3张选票。选民人数猛然增加了9倍，大多数选票来自拥有多张选票的选民。在荷兰，国会被潮流卷去，直接选举取代了间接选举。大革命后反动势力卷土重来，1850年荷兰选民人数反而下降了，全国300万人口，大约有8万名选民。比利时全国人口430多万，选民人数与荷兰大致相同。19世纪末，荷兰社会主义运动日益壮大。由于前几年经济不景气，罢工潮此起彼伏。面对民主化的压力，1887年荷兰放宽了选举权，凡满23岁的男子，只要达到较宽松的缴税和住房标准，一律享有选举权。这一措施出台后，选民从1890年的占成人总人口14%增至1910年的31%。

在欧洲部分地区，君主专制或军事专制主义势力百般阻挠民主化力量。然而，政治局势的动荡对于民主并非坏事。1903年塞尔维亚发生的军事政变削弱了君主权力，壮大了选民力量。1910年10月4日，葡萄牙一小批自称"烧炭党人"的少壮派军官逮捕了高级军官，武装里斯本市民，宣布成立共和国。玩兴正浓的国王不得不中断桥牌游戏，逃到一个荒凉海滩，乘船流亡英国。西班牙局势长期动荡，但在从19世纪下半叶到1914年的半个世纪里，西班牙实行的君主立宪制相对稳定，保守党人和自由党人轮流执政，人称"轮流坐庄"。在欧洲各地，国家和议会权力之间的平衡在很大程度上取决于各国君主的秉性、政治阶层的短长优劣和一国的政治文化。1884年，挪威建立了民选议会问责政府的制度，丹麦和瑞典分别在1901年和1917年效法挪威。各国在国内推行改革的原因各不相同，但重要的一点是，议会的产生和选举权的扩大在很大程度上源自不同国家在不同时期对革命的恐惧,从1832年的英国到1907年的奥地利都是如此。在法国、德国以及1867年的英国,保守派政治家把选举权扩大到人口中的一些群体,他们错误地认为,这些人会投票支持维持现存秩序,从而挫败自由党人。有时推行改革是因为原有制度因革命或战争垮台,1848年时很多国家属于这种情况,再如1865年的丹麦或1905年的俄国。温和自由派人士认为,只有两类人应该享有选举权,一是因自身拥有财产、缴纳赋税而与国家利益息息相关的人,二是会读写、有能力为本国政治文化做出贡献的人。但是,迫于力量不断壮大的社会主义运动和民主运动施加的压力,自由派不得不扩大选举权。

19、20世纪之交时,现代政治触及农村广大民众。自古有之的暴乱和起义依然不断,尤其是在农民被剥夺了参与国家政治文化权利的地方,如1905年的俄国和两年后的罗马尼亚。然而,欧洲很多地区的农民已经开始组建自己的政治组织。在意大利南部和西西里,农民起义与社会主义信奉者的现代政治观点和无政府主义者的革命学说结合在一起。19世纪90年代,德国农民组织起来建立生产合作社,每年新建千余个这样的合作社,直到1914年。巴伐利亚的"农民同盟"在"不要贵族,不要教士,不要医生,不要教授,只要农民代表农民"的口号下,发动农村大众,他们对当地显贵和中产阶级无视农民利益极为不满。在德国中部,奥托·伯克尔(Otto Böckel, 1859—1923)和赫尔曼·阿尔瓦特(Hermann Ahlwardt, 1846—1914)建立的反犹政党利用了农民的不满,他们使用1848年革命时的黑、红、金三色,宣称"反对容克地主和犹太人"。法国出身的中产阶级观察家开始注意到,农民"不像往日那样顺从了"。选举从来只在城镇举行,交通改善后，农民参加投票变得容易了。1907年，葡萄根瘤蚜肆虐，重创大片地区的经济。葡萄种植者兼咖啡店老板马塞兰·阿尔贝（Marcelin Albert, 1851—1921）开始举行集会，据说参加者数以万计。农民不再缴税，地方官员挂冠而去，南方大批民众包围地方政府机构，派去镇压的军队抗命不从（后被派到突尼斯的偏远地区驻守）。总理乔治·克列孟梭不得已召见阿尔贝，发现后者因自己开创的运动失去控制而惊慌失措，克列孟梭说服他放弃群众运动。最终只剩下一个"激进党"，拥有大量农民选票，农民靠该党大幅减少了自己的赋税。

爱尔兰的农民运动更难控制。19世纪40年代末，马铃薯饥荒暴发，大批爱尔兰人移居海外。此后，以信奉新教的英裔爱尔兰人为主的地主阶级与雇农和无地佃农之间的对立趋向激化，当时大庄园数量不断增加（占地6公顷以上的庄园增加了20%），小农场数量不断减少（占地2~6公顷的农场减少了38%，占地0.4~2公顷的农场减少了52%）。随着识字率的提高（1850年为33%，1900年增至84%）和信奉天主教的中产阶级的崛起，19世纪70年代末，爆发了一场史称"土地战争"的大规模群众运动，横扫爱尔兰乡村。1879—1882年，这场运动带来了超过1.1万起"罪行"，以发放恐吓信为主。1.1万户佃农从租种的土地上被逐走，地主受到人身攻击，个别地主被枪杀（一名评论员称："英国人枪杀农民和偷猎者，爱尔兰人枪杀地主及其代理人。"）。19世纪80年代，"农村犯罪案"是1878年水平的25倍，包括枪击、殴打、残害动物、阻挠猎狐、发放恐吓信等。爱尔兰小农不满自己被剥夺法律权利，仇视"凌驾于他们之上的英裔爱尔兰新教徒"，以中产阶级为主的民族主义力量兴起则助长了爱尔兰小农的怨恨情绪。

识字率提高，教育扩大，民族语言标准化，铁路、报章杂志和大批印刷传单带来的交通和通信大发展，这一切使城市和乡村的广大民众得以参加政治讨论，从而强化了民族认同感。在实现了成人普选权或重要社会阶层获得了选举权的国家，越来越多的男子开始行使自己的选举权。参加选举的选民百分比不断上升，到20世纪初，在诸如德国这样的国家已超过85%。越来越多的公民参与政治生活后，现代政党开始出现。它们组织起来参加选举，在国家议会里获得代表席位。然而，这些政党中的少数民族成员日益增多，很快对欧洲多民族国家的政治体制提出了挑战。

自由主义的危机

从19世纪70年代起一直到19世纪结束，大多数欧洲国家的少数民族要么无足轻重，要么缄默不语。波兰民族主义是19世纪一些重大动荡的源头。1863年波兰起义被残酷镇压后，波兰民族主义受到遏制。民族主义政党开始出现，但在沙皇专制制度下，加之奥地利和普鲁士对各自统治下的前波兰领土的压迫，这些政党的活动受到百般挤压。在法国、意大利、葡萄牙、荷兰和斯堪的纳维亚半岛，少数民族对于本国政治进程无足轻重。西班牙的加泰罗尼亚民族主义刚开始露头。但是，在两个国家，即大不列颠及爱尔兰联合王国和二元君主国奥匈帝国，公民权放宽，"民众民族化"后，重大政治冲突随之而起。两国国内人数众多的少数民族利用自由派统治地位的衰落日益坐大，这是扩大政治权利带来的最明显后果，第一次世界大战爆发时，这已事关国家存亡。

1867年和1884年英国两次扩大选举权宣告了辉格党人的末日。从19世纪30年代到60年代中期，出身贵族的自由派人士一直把持英国政坛。1883年，下院辉格党领袖、德文郡大公的儿子哈廷顿勋爵（Lord Hartington, 1833—1908）说，辉格党的职责是"领导加引导，节制"民众意志，"在先进党与有钱有势、自然反对变革的阶层之间牵线搭桥"。他口中的"先进党"指在下院拥有大约80个席位的激进党，激进党想进一步推行民主和社会改革。19世纪中叶后，昔日的辉格党摇身一变成为自由党，中产阶级逐渐成为党内的中坚力量。格莱斯顿维系了党内团结，尽力延迟大众政治的到来，19世纪80年代后，他又为大众政治的降临起了重要作用。

格莱斯顿是保守财政政策的最著名践行者，力行节制政府开支。格莱斯顿认为，他的一切政策旨在维护社会和政治秩序。他强烈信奉精英统治，任命大批贵族辉格党人出任政府各部要职，与激进党人政见南辕北辙。格莱斯顿认为，与其与民众为敌，不如顺应民意。他觉得自己的作用是弥合地主阶级和政治精英集团与工业化过程中新生的中产阶级和工人阶级之间的鸿沟。格拉德斯倾注全力支持自己认同的事业，因此主导了议会下院。只有与他旗鼓相当的对手迪斯累里能与他争锋。迪斯累里私下称格莱斯顿是"不讲原则的疯子"，对他极尽讽刺挖苦，打击他的形象。在迪斯累里眼里，格莱斯顿集"嫉妒、报复心、虚伪和迷信于一身"。格莱斯顿把迪斯累里视为无原则的投机分子，他曾说："昔日托利党有自己的原则。无论结果好坏，它都会坚持原则，也的确坚持了原则。这一切如今毁于迪奇（迪斯累里）之手。"两人之间的唇枪舌剑被各家报纸转载，他们在下院的较量成了吸引全国大量观众的娱乐节目。政治成了表演，更让人感到下院是开展国家政治辩论的绝佳场所。

就煽动议会外群众的能力而言，迪斯累里不及格莱斯顿。格莱斯顿的嗓音低沉有力，具有穿透力，可以在户外对1万到1.2万人发表演讲。一些听力好、声音低沉的"接力者"把他的话复述给人群外圈的人。1879—1880年，格莱斯顿在户外发表一系列出色演说，人称

第七章 民主的挑战　　741

"中洛锡安竞选活动"，标志了现代竞选运动的诞生。他在演说中犀利抨击迪斯累里政府，成千上万的听众听得如痴如醉。格莱斯顿不是向自己的选区，而是向全国宣传自己的纲领，每次演讲都近5小时，常被人比作布道。即使是在一个虔诚信教的时代，格莱斯顿对宗教的笃信也是超群的。他的高派圣公会理念贯穿所有政治演说，反映了他的坚定道义信念。格莱斯顿因此成为全国加尔文宗、卫理公会等不从国教宗派信徒眼中的英雄。1868年，格莱斯顿表示："似乎上帝出于自己的考虑一直给予我力量。我深知自己不配。荣耀归于上帝。"迪斯累里抱怨说，格莱斯顿经常把政治王牌藏在袖子里，更令人无法容忍的是，他总是说，王牌来自上帝。格莱斯顿有在重大问题上久思不决的名声，传说他每口饭要咀嚼32次才下咽。其实，他做事往往很冲动。

作为现代政治运动的自由党的诞生有格莱斯顿在背后推动。1877年，伯明翰自由党领袖约瑟夫·张伯伦（Joseph Chamberlain, 1836—1914）创立了"自由党全国联合会"。张伯伦是实业家，靠生产螺丝起家，后在自己家乡出任市长。联合会在各选区设立了分支机构，有注册会员，参与筹款活动，在各地建立社交俱乐部，选举期间负责协调竞选活动。保守党人也有一个类似组织，即1867年成立的"保守党协会全国同盟"，自1870年起，该同盟由保守党中央机构领导，1880年时，该组织已半死不活，后来才重整旗鼓。由于以上变化，加之选民人数增加，几位候选人同时竞选的选区数量增加了。1865年，194个选区的候选人在没有竞争对手的情况下当选议员；20年后，只有39个选区的候选人没有竞争对手。出乎迪斯累里意料，1868年格莱斯顿赢得了新选民的支持，组成了自己的首届政府，一直执政到1874年。

这也是 19 世纪 30 年代辉格党政府以来的第一个锐意改革的政府。这届政府的目标是把自由竞争的自由原则引进一切政治和社会领域，改革的内容和规模都十分惊人。

自 1870 年起，除外交官外，竞选政府公职的候选人无一例外必须参加公开竞争考试，这为中产阶级在政府内任职打开了大门。任命和官吏恩赐制度不复存在。针对 1864—1871 年普鲁士连战连胜的现实，陆军大臣卡德威尔勋爵（Lord Cardwell, 1813—1886）改组了军队，从印度调回大批部队，同时建立了一支基于本土的远征军。买卖军职制度被废除，军官晋升完全凭个人才干。作为惩戒手段的鞭刑同时被取缔。1870 年的《初等教育法》建立了由地方政府出资的"公立小学校"，与教会办的学校分庭抗礼，初等教育得以普及。根据《公共卫生法》（1872），各地成立了卫生委员会，任命了卫生事务医务官。1871 年的《地方政府委员会法》强化了与地方政府打交道的政府相关机构的权力，同年另一项举措取消了牛津大学和剑桥大学教师必须参加宗教考试的规定。1869 年颁布的工会法案保护基金，1870 年的《已婚妇女财产法》（1882 年进一步完善）赋予妻子拥有自己婚前财产的合法权利。立法热过后，1873 年迪斯累里把在下院前排就座的政府大员比作"喷发后的火山"也就不足为奇了，因为当时其他几项举措遇到了麻烦。1874 年，格莱斯顿举行了大选，他只有废除所得税这一条清晰政策，结果惨败。

在大选中获胜的迪斯累里出任首相，一直干到 1880 年才下台。他炫耀说："我爬到了滑溜溜的电线杆的顶端。"迪斯累里出生于中产阶级上层犹太人家庭，受洗成为基督徒。他蓄山羊胡子，穿戴时髦，俏皮诙谐，自称小说家（他在任期间继续发表小说）。这么一个人似乎不像领导一个由不苟言笑的乡绅地主组成的政党的合适人选。他的法宝之一是，他对贵族制度的长处坚信不疑，本人意志坚定，不人云亦云，不会被暴民吓倒。他甚至认为，犹太人天生就是贵族。1867年，迪斯累里一手推动扩大公民选举权，开创了"托利党民主"，从组织上和意识形态上把保守党人转变为一个现代政党。1865年帕默斯顿去世后，迪斯累里马上接过他的爱国主义衣钵，为保守派所用。他的党得益于伦敦郊区的不断扩大，郊区居民在1874年选举中坚定站在托利党一边。迪斯累里就职时已是七旬老翁，在他任职期间，通过了新《公共卫生法》(1875)、《手工业者和劳动者住宅改善法》(1875)，在1876年通过一个规定所有船只必须在舷侧标出最小干舷线的法案，俗称"载重线标志法"，还实施了其他举措。不过，他的内政政绩逊于前任。迪斯累里更重视外交和帝国主义政策，认为他的使命是以"恢复常态"的方式实现社会安定，只做微小改革，避免大革新。1876年，迪斯累里以比肯斯菲尔德伯爵的身份进入上院。他与格莱斯顿的激辩已成往事，格莱斯顿这位前自由党首相输掉1874年大选后引退。格莱斯顿对土耳其人在保加利亚犯下的暴行怒不可遏，重返政治舞台，开始了他的"中洛锡安竞选活动"。格莱斯顿挟竞选之势执掌自由党。1880年，格莱斯顿赢得大选，再度执政。

格莱斯顿发现，他已驾驭不了"中洛锡安竞选活动"释放出的民众政治能量。如今他被人称为"G.O.M."，意思是"老前辈"（Grand Old Man）——他的政敌则将其解释为"上帝的一个过失"（God's One Mistake）——也有人称他是"人民的威廉"。议会外的民众支持重大改革举措。格莱斯顿推动议会通过了1883年《取缔选举舞弊及非法行为法》，限制竞选人的竞选金额，打击选举期间的舞弊行为。1884年的《改革法案》大大扩大了支持格莱斯顿竞选的那部分社会阶层的选举权。张伯伦同样主张改革在住房、土地庄园继承税（1894年最终出台）、免费初等教育、累进所得税等方面的现行做法，如此一来必然会惹恼辉格党人。张伯伦宣称，自由党人"已为走向建设性激进主义做好准备"。他衣着考究，扣眼上总是别着兰花，戴单片眼镜，看上去完全不像桀骜不驯的激进分子，但他以贸易委员会主席身份发表的言论得罪了辉格党内的贵族，把他们赶到保守党人阵营。

张伯伦的激进主义含有他对帝国和联合王国抱有的坚定信念，正是这一信念把他推向与格莱斯顿冲突的道路，尤其是在爱尔兰问题上。在这一关键问题上，民主与自由主义迎头相撞。信奉天主教的爱尔兰农民普遍对英格兰人的统治和信奉新教的地主感到不满，很多地主长年住在英格兰。1869年，格莱斯顿撤销了国家对爱尔兰圣公会的支持，剥夺它的捐赠基金，试图借此解决宗教问题。1870年颁布的《爱尔兰土地法》扩大了佃农权益，然而执行起来困难重重。1872年实行无记名投票后，爱尔兰人选民没有了此前英裔爱尔兰人地主给他们施加的压力，结果把59名爱尔兰人送进威斯敏斯特议会，59人无一例外坚定支持"爱尔兰地方自治"。迪斯累里对"爱尔兰问题"不予置理，只颁布了一部《高压法案》（1875），赋予政府镇压动乱的权力。法案没有起到丝毫作用，1880年，针对地主和英格兰人的暴力已在爱尔兰乡村蔓延。格莱斯顿一心解决爱尔兰问题，1880年他说："我的使命是在爱尔兰实现和平。"

1881年，格莱斯顿推动通过了第二个《土地法》，进一步扩大了佃户权益，但遭到信奉新教的英裔爱尔兰人地主查尔斯·斯图尔特·巴涅尔（Charles Stewart Parnell, 1846—1891）的反对，后者认为法案还不够。巴涅尔于 1875 年当选议会议员，1880 年成为"爱尔兰自治联盟"领导人。该联盟创建于 1873 年，1882 年更名为"爱尔兰议会党"。凭借这一平台，巴涅尔发挥了他的杰出演讲才华。他本人有一半美国人血统，1879—1880 年冬天，他周游美国，向移民美国的爱尔兰裔人士筹款，争取他们的支持。他告诉美国听众：

> 我们反对英国人治理不善的同时，也为爱尔兰自立于世界民族之林铺平了道路。不要忘记，这是全体爱尔兰人为之奋斗的终极目标。无论我们在美国，还是在爱尔兰，绝不会有一人罢休，直到彻底斩断把爱尔兰与英格兰连在一起的最后一根链条。

巴涅尔扶助了激进的民族主义"芬尼运动"，政府依据《高压法案》把他投入监狱。1882 年，他在所谓《基尔曼哈姆条约》中同意接受《土地法》，条件是取消拖欠地租。之后他被释放。威廉·奥谢（William O'Shea, 1840—1905）上尉主持了谈判，他的妻子基蒂·奥谢（Kitty O'Shea, 1846—1921）是巴涅尔多年的情妇，肚子里已怀了巴涅尔的孩子，很快就要分娩。两人之间的风流韵事此时尚未公开，但 1881 年奥谢上尉曾提出与巴涅尔决斗。当时面临一个更紧迫的问题：《基尔曼哈姆条约》因一起暗杀事件遭到破坏。1882 年 5 月 6 日，一个叫"爱尔兰民族不可战胜者"的爱尔兰民族主义秘密团体的成员在都柏林凤凰公园刺杀了爱尔兰事务大臣弗里德里克·卡文迪什（Frederick Cavendish, 1836—1882）勋爵和次官托马斯·亨利·伯克（Thomas Henry Burke, 1829—1882）。1882 年，英国政府指控巴涅尔支持这次暗杀，将他逮捕后投入基尔曼哈姆监狱。巴涅尔公开谴责暗杀行为，此后获释出狱。调查结果显示，指控他的文件是伪造的，但当时谈判已不可能再有任何进展。

次年举行的大选中，赖1884年《改革法案》，议会中支持爱尔兰地方自治的议员增至86人，领导人是巴涅尔。他与保守党人结盟，把格莱斯顿赶下台。在新组成的议会下院里，爱尔兰人议员处于举足轻重的地位。此时格莱斯顿已接受了地方自治是唯一出路的观点。但是，信奉新教的辉格党大佬拒绝加入内阁，他们一想到被信奉天主教的农民控制的未来爱尔兰议会可能会没收英裔爱尔兰人地主的财产，不禁不寒而栗。他们得到了张伯伦领导的激进党的支持。张伯伦认为，地方自治打击了英国的帝国使命。1886年，格莱斯顿提出的《地方自治法案》被击败。在此后举行的大选中，支持他的自由派丧失很多议席。以张伯伦为首的79名自由党统一派成员和以上院索尔兹伯里侯爵（罗伯特·加斯科因-塞西尔）为首的316名保守党人组成联合政府上台执政。索尔兹伯里领导的保守党从1885年到1905年执政近20年，其间只中断过3次。前两次是1886年和1892—1894年，分别是第3届和第4届格莱斯顿政府，后一届政府再次因爱尔兰地方自治问题倒台。第三次是1894—1895年，执掌这届短命政府的是才华横溢但作风懒散的罗斯伯里伯爵领导的自由党人。爱尔兰问题终结了自由派长期称霸政坛的日子。

格莱斯顿之所以支持爱尔兰地方自治，原因之一是他认识到，巴涅尔不会接受任何其他方案。格莱斯顿不愿意让自由派领导权落入张伯伦之手，他认为张伯伦和迪斯累里一样，是危险的机会主义者。格莱斯顿担心，爱尔兰问题如果不解决，就会始终主导英国政治。爱尔兰地方自治成了一个道义事业，格莱斯顿为此打起精神继续参与政治活动，直到耄耋之年，然而他终未能如愿。1889年，奥谢上尉终于向法院提出与妻子离婚，同时把巴涅尔作为被告一并告上法庭。巴涅尔因这一丑闻名誉扫地后，爱尔兰地方自治事业折戟沉沙。1890年审理此案期间，一些细节被披露出来，自由党人中不从英国国教的新教徒闻知怒不可遏。格莱斯顿警告说，如果巴涅尔继续留任，他们就会输掉下一次大选。这位爱尔兰领导人的追随者在这一问题上陷入分裂，巴涅尔为挽救自己政治生命而奋争，结果一病不起。1891年10月，他患肺炎死在基蒂怀抱里，3个月前，两人刚刚结婚。

19世纪最后15年，索尔兹伯里成为英国政坛上的风云人物。他是贵族大地主，又是活跃的记者。索尔兹伯里很会掩饰自己，外表给人的印象是一位不动声色、举止傲慢的政治家，其实他生性好激动，遇事悲观。索尔兹伯里分别于1885—1886年、1886—1892年和1895—1902年出任首相，在下院和上院分别得到以张伯伦为首的自由党统一派和辉格党贵族的支持，当时辉格党贵族大多已倒向保守党。索尔兹伯里在前两届政府期间还兼任外交大臣。由于他具双重身份，加上他又是上院议员，他的属下大臣在国内政策上有很大自主权。但总体来看，索尔兹伯里在位期间除了改组地方政府、改善工作条件外，无甚作为，这反映了他极端保守的信念："只要有事，就不是好事。尽量不生事符合我们的利益。"也许就此意义而言，索尔兹伯里遏制了英国日益高涨的民主浪潮。索尔兹伯里擅长演讲。虽然他观念保守，却接受了格莱斯顿引入的大众政治。与此同时，格莱斯顿逐渐淡出政坛后，自由党人得以调整政策，回归1891年的《纽卡斯尔纲领》。该纲领赞成通过国家干预实现社会变革，减轻工人阶级贫困。这是一种全新的自由主义，摒弃了格莱斯顿信奉的政府越小越好的观念，转而寻求与国家赞助的社会福利理论妥协。这样做的又一好处是争取到了工会对自由党人的支持。在此后举行的一系列地方选举中，自由党与工会结成联盟，导致越来越多的自由党统一派成员和保守党人输掉选举。

索尔兹伯里在任最后几年，被第二次布尔战争（1899—1902）牵涉到的帝国问题纠缠。这场战争在国内激起民众的爱国热忱，包括大批工人。自由党人在这一问题上陷入严重分裂。1902 年 7 月，身体虚弱的索尔兹伯里辞职，外甥阿瑟·贝尔福接替他出任首相［俚语"鲍勃（索尔兹伯里名字昵称。译注）是你舅舅"即源自这次接班，意思是十拿九稳］。贝尔福曾在索尔兹伯里手下在下院处理过政府事务，但面对张伯伦挑起的新危机束手无策。张伯伦这位伯明翰前市长对德国崛起的经济实力忧虑万分，积极主张再次征收进口关税，减轻"德国制造"产品对英国经济的冲击。他的主张违反了自由贸易原则，而自从半个多世纪前废除《谷物法》后，这一原则始终神圣不可侵犯。征收进口关税将与"帝国特惠制度"挂钩，对帝国内部的进口产品只征收最低关税，从而维持食品的低廉价格。张伯伦宣扬的这一观点触怒了保守党人中的辉格党贵族。1903 年，他们脱离政府，成立了"统一食品自由贸易派"（Unionist Free Fooders）。张伯伦的主张同时也遭到自由党人和工会的一致反对。他们认为，哪怕对来自帝国内部的食品征收很低的进口关税，也会导致工人阶级的生活费用上涨。

1905 年 12 月，贝尔福因保守党内分裂被迫辞职。亨利·坎贝尔-班纳曼爵士靠打自由贸易牌赢得 1906 年大选，组成自由党政府。贝尔福本人在选举中输给了年轻战地记者温斯顿·丘吉尔，丢掉了议会席位。1907 年 11 月，坎贝尔-班纳曼心脏病数次发作。1908 年 4 月他去世前不久，在他手下任财政大臣的赫伯特·阿斯奎斯取代他出任首相，继续执政了8年。阿斯奎斯得到377名自由党人、53名新成立的工党的代表和83名爱尔兰民族主义者的支持，拥有对保守党人的绝对多数优势。保守党人分裂成三派：79人赞成关税改革，称"彻底支持派"，49人支持贝尔福，31人为"食品自由贸易派"。新首相是出色的律师，能言善辩，他的领导风格不是驾驭内阁，而是管理内阁。阿斯奎斯在政治生活和私生活上均不拘小节。他娶了社交界名媛玛戈·坦南特（Margot Tennant, 1864—1945）为妻，1910年到1915年期间，又与年轻贵夫人维尼夏·斯坦利（Venetia Stanley, 1887—1948）保持柏拉图式的关系，最多的时候一天给她写3封情书，有些是他出席内阁会议时写的。阿斯奎斯还因嗜酒出名。

自由党人执掌政权是象征新时代降临的一连串事件中的一个。这一连串事件中，首先是1901年1月维多利亚女王逝世。接替她的爱德华七世即位时已经59岁，他一生声色犬马，饮酒、赌博、狩猎，追求从俄国公主到巴黎妓女的形形色色的女人，由此引发的丑闻玷污了他的名誉。（爱德华七世因多次造访巴黎而享有国际大外交家之名。其实他根本配不上这个称号，他去巴黎的目的与外交风马牛不相及。）1910年爱德华七世去世后，他的儿子乔治五世继位。1892年他长兄去世，乔治成为王储。他长期在皇家海军服役（其间在手臂上文身），不出海时，要么收集邮票，要么狩猎。爱德华七世和乔治五世与维多利亚女王不同，政治上没什么建树，加上保守党人势力日衰，自由党人得以放手推行民主化，或者说几乎可以放手，因为保守党人在上院的世袭贵族中依然拥有压倒优势。

阿斯奎斯的执政风格比较柔和，两位自由党政治家得以在内阁中脱颖而出。一位是1905—1916年任外交大臣的爱德华·格雷（Edward Grey, 1862—1933）爵士。格雷性格古板，毕业于牛津大学，获三等荣誉学位，成绩平平，在校时曾获"老式室内网球"冠军。格雷出身望族，祖辈是辉格党大地主，本人心高气傲，在外交政策上自行其是。阿斯奎斯内阁内的另一名要员戴维·劳合·乔治完全属于另一种类型。劳合·乔治靠律师职业起家，凭借演说才华和个人魅力成为政治家。他禀性激进，言辞更是激烈，致力于动用国家资源改善穷人的境况。在他影响下，自由党人很快着手兑现《纽卡斯尔纲领》中的许诺，满足支持他们的工会提出的要求。1909年，时任财政大臣的劳合·乔治提出了所谓"人民预算案"，内中包括打击富人的累进所得税和土地税。把持上院的保守党人竟然前所未有地否决了政府预算案，称它是对财产的攻击。政府旋即宣布举行大选，1910年1月，政府赢得大选，自由党和工党携手击败了保守党人。此次大选的选民投票率是有史以来最高的（占选民的87%）。选举结果显示，选民不仅支持政府执行"人民预算案"，还支持废除上院否决议案的权力。阿斯奎斯于是提出了废除上院拥有的否决权的法案。在首相威胁立即辞职的情况下，新继位的国王乔治五世被迫同意，如果上院拒绝法案，他将任命500名自由党人任上院议员。保守党人果然拒绝了议案。阿斯奎斯再次要求举行大选。1910年12月举行了大选，结果与上一次大选相同。新增的500名上院议员咄咄逼人，尽管世袭贵族中有将近100名"死硬分子"顽固抵制，上院最终还是通过了《议会改革法案》，赞成票比反对票多出17张，王室也表示接受。从此以后，上院对下院批准的立法议案仅有拖延权，再也无力阻挡议案。这是民主政治取得的一大成就。

1910年后，阿斯奎斯政府在这场宪政危机中依赖83名"爱尔兰党"议员维持自己在议会中的多数优势。上院权力被削减后，作为酬劳，这些议员要求在爱尔兰实行地方自治。爱尔兰问题再次成为政治焦点。爱尔兰政治进程很快陷入岌岌可危的境地。1912年，政府提出一项法案，允许爱尔兰建立自己的议会，拥有处理各种事务的广泛权力，但外交、国防及部分财政和警务除外。该法案遭到自由党统一派的坚决反对。1911年贝尔福因支持上院改革而失去保守党领袖地位后，该党被统一派控制。贝尔福的继任者是加拿大出生的商人和关税改革者安德鲁·博纳·劳（Andrew Bonar Law, 1858—1923），他强烈反对爱尔兰地方自治，支持北爱尔兰的新教徒。北爱尔兰新教徒坚决反对在爱尔兰其他地区接受人口占多数的天主教徒统治。爱尔兰党坚持在爱尔兰全境内实行自治，新教徒成立了一支16万人的"北爱尔兰志愿军"，司令是一名英国退役将军。同情统一主张的英军军官按兵不动，以律师爱德华·卡森（Edward Carson, 1854—1935）爵士为首的统一派开始为内战做准备。在审判奥斯卡·王尔德一案中卡森曾作为检方出席，名噪一时。

爱尔兰危机导致英国国内局势动荡不安。只是因为1914年8月英国与德国开战，才推迟了危机的爆发。战前英国国内发生大规模劳工骚动。1911年全国铁路工人首次罢工，同年港口工人罢工，南威尔士还爆发了矿工示威，军队开枪镇压示威者。政府似已无力控制局势。争取妇女选举权女子的过激行为更让人感到局势一团混乱。自由党采取的对策是实行矿工最低工资制，1912年建立了疾病和失业补助制度，但这些措施未能满足大多数工人的要求。从1910年到1914年，工会会员人数增加了60%。工党的影响力随之上升。1912年，阿斯奎斯放宽了选举权限制，试图借此平息民主浪潮，但因妇女选举权问题而搁浅。保守党内的地主阶级势力日益衰微，郊区资产阶级开始滑向保守党。格莱斯顿结成的中产阶级和工人阶级联盟已近末日。英国的民主取得了重大成果。然而1914年末，政治进步进程显然陷入困境，后来一位历史学家口中的"自由英格兰的怪异死亡"已经开始。当时对联合王国领土完整威胁最大的是爱尔兰乱局，最终爆发了一场武装起义，内战随之而来。20世纪20年代，爱尔兰独立建国，仅北爱尔兰六郡留在联合王国内。

民族主义与民主

以赋权少数民族的方式扩大选举权给自由议会制度造成了颠覆性后果。目睹这一后果的又一大国是依照1867年《奥匈折中方案》建立的奥匈帝国。迫于社会主义者的压力，1907年，奥匈帝国给予境内一半领土上的民众选举权，但在另一半领土维持旧制不变，结果激化了民族主义情绪，削弱而非加强了选举产生的立法机构的影响。这一时期从始至终，主导二元君主制政治的都是长寿的弗朗茨·约瑟夫。他1848年即位，在皇位上坐了将近70年，直到1916年去世。仅仅凭借长期执政，约瑟夫就给帝国带来了稳定和延续性。他幼年师从梅特涅亲王，拿破仑战争期间，梅特涅领导了反法斗争。约瑟夫越来越像是另一个时代的人，信奉君权神授说，将其诠释为恪尽职守、严格遵守礼仪和传统。约瑟夫为人乏味，缺乏想象力，但颇有天分。他会说英语、法语、德语、匈牙利语、意大利语和西班牙语，还粗通捷克语和塞尔维亚-克罗地亚语。出于年龄和自身经历方面的原因，他对变革十分谨慎。不得不变革时，他能显示出足够的灵活性，接受变革。他的个人生活因一连串的不幸蒙上阴影。弟弟马克西米利安（Maximilian, 1832—1867）在墨西哥被处决，长子鲁道夫皇储（Crown Prince Rudolf, 1858—1889）自杀。1898年，他的妻子，面容姣好、性格倔强的伊丽莎白皇后被意大利无政府主义者卢切尼刺杀。1914年，他的侄子弗朗茨·斐迪南大公遭人暗杀。

直到19世纪50年代中期，奥地利都是欧洲首屈一指的强国。1859年它在意大利统一战争中败给意大利和法国后，走上了漫长的衰落道路，其间有起有落。地缘政治因素决定了奥匈帝国没有像法国人那样寻求复仇，而是从1871年起与新生的德意志帝国结盟，尽管心有不甘。奥匈帝国不得不面对自己周边巴尔干地区日益高涨的民族主义。俄国借奥斯曼帝国走向衰微之机四处扩张，支持巴尔干地区的民族主义。随着岁月的推移，奥匈帝国和德意志帝国之间的均势开始向后者倾斜，尤其是德国加大对中东欧和东南欧国家的投资后。帝国的二元政体结构包含两个分开的国家，奥地利和匈牙利，大致沿莱塔河划界，因而分别有内莱塔尼亚和外莱塔尼亚之称。两个国家境内都有人数众多的少数民族。在帝国的奥地利那一半，少数民族以捷克人、斯洛伐克人、波兰人、斯洛文尼亚人、意大利人和乌克兰人为主；帝国另一半匈牙利境内的少数民族主要是罗马尼亚人、塞尔维亚人和克罗地亚人。从很多方面看，1914年以前的奥匈帝国政治史，也是这个多民族帝国极力抵御日益高涨的语言和族裔民族主义的历史，在此期间，正在崛起的工人阶级争取民主权利的斗争也不断高涨。

如同英国，奥匈帝国的议会体制也走了一条渐进改良之路。自1867年起，1861年成立的帝国议会权限仅及帝国的奥地利部分。这是一个陈旧的体制，显然需要变革。议会议员不是直接选出的，而是由各州议会推出，州议会议员又是从分别代表地主阶级、城镇、商会和农村四个阶层的"地区议会"选出的。1873年，议员人数从203名增至353名，由地区议会直接选出。这一变革类似英国1832年的《改革法案》，增加了城镇的代表权。地主阶层选出 85 名议员，城镇 118 名，商会 21 名，农村 128 名。帝国全国人口中，只有 6% 的人有权参加以上选举。1883 年帝国议会搬迁到位于维也纳环城公路边上新落成的大厦后，降低了加入地区议会的付税标准。1896 年又增加了第五个地区议会，同时实现 25 岁以上男子普选权。新增的地区议会选出了 72 名议员，改变了贵族人数占优势的局面。

以上变革并没有改变皇帝依然握有任免大臣权力的事实，也没有触动由世袭贵族组成的上院的权力，但变革的确说明，政府本着审慎自由主义精神逐渐扩大选举权。阿道夫·冯·奥尔施佩格（Adolf von Auersperg, 1821—1885）亲王是当时政坛的风云人物，19 世纪 70 年代的大部分时间都是他在掌权，尽管弗朗茨·约瑟夫不喜欢他的自由主义观点，尤其是他强烈的反教会政策。奥尔施佩格不仅在 1873 年扩大了选举权，还给予加利西亚的波兰人更大自治权，扩大了陪审团审判制的涵盖范围，将大部分重罪包括在内，同时推行了其他一些带有自由色彩的改革。1873 年爆发了"黑色星期五"金融危机，7 亿莱茵盾在维也纳证券交易所蒸发，成千上万家公司和老板破产，包括 48 家银行和两家铁路公司。公众对自由派的信心受到打击，尤其是少数自由派人士深陷导致危机的金融投机活动。1879 年，奥尔施佩格未能利用俄国与奥斯曼帝国之间的一场重大国际危机，因而倒台。弗朗茨·约瑟夫和大批自由派议员最终抛弃了他。

右派在此后举行的大选中以微弱优势胜出。爱德华·塔弗（Eduard Taaffe, 1833—1895）伯爵上台执政。他祖上有一名爱尔兰贵族，17 世纪时效力于哈布斯堡家族（他因此获爱尔兰贵族身份，虽然爱尔兰贵族不是英国上院议员）。塔弗幼时与弗朗茨·约瑟夫一起玩耍，早年作为温和自由派人士涉足政坛，19 世纪 60 年代任过首相。他再次出山时，观点已趋向保守。塔弗最大的成就是说服一直抵制帝国议会的捷克议员重返议会。作为交换条件，他在波希米亚使用捷克语和捷克人在波希比亚议会的代表权问题上做出一系列让步。塔弗有一句名言，反映了他对日益高涨的民族主义浪潮的态度，他说，自己的目标是"做到精心调控帝国境内各民族的不满情绪，使之没有深浅多寡之别"。他的这番话不是指蓄意奉行"分而治之"政策，而是表明他认识到，民怨不可避免。塔弗能做的不过是竭力使不满情绪不至失控。正是在塔弗的推动下，1883 年扩大了选举权。这一举措进一步削弱了自由党，为新政党打开了大门，不仅有社会主义者，还有基督教社会党。基督教社会党领袖卡尔·卢埃格尔精力充沛，甚得民心。卢埃格尔出身贫寒，后成为律师，在维也纳法庭审理的案子上为"微不足道的小人物"辩护，以此扬名。他赞成进行社会改革，发表反犹言论，维护天主教利益集团，受到广大民众的拥护。1890 年，卢埃格尔的党在议会赢得 14 席，包括维也纳地区的 7 个席位，而自由党人丢失了 1/4 的席位。1895 年，基督教社会党在维也纳市议会选举中获多数席位。弗朗茨·约瑟夫因厌恶该党的激进政策，拒绝承认新当选的议员。两年后，卢埃格尔在帝国议会赢得 27 席，这次弗朗茨·约瑟夫不得不做出让步。卢埃格尔依仗自己是维也纳市长，大力推行城市改革计划，发展现代医疗，改善饮水和交通设施，修建公园、医院和学校，在一定程度上实现了他立志把维也纳建成"美丽花园城市"的宏愿，因此民气愈盛。

1910 年，卢埃格尔死于糖尿病。此前奥地利不顾上院强烈抵制，于 1907 年再次大大放宽选举权。面对社会主义者接连不断举行的大

第七章 民主的挑战

规模示威，弗朗茨·约瑟夫担心，撼动了俄国沙皇尼古拉二世统治的革命可能会在奥匈帝国重演，地区议会制终于被废止，各州一律实行男子普选。这次改革的结果是一些分裂出来的新民族主义派别入选帝国议会，如托马什·马萨里克领导的"捷克人民党"。1900年马萨里克创建该党，与自由派"青年捷克人"、保守的"旧捷克派"和捷克社会民主党（创建于1878年）分庭抗礼。其他少数民族内部同样因意识形态上的分歧分裂成不同派别。1907年，帝国议会的516名议员分属大约30个政党，其中有87名社会民主党人、97名基督教社会党人、18名斯洛文尼亚教士党人、17名波兰平民党人、3名旧罗塞尼亚党人和2名捷克人民党人。讨论问题的议会成了彼此对立的不同民族团体争吵的场所。他们操着五花八门的语言，冲对方大吼大叫，把对方声音压倒。捷克议员采取拖延战术阻挠议会讨论，理由是议会使用德语。波希米亚议会里的德意志人议员以同样的办法回敬。1908年弗朗茨·约瑟夫登基60周年之际，波希米亚各地的捷克民族主义者甚至扯下哈布斯堡王朝旗帜，表达他们的绝望心情。帝国议会的混乱和瘫痪导致政治权力转到宫廷，落入弗朗茨·约瑟夫周边大臣手中。皇帝与指定的继承人弗朗茨·斐迪南大公的关系并不融洽。原因之一是约瑟夫迫使他的侄子同意，他与索菲·霍泰克（Sophie Chotek, 1868—1914）所生的孩子不得继承皇位，因为两人的婚姻系贵庶通婚。索菲不过是女伯爵，论品级没有资格当哈布斯堡王朝皇后。大公因此受到钳制，难以在奥匈帝国推行或许能安抚捷克人的改革。更重要的是，权力集中到皇帝手中后，军人权柄日重。

皇帝依然握有军事和外交决策权，但奥匈帝国的另一半匈牙利在政治体制上享有较大自主权。弗朗茨·约瑟夫采取重大军事或外交行动前，必须征询政府意见。1867年《奥匈折中方案》后，伴随维也纳中央集权专制体制的垮台，匈牙利全面推行改革，更新了宪法，给予犹太人平等公民和法律地位（1868），司法权与行政权分开（1869）。1875年，匈牙利局面稳定下来，19世纪60年代两大民族主义组织合并组建的自由党开启了长期执政的岁月。一如欧洲很多地区，代表匈牙利民族主义温和派的自由党之所以能长期执政，是因为选举权受到限制。全国人口仅有大约10%享有选举权，绝大部分是地主和专业人员，没有穷人。匈牙利的自由党顽固抵制扩大选举权的一切尝试，担心此门一开，罗马尼亚人、克罗地亚人及其他少数民族更有机会发泄不满。1875—1890年任首相的蒂萨·卡尔曼（Kálmán Tisza, 1830—1902）改革了税收制度，平衡了收支，但为此四面树敌。左翼的激进民族主义者希望匈牙利享有比1867年《奥匈折中方案》更大的自主权。而维也纳的军方和官僚机构认为1867年《奥匈折中方案》走过了头，希望收回部分权力，改由自己掌握。蒂萨夹在两派中间，越来越难控制局面。1886年在匈牙利首都布达佩斯举行的一场仪式上，奥地利驻军司令在一名参与镇压1848年匈牙利革命党人的奥地利将军墓前献了一个花圈，触动了民族主义者的敏感神经，而这仅是多起冲突中的一起。蒂萨最终对处理这类似乎无足轻重的纷争感到厌倦，于1890年辞职。不过他的党依然执政。

匈牙利自由主义的支持者主要来自民族主义的马札尔地主阶级。他们抵制农民代表呼吁进行社会改革的要求。由于匈牙利工业相对落后，大规模社会主义运动难以发展。19世纪90年代罢工潮过后，工会被取缔。参加1904年罢工的铁路工人被征入伍。示威活动常常遭到警察的血腥镇压（比豪尔发生的一次示威期间，33名示威者被打死)。马札尔语被指定为各级司法和行政机构以及一切政府公告的官方语言,甚至不讲马札尔语的地方也不例外,地名全部马札尔语化,几乎所有中学都必须用马札尔语授课。如此一来,政府、教育、行政、司法和专业体制只对会说、读、写马札尔语的人开放。1910年人口普查结果显示,全国人口中马札尔人占54%,罗马尼亚人16%,斯洛伐克人11%,德意志人10%,塞尔维亚人和克罗地亚人等其他少数民族人数更少。然而统计数字被做了手脚,以显示讲马札尔语的人占多数,而实际数字很可能不足50%。自19世纪90年代中叶起,马札尔语化激起塞尔维亚、克罗地亚、斯洛伐克和罗马尼亚民族主义者日益强烈的反抗,预示了自由党称雄政坛时代的终结。议员纷纷背弃蒂萨·卡尔曼的儿子蒂萨·伊什特万(István Tisza, 1861—1918)领导的自由党。很多人加入了民族主义团体。1905年,蒂萨试图修改下院议事规则,绕过反对派采取的阻挠战术。看到议长挥舞手帕,让支持政府的议员投赞成票时,认为议长应秉持中立的人怒不可遏。更多的自由党人脱党,加入了科苏特·费伦茨(Ferenc Kossuth, 1841—1914)领导的独立党,该党属于新的民族主义者同盟,费伦茨的父亲是1848年匈牙利民族主义运动领袖。

弗朗茨·约瑟夫对议会陷入瘫痪忧心忡忡,任命职业军人、匈牙利人卫队长费耶尔瓦里·盖佐(Géza Fejérváry, 1833—1914)任首相,威胁要以发敕令的方式把匈牙利选民人数增加一倍,同时做出妥协姿态,提议让民族主义者同盟执政。民族主义者同盟在此后举行的选举中大获全胜。律师韦克勒·山多尔(Sándor Wekerle, 1848—1921)被任命为新首相。然而,1909年民族主义者同盟散伙,翌年自由党人再次上台执政。此时政治大环境急剧恶化。对立的民族主义政党在语言地位问题上各自提出不同主张，以致教育改革受挫。反对党议员在议会使用拖延战术百般阻挠，议会根本无法开展工作。在马札尔人议长的推动下，议会通对了对议事规则的修改，议会终于可以开会议事了。一名反对党议员恼羞成怒，对议长连开三枪，随后对自己又开了一枪（四发子弹都打偏了）。政府对一些民族主义领导人提出起诉。现在匈牙利和维也纳的情况一样，实际上也靠发布敕令统治。这意味着政府内的决策过程越来越不受民众和民主思潮的影响，但在外交和军事政策上仍受到制约，需要征求维也纳的意见。奥匈帝国民众的民族化趋势严重损害了议会制度和国家完整，其程度远甚于陷入爱尔兰麻烦的英国。

政局动荡幻象

19世纪末、20世纪初，欧洲有两大政治体制长期动荡不定。力量薄弱的政党和联合政府起起落落，如昙花一现。这里指的是意大利和法国的政党，两国政府更迭频繁，犹如走马灯。19世纪末，两国政府政治体制都经历了危机，民众对政府的无能备感失望，差点把独裁者推上台。法国的各种政治联盟和力量组合变幻不定。从1871年2月到1914年9月初，一共产生了49届政府，平均每届政府执政时间不足一年。意大利的政治体制与法国大体相同，1861年到1914年一共产生了32届政府，平均每届政府执政时间比法国略长一点，但也长不了多少。英国与意大利和法国的情况很不一样，从颁布1867年《改革法案》到第一次世界大战爆发，仅产生了14届政府。奥地利和匈牙利处在英国和意法两个极端例子的中间。1867—1914年期间，奥地利产生了24届政府，同一时期，匈牙利产生了17届政府。相对于意大利和法国，奥匈两国的政局要稳定得多。

这两个拉丁民族国家政局长期动荡不定的原因何在呢？先从意大利说起。显而易见，意大利历届政府完全没有延续性可言。由于不存在集体责任一说，政府大员若不同意某项政策，马上挂冠而去，没有丝毫顾忌，整届政府往往因此而倒台。导致领导人更迭的主要原因不是大选，而是政府内部的分歧，因为这段时期大部分时间政府总是赢得选举。意大利议会以1848年的《皮埃蒙特宪法》确定的极其有限的选举权为基础。意大利全国人口2 200万，只有50万人享有选举权。意大利立国之初，50万人中仅有30万人去投票站投票。选举中的舞弊现象猖獗。选举时，钞票被撕成两半，选民投票前拿半张，投完票后再领另外半张。选举人名册上有很多虚构的名字，有的是从当地墓碑上抄来的。据报道，在普雷达皮奥地区的一次选举中，40头牛也上了选民名册。恐吓和贿赂一样盛行。在西西里岛，政客假手黑手党恐吓选民。

最初，意大利北方人把持了意大利政坛。他们联合南方的大地主，把南方作为个人施以政治恩惠和获取权力之地。南方大地主操控了地方政府，向议会输送了大批议员。从1861年加富尔英年早逝一直到1875年，他缔结的温和自由派和保守派同盟主宰了政坛，出现了一系列短命政府。加富尔的继任人是来自托斯卡纳的贝蒂诺·里卡索利男爵（Bettino Ricasoli, 1809—1880），此公出名地廉洁，有"铁男爵"之称。里卡索利炫耀说，他的家世比萨伏依王室更显赫，结果触怒了国王，1862年被罢黜。里卡索利真心实意想努力实现意大利王国与梵蒂冈的和解，因双方立场僵硬而搁浅。今天人们仍记得他，不是因为他有过什么政绩，而是因为他酿制了基安蒂干红葡萄酒。下一位首相是乌尔巴诺·拉塔齐（Urbano Rattazzi, 1808—1873），他在1862年执政了一年。此后是路易吉·法里尼（Luigi Farini, 1812—1866），1863年他持刀逼迫国王对俄国宣战，被迫辞职。此后两年马尔科·明盖蒂（Marco Minghetti, 1818—1886）执政，他因脾气暴躁出名。1863年，明盖蒂与拉塔齐在议会彼此恶语相向，随后两人决斗。短命政府

第七章　民主的挑战

不断更迭，里卡索利、拉塔齐和明盖蒂后来都再次上台执政。19世纪60年代，意大利历届政府集中精力优先处理罗马问题，其次是与教会的一系列较量。1870年，意大利攻占罗马，宣布罗马为意大利首都，罗马问题终于得到解决。1876年时，任何人都可以看出，意大利没有进行任何社会改革。记者阿戈斯蒂诺·德普雷蒂斯（Agostino Depretis, 1813—1887）领导的左翼自由派上台执政。

德普雷蒂斯自1876年起到1887年去世一直任首相，几乎没有间断过。德普雷蒂斯是继加富尔之后意大利出现的又一位精明强干的政治家。德普雷蒂斯宣称，他的政策是"扩大民主"，但他采取的方式常常令人怀疑。德普雷蒂斯说服意大利议会投票支持拨款修建2 000千米长的公路，之后他把这笔款项给了各地，以换取来自这些地区的议员选票。他还借助王室势力在参议院塞满自己的人。不过，德普雷蒂斯确实推行了一些重大改革，包括制订大规模修建铁路计划，以及普及免费初等义务教育，这对一个全国3/4人口不会读写的社会来说意义重大。更重要的是，1882年，德普雷蒂斯终于兑现了他"扩大民主"的许诺，扩大了选举权，通过降低选民财产门槛，把选民年龄限制从25岁降到21岁，使选民人数从50万增加到200万。然而，因选民必须识字这条规定依然有效，意大利南部居民几乎尽被排除在选举之外，只有意大利北部识字的手工业者和中产阶级下层的其他成员获得了选举权。

新获得选举权的意大利阶层构成了弗朗切斯科·克里斯皮的权力根基。他是西西里人，德普雷蒂斯的前幕僚。德普雷蒂斯去世后，克里斯皮接任首相一职，从1887年起一直干到1891年。1893—1896年，他再次出任首相。克里斯皮祖上是阿尔巴尼亚人，有人认为他的多变性格由此而来。克里斯皮的民族主义资历无可挑剔。青年时代的他是狂热的马志尼民族主义者，曾被迫流亡。意大利统一运动期间，他跟随加里波第率领的"千人军"漂洋过海。克里斯皮精力过人，1887年他上台执政时已经68岁，除了首相一职外，还兼任三个重要部门的部长。他是左翼自由派人士，改革了监狱体制，使罢工合法化，颁布了一部现代民法典，还推行了诸多其他政策。以上几乎所有举措都动用了王室敕令的权力。批评克里斯皮的人开始称他是独裁者，他的所作所为无疑为20世纪的墨索里尼开了一个先例。但有一件事克里斯皮没有做，那就是打击充斥意大利政治体制的腐败。1891年一份关于银行丑闻的报告揭露，各家银行一直在印超过法定限额的钞票（为了印钞，罗马银行偷偷使用在英格兰的一台印钞机）。印出的钞票用于贿赂政客和政府官员。银行还对拖欠巨额债务的政客网开一面，以此换取政客的惠泽，尤其是政客作为酬谢授予银行家的贵族爵位。克里斯皮试图压下这份报告，然而报告还是泄露给了报界。报告点了一些人的名字，还写出了具体细节。一名欠个人信贷银行50万里拉的议员突发心脏病死亡，一家银行的前董事在火车上被人谋杀，另一家银行的一名董事失踪，后来被人发现化装成了神父，他被逮捕时试图服毒自杀。1891年，克里斯皮首届政府因这场丑闻垮台。1893年，他又被召回，要他对付西西里岛的一场农民起义，他以残酷无情、毫不妥协的手段镇压了起义。克里斯皮采取了一系列严格监管银行的法律措施，包括允许银行在产业融资上发挥更大作用。这些举措刺激了第一次世界大战爆发前意大利经济的发展。

1896年，意大利军队在埃塞俄比亚惨败，意大利自由主义的声名因战败而一落千丈。克里斯皮被迫辞职。两年后又爆发了一场重大经济危机，起因之一是美西战争导致面包价格上涨。意大利各地城市爆发骚乱。参加过库斯托扎战役的路易吉·佩卢克斯（Luigi Pelloux, 1839—1934）将军为专门对付骚乱，辞去陆军部部长一职。任陆军部部长期间，他大刀阔斧改造了军队；现在国王任命他出任首相兼内政部部长。政府其他4个部门也由现役军人执掌。佩卢克斯动用国王发布敕令的权力，下令禁止政治集会，宣布政府雇员罢工为非法，用流放或预先逮捕等手段对付政治犯，实行严格的书报检查制度。佩卢克斯宣布，他只靠敕令统治，并向议会提出一项法案，他发布的敕令无须经过议会表决认可即具有法律效力。左翼自由派人士试图通过冗长演说把这一法案"说黄"，议会场内的议员吵成一团，彼此拳脚相加。佩卢克斯解散了议会，逮捕了几名议员。上诉法院裁定他的行为违宪。议会再次开会后，佩卢克斯试图打断关于这一问题的辩论，左翼议员愤而离席表示抗议。1900年，佩卢克斯要求举行大选。他提出一个法律加秩序竞选纲领，同时许诺在中国谋取一块殖民地，以补偿意大利在非洲的失败。结果他输掉大选，被迫退休。意大利的政治体制化险为夷。意大利的这段经历显示，国家危难之时，议会体制极易受到强人干涉。20世纪20年代，议会体制沦为更凶残的法西斯领袖贝尼托·墨索里尼（Benito Mussolini, 1883—1945）的牺牲品。墨索里尼杀害了一名自由派议员后，其他自由派议员集体退出议会大厅以示抗议，墨索里尼对此视若无睹。

  第一次世界大战爆发前几年，主宰意大利政坛的是乔瓦尼·焦利蒂（Giovanni Giolitti, 1842—1928）。焦利蒂也属于左翼自由派，但没有参加过意大利统一运动的资历，只是一名职业文官。他认识到，随着意大利北部工业社会迅猛发展，有必要进一步推行社会改革，改善工人阶级的生活状况。焦利蒂从不干预罢工，竭力避免与社会主义者交恶，也尽量不采取任何可能激起民变的措施，而当年佩卢克斯将军就是借社会动乱上台的。1906年焦利蒂赢得大选后，提议提高遗产税，同时增征所得税，但遭到挫败。各派在这一问题上情绪激动，激辩中，一名保守党反对派议员把一个墨水瓶掷向焦利蒂。焦利蒂处事圆滑，擅长把来自形形色色小集团的部长和议员拼凑成一个同盟，就在他的同盟看上去马上要垮掉时，他已改换了多数成员。他的这一手法很快被人称为"变形术"，意即把一个摇摇欲坠的同盟转变成为一个胜券在握的同盟。从19、20世纪之交到第一次世界大战爆发，除短暂间断外，焦利蒂凭借这一手法一直执掌政府。他还全面收集各个议员的材料，建立个人档案，找出个人弱点和可施压的地方。焦利蒂处心积虑安抚社会主义者，但未能阻止后者赢得更多人的支持。1909年，极左翼在议会赢得100多席，其中半数席位为社会主义者所得。焦利蒂没能阻止社会主义者在1913年遵循第二国际路线，退出与"资产阶级"政党的合作。

焦利蒂推行的最重要改革是大大扩大了选举权，此举意在安抚要求扩大选举权的社会主义者。1912年，选民从300万人增至850万人，绝大多数是成年男子。翌年举行的选举中，不出所料，社会主义者赢得了78席，最激进的议员中，有52人誓言要推翻资产阶级议会。人数增加后的选民中，只有一半人参加了投票。像欧洲其他地区一样，参与投票的选民越多，自由派输给极端派别的席位就越多。1913年梵蒂冈取消对天主教徒参政的禁令后，很快出现了形形色色的保守天主教政治组织，代表右翼势力攻击自由派人士。意大利的政治体制显然越来越难于运作。从1911年起，焦利蒂为了争取舆论支持，开始在海外开拓殖民地，最终导致灾难性后果，而且不仅仅殃及意大利。毫无疑问，随着选举权不断扩大，意大利变得更加民主，议会也没有因佩卢克斯执政那段时期丧失自己的主导地位。然而，意大利北部地区迅速走向工业化造成了诸多社会矛盾，最初为少数中产阶级自由派精英设计的政治体制没有能力解决这些矛盾。

直到此时，虽然意大利历史上政府频频更迭，赖历届政府中的一些部长，意大利政治体制的根基依然基本稳固，尤其是某一部长在同僚中脱颖而出，连续几年实行强势统治时，如德普雷蒂斯、克里斯皮和后来的焦利蒂。意大利得以推行卓有成效的政策。类似反差也是法兰西第三共和国的特点。第三共和国1870年建于第二帝国废墟之上。与意大利不同，第三共和国以拿破仑三世实行的男子普选权为基础。共和党派政治家废除了第二帝国的专制主义，把政治权力交给众议院，众议院因此具有了如同意大利议会的主导地位。法国不仅实现了民主选举权（至少对男子而言），还有一个对众议院，因而最终也对选民负责的政府。在当时的欧洲国家中，法国的情况实属罕见。然而，以上成果常常有可能得而复失。1871年2月8日，第三共和国举行首次全国大选。不无讽刺的是，被1830年革命赶下台的保王党正统派胜出，赢得总数645席中的400席。1873年，在新成立的众议院中占多数的保王派议员推选正统派的帕特里斯·德·麦克马洪元帅出任共和国总统。他是普法战争中的英雄人物，德高望重，只有一名议员投票反对他。麦克马洪就任之初小心谨慎，维护总统一职的中立性。在他领导下，1875年颁布了一部新宪法。然而两年后，麦克马洪解散了共和党人政府，为此招致非议，有人说他蓄谋发动政变。在此后举行的选举中，左派胜出，获得120个议席，成为众议院多数派，麦克马洪辞职。正统派在众议院占有多数席位的优势为时很短。1871年大选期间，众多选民对共和党人投反对票，因为后者的纲领中含有继续对德战争的内容。6年后，这一问题从政治舞台上彻底消失。

尚博尔伯爵亨利（Henri, Comte de Chambord, 1820—1883）自称是王位正统继承人，但他毫无政治才干可言，支持他的正统派也动摇不定。尚博尔伯爵是个懒惰无比的人（始终没学会怎么系鞋带），体态臃肿一如在他之前的路易十八，而且毛发极重（一名侍臣说"他的毛发系统颇为发达"）。就正统派事业而言，最大的不幸的是他没有子嗣。在正统派阵营中，尚博尔属于观点最偏激的一派，意欲开历史倒车，退回革命前的时代。尚博尔伯爵童年在维也纳度过，从没学过1788年以后的历史。他拒绝把三色旗作为法国国旗，坚持用昔日白色鸢尾花饰国旗。主流正统派和地方显贵希望把权力下放到地方，而不是实行尚博尔追求的集权专制制度。尚博尔严禁追随者在共和国地方或中央政府内任职，因为这样做意味着承认共和国，这一做法损害了他的事业。19世纪70年代，尚博尔与支持七月王朝及其继承人的奥尔良派达成交易。1883年尚博尔去世后，他的铁杆追随者拒绝遵守协议中的核心条款，不肯承认巴黎伯爵奥尔良的腓力（Philippe of Orléans, Count of Paris, 1838—1894）为王位合法继承人。话说回来，这个腓力也不是什么理想候选人。他是路易-腓力国王的孙子，侨居英国萨里郡，没有几个支持者。大多数人早就要么归顺了共和党人，要么成了波拿巴主义者。后者在1876年的选举中赢得75席，已是一支不可小觑的力量。寄寓英国的拿破仑三世的儿子、皇太子拿破仑（Napoleon the Prince Imperial, 1856—1879）二十几岁时随英军去祖鲁兰与祖鲁人打仗，不幸阵亡，结果波拿巴主义实际上也没了继承人。奥尔良的腓力至少还有一个儿子可以继位,也叫腓力(1869—1926),他后来成了著名探险家。奥尔良家族到他这一支也就断了。1886年,法国政府颁布法律,禁止昔日王室后嗣入境法国,彻底断了他们重登王位的念想。

19世纪70年代,温和的共和党人主宰了法国政坛。1877年第三共和国创始人、首任总统阿道夫·梯也尔去世后,莱昂·甘必大(Léon Gambetta, 1838—1882)成为共和党人领袖,他在一次事故中失去右眼,此后总是让人从左侧给他拍照或画像。甘必大是很有魅力的演讲家,大力倡导他称之为"新社会阶层"的事业,"新社会阶层"即由政府公务员、手工业者和小店主组成的中下层阶级。甘必大把这些人与构成共和主义中坚力量的白领阶层、商人、地主及其他人结成联盟。正是这一社会契约构成了共和国长期稳定的基础。19世纪70—80年代主导政坛的政治家是律师兼记者茹费里,他发展了甘必大的成果。茹费里长袖善舞,利用打击教会和民族主义政策大得民心,但也招致不少人的反对。他为人冷漠孤僻,两次遇刺都大难不死。他的一名批评者说,这不足为奇,因为茹费里没心没肺,杀手无从下手。1885年,茹费里政府因印度支那战局逆转倒台,引发共和国的一场严重危机。与此同时,一场经济衰退导致大批农民负债累累。1887年提高进口关税后,城市劳动者陷入困境,25万人失业。有人发现,总统的女婿一直倒卖荣誉勋位勋章和其他勋章。茹费里一心推行殖民政策和打击教会政策,在任期间没搞什么社会改革。1885年大选期间,由心怀不满的小资产阶级成立的各种团体一致反对共和国。第一轮选举中,以巴黎伯爵为首的保守党同盟赢得177席,共和党人129席。第二轮选举时,共和党人搁置内部分歧,赢得383席,保守党人获200

席。但共和党人分裂成为两派，一派是所谓的"机会主义派"，即甘必大的追随者及其政治继承人，另一派是激进分子。

修改宪法似乎势在必行。众议院把目光投向陆军部部长乔治·布朗热（Georges Boulanger, 1837—1891）将军。布朗热人称"复仇将军"，与后来意大利的独裁者佩卢克斯将军属于同一类人。在议员纷争不已的乱局中，布朗热很快成为国家团结的象征。1887年，朱尔·格雷维（Jules Grévy, 1807—1891）因倒卖荣誉勋位勋章丑闻而被迫辞去总统职务。很多人认为布朗热本应当仁不让，接过总统一职，但最后还是由萨迪·卡诺出任总统。卡诺任财政部部长期间以为政清廉著称。1894年，卡诺被一名无政府主义者刺杀。布朗热开始积极竞选，很多人踊跃为他捐款，认为他可以拯救法国荣誉，成为又一个拿破仑。1889年1月，布朗热大败共和党候选人，当选为巴黎选区议员。他敦促解散众议院，选举产生一个立宪议会。内政部部长让·康斯坦（Jean Constans, 1833—1913）站出来与他叫阵。康斯坦是破产的抽水马桶水箱制造商，任过印度支那总督，此后担任竞选活动负责人，作风干练，但为人腐败。从多方面看，康斯坦堪称第三共和国政客的典型代表。他放言要逮捕布朗热，同时又给他时间逃走。布朗热方寸大乱，逃到比利时，最终在情妇墓碑前自杀。康斯坦获得奖赏，出任驻奥斯曼帝国大使。布朗热主义仍不失为一支次要政治力量，但共和国免于倾覆。

布朗热主义凋残后，激进派重归共和派主流，与机会主义派结盟，掀起一个名为"社会连带主义"的新运动。余下的社会主义者构成了左派核心。昔日布朗热主义崛起的一个重要原因是，第三共和国前20年没有推行社会改革，民众心灰意冷。在1889年选举中，共和党人获得议会多数席位，随后颁布了一系列法律，改善与之友好的社团的地位，取消了当时员工还必须随身携带的工作手册。1893年，当局"以连带互助的伟大原则名义"给予穷人免费医疗待遇，1905年，又将公共救济范围延至老弱病残。1892年，仲裁劳工纠纷机制建立，同年，当局限制了妇女和儿童的工时，1898—1903年，赔偿工伤工人法律颁布，1910年，工人退休金制度建立。进入20世纪后，法国开始实行矿工8小时工作制，其他很多行业工人的工作时间也不得超过10小时。福利国家时代似乎终于在法国到来了。然而，以上法律的效力很有限。1914年，法国依然有将近9 000万人住在未设国家退休金、保险和医保事务机构（救助办事处）的社区。在设有这类机构的地方，当地政府又肆意克扣经费（1897年众议院表决通过的医疗经费，5/6从没有动用过）。限制工时的法律漏洞百出，很难落实。19世纪90年代末，共和国再次陷入政治危机，其严重程度超过当年布朗热将军引发的风波。

1894年底，法国情报部门（官方名称是"统计科"）截获了一封信。一名法国军官通知驻巴黎的德国武官，有一批秘密军事文件要交给他。写信的人暗示，这不是他第一次向德国人递送军事情报。隶属法军总参谋部的炮兵上尉阿尔弗雷德·德雷福斯（Alfred Dreyfus, 1839—1935）马上成了怀疑对象。有人觉得，他的笔迹酷似写信人的笔迹。德雷福斯断然驳斥了对他的指控。他是阿尔萨斯人，1872年选择了法国国籍而不是德国国籍。他不缺钱，没有叛国的经济动机。然而，他是一个犹太人，而当年法军中的犹太人参谋寥寥无几。法国情报机构为了证明自己效率高，急于破案，为此整理了一份秘密卷宗，德雷福斯及其律师均无权阅览。1895年1月5日，政府以此为依据在一次公开仪式上褫夺了德雷福斯的上尉军衔,判处他终身监禁,送往法属圭亚那魔岛上的监狱服刑。

德雷福斯的亲属不承认他有罪,继续游说新闻界。次年新闻媒体发现,卷宗里的部分文件系情报机构伪造。1897年,真相浮出水面。写那封信的人是斐迪南·埃斯特拉齐（Ferdinand Esterhazy, 1847—1923）,一个生活放荡、负债累累的军官,他完全有动机向德国人出卖情报。然而,埃斯特拉齐有身居要职的朋友,右翼报纸把他描绘成犹太人阴谋的受害者,军事法庭宣判埃斯特拉齐无罪,继续维持德雷福斯的有罪原判。小说家左拉对这一判决结果义愤填膺,给总统写了一封很长的公开信,为被人陷害的德雷福斯申辩。这封题为《我控诉》的信马上在法国传开,几周内售出30万份。政府以诽谤罪名起诉左拉,打赢了官司。不过陆军部被迫承认,卷宗里有伪造材料。伪造者是情报部门的于贝尔–约瑟夫·亨利（Hubert-Joseph Henry, 1846—1898）。他被逮捕监禁后,绝望之下自杀。1899年,德雷福斯终于获准上诉,从魔岛返回法国,军事法庭再次判他有罪。1899年9月,德雷福斯获总统赦免,次年参议院予以追认。1906年,一个民事上诉法庭推翻了1895年判决,宣判德雷福斯无罪。

德雷福斯事件从始至终,声援和反对德雷福斯的人通过报章杂志、传单和招贴画互相口诛笔伐。双方在法国各地举行声势浩大的公开集会,立场势同水火,不可调和。马赛发生了反德雷福斯示威活动,继而犹太人商店被砸抢。共和党人大为震惊,发现法国军队的忠君思想依然根深蒂固,俨然以独立王国自居,我行我素。法军是法国民族主义和对德国人复仇意志的象征,右翼政客和作家因此极力捍卫法军。在神职人员眼里,德雷福斯事件是犹太人和共济会成员策划的一个阴谋，显示所谓"归顺"只是口头上支持共和国。声援德雷福斯运动于是成为打击教会的事业。政府解散了200多个修道会，进一步推行教育世俗化。激进分子再次与温和共和党人分道扬镳。1902年，激进分子和社会主义者增加了在议会的席位。埃米尔·孔布（Émile Combes, 1835—1921）被任命为总理，他出身农民家庭，父亲是裁缝，还开了一家酒店。孔布代表了甘必大口中的新社会阶层。他节俭到了抠门的地步，为了节省纸张，他在一页纸上写了3 600个词。孔布滴酒不沾，在公开宴会上不喝红酒，只喝红颜色饮料，以免引人注意。他任总理期间，加快了几位前任开始的社会改革步伐。德雷福斯事件一方面彻底清除了社会主义运动中的反犹思想残余，另一方面加深了右翼政客和记者的反犹倾向。爱德华·德吕蒙（Édouard Drumont, 1844—1917）主编的日报《自由之声》不时煽动对犹太人的仇恨，把宗教和种族上的反犹主义与形形色色的阴谋论结合在一起。该报日发行量10万份。与此同时，孔布政府继续执政。1905年，社会主义者迫于第二国际施加的压力，不再支持政府，孔布政府随之倒台。

1906年，在一连串打击教会和社会改革措施实施的过程中，法国举行了大选。激进派大胜，在众议院赢得42%席位。当时激进派领导人是乔治·克列孟梭（绰号"老虎"），他争强斗狠、四面树敌。克列孟梭动辄与人决斗，因妻子与他人通奸而休妻，随后把她送进监狱。克列孟梭在一家报社任编辑时，率先发表了左拉写的《我控诉》公开信。他还以擅长演讲著称。克列孟梭没有兑现实行改革的诺言，而是忙于镇压劳工骚乱，动用军队驱散示威者，为此与社会主义者交恶。1909年克列孟梭倒台后，激进派陷入分裂，此后是一连串短命的政府。第三共和国期间，法国政府动荡不定的岁月出奇地长，造成这种现象的原因很多。众议院分裂成众多小派别，没有形成大规模政党，因而受制于地方政客，后者则一门心思为自己选区的选民捞取好处。由于没有正式设立总理办公厅，政府各项政策杂乱无章，政府首脑不得不兼任某个部的部长，如外交部部长，没有余暇制定贯彻大政方针。民主体制的种种缺陷暴露无遗：没有无记名投票制，对竞选开支不加限制，选民免费喝酒，贿赂腐败现象比比皆是。只关心地方利益的议员朝秦暮楚，彼此结成的同盟分分合合，聚散无常。至少在不了解情况的人看来，法国的民主制度运转不灵。

政局长期动荡的表层下面却是高度的连贯性。令人吃惊的是，法国民主体制虽然在第三共和国时期四分五裂，却经受住了19世纪70年代的君主主义、80年代的布朗热主义和90年代的德雷福斯事件等一连串风暴。直至第一次世界大战爆发，法国政局都相当稳定。内中原因很多。一是官僚机构大权在握，尤其是外省省长。巴黎政府有一支庞大的文官队伍。立法内容往往定得很宽泛，由政府官员制定具体细则。二是法国选民对政党出奇地专一。西部一些地区自大革命以来始终投票支持保守党候选人，南部和中部地区18世纪90年代支持雅各宾党人，一个世纪后支持社会主义者。由于法国经济增长缓慢，始终有大批自耕农，因此疾风骤雨式的社会变革没有像在其他国家那样导致政治体制的塌方。1914年，法国人口的一半住在不足2 000人的市镇里，没有大规模的工业支撑一个群众性的社会主义政党。1871年巴黎公社失败后，巴黎及其居民丧失了1789年以来具有的革命锋芒。第三共和国与第一和第二共和国不同，是一个外省人共和国。众议院多年来无甚变化。1870年到1940年之间任何一段时期，任职超过20年的议员都占1/4，3%的议员任职长达33年之久。众议院权力很大，几乎没有休会的时候。众议院下属的重要委员会成员更换也不频繁。由于任何人无权解散众议院，因此它可以在两次大选之间的 5 年内行使自己权力，无须忌惮政府。换言之，在第三共和国执掌权柄的是一个由职业政客组成的寡头统治集团，其中大多数人在自己的选区有很深的根基。

虽然法国政府每隔几个月就更迭一次，但往往有一些部长留任。截至第二次世界大战爆发前，第三共和国一共产生了 561 名部长，其中 217 人只任一届，103 人任两届，71 人任 3 届，48 人任 4 届，122 人任部长超过 4 届。任何人，只要没有无能到不堪用的地步，都有希望多次出任。有时还会出现一些主导法国政坛的强人。打击教会的阿里斯蒂德·白里安（Aristide Briand, 1862—1932）在 1909 年到 1913 年期间三次出任总理。夏尔·德·弗雷西内（Charles de Freycinet, 1828—1923）先后 7 次任陆军部部长，4 次任总理。他原是一名工程师，后来执掌铁路系统，1870—1871 年任战争动员部部长。由于长期在政府任职，弗雷西内得以对军队进行一系列重大改革。正是因为当过几任陆军部部长，他才有可能推行这些改革。茹费里在 1879 到 1885 年间 8 届政府中的 5 届政府中担任教育部部长，两次出任总理，从而得以大刀阔斧改革法国的中小学体制。基于以上原因，改革目标常常能够实现，从茹费里和他之后的孔布通过的打击教会立法，到 19 世纪 90 年代和 20 世纪初采取的社会福利措施，都是如此。第三共和国延续了 70 年左右，是大革命后法国所有政治体制中寿命最长的一个。如同意大利，法国政局只是看上去动荡不安而已。

"全速前进！"

法国因其议会握有实权和男子享有普选权而有异于其他政治体制。直到第一次世界大战前不久，意大利、奥地利及其他国家分别扩大了选举权，这一差异才消失。意大利的政体与德意志帝国极为相似。一如德国，意大利基本上也是赖最强大的邦国建立的，可以说，皮埃蒙特是意大利的普鲁士。皮埃蒙特体制推广至意大利全境。德国保留了联邦政府治理体制，皮埃蒙特在意大利举足轻重，地位更甚于普鲁士在德意志帝国的位置。两国的君主权力都很大，包括有权提名或罢黜政府大臣，有权不采纳他们的意见，有权解散议会，有权掌控外交政策和军队，有权独自发布敕令。不过，两国也有一些重大差异。普遍认为，意大利政府必须在议会拥有多数席位，一次不信任投票通常会导致政府辞职或要求重新举行选举。德国则不存在这种情况，与英国或普鲁士不同，德国议会上院权力有限。后来证明，第一次世界大战后宪法赋予君主的权力给意大利民主体制带来了灭顶之灾，德国也是一样。威廉二世倒台后，宪政权力基本上移交给了总统。不过在当时的意大利，这些权力很少被行使。

一个重要原因是意大利的君主都是胸无大志的庸碌之辈。维托里奥·埃马努埃莱二世是个头脑简单的军人，与当时众多欧洲君主一样，只会追逐女人和狩猎。他公开养了至少一个情妇，生了数不清的私生子（有人说，通常用来指国王的"子民之父"的说法用在他身上再贴切不过了）。他的继任人翁贝托一世是皮埃蒙特的第四位名为"翁贝托"的君主，但他选用"一世"的称号，以示他对意大利王国的忠诚。他酷爱猎狐，有过军旅经历，以政治观点保守著称，有时会以任免大臣的方式公开表达自己的政治观点。1900年翁贝托一世被暗杀后，维托里奥·埃马努埃莱三世（1869—1947）继位。他性格内向，不喜交际，终日沉迷于收集硬币，积攒了10万多枚硬币，不厌其烦地在《意大利钱币大全》（*Corpus Nummorum Italicorum*）中编目分类，该书从1910年起一共出了20卷，最后一卷于1943年出版。他父亲只给过他一次忠告："记住，作为国王，你知道如何签名，会读报纸，会骑马，这就够了。"埃马努埃莱三世身高只有1.52米。一次德皇威廉二世对意大利进行国事访问（威廉二世经常开不合时宜的玩笑），带来一队身材高大的普鲁士禁卫军士兵请埃马努埃莱三世检阅，令埃马努埃莱三世感到蒙受了奇耻大辱。

这件事凸显了19世纪90年代以后德国外交的笨拙。德意志帝国在立国之初的20年里，有德意志统一设计师奥托·冯·俾斯麦小心翼翼掌舵，故安然无恙。德国像法国一样，国家议会经男子普选产生。俾斯麦仿效拿破仑三世，把赌注压在民众的忠诚上。1871年，他为德国国家议会选举中实行男子普选辩护时，以惯常的坦率称："在一个有君主制传统和忠君情怀的国家，普选权不仅可以根除资产阶级的影响，还会选出君主执政。"然而事实与他说的相反。19世纪70年代自始至终，帝国议会一直被民族自由党人、有条件支持俾斯麦帝国的人和开明改革的坚定倡导者控制，其主要原因是广大农民阶层根本不参加选举。19世纪70年代中叶，民族自由党在议会占有绝对多数，拥有总数397席中的204席。由此产生了一系列开明立法法案，包括《德意志帝国刑法典》和度量衡标准化，以及建立一家国家银行、发行国家货币。民族自由党支持自由企业，限制贸易自由的残余障碍因而被扫除。

德意志帝国既没有政府问责一说，也不存在政党执政。严格地说，甚至没有一个国家政府，仅有执掌一些帝国机构的文官，他们被称为"国务秘书"。实际情况是，皇帝、帝国宰相和国务秘书若要有效地行使职权，在很大程度上离不开议会。历次选举于是越来越表现为政党之争，有组织的竞选活动越来越重要，形形色色的政党相继诞生，有亲俾斯麦的民族自由党和1866年成立的反俾斯麦的进步党，也有的政党代表各少数民族，如1870—1871年的波兰人和丹麦人。德国社会民主党的前身（德国社会主义工人党）和德意志保守党分别成立于1875年和1876年。从短期看，男子普选权的最大受益者是19世纪70年代初成立的天主教中央党。该党团结了德国南部和西部地区城镇和乡村的各社会阶层，迅速形成一支重要政治力量。它对俾斯麦在开展"文化斗争"期间抨击教会的言论深恶痛绝，因此深得民心。意大利成功照搬德国经验已是1912年意大利实行男子普选制之后的事。

天主教中央党领导人是汉诺威律师路德维希·温特霍斯特（Ludwig Windthorst, 1812—1891）。因自己身世之故，温特霍斯特亲英（1866年，他因质疑普鲁士是否有权兼并汉诺威王国而扬名）。温特霍斯特工作勤奋，能言善辩，成为议会辩论不可或缺的人物。他头大身子小，几乎失明，要靠别人给他读报，成为漫画家的绝好素材。不过他的一位同代人称他是"议会产生的一个奇迹，能与俾斯麦一较高低的唯有此公"。温特霍斯特尤其擅长使用诙谐语言奚落对手。一次他与俾斯麦辩论。厌恶他的俾斯麦斥责他试图利用天主教问题把汉诺威从帝国分裂出去，犯下叛国罪。温特霍斯特答复说，过去两天"对我的人身攻击登峰造极，恶毒之至，我不禁感到，我是个重要人物，此前我从没敢有过这个念头"，引得全场哄堂大笑。普鲁士警察用水蒸气熏信封，拆看温特霍斯特的信件，但他没有屈服（他开始改用密码写信）。最终温特霍斯特引导天主教中央党驶离俾斯麦风暴，回到风浪较小的政治水域。

天主教中央党受到掣肘的一个原因是，德国立国之初，有选举权的仅限于25岁以上的男子，选举既不公平，也不保密。选民必须带上自己的选票去投票站，越来越多的选票由声称代表选民的各政党散发，包括受乡村地主阶级利益集团操控的保守党人。地主和工厂主可以检查选票，惩罚不按规矩投票的农民和工人。在工业区，工厂主或其代理人常常领着工人去投票站投票。经过长期争取，1903年，国家终于同意向选民提供用于装选票的不透明信封。1913年，标准化选票箱才投入使用（据报道，此前选票箱可以是烟灰盒、抽屉、箱子、帽盒、饭锅、陶器、碗、啤酒杯、盘子或垃圾箱）。相对于欧洲很多地区的议会选举，总体来讲，即使在1903年改革前，德国循规蹈矩的政治文化也确保了帝国议会选举较为公平。

这一点意义非同小可，因为帝国议会的权力是日积月累逐渐增加的。造成这一现象的一个原因是成立了越来越多议会有权监督的中央机构，包括帝国审计厅（1871）、帝国统计厅（1872）、帝国铁路局（1873）、国家债务署（1874）、帝国卫生厅（1876）、帝国邮政局（1876）、帝国专利局（1877）、帝国司法厅（1877）、帝国最高法院（1877）和帝国殖民事务厅（1884）。以上机构分走了原属联邦各州的权力，将其集中在柏林手中。帝国议会不断通过立法法案，不断削弱代表帝国 25 个州的上院的权力，使宪法向选举产生的下院倾斜。与此同时，主理帝国各中央机构（包括最重要的外交部）的国务秘书一职也逐渐演变为政府部长。一如法国，一个强有力的官僚机构支撑了虚弱而派系林立的立法体系。

19 世纪 70 年代末，俾斯麦再也不能得心应手地操纵帝国议会通过议案。"文化斗争"手段不再奏效。1873 年经济崩溃后，经济危机旷日持久。来自海关关税和间接赋税的收入不足以支付日益膨胀的帝国行政机构的开销。随着工业人口的增长，德国开始依赖从海外进口粮食。地主和实业家大声鼓噪，要求征收保护性进口关税，信奉自由贸易的人无法接受。19 世纪 70 年代中期，德国工厂的鼓风炉半数闲置，帝国议会里的自由派人士依旧否决了一项对进口生铁征收关税的动议。俾斯麦明知可能性近乎零，依然邀请民族自由党领袖鲁道夫·冯·本宁森（Rudolf von Bennigsen, 1824—1902）加入政府。本宁森要俾斯麦保证给他的党更多政府职位，还要把政府问责制和政党政府纳入宪法。俾斯麦和德皇威廉一世都无意迈出这一步。最终，俾斯麦拉拢民族自由党的计划不了了之。

1878 年，德皇两次险遭刺杀，刺杀事件正中俾斯麦下怀。5 月 11 日，威廉一世乘坐的马车沿柏林闹市区的菩提树下大街行驶时，年轻水管工马克斯·赫德尔（Max Hödel, 1857—1878）手持左轮手枪朝德皇连开两枪，没有命中，被愤怒的人群擒获。6 月 2 日，失意的经济学家卡尔·诺比林（Karl Nobiling, 1848—1878）手持一把双管短枪，从楼上俯瞰同一条大道的窗子朝年迈的皇帝开枪。所幸那天威廉一世一身戎装,头戴尖顶铁盔,躲过一劫,但身负重伤,不得不暂时退出公众生活疗伤。众人抓捕诺比林时,他用左轮手枪朝自己脑袋开了一枪。赫德尔受到审判,被判处斩首。俾斯麦借机大造声势,指控社会主义工人党策划了这两起暗杀(其实赫德尔改信无政府主义后,已被社会主义工人党开除出党)。俾斯麦以这两次刺杀事件为借口,取缔了社会主义工人党。社会主义工人党人继天主教徒之后,被俾斯麦描绘成"帝国的敌人"。如俾斯麦所料,民族自由党人进退维谷:是冒同情刺客的风险维护公民自由权利,还是牺牲自己信奉的自由原则支持取缔社会主义工人党?俾斯麦颁布一系列保护性关税后,自由党人再次左右为难。次年,帝国议会通过了保护性关税。公民自由和自由贸易这两项措施导致自由党内部分裂。

这标志着帝国政治体制大幅右转。具有自由倾向的高级官员被罢黜,代之以保守分子。与此同时,越来越多的选民行使了自己的选举权。参加帝国议会选举的选民比例从1871年的50%上升到1912年的80%以上。越来越多的农民和工人参与选举后,社会主义工人党和天主教中央党的选票激增。民族自由党一向依赖把持城市选区的显贵,后者风光不再后,自由党人江河日下。1871年,民族自由党在议会赢得125席,反俾斯麦的自由党人和进步党人获76席,保守党人94席,社会民主党人(当时为社会民主工党)2席。到了1912年,民族自由党降至45席,进步党人增至42席,保守党人57席,天主教中央党91席,社会民主党人110席。以上数字显示,自由主义力量长期以来不断走向衰落。与此同时,左翼社会主义力量和右翼天主教政治势力相应增大。

天主教中央党在"文化斗争"期间受到打击后,急于表白对帝国的忠诚。它表面上批评德国的殖民政策,其实是政府在帝国议会里的主要支持者。但俾斯麦未能充分认识到德国工业化进程的重要意义,他为男子普选制下的赌注输了个精光。1896年,帝国财政部国务秘书阿图尔·冯·波撒多夫斯基-魏纳(Arthur von Posadowsky-Wehner, 1845—1932)抱怨道:

> 德国正逐渐成为工业化国家。皇室指望不上的那部分人口,即大城市和工业区内的人口,不断增加。农村人口才是君主制的真正后盾。倘若目前的状况持续下去,君主制要么被共和制取代,要么如同英国,沦为有名无实的君主制。

以上预言之所以没有成真,一是因为社会民主党继续受到政治精英阶层的孤立,二是因为直到1914年,议会都权力有限,难以有效发挥作用。此外,联邦25个州依然拥有广泛权力。25州中既有施瓦茨堡-鲁多尔施塔特这种无足轻重的小州,又有像汉堡这样面积小但地位重要的州,更有举足轻重的大州,如巴登、巴伐利亚、萨克森和符腾堡。

在普鲁士王国面前,以上各州相形见绌。普鲁士拥有帝国大部分人口和领土,在德国一家独大,其分量超过意大利的皮埃蒙特,与法国形成鲜明对比。法国第三共和国建立在反对巴黎发号施令的基础上,体现了外省权力。尤其重要的是,普鲁士国王永远是德意志皇帝。联邦议会上院58个席位中,普鲁士占了17席,总能胁迫足够多的州跟随它投票,从而获得多数。普鲁士首相几乎无一例外也是帝国宰相（俾斯麦身兼二职，外加外交大臣）。联邦每个州有自己的君主、自己的立法和行政机构，掌控教育、卫生、警察等部门，征收大部分赋税，但中央政府权限不断扩大，逐渐削弱了各州的自主权。没有几个州实行民主制。很多州规定，只有拥有财产的人才有资格投票。普鲁士的选民被等分为三级，分别代表高端、中端和低端纳税人，前两级富裕选民的票数永远超过最贫穷的第三级选民，即使后者人数远远超过前两级。更重要的是，控制了其他各州军队的普鲁士陆军在很大程度上不受议会管辖，尤其在战时。19世纪70年代，帝国议会里的民族自由党议员试图强迫陆军提交年度预算，这是民族自由党人10年前采取的激进立场的一次微弱回声。普鲁士陆军不愿自己的预算受到任何限制。最终俾斯麦拼凑了一个妥协方案，军队预算每7年表决一次，这一方案最大限度地削减了议会的控制权。1887年的这一妥协办法还是引发了一场重大冲突。自由党人试图以表决方式把审核军队预算的频率增加为每3年一次。俾斯麦宣称："德国陆军这一体制不能仰赖变幻无常的帝国议会多数派……有人企图把帝国军队变成一支议会军队……他们是不会得逞的。"

俾斯麦对民族自由党挑战陆军的独立地位极为恼火，1887年解散了帝国议会，举行大选。他在竞选中为一己之私，大肆渲染法国威胁，称法国做梦都想复仇，"战争已迫在眉睫"。俾斯麦赢得了大选，首次在帝国议会中得到保守党人和民族自由党组成的多数派的支持。人称"联盟"的新多数派没能维持多久。1890年，俾斯麦认识到，尽管他在80年代率先推行了社会福利政策，但依然未能摧毁社会主义工人党，正如此前他未能遏制天主教中央党一样。《反社会党人法》中为期12年的日落条款生效日期将至，俾斯麦开始为延长《反社党人法》做准备。但他独断专行的地位不仅有赖于他对帝国议会的操控，还取决于德皇本人（威廉一世曾表示"在俾斯麦手下当皇帝很难"）1888年，老皇帝去世，享年90岁。他的儿子继位，按普鲁士王室序号称腓特烈三世（1831—1888）。新皇帝迎娶了维多利亚女王的女儿维多利亚公主（1840—1901），以思想开明著称。他与俾斯麦的关系并不融洽。但他性格柔弱，优柔寡断，"铁血宰相"可以对腓特烈三世颐指气使。1878年腓特烈代行君主职权时，俾斯麦告诉腓特烈三世，如果他放过刺客，无异于对帝国和君主制的背叛，结果腓特烈签署了赫德尔的死刑判决，尽管他本人坚定反对死刑。腓特烈三世只当了99天的皇帝就因患喉癌去世。英国一流外科医生竭力救治，终无力回天。

他的儿子威廉二世继位。威廉二世的性格与父亲迥然不同，生性躁动不安，喜欢夸夸其谈，情绪起伏不定。新皇帝出生时左臂萎缩，他的父母为了刺激左臂发育，把他的左臂放在新屠宰的牲畜尚带余温的内脏中。这种治疗方法无助于威廉获得他显然需要的心理平衡。威廉二世不是个勤政的人，整日沉溺于游山玩水，被人称为"云游皇上"。1894年8月，据一家报纸统计，过去的365天里，199天他都在路上。人们注意到，威廉二世举止"有点不正常"。他巡游时，迫使年迈将军做体操。一次众老将军做体操时，威廉二世绕着他们跑，边跑边剪断他们的裤子背带，众将军的裤子纷纷滑落到地上。还有一次，他让一个体态肥胖的侍臣学一条名犬叫。他还逼军事内阁长官迪特里希·冯·许尔森-黑泽勒（Dietrich von Hülsen-Haeseler,, 1853—1908）伯爵装扮成女芭蕾舞演员在宫廷跳舞，这位倒霉将军快速旋转时突发心脏病，当场倒毙。威廉二世与他国君主交往时一样鲁莽。保加利亚国王斐迪南（King Ferdinand, 1861—1948）对柏林进行国事访问时，威廉在大庭广众之下使劲拍了他臀部一下，然后装出一副若无其事的样子。1904年，他在一场晚宴上对比利时国王利奥波德二世（Leopold II, 1835—1909）说，比利时应该协助德国袭取法国。据说利奥波德听到威廉的荒诞请求后极为不悦，起身离席时头盔都戴反了。

威廉二世身边有一批"秘密顾问"，批评家斥责他们擅权，其实他们恐怕没有那么大能量。不过，这群小人在威廉面前百般谄媚逢迎，让他错认为自己统御一切且君权神授。一次威廉二世声称："德国政策决于朕一人。吾国必须遵从朕的意志！"1908年德皇对英国进行国事访问期间，爱德华·蒙塔古-斯图尔特-沃特利（Edward Montagu-Stuart-Wortley, 1857—1934）上校向英国《每日电讯报》泄露了他与德皇一次私下谈话的内容，结果德皇招致八方怨恨。日本人恼怒是因为威廉二世称，德国建造远洋舰队是针对他们的。法国人和俄国人气恼，是因为威廉说他们拉德国介入英国人的布尔战争。威廉二世告诉上校："你们英国人简直就是3月发情的兔子，疯了，完全疯了！"从一件事上可以看出威廉二世的浅薄。执掌外交部的弗里德里希·冯·荷尔斯泰因（Friedrich von Holstein, 1837—1909）把大部分精力用于消除德皇插手造成的影响，他任职16年，其间只见过德皇一次。据说两人这次见面谈的话题是在波美拉尼亚打野鸭子的经历。

以威廉二世的性格，他决不会听由俾斯麦发号施令。两人之间龃龉不断，新皇帝不肯延长《反社会党人法》更加剧了冲突。俾斯麦再次玩弄惯用伎俩，以辞职威胁。出乎所有人意料，威廉二世接受了他的辞呈。1890年，俾斯麦去职。著名漫画家、《爱丽丝漫游奇境》一书插图作者约翰·坦尼尔（John Tenniel, 1820—1914）爵士为此画了一幅漫画，题为"抛弃舵手"，图中俾斯麦走下德国这艘大船，德皇站在甲板上，漫不经心地看他下船。威廉随即宣布，他奉行"全速前进"政策，任命了将军莱奥·冯·卡普里维（Leo von Caprivi, 1831—1899）接替俾斯麦。卡普里维为人和善，但毫无政治经验。出人意料的是，他着手推行自由政策，降低关税，对反对党做出和解姿态。然而，卡普里维不懂得如何与帝国议会打交道，他推动通过的《军事法案》不合德皇的胃口。卡普里维对手下的部长过于宽纵，结果身陷针对他的密谋，"秘密顾问团"在背后推波助澜。1894年，无心恋战的卡普里维挂冠而去。他的继任者是巴伐利亚的霍恩洛厄-希灵斯菲斯特亲王克洛德维希（Prince Chlodwig zu Hohenlohe-Schillingsfürst, 1819—1901），他上任时岁数超过了辞职时的俾斯麦。他手下特立独行的大臣要么一个个辞职，要么被德皇身边的佞臣取代。首相袖手旁观，无动于衷，用他的话说："我也许软弱无力，但至少我不是一个奸臣。"1900年，年逾80的霍恩洛厄-希灵斯菲斯特亲王辞职。

霍恩洛厄-希灵斯菲斯特亲王的继任者伯恩哈德·冯·比洛（Bernhard von Bülow, 1849—1929）是德皇的心腹，自1897年起任外交国务秘书。德皇写道："伯恩哈德，一个了不起的家伙！与一个全身心效忠你的人打交道是何等惬意！"比洛对德皇百般逢迎，竭力在帝国议会建立一个切实可行的同盟。帝国议会分别于1898年和1900年通过法案，支持德皇力推的建立远洋舰队计划。1902年，议会又通过关税改革法案，农业利益集团强烈反对这一法案，认为它走得还不够远。比洛深感德皇处处肆意插手令他无法工作，于是秘密策划限制德皇的影响。1907年，比洛以天主教中央党抨击德国殖民政策为由操纵举行了一次大选，在帝国议会产生了一个多数派，人称"比洛阵营"。由于比洛对左翼自由派的政策做出了让步,这一阵营也包括了左翼自由派。天主教中央党大选后沦为反对党。比洛有意向报界泄露了宫廷内一连串同性恋丑闻,导致"秘密顾问团"名誉扫地。比洛听任《每日电讯报》全文刊登内容尴尬的采访报道,尽管报社事先把稿件送交他审批。他利用文章发表后掀起的风波促使德皇同意此后不再干预政务。

导致比洛下台的不是德皇,而是比洛阵营内部在改革帝国财政制度问题上产生的分裂。1909年比洛辞去宰相职务前,设法让威廉任命自己提名的人接替,而不是声名狼藉的"秘密顾问团"成员。继任者特奥巴尔德·冯·贝特曼·霍尔韦格(Theobald von Bethmann Hollweg, 1856—1921)是一名职业官僚,在帝国政府内先后任过普鲁士内政大臣和帝国内政国务秘书。霍尔韦格缺乏政治经验,不知如何与帝国议会打交道。与此同时,比洛阵营的垮台为"海军联盟"等新右翼极端势力团体的崛起开辟了道路。海军联盟为支持政府政策而成立,后来摆脱了政府控制,开始抨击帝国领导人对建立一支强大战列舰舰队不热心。其他一些组织,如"殖民地联盟""东进协会""泛德意志联盟",联合组成了"民族主义反对派",鼓吹帝国扩张政策,呼吁对社会民主党人采取严厉手段,甚至诉诸武力。尤其是1912年社会民主党赢得帝国议会选举后,一切迹象显示,政治正在走向两极分化。"一战"结束后,德国更是坠入政治暴力的深渊。

趋向极端的政治

德皇威廉二世多次声称，德意志帝国的命运取决于他一人，而德国国内的政治文化却生机勃勃。种种观点通过政治报刊互相争鸣，各党派拥有大批党员，每逢大选，选民投票踊跃。国家的专制本能与民主参政力量背道而驰。男子普选制催生了政党体制，迫使中央政府依赖议会里的多数派推行它的诸多政策。德国与二元君主国奥匈帝国的情况相仿。奥匈帝国的立法体系因各少数民族采取的顽固立场而陷于瘫痪，权力日益落入皇帝及其重臣手中。一如奥匈帝国，德意志帝国的立法和政治体制对最高层决策影响有限。1913 年，帝国议会甚至就"扎本事件"通过了对贝特曼·霍尔韦格政府的不信任动议案。当时驻扎阿尔萨斯地区扎本市（萨韦尔讷）的德国占领军大肆逮捕、监禁和虐待当地人。阿尔萨斯是帝国直辖省，而帝国政府袖手旁观，拒绝谴责军队的行为。贝特曼政府仿佛什么事也没有发生似的。显然，议会负责制在德国生根尚需时日。1914 年 8 月的危机显示，德国的文职和军事领导人制定政策时，基本上不理睬议会和政治党派。

在沙俄的专制体制面前，中欧诸帝国的专制制度相形见绌。1856 年沙俄在克里米亚战争中战败后，亚历山大二世推行了改革，但改革并没有改变沙俄的专制制度。19、20 世纪之交时，俄国既没有一个全国议会，也没有任何政党。公开展开政治讨论的空间很小，俄国反对派团体采取的手段因而远比欧洲其他地区的激烈。俄国没有一个人数庞大的中产阶级，又缺乏自由政治传统，19世纪70年代沙皇亚历山大放松新闻管制、推行教育改革后，出现了一个在很多方面极为独特的社会团体——俄国知识分子阶层，开始为民主摇旗呐喊。"知识分子阶层"（intelligentsia）一词为波兰哲学家和民族主义者卡罗尔·利贝尔特（Karol Libelt, 1807—1875）首创，最初指积极宣扬基于语言、文化和教育的波兰民族身份的人。相对于波罗的海德意志人使用的"知识界"（literati）一词，"知识分子阶层"一词的含义既可以说更宽，也可以说更窄。它不包括受过教育的全体中产阶级（德语Bildungsbürgertum），但有公民积极参政的特殊含义，尤其在文学领域——由于官方限制言论自由，文学的政治色彩尤其浓厚。俄国知识分子阶层成员最初多是贵族。随着职业阶层人数增多，大学和中等教育体系扩展，出身平民百姓家庭的人也逐渐加入了这一阶层，被称为"平民知识分子"（raznochintsy，字面意思为"不同社会阶层群体"）。1833年，79%的中学生为贵族官宦子弟，到1885年，这一比例降至49%。同一时期，出身平民的中学生比例从19%上升到44%。截至1894年，俄国各所大学共有2.5万名学生。此前大学生早已组织起来，出版各种刊物，例如《鲜活之声》和《揭露》。大学生成为新生知识分子阶层的听众，最终为这一阶层输送了新成员，如一名评论家所说，他们是"公众舆论的晴雨表"。

学生开始要求开除不合格的教授。1858年，莫斯科的两名教授被迫辞职。学生的举动招致反弹。一批教授抱怨说，大学生"不再是听话的小学生，越来越像是主子"。当局削减了录取学生的数量，警察重返大学校园，监督学生的行为。免交赋税条款废止后，贫寒的"无产阶级学者"人数锐减。举行集会必须得到大学校方的许可。当局采取的压制措施促使大批学生趋向激进，一些学生被逮捕开除。外地省份也发生了类似事件。形形色色的时报和杂志不断涌现，加之亚历山大二世没有进一步推行改革，尤其是他拒绝成立一个民选的全国立法机构，学生和知识分子阶层成员急剧转向左翼。在爆发的政治论战期间，屠格涅夫写了小说《父与子》（1862），批评革命理论是"虚无主义"。激进杂志《现代人》的编辑尼古拉·加夫里洛维奇·车尔尼雪夫斯基（Nikolai Gavrilovich Chernyshevsky, 1828—1889）予以反击，写了小说《怎么办？》，宣扬依照空想社会主义者绘制的蓝图，建立一个以生产者合作社为基础的社会。车尔尼雪夫斯基的这部小说成了俄国激进分子的指南。把农民公社作为新社会的基础，避开资本主义和工业化的种种邪恶，该思想源自上一代激进分子亚历山大·赫尔岑的著述。他主办的《钟声报》从他侨居的伦敦偷运进俄国。很多更年轻的知识分子认为，赫尔岑的观点过于温和，如彼得·拉夫罗维奇·拉夫罗夫（Pyotr Lavrovich Lavrov, 1823—1900）。拉夫罗夫相信，一旦农民接受了社会主义原理，农村就可以成为暴力革命的载体。拉夫罗夫因撰写反政府文章也遭到逮捕，后流亡瑞士。侨居瑞士期间，他与巴枯宁等密谋革命者争执不休。

1866年，局势趋向恶化。莫斯科大学的一批空想社会主义者成立了一个人数有限的秘密阴谋团体。该团体的核心小圈子"地狱"抽签选中一名先后被卡赞大学和莫斯科大学开除的年轻贵族德米特里·弗拉基米罗维奇·卡拉科佐夫（Dmitry Vladimirovich Karakozov, 1840—1866）去行刺沙皇。卡拉科佐夫对自己家人剥削农民的行径深感内疚，一腔热情地接受了交给他的任务。他在一份自白书中写道："我决定杀死邪恶的沙皇，为我可爱的人民捐躯。"自白书因邮寄途中丢失而未能发表。1866年4月4日是《怎么办？》一书中预言的革命爆发日。沙皇离开圣彼得堡夏宫时，卡拉科佐夫冲向沙皇，瞄准他开枪，但他的胳膊被人撞了一下，没有打中沙皇，他重新瞄准时被沙皇卫兵拿下。卫兵从他外衣口袋里搜出一小瓶士的宁。沙皇问卡拉科佐夫："你刺杀我图什么？"他回答："我什么也不图。"1866年9月3日，卡拉科佐夫被处以绞刑，尽管他归信了东正教，祈求宽恕。其余10名同谋者被判处服苦役。当局随后对圣彼得堡大学严加管束，社团一律被取缔（很多革命者小团体用听上去无害的名字当掩护，卡拉科佐夫参加的团体当初注册时，称自己的宗旨是推动建立缝纫合作社）。此后激进分子开始秘密建立自己的组织。

受以上事件影响，学生谢尔盖·根纳季耶维奇·涅恰耶夫（Sergei Gennadiyevich Nechayev, 1847—1882）着手策划刺杀沙皇。他是车尔尼雪夫斯基的崇拜者，据说他仿效《怎么办？》一书里的苦行男主角，睡硬木板，终日以黑面包为食。为了逃避警察的追捕，他流亡苏黎世，在那里结识了巴枯宁。涅恰耶夫冒称自己是一个革命委员会的成员。此前，该委员会的一些成员从圣彼得堡的彼得保罗要塞监狱中越狱。涅恰耶夫与巴枯宁合写了著名的《革命者教义问答》(1869)。根据这份文件，革命者必须完全献身于使用暴力打碎社会秩序的事业：

> 革命者是一个失去自我的人。他没有自己的利益，没有自己的事业，没有个人情感、习惯和财产，甚至没有名字。他全身心都沉浸于唯一意图、唯一念头、唯一激情——革命。他不仅在言

辞上，而且以实际行动与社会秩序、知识阶层圈子、一切法律、习俗、普遍接受的现状，以及这个世界的伦理观念断绝关系。他将是这个世界的死敌。如果他继续活在这个世界上，仅仅是为了更有力地摧毁它。

几个月后，对巴枯宁深感失望的涅恰耶夫秘密返回俄国（他称巴枯宁总是"夸夸其谈，言之无物"），创建了一个叫"人民惩治会"的秘密团体。一名成员因不同意他的观点退出组织，涅恰耶夫伙同其他几人把他勒死，把尸体抛入冰封湖面的冰窟窿里。尸体被人发现，数名犯罪者被逮捕后，这一案件真相大白。陀思妥耶夫斯基为此写了一部小说《群魔》（1872），辛辣描画了革命者。涅恰耶夫再次亡命瑞士，与巴枯宁恢复交往，同时开始发行一本杂志。但他的所作所为令周边熟人胆寒。他偷窃巴枯宁和其他人的私人信件，作为讹诈他们的手段。涅恰耶夫还威胁一名出版商，称如果不解除与巴枯宁的合同就杀死他。瑞士当局将他逮捕，引渡给俄国，1882年他死在狱中。这名坚定革命者提出的理想深深吸引了后几代人。

最初对暴力的崇拜影响很有限。学生尼古拉·瓦西里耶维奇·柴可夫斯基（Nikolai Vasilyevich Tchaikovsky, 1851—1926）组织的一个阅读讨论小圈子影响更大。这一团体出版小册子，鼓吹建立一个以农民为主体的社会主义社会。一个"到民间去"运动由此而生。学生一身农民打扮，学做各种农活，与农民同吃同住，目的是说服他们接受革命。这一运动扩散到俄国各地。年轻革命者在农村召集会议，与农民一起下地劳动，赢得了农民的信任。革命者很快发现，无法让农民不再崇敬沙皇。民粹主义者向农民散发宣扬革命的小册子和书本，结果发现他们不识字。很多民粹主义者受到当地神职人员和乡村长辈的痛斥。1874年末,"到民间去"运动结束。据司法部统计,770人被逮捕,其中158人是女子。53名民粹主义者逃亡,265人在押候审。

这场运动波及面甚广,令沙皇政府惶惶不安。1877年,政府下令对193人举行大规模公审,审判一连持续了几个月,被告中还有参加学生示威活动的人。他们在法庭上哄闹法官,滔滔不绝发表政治演说,给陪审团留下深刻印象。结果陪审团裁定153名被告无罪。他们中还是有40人被判有罪,其余的人在等候审判期间被囚禁了好几个月。这次审判导致其余革命者更加激进,他们成立了一个新组织"土地与自由社"。这是第一个既有名称又有纲领的政治运动,而不是围绕一个人的松散组织。土地与自由社遵循"到民间去"运动精神,派成员去外地省份,在学生中间影响尤其大。土地与自由社主张以有选择地暗杀一些人的方式"摧毁国家体制"。审判193人期间,圣彼得堡总督费奥多尔·费奥多罗维奇·特列波夫(Fyodor Fyodorovich Trepov, 1809—1889)遭到自己年轻女秘书维拉·查苏利奇(Vera Zasulich, 1849—1919)的枪击。查苏利奇是涅恰耶夫的亲密同事,也是基辅一个巴枯宁小集团的成员。她和众多人一样,得知特列波夫鞭打一个拒绝对他脱帽致敬的政治犯后,怒不可遏。特列波夫在枪击事件中仅受了点伤。审判查苏利奇期间,特列波夫的种种残暴行径浮出水面,证据确凿。陪审团宣判查苏利奇无罪,予以释放。查苏利奇担心再次被捕,逃亡瑞士。为了防止再出现这种情况,政府把对政治犯的审判移交给军事法庭。

巴枯宁和拉夫罗夫的追随者造成革命运动的分化。其中一派自称为"黑土重分社",主张不采取暴力手段。领导人是格奥尔基·瓦连京诺维奇·普列汉诺夫（Georgi Valentinovich Plekhanov, 1856—1918）和帕维尔·鲍里索维奇·阿克雪里罗德（Pavel Borisovich Axelrod, 1850—1928）。1880年，该社领导人流亡瑞士，在那里继续开展政治活动，与查苏利奇一道开启了一场马克思主义运动。另一派别取名"民意社"，一心刺杀沙皇，希冀靠这种手段实现摧毁国家的无政府主义理想。他们派人打入亚历山大二世皇宫内部，给他送去炸药，那人用炸药制成一个爆炸装置，放置在冬宫餐厅的地板下，爆炸时间定在沙皇就餐时。结果11人被炸死，沙皇因晚到而躲过一劫。民意社又在一条铁路下面挖了一条隧道，在里面放置了炸药，准备等沙皇乘坐的火车驶过时引爆炸药。通过潜伏在第三科的一个双料间谍，他们获取了沙皇行踪的详细计划，知道他将乘坐两列火车中的前面一列。然而火车顺序在最后一刻被调换，炸弹只炸毁了装载沙皇辎重的列车。亚历山大二世为了消除该运动的影响，颁布诏书放宽政治，包括着手为建立一个代议政治体制做准备。1881年3月13日，沙皇乘坐一辆马车参加一次例行军事活动时，民意社两名成员先后向他投掷炸弹。第一枚炸弹没有击中，随后一枚命中目标。陪同沙皇的警察首脑后来讲述说：

> 我被又一次爆炸的声音震聋了，炸弹产生的气浪把我掀倒在地，身上多处受伤。在一团浓烟和白色烟雾中，我突然听到皇帝陛下发出微弱的声音："救救我！"我用尽全身力气从地上一跃而起，奔到皇帝身边。皇帝半坐半躺，右胳膊撑地。我以为他仅受了重伤，试图扶他站起来。但皇帝陛下的双腿被炸断了，一条断腿血流如注。20余人横卧街头和人行道上，伤情轻重不一。有人

设法站立起来，有人在地上爬行，还有人竭力从压在自己身上的死尸下面爬出来。

亚历山大二世被送回皇宫，不久因伤重不治去世。

新沙皇亚历山大三世身高超过 1.8 米，体格魁梧，为人粗暴，属于顽固守旧派。他曾明确表示不赞成父亲推行的诸多改革措施。亚历山大三世笃信宗教，深受前家庭教师、圣主教公会总监康斯坦丁·波别多诺斯采夫影响。亚历山大三世采纳了波别多诺斯采夫的建议，收回早先下达的建立代议制议会敕令，任命"土地长官"监督地方政府，同时加强政治镇压。警察现在有权擅自搜查、逮捕、审讯、监禁和流放因任何政治活动获罪的人，甚至连仅仅受到怀疑的人也不放过，他们剥夺"不可靠公民"的就业机会，监控一切文化活动。警察有权发布戒严令或宣布国家进入紧急状态。当局派密探前往瑞士监视政治流亡者，设法打入革命组织内部。1881 年，内政部内成立了一个新警察机构"奥克瑞纳"（公共安全与秩序保卫部）来打击恐怖活动。谢尔盖·瓦西里耶维奇·组巴托夫（Sergei Vasilyevich Zubatov, 1864—1917）主持内政部期间，奥克瑞纳甚至成立了各种工会，意图把人民的革命愿望引入和平轨道，同时秘密资助各种学生团体。刺杀亚历山大二世还在俄国引发了反犹浪潮。当局臆想刺杀事件是犹太人密谋策划的（其实民意社成员中没有几个犹太人，笃信犹太教的更是一个没有），犹太人受到限制，不得离开所在的城镇，各大学和职业开始实行配额。1891 年，莫斯科的犹太人被驱赶到前犹太人居住区。此前亚历山大二世曾放宽对犹太人居住区的管制。俄语被强制作为波兰各地法院、大学和中小学的正式语言，但芬兰人继续享有较高程度的自治。

波兰民族主义于是开始复活，但受到当局的严厉打压。

亚历山大三世的镇压措施一直持续到他统治的终结。在警察的严酷镇压下，新的刺杀阴谋无一成功，民意社解体。然而出乎人们意料，1894年，时年49岁的沙皇死于肾功能衰竭，很可能是在1888年皇家列车一次出轨事故中受伤所致（事故发生时，他正与家人在餐车就餐，据说他用双手撑住坍塌的车顶，让孩子从损毁的车厢中逃出）。他的长子、皇位继承人尼古拉二世当时有些不知所措。他听说父亲去世的消息后询问妹夫："我和俄国会面临什么？我还没有做好当沙皇的准备。我从来不想当沙皇。"尼古拉二世才能有限，做事认真，但缺乏想象力，为人过于腼腆谦恭，驾驭不了手下的人。但他坚定不移支持专制体制，宣称："我要让所有人知道，我将一如去世的父亲，为了全国人民的福祉，竭尽全力坚定维护专制体制原则。"尼古拉二世对此的理解是，从处理农民改名请愿到召见官员面试，他必须事必躬亲，芝麻大的事他也要过问。尼古拉厌恶手下大臣，只因为他们分走了他的部分职权。他甚至不肯任命一名私人秘书，宁愿自己处理私人信函。尼古拉二世分不清轻重，不会把次要的事交给手下人去处理，自己集中精力抓大事。波别多诺斯采夫抱怨说："他观点肤浅，又固执己见。"沙皇日益疏远手下大臣，亲近一批对他谄媚的贵族。他常常一连几个月外出旅行，或狩猎，或乘游艇周游，或与家人一起度假。他离朝期间，政府工作完全陷入停顿。有一件事被普遍认为是不祥之兆。尼古拉二世加冕次日，将近50万人聚集在莫斯科郊外一个巨大军事训练操场参加庆祝活动。当局免费提供食品啤酒，风传食物不是人人有份，结果发生踩踏事件。很多人被推到壕沟里，或窒息而死，或被人踩死。1400余人丧生，600余人受伤。惨案发生后，尼古拉二世无动于衷，照旧参加各种庆典活动，出席舞会、音乐会及其他娱乐活动，仿佛什么都没有发生。连当局控制的媒体都纷纷抨击他的冷漠。

革命运动很快复活，尤其是土地与自由社前成员从西伯利亚流放地返回后。1894年，他们创立了一个新组织"人民权利社"。1902年，该社与1896年成立的"社会革命党人同盟"联合组建了社会革命党。受赫尔岑和拉夫罗夫影响，新成立的社会革命党奉行民粹主义纲领，主张在保障农民权利基础上建立一个新社会。一如同时期欧洲其他地区的农民，俄国农民开始卷入政治活动。但与法国、意大利、德国和西班牙等国的农民政治组织不同，社会革命党人沿袭了俄国的恐怖主义传统，成立了一个秘密"战斗队"，此后两年先后刺杀了两位内政部部长、一位大公及多名政府官员。"战斗队"的二号人物是警方密探一事曝光后，社会革命党人认识到自己内部也许混入了有意制造事端的人。1909年，他们摒弃了"个人恐怖"策略。19、20世纪之交时，一些更温和的政治运动加入了争取民主的斗争。19世纪60年代，亚历山大二世成立了一批地方自治机构，包括由贵族、城镇居民和村社农民选举产生的地区议会。这些地区议会又选出各省议会，1870年时，省议会数量达到34个。省议会的权力极其有限。地方自治机构聘用了越来越多的行政官员、医生、教师、农学家、工程师、统计学家及各方面的专家，为自由政治思想奠定了根基。截至1900年，据计有4.7万名专业人员受雇其中。19世纪90年代，地方自治机构还频频召开会议，改良政治制度的呼声一浪高过一浪。这是一场主张进行温和民主改良的草根运动，它对专制制度提出的潜在挑战远远大于人数虽少却很凶险的恐怖团体。

游离于政治边缘的普列汉诺夫和其他被流放的马克思主义者反对依靠农民发动革命的观点。他们提出，发动革命的将是产业工人阶级。从19世纪90年代到20世纪初，维特推行了一系列经济改革，俄国产业工人队伍迅猛扩大。1898年，致力于实现这一目标的俄国社会民主工党成立。然而，党内就策略问题争执不休。1903年列宁撰写了《怎么办？》后，该党分裂为水火不容的两派：布尔什维克（多数派）和孟什维克（少数派）。列宁撰写《怎么办？》这篇文章（不是小说），不是受同名小说《怎么办？》（1863）作者车尔尼雪夫斯基的影响，而是受涅恰耶夫影响。列宁把《革命者教义问答》里面的核心原则与马克思主义理论相结合，提出只有在强有力领袖的领导下，投身革命事业的职业革命者才有可能发动革命。普列汉诺夫和孟什维克人士则主张采取更灵活的策略，强调在政治和经济领域内开展合法斗争，这一立场与德国社会民主党模式大同小异。而布尔什维克反对选票决定政策的观点，针锋相对提出"民主集中制"原则。列宁拒绝妥协，坚持产业工人应该接受党的领导，待工人阶级最终夺取政权、成立议会制政府后，党将动员工人迫使中产阶级做出让步。当时布尔什维克仍处于革命活动边缘，热衷使用非法暴力手段，如1907年抢劫第比利斯银行。格鲁吉亚青年约瑟夫·朱加什维利（Josef Djugashvili, 1878—1953），即斯大林，策划在市中心广场抢劫了一辆运钞马车。布尔什维克内部混入了不少警察局奸细，其中有罗曼·瓦茨拉沃维奇·马林诺夫斯基（Roman Vatslavovich Malinovsky, 1876—1918），他一直混到中央委员，是奥克瑞纳最昂贵的奸细。截至1914年，党内领导人中，唯独马林诺夫斯基从未被监禁或流放过。这一点引起众人怀疑，后来证明，他们的怀疑完全是有根据的。

19世纪中叶后，沙俄政府没有打赢过一场大战，包括1854—1856年的克里米亚战争和1917年把沙俄引向覆亡的第一次世界大战。20世纪到来后不久，一场战争降临。不断向东扩张的俄国在朝鲜和中国东北与日益强大的亚洲强国日本爆发冲突。1900年，17.7万人的俄军占领了中国东北和朝鲜。1904年2月，日军对俄国在太平洋地区的唯一不冻港旅顺港内的俄国舰队发动突然袭击，1941年日本轰炸美国珍珠港海军基地的行动与此颇有相似之处。1905年1月，守卫旅顺港的俄军被围困多日后投降。2月，俄国人在沈阳遭到惨败，9万余人伤亡。5月，俄国波罗的海舰队航行几个月后抵达交战地区。此前，英国不允许俄国舰队通过苏伊士运河，因英国与日本结盟，而且俄国军舰误把北海地区的英国捕鱼船当作日本兵舰，对其开炮射击，惹恼了英国人。日军全歼俄国舰队，击沉8艘战列舰，自己没有任何重大损失，随后日本陆军攻取了库页岛。一个实行立宪政体的亚洲国家出人意料地击败了一个不实行立宪政体的欧洲国家。

这场战争在俄国国内极不得民心，沙皇统治的合法性因俄国战败受到沉重打击。美国总统西奥多·罗斯福出面，在缅因州的朴茨茅斯召开和平会议。地方自治机构利用远东没有俄军的机会召开会议，提出立宪要求，尼古拉二世被迫接受，当时他正忙于对付一场波及军队的大规模农民起义。从前线返回的败军屡屡兵变。1905年初，一个工人代表团前往冬宫向尼古拉递交请愿书。领队的是东正教神父格奥尔基·加蓬，请愿队伍举着圣像、宗教旗帜和沙皇画像，途中仍遭到军队枪击。这次血案被称为"血腥星期日"。加蓬逃走了，但他勾搭奥克瑞纳、收取日本军方钱财的事曝光后，社会革命党"战斗队"成员把他绑架后吊死。首都的工人早已停工，现在又爆发了总罢工。1905

年5月,"工会联合会"成立。6月,停泊在敖德萨港口的"波将金号"战列舰水兵哗变。铁路工人罢工导致当局无法调动军队。托洛茨基领导的工人代表在圣彼得堡成立了苏维埃。托洛茨基提出了"不断革命论",意指时机成熟时,可以把一场资产阶级革命直接转化为一场无产阶级革命或社会主义革命。苏维埃称沙皇"与全体人民为敌",宣布举行总罢工,要求充分实现民主。

内外交困的尼古拉二世颁布了所谓《十月宣言》,同意举行选举并成立议会,即"国家杜马",同时仿照西欧国家模式设立了部长会议。当局为了安抚农民,免除了尚未付清的赎身费,允许农民扩大自有土地,削减村社权力。以上改革出自1906—1911年任首相兼内务大臣的彼得·阿尔卡季耶维奇·斯托雷平之手。斯托雷平认为,他可以打造一个效忠国家的富农阶级。此前不久他几乎辞职,但社会革命党人依然把他视作危险人物。1911年9月,基辅歌剧院上演尼古拉·安德烈耶维奇·里姆斯基-科萨科夫(Nikolai Andreyevich Rimsky-Korsakov, 1844—1908)创作的一部歌剧。中场休息时,社会革命党人德米特里·格里戈里耶维奇·博格罗夫(Dmitry Grigoriyevich Bogrov, 1887—1911)当着沙皇尼古拉及其两个女儿的面枪击斯托雷平。几天后,斯托雷平死于枪伤。博格罗夫被当场抓获,受到军事法庭审判,10天后处以绞刑。和沙俄帝国晚期其他类似性质的案子一样,这次案情背景扑朔迷离。博格罗夫是警方奸细的身份暴露后,流传一种说法:警察当局内的极端右翼分子指使他暗杀斯托雷平,试图以此为由强化镇压措施。调查为此展开,但沙皇本人亲自下令中止调查。此案真相始终不明。

1906年4月27日,第一届国家杜马经选举产生。杜马无权任免大臣，大臣任免权依旧在沙皇手里。但还是出现了各色各样的政党。以地方自治机构内自由派人士为主的立宪民主党人赢得179席，社会革命党人赢得94席，反映出他们得到越来越多农民的拥护，社会民主党人得到18席，右翼派别32席，剩余席位为形形色色的民族主义者所得。立宪民主党人坚持杜马应有权任命大臣，沙皇为此解散了国家杜马，取消了大多数议员再次参选的资格。第二届国家杜马于1907年2月27日召开。保守派议员人数增加，立宪民主党人人数减少。社会民主党人斗胆批评军队后，第二届国家杜马被解散。第三届国家杜马是以苛刻的间接选举方式产生的。每230名地主推选一位选举人，而农民推选一位选举人需要6万人，工人需要12.5万人。第三届国家杜马于1907年11月14日召开，议员中包括154名支持《十月宣言》的"十月党人"、127名保守派人士、54名立宪民主党人和33名左翼人士。1912年11月15日，召开了第四届国家杜马，产生方式一如第三届国家杜马，但比后者更保守（不过第四届国家杜马议员将在5年后的"二月革命"中扮演关键角色）。尼古拉二世虽做出种种让步，但没有一次出于真心。他听从身边顽固守旧的亲信随从劝说，批准开除7 000多名政府雇员，绝大多数人在地方自治机构工作。他还组织了名为"黑色百人团"的武装民团，袭击杀害自由派议员，驱散反对派集会，煽动迫害犹太人。沙皇本人还嫁祸犹太人，称"滋事分子中十之八九是激起民愤的犹太人"。

民主运动和代议制机构受挫，大批人遭到逮捕，苏维埃受到镇压。尽管如此，1905年后专制制度并没有完全复辟。残存的书报审查制度彻底消失，涌现出的各种政党依然存在，大学规模不断扩大，学校自主权增加。1910年，当局再次打压激进学生。地方议会体制进一步扩大，工人开始享受有限的医疗保险，农村地方治安官制度得到恢复，对农民的体罚受到限制，但没有完全废除。初等教育迅猛发展，民众识字率大幅提升，但1913年农民购买书报的开支仍少于购买给圣像上供用的蜡油的钱。国家权柄依然操控在沙皇身边一个日益恣意妄为的小集团手中。自1905年11月起，尼古拉二世及其亲信日益受格里戈里·叶菲莫维奇·拉斯普京（Grigori Yefimovich Rasputin, 1869—1916）影响。拉斯普京是一个不识字的农民和信仰治疗师，传说他有神力，可以治愈皇太子患的血友病。拉斯普京依仗个人权势支持反犹的"黑色百人团"，在斯托雷平被罢免一事上起了重要作用。围绕这个僧人的丑闻和谣言不断。传说他纵欲无度，与皇后亚历山德拉（Alexandra, 1872—1918）私通。1912年时，以上传闻导致沙皇威望一落千丈。

沙俄宫廷生活日渐滑入荒诞之中。与此同时，俄国工业化突飞猛进。然而，工会没有举行抗议和维护自己权益的合法渠道，非法罢工日益频繁。1912年1月到7月间，将近145万名产业工人举行罢工。其中103万人在提出的种种诉求中加入了政治方面的内容。沙皇尼古拉二世的统治摇摇欲坠，败象日显。政治趋向两极化。沙皇镇压国家杜马内合法反对派导致温和中间派萎缩，建立民主制的可能性日益渺茫。民主夹在诉诸暴力的右翼和从事恐怖活动的左翼之间。如同其他欧洲国家，政府内有人把煽动民族主义情绪作为摆脱困境的出路。日俄战争爆发前不久，距他本人遭暗杀仅几个月，内政大臣维亚切斯拉夫·康斯坦丁诺维奇·冯·普勒韦（Vyecheslav Konstantinovich von Plehve, 1846—1904）表示："为了阻止革命爆发，我们需要打赢一场小规模战争。"他讲这番话后没过几周，日俄战争爆发。这既不是一场小规模战争，俄国也没有打赢。即将在1914年爆发的战争规模之大远远超过日俄战争。这场战争将荡除沙皇政权，带来近四分之三世纪的共产主义政权统治。

"世界美国化"

民主浪潮在俄国止步，至少是暂时受阻，而欧洲大部分地区的民主潮流依然势不可当。然而，这股潮流带着自我毁灭的种子。选举权扩大后，越来越多受过教育的民众参与政治。工人阶级支持至少看上去像是致力于摧毁资本主义制度、推翻现有体制的社会主义运动。农民开始放弃传统的抗议方式，加入民粹主义的天主教党派和形形色色的农村利益集团。1914年时，在众多欧洲国家，以中产阶级为代表的自由主义受到群众运动的夹击，政治影响力日益衰微。大众的民族化使政治论争变得空前激烈，像佩卢克斯和布朗热这样的人物异军突起、上台执政即是一个体现，无论他们掌权时间有多么短。两人都靠许诺实现民族辉煌赢得了民众拥护。诸如"海军联盟"这样的德国民族主义群众运动开始推动历届政府奉行更加咄咄逼人的外交政策。比利时于1893年实现了男子普选权，佛兰德地区使用单一语言的广大农民因而获得了选举权。一场闹得沸沸扬扬的运动由此而起，目标是把佛兰德语和法语同时作为官方书面语言，成千上万的群众高呼口号示威抗议。英国与比利时的情况相仿。选举权扩大到新的社会阶层后，爱尔兰自治问题冲破了自19世纪80年代中期以来的政治模式。在哈布斯堡君主国，选举权的扩大导致奥地利和匈牙利两大立法机构完全陷入瘫痪。坚信民主潮流不可阻挡的人不得不面对极右势力、极端民族主义和反民主运动的崛起，如泛德意志主义者和"黑色百人团"，这些势力本身又是对议会民主政治发展的逆动。1914年，以上运动依然弱小，虽然它们得到本国政府的支持，至少为政府所容。民族主义已不再是1848年以前那支鲜明的自由主义力量。在乌克兰，自由民族主义者的对手人民党宣称："俄罗斯人、犹太人、波兰人、匈牙利人和罗马尼亚人都是我们民族的敌人。"泛德意志主义者要求取缔社会民主党，剥夺犹太人的选举权，建立以德皇为首的专制体制。以上思想产生的影响预兆了第一次世界大战后民主在欧洲各国受到的暴力压制。

早在19、20世纪之交以前，19世纪初到世纪中相互竞争的种种自由进步理想就已日薄西山，无论是法国雅各宾式的革命，还是英国的渐进式改良，特别是在民族主义学说开始转向臆想中的一国民族及其历史根源，而不再基于正义和人民主权的普遍原则后。似乎没有哪一种革命理想有可能在全世界实现。欧洲各国及其政治文化开始走向自我封闭，互相隔绝。此时美国开始崛起，成为世界未来的一面镜子。大批欧洲人移民美国后，欧美两个大洲在方方面面有了联系。昔日美国是"盎格鲁-撒克逊人"之地的形象日益模糊，美国是所有人"机遇之乡"的观点传播开来。19世纪60年代美国内战废除奴隶制后，有损美国正面形象的主要障碍被扫除。美国工业和技术的迅速崛起也有助于提升美国形象。在1893年芝加哥世界博览会上，美国充分展示了它的工业和技术实力。美国与欧洲在经济上的相互依存关系显而易见。1892年，法国社会科学家保罗·德·鲁西耶（Paul de Rousiers, 1857—1934）写道："法国士兵的背囊中，装着芝加哥加工的各种肉罐头。"19、20 世纪之交时，美国的引领和榜样对欧洲的政治文化产生了越来越大的影响，尤其是在女性解放和妇女选举权问题上。1910 年，巴黎大学历史学家古斯塔夫·郎松（Gustave Lanson, 1857—1934）休假期间作为访问学者到美国一所大学教书。在他教的女生中，"典型美国姑娘"给他留下深刻印象："她们通常体态修长，年轻健美，一脸清纯，披金发或棕色头发，眼睛湛蓝，大笑时目光注视着你，眼神坦荡坚定。她们生活优越快乐，无拘无束。"读过亨利·詹姆斯《一位女士的画像》(1881) 等小说的人自然深解其意。

当然，美国同时又让人感到是粗野拓荒者之地。威廉·科迪（William Cody, 1846—1917，人称"野牛比尔"）举办的美国荒蛮西部巡回展显示了这一点。自 1887 年起，他在欧洲各地巡回演出，盛况空前。前往观看的人来自社会各个阶层，上至维多利亚女王和德皇威廉二世，下至市井小民。然而，很多保守派人士对美国技术在欧洲产生的影响惶惶不安。小说家威廉·冯·波伦茨（Wilhelm von Polenz, 1861—1903）擅长写描述德国乡村恬淡安逸生活的小说。他访问美国后说："文化美国化意味着庸俗化、机械化、麻木化。"他写了《未来之乡》(1904) 一书，谴责犹太移民对美国的影响，提醒德国人警惕他看到的"国际犹太人"势力不断增长的危险。"美国化"一词源自英国记者威廉·斯特德写的《世界的美国化》(1901) 一书。他撰写此书的用意是宣扬通过与美国结成某种形式的联盟更新英国宪法，从而使盎格鲁-撒克逊民族称霸世界（为了实现这一目标，1912 年 4 月他乘"泰坦尼克号"邮船前往美国，中途殒命。）欧洲人对美国的经济竞争力焦虑不已。1898 年美西战争后，欧洲对美国的帝国扩张心生恐惧。

美国的经济模式备受赞誉，比如高效利用工作时间的"泰勒主义"。从缝纫机到飞机，美国人的种种发明迅速得到推广。自由派人士和社会主义者尤其欣赏美国的民主制度。德国人曾对美国政府的"抽象自由"和"僵硬体制"表示不屑，在浪漫主义时代，这种看法十分普遍。19世纪末期，德国人开始赞誉美国体制，尤其是部分德国人认为，尚未完全实现民主的英国是一个走向没落的大国。左派自由分子对美国的小政府和得到宪法保障的美国人享有的广泛自由极为推崇，赞扬他们认为行之有效的联邦制度，把它作为德国效仿的榜样。1887年，威廉·李卜克内西驳斥一名抨击美国"保守主义"的社会民主党成员，提醒他："所有民主国家的人民都保守。尽管有这样那样的缺陷，但美国宪法真正赢得了'被保存'的权利。处于专制统治下的人民从来不保守，因为他们的日子一向不如意。"仍在苦苦追求民主的欧洲人认为，美国代表了他们为之奋斗的未来：和平、繁荣、技术先进，一个人民主权的自由国家。

敌视民主、宣扬带有军国主义和扩张主义色彩的狭隘民族主义的人，惧怕、厌恶芝加哥和纽约等现代化都市代表的日新月异世界的人，还有抨击美国社会违背了种族纯洁理想的人，对美国的看法较为负面。然而无论是自由派还是保守派，右翼还是左翼，几乎所有人都认为，未来属于欧洲人和美洲、澳大拉西亚及世界其他地区的欧洲移民。无论未来政治走向如何，世人普遍认为，未来将是一个帝国主义时代。帝国问题在欧洲各国国内政治中的重要性日增。克里斯皮、比洛、茹费里和迪斯累里等政治家发现，打帝国这张牌必能赢得国内民众的支持。伴随法兰西帝国的扩张，法国人对1871年战败所怀的复仇之心愈切。德国的政治精英日益渴望有一块"阳光下的地盘"，成为一个与20世纪欧洲大国地位相称的拥有海外殖民地的帝国。英国的张伯伦和自由派帝国主义者把捍卫大英帝国作为自己政治抱负的核心。俄国在东亚折戟后，重新转向地中海扩张势力。保住残存海外殖民地成为西班牙国内政治的首要目标。第一次世界大战后，这一目标最终摧毁了民主体制。独立的民族国家借奥斯曼帝国衰落之机扩张本国领土，尤其是巴尔干半岛上的民族国家。奥匈帝国为了维护帝国的完整，似乎别无选择，必须抑制巴尔干半岛的动荡。在欧洲各地，崛起的大众政治推动的民族自豪感对政坛的影响日深。

极少数人对帝国的未来心怀疑虑。英国作家鲁德亚德·吉卜林（Rudyard Kipling, 1865—1936）就是一个。1897年，英国隆重庆祝维多利亚女王即位60周年，举行了盛况空前的皇家海军舰队受阅仪式。深受震撼的吉卜林写了一首题为《退场赞美诗》(1897)的诗。诗歌内容与时代基调截然相反，但时过境迁后重读此诗，感到这首小诗颇有预言的味道：

> 我们的舰队在远洋消失，
> 火光在沙洲、海角熄灭：
> 看我们盛极一时的昨日
> 归入了亚述、腓尼基之列！

吉卜林提醒读者，一切帝国不过是昙花一现，即使是号称"日不落"的大英帝国也不例外。但总的来说，有心思索未来的人对未来感到乐观。阿尔弗雷德·哈姆斯沃思（Alfred Harmsworth, 1865—1922）是《每日邮报》的出版人兼编辑，也是《纽约世界报》的客座主编。20世纪第一天，1901年1月1日，《纽约世界报》发表了民众对报社几周前问他们的问题的答复:"你认为新世纪面临的最大社会和政治威胁是什么?"新闻记者列举了从个人主义到酗酒的种种威胁。神职人员认为是不信仰上帝和"拜金主义"。阿瑟·柯南·道尔及其他作家有点不厚道,把"不负责任的报界"视为威胁。军备、帝国主义和战争在众多答复中占了突出位置。哈姆斯沃思对公众流露出的悲观情绪视而不见,宣称:"《纽约世界报》乐观地认为,20世纪……将应对并战胜一切威胁,成为我们这个不断进步的星球有史以来最美好的世纪。"

第八章

帝国的报应

探险家

1815年，马戏团大力士乔瓦尼·巴蒂斯塔·贝尔佐尼（Giovanni Battista Belzoni, 1778—1823）在西班牙、葡萄牙和意大利巡演后抵达马耳他，打算在此地表演一系列绝技，包括举重、折弯钢条、打破铁链。他的一个拿手好戏是用安置在他肩膀上的钢架扛起12个侏儒。贝尔佐尼生于帕多瓦，父亲是理发师。他早年想当修道士，1789年拿破仑军队占领他的家乡后，他逃离意大利，在荷兰靠理发为生。1803年，贝尔佐尼移居英国，与生于布里斯托尔的萨拉·贝恩（Sarah Bane, 1783—1870）结婚。贝尔佐尼身高2米，体格魁梧。他开始在伦敦街头表演大力士节目，以此糊口，后来被伦敦市内经常举办演出的阿斯特利圆形剧场的一个著名马戏团聘用。贝尔佐尼自称逃离意大利前学过水力学，痴迷技术，他的这番话真假难辨。他的演出常常伴随神奇灯笼表演，一台投影仪把中世纪时期的骷髅和鬼魅图像投射到前面的屏幕上。在马耳他期间，贝尔佐尼结识了埃及总督穆罕默德·阿里手下的一个人，主动提议向埃及总督展示他发明的一台机器，可以抬高尼罗河的水位灌溉庄稼。两人为此专程去了一趟埃及。测试时机器功率不够大，带动不了他所说的水量，随后机器转速失控，总督宣布实验失败。潦倒的贝尔佐尼和妻子求助当地英国领事亨利·索尔特（Henry Salt, 1780—1827），索尔特既是多产的画家，又是埃及文物收藏家。两人见面后一拍即合，索尔特聘请贝尔佐尼任自己的代理人。

没过多久，贝尔佐尼来到位于底比斯的卢克索古城遗址。索尔特委托他把一尊巨大的拉美西斯二世半身雕像（公元前13世纪）搬走，装船运往英国。这尊半身雕像重达7吨，后人称之为"年轻的门农"。贝尔佐尼打扮成阿拉伯人，但高大身躯和大胡子极为惹眼。他与妻子沿尼罗河逆流而上（后来他写道："此时我妻子已经习惯了旅行，和我一样对居住条件毫不挑剔。"），贝尔佐尼向当地一位奥斯曼官员出示了总督手令，又送给他一包咖啡外加一些火药，然后雇了130个劳力，耗时两个多星期才用滑轮把半身像运到尼罗河边。运输途中半身像不时陷到沙子里。贝尔佐尼因雇用的劳力不见踪影，与当地官员干了一架。历经艰辛后，半身像终于被装上船。贝尔佐尼一路逆流而上，沿途又发现了大量"也许不难运走"的文物。他一直走到著名的阿布·辛拜勒神庙遗址，返回时携带了大批珍贵文物。贝尔佐尼把包括拉美西斯二世巨大半身像在内的所有文物沿尼罗河运到下游的亚历山大港，再转运伦敦的大英博物馆。此后贝尔佐尼又在凯尔奈克地区出土了一些文物，成为进入吉萨第二座金字塔的首个欧洲人。他的妻子萨拉一路陪伴他，与当地妇女住在一起，让她们对他们夫妇放心。她写道："既然我命中注定与尼罗河有缘，我就努力了解这些半野蛮人的种种生活方式。"后来她果真写了一本讲述当地人生活的书。

索尔特对贝尔佐尼获取的文物喜不自胜，告诉赞助人爱尔兰贵族芒特诺里斯勋爵（Lord Mountnorris, 1770—1844），他要送上"一批我相信你从未见过的货物"。索尔特想用船把一具木乃伊运回英国，迷信的船长拒绝装载，结果鳄鱼没能运走。他还想把一条制成标本的鳄鱼运回英国，结果鳄鱼被兀鹫吃了。贝尔佐尼开始了他作为探险家和埃及学家的新生涯。他处理埃及文物时粗手粗脚。贝尔佐尼身材高大，很难钻进古墓入口的狭窄通道，即使完全爬行也很难。一次他卡在一座金字塔里面，不得不让助手把他拽出来。贝尔佐尼提起，在卢克索附近古诺神庙地下通道，尘土呛得他喘不过气，飘来的臭味令他作呕：

> 我好不容易钻进了这个地方，穿过一条50码，100码，300码，也许是600码*长的通道，人几乎瘫倒了。我找到一处可以休息的地方想坐下来。一具埃及古尸不堪我体重的重负，像一个纸盒子一样垮掉了。好在我可以用双手支撑自己，但这些古尸没有任何支撑，结果我跌坐在几具破碎的木乃伊当中，压碎的尸骨、碎片、木头盒子散落一地，四周尘土飞扬。我一动不动坐了15分钟，待尘埃完全落定。出去时又掀起一团尘土。每走一步，都会压坏一具木乃伊。

贝尔佐尼对他给木乃伊造成的损坏无动于衷。用他自己的话说："我探索的目的是掠走古埃及人用纸莎草写的文献。我在木乃伊的胸口、臂膊下、膝盖上方或腿上找到了藏匿的少量文献，和木乃伊一起包裹在一层层布里。"贝尔佐尼在一块石雕像上刻上自己名字，防止被他人搬走。他还请人画了大量彩色图纸，绘制了各处墓地的平面图及墓中文物，包括帝王谷各处墓穴内护墙板的详细数目。贝尔佐尼是

---

* 1码约合0.9米。——译者注

走入帝王谷的首个欧洲人。此后他又多次返回帝王谷，发掘了大量文物，包括一个巨大的方尖碑，如今矗立在当年威廉·班克斯（William Bankes, 1786—1855）爵士在多塞特郡的乡间别墅金斯顿莱西南面。班克斯加入了贝尔佐尼的一次探险，随同他沿尼罗河逆流而上。班克斯对人炫耀说，他私人收藏的古埃及文物数量之多无人能比。

贝尔佐尼每次探险都要对付地方官员的阻挠和对手的竞争。他移走菲莱方尖碑时，另一个收藏家贝尔纳迪诺·德罗韦蒂（Bernardino Drovetti, 1776—1852）横加阻拦。德罗韦蒂对待文物方式之野蛮比贝尔佐尼有过之而无不及（一次他发现了 20 个花瓶，为了抬高花瓶价格，他打碎了一半）。拿破仑任命他为法国驻埃及总领事，此后他一直留在埃及，为法国各家博物馆搜罗文物。德罗韦蒂在卢克索贝尔佐尼船上看到方尖碑后，硬说这块碑是他的，率领手下的人袭击骑着毛驴的贝尔佐尼，有人开了一枪。贝尔佐尼翻身跳下毛驴，打倒一个来袭者，"抓住他的脚脖子，把他当棍子抡向其他人"。当地的阿拉伯人赶紧上来拉架劝和，毕竟他们的生计仰赖这些欧洲人。1819 年，贝尔佐尼夫妇途经帕多瓦返回英国，乔瓦尼撰文介绍了自己的探险经历。1821—1822 年，在英国怀才不遇的贝尔佐尼前往欧洲大陆，在各地举办展览，展示出土文物（他一时兴起，诌了两句歪诗："我藐视我的敌人，还有糖饼，如果我的朋友记得真正的贝尔佐尼"）。展览没给他带来多少收益。贝尔佐尼又借了一大笔钱，前往西非加入一次探险，查明尼日尔河是否与尼罗河相接，同时寻找传说中的沙漠城市廷巴克图。贝尔佐尼在贝宁患痢疾一病不起。他在离海不远的乌戈顿含恨致信友人："我像一个乞丐一样死去了。"他在信中恳请朋友在他死后"安慰我亲爱的萨拉"，照顾好她。1823 年 12 月 3 日，贝尔佐尼死于乌戈顿。他留下的著述和绘图外加萨拉自己的著述没有带来多少收入。萨拉穷困潦倒，先在比利时居住，后又迁到泽西。1870 年，萨拉在当地病逝，享年 87 岁。

贝尔佐尼在埃及的所作所为是欧洲人劫掠世界其他地区的一个缩影。早在 1792 年法国入侵莱茵兰时，劫掠已经开始，此后愈演愈烈。1797 年，拿破仑一世从意大利掠走了大量绘画和古代雕像，运往巴黎，因他把巴黎看作罗马帝国的正统继承者。翌年，拿破仑入侵埃及，带了 167 位"学者"同行，根据这些学者的建议抢走了大量文化艺术品。1813 年 10 月，普鲁士将军冯·布吕歇尔在"民族大会战"中打败拿破仑后，情况发生了变化。1814 年 3 月，打到巴黎的布吕歇尔用武力夺回了这位法国皇帝从普鲁士掠走的艺术品。英国摄政王多次请求购买部分珍品，作为王室收藏，威灵顿公爵对此置若罔闻，决定安排归还"法国大革命和拿破仑暴政期间，法国违反文明战争准则从一些国家掠走的文化艺术品"。最终只有大约 55 件被掠走的艺术品归还了原属国，其余艺术品此前已送到法国各地博物馆，占领法国的联军并不知情。19 世纪此后年月里，威灵顿不赞成军事掠夺的观点得到越来越多人的赞同。公爵本人认为，劫掠行为不仅涣散军心，而且丧失民心。他从西班牙战争的经历中认识到，收揽一地民心极其重要。

欧洲人与欧洲以外社会打交道时就没有这些顾忌了。1798 年纳尔逊在尼罗河战役中打败拿破仑后，英国人心安理得拿走了大批拿破仑抢劫的埃及文物，包括对译解象形文字至关重要的罗塞塔碑。从没落的奥斯曼帝国掠夺的文物数量更大。只需贿赂各级地方官员，即可轻而易举地以极低价格购得古希腊文物，如埃尔金大理石雕塑。1801—

1812年，埃尔金伯爵托马斯·布鲁斯（Thomas Bruce, 1766—1841）的代理人把一些大理石雕塑从帕特农神庙运走，1816年，英国政府购买了这些雕塑，之后雕塑被大英博物馆收藏。19世纪后期，一支英国远征军从西非贝宁掠走了200多尊铜像，也送到了大英博物馆。德国人把太平洋诸岛居民使用的航海小船运到柏林人种志博物馆展出。德国商人、业余考古学家海因里希·谢里曼（Heinrich Schliemann, 1822—1890）热衷探寻特洛伊古城遗址。1873年，他在一个场址发现了藏匿在密窖里的黄金首饰，将其偷运出土耳其，送给妻子佩戴。

以上种种劫掠行径是19世纪欧洲称霸世界的一种体现。欧洲的工业增长、军事霸主地位，尤其是交通运输的改善使这一切成为可能。通过铁路公路、河流运河和汽船，人可以更自如地在各大洲之间穿行，从启程地深入内地。科学和科学知识越发受人尊重，为探索理念推波助澜。贝尔佐尼及其他埃及学家搜集埃及文化艺术品时，有时损坏甚至毁坏了艺术品，但也加深了欧洲人对古埃及的了解。法国语言学家兼历史学家让-弗朗索瓦·商博良（Jean-François Champollion, 1790—1832）依据贝尔佐尼弄到手的方尖碑上的双语碑文，译解了象形文字字母表。渴求科学知识的瑞典探险家斯文·赫丁在喜马拉雅山脉找到了雅鲁藏布江和印度河的源头，还发现了几段中国古长城遗址。1844年10月，普鲁士自然科学家兼探险家路德维希·莱卡特（Ludwig Leichhardt, 1813—1848？）穿越澳大利亚东北部采集标本，行程4 800千米。1845年12月，一行人在北部海岸埃辛顿港现身，当时世人以为他们已经遇难。莱卡特宣称："我做的一切都是为了科学，不含任何其他目的。"1848年，他再次尝试从东到西横穿澳大利亚，结果神秘失踪，很可能葬身大沙漠。

当时英国国内掀起一股寻找尼罗河源头热。1856年，在"皇家地理协会"资助下，理查德·伯顿（Richard Burton, 1821—1890）爵士和约翰·汉宁·斯皮克（John Hanning Speke, 1827—1864）发起了一次著名探险活动。伯顿既是探险家，又是冒险家，性情暴躁，充满激情，据说他懂29种语言。伯顿扬名是因为他乔装打扮去过麦加，翻译出版了未经删节的《天方夜谭》（1886—1898），还出版了古代情色文学作品《芳香园》（1886）和《爱经》（1883）的英文版。伯顿在作品中详尽描写他遇见的当地人的性行为（甚至包括阴茎尺寸），在维多利亚社会引起大哗。1857—1858年，他与斯皮克一起沿尼罗河逆流而上，成为最早发现坦噶尼喀湖的欧洲人。途中一行人遭到一伙索马里勇士的袭击，一柄长矛刺透伯顿面颊，在脸上留下一块伤疤。自己筹资的塞缪尔·贝克（Samuel Baker, 1821—1893）和妻子弗罗伦丝（Florence, 1841—1916）的名气不在伯顿之下。两人的历险经历激发了维多利亚时代人的想象力。贝克在奥斯曼帝国保加利亚属地的维丁奴隶拍卖市场上注意到了一个金发碧眼的年轻姑娘，当地的帕夏出价比他高。他贿赂了看管姑娘的人后带她逃走，在布加勒斯特与她结婚。贝克在锡兰住了一段时间后，19世纪60年代开始了非洲探险之旅。弗罗伦丝始终不离他左右。1869年，贝克被任命为埃及军队少将，率领一支由1 700名被释放的犯人组成的军队前往尼罗河上游的赤道地区扫除奴隶贸易。他的后继者是查理·乔治·戈登（Charles George Gordon, 1833—1885），后来被称为"喀土穆的戈登"。贝克因他从事的探险活动被封为骑士，但维多利亚女王拒绝在宫中接见他，声色俱厉地说："此人婚前就与妻子尽欢。"

探险尤其为既有胆量又有钱财的女子提供了机会。瑞士探险家伊莎贝尔·埃伯哈特（Isabelle Eberhardt, 1877—1904）是一个波罗的海德意志贵妇与她为子女聘用的亚美尼亚私人教师的私生女。伊莎贝尔精通8种语言，平时穿戴一如男子。改信伊斯兰教后，她前往撒哈拉探险，出人意料死于一次突发洪水。奥地利人伊达·普法伊费尔（Ida Pfeiffer, 1797—1858）是维也纳富商的女儿，嫁给了一个老鳏夫。1838年丈夫去世后，她开始周游世界，先去了冰岛和斯堪的纳维亚半岛北部，此后穿越南美洲和太平洋，还与婆罗洲岛上的达雅人和苏门答腊岛上的巴达克人一起生活过一段时间。英国妇女伊莎贝拉·伯德（Isabella Bird, 1831—1904）成为当时最著名的探险家之一，尤其是她开始携带照相机旅游后。最初她靠父亲的资助，后来得到了一笔遗产。伯德的足迹遍及美洲、澳大利亚、中国、夏威夷、印度、伊朗、日本、朝鲜、马来亚、新西兰、奥斯曼帝国和波斯湾。她的讲座吸引了大批慕名而来的人，最多时有2 000余人。一次她在苏格兰小镇托伯莫里做关于波斯的讲座，讲演完后，据说听众"如醉如痴，现场跺脚声、鼓掌声、喝彩声混杂在一起，震耳欲聋，人们纷纷挥舞帽子和手帕，表达喜悦和感激之情"。1892年，伯德入选皇家地理学会，成为首位女性会员。

在全球各地探险的人，往往自己就出生在父母分属不同民族的家庭，比如美籍法国人保罗·迪·沙伊鲁（Paul du Chaillu, 1835？—1903）。他自称是看到活大猩猩的首个欧洲人，把几具大猩猩骨架和处理过的尸体带回法国展览。沙伊鲁还是第一个观察俾格米人的欧洲人，著有《侏儒国》（1872）一书。他讲述的种种发现对19世纪末人种分类法的发展产生了莫大影响。沙伊鲁出生在留尼汪岛，也可能是巴黎或新奥尔良，父亲是法国商人，在加蓬经商。沙伊鲁在加蓬师从传教士。他把黑猩猩当宠物饲养，还将他听到的黑猩猩绑架妇女的非洲传说写成书出版。美国通俗小说作家埃德加·赖斯·伯勒斯（Edgar Rice Burroughs, 1875—1950）受这些传说启发，写了《人猿泰山》（1912）一书。威尔士人亨利·莫顿·斯坦利（Henry Morton Stanley, 1841—1904）同样走南闯北，见多识广。他原名约翰·罗兰兹（John Rowlands），在一家济贫院长大。1859年，他作为水手跟船来到新奥尔良后放弃水手工作，被一个叫斯坦利的富商雇用，后被后者收为继子。美国内战期间，他先后在南军和北军中服役，之后成为一名记者，结识了《纽约先驱报》传奇主编小詹姆斯·戈登·贝内特（James Gordon Bennett Jr., 1841—1918）。贝内特派他寻找失踪的英国传教士戴维·利文斯通（David Livingstone, 1813—1873）。1871年，斯坦利终于在非洲偏僻的坦噶尼喀湖附近找到了利文斯通。斯坦利走上前说："我猜想您就是利文斯通博士吧？"他的不动声色堪称说话含蓄的典范，为后人津津乐道。

1874年，《纽约先驱报》委派斯坦利从刚果河源头出发，沿河一直走到入海口。356人随他出发，一行人走到刚果河河口时，只剩下114人，没有一个是欧洲人。很多人死于疾病，斯坦利的残暴也是死因之一。他动辄鞭打挑夫。甚至连伯顿也抱怨说："斯坦利把黑人当猴子，任意射杀。"斯坦利本人称："这些野蛮人只懂得尊重武力、实力和果决。"1899年，约瑟夫·康拉德写了小说《黑暗之心》，据说里面的人物库尔兹就是以斯坦利为原型的。比利时国王利奥波德二世看上斯坦利熟悉刚果情况，把他收为己用。利奥波德二世认为，攫取刚果盆地一可以为比利时扬威，二可以为自己名下的私人勘探公司带来丰厚利润。斯坦利把湖泊、山脉和大片土地纳入欧洲人的视野，同时也为利奥波德二世掠夺这一地区创造了条件。法国人对斯坦利开展的探险活动忧心忡忡，也派了一名探险家皮埃尔·德·布拉扎（Pierre de Brazza, 1852—1905）前往刚果盆地，在部分地区建立了自己的势力范围，遏制比利时在当地的势力。

不过，斯坦利扬名，主要还是因为他找到了利文斯通，当时这位长者已闻名遐迩。利文斯通边传教边为当地人治病的事迹广为传颂，但他组织能力很差，与助手口角不断，很多助手要么辞职，要么被他赶走。利文斯通既没有找到一条沿赞比西河可供航行的河道，也没有发现尼罗河的源头。他创办了一些教会学校，不遗余力传播宗教，在当地发展基督徒。多年后，他开办的一些教会学校培养了后来成为非洲民族主义运动领袖的年轻人。利文斯通发回英国的报告继续强调打击奴隶贸易的必要性。在他走过的地区，奴隶制还没有废除。讽刺的是，随着利文斯通队伍的人越来越少，他越来越依赖阿拉伯奴隶贩子的帮助。他最后一次探险时疾病缠身。1873年利文斯通去世后，为了把他的尸体运回英国，挑夫抬着他开始腐烂的尸体一直走到1 600千米外的海边。利文斯通的一生体现了勇气和虔诚、科学和信仰，以及身处危境时坚定不移的精神，激励了维多利亚时代的人。通过斯坦利的日记，利文斯通成为一个传奇式人物，他开展的活动为后来英国的领土扩张奠定了基础。

与当年其他探险者一样，利文斯通本人并没有意识到，他从事的活动推动了帝国在非洲大陆上的扩张。一个重要原因是，欧洲人在地球上发现昔日未知地区总是与扬国威、逐名利密切相连。探险家在自己国家写作出版自己的探险经历，宣扬自己的毅力和胆量，也是为了使阅读这些书的人产生一种民族自豪感。哪怕是不具有任何明显经济或战略利益的探险，也离不开这两个动机。一个明显例子是前往当时毫无经济价值可言的北极。挪威人弗里乔夫·南森（Fridtjof Nansen, 1861—1930）是穿越格陵兰岛内陆的首位欧洲人。他乘"弗雷姆号"船连续几个月穿过大片浮冰向北行驶，之后改乘狗拉雪橇。1896 年，南森抵达北纬 86°13.6' 的北极区。1897 年，比利时地理学会资助的一次探险活动掀起了探索南极风。德国、英国、法国和日本争先恐后派探险队前往南极。1911 年 12 月 14 日，挪威人罗阿尔·阿蒙森（Roald Amundsen, 1872—1928）率先抵达南极点。他曾是比利时探险船队的大副，几年前穿过西北航道时，从因纽特人那里得知，兽皮比羊毛大衣更轻，防水性能也更好，狗拉雪橇最适于在雪地上行走。随着所带食品不断消耗，雪橇重量减轻，阿蒙森杀掉多余的狗，喂养留下的狗。出发时拉雪橇的 52 条狗仅有 11 条存活下来。此后不久，1912 年 1 月 17 日，罗伯特·福尔肯·斯科特（Robert Falcon Scott, 1868—1912）上尉率领的一支英国探险队也徒步走到了南极点。他们一行五人起初想用矮种马，后来发现马受不了极地的严酷气候，但又不屑使用狗，觉得坐狗拉雪橇有失绅士风度。由于穿的大衣御寒性差，加上冻伤和维生素 C 缺乏症，斯科特及其同伴在归途中无一生还。3 月 29 日，斯科特死前在留在帐篷里的日记本上记下几行字："假如能生还的话，我要讲的故事会很精彩。我和我的同伴经历的种种艰辛、显示的坚韧不拔精神和勇气会打动每一个英国人的心。"

在一定意义上，探索世界其他地区被视为欧洲人以科学和文明名义从事的共同事业。例如，英国皇家地理学会先后授予莱卡特、南森、阿蒙森、赫丁及其他人学会金奖。利文斯通和斯科特等人成了民族英雄。寻找尼罗河源头或抵达南极点上升为扬国威的竞争。从长远角度看，探险活动成为帝国的重要根基，因为探险活动拉近了世界偏远地区与欧洲的距离，让欧洲人感到这些地区注定要被"发现"，屈从于欧洲人的意志。当地有人居住地区的社会无一例外被欧洲人视为落后低等，是等待征服的现成对象。欧洲人甚至认为，有些地区实际上不存在人类社会，例如澳大利亚。俄国探险家尼古拉斯·米哈伊洛维奇·普热瓦利斯基（Nicholas Mikhailovich Przhevalsky, 1839—1888）的态度颇有代表性。他"一手持短筒马枪，一手执鞭，在中亚和西藏北部地区从事探险活动。普热瓦利斯基首次描述了后来以他名字命名的野种马。他称中国人是"人类渣滓"，声称"1 000 名俄国士兵足以征服从贝加尔湖到喜马拉雅山的整个亚洲"。无论有意还是无意，探险家成为帝国主义的先驱，尤其自 19 世纪后半叶起。

帝国热潮再起

18世纪末、19世纪初，欧洲列强在全世界各地激烈争夺殖民地，英法之间的争夺尤其激烈。维也纳会议召开时，对殖民地的争夺已尘埃落定。从维也纳会议一直到19世纪结束，英国拥有绝对海上霸权。19世纪70年代中，英国皇家海军拥有500多艘军舰，服役军舰总是占军舰总数的一半，其中61艘是现代铁甲舰而不是老式木船。无论规模还是实力，英国皇家海军远远超过紧随其后的竞争对手法国和美国海军。自19世纪70年代起，英国政府奉行的政策是确保本国海军实力超过任何两国海军实力的总和。拥有绝对海军优势的英国因而是唯一有能力打造并维护一个庞大帝国的大国。英国船只承运了世界80%的货物。英国控制了与独立的拉丁美洲的贸易，因此没有任何理由寻求把它在拉丁美洲或世界任何一地的经济垄断变为领土兼并。英国人选择依赖自由贸易。在19世纪的大部分时间里，并没有后来被称为"帝国主义"的具体清晰理论，即认为欧洲文明优于其他文明，或是把为攫取殖民地辩护作为一项政策。18世纪，从非洲向北美、南美和加勒比地区的种植园输送奴隶曾是欧洲与美洲之间贸易往来的主要内容。到了19世纪20年代，奴隶贸易开始衰落。支撑奴隶贸易的重商政策被美国革命打得粉碎。

尽管如此，在拿破仑战争结束后的年代里，欧洲在海外的帝国再次迎来了一个扩张热潮。再度扩张的动力不是来自欧洲大陆内部，而主要来自世界其他地区局势的演变，当地局势往往具有决定性意义。1830年法国兼并阿尔及利亚就是一例。阿尔及利亚曾是奥斯曼帝国下辖的一个行省。该省自治省长、阿尔及利亚总督侯赛因（Hussein, 1765—1838）主要靠贩卖奴隶、绑架人质、海上抢劫聚财。财源逐渐萎缩后，财政开始捉襟见肘。1816年，英国人迫使阿尔及利亚总督释放基督徒奴隶，退还他勒索基督徒俘虏所得赎金。侯赛因为了满足英国人的要求向百姓征税，结果遭到民众抵制。1827年，侯赛因要法国人偿还拿破仑战争期间他借给法国的钱，法国领事一口回绝。侯赛因招他入宫，骂他是一个"没有信仰、崇拜偶像的无耻小人"，用驱蝇掸子打了他。法国报界叫嚣雪耻。法王查理十世急于赢得民心，消除自由派再次造反的风险。1830年，他踌躇再三后决定出兵阿尔及利亚。渴望重振拿破仑时代辉煌的法军从前皇帝的底层抽屉里取出了他昔日制订的入侵阿尔及利亚计划。84艘法国舰只把3.7万名士兵运到地中海对岸，建立了一个坚固基地。1830年6月19日，奥斯曼帝国3.5万人的大军抵达阿尔及利亚。拥有更精良大炮的法军大败奥斯曼军队。7月5日，阿尔及利亚总督投降，条件是法国尊重阿尔及利亚人民信仰的宗教。法军占领了阿尔及尔，拿破仑再次获胜，不过这一次是从坟墓里获胜。

自不待言，法国人没有兑现自己的诺言，没过多久就把清真寺改建为教堂，激起这个笃信伊斯兰教的民族的抵抗。昔日抵抗奥斯曼人征税的苏菲派教派领导了起义。领袖是一个自称是先知穆罕默德后裔的年轻人，叫阿卜杜·卡迪尔·贾扎伊里（Abd el-Kader al-Dzejairi,

1808—1883）。他号召发动圣战，屡屡大败法军。1836年时，法军处境岌岌可危。国王路易-腓力派托马-罗贝尔·比若（Thomas-Robert Bugeaud, 1784—1849）元帅出征。比若打败了起义者，把他们的村庄夷为平地［欧洲诸多语言中引入的一个阿拉伯语词razzia（焦土政策）即源于此］。1847年，法国人最终赢得战争。阿卜杜·卡迪尔放弃抵抗，仓皇逃到大马士革。法国人从这件事中汲取了教训，开始利用各种伊斯兰机构维护自己的统治。来自欧洲的形形色色定居者先后抵达阿尔及利亚：有意欲在阿尔及利亚复原1789年大革命前法国社会的法国旧贵族，有建了一座修道院、办了一家农庄的熙笃会修士，有获赠阿尔及利亚土地的退伍军人，有试图建立乌托邦社会的圣西门社会主义信徒，有1848年6月起义后被逐出法国的革命者，还有意大利人、西班牙人、马耳他人和众多其他国家国民。

法兰西第二帝国时期，定居海外的法国人早年抱有的理想几乎丢光了。他们鼓噪压制殖民地原居民的权利。1870年10月24日，巴黎新成立的共和国政府颁布一项法律，给予阿尔及利亚的犹太人和其他定居者法国国籍，但阿拉伯人和柏柏尔人仍然仅享有限权利。当地穆斯林领导人穆罕默德·穆赫拉尼（Mohamed el-Mokhrani, 1815—1871）对把犹太人置于穆斯林之上怒不可遏，号召与法国人打一场圣战。他坚信，德国人打败法国人是天意。1868年，估计30万名阿尔及利亚人死于一场饥荒，法国人的统治是造成饥荒的主因。法国大肆宣传阿尔及利亚的基督教会开展的赈灾活动，更激起了当地人的愤慨，15万名穆斯林响应穆赫拉尼号召，围困法国人和其他殖民者龟缩的城镇。起义很快被镇压下去。这场冲突外加1868年的饥荒导致近100万人死亡，占阿尔及利亚全国人口的1/3。法国疯狂报复当地人，起义领袖要么被杀害，要么被流放到太平洋上的新喀里多尼亚岛。多达 50 万公顷的阿拉伯人土地被没收。为了斩断阿尔及利亚与其他穆斯林地区的联系，阿尔及利亚人去麦加朝觐受到严格限制，甚至连阿拉伯语也被定为外语，有鼓励抵抗法国统治嫌疑的穆斯林社会和教育机构被摧毁。应殖民者要求，短短几年里，阿尔及利亚北部地区成为法国的 3 个行省，南部地区依然归法军控制。

就 1880 年以前欧洲殖民主义的普遍特性而言，阿尔及利亚可以说是一个例外。非洲其他地区的情况更具有代表性，反映了 3 种不同利益的交织。首先是商贸利益。随着奴隶贸易逐渐走向衰败乃至消亡，欧洲人的商站开始从奴隶贸易转向蔬菜油料贸易，加工非洲当地生长的落花生和棕榈。然而，这一做法反而刺激了非洲大陆对奴隶的需求，撒哈拉以南地区的奴隶贸易一直延续到 19 世纪下半叶。1880 年前后，西非沿海一带商站星罗棋布，大部分为英国和法国所设。英法之间的竞争成为冲突根源。两国政府为了从中赢利，开始对这些商站征收关税，这导致两国侵占了更多通往非洲大陆的入境点，以阻塞走私活动。英国政府在拉各斯拿走了丹麦在西非海岸残存的要塞，1861 年攫取拉各斯，1872 年夺占荷兰人在埃尔米纳的据点。法国人在塞内加尔沿海一带建了更多商站。商站数量日益增多，影响越来越大，与非洲当地统治者之间发生摩擦的可能性也越来越大，因而需要军队保护。不过，当时贸易利益压倒一切，把推行殖民化作为一项官方政策的可能性似乎微乎其微。

相对而言，英国对攫取殖民地兴趣不大，南非发生的事情反映了这一点。伦敦在吞并布尔人定居地区还是允许他们自治之间摇摆不定，毕竟布尔人是不列颠臣民。英国在 1852 年承认德兰士瓦为自由国家，1877年将其吞并，1881年再次恢复其自治。19世纪末，伦敦在南非问题上的踌躇不决后果深远。英国在印度的扩张也非预先谋划，而主要是1848年出任印度总督的达尔豪西勋爵（Lord Dalhousie, 1812—1860）个人所为。他认为，印度人控制下的各邦效率低下，他若兼并这些邦，就可增加东印度公司的收入。东印度公司是一家有钱有势的英国贸易公司，过去几十年里，为了保护自己的商业活动，该公司控制了次大陆上大片地区，拥有私家军队和行政管理人员。旁遮普邦统治者兰吉特·辛格（Ranjit Singh, 1780—1839）去世后，该邦陷入混乱，英国人乘虚而入。1849年，英国吞并了旁遮普邦，顺手吞并了旁边的信德。参加过拿破仑战争的宿将查尔斯·詹姆斯·内皮尔爵士（Charles James Napier, 1782—1853）只接到镇压当地一场叛乱的指令，但他僭越权限，夺占了信德。[传说他给上级发电报，只有一个拉丁语单词peccavi，译成英语是"I have sinned"（我犯罪了），发音和"I have Sind"（我攻占了信德）一样。但这个词其实根本不是出自他手，而是翻译家凯瑟琳·温克沃斯（Catherine Winkworth）开玩笑发给讽刺杂志《潘趣》的，杂志社以为是内皮尔写的，原封不动地刊登了出来。] 旁遮普和信德是通往阿富汗酋长国的交通要道。1842年，英国向阿富汗派出一支军队，试图征服这个国家，结果1.6万人被当地部族人歼灭，仅一人生还。

19世纪40年代以后，尤其是19世纪50年代中期，英属印度急剧扩张，印度北部大片地区沦为英国属地，1852年，达尔豪西在下缅甸采取行动保护英国的贸易利益。这一切表明，至少在世界这一地区，英国继续推行帝国扩张。英国的扩张在当地引发强烈矛盾和仇恨。传教士的到来令当地人惊恐不安，担心传教士会强迫他们改信基督教。英国人的统治风雨飘摇。19世纪中叶,南亚次大陆上大约有2亿人口。英国人不会移居此地,本地人也不会改信基督教;次大陆文化也不会被欧洲生活方式同化。但次大陆给英国带来了丰厚收入,可用于维持一支隶属东印度公司的庞大私家军队,兵员来自当地人,即英军中的印度兵。1857年,隶属印度军官的印度兵达20万人。此外,还有一支英国军官指挥的欧洲人军队,兵力1.6万人,单独编成几个团。英国的领土扩张意味着印度军队现在要到远离本国的地方服役,甚至去缅甸和中国这样遥远的地方,而薪饷不涨,大批印度士兵不肯离开故土。军事扩张必然导致对当地人民增征赋税。引入一种新型步枪导致矛盾白热化,新步枪用的子弹用涂过牛油或猪油的纸包装,使用时必须用牙咬开纸,前者触犯了印度教信徒,后者伤害了穆斯林。印度兵拒绝使用新型步枪,惩治士兵导致他们公开反抗。次大陆很快陷入战火。印度一些大邦的统治者本来就对自己失去权力怀恨在心,对英国干预印度教习俗愤愤不已,顺势参加了起义。其他各邦依然效忠英国。在部分地区,起义明显带有民族主义特征。不过,起义者动机各异,很多地区局势平静,因此很难把这次起义说成一场独立战争。

  英国人败退到各地军事要塞,被起义者围困。大规模屠杀英军士兵的事件频频发生,1857年发生在坎普尔的屠杀尤其出名,英国国内群情激昂。英军扭转战局后,开始大肆报复起义者,大批射杀或吊死起义士兵,或采用莫卧儿王朝时期惯用的惩罚办法,把他们绑在炮口放炮轰死。英国政府认为,起义是东印度公司惹起的,因而取消了该公司的军事和行政权力,改为由自己直接统治,从此开始了"英国统治印度时期"(British Raj)。英国在印度的驻军人数翻了一番,印度兵只在效忠英国的北部地区征募,同时仿照莫卧儿王朝模式设立了更能为当地人接受的征税制度,作为军队的经费来源。英国政府很快又控制了马来亚半岛。1873年,半岛上的邦国被迫接受英国非正式宗主国地位,是为了确保对华贸易不受海盗侵袭,而这也是19世纪50年代荷兰人控制印度尼西亚的重要原因。一如这一时期其他扩张,英荷两国的扩张大多很零散,不是预先谋划的结果。法国人在印度支那的活动也是一样。法国传教士在当地受到迫害甚至被杀,19世纪50年代末,拿破仑三世出兵印度支那。当地的法国官员力陈,为了保护传教士和法国贸易利益,进一步扩张势在必行。法国的扩张引起与当地和地区势力的冲突。1884年,法军攻陷兴化要塞。19世纪90年代,印度支那半岛全部落入法国之手。

以上所举例子中,几乎都是当地的欧洲官员、商人和传教士对本国政府施加压力,而不是反之。来自欧洲移民的压力最大,不仅在南非,还有澳大拉西亚。澳大利亚的欧洲人口不断增加后,商人、捕鲸者和海豹猎人开始东移,进入太平洋。19世纪30年代,他们向新西兰毛利人出售枪支和烈酒,结果暴力冲突屡屡发生,局势日益混乱,部族之间更是发生了长达几十年的"火枪战争"。爱德华·吉本·韦克菲尔德(Edward Gibbon Wakefield, 1796—1892)有计划地向南澳大利亚移民,1840年,他带领一大批移民乘船来到新西兰。英国政府为了向他们提供某种保护,宣示对新西兰拥有主权。同年签署的《怀唐伊条约》本意是保障毛利人的土地权益,但定居的欧洲移民置若罔闻,由此引发了一系列战争和小规模暴力冲突,一直持续到19世纪70年代初才结束。英国人和殖民者无力打败毛利人。19世纪60年代,欧洲移民人数已经超过毛利人人口,双方僵持不下,关系紧张。毛利人被欧洲移民驱赶到远离欧洲定居点的偏僻地带，在那里继续捍卫自己的利益。欧洲商人以新西兰为起点走向太平洋深处，寻找椰子油和鸟粪，绑架岛上居民，强迫他们在澳大利亚的甘蔗种植园做苦工，这些人被称为"黑鸟"。英国海军试图阻止这一贸易，但收效甚微。商人、捕鲸者和传教士陆续来到太平洋岛屿。为了保护他们的利益，1874年英国吞并了斐济。夏威夷和汤加顽强抵抗，避免了被欧洲强权吞并的命运。欧洲人还在北美洲和南美洲不断扩张，但没有正式推行殖民兼并政策。数百万欧洲移民大举迁至内地，逐走了他们定居地区的土著人，导致后者人数锐减。

欧洲国家政府越发感到，当商贸利益受到威胁时，政府应该出面干预。中国就是一个典型例子。清政府限制欧洲商品的输入，同时向西方大量输出本国商品，尤其是茶叶。为了扭转贸易逆差，东印度公司向中国走私产自印度的鸦片。1838年，清政府为了杜绝鸦片贸易进行干预，朝廷出面干预已经不是第一次了。中国人登上停泊在国际水域的英国船只，收缴了船上装载的鸦片后将其销毁。英国商人被困在工厂里，食物供应被切断，直到他们同意交出货物。为了报复中国，英国从印度派了一支远征军攻陷广州，史称第一次鸦片战争。1842年，英国割占香港岛，迫使中国开放5个通商口岸。美国和法国很快也与中国缔结了开放通商口岸条约。清政府不满对外开埠通商，冲突再起。第二次鸦片战争期间，1860年，英法遣兵约2万人进攻北京。欧洲人称派去和中国人谈判的代表团成员遭监禁拷打而死，为了报复，焚毁了古老的帝国夏宫圆明园。清政府被迫增开10个通商口岸，支付一大笔赔款，接受在清政府管制下的鸦片贸易。到了1900年，由于中国国内也种植了鸦片，鸦片贸易走向结束。

克里米亚战争结束后，沙皇转向亚洲，不断扩张以满足他的野心。随着定居移民和商人不断东移，当地官员开始自行其是，与地方小国或周边强国缔约。19世纪70年代，俄国人已渗入今天的土库曼斯坦地区。一个因素起了重要作用，即中亚大草原上的俄国定居者受到希瓦、布哈拉和浩罕几个政权不稳但势力强大的穆斯林汗国的威胁。沙俄军队逐渐征服了以上地区，把前两个汗国变成自己的保护国，后一个汗国划为俄国一个省。沙俄帝国不断东扩，分别于1865年和1868年征服了塔什干和撒马尔罕。19世纪70年代末时，沙皇已经控制了整个中亚地区。沙俄的举动引起英国政府的警觉，感到自己在印度的统治地位直接受到威胁。伦敦把英俄对这一地区的争夺称为"大博弈"。不过，圣彼得堡最在意的还是确保有太平洋出海口，为此侵吞了中国东北领土，1858年，清政府承认了这一既成事实。俄国继而占领了库页岛，与日本对峙。东扩的俄国人甚至跨过白令海峡，进入北美洲。18世纪，越来越多的俄国毛皮商在阿拉斯加打猎或从事贸易活动。19世纪初，俄美公司控制了大部分毛皮生意。19世纪中叶，这一地区的水獭、河狸及其他毛皮动物因滥捕滥杀而濒临灭绝，来自哈德逊湾公司的竞争日益激烈，加之与几千千米之外的俄国欧洲地区保持通信联系费用高昂，俄国政府不堪重负。在阿拉斯加的俄国人始终没有超过七八百人，几乎所有人都住在两个沿海小镇上。俄国政府认识到以上难题难以解决，1867年以每英亩两美分（1英亩约合0.4公顷）的价格把阿拉斯加卖给了美国。假使当初俄国没有出售阿拉斯加，历史或许会改写。

帝国主义时代

19世纪70年代开启了帝国主义时代,当时,"帝国主义"一词首次进入英语词汇。英国经济学家约翰·A. 霍布森（John A. Hobson, 1858—1940）注意到,很快"人人开始把这个词挂在嘴边……用它来指主导了西方世界政治的一场运动"。宣扬帝国主义的国家政府渴望民众支持它们以一定代价维持海外殖民地的方针。1877年,英国宣布维多利亚女王为印度女皇,开始了对帝国的崇拜。几年之内,印度王公和殖民地军队就出现在不列颠举行的王室庆典上,包括庆祝维多利亚女王即位50周年大典。宣告维多利亚女王成为印度女皇的"德里杜尔巴"*受到大肆宣传。起初公众对颂扬帝国的做法不以为然,此后该做法渐渐风行,尤其是在新兴的大众报纸上。到了19世纪90年代,在铁路报摊、政治集会、书报杂志、小说和历史作品上,对帝国主义的宣扬已随处可见。如时人所说,君主国升格帝国,让英国人可以庆祝"自由民主国家认可下的英国世袭王室成为不列颠民族称雄世界的象征"。不过,1880年前后,很多欧洲国家的民族主义和爱国政治家就已经在憧憬征服世界其他地区了。

---

* 英属印度上流社会盛大聚会。——译者注

1851年，英国在水晶宫主办世界博览会，开举办国际展览之先河。"殖民地展台"开始出现在国际博览会上。1889年巴黎博览会上共有18个殖民地展台，分布在专为这次博览会建造的埃菲尔铁塔周围。大多数欧洲国家建了殖民地博物馆，展示掠夺来的艺术品。动物园里除展示各类动物外，还增建了"土著村"。19世纪八九十年代比利时举办的各种展览中，有一个典型的刚果村。从非洲运来的黑人依照要求重复他们在故土的生活。通常没啥可看的，因为他们在非洲时要么狩猎，要么务农，不会在村子里闲坐。土著村里修了个水池，里面养了鱼。游览者把硬币投进水里，让刚果人扎入水中打捞，有时还会把一瓶瓶的杜松子酒和白兰地扔到水里，以灌醉黑人为乐。村里搭了戏台，让黑人手持长矛盾牌再现格斗场面。刚果人被迫上身赤裸着绕圈行走，显示他们是"货真价实"的黑人，寒冷时节，很多黑人因此病倒。没人想让这些村民制作或展示工艺美术品或表演音乐节目。相对于殖民地的欧洲移民，在本土的欧洲人对"野蛮人"怀有的优越感更强，对社会影响更大。这种优越感推动了过去几十年欧洲诸帝国的急剧扩张。

从1878年到1914年，欧洲控制的领土新增了2 200万平方千米。第一次世界大战前夕，欧洲和美国拥有的殖民地人口加起来占世界人口的57%。人们对这一时期帝国的急剧扩张做出了各种各样的解释。霍布森、列宁和罗莎·卢森堡等人试图从经济角度解释欧洲的扩张，认为在一个欧洲各国资本主义经济因垄断和卡特尔的出现而日益僵硬、利润下降的时代，欧洲国家需要殖民地为其产业提供原材料，为自己的产品打开市场，为本国剩余资本寻找新的投资领域。德国社会民主党人认为，面对工人阶级不满情绪的高涨，具体表现为社会主义政党呼吁发动革命推翻资本主义制度，保守派政府想以攫取殖民地的方式把工人阶级的不满转化为民族主义和殖民主义热情。因此，殖民扩张是欧洲工业资本主义走向成熟的结果。19世纪70—80年代，工业的确增长迅速，但直到19世纪90年代甚至更晚，欧洲各国的资本主义才进入垄断和卡特尔阶段。没有令人信服的证据显示，19世纪80年代利润率下降。恰恰相反，欧洲各国经济从19世纪70年代初期到中期的经济严重衰退中逐渐走向复苏时，帝国主义盛极一时。直到19、20世纪之交后，伴随选举权的扩大，才出现了渴求帝国殖民扩张的大众游说团体，而当时欧洲已经攫取了大部分新领土。国内的政治考虑依然重要。19世纪80年代期间，欧洲大国仍然认为，它们可以靠镇压手段击败社会主义。1878—1890年，俾斯麦主政的德国取缔了社会主义运动。19世纪70—80年代，法兰西第三共和国早年的政治仍未走出1871年血腥镇压巴黎公社的阴影。参与帝国博弈的几个大国的选民人数极其有限，比如意大利。19世纪90年代，德国选举权的扩大并没有带来大众政治的崛起。

19世纪70年代末期，帝国主义时代的国际形势起了变化。德国政府为保护本国粮食生产者开始对进口商品征收关税。自由贸易时代随之结束，国际角逐日趋激烈。欧洲国家殖民地的扩大虽然缓慢，但始终不止，导致主要欧洲大国之间发生冲突，比如英国、法国和比利时对西非的争夺。欧洲商人对当地经济的不断渗透屡屡引发危机。欧洲列强现在越来越感到，必须以吞并领土的方式应对危机。政治家从帝国扩张中看到了振扬国威的机会。1877年，在迪斯累里一手导演下，维多利亚女王被宣布为印度女皇。法兰西共和国总理茹费里把海外领土扩张当作转移本国人民视线的一种手段，使其不再对丧失阿尔萨斯-洛林一事念念不忘。他宣称："法兰西必须把它的语言、风俗、旗帜和天才带到世界各地。"意大利的弗朗切斯科·克里斯皮宣扬在地中海地区建立一个意大利帝国。最初欧洲列强并不愿意推行代价高昂的领土吞并政策。例如，俾斯麦坚称，德国不需要拥有自己的殖民地，这些殖民地只会带来不必要的麻烦和开支。俾斯麦曾表示："我绝不是一个主张获取殖民地的人。"但他确实认为，在欧洲列强的博弈中，宣示自己在一些特定的潜在殖民地拥有利益可以作为讨价还价的有用砝码。1888年，俾斯麦对一名探险家说："您的这幅非洲地图确实很好，但我的非洲地图在欧洲。这里是俄国，这里嘛……是法国，夹在中间的是敝国。这就是我的非洲地图。"

当时阻挡帝国吞并狂潮为时已晚。早在1857年，一连串的事态发展就削弱了俾斯麦的地位。当年英法两国领事得到授权，监管奥斯曼帝国突尼斯统治者贝伊的破产政府，后来意大利人也加入其中。1869年，改为由一个日益被法国人操控的国际财政委员会监管。贝伊政府对当地人征的税连一小部分都收不上来，欧洲列强迫使突尼斯不断削减进口关税，直至仅3%，大批廉价欧洲商品涌入突尼斯，受损的当地经济更是雪上加霜。1881年，意大利对势力日益膨胀的法国恼怒不已，宣布它打算完全吞并突尼斯。法国向突尼斯派出一支远征军，结果引发了一场穆斯林起义。突尼斯贝伊穆罕默德三世（Muhammad III, 1813—1882）被迫让位给自己的弟弟阿里三世（Ali III, 1817—1902），法国旋即宣布突尼斯为自己的保护国。奥斯曼帝国在北非势力的衰落加剧了欧洲列强之间的冲突。地处沙漠的利比亚资源匮乏，19世纪始终处在奥斯曼帝国统治之下。埃及的情况则不同，它的资源远比利比亚丰富，尤其盛产棉花。自19世纪初起，埃及实际上一直享有自治。1867年，奥斯曼苏丹与穆罕默德·阿里的孙子伊斯梅尔（Isma'il, 1830—1895）达成协议，正式确定了埃及的自治地位。长期以来，埃及政府一直致力于推行经济现代化，延聘欧洲专家协助它实现这一计划。1854年，作为这一计划的一部分，埃及当局委托前法国领事费迪南·德·莱塞普（Ferdinand de Lesseps, 1805—1894）组建一家公司，在苏伊士地峡开凿一条运河。这项工程动用了150万名劳工，耗时15年。1869年运河投入使用，但直到1871年工程才完全竣工。问题是运河收益甚微，伊斯梅尔因投入大量资金，1878年陷入破产。为此成立了由法英两国操控的债务委员会，负责寻找解决办法，但伊斯梅尔从中作梗。委员会说服奥斯曼政府将其废黜，改由他的长子陶菲克帕夏（Tewfk Pasha, 1852—1892）接任。

这一做法激起了一场大规模起义。起义领袖是埃及军队的高级军官艾哈迈德·阿拉比（Ahmed Orabi, 1841—1911）上校。英国人称他为"阿拉比帕夏"。法国议会拒绝为远征埃及拨款，1882年，英国独自出兵，在泰勒凯比尔打败起义者，扑灭了起义，被拖入的英国人实际上独占了埃及。应该在当地驻军的一个原因是抵御穆罕默德·艾哈默德（Muhammad Ahmad, 1844—1885）发动的圣战。艾哈默德在比邻的苏丹自称"马赫迪"，取救赎者之意。1885年，伊斯梅尔任命的苏丹总督戈登将军在马赫迪起义中命丧苏丹首都喀土穆，派去救援的英国远征军赶到时为时已晚。戈登死后，英军撤出苏丹。苏丹暂时成了无人管之地。埃及没有变成英国殖民地，而是继续被置于债务委员会的监管之下，该委员会成了英法两国角逐之地，同是债务委员会成员的德国推波助澜。

1884年，俾斯麦利用了英法两国在这些问题上的冲突。他支持法国人，试图借此使法国人不再渴求对1871年夺走阿尔萨斯-洛林的德国复仇。与此同时，俾斯麦又在殖民地问题上要么给英国人制造麻烦，要么威胁英国人（俾斯麦说他的非洲地图在欧洲正是此意），希望以此向英国展示善待德国的好处。德国帝国议会大选在即，俾斯麦需要势力强大的民族自由党的支持，该党与汉堡及其他地区的商业利益集团结成紧密同盟。俾斯麦开始把一些重要地区列为德国保护地，比如西南非洲的吕德里茨（1884 年 5 月，那里升起德国国旗）、多哥兰和喀麦隆（1884 年）、新几内亚（威廉皇帝领地，1884 年 12 月）、德属东非（1885 年 7 月，包括今天的坦桑尼亚，但不含桑给巴尔）。俾斯麦还与萨摩亚国王签订了一项条约，给予德国其他欧洲列强没有的优惠权益。国王看到停泊在萨摩亚港口外的一艘德国军舰后，感到与德国人定约实为上策。正如其他地方一样，德国在当地的探险家以及商人和种植园主是背后推手，前者中有西非的古斯塔夫·纳赫蒂加尔（Gustav Nachtigal, 1834—1885）和东非的卡尔·彼得斯（1856—1918），后者中以新几内亚商人和种植园主最为积极。但除了这些人外，再无其他人了：此后，德国政府并没有大举打入这些地区。

俾斯麦采取的行动造成一片恐慌，欧洲各国争先恐后吞并殖民地。俾斯麦为了强调与法国的友谊和他的新殖民地政策，与法国政府商定在柏林召开一次会议。1884 年 11 月到 1885 年 2 月，柏林会议召开。会议内容几乎只有刚果问题一项。与会国认可了比利时利奥波德二世吞并刚果并将其变成他个人财产的做法，还认可了法国对刚果河北岸领土的索求。除此之外，会议没有任何成果可言。柏林会议宣布，索求一块殖民地必须符合"有效占领"条件，然而这不过是一纸空文，因为这类领土索求只涉及沿海地区。会议重申，刚果河与尼日尔河等主要大河流域必须实行自由贸易，但这一原则基本上被各国抛诸脑后。柏林会议为领土吞并制定了基本规则，实际上等于宣布"瓜分非洲"已经开始,从而助长了新的吞并活动。1884年,"瓜分非洲"一词首创于英国。1885年,英国宣布尼日利亚沿岸为其保护地,授权1879年成立的皇家尼日尔公司深入内地,与当地统治者签订条约,代英国实行统治,其做法与昔日的东印度公司如出一辙。法国与英国在埃及的冲突加剧了两国之间的争夺。法国在西非的地方政府试图建立一个从阿尔及利亚到刚果河的帝国。1889—1890年,法国与英国签订条约,划分了两个帝国之间的界限。这一切其实不过是一纸空文,因为内地实际上被一些势力强大的伊斯兰邦国控制。

德国仅有多哥和喀麦隆两块保护地,外加西南非,因为俾斯麦和德国企业对在非洲进一步扩张兴趣不大。不过在东非,创建了德意志殖民协会的卡尔·彼得斯于1884年以公司名义与土著人首领签订了一系列条约。他威胁要把他拥有的土地卖给比利时国王利奥波德,以此要挟俾斯麦给他新建的东非公司颁发经营特许状。彼得斯背后有民族自由党人撑腰,俾斯麦为了争取该党支持,屈从了彼得斯的要求。1885年彼得斯重返非洲后,迅速吞并了更多土地,直到他被英国人逐出乌干达。他惹的麻烦还不止于此。1889年,他开办的公司因其活动引发了阿拉伯种植园主起义。在英国的支持下,德国政府不情愿地派军队前往镇压。1891年德国宣布,德属东非系德国控制下的领地。1890年,德国把桑给巴尔给了英国,换取英国据有的北海赫尔戈兰岛,该岛位于德国沿岸附近,面积虽小,但战略位置极为重要。此时,彼得斯的斑斑劣迹传到柏林。1892年,彼得斯绞死他一个非洲情妇的消息曝光,原因是他发现她与他的男仆私通。彼得斯还绞死了男仆,把两人来自的村庄夷为平地,结果在当地激起民变,德国军队被派去平乱。德国政府召回了彼得斯。1897年,他被解除公职,同时丧失了领取退休金权利。他逃到伦敦，躲过了刑事起诉。

用赫尔戈兰岛交换桑给巴尔反映了英国的一大关切，即把东非沿海的英属保护地与加煤港连成一线，为经苏伊士运河通往印度的新航线提供保护。1886年和1890年，英国承认了德属东非，以换取德国承认英国对乌干达直至莫桑比克（自16世纪以来一直被葡萄牙所控制）以北的东非其余地区的控制。这一交易是两国交换殖民地的基础。不过，英国也得应付难缠的帝国冒险家，具体说是塞西尔·罗兹（Cecil Rhodes, 1853—1902）。罗兹幼年时离开英国，被送到南非疗养，后来成为商人。19世纪80年代末，他把当地的钻石矿山收购一空，完全垄断了世界钻石供应。此后罗兹开始从南非向北发展，从当地统治者那里得到开矿特许权，但他的野心不止于发财。罗兹深信，他心目中的盎格鲁-撒克逊民族优于世界上所有其他民族（他把德意志人也算在盎格鲁-撒克逊民族里）。罗兹想把盎格鲁-撒克逊民族对东非和中非的统治从开罗一直拓展到开普敦。不过这些殖民地享有很大程度的自治。罗兹希望它们能摆脱他认为来自伦敦的过度干预。1890年，他因以上观点出任开普殖民地总理。罗兹立法把非洲人逐出家园，得到布尔人定居者的支持。当时传教士在中非大片地区开始遇到麻烦，英国政府乐于把这片地区交给罗兹的英属南非公司掌控。1894年时，中非大部分地区已成为英国保护地。

垂涎非洲的又一欧洲强国是意大利。在德国支持下，意大利在非洲之角攫取领土，在当地修建港口，为进出穿行苏伊士运河的意大利船只补给燃料。除以上几国外，还有零零散散的西班牙和葡萄牙殖民地，大多是前商站或加煤港。法国把撒哈拉以及赤道西非和中非广大地区归为己有。非洲东部和南部地区基本是英国和德国的地盘。只有阿比西尼亚和从美国返回的获得自由的奴隶建立的利比里亚自由国依然享有独立。在此基础上，仍有一些不大的调整，比如1898年法英两国对尼日利亚北部等地，尤其是对上尼罗河的法绍达所做的调整。之前这两个大国在法绍达发生了军事冲突，深感自己弱于对手的法国面对优势英军，明智地撤回了自己军队。在北非，意大利与法国在1900年摆平了各自对的黎波里（利比亚）和摩洛哥的索求。19世纪90年代中期，"瓜分非洲"实际上已尘埃落定。

俾斯麦对新几内亚、俾斯麦群岛、新波美拉尼亚、所罗门群岛北部、马歇尔群岛和瑙鲁提出索求后，引发了列强对亚洲和太平洋地区的争夺。1885—1886年，英法承认了德国的索求，把新几内亚东北部给了德国，换取德国承认英国对新几内亚东南部和南太平洋的统治以及法国在东太平洋部分地区的宗主国地位。欧洲商业渗透印度支那后，1885—1886年，法国出兵镇压当地的民族起义，把安南、东京、老挝、柬埔寨和原有的交趾支那殖民地合为一块法国属地，置于一名总督统治之下。法国的这一举动促使英国于1885年占领了上缅甸。独立的暹罗王国（泰国）作为英法两国殖民地之间的缓冲区得到保留。与此同时，英法争抢马达加斯加岛。两国冲突不断，彼此虎视眈眈。1890年英国承认法国一块保护地后，双方矛盾才得以化解。

世界有些地区从未完全落入欧洲人的直接统治，包括阿比西尼亚、安纳托利亚、阿拉伯半岛、日本、朝鲜、蒙古、摩洛哥、暹罗等。其中面积最大、地位最重要的当属中国。中国人口众多，物产丰饶，经济开发和投资潜力巨大。从1850年到1864年，中国陷入太平天国起义内乱，多达2 000万人死于兵燹。这也是19世纪世界上规模最大的一次冲突。此后中国恢复元气，但1860年东北领土被俄国侵蚀。自

1875年起，中国实际处于慈禧太后（1835—1908）统治之下，慈禧太后通过自己的侄子光绪皇帝（1871—1908）垂帘听政。光绪皇帝支持仿效西方推行改革，被慈禧太后软禁，太后的极端保守由此可见一斑。慈禧太后与日本的明治天皇（1852—1912）形成鲜明对照。1866—1870年，明治天皇在改革派的支持下逐渐掌握了权力。日本改革派掌权后，开始向世界各地派出使臣，学习引进西方的产业、教育和政治制度，延聘欧洲专家到日本帮助实现现代化。在短得惊人的时间里，日本走上成为经济大国乃至军事强国的道路，不仅有能力抵御外侮，还越来越渴望成为争夺领土的列强之一。朝鲜为它提供了第一个机会。一名德国军事顾问告诉日本政府，朝鲜是"指向日本心脏的一把匕首"。朝鲜名义上是独立国家，实际长期受中国控制。1894年朝鲜国内爆发起义，清政府发兵朝鲜平乱。日本认为自己受到中国的侮辱和威胁，也遣兵朝鲜，很快打败了装备落后、纪律松弛的清军。朝鲜和中国被迫承认朝鲜归入日本势力范围。1910年，日本吞并了朝鲜。

欧洲列强从以上事件中感到，抢掠中国的时机到了。它们最渴望能够不受限制进入中国市场。列强认为，要达到这一目的，租借"通商口岸"99年是最佳手段。通商口岸系中国迫于列强压力，对外国商业开放、允许外国人居住的口岸。1895年后，通商口岸数量大大增加，远超过80个。除了英国人把持的口岸外，中国还把一些口岸租给了法国人、俄国人、德国人和意大利人。日本、美国、葡萄牙、比利时在中国都有了租界，甚至利奥波德二世的刚果自由邦也和中国签了条约。欧洲列强在中国的迅速渗透不可避免地招致中国人民的激烈反抗。一场民族主义运动席卷而来，名为义和团，又称义和拳。运动旨在废除不平等条约，限制传教士和鸦片商人的活动，甚至完全杜绝这类活动。慈禧太后起初犹豫不决,后来倾政府之力支持义和团运动。拳民团团包围了北京的外国使馆区。1900 年,中国各地有 2 000 余名中国基督徒被杀,一些欧洲传教士、商人和官员也被杀死。卷入冲突的八个国家遣兵 2 万前往中国,攻陷了北京。各国军队开始大肆抢掠,据说都城的大批中国妇女被强奸,拳民和有拳民嫌疑的男子就地处决,落到日本人手里更是必死无疑。德国军队没赶上战事,但马上加入抢掠。德军在不来梅港登船远征前,德皇威廉二世训令道:

> 你们要毫不留情!不留俘虏!……一千年前,匈人在国王阿提拉统率下打出威风。时至今日,他们的威名依然不减。朕祝你们在中国振扬德意志威名,让中国人永世不敢再轻蔑德意志人。

第一次世界大战时,德皇讲的这番话给他带来了麻烦,尤其是他拿匈人说事。

联军强迫中国政府支付战争赔款,这笔巨款中国可能需要还到 20 世纪 20 年代末。长期以来,人们预料中国将被瓜分,但这种情况并没有发生。义和团起义极大震动了欧洲列强。如果仅仅开放通商口岸就引发了起义,吞并整个中国又会引出什么样的后果呢?有鉴于此,攫取更多中国领土似乎并不可取。此外,八个列强中的两个,俄国和日本,为争夺中国东北而剑拔弩张。中国东北地区的外国投资占对华投资 1/4 以上,日俄绝无可能以和平方式均沾在东北的利益。1904 年,两国兵戎相见。最终中国政府得以保存。与其耗费巨资征服中国,取其政府而代之,不如继续向中国提供高利贷,坐收其利。再者,让清政府的税收部门负责偿还债务比较合算,强于成立欧洲税收机构代管中国债务，比如昔日英国东印度公司管理的那个机构。为此美国提出了门户开放政策。除了俄国人外，其他国家均表示赞成。与此同时，列强还与中国缔结了一连串双边条约，承诺不再攫取更多中国领土。1902年，英国与日本结盟。英国承诺，日本若遭到另一国攻击，英国将保持中立，倘若再有两个大国介入，英国将站在日本一边。英日同盟在英国广受称颂，英国政府把它作为保守党人外交政策的范例向选民宣传。中国人屡受屈辱，忍无可忍，1911年爆发革命，推翻了清朝政府。1912年1月1日，中华民国宣告成立。

中国游走欧洲列强之间，随时有可能沦为殖民地。在世界其他一些地区，欧洲列强被迫退却。古巴爆发了骚乱，当地的民族主义运动日益高涨，西班牙为保住自己这块最宝贵的海外殖民地而残酷镇压当地人民，美国为此与西班牙兵戎相见。1898年美西战争爆发，结果不仅古巴落入美国之手（但为时不长），美国还夺取了波多黎各和太平洋上的菲律宾和关岛。至少太平洋地区的西班牙帝国就此终结。西班牙还把加罗林群岛、马里亚纳群岛和帕劳卖给了德国，而德国当初想要的是菲律宾。德国和美国分占了萨摩亚，换取英国退出萨摩亚，改取汤加、所罗门群岛的几个德属小岛屿以及西非的几块有争议地区。昔日庞大的西班牙帝国只剩下西属摩洛哥、西非和几内亚，以及西属撒哈拉和加那利群岛。重新洗牌到此结束。西班牙帝国的覆亡震撼了西班牙的政治体制，尽管西班牙收回在古巴的投资有益于本国经济。冲击的余波持续了几十年，直至20世纪30年代。

毋庸置疑，在欧洲国家追求帝国的过程中，意大利人在埃塞俄比亚的遭遇是奇耻大辱。此前意大利已控制了非洲之角的部分地区。19世纪90年代，意大利企图攫取埃塞俄比亚。当地军阀孟尼利克二世

（Menelik II, 1844—1913）征服提格雷和阿姆哈拉省后于1889年称帝，与意大利人签订了友好条约。然而，条约的意大利语文本和阿姆哈拉语文本内容有出入。依据意大利语文本，意大利管辖厄立特里亚，同时在埃塞俄比亚享有保护国权利；阿姆哈拉语文本仅说孟尼利克需要时，会请意大利外交官当他外交政策的代理人。两种文本内容不一曝光后，两国在条约问题上的争执日益激烈。1893年，孟尼利克二世正式废约，开始囤积新式欧洲武器，部分武器购自意大利。他还派了一个代表团去圣彼得堡，俄国于是向埃塞俄比亚军队派出军事顾问。1894年，意大利人挑起争端，冲突迅速升级。1896年3月1日，两国军队在提格雷山区阿杜瓦激战。

意大利军队共有1.5万人，很多人是没有打过仗的新兵，枪炮落后，穿的鞋子在崎岖山路上常常磨破。意军分三个纵队齐头并进。由于意大利人用的地图不准确，三支部队之间很快拉开了距离。封建制度下的埃塞俄比亚募集了一支10万人大军迎敌，部队装备了先进步枪，还有适于山地作战的42门俄国野战炮。一支意大利部队后撤时误入歧途，走入一条山沟，几千人遭到埃塞俄比亚骑兵屠杀。埃塞俄比亚司令官为士兵打气，高喊："杀呀！杀呀！"关键时刻，孟尼利克二世又投入2.5万人，包围了另外两支意大利部队。意军被迫后撤，伤亡惨重。意军和厄立特里亚土著士兵阵亡人数达7 000人，将近3 000名意大利士兵被埃塞俄比亚人俘虏，残余部队逃离战场，丢弃了1.1万支步枪、所有大炮和大部分辎重。意大利俘虏受到善待，但埃塞俄比亚人视800名厄立特里亚土著士兵为叛徒，剁掉了他们的右手和左脚。意大利被迫承认埃塞俄比亚的独立。孟尼利克二世心满意足，谨慎决定不乘胜进军厄立特里亚，以避免招致报复。意大利国内人民扒掉铁轨，防止政府增征兵员。愤怒的爱国者向总理克里斯皮的宅邸投掷石块，克里斯皮被迫辞职。

但总的来说，除美洲地区外，欧洲列强与欧洲以外大国之间力量对比悬殊。1898 年的恩图曼战役就是一个突出例子。赫伯特·基奇纳（Herbert Kitchener, 1850—1916）少将率领一支英国和埃及联军击败了苏丹马赫迪起义军。这简直是一场屠杀。苏丹人死伤达 2.3 万人，英军方面仅伤亡 430 人。正如法籍英国作家希莱尔·贝洛克（Hilaire Belloc, 1870—1953）所说："无论出现什么情况，我方有马克沁机枪，而敌方没有。"欧洲以外的国家若想击退欧洲人入侵，别无他途，只有仿效埃塞俄比亚和日本的做法，获得欧洲武器和军事装备，而先进武器又是欧洲经济繁荣、产业和科技远远领先于世界其他地区的产物。全球力量不平衡其实并不像一些历史学家所说的那样，自 1500 年起就不可避免。直到 19 世纪后半叶前期，全球强弱对比才见分晓。这不仅是先进技术的结果，也是欧洲和平环境的结果。倘使欧洲各国如 1815 年以前那样继续互相厮杀，把彼此之间的冲突引向世界其他地区，情况也许会是另外一种样子。英国海军霸权保障了和平。在和平环境下，通信网、电报、海上航线、陆上商道、跨洲铁路得以扩展，进一步推动了经济发展和帝国交通网的建设，全球贸易量几乎跳跃式地增长。倘若主要工业化大国彼此厮杀不止，这一切根本不可能发生。欧洲人大规模移民美洲和世界其他地区推动了全球化经济的发展，欧洲和美国是主要受益者。在此意义上，欧洲对边界的管制空前松懈。欧洲国家的政治体制也更加合理，可以更有效地动员本国资源。殖民化有其局限性，但总体而言，19 世纪后半叶欧洲主宰了世界其他地区。欧洲的这一世界霸权地位不仅空前，也是绝后。

剥削与反抗

1884—1885年召开的柏林会议掀起了在非洲和世界其他地区争夺殖民地之风。会议定了一条基本原则：一个欧洲大国若要确立对一块殖民地的统治权，必须满足"有效占领"条件。商贸利益决定了沿海地区先被侵占。不久后，探险家开始深入腹地。非洲大陆内地情况不同于沿海，欧洲国家完全无视地理特征，在地图上笔直画条线，标出各自索求的领土界限，但划出的领土仍然有待置于实际控制之下。从多方面看，19世纪90年代到20世纪初的一段殖民史也是几个欧洲帝国处心积虑把纸面上的殖民地变成真正殖民地的历史。帝国主义鼎盛时期，移居殖民地的欧洲人越来越多。无论殖民地许可与否，他们夺取土著人的土地，或放牧牲畜，或建立橡胶园和棕榈油种植园。由此产生的冲突是欧洲帝国主义史上最血腥的一页。尽管欧洲列强不情愿，还是不可避免地卷入其中，采用军事手段给入侵的定居者撑腰。德属西南非（纳米比亚）发生的冲突尤其激烈。最初这是一块保护地，由一个有限公司以俾斯麦喜欢的放手方式经营。这家公司倒闭后，1888年德国政府接管了这块保护地。大部分地区是沙漠或半干旱地区，居住着赫雷罗和纳马族游牧部落。19世纪90年代，德国移民开始进入这一地区，动手修建牧场，他们用篱笆圈地，不许游牧部落的人靠近。19世纪90年代末牛瘟爆发,严重影响了当地人生活。游牧部落开始报复定居者,袭击德国牧民。1904年,大约有150名定居者被杀死。德皇威廉二世认为这是对德国的挑衅,甚至视其为对他个人的侮辱。德国不会像1896年在埃塞俄比亚受辱的意大利人那样受辱。柏林发兵1.4万人,由洛塔尔·冯·特罗塔(Lothar von Trotha, 1848—1920)将军统率。特罗塔是强硬的普鲁士陆军军官,之前在殖民地服过役。他说:"我知道非洲部落只屈从于暴力。我的政策就是以冷酷甚至可憎的恐怖方式使用暴力。"赫雷罗部落的男人一律被枪杀,妇女和儿童被赶进沙漠,任其饿死。德国出版的一些畅销书赞颂德军的胜利,但并不是所有德国人都赞成这一政策。社会民主党主办的报纸谴责"在非洲维护我国荣誉的方式",支持政府的人敦促选民"为捍卫祖国荣誉、反对卖国者投票!"

殖民地文职总督特奥多尔·洛伊特魏因(Theodor Leutwein, 1849—1921)因奉行与赫雷罗族人的妥协政策而受到军人排挤。他称灭绝政策是"重大错误"。洛伊特魏因认为,应当把赫雷罗人作为劳力使用,而不是从肉体上消灭他们。他的主张得到很多人的支持。于是,还没有被杀掉的赫雷罗族人,主要是妇女和儿童,以及纳马族人被关进了"集中营"(这是德国人首次正式使用这一字眼)。他们在集中营的命运同样悲惨。位于纳米比亚海岸附近沙克岛上的集中营条件最恶劣。囚徒被迫做苦工,忍受刺骨寒风,衣不蔽体,食不果腹,稍有松懈,就会遭到皮鞭抽打。每天都有尸体被抬到海滩上,涨潮时被海水卷入鲨鱼出没的海中。这个集中营还是一个科研场所,后来成为第三帝国著名"种族卫生学家"的人类学家欧根·菲舍尔(Eugen Fischer, 1874—1967)来到雷霍博特镇,研究镇上的混血居民(他称之为"雷霍博特杂种")。1905 年,德国殖民地当局禁止"种族混杂",1909 年又规定,不同种族之间通婚或同居将使双方失去公民权。因以上举措,Rassenschande("种族污染")一词进入了德语法律词汇;30 年后,该词再次浮出水面。第三帝国时期颁布的《纽伦堡法案》禁止犹太人与"雅利安人"通婚。殖民地的德国移民、来自其他欧洲国家的白人和布尔人在法律上高人一等,可以征募赫雷罗族男人做苦工,强迫他们佩戴身份牌(后来纳粹对犹太人也采用了这一做法。不过它在欧洲的渊源更久)。据估计,战前赫雷罗族人口为 8.5 万人,战后锐减到 1.5 万人。2 万名纳马族人中,将近 1 万人被杀死。被关进集中营的大约 1.7 万名非洲人中,只有一半人活了下来。

德国在管理众多其他殖民地时也始终使用暴力。在德属东非,武装冲突此起彼伏。1891 年,柏林的帝国政府被迫接管了这块殖民地,但暴力冲突依然不止。此后 6 年中,德军一共发动了 61 次"讨伐"。1905 年爆发马及马及起义,起因是土地被没收,赋税繁重,人们不堪劳役。结果大约 8 万名非洲人被杀死,德国人还毁掉了起义者的庄稼和村子,20 万名非洲人死于随之而来的饥荒。当地满目疮痍。德国人不仅仅在像这次起义这样的重大冲突中使用暴力。在德属殖民地,暴力司空见惯。在喀麦隆,官方记录的公开鞭打从 1900 年的 315 次上升到了 1913 年的 4 800 次(实际发生的肯定还要多)。这类行径反映出德国人力不从心,为数很少的殖民者竭力控制众多土著人人口。像喀麦隆这样的殖民地属于被占领殖民地,鉴于当地的气候和地形条件,这类殖民地只能接纳少量移民。定居殖民地则不同,当地的气候和条件适合欧洲人的生活方式,因此吸引了大批欧洲人前来定居,德属西南非就属于这种,前来定居的牧场主人数相对较多。

土著人社会的力量、组织水平和军事能力也是决定暴力程度和与殖民者冲突结局的因素。像赫雷罗族这样组织松散的游牧部落比较容易对付，而横贯喀麦隆北部，一直延伸到尼日利亚等英属殖民地的一些伊斯兰国家政治结构严密，更难战胜。在德属东非，415名殖民地官员管辖将近1 000万非洲人和阿拉伯人商贩，但对内地鞭长莫及。德属东非全境内只有30个军事据点，若要有效发挥作用，只能与当地阿拉伯首领合作。殖民者当然可以选择合作对象。一名地区官员在多哥任职20年余年，其间罢免了他治下区域的544名酋长，换上其他人，还延聘非裔美国人布克·T. 华盛顿（Booker T. Washington, 1856—1915）在亚拉巴马州创办的塔斯基吉黑人师范学校的毕业生，让"黑人"教"黑人"种植棉花，其实两者之间没有什么共同之处。最终，殖民者只能依靠当地豪强，除此之外，别无他法。在喀麦隆北部地区，德国经过多次远征，征服了信奉伊斯兰教的富尔贝贵族集团。富尔贝贵族借助德军扩大了自己地盘，形成了双方共治局面。德国人比当地人口要少得多，充其量只能在多哥、喀麦隆和德属东非这样的殖民地建立几个自己有能力统辖的孤岛。

相对于德国，其他殖民大国的情况又是怎样呢？位居欧洲帝国之首的英国采用放权方式治理帝国。威斯敏斯特法律依然至高无上，但伦敦没在帝国各地推行一刀切式的统治体制。由于英国在帝国内部始终实行自由贸易，中央集权统治更无必要，权力下放到各地殖民地。大英帝国的主要殖民地早在"瓜分非洲"之前就已归属英国，首先是定居殖民地，以加拿大、澳大利亚和新西兰为首，外加非洲最南端的开普殖民地。虽然在一些不属于英国的殖民地也有一定数量的欧洲移民，如阿尔及利亚和德属西南非，但英国殖民地与众不同的一点是，它们主要是为移民建立的。很多英国人去了美国。为鼓励英伦三岛上的人迁居海外，澳大利亚、新西兰和加拿大的私人公司开拓殖民地，再廉价出售给移民。提出这一想法的是爱德华·吉本·韦克菲尔德，他成立了不少殖民公司，尤其是在新西兰。韦克菲尔德和追随者游说英国政府，让政府相信这些殖民地经济上可以自立，还能在海外建立一个英国社会。19世纪30年代末，加拿大爆发了武装起义。在当地人口中居于少数的法国移民认为自己的权利被剥夺，深感不满。德拉姆勋爵（Lord Durham, 1792—1840）为此提交了一份报告，为殖民地的管理制定了基本规则。报告建议在殖民地实行自治，成立殖民地议会和政府。这项建议成为大英帝国治理拥有大量欧洲移民，尤其是英国移民的殖民地的基础。西印度群岛和印度这种移民在当地居于少数的殖民地不包括在内。不过，19世纪末期，自治制度不仅扩大到加拿大和澳大利亚，还包括了新西兰和开普殖民地，英国政府不想负担与当地土著人打仗的费用。选举权只限于白人少数群体。

在建立定居殖民地过程中，殖民者到底在多大程度上使用了暴力手段？像在此前的美洲地区一样，加拿大的移民无须做什么，疾病就帮他们解决问题了。1816年，塞尔扣克勋爵（Lord Selkirk, 1771—1820）率领的苏格兰殖民者抵达马尼托巴省的阿西尼博亚，遇到当地"印第安人"抵抗，后者担心殖民者抢走他们的毛皮生意。在"七株橡树之战"中，当地人杀死了总督和22个欧洲人。1817年，塞尔扣克带领一批全副武装的退伍军人返回，重建了这块殖民地。他们获胜不仅是因为准备充分，还因为传入了天花，当然，他们不是有意为之。19世纪30年代一个德国旅行家形容说："遍地都是没有掩埋的尸体。当地印第安人，人数大约9 000，几乎死光了。印第安人、克劳族和黑脚族人四散逃亡。无论逃到那里，都无法摆脱如影随形的死神。"像德国人的殖民地一样，英国定居殖民地暴力冲突不断，虽然规模不大，但常常造成人员伤亡。动武一方多是定居者，而不是殖民地驻军。澳大利亚殖民者在澳大利亚四处圈地，称这是一个无人居住的国家。土著游牧部落丧失了以往狩猎采集之地，开始报复殖民者。1824年，悉尼西边巴瑟斯特地区和亨特山谷的牧羊点遭到土著人袭击。新南威尔士总督托马斯·布里斯班（Thomas Brisbane, 1773—1860）将军宣布实行军管，允许牧场主射杀土著人。传教士兰斯洛特·思雷尔克德（Lancelot Threlkeld, 1788—1859）报告说："一大群人被驱赶到一片沼泽地。骑警围着他们不停地兜圈子，不分青红皂白乱枪射杀，直到所有人，男人，女人，孩子，一个不剩被杀死！"骑警队取了 45 个人头作为战利品送回英国。

只有为数不多几次，英国政府对土著人大动干戈，例如在塔斯马尼亚。最初总督试图向土著人显示，处理他们与殖民者纠纷时会公平执法。但还是爆发了冲突。冲突一直持续到 1830 年。英国财政部出钱，由总督乔治·阿瑟（George Arthur, 1784—1854）募集了 3 000 名欧洲人，包括 1 000 名士兵和 700 个假释犯人，组成一道横贯澳大利亚的"黑色封锁线"，把土著人赶到霍巴特东南的塔斯曼半岛。1800年时土著人口尚有 7 000 人，而因零星的私人之间凶杀，以及疾病造成的大量死亡，当时，土著人口已减至数百人。阿瑟总督称，残存土著人"会一个不剩杀死所有白人居民，如果这样做不危及自己性命的话。"英国殖民地事务大臣乔治·默里（George Murray, 1772—1846）将军拒绝派部队协助总督剿灭土著人。他表示："灭绝土著民族会给英国政府性质留下一个抹不掉的污点。"除了抓住 5 个打盹的土著人，将其枪杀外,"黑色封锁线"再没有发现其他土著人。土著人在茂密丛林掩护下偷偷穿过了"黑色封锁线"。1834 年,存活下来的 200 名土著人被告知,他们的土地将被退还,允许他们回家与家人团聚,土著人于是向政府投降。然而,对他们的许诺是谎言。这些土著人被送到塔斯马尼亚北面 55 千米外的弗林德斯岛,绝大多数人死在岛上,幸存者寥寥无几。

屠杀土著人是近代澳大利亚早期历史混乱局面的一个侧影,通常是被释放的罪犯所为。政府竭力建立秩序。1838 年,一伙前罪犯在新南威尔士中部的米亚尔溪屠杀了 30 名土著人,此后其中 7 人被判有罪,处以绞刑。"7 人都表示,想不通为什么白人杀死黑人会被处死。"此前有一种观点认为,政府应该"彻底放弃对偏远地区的控制,任由当地移民肆意妄为,或彼此打斗,或侵害土著人"。发生了这场屠杀后,州政府摒弃了这一观点,组建了一支边界巡警部队,主要是保护牧场主不受土著人袭击。小规模杀戮事件仍然时有发生,大多系个别人所为。19 世纪中叶,政府基本上控制了局势。和在其他地方一样,此地土著人的最主要死因是疾病。据估计,1788 年,澳大利亚土著人口大约在 50 万到 75 万之间。而到了 1921 年,土著人口已降至 7.2 万人。

如果英国人的对手不是人烟稀少地区的游牧部落,而是在沃土良田上定居的农民,情况就更复杂了。总督没收了开普殖民地以东的科萨人土地,分配给从前是奴隶的人。1834 年 12 月 21 日,一支科萨人队伍夺回了土地,杀死了英国人和布尔人。总督本杰明·德班(Benjamin D'Urban, 1777—1849)中将宣称,必须"灭绝"科萨人,他因使用这一情绪化字眼在英国受到广泛批评。科萨人酋长被枪杀,士兵割掉他的双耳作为战利品,但科萨人依然顽强抵抗。墨尔本勋爵(Lord Melbourne,1779—1848)领导的新一届辉格党政府被德班的行为震惊。开普一地连年战事,耗费巨大,令政府忧惧不已。几个月后,墨尔本勋爵政府出面斡旋,双方达成妥协。英国人从当地撤出,科萨人继续留在故土。这一解决办法并不受欢迎,尤其是荷裔布尔农民,他们痛恨1834年英国政府废除奴隶制,对付给他们的一丁点补偿金怒不可遏。1835—1837年,大约5 000名布尔农民表示不再信任大英帝国,向北迁徙,史称"大迁徙"。布尔人与祖鲁人和恩德贝勒人爆发了暴力冲突。据报道,1837年,135名迁徙者屠杀了9 000名恩德贝勒族战士。1838年2月,祖鲁人杀死了霸占他们土地的荷兰移民。同年12月,作为报复,布尔人在"血河之战"中屠杀了3 000名祖鲁战士。1843年,英国吞并了北迁布尔人建立的娜塔莉亚共和国。英国人与布尔人和祖鲁人的冲突持续了几十年之久。1879年1月,祖鲁战士在伊散德尔瓦纳与一支英军激战,大败英军。虽然驻守罗克渡口据点的英军挡住了另一拨祖鲁人,英军还是被迫后撤,撤退途中又添伤亡。7月,英国增派的一支大军最终打败了祖鲁人,建立了英国人统治。1887年,英国决定吞并祖鲁兰。

三方之间的冲突并没有因此而结束。1881年,第一次布尔战争爆发后不久,一支布尔人军队在马朱巴山战役中打败英军,重建1877年被英国吞并的德兰士瓦共和国,德兰士瓦共和国是当年大举北迁的布尔人创立的。1884年,人们发现德兰士瓦地区蕴含丰富的黄金矿藏,情况发生了变化,两年后,兴起了大规模淘金潮。19世纪90年代,英国人再也禁不住金矿带来的巨大财富的诱惑。英国要求扩大选举权,允许德兰士瓦地区布尔人之外的其他白人居民投票。1899年布尔人拒绝了这一要求后，英国发兵南非，开始了第二次英布战争。罗伯茨勋爵（Lord Roberts, 1832—1914）率领的一支英军击退了布尔人对纳塔尔和开普发起的反攻，为被围困的城镇解围，尤其是马弗京。1900 年，英军攻陷了布尔人的主要城镇，包括德兰士瓦首都比勒陀利亚。战争又持续了两年。布尔人对英军发动了游击战。新任英军总司令基奇纳勋爵采取的对策是有计划地摧毁布尔人的农庄。他建了 45 个关押布尔人的集中营，里面主要是妇女和儿童。大约 2.5 万名布尔人战俘被流放海外。交战双方均大量使用黑人士兵，英国人还修建了 64 个集中营，用于关押黑人家属。住在集中营帐篷里的大约 2.8 万布尔人死于疾病、营养不良和严酷环境，其中孩子占大多数，死亡率大致 1/4。关押在集中营里的 10.7 万非洲黑人中，至少有 1.4 万人丧生。集中营内的状况并不是有意推行种族灭绝政策造成的，不过条件相当恶劣。此后不久德国在德属西南非建立的集中营却是种族灭绝政策的结果。1909—1910 年，南非联邦成立，成为英国的一个自治领。非洲黑人和印度移民工人均不享受白人享有的权利。

"瓜分非洲"期间大英帝国攫取的其他大块领土的情况与以上殖民地很不一样。这些领土上没有任何正式的自治制度，也没有立法议会或选举权。它们不是定居殖民地。除了英属东非外，这些领土上的白人移民人数很少。新获取的西非殖民地因出产棕榈油、硬木、象牙、可可、落花生和棉花等产品，经济价值越来越大。埃及以南的东非殖民地的意义主要在于保护经苏伊士运河通往印度的交通线。除桑给巴尔、文莱、汤加、马来亚和最重要的埃及等少数土邦外，这类殖民地没有保留土著统治者，而是直接隶属于殖民地事务部。殖民者抢夺土地意义不大，因为在这些被称为"白人坟墓"的地区，白人人数很少。建立帝国首先是出于经济动机。1897年，英国首相索尔兹伯里勋爵阐述英国在热带非洲的殖民政策时说："我们认为，我们的目标纯粹是商业方面的。"一如俾斯麦，索尔兹伯里希望由特许公司负责殖民，而不是由政府出面。例如，从1884年12月到1886年10月短短一段时间内，率先在后来的尼日利亚殖民的"皇家尼日尔公司"与当地头领签订了237个条约。各地酋长把自己的土地和合法权利转交给了公司，换取开矿、务农和保留本部落法律的权利。公司方面则宣布："除非绝对必要，否则无意插手与中非各位酋长达成的内部安排。"

事实证明，英国人做出的安排和德国人的安排一样短命。1895年，自由党统一派成员约瑟夫·张伯伦出任殖民地事务部大臣，他的帝国情结之深远甚于首相索尔兹伯里勋爵。张伯伦对为统治大英帝国新获取的非洲地区做出的基于条约的松散安排很不满意，认为必须更坚决地维护不列颠的利益。西非的阿散蒂人为抵抗英国人入侵与后者连年交战，直到19世纪90年代中英国占领阿散蒂人的都城后，战事才结束。英国在其他地区也遇到抵抗。1897年初，尼日尔海岸保护地的代理总领事派遣了一支由250名非洲士兵组成的队伍前往西非贝宁王国，声称是为了和平目的。贝宁国王从一名商人那里探听到，这支人马的真实用意是要废黜他，吞并他的王国。于是，国王的军队发动突然袭击，几乎杀死了所有人，仅2人幸免。此后英国派出一支军队前去报复，把贝宁洗劫一空，掠走了大批青铜器和其他艺术品。张伯伦认为，尼日利亚北部地区势力强大的蓄奴伊斯兰酋长也需要降服。1900年，英国成立了一支西非部队，多次攻击这些酋长，直到他们屈从于英国人的要求。此前一年，桑给巴尔苏丹去世后，他的侄子没有事先征求英国领事同意就自立为王。英国为表示不满,派了一支皇家海军舰队炮击桑给巴尔港,造成 500 余人死伤。大英帝国和德意志帝国一样,用暴力手段维持其在非洲的统治。

"白人的负担"

1889年召开的一次世界反奴隶制大会允许比利时利奥波德国王在比属刚果征收关税，用于筑路、修铁路、制造汽船和建立军事据点。利奥波德声称，结束他私人领地上的奴隶制和奴隶贸易需要具备以上条件。利奥波德许诺，他死后国家可以收回这块领土。受此诱惑，加之当地经济收益前景诱人，比利时议会贷给国王一笔巨款，以启动各项建设。利奥波德把刚果视为迅速牟取暴利的机会。他从美国引入种植者种植棉花，而当地条件不适于棉花种植，他又改做象牙生意。他的代理人深入内地射杀大象，收购或没收商人的象牙。1896年在刚果旅行的一名比利时参议员说，一路上非洲人脚夫络绎不绝：

> （他们）皮肤黢黑，表情痛苦，身上仅围一块肮脏无比的腰布蔽体，满是小卷毛的脑袋上顶着负荷：纸盒子、大包裹、象牙……大多数人一脸病容，不堪重负。过度疲劳、吃不饱饭更加重了负担……像这样的脚夫南来北往，数以千计……他们本是当地酋长手下的奴隶，酋长把他们交给拥兵自重的征夫土邦，把他们的薪酬据为己有。

惩戒当地人的方式是用河马皮做成的鞭子抽打。利奥波德维尔的一个比利时官员看到 30 个幼童遭到鞭子毒打，罪名是其中一些孩子见到一个白人后大笑。利奥波德使用一支私家军队维持自己的统治，19、20 世纪之交时，这支军队人数达到 1.9 万人，费用占殖民地预算总额的一半。征服方式与其他地方所见无异。各地非洲酋长和头领抵抗利奥波德手下人的侵入。卡坦达一地的桑加部落与比利时人爆发冲突，酋长躲进一个巨大岩洞，私家军在洞口外放火，藏在洞内的 178 人被活活闷死。19 世纪 90 年代末，利奥波德的私家军荡平了残余的抵抗中心。

比利时殖民地与其他殖民地的不同之处不是它对刚果的征服，而是它治理刚果的方式。充气轮胎和用于电器、电话、电报线及其他大量用途的绝缘材料日益普及，刺激了世界橡胶业的增长。利奥波德抢在拉美和亚洲人工种植的橡胶树长成并冲击天然橡胶价格之前，疯狂掠夺刚果丰富的天然橡胶。利奥波德名下的"英比印度橡胶公司"和其他特许公司的利润超过 700%。从 1890 年到 1904 年，仅仅 14 年，刚果橡胶收益就涨了将近 100 倍。橡胶采集者走进密林深处，砍掉遮天蔽日的橡胶树枝条，采集橡胶汁，毁掉植物。采集橡胶既难又危险，比利时官员为了强迫当地人从事这一行当，把他们的亲人扣作人质，直到他们交出规定数量的橡胶。工人在私家军的严密监视下把凝固后的橡胶汁运到收集地点。若橡胶汁数量太少，马上枪杀人质，对妇女则是先奸污后枪杀。

哪个村庄若敢反抗，利奥波德手下的人，即白人统领的黑人军队，就马上杀死所有村民。为了向自己长官证明没有浪费子弹打猎觅食，士兵剁下受害者的右手，用火熏烤后带回。有个旅行者来到一个当地人反抗激烈的地区，看到小火上正烤着 81 只手。旁边的人对他说："看见没有？这就是我们的证据。我总是砍掉被我们杀死的人的右手，向政府证明杀死了多少人。"砍掉的手如果少于用掉的子弹，士兵的办法很简单，就是去砍活人的手。商贸活动把天花和昏睡病等疾病带到了以前没有这些疾病的地区。由于妇女不肯要孩子，男人或被送进森林采集橡胶，或修建一条388千米长的铁路，用于运送利奥波德掠夺的财物，生育率急剧下降。比利时当局对刚果劳动力短缺现象极为忧虑，1924年下令搞一次人口普查，结果发现与19世纪后期的估算数字相比，刚果人口减少了50%，从2 000万跌至1 000万。

以上暴行很快引起了欧洲和美国国内反殖民主义人士的注意。一个名叫埃德蒙·迪恩·莫雷尔（Edmund Dene Morel, 1873—1924）的年轻人在一家与刚果做生意的船舶公司工作，结识了对利奥波德的残暴行径无比震恐的当地传教士。莫雷尔把了解到的情况捅了出去。刚果的一位英国领事罗杰·凯斯门特（Roger Casement, 1864—1916）反映的情况更具体。马克·吐温（Mark Twain, 1835—1910）和柯南·道尔爵士等作家加入了他们的事业。1909年利奥波德国王死前不久，他被迫交出刚果统治权，改由比利时政府接管，政府官员开始种植橡胶树，取代天然橡胶采集。然而，反对刚果境内暴行的运动没有触及法属刚果地区，这些地区内同样不乏暴行。对一个法国商站的研究显示，1904—1907年期间橡胶产量的波动与公司警察用过的子弹数量在统计学上是相关的。据一项估算，法属刚果热带雨林地区的人口也减少了50%。法属殖民地体制内的不平等是有意设计的，殖民地的大多数人民被剥夺了公民权，很少有例外，这意味着当地行政官员以专制手段统治殖民地，有大量欧洲人定居点的北非阿尔及利亚除外。19世纪前期，法国人依然怀有"教化使命"信仰，热衷把法国大革命的成果——自由、平等、博爱——传播到世界各地。这一意识形态依然具有强大生命力,但殖民的经历迫使法国人从这一崇高原则中后退。殖民者攻占土著王国后,感到当地居民难以被改造为法国人,这样做成本太高,伤亡太大。比如达荷美王国,它使用女兵和成批杀死活人献祭的习俗让法国人既痴迷又恐惧。1912年,法国医生兼探险家朱尔·阿尔芒(Jules Harmand, 1845—1921)写了《统治与殖民》一书,得出的结论是:"有必要从各个方面改善土著人的命运,但必须以使他们可以从中受益的方式。换言之,让他们以自己的方式逐渐改变自己……即以间接统治方式,保存当地人原有体制……"

间接统治方针源于英国对印度的长期统治。印度与大英帝国内的其他殖民地截然不同,其实它与任何欧洲帝国的任何一块殖民地都没有相似之处。印度极其庞大,19世纪60年代人口将近2亿人,此前印度曾被另一个大国莫卧儿帝国统治。在某些方面,莫卧儿帝国提供了现成的统治体制,英国人自称是这一体制的继承人。印度不适于外国人移民或定居,当地人信奉伊斯兰教和印度教等主要宗教,基督教传教士在当地开展的传教活动收效甚微。用不列颠文化同化印度人是虚无缥缈的理想。1857年印度起义("印度哗变")后,英国任命的总督在次大陆独断专行,仅受到一个由文官组成的人数很少的委员会的钳制。委员会后来逐渐扩大,加入了选举的成员,但委员会没有权力制定法律,也无法阻止总督在做的任何事情。直到第一次世界大战前,印度政体都可以说是旧制度下的独裁。

英国对印度的统治依靠两大支柱。一个是文官体制,这是一种由英国人组成的中央集权式精英体制,其分支遍布印度各地。迟至1915年,文官体制内的印度人还只占5%。印度文官政府内的官员待遇优厚，18世纪末期腐败丑闻暴露后，文官变得比较诚实和尽责。文官负责征收当年莫卧儿人定下的赋税，首先是地税。莫卧儿帝国时期，多出自贵族阶层的收税官负责征收地税。1861年，糅合了英国原则和印度习俗的制度开始实行。在此制度下，文官政府执掌司法权，同时还向600余个王公土邦派遣政治顾问。大多数土邦很小，在1857年印度起义之后保存了下来（有人认为，同化土邦措施是起义导因之一）。王公土邦自行征税，管理自己的事务，但需要在英国官员指导之下，后者鼓励推行改革。随着岁月的流逝，年轻一代王公去英国求学风气日浓，交通、电报及其他方面的发展改善了通信手段，王公土邦聘用越来越多的英国文官或英国培养的文官治理事务，土邦因而成了一种印度传统与欧洲近代制度相结合的混合体。很多人认为，它是间接统治的最佳模式。不仅仅在王公土邦，在英国直接统治下的地区，英国维持自己的统治都离不开印度人的被动合作，包括精英阶层和广大民众的合作。英国人能做到这一点，首先是因为保留了印度的习俗、体制和基本管理结构，同时努力做到执政廉洁。维多利亚时代的全套近代管理体制原封不动地搬到了印度，建立了诸如马德拉斯大学（1857）这样的教育机构，采纳了托马斯·巴宾顿·麦考莱在1835年提交的一份印度教育报告中提出的方针，借用英语教学的大、中、小学之力，培养新一代印度精英管理阶层，作为英国社会与印度社会之间的中介。19世纪60年代起，当局陆续成立了分散的警察部队，1905年，各地警力整合为一。19世纪初期，英国通过自由贸易摧毁了纺织业等自给自足行业，印度被纳入迅速全球化的世界经济，这刺激了新产业的诞生，加快了城市化步伐，修建公路、铁路和运河推动了这一进程。1857年印度大起义令英国人大为震恐，促使他们更谨慎对待印度社会及其传统，同时坚持推行改善民生、发展经济的政策，让印度人看到英国统治带来的好处。

以上一切均以使用或威胁使用武力为后盾，具体体现为英国在印度统治的第二大支柱——印度军队。英国正规军人数保持在25万人左右，担负戍遍布世界各地的殖民地的任务。印度军队人数与英军不相上下，且可以通过召后备役兵员迅速扩充。印军费用从印度本地税收中支出，占印度税收总额的大约1/3。在1857年起义的重要地区孟加拉，欧洲军队与印度军队的人数比例固定在1∶1。在马德拉斯和孟买，两者比例为1∶2。1885年，英国高级军官麾下的英军和印军人数各为7.3万人和15.4万人。驻扎印度的英军部队采取轮换制，"印度兵"与英兵分开。兵员来自西北边境省、尼泊尔、旁遮普等"民风凶悍"的地区，1857年时，这些地区大多没有反叛。目不识丁的赤贫社会阶层也是兵源，穷人不大可能接触造反或起义思想。印军不仅是英国统治南亚次大陆的一支力量，也是它建立世界霸权的一支力量，例如，印军曾协助英国在东非获取殖民地。

总体而言，英国对印度的统治陷当地人民于苦海之中。英国殖民当局对土地课以重税，税官收税效率远胜过莫卧儿帝国时期的官吏，从而带来土地使用上的变化。每逢歉收，必有饥荒。1860—1861年，印度北部200万人因饥饿奄奄一息。19世纪70年代，印度各地600万人食不果腹。1896—1897年，因季风造成的自然灾害，又多出500万饥民。同期暴发的一场瘟疫更是雪上加霜。交通通信设施依然很落后，无法有效开展救灾活动。迟至1921年，仅有3%的印度人上过学，因此预防疾病很难。只有少数精英阶层成员识文断字。从前也有天灾。据估计，1770年孟加拉发生的一场饥荒夺走了将近1 000

万人的生命,史载殖民时代前也屡发饥荒。但毫无疑问,在英国统治下,饥荒发生得更频繁,灾情更严重,英国殖民当局没有采取有力措施缓解灾情。印度还成为全球契约劳工的主要来源地。契约劳工制类似半奴隶制,劳力领工资,但一没有人身自由,二不享受各项权利。1879—1920年,大约6万名南亚劳工被送到斐济,2.5万人被运到毛里求斯。19世纪90年代,3万人被送到肯尼亚修建铁路,1/3以上的人丧生或致残。截至1900年,大英帝国各地的南亚劳工总数超过100万人,几乎全是印度人。有时他们被送到遥远的地方,取代已成为非法的奴隶。1874—1915年,将近7.5万名印度人被送到特立尼达。印度劳工遍布大英帝国各地反映了帝国的全球特征,也造成了次大陆印度社会的分裂,在一些殖民地引发种族矛盾,尤其在斐济。

尽管存在以上种种问题,英国殖民当局又应对不力,在印度,改良仍被视为实现殖民地社会稳定、建立秩序的最佳途径。1918年后,大英帝国其他殖民地也逐渐采纳这一观点。于是,征服殖民地之后,就会开始实行维多利亚式的"改良",缅甸王国就是一例。法国在印度支那坐大令英国惊恐不安。缅甸国王敏东(Mindon Min, 1808—1878)去世后,爆发了王位争夺战。他的110个子嗣绝大多数被勒死,之后又被大象踩踏(沾王室成员的血犯忌)。胜利者锡袍王(Thibaw Min, 1859—1916)不愿意对英国人俯首帖耳,开始与法国人谈判,法国同意在缅甸修建一条铁路,同时开设一家银行。1885年,索尔兹伯里勋爵领导的英国保守党政府发兵一万前往上缅甸,打败了缅军,史称第三次英缅战争。战争结束后,英国于1886年兼并了缅甸。自由党议员纷纷谴责这次战争是"强横暴力行径……愚蠢至极"。缅甸原有的政治体制被摧毁,国家陷入混乱。在活下来的众王子领导下,缅甸人民在各地开展了游击战。在缅甸的英军人数很快增至4万人,英军发动"平定"战役,处决所谓的"土匪",也就是起义者,把他们的村庄付之一炬。

1890年,缅甸局势趋于平静,和平环境一直持续到20世纪40年代。总督府内的一名英国官员说:"缅人是那种生性无忧无虑的人,是东方的爱尔兰人。"另一名官员评论说:"如果财富、个人的舒适生活、对财产的保护、公正法律、铁面无私的法官和统治者等福利可以抵消对自由抱有的乌托邦幻想的话,那么缅人的未来会很美好。"他这番话的现实含义是,缅甸农村全被用于生产商业用途大米,大片森林被砍伐,英国公司从印度引入成千上万的契约劳力做工,这反过来又推动了公路、铁路、海港、城市和商业的发展。缅甸成为向大英帝国大片地区供应大米的不可或缺产地,特别是向东非地区和印度,印度消费的大米15%产自缅甸。许多英国士兵和官员娶了缅甸妇女,很多时候只是与她们姘居,19世纪90年代,这一做法引发民怨。一个新的英缅混血儿精英阶层由此而生。在两次世界大战之间的年代里,这一精英阶层逐渐在缅甸占据了统治地位。同时,印度也出现了一个"英印混血儿"社会阶层,在同一历史时期在次大陆上扮演了类似缅甸新精英阶层的角色。

帝国主义就这样延续了改良思想。1899年,鲁德亚德·吉卜林在一首闻名遐迩的诗中概括了这一思想。他敦促殖民者:

> 挑起白人的负担
> 派出你们最优秀的子弟
> 让你们的孩子扎根海外

为被你们降服的人效力

管理殖民地需要大量受过教育的官吏，这意味着需要培养在殖民地挑选出来的本地人。无论他们在当地学校上学，还是去英国或其他欧洲国家留学，其结果都是新造就了一批本地人精英。他们吸收了欧洲的民族主义、民主和自由价值观。包括缅甸在内的一些殖民地早在沦为殖民地前就有了民族认同感。在其他殖民地，人们则需要用欧洲自由主义的语言表述民族认同，仿效19世纪末大众民主时代欧洲的政党模式建立自己的组织。

南亚次大陆的民族意识不断增强。1885年，印度国民大会党（简称"国大党"）成立。国大党早期思想源自神智学运动理念，这是一个追求四海皆兄弟理想的半宗教性组织，成员既有英国人，也有印度人。印度国大党的初始目标是敦促受过教育的印度人在政府和行政管理中发挥更大作用。国大党很快得到印度精英阶层的广泛支持，开始对政府施压。1892年，英国殖民当局做出让步，接受了《印度参事会法》，允许团体提名受过教育的印度人参加立法参事会，1909年，又允许他们参选。昔日英国人借莫卧儿帝国解体及随后印度陷入分裂之机，逐一吞并各土邦，或是挑动它们互相争斗，以此为手段统一了印度，用一个整齐划一的管理体制将其维系在一起也是英国人，这为新生的统一民族主义运动创造了机会。与此同时，英国殖民当局顽固地维护从地税制度到王公土邦和土邦主制度的旧体制。在受过教育的新精英分子眼里，这一切都是阻碍进步的绊脚石。确实完全可以换一个角度看待"白人的负担"：它是帝国主义者强加给殖民地人民的负担，而不是反之。

"东方问题"

19世纪下半叶，欧洲列强设法通过和平谈判解决了彼此在殖民地问题上的争执。20世纪初时，世界各地殖民地已瓜分殆尽。殖民化达到饱和后，想要攫取新领土的欧洲国家可以说只剩下一条路可走：夺取另一个欧洲国家的殖民地。欧洲大陆上有一个地区，低垂的果实在帝国主义政客贪婪的目光下摇动，那就是奥斯曼帝国。19、20世纪之交时，奥斯曼帝国依然统辖东南欧的大片领土。奥斯曼帝国的经济管理极其不善，造成灾难性后果。直到1845年，伊斯坦布尔才开设了首家银行，最早发行的钞票上面没有编码，极易伪造。迟至19世纪40年代，奥斯曼帝国才开始编制国家预算，1839年始设财政部。19世纪50年代中期，情况有所改善。然而，帝国财政完全无力负担克里米亚战争带来的巨额开支。奥斯曼官员开始向英法两国大量贷款。很快，他们养成了贷款的习惯，靠不断举债支付管理帝国所需的费用。西欧各家私人银行在10%利息的诱惑下踊跃发放贷款。与此同时，奥斯曼帝国政府为筹措资金，开始征收国内贸易税和12%的出口关税。当初奥斯曼帝国为得到贷款而缔结的国际协议规定，进口关税不得超过5%。结果帝国境内欧洲工业产品泛滥成灾。

这一切给腐败的奥斯曼帝国官员提供了中饱私囊的好机会。一名英国观察家指出："上上下下，无人不贪……近代土耳其政治家最关心的是为自己敛财，他们知道自己官位不稳，抓住机会敛财。"他的这番话充满自我优越感，但不无道理。19世纪70年代初，奥斯曼帝国财政陷入严重危机。1875年时，为偿付债务支付的利息已占政府财政总收入的44%。帝国确实推行了一系列持续到19世纪五六十年代的广泛改革，即坦齐马特改革，包括成立国家银行、编制预算、设立财政部、保障基本公民权、改革军队、制定民法和刑法、建立西式大学、修建铁路、开设证券交易等等。最重要的一项改革是规定所有宗教团体享有平等权利，同时为了打造奥斯曼民族认同，还推出了国旗和国歌。

以上改革因100多万名穆斯林难民涌入帝国而受挫，先是逃离克里米亚战祸的难民，之后是俄国入侵高加索后逃离俄国人的难民。大量难民流入巴尔干基督徒居住地区，当地宗教矛盾迅速激化，奥斯曼当局常常强行把基督徒赶出家园，安置穆斯林难民。19世纪70年代初，欧洲经济繁荣，但1873年发生了一场严重的金融经济危机，造成灾难性后果，向奥斯曼帝国提供的贷款也断流了。1872年是大旱年，帝国各地农业歉收，铺天盖地的蝗虫把塞浦路斯的庄稼吃得干干净净。当年冬季天气酷寒，各地人民食不果腹。伊斯坦布尔死尸横街，有人看到狼群袭击郊外居民。次年春天解冻后又发生洪涝，灾情更加严重。1874年初，安纳托利亚和南巴尔干地区90%的牲畜被宰杀食用，当地政府面对灾情束手无策。交通运输设施落后，无法向受灾地区运送救灾物资。奥斯曼帝国政府不但不缩减开支，反而变本加厉对人民横征暴敛。税务官吏大多是花钱买了收税权的农夫和个体企业主。农民为了躲避勒索，纷纷逃进城市或躲进山里，收税官和随行警察大肆劫掠村庄，拿走实物抵税。抵抗运动迅速蔓延，尤其是巴尔干基督徒居住地区。

面对瞬息万变的局势，俄国人乘隙而入。俄国先是征服了高加索，继而借 1866 年和 1870—1871 年普鲁士先后打败奥地利和法国之机，不再承认 1856 年克里米亚战争结束后协议中规定的黑海中立地位。英国人起而反对，但没有得到其他大国的呼应。1871 年 1 月在伦敦召开的国际会议允许俄国人再次向黑海派遣舰队。贯穿 19 世纪俄国外交政策的一条主线是设法在地中海获取一个不冻港。1856 年俄国战败后一度偃旗息鼓，如今又卷土重来。奥斯曼帝国的衰弱增大了俄国实现这一目标的机会。现在又多了一个新因素：泛斯拉夫主义。19 世纪 70 年代，亚历山大二世推行改革，允许公开辩论，泛斯拉夫主义随之在俄国兴起，蔓至巴尔干地区。信奉东正教和基督教的知识分子和大学生开始宣扬，居于少数的各斯拉夫族裔同属一个以俄国为首的民族大家庭。名义上仍处于奥斯曼帝国统治之下，但强烈同情基督徒起义者的地区，这一思想影响越来越大。起义者反抗奥斯曼帝国在巴尔干地区横征暴敛。塞尔维亚激进分子渗入波斯尼亚，支持当地农民起义。1876 年 4 月和 5 月间，保加利亚民族主义革命者仓促发动起义，几周之内即被奥斯曼军队扑灭。

保加利亚起义虽然短暂，造成的后果却极其严重。起义者杀害了几名穆斯林平民后，与奥斯曼军队一道镇压起义的非正规军"巴什波祖克"大肆屠杀保加利亚人。巴什波祖克收复巴塔克城几周后，来此地采访的《伦敦每日新闻报》的美国记者贾纽埃里厄斯·麦克加恩（Januarius MacGahan, 1844—1878）报道："我们一行人拽住缰绳，不约而同发出惊叫。几乎就在马腿下面，眼前的景象令我们毛骨悚然。

地上一堆骷髅头，混杂着人体各部位的骨头、几乎完整的骨头架子、衣服、毛发和腐肉，散发出一股股恶臭。"据他估计，8 000 余人被这些非正规雇佣兵杀害。其他人估算，遇难人数达 3 万人。保加利亚人的遭遇引起西欧各地民众的广泛同情。和英国迪斯累里政府一样，西欧各国政府不愿介入，担心削弱奥斯曼帝国会给俄国人进一步扩张敞开大门，然而，民众呼吁政府采取行动。英国的格莱斯顿引导民意，大张旗鼓地抨击"保加利亚惨案"，借此在政治上东山再起。格莱斯顿大声疾呼："让土耳其人以唯一可能的方式带走他们的暴行，那就是自己滚走。我希望，所有的土耳其警察和地方官，所有的军官、凯马坎和帕夏，一个不剩带着他们的行李滚出他们蹂躏和亵渎的这个省。"

塞尔维亚的民族主义情绪一浪高过一浪。1876 年 5 月，奥地利、俄国和德国插手保加利亚事务，为奥斯曼帝国统辖的巴尔干诸省制定了一项总体改革方案，但遭到苏丹拒绝。6 月 30 日，塞尔维亚人对奥斯曼帝国宣战。沙皇亚历山大二世迫于泛斯拉夫主义压力，不得不派出志愿人员前往塞尔维亚，与塞尔维亚人并肩作战。11 月 11 日，沙皇赞扬了"我们的志愿兵，很多人为斯拉夫民族事业流血牺牲"。然而，塞尔维亚人作战不力。塞尔维亚军队只有 460 名军官，外加 700 名俄国志愿军军官，指挥 12.5 万没有受过训练的农民。部队装备落后，使用的武器要么已过时，要么是土造的，打仗不是靠装备，而是靠人数。而改造后的奥斯曼军队战斗力加强，装备有马提尼-亨利步枪和史奈德-恩菲尔德步枪，外加克房伯野战炮。在一位俄国将军的指挥下，6.8 万塞尔维亚人攻打奥斯曼人据守的尼什要塞。1876 年 8 月，奥斯曼人大败塞尔维亚人，5 000 人阵亡，9 500 人受伤。俄国人此时开始介入，威胁要对奥斯曼帝国开战，除非它同意在战前状况基础上实现和平。1877年2月17日，双方媾和。

以上事态震动了伊斯坦布尔。1876年5月30日，"青年奥斯曼人"发动了一场军事政变。苏丹阿卜杜勒·阿齐兹被赶下台，几天后遇害。参加政变的很多人毕业于西欧各国大学。阿卜杜勒·阿齐兹的侄子穆拉德五世即位，他性格软弱，闻知叔叔死亡的消息后昏厥过去，苏醒后连续一天半不停呕吐。青年奥斯曼人期待穆拉德五世颁布一部宪法，但他毫无作为。1876年8月31日，青年奥斯曼人以精神失常为由废黜了穆拉德，把他弟弟阿卜杜勒·哈米德二世推上台。阿卜杜勒·哈米德认识到需要与青年奥斯曼人保持一致，马上颁布了一部宪法。加上刚战胜塞尔维亚军队，他一时深孚众望。1877年3月31日，西方列强就《伦敦议定书》达成协议，议定书中含有在巴尔干诸省进一步推行改革的要求。阿卜杜勒·哈米德觉得自己翅膀硬了，拒绝了国际社会的调停。4月24日，俄国亚历山大二世终于屈从于泛斯拉夫压力，对奥斯曼人宣战。此前俄国争取到了奥地利和罗马尼亚的支持，俄国许诺把波斯尼亚给奥地利，同时答应保护罗马尼亚的领土完整，条件是允许俄军安全借道罗马尼亚。

1877年春天，俄国大军南下跨过多瑙河。7月，俄军兵临防守坚固的保加利亚普列文要塞城下。此前，奥斯曼·奴里（Osman Nuri, 1832—1900）帕夏亲率一支奥斯曼大军增援普列文。俄军两次攻城失利后，沙皇同意使用罗马尼亚援军。第三次强攻依然不克，1.8万俄国和罗马尼亚士兵阵亡。绝望之下，沙皇请出波罗的海德意志人、沙场老将托特列边。托特列边是军事工程师，克里米亚战争期间主持构筑了塞瓦斯托波尔要塞的防御工事。托特列边增调兵力后，俄军和罗马尼亚军队达到10万人，彻底切断了普列文与外界的联系，扫清了外围阵地，击退了敌军一次突围。1877年12月9日，土军统帅率部投降，2 000名军官和4.4万名士兵和他一起做了俘虏。在高加索地区，两军在一系列战役中展开激战。11月17日，俄军攻陷卡尔斯城，土耳其人溃不成军，1.7万人被俘。决定战局的交战发生在巴尔干地区。1878年1月3日，7.1万名俄军攻陷保加利亚的索非亚，两周后，俄军又在普罗夫迪夫战役中打败一支土军。1878年1月5—9日，胆略过人的米哈伊尔·德米特里耶维奇·斯科别列夫（Mikhail Dmitrievich Skobelev, 1843—1882）将军率5万俄军在希普卡山口与土军激战3日，2.2万名土军被迫缴械投降。此役后奥斯曼人无力再战。俄国人攻占阿德里安堡后，通向伊斯坦布尔的大门洞开。此后不久，交战双方于1878年1月31日签署了停战协议。

3月3日，在圣斯特凡诺举行的和谈刚一结束，俄国人立即在正式和约上签字。和约成立了一个独立的大保加利亚，疆界包括马其顿全境，但不包括萨洛尼卡。更重要的是，保加利亚获得了穿色雷斯西部通向爱琴海的出海口，切断了奥斯曼帝国通向其巴尔干属地的陆路通道。新成立的保加利亚显然不过是俄国的仆从国。这一条约令英国人坐卧不安。在此之前，1878年2月13日，英国派出一支舰队前往马尔马拉海。和约还无视奥地利人，继续让奥斯曼人统治波斯尼亚和黑塞哥维那。俄国在高加索继续扩张，奥斯曼帝国呈分崩离析之势。一旦奥斯曼帝国瓦解，沙皇会是最大受益者。19世纪70年代，奥斯曼帝国状况可谓凄风苦雨。帝国债台高筑，每年偿债数额已占国家总收入的一半。奥斯曼帝国已无力在财政上继续支撑战争，1875年宣布破产。根据一项国际协议，1881年成立了"奥斯曼公债管理处"，雇员很快超过5 000人。委员会成员名义上是奥斯曼帝国的债权人，实为英法两国银行的代理人，奥斯曼帝国的贷款大多出自这两国的银行。管理处有权征收关税及其他税，参与投资利润丰厚的项目，如修筑铁路。奥斯曼的屈辱处境一直延续到第一次世界大战以后。

1877 年战争爆发后，阿卜杜勒·哈米德二世即位后颁布的宪法对他已毫无用处，于是他宣布无限期中止宪法。哈米德记得前两任苏丹的下场，自己在宫内深居简出，令奥斯曼舰队停泊在金角湾内。他觉得海军军官是自由派分子，一旦远离他的视线，一定会密谋造反。从长远讲，他这样做使帝国很难不再丢失更多领土，尤其是埃及和苏丹。1897 年希腊进攻克里特岛，被奥斯曼军队击退，但列强出面干预，把克里特岛给了希腊。《圣斯特凡诺和约》签署的一个直接后果是，在英国和奥地利的主导下，"欧洲协调"复活。俄国人被迫同意召开一次国际会议。1878 年 6 月，会议在柏林开幕。经过幕后紧张谈判，俄国人设法得到了想要的大部分东西。柏林会议大大缩小了保加利亚的面积，剥夺了它通往爱琴海的出海口，东鲁米利亚省退还给了奥斯曼帝国，俄国兼并了罗马尼亚东北角的比萨拉比亚地区。作为补偿，多布罗加北部的部分土地划给了罗马尼亚。在高加索，俄国把巴统和卡尔斯据为己有。柏林会议承认了塞尔维亚、罗马尼亚和黑山三国的独立，三国均分到了更多奥斯曼帝国领土。波斯尼亚、黑塞哥维那和诺维帕扎名义上依然归属奥斯曼帝国，但从现在起由奥地利管辖。

《柏林条约》实际上在巴尔干地区制造了两个势力范围：包括塞尔维亚在内的西巴尔干归奥匈帝国，东巴尔干归俄国。塞尔维亚人极为恼怒。俄国舆论大哗，因为俄国公众不是与 1877 年战争之前的境况做比较，而是与《圣斯特凡诺和约》签订后的境况做比较。泛斯拉夫主义日益高涨，反对矛头直指柏林会议东道国德国。为此，俾斯麦翌年与奥匈帝国结盟，1882年意大利加入后，扩大为"三国同盟"。1881年，俾斯麦秘密续延了奥匈帝国、俄国和德国的"三皇同盟"，三皇同盟于1872年正式公布，次年开始生效。从长远看，奥匈帝国与俄国在巴尔干地区彼此虎视眈眈，俾斯麦试图通过外交手段弥合两国分歧注定失败，但他的努力至少暂时修补了裂痕。柏林和谈产生的一个附带结果是，英国将属于奥斯曼帝国的塞浦路斯据为己有，作为交换，英国同意保护奥斯曼帝国的亚洲属地，抵御俄国进一步扩张。在19世纪剩下的时间里，英国对俄国觊觎阿富汗、波斯、土耳其以及印度西北部始终焦虑不安，这一地区构成"大博弈"各方钩心斗角、尔虞我诈的焦点。

长远来看，巴尔干地区被划为俄奥势力范围造成了灾难性后果，这一安排把动荡不安的巴尔干诸国与两个大国的利益和声望绑在一起，同时在这些巴尔干国家孕育了仇恨，勾起它们的野心，最终引发重大冲突。没有一国对本国的领土安排感到满意。1878年柏林会议要求巴尔干各国在宪法中加入保护宗教自由的条款，主要是针对塞尔维亚和黑山境内的穆斯林和罗马尼亚境内的犹太人，招致这些国家的怨恨。黑山得到了出海口，但被告知它不得拥有军车，而且它的所有商船必须挂哈布斯堡王朝旗帜，这一条款被黑山人接受的可能性微乎其微。《柏林条约》缔结后，英国驻伊斯坦布尔领事评论说："自以为力量足够强大，可以拿起武器争取实现自己目标的人会挺身反抗他们认为违反正义和'民族性'原则、把他们置于统治之下的政府。无力诉诸武力的人会使用阴谋诡计。这两种情况已经发生。"

冲突几乎马上发生了。阿尔巴尼亚少数族裔起身反抗黑山。马其顿人起义反抗奥斯曼人。一如阿尔巴尼亚，波斯尼亚的穆斯林反抗

《柏林条约》强加给他们的基督教政权。塞尔维亚爆发了一场农民起义。1885 年,巴滕贝格的亚历山大(Alexander of Battenberg, 1857—1993)领导了一场大规模起义。亚历山大出身德意志王室旁支,被人民群众推举为保加利亚大公。保加利亚再次控制了东鲁米利亚。塞尔维亚出兵干预,很快被保加利亚正规军打败。然而,俄国人废黜了亚历山大大公,改扶萨克森-科堡-哥达的斐迪南上台,翌年指定他为摄政王。欧洲各国舆论哗然。在众人眼里,斐迪南比他的几位前任都要柔弱。维多利亚女王称:"他完全不合适……纤弱、古怪、女里女气"——暗指斐迪南是同性恋的谣传——"必须立即阻止他上台。"后来证明,他生存能力极强,在大公位置上一直坐到第一次世界大战结束,因善于玩弄政治手腕而获"狐狸斐迪南"的绰号。俄国人没有从他那里得到想要的东西。斐迪南上台后,国家实权落入残酷无情的斯特凡·斯坦博洛夫(Stefan Stambolov, 1854—1895)之手。斯坦博洛夫的父亲是客栈店主,他本人是 1875—1876 年起义中的重要人物。斯坦博洛夫一手策划政变,把斐迪南扶上摄政之位,直到他被正式推选为大公。面对俄国的不断干涉和长期经济困难,斯坦博洛夫建立了一个警察国家,逮捕监禁反对派人士,钳制报界言论,向抗税的村子派驻士兵。

1891 年,保加利亚财政大臣遇刺身亡,斯坦博洛夫坚信是俄国间谍干的,把 300 多名亲俄知名人士投入监狱。1887 年他出任首相,因独断专行而与斐迪南冲突不断。19 世纪 90 年代,两人的冲突白热化。1893 年,萨洛尼卡的马其顿人成立了一个秘密恐怖主义团体"马其顿内部革命组织",缩写为 IMRO。该团体的目标是使用暴力手段使马其顿挣脱奥斯曼人的统治,保加利亚人很快主导了这一组织。他们中很多人在奥斯曼人压迫下逃离马其顿，栖身索非亚。斯坦博洛夫对外奉行缓和与奥斯曼人（奥斯曼名义上依然是保加利亚的宗主国）关系、对抗俄国势力的政策，马其顿难民因此对他恨之入骨。斯坦博洛夫的地位摇摇欲坠。1894年，斐迪南国王认为时机已到，将其罢免。斯坦博洛夫下台后没活多久。1895年7月15日，他乘马车穿行索非亚街道时，一个刺客对他开枪。他跳下马车，用随身携带的左轮手枪还击。又有3个刺客冲上来把他扑倒在地上，他们知道斯坦博洛夫身上总穿一件防弹背心，于是用刀子猛刺他头部。斯坦博洛夫用双手死死护住脑袋，疯狂的刺客用刀子沿手腕砍下他的双手。与刺客搏斗的斯坦博洛夫保镖待刺客逃走后，把身负重伤的斯坦博洛夫抬回家里。据说他临终前在床上说：“保加利亚人民会原谅我做的一切，但不会原谅我把斐迪南带到这里。”谣传国王本人策划了这次暗杀，不过更有可能是IMRO干的。几天后为斯坦博洛夫举行了公葬，马其顿人在葬礼上嘲笑不已，他的妻子高举起两个装有他两只断手的罐子后，马其顿人才被喝止。斯坦博洛夫死后不到一年，墓碑被一枚炸弹炸毁。

这一幕恐怖剧上演之时，罗马尼亚局势相对平静。1859年，摩尔达维亚和瓦拉几亚两公国合并为罗马尼亚。亚历山德鲁·库扎（Alexandru Cuza, 1820—1873）大公试图改革两个公国复杂严苛的农业体制，发生了失误，1866年被赶下台。政变首领扬·布勒蒂亚努（Ion Brătianu, 1821—1891）是一个大地主，参加过1848年革命。不出所料，他很快物色了一位德国亲王，即霍亨索伦-锡格马林根亲王卡尔（Prince Karl of Hohenzollern-Sigmaringen, 1839—1914）接任大公。罗马尼亚人称他卡罗尔一世。面对新的政治环境，大公顺时应势，借1878年俄土战争之机宣布罗马尼亚脱离奥斯曼帝国独立，1881年又将其升格为王国。大公大权在握,加之1866年宪法(仿效比利时1831年的宪法)严格限制公民权利,罗马尼亚政局相对稳定,自由和保守的不同派别组建了联合政府。罗马尼亚在外交政策上致力于与列强建立友好关系,分别与奥匈帝国和俄国签署了贸易条约。1875年保加利亚人起义后,罗马尼亚保持中立。罗马尼亚人对俄国人在《圣斯特凡诺和约》中粗暴对待他们极为失望,转向与德国和奥匈帝国结盟。至少在形式上,这一联盟一直延续到第一次世界大战。匈牙利镇压特兰西瓦尼亚地区的罗马尼亚民族主义者导致局势日趋紧张。奥地利人支持保加利亚抵制罗马尼亚对多布罗加提出的领土诉求。布勒蒂亚努的儿子约内尔执掌的罗马尼亚政府于是与法国和俄国结盟。结盟的另一原因是,罗马尼亚对邻国保加利亚沿两国边界大规模集结军队惶恐不安。当时欧洲分裂为两大阵营,第一次世界大战爆发后,处于夹缝中的罗马尼亚最终选择了中立。

种族主义与民族主义

巴尔干地区日益强烈的民族主义情绪不仅反映了奥斯曼帝国已来日无多，还反映了带有种族主义色彩的认同理念正在迅速蔓延，其根源是欧洲海外帝国的扩张。欧洲人认为自己的种族和文化优于世界其他地区的人民。19世纪大部分年代里，这一观念是相对的而不是绝对的，而且有很强的道义和宗教内涵。英国出版的地理教科书指出，不列颠还是未开化人居住之地时，法老时代的埃及"已经是一个具有丰富知识的古老国家"。但英国最终走出黑暗时代，崛起为大国。人们因此希望，有朝一日非洲也不再是黑暗大陆。其他文化落后的原因不是缺乏智力，而是没有进步和宗教。1866年，英国的《青年传教士杂志》告诉它的"青年朋友"："如你们所见，人类虽类型各异，但出自同一祖先"，因此任何种族的任何人"几乎都可以像欧洲人一样快地学会识文断字"。以上观念基于19世纪早期反奴隶制运动所含的人类平等信念。

维多利亚时代的基督教认为，人人都可得救，甚至提出了全人类最终归信基督教的愿景。英国主要传教团体均创建于18世纪90年代，在海外移民中间传教，在反对奴隶制运动中发挥了作用。受此鼓舞，这些团体开始把传教活动扩大到土著人社会。19世纪从始至终，传教士都是传播欧式教育的主要手段,也是在非洲、亚洲、澳大拉西亚传播欧式医疗方式的主要手段,利文斯通就是一例。当时流行的观点是,一部英国史也是个人自由不断扩大的历史,甚至直到维多利亚时代末期,人们还以解放和进步为由,为英国干预世界其他地区辩护。英国小学课本一再告诉孩子,英国干预是为了反对压迫,实属不得已而为之。1883年,一本小学课本如是说:"阿瓦德王国的国王昏庸无道,1856年,英国不得不把它收归己有。"自由的普世性质决定了在世界各地,"白人的负担"加在了欧洲人身上。自由原则无论在何地受到践踏,欧洲人都不能无动于衷。

英国一向坚信自己优于其他国家,负有教化的使命。19世纪50—60年代,英国的这一信心受到一连串冲击。克里米亚战争中暴露出来的英国军事组织上的弊端,"印度哗变",英军在新西兰的土地战争中未能打败毛利人,与西非阿散蒂人的第二场战争陷入僵局,以上这一切已经够糟糕的了,但与俾斯麦发动的德意志统一战争造成的巨大动荡相比,这些都算不了什么。1871年,德意志帝国成立。鉴于力量对比发生了根本性变化,迪斯累里认为,英国在世界舞台上更需要积极维护自身利益。他一直争取工人阶级支持保守党人事业,将此视为自己的使命,根据他倡议颁布的1867年《改革法案》使很多工人享有了公民权。1872年,迪斯累里称,他们(工人阶级)"对自己是帝国国民感到骄傲,决心尽自己所能维护帝国"。1874年迪斯累里再任首相后,不遗余力在国内外加强大英帝国的实力。1875年,他为英国夺得了对法国修建的苏伊士运河的控制权,该运河是连接印度的交通要道。1880年迪斯累里任满下台,他在任期内对阿富汗和南非先后用兵,并在1878年的柏林会议上扮演了主角。如我们所见,迪斯累里还说服了维多利亚女王接受"印度女皇"称号,使帝国概念成为英国民族认同的核心。

非洲殖民者、企业家塞西尔·罗兹认为,帝国可以给英国带来实实在在的经济利益,从而改善民众生活。帝国还是宣传爱国主义的工具。1900年,《每日快报》称:"我们的政策是爱国主义。我们的信念是大英帝国。"当时布尔战争引发的好战狂热席卷伦敦。乔治·阿尔弗雷德·亨蒂(George Alfred Henty, 1832—1902)等作家写的通俗小说、《男童自己的杂志》等书刊,甚至还有早期电影,纷纷讴歌帝国。一部电影中有轰炸马弗京的镜头,观众看得如醉如痴。其实这部电影是在伦敦周边的高尔夫球场拍摄的。亨蒂称:"灌输爱国主义思想始终是我写作的主旨之一。"此外还有反映帝国气象、大量生产的廉价制品。英国中小学校开始庆祝"帝国日",游行队伍穿过伦敦市中心的街道,联合王国各地城镇几乎都有这样的游行。"童子军"(1908)等组织涌现,培养去殖民地从军的一代新人。第一次世界大战前夕,帝国已是英国民族认同的核心,而19世纪中叶时还没有这种现象。

新的帝国观含有浓厚的种族主义色彩和对其他文化文明的鄙视。英国中小学教科书对东方文化不屑一顾,称其除了具有观赏价值外,别无他用。教科书告诉学生,也许有理由推断,像泰姬陵这样的纪念性建筑,"最初是为了纪念为人类做出贡献的某个伟人建的,而不是哪个一辈子游手好闲、声色犬马的王子突发奇想建的"。其他民族与维多利亚时代的英国人相比,处于历史发展的早期阶段,教科书不再说在上帝眼里各民族一律平等,同属人类,而是强调不同民族之间的差异和被统治民族的种族劣等性。一本地理教科书写道:"澳大利亚土著人其貌不扬,不讨人喜欢,习俗下流龌龊。马来人和捕食动物一样,无时无刻不在寻找猎物,以满足他们嗜血和抢掠欲望。(尼日利亚)的部落……野蛮至极,信奉种种恐怖宗教,用活人祭祀。"在这种情况下,人们似乎普遍认为,英国人的统治不仅合乎道义,政治上也是必要的。

19世纪80—90年代的帝国主义者认为,英国人不仅注定要统治劣等民族,还要引领全世界走向未来。1895年,约瑟夫·张伯伦宣称:"我对这个民族——盎格鲁-撒克逊民族,世界上有史以来最伟大的统治民族——信心十足。这个民族自豪、坚韧、自信、果决,任何时候都不会因环境或变化而退化,必将成为未来世界和普世文明的主宰力量。"基于血统把不同民族分成三六九等的信念被披上科学外衣后,流传更广,19世纪后半叶达尔文主义影响日深是一个重要原因。"物竞天择"首先出自生物学家兼人类学家赫伯特·斯宾塞(Herbert Spencer, 1820—1903)之口,达尔文主义在他那里成了严酷的竞争法则。"生存斗争""强者必胜"等说法很快成为"社会达尔文主义"的内容。达尔文的思想或对其思想的某种诠释被应用于人类社会。

19世纪晚期,社会达尔文主义风靡欧洲。这一主义的一种进步翻版认为,国家有义务通过改善住房、卫生和营养来提高本民族素质。德国动物学家恩斯特·海克尔(Ernst Haeckel, 1834—1919)写的畅销书《宇宙之谜》(1901)传播了达尔文思想,不过他加进了自己的观点,提出人类特征既是适应环境的结果,也来自遗传。海克尔把人类社会划分为10个民族,加上分支一共32个民族。他认为其中"高加索人"是佼佼者,非洲人则近似于类人猿。他的结论是,有史以来,没有任何"肢体长毛的"人为人类文明做出过贡献。海克尔认为,罪犯属于退化种族,应该被处决,以防止他们把自己的犯罪特征遗传给下一代。"不可救药的犯罪者无法害人将直接给筛选过程带来好处。"对精神病患者和残疾人也应依此处理。他认为，不应治疗儿童疾病，这样可以通过自然法则把弱者从遗传链中筛除掉，只剩下强者繁殖种族。不过海克尔认为，从优生学角度看，战争有害无益，因为它毁掉了每一代人中最勇敢的优秀分子。他命名的"一元论者联盟"（1906）积极宣扬和平主义事业。第一次世界大战期间，这一组织受到德国军事当局严密监控。

早在19世纪60年代，达尔文的亲戚弗朗西斯·高尔顿（Francis Galton, 1822—1911）就把达尔文思想应用于人类社会。他认为，才华是遗传的产物，聪明人之间繁殖可以提高人类智力。毋庸赘言，他自己一家及身边亲属就是绝佳例证。家族的每一代人都显示了卓越才能和科学才华，体现了很强的规律性。高尔顿在把自己定为科学人才还是全才之间踌躇不决，最终选择了后者。像其他优生学家一样，高尔顿自然没有思考过财富、教育和环境是否也起了作用，他反而认为，劣等民族生育了过多劣等孩子，给种族的未来造成威胁。知识阶层开始对他所谓的"优生学"展开讨论。从1895年H. G. 威尔斯撰写的小说《时间机器》中，可以看到对这一观点的反证。时间旅行家在遥远的未来发现，工人阶级退化为"莫洛克人"，一种穴居野人种族，而属于中产阶级和上流社会的"埃洛伊人"几乎完全丧失了自我保护感和竞争意识。社会达尔文主义者切萨雷·龙勃罗梭（Cesare Lombroso, 1835—1909）认为，下层阶级与类人猿更相似，继承了人口中遵纪守法阶层没有的野性和犯罪本能。

高尔顿弟子、传记作家卡尔·皮尔逊（Karl Pearson, 1857—1936）笔下的社会达尔文主义悲观色彩更重。像皮尔逊这样的优生学家认为，解决之道在于鼓励优等人繁殖，同时抑制劣等人人数增加。在英国社会，这样做或许还有可能。如果将其推广到全世界，结果会很不乐观。皮尔逊受到法国种族理论家阿蒂尔·德·戈比诺（Arthur de Gobineau, 1816—1882）的影响，后者在《论人类种族的不平等》中首先提出了自己观点。戈比诺是亲德分子，狂热信奉贵族体制，自封为"伯爵"。他认为，民族杂交只会削弱优等民族特征，不会改善劣等民族特征。戈比诺称，法国贵族大多是德意志人，用他的话说，也就是源自早期理论家弗里德里希·施莱格尔（Friedrich Schlegel, 1772—1829）和埃内斯特·勒南（Ernest Renan, 1823—1892）等所说的"雅利安人"。这种观点本来没什么人支持，但1870—1871年法国被德国打败后，该观点很快引发了对德国人取胜在何种程度上证明他们是更优等种族的论争。毫不奇怪，戈比诺的观点在德国最盛行。1894年，德国成立了戈比诺学会。1899年，瓦格纳的女婿、亲德英国人休斯顿·斯图尔特·张伯伦写了《19世纪的基础》一书，把戈比诺的观点推向新极端，成为种族化的反犹主义工具。犹太人被描述为血统纯正的雅利安人的宿敌，基督被说成是雅利安人，而不是犹太人。

科学种族主义把各种族按不同进化等级排列，暗示不同种族混杂会把所谓"高等种族"拉低为"低等种族"。皮尔逊思考大英帝国及其历史时讲了下面一番话：

> 历史证明，有一种方式，也只有一种方式，能够产生更高级的文明，那就是种族竞争，身心两方面的强者生存。若想知道人类劣等种族是否能进化到更高水平，恐怕唯一办法就是听任他们互相厮杀，一决雌雄。即便如此，个人与个人、部落与部落之间

为生存展开的争斗可能也得不到天择相助，因为他们缺少一种特殊环境，而雅利安人屡战屡胜极有可能得益于这一特殊环境。

依照这一悲观论点，教育和改善生活对劣等种族不起作用。征服、同化甚至灭绝是唯一可能出路。"拥有最强大体质、心智、道德、物质和政治力量"的民族将"赢得生存之战和霸主地位之争"。德国将军弗里德里希·冯·伯恩哈迪（Friedrich von Bernhardi, 1849—1930）宣称，这些民族这样做理所应当："如果没有战争，劣等退化的民族很容易扼杀处于萌芽中的健康因子，随之而来的将是人类的普遍堕落。"德国宰相贝特曼·霍尔韦格的心腹谋士、记者、外交部新闻官库尔特·里茨勒（Kurt Riezler, 1882—1955）写道："敌对是永恒的、绝对的，是不同民族之间关系内含的固有成分。"

19世纪初到19世纪中期存在一种普遍观点：人类社会的进步呈线性走势。这一观点不限于英国。英国率先实现工业化和民主化，其他欧洲国家紧随其后。自由派认为，民族国家是一种普遍现象。19世纪上半叶，民族主义与新闻自由、陪审团审判制度、民选议会权力至上等自由价值观紧密相连。第一次世界大战前的几十年中，情况发生了变化。例如，昔日英国评论家盛气凌人地把德国视为一个不讲实际、仍滞留在中世纪的落后国家，不过早在19世纪结束前，英国人已对德国的工业化和科学进步表示钦佩，对德国经济增长有可能超过英国感到焦虑。德国的民族主义者开始把法国人视为一个退化民族。一个原因是法国人口增长缓慢。1912年，德国人的优越感受到无情打击。一份官方报告显示，德国的出生率也开始下降。德国各家报纸和政治家焦虑不安地指出，俄国经济持续增长，人口大量增加，对军队未来实力具有潜在的巨大影响。奥匈帝国的政治家和将军目睹塞尔维亚境内的斯拉夫民族主义蔓延到帝国各地，惊慌不已。法国舆论把德国说成一个放大版的普鲁士，僵硬、缺乏想象力、好战、威胁他人。越来越多的人用含种族主义色彩的语言表达这种焦虑心情。在为生存和霸主地位进行的不可避免的斗争中，"斯拉夫人"对抗"条顿人"，"盎格鲁-撒克逊人"对抗"拉丁人"。

并不是没有人挑战以上观点。殖民地当局需要奖励当地的精英阶层，维持帝国统治离不开他们的合作，民族问题往往居于次要地位。英国慷慨给予各地殖民地的土邦主和苏丹各种王室荣誉，或是封爵授勋。霍布森、列宁和卢森堡等抨击帝国的人痛斥他们认为支撑了殖民事业的经济剥削。种种殖民暴行，尤其是在德属西南非的暴行，受到天主教政治家的抨击。欧洲各地的社会民主党一致认为，下一场战争将起于资本主义利益，它们决心制止这场战争。一旦战争迫在眉睫，它们将在全欧洲举行总罢工。1889 年，奥地利和平主义者贝尔塔·冯·苏特纳（Bertha von Suttner, 1843—1914）发表了畅销小说《放下你的武器！》，为和平事业奔走，她说服瑞典炸药制造商诺贝尔设立和平奖。1905 年，她本人当之无愧地被授予和平奖。在俄国倡议下，1899 年和 1907 年在海牙召开和平会议，为限制战争的毁灭性后果制定了一系列重要规则，包括禁止杀害俘虏和平民，宣布占领军是沦陷地区文化遗产的保护者，不得抢掠或破坏文化艺术品。由于德国阻挠，为解决国际争端建立一个有约束力的仲裁制度的努力失败了。有人认为，战争反正不会到来。英国和平主义者诺曼·安杰尔（Norman Angell, 1872—1967）在他所著的《大幻觉》（1909 年首版时书名是《欧洲的视觉幻象》）中提出，欧洲各地的经济已高度一体化，战争有害无益，因此，想象任何一国可以通过袭击另一国受益是一种幻觉。但他表示，尽管如此，愈演愈烈的军备竞赛增加了爆发战争的可能性。在巴尔干半岛，武装冲突的确愈演愈烈，反映出不同族裔和宗教之间的仇恨。没有一个大国有能力予以遏制。

巴尔干战争

巴尔干半岛上的最初热点在有争议的马其顿。马其顿人口成分复杂，杂居着塞尔维亚人、保加利亚人、希腊人、阿尔巴尼亚人、犹太人和瓦拉几亚人。根据《圣斯特凡诺和约》，马其顿给了保加利亚，1878年的柏林会议又把马其顿交还给了奥斯曼帝国。这一地区的东正教基督徒与穆斯林之间又有宗教之争。希腊人、塞尔维亚人和保加利亚人都要求这一地区脱离奥斯曼帝国的统治，保加利亚人最为激进。马其顿内部革命组织（IMRO）的特工在奥斯曼帝国统治下的马其顿频频袭击奥斯曼官员，获取其钱财。由于越来越需要靠勒索和恐吓手段筹集资金购买武器，他们的暴力演变为犯罪。1897年，奥斯曼当局从马其顿内部革命组织的一个隐藏处收缴了大批武器弹药，但革命者的激进活动有增无减。1903年，他们攻占了保加利亚边界附近的28个村庄，打死500多名土耳其士兵。土耳其援军源源而至。恐怖主义性质的谋杀和炸弹袭击开始蔓延，最终形成一场大起义。土耳其正规军联合雇佣兵镇压了起义，把119个村子付之一炬，夷平了8 400所房屋，5万名难民被赶进山区。革命运动基本上被扑灭了。然而，奥斯曼的行为触怒了国际舆论，奥匈帝国和俄国罕见地采取一致行动，派出一支国际警察部队。奥斯曼苏丹无可奈何，只得接受。

绝望之下，阿卜杜勒·哈米德二世悄悄求助德国。不久后，德国军官开始训练奥斯曼军队。德国工程师修建了一条由德国银行出资的通往巴格达的新铁路。但这一切损害了苏丹在奥斯曼帝国内部的权威，外国干涉，本国政府镇压，加之他拒绝恢复1876年宪法导致推翻他的密谋不断。阿卜杜勒·哈米德继位后不久，放弃了确立奥斯曼民族特征的政策，用泛伊斯兰主义的新意识形态取而代之，其原因可能是帝国失去了巴尔干地区大量信奉基督教的人口，同时成千上万的穆斯林从高加索和新成立的巴尔干国家迁徙到安纳托利亚。此后，帝国开始大力宣传苏丹作为哈里发的宗教地位，争取人民的支持。渐渐地，阿卜杜勒·哈米德把帝国遇到的麻烦视为基督教世界策划的一场国际阴谋，尤其是安纳托利亚地区信奉基督教的亚美尼亚少数族裔，他们大多是殷实商贾和商贩，根据《柏林条约》，阿卜杜勒·哈米德负有保护他们的义务。1892—1893年，当地官员称，亚美尼亚人试图摧毁伊斯兰教，在他们的怂恿下，成群结队的穆斯林对当地亚美尼亚人大开杀戒。亚美尼亚民族主义团体以牙还牙，遭到奥斯曼军队镇压。此后，这一地区的地方官员在苏丹派来的库尔德非正规军协助下，继续挑动对亚美尼亚人施暴。

最大一桩惨案发生在1895年12月。3 000多名亚美尼亚人在乌尔法教堂被活活烧死。亚美尼亚人在伊斯坦布尔举行抗议示威，遭到当局镇压。奥斯曼帝国首都各处的亚美尼亚人被杀害。格莱斯顿再次敦促外国干预，但始终没有结果。屠杀一直持续到1897年。在此期间，共有10万到30万亚美尼亚人遇害。奥斯曼帝国国内的反动势力发起一场运动，压制要求恢复1876年宪法的呼声，后来演变为对亚美尼亚人的集体迫害。1909年，阿达纳城内又有3万人丧生。19世纪90年代末，阿卜杜勒·哈米德因亚美尼亚惨案丧失了国际社会对他的最后一点同情，气数将尽。阿卜杜勒·哈米德不信任年轻军官。他们中很多人去过西欧，受到西方思想的濡染。政权腐败意味着军官常常拿不到薪水。1907—1908年，密谋分子秘密成立了"统一与进步委员会"，暗杀了安插在军队内部的警察局密探，随后举事，各地军营纷纷公开支持委员会。阿卜杜勒·哈米德为了保命，匆忙同意恢复1876年宪法，然而为时已晚。这就是"青年土耳其党人革命"。不寻常的是，宣布支持自由和民主的革命者得到了少数族裔团体的支持，甚至包括马其顿内部革命组织。次年，青年土耳其党人废黜了阿卜杜勒·哈米德，在他的众多宗亲中挑选了一个，立为穆罕默德五世（Mehmed V, 1844—1918），但他们不知道如何把自己观点付诸实施。

与此同时，自1885年塞尔维亚-保加利亚战争后，巴尔干地区的国家纷纷整军备战，用英国、法国和德国政府提供的贷款从欧洲主要军火制造商那里购买最新式武器，把自己全副武装起来。英、法、德政府热衷扩大本国出口。在军队内部马其顿军官的敦促下，保加利亚大批采购武器，到19世纪90年代中，军队开支已占国家预算的1/3。1902年，保加利亚无力支付各笔贷款的利息，被迫宣布国家破产。破产的国家不止保加利亚一家。塞尔维亚人同样耗费巨资扩军，导致1893年国家破产，政府宣布无力偿还贷款利息，之后重组了债务，削减了货币发行量，成立了一个独立金融管理机构。希腊的情况更糟糕。1893年时，国家负债额是国民收入的10倍。希腊政府宣布国家破产，但一直到1897年，希腊都没有采取任何行动解决问题。1897年，希腊因克里特岛上基督徒与穆斯林之间发生纠纷而对土耳其开战。此前，雅典街头大批人群愤怒指责国王乔治一世（George I, 1845—1913）背叛民族事业，寻求和平解决争端。战事同时在几个战场铺开，位于色萨利区的多莫科斯是主战场，交战双方在此地各自集结了4.5万人的军队。希腊军队不敌奥斯曼军队，节节败退。希腊因在"黑色97年"战争（又称"不幸战争"）中失利，丧失了一连串小块领土，被迫向奥斯曼人支付巨额赔款。一个国际金融管理委员会看到希腊无力支付赔款后开始介入，减少希腊货币发行量以稳定德拉克马币值，代希腊政府征收间接税，确保希腊有能力向奥斯曼政府支付战争赔款。

以上国家面临同样的难题：自给自足的农民占人口绝大多数，因而对外出口量很小，税收部门又效率低下。尽管财政上捉襟见肘，军事扩张步伐并没有停止，不断高涨的民族主义情绪更是推波助澜。受青年土耳其党人影响，1909年8月，希腊青年军官发动政变推翻了政府，最终把政权移交给了干练的民族主义政治家埃莱夫塞里奥斯·韦尼泽洛斯。他立即着手改革国家财政制度，同时推行重整军备计划。塞尔维亚变革的时间更早，方式更血腥。1903年，国王亚历山大·奥布雷诺维奇（Alexander Obrenović, 1876—1903）为了削减军队权力、节省开支，开始在塞尔维亚军队内部进行清洗。一批少壮军官决心除掉国王，首领是代号"阿皮斯"的上校德拉古廷·迪米特里耶维奇（Dragutin Dimitrijević, 1876—1917）。很多达官贵人暗中支持他们，他们强烈反对国王寻求与奥匈帝国和解，担心这样做会使塞尔维亚沦为哈布斯堡的一个仆从国。当时奥布雷诺维奇已失民心，他独断专行，封闭各家报纸，无视选举结果，结果与政坛元老结怨，后者中有手握重权的内政部部长乔尔杰·根契奇

（Djordje Genčić, 1861—1938）。和众多部长和其他官员一样，根契奇反对国王迎娶名声很不好的德拉加·马欣（Draga Mašin, 1864—1903）。两人宣布订婚后，内阁成员全体辞职。根契奇告诉国王："陛下，您不能和她结婚。她是公共情妇，我也是她的情人之一。"国王扇了他一记耳光。这一记耳光把根契奇推入阿皮斯一伙密谋分子的怀抱。

1903年5月28日深夜，经过精心策划，阿皮斯率领28名军官闯入王宫。随后爆发激战。阿皮斯三次中弹，但活了下来，子弹此后一直留在他体内。其他密谋者冲上楼，发现了通往一间梳妆室的隐蔽入口。国王和王后就躲藏在这里。造反者向国王信誓旦旦保证，会继续遵守军人效忠国王的誓词。待国王和王后走进卧室后，他们开枪射杀两人，随后乱刀齐下，把尸体砍成碎块，抛出窗外。其中一人切下王后身上的一块皮肤，作为战利品随身携带。其他密谋分子在贝尔格莱德各处射杀内阁成员，包括首相。军人从与国王家族对立的卡拉乔尔杰维奇家族中挑选了一位长者立为国王，即彼得王（King Peter, 1844—1921）。现在军队可以随心所欲购买它想要的任何武器，结果债台高筑。因为是从法国购买军事装备的，所以塞尔维亚欠了法国巨额外债。亚历山大的专制体制被废除，人民主权原则在一定程度上得到恢复。

权力落入民族主义情绪强烈的选民手中。自由派政治家尼古拉·帕希奇（Nikola Pašić, 1845—1926）渔翁得利，他领导的激进党一直遭到国王亚历山大镇压。这场革命的最大输家是奥匈帝国。自那以后，塞尔维亚始终仇视哈布斯堡帝国，试图打破它对波斯尼亚-黑塞哥维那的控制。1908年，塞尔维亚和巴尔干其他地区把新生的青年土耳其党人政权视为奥斯曼帝国衰微的又一征兆和动手的信号。奥匈帝国对塞尔维亚的民族统一主义忧心忡忡，借伊斯坦布尔局势混乱之机吞并了波斯尼亚-黑塞哥维那——自30年前召开的柏林会议起，波斯尼亚-黑塞哥维那名义上是奥斯曼的一个省，实际上处于哈布斯堡控制之下。与此同时，保加利亚的斐迪南宣布保加利亚脱离奥斯曼人的统治独立，自封为国王。面对现实，俄国被迫同意修改《柏林条约》，但决不允许类似情况重演。它鼓动巴尔干各国相互结盟，支持在被吞并省份开展颠覆活动。这些省内杂居着塞尔维亚人、克罗地亚人和穆斯林。混乱局势蔓延到黑山。1878年前，黑山内乱不止，1858年黑山人在格拉霍瓦茨战役中获胜，1878年的《柏林条约》承认了黑山独立。《柏林条约》缔结后，大公尼古拉一世（Nikola I, 1841—1921）巧妙地巩固了独立，把两个女儿分别嫁给了俄国大公。1904年，黑山对日本宣战，这一举动仅具有象征意义，旨在显示与俄国结盟。1910年，尼古拉趁奥斯曼帝国没落之机在自己的贫瘠国家称王。同年，与黑山比邻的阿尔巴尼亚发生了武装起义，反抗奥斯曼帝国征兵。青年土耳其党人和阿尔巴尼亚人同属穆斯林，却剥夺了后者使用自己语言和受教育的权利。

　　始于北非的一连串事件点燃了巴尔干火药桶。1911年，摩洛哥苏丹请求法国出兵镇压一场起义。德皇派了一艘炮舰驶到阿加迪尔，胁迫法国退让。英国介入支持法国，迫使德国接受法国为摩洛哥的保护国。作为交换，法属刚果的一块地方被划入德国的喀麦隆殖民地。意大利政府觉得在北非建立一个帝国的机会来了，出兵侵入利比亚，对名义上的宗主国奥斯曼帝国宣战。这场战争因意大利人首次使用了空中侦查和轰炸而著称。有史以来，意大利人还第一次使用了地面装甲车。初战受挫后，意大利不断增兵，最终达到15万人。奥斯曼人招募了一支阿拉伯人雇佣军助战，但只能通过海路运送援兵，仅集结了3万左右的兵力。人数和武器逐渐占优势的意大利人打退了土耳其人。与此同时，一支意大利舰队在贝鲁特沿海全歼奥斯曼帝国海军，夺占了爱琴海上的多德卡尼斯群岛。

在国内已焦头烂额的奥斯曼政府乞和。1912年10月，双方签署了《乌契条约》，利比亚归意大利管辖。作为交换，海上的多德卡尼斯群岛归还奥斯曼帝国，但意大利没有遵守协议后一部分，直到第二次世界大战结束后，这部分内容才落实。奥斯曼帝国已呈土崩瓦解之势。1912年8月，2万名组织松散但装备精良的阿尔巴尼亚部落军队攻占了马其顿的斯科普里市，奥斯曼人被迫允许它周边有大量讲阿尔巴尼亚语人口的省自治。看到阿尔巴尼亚人和意大利人得手后，保加利亚、希腊、黑山和塞尔维亚感到动手的时机到了。1912年10月，巴尔干各地乱成一锅粥。保加利亚人进军色雷斯地区，保加利亚人、希腊人和塞尔维亚人入侵马其顿，黑山人和塞尔维亚人发兵阿尔巴尼亚北部和科索沃，希腊人攻入阿尔巴尼亚南部。本已士气低落、纪律涣散的奥斯曼军队四面受敌，毫无招架之力。不出几日，塞尔维亚人在库马诺沃打败了一支土耳其军队，攻陷斯科普里。一名目击者称："土耳其部队穿过城市街道仓皇撤退，溃不成军……士兵缺胳膊少腿，浑身血污，双足赤裸……塞尔维亚人的炮弹开始落到火车站。铁路职工四散而逃，如同遭到枪击的麻雀。"塞尔维亚军队穿过阿尔巴尼亚穆斯林人口占多数的这一地区，放火焚烧村子，屠杀村民。军队里的一名塞尔维亚社会主义者说，斯科普里市民每天早上醒来，都会"在市中心看见阿尔巴尼亚人尸体成堆，头颅被割下。一看便知，这些无头男尸不是战死的"。

大屠杀的元凶是阿皮斯上校。1908年波斯尼亚-黑塞哥维那被吞并后，他创建了一个名叫"国防"的民族主义组织。奥地利人迫使塞尔维亚政府取缔该组织后，阿皮斯又秘密成立了一个叫"不统一，毋宁死"的恐怖主义组织，又名"黑手会"。该组织的目标是建立一个"大塞尔维亚"，包括波斯尼亚、克罗地亚和马其顿。1912年11月16—19日，一支希腊军队在莫纳斯提尔战败后，塞尔维亚集结11万大军猛攻8万土耳其人。双方激战3天，1.2万塞尔维亚士兵和1.7万土耳其士兵阵亡。指挥奥斯曼军队的将军最后率部投降，4.5万人被俘，3万名残兵逃进附近山里。与此同时，一支希腊军队星夜兼程，赶在保加利亚人之前夺取了萨洛尼卡城，这两个小国的关系由此迅速恶化。不过保加利亚人在其他地方运气更好些，他们在10月24日攻陷了位于色雷斯地区的洛曾格拉德（克尔克拉雷利）要塞，肃清了当地奥斯曼军队。溃退的土耳其人一路屠杀平民。攻入的保加利亚人放火焚烧沿途所有清真寺。保加利亚人使用900门野战炮猛轰恰塔尔贾要塞，30千米以外的伊斯坦布尔都可以听到隆隆炮声。土耳其人掘壕固守，伤亡人数攀升，战局成胶着状态。1912年末，战事基本结束。1913年2月，保加利亚与土耳其在阿德里安堡重启战端，起因是土耳其人拒绝按照和平谈判达成的协议把该城交给保加利亚人。伊斯坦布尔政府同意割让该城，但马上被"青年土耳其党人统一进步委员会"推翻。笃信宗教的大学生走上街头示威，高呼"宁死不要屈辱和平！"的口号。1913年3月26日，阿德里安堡终于陷落。将近6万人死亡，很多人死于霍乱。保加利亚人进城后，看到街道上到处是开始腐烂的尸体。

保加利亚转攻恰塔尔贾和加里波利不克后，国王斐迪南终于暂时放弃了他企图恢复《圣斯特凡诺和约》短暂建立的"大保加利亚"，甚至建立一个版图更大的保加利亚的野心。在列强调停下，1913年5月30日，斐迪南签署了《伦敦条约》。条约认可奥斯曼人从整个地区，甚至可以说几乎从欧洲完全撤走，同意成立一个独立的阿尔巴尼亚。奥匈帝国支持阿尔巴尼亚独立，期待它成为自己的仆从国，从而切断塞尔维亚通向地中海的陆路。列强自然而然地再次物色了一位德意志亲王，这次是维德的威廉（Wilhelm of Wied, 1876—1945）。他被扶为阿尔巴尼亚大公，称维迪一世（Vidi I），他在位时间不到6个月。当初起义反抗奥斯曼人的穆斯林农民反对这一国际条约，认为这是信奉基督教的列强代表阿尔巴尼亚大地主阶级利益强加给他们的。维迪高度依赖北部米尔迪塔地区天主教军队的支持，农民愈加愤怒。1914年9月，起义者进入地拉那。维迪逃离阿尔巴尼亚，加入了西线德军，但从未放弃他的阿尔巴尼亚国王称号。阿尔巴尼亚从此四分五裂，塞尔维亚、黑山、意大利、希腊和保加利亚先后入侵，有时是几国联手入侵。

第一次巴尔干战争结束没多久，又爆发了第二次巴尔干战争。保加利亚因第一次巴尔干战争显然实力大损。塞尔维亚与希腊秘密结盟，放言吞并它们占领的马其顿领土，而保加利亚称这些领土是属于它的。罗马尼亚要保加利亚割让其东北部（多布罗加东南部）地区，希腊人对萨洛尼卡周围地区虎视眈眈。1913年6月28日，保加利亚将军米哈伊尔·萨沃夫（Mihail Savov, 1857—1928）未经政府批准，奉国王之命先发制人进攻塞尔维亚，导致灾难性后果。保加利亚军队内疾病横生，士兵厌战，哗变频频，逃兵不断，攻势以溃败告终，塞尔维亚打退了保加利亚的进攻。希腊对保加利亚主力部队发动攻势，将其一举击败。在第一次巴尔干战争中保持中立的罗马尼亚借保加利亚连吃败仗之机，挥师进入多布罗加南部地区。奥斯曼人也趁机重占了色雷斯东部部分地区，收复了阿德里安堡。一支罗马尼亚军队逼近，距保加利亚首都索非亚仅11千米。保加利亚不得已罢战，结束了持续一月之久的冲突。

部分交战国在第一次巴尔干战争中获得的战果，这一次丢掉了不少。尽管如此，根据1913年8月和9月分别签署的《布加勒斯特条约》和《伊斯坦布尔条约》，保加利亚领土比第一次巴尔干战争前的版图扩大了16%，人口从430万增至470万，罗马尼亚领土增加了5%，黑山领土猛增了62%，希腊人口从270万增至440万，领土扩大了68%，塞尔维亚领土面积几乎翻了一番，人口从290万增至450万。奥斯曼人设法保住了在欧洲的立足点。但对俄国人而言，两次巴尔干战争是一场灾难。它精心构建的巴尔干同盟体系以最惊天动地的方式坍塌。这一地区的头号大国保加利亚对俄国没有支持它怨恨不已，转而投靠德国。俄国的友国只剩下塞尔维亚一家，塞尔维亚因此势力大张，1914年，它充分运用了自己的影响力。俄国夺取地中海入海口的企图完全失败。塞尔维亚通过两次巴尔干战争从其他地区基本得到了它垂涎的领土后，开始觊觎波斯尼亚-黑塞哥维那。

两次巴尔干战争的一大特点是，各交战国在国内动员了规模庞大的军队。塞尔维亚全国人口不足300万，投入的兵力超过拿破仑一世纠集的任何一支军队。保加利亚动员了50万人，占全国男子人口的1/4。各国军队掘壕固守，动用大炮猛轰敌军。士兵开始穿迷彩服或灰色野战服，而不是昔日颜色鲜艳的军服。骑兵仅用于助攻。除罗马尼亚和黑山外，其他交战国均使用战斗机执行轰炸任务，用探照灯照射敌军防线。交战从此不分昼夜。交战国领土野心极大，远不限于吞并它们以文化、语言或历史为由认为应该属于自己民族国家的领土，例如黑山对阿尔巴尼亚的入侵，"黑手会"制订的"大塞尔维亚计划"，斐迪南国王梦想在伊斯坦布尔加冕为包括马其顿在内的保加利亚帝国君主的欲望。这些国家的领土野心实际上反映了转向欧洲发展的帝国主义。屠杀平民预示了20世纪即将发生的种族灭绝。不断扩张的民族国家为了维护自己民族和宗教统一，杀害被视为异族的平民。保加利亚军队沿途焚烧清真寺。占领马其顿的国家，尤其是塞尔维亚，无情强迫当地人接受自己的语言和文化，试图借此抹掉少数族裔文化。1913年11月，该地区一名英国副领事报告说："骇人惨案和劫掠层出不穷，被吞并地区的穆斯林人口面临被塞尔维亚人灭绝的危险。"这类警告绝非20世纪最后一次。

交战各方在两次巴尔干战争中阵亡士兵总数达20万人，成千上万的平民死于战乱引起的瘟疫，尤其是霍乱和斑疹伤寒。在很多方面，巴尔干战争预示了后来发生的事。但这两次战争毕竟为时不长，各参战国的目标明确、有限，而且大致实现了自己的目标，因此同意休战，没有那个交战国试图更迭敌方政权。与此同时，大国显然越来越多地被拖入这类冲突。第一次巴尔干战争期间，黑山联合塞尔维亚出兵阿尔巴尼亚北部地区，当地大部分居民既不是塞尔维亚人，也不是黑山人。意大利和奥匈帝国逼两国撤军；俄国为塞尔维亚撑腰，开始动员军队；法国宣布支持俄国；英国介入后，紧张局势才得以缓解。此后召开的国际会议保障了阿尔巴尼亚的独立。黑山人夺取了斯库塔里，俄国和奥匈帝国在如何确定新独立的阿尔巴尼亚的边界问题上争执不休。黑山拒绝撤军,紧张局势再次升级,几个大国付给黑山国王尼古拉一大笔贿金后,他才同意撤军。1914年8月,巴尔干冲突再次爆发时,化解冲突可就不这么容易了。

"人人翘首以待的大战"

1815年及其后很长一段时期内，欧洲各国政治家和政客认为，要预防社会和政治革命重演，关键在于国际合作。欧洲曾因法国大革命和之后的拿破仑战争满目疮痍，生灵涂炭。必须通过重建社会等级制度、恢复政治秩序来避免这一幕重演。英国的世界霸主地位防止了殖民地和帝国之间的冲突殃及欧洲和平。欧洲各国只打了为数不多的几场战争，目标有限，使用的手段同样有限。俾斯麦重视构建一个同盟体系，给予1871年成立的德意志帝国所需的空间巩固自己，为此做出了一系列安排，旨在消除法国寻找盟友以求收复普法战争中被德国吞并的阿尔萨斯-洛林地区的威胁。1872年，俾斯麦设法建立了"三皇同盟"，借此离间了俄国和法国，同时把奥匈帝国拉了进来。三国均想遏制领土被它们瓜分的波兰人的民族主义理想。1882年，俾斯麦与意大利和奥匈帝国结成"三国同盟"，进一步加强了条约体系。5年后，他又与俄国人秘密签署了《再保险条约》，企图继续拉住俄国这个盟友。在巴尔干半岛，俾斯麦说服奥匈帝国和俄国同意彼此划分势力范围，西巴尔干归奥匈帝国，东巴尔干归俄国。俾斯麦深知，巴尔干动荡不定的政治局势有可能点燃一场欧洲冲突。他多次警告说，德国也许不得不同时在两条战线上作战。1876年，俾斯麦告诉帝国议会，巴尔干地区的冲突"恕我直言，不值得我们冒牺牲哪怕是一个体魄健壮的波美拉尼亚士兵的风险"。

俾斯麦施展外交手腕，竭力维持欧洲现状，然而这是不可能的。从长远看，俄国和奥匈帝国的利益不可调和，尤其是在巴尔干半岛。1890年俾斯麦去职后，年轻一代德国政客和政治家掌权，他们对德国的命运充满自信，对俾斯麦为保护年轻帝国不受敌国攻击而建立的错综复杂外交联盟嗤之以鼻。他们认为，德国有能力照顾自己。接替俾斯麦任宰相的莱奥·冯·卡普里维未征求德皇意见，听任《再保险条约》到期后自动失效。德意志帝国很快开始卷入欧洲以外的其他国家的事务，殖民地问题重返欧洲政治。欧洲协调体系开始动摇。直到20世纪初，英国都把俄国视为最大的潜在对手，一是因为两国在亚洲展开了"大博弈"，二是因为俄国人继续向地中海和中东扩张。英国对法国同样心存戒心。直到1900年后的一段时期内，告诫英国公众警惕政府对未来战争准备不足的小说还把法国视为主要威胁。小说耸人听闻地描写背信弃义的法国人使用巨大气球把军队运过海峡，或在多佛海峡下面偷偷挖掘一条隧道，神不知鬼不觉地把部队从海底运到海峡对岸。这并不完全是天方夜谭。1900年2月28日，法国外长泰奥菲勒·德尔卡塞（Théophile Delcassé, 1852—1923）告诉内阁成员，讨论如何反击英国对法国殖民宏图的挑战时，"有人建议派军队在英国登陆，有人建议远征埃及，还有人主张待俄国攻打印度时，驻扎印度支那的法军进军缅甸"。显然，英法两国宿仇未消。

德尔卡塞争取让德国支持以上荒诞想法，遭到德国拒绝后，他转念想到，解决殖民地问题的最佳办法是与英国合作，而不是与它作对。1904年，英法两国签订著名的《挚诚协定》，结成协约关系，签署了一系列协议,旨在避免因支持各自盟友而被拖入日益迫近的日俄战争(此前英国为阻止俄国在中国扩张而与日本结盟)。协议包括解决英法两国之间遗留的殖民地争端,就摩洛哥属于法国势力范围问题达成谅解。1905年3月,德皇威廉二世派军在丹吉尔登陆,许诺帮助摩洛哥苏丹抵御法国人。德皇告诉法国领事,他知道如何捍卫德国在这一地区的利益(在外交措辞上,诸如此类的言论给人以好战印象)。德皇试图趁法国的盟友俄国与日本关系紧张,打击法国在摩洛哥的利益。德皇可能以为,这样做会使英国觉得,与其同虚弱的法国结盟,不如与强大的德国结盟,英法协约也会不攻自破。

与昔日的干预一样,德皇这次干预又是适得其反。英国表态支持法国。德国政府被迫退让。1906年4月签订的《阿尔赫西拉斯条约》满足了法国人的大部分要求。这场危机的最重大意义表现为劳合·乔治的一篇公开讲话:"如果英国在涉及自身利益的地区受到粗暴对待,好像它在民族之林中无足轻重,那么我要强调指出,对于我们这样一个伟大国家,以此为代价换取和平是无法忍受的屈辱。"最晚从这时起,英国政府,包括外交大臣爱德华·格雷爵士,不再把俄国和法国视为对英国利益的主要威胁,而是把德国当成主要威胁。此前英国外交部官员已持这一观点,尤其是艾尔·克劳(Eyre Crowe, 1864—1925)爵士。1907年1月,克劳在一份著名备忘录中阐述了他的观点:要么德国"有意识地追求先在欧洲,继而在全世界建立德国霸权",要么"德国的宏图仅仅是虚荣、思维不清和不讲现实的治国术的表现,它认识不到自己的观点摇摆不定"。他的结论是,无论属于哪一种情况,结果都一样:必须与德国抗衡。

一个决定性因素是德国从颁布1898年《海军法》和此后的相关

法律后，开始大规模扩充海军。此前德国几乎没有像样的海军可言，德皇和新上任的帝国海军大臣提尔皮茨决心建设一支与德国声望相匹配的海军。与此同时，德国统治阶级上层日益感到，德意志帝国拥有的小块殖民地支离破碎，无足轻重，与大国地位太不匹配。面临新出现的民族主义性质结盟的压力，这一观点得到加强。正如当时的外交大臣、后来的宰相比洛所说，德国需要"阳光下的地盘"（他的继任者贝特曼·霍尔韦格后来对法国大使重复了这句话）。为了实现这一目标，比洛着手推行所谓的"世界政策"。德国政府，还有置政府于脑后的德皇，开始大肆介入世界事务，尤其是布尔战争和义和团起义。提尔皮茨借《海军法》启动了大规模的海军建设计划，旨在建设一支不仅拥有捍卫和扩张德意志帝国利益的快速轻巡洋舰，还拥有巨大战列舰的舰队。德国的目标是通过在北海与英国的对抗，重创英国皇家海军，迫使英国人接受德国以各种手段扩张其海外帝国。提尔皮茨宣称："对德国而言，目前最危险的海上敌手是英国。"然而，提尔皮茨和德皇目光短浅，没有认识到英国人面对日益增长的威胁，必定有所应对。英国首先扩大了自己的海军建设计划。1906年，英国汲取俄国海军被设计更合理、装备更精良的日本海军击败的教训，开始建造一种新型战列舰。与现有战列舰相比，新型战列舰装甲更厚，速度更快，装备了更多远射程大炮和鱼雷。第一艘新型战列舰被命名为"无畏号"。

1914年时，英国已拥有29艘新型战列舰，其中很多艘的质量远远优于旧式战舰，有"超级无畏号"之称，而德国仅有17艘战列舰。与此同时，皇家海军还全面革新了操作方式。1897年，当时雄居世界之首的英国海军被人形容为"一个昏昏欲睡、效率低下、只会吃飞蛾的有机体"。水手接受的训练是在一个天下太平的世界驾驶船只,海军上将和船长非常在意自己舰只的外表,常常自己掏腰包装饰舰只,水兵花费大量时间擦拭铜管乐器,船长不搞舰炮演习,担心会弄脏船上的涂漆。舰长珀西·斯科特(Percy Scott, 1853—1924)发明了近代海军火炮射击技术,他指挥的军舰命中率高达80%,而当时英国舰队的平均命中率是30%。然而,他受到冷遇。1902年受命推行海军现代化的海军上将"杰基"·费希尔("Jackie"Fisher, 1841—1920)是一位改革家,难怪两年后他直言不讳反问道:"有多少海军上将用自己的大脑思考?"费希尔很快下令中止操纵桅杆训练。1905年,他下令所有舰只一律采用斯科特的火炮操作方法。有史以来第一次,英国海军命中率高于失误率。一批保守老派,被费希尔称为患痛风症的海军上将对他群起而攻之,其实费希尔算不上真正的现代思想家。1914年,皇家海军依然认为,北海上的一次对决即可决出胜负,靠战列舰的大炮和登舰士兵即可大获全胜,换言之,打一场现代版的特拉法尔加海战。提尔皮茨也持同样观点。他们设想的海战从未发生。海军交战变成消耗战,使用单艘潜艇击沉对手商船、扼杀对手供应线的大国更有优势,况且战列舰极易受到来自空中的致命攻击。

英国赢得了这场海军军备竞赛,但对德国海军野心的猜忌和恐惧丝毫未减。换言之,军备竞赛已结恶果。消除后果绝非易事。每一艘新型战列舰下水时,两国都大肆宣扬,加深对方的焦虑。1914年时,无论英德两国对政府危机期间的外交策略分歧有多大,两国都把对方看作欧洲一场更大冲突中的主要潜在对手。德国长年重点发展海军后,1913年决定扩充陆军,从而加深了英国的焦虑。这种焦虑自有其后果。1907年,英国首相坎贝尔-班纳曼告诉法国人,他认为"英国公众舆论不会允许在欧洲大陆上部署英国军队"。格雷和其他内阁成员认为，倘若出兵支援法国，也只能是一支两三个师规模的象征性部队。他们觉得应该让职业军人制订具体军事计划，结果把本来属于自己的权限拱手让给了将军。在内阁不知情的情况下，英军总参谋长亨利·威尔逊（Henry Wilson, 1864—1922）爵士为一场欧洲大战精心做准备。每年夏天，他都骑自行车前往法国北部与德国接壤的地区及荷比卢三国转悠，他认为这一地区将成为下一场战争的战场。威尔逊没有告诉内阁，他与法军高级将领秘密商谈后制订了周密计划。一旦德国入侵，英国将派出一支强大远征军驰援，任由法国人调遣。威尔逊瞧不起民主派政客。他知道，一旦派出几个师，后续部队就会跟上。这一计划的含义从未在内阁讨论过。英国不思后果就对欧洲大陆做出了承诺。

海军高级将领认为海战将是昔日大海战的重演，陆军高级将领也认为，陆地战争会类似19世纪60年代的冲突：先通过铁路把部队迅速运到前线，然后决一胜负。对手将遭到萨多瓦（1866）和色当（1870）式的惨败，几周后，至多两个月后，将缔结和平。如果他们研究过交战双方实力大致相当的巴尔干战争、美国内战和克里米亚战争的话，或许就不会这么想了。从那时起，铁丝网和机关枪就成为标准防御手段，当时内燃机和装甲还不够发达，生产不了可以轻而易举克服这些障碍、恢复运动战的装备。少数人看到了这些尴尬的事实。波兰银行家扬·布洛赫（Jan Bloch, 1836—1902）在《现代武器与现代战争》（1900）一书中阐述了自己的观点：在下一场大战中，"铁锹和步枪一样重要"。他预测，未来战争会是一种胶着状态，骑兵冲锋战术已是明日黄花。配备机枪、掘壕固守的士兵比穿越开阔地、对他们发起冲锋的敌军拥有至少 4 倍优势。交战国需要动员数百万男子，由此造成的种种压力和负担将导致"整个社会组织的崩溃"。他警告："军人顽固守旧……这样不仅危险，而且代价高昂。"

无人留意他的告诫，正如无人在意汉堡社会民主党教师威廉·洛姆苏斯（Wilhelm Lamszus, 1881—1965）的和平主义观点。1912 年，洛姆苏斯出版了《人类屠场：即将到来的战争》一书。作者好似亲临战场的士兵，描绘了"战场上尸横遍野"的一幕："仿佛死神抛下它的长柄大镰刀，摇身变成一台机器……这一幕在脑海里萦绕，挥之不去。在技师和技工的命令下，我们走向死亡。如同机器大规模生产针和纽扣一样，现在机器大批制造瘸子和尸体。"赴死的士兵成千上万，而"这些机器继续存活下去"。保守派把洛姆苏斯说成"想从德国人民骨头中吸走爱国主义骨髓的病夫"。该书出版后，头 3 个月销量达到 10 万册。持以上观点的并非只有洛姆苏斯一人。1914 年，波罗的海地区的贵族尼古拉斯·亚历山德罗维奇·冯·兰格尔（Nicholas Alexandrovich von Wrangell, 1869—1927）男爵在巴黎告诉一个故交：

> 山雨欲来，此后一幕将是自蛮族人入侵以来世人所未见。无须多久，世人就会吃惊地发现，构成我们生活内容的一切全都变得一钱不值。野蛮时期即将到来，并且将持续几十年。

1910 年时甚至更早，很多人都认为战争即将到来。海军上将费希尔讲述了 1902 年后他在皇家海军内制造的气氛："上班时，我们筹划战争、讨论战争、思考战争、盼望战争。"1906—1914 年任德军总参谋长的赫尔穆特·冯·毛奇（Helmuth von Moltke, 1848—1916）在

1912年直言,战争不可避免,"越早越好"。人们通常称他"小毛奇",以表示对他名气更大的叔叔的敬重。两年后,战争真的来了,他反倒精神崩溃,不得不卸任。

不只是陆海军高级将领认为战争不可避免。埃米尔·德里昂(Émile Driant, 1855—1916)是涉入政治颇深的法国将军布朗热的女婿。早在1891年,他就写信给自己所属团的战友:"我的夙愿是与你们一道投身我们都期盼的大战。"英国作家对战争将带来的机会兴奋不已。霍勒斯·韦切尔(Horace Vachell, 1861—1955)在他描写哈罗公学校园生活的理想化小说《小丘》(1905)中写道:"在年轻、纯洁、满腔热情的时候死去,在健康鲜活的时候骤然死去,为拯救他人的生命或重于生命的名声死去……舍此生之身,投入更充实更饱满的来生,希冀和愿望永远纯洁,回忆和追思永远美好,一切都如五月的夏日那样清新欢快——这难道不是值得欣喜而非悲伤的吗?"信奉天主教的保守派人士希莱尔·贝洛克写道:"我多么期盼这场大战!它会像扫帚一样横扫欧洲。"1912年,推动陆军改革的重要人物伊舍子爵(Viscount Esher, 1852—1930)说:"低估武器碰撞的诗意和浪漫,是精神上懦弱和想象力贫乏的表现。"欧洲诸国政治精英阶层中越来越多的人觉得,战争是一种宣泄,是长期积聚的能量的释放,是消除一切疑虑和不确定性的出路,是自19世纪以来日益困扰欧洲政治和社会的一切未决问题和棘手难题的答案,简而言之,是在一个平淡无奇的时代建功立业的机会。早在1914年8月以前,欧洲各地的人就普遍预料会有一场全面战争。有人期盼,有人忧惧。

灭顶之灾降临倒计时

1914 年 6 月 28 日，哈布斯堡王朝的皇储弗朗茨·斐迪南大公前往 6 年前被奥匈帝国吞并的波斯尼亚省，在萨拉热窝市进行正式访问，同时出席当地阅兵式。在哈布斯堡王朝统治的地盘，波斯尼亚省是他可以携妻子女伯爵索菲参加官方活动的屈指可数的几个地方之一，因为两人的婚姻属于"贵庶通婚"。塞尔维亚民族主义者把这次访问视为一次挑衅，因为塞尔维亚对波斯尼亚有领土诉求。波斯尼亚境内有人数众多的塞尔维亚少数族裔，他们中间一个小团体秘密策划暗杀大公。参与 6 月 28 日行动的几个密谋者笨手笨脚。他们这么年轻，又没有任何经验，他们的无能可想而知。密谋者都不满 20 岁，其中几人被这次意义非凡的行动吓坏了，大公乘坐的汽车从他们面前驶过时，竟没有开枪。一人投掷了一枚炸弹，炸弹从汽车挡板上弹跳下来，落到后面一辆汽车下面爆炸，车上数人受伤。斐迪南大公没有取消访问，坚持照原计划继续访问。给他开车的捷克司机不熟悉萨拉热窝市区，拐错一个弯。意识到走错路后，司机停车准备倒车，车子恰好停在 19 岁的密谋者加夫里洛·普林齐普前面，他是波斯尼亚的塞族大学生，也是民族主义者。普林齐普镇定自若地连开两枪，大公当场死亡，他的妻子受了致命伤（他第二枪的目标其实是萨拉热窝总督)。普林齐普为逃避逮捕和审讯吞下了氰化物胶囊,但又呕吐了出来,他试图开枪自杀,被警察夺下枪支。普林齐普对自己行为造成的后果惊骇不已,精神抑郁,因疾病和营养不良等原因,他身体日益虚弱,几年后患肺结核死在泰雷津狱中。据说不赞成斐迪南这桩婚事的皇帝弗朗茨·约瑟夫闻知暗杀消息后说了一句话:"一个更高的权力恢复了我无法继续维持的秩序。"然后,他下令举行三等葬礼。

在遇刺之前的几年,弗朗茨·斐迪南在奥匈帝国领导层的内部争论中始终是温和力量。他认识到帝国虚弱无比,一直力主帝国行为有所节制,尤其是在处理与塞尔维亚人的关系上。斐迪南试图改革帝国君主制,削弱匈牙利人的权力,对南部斯拉夫人和捷克人做出让步,把帝国改造为一个"大奥地利合众国"。德意志人自然仍处于统治地位,他坚信德意志人优于其他种族。斐迪南遇刺身亡后,维也纳的主战派更容易追求他们的好战主张。1908—1909年波斯尼亚危机期间,主战派首领、总参谋长弗朗茨·康拉德·冯·赫岑多夫(Franz Conrad von Hötzendorf, 1852—1925)敦促对塞尔维亚开战。1913年1月到1914年1月期间,他不下25次催促用兵。早在1907年,他就公开表示,塞尔维亚"不断滋生企图分裂南部斯拉夫地区的愿望和阴谋"。现在他的机会来了。刺客显然并非完全孤立无援,奥地利人不无理由地怀疑,他们与阿皮斯上校和"黑手会"有瓜葛。此前几年,阿皮斯和"黑手会"在塞尔维亚军队、警察和情报机构中扩大了自己的势力。阿皮斯招募了少量波斯尼亚塞族青年,其中有些人和普林齐普一样,靠塞尔维亚政府提供的奖学金到贝尔格莱德求学。他们把暗杀作为政治手段既无新意,也无奇异之处。大公访问萨拉热窝的消息公布后,普林齐普及其同伙自然而然觉得,暗杀是表示抗议的不二选择。阿皮斯上校似乎认可了这一计划，虽然他并不代表塞尔维亚政府。塞尔维亚对暗杀企图亦有察觉，甚至私下建议大公取消这次访问。

维也纳政府决定，为了惩罚塞尔维亚人，防止类似事件重演，必须采取行动。鉴于此前几年欧洲各地刺杀之风盛行，刺杀重演的可能性极大。维也纳政府咄咄逼人的又一原因是，它深知奥匈帝国的大国地位江河日下。出于对自身虚弱的认识，奥匈帝国政府采取行动前征求了德国上层的意见。维也纳方面认为，塞尔维亚应对斐迪南遇刺事件负责，放言必须"消除作为巴尔干半岛一个大国的塞尔维亚的威胁"。塞尔维亚在两次巴尔干战争中的行为显示，它会"不择手段"建立一个"大塞尔维亚"，损害包括哈布斯堡王朝在内的各方利益。德皇威廉二世、宰相贝特曼·霍尔韦格和德意志帝国统治阶层其他成员中断休假，在1914年7月6日举行的一次会议上一致同意无条件支持奥地利人对塞尔维亚采取的任何行动，这就是著名的"空白支票"。倘若没有这张支票，维也纳政府或许会在惩罚塞尔维亚人的问题上三思而后行。与会者中似乎没有一人想过，如果奥地利人对塞尔维亚人动手，俄国人肯定会卷入。俄军当时还没有做好准备，沙皇肯定会等待军队备战完毕后再介入，而定于1917年完成的军队改编和扩军结束之前，俄军不可能完成备战。俄国在此前的巴尔干危机中退缩过，它会因忌惮德国而再次却步，沙皇尼古拉二世不会容忍弑君行为。这就是"空白支票"背后的考虑。没有任何证据显示，德国人想借这次危机对俄国人开战，更不要说对英国人开战了，尽管后来的史学家多持此观点。

斐迪南遇刺之初，国际舆论普遍同情奥地利人。尽管有德国撑腰，但奥地利政府决定暂缓行动。当时，法国总统雷蒙·普恩加莱

（Raymond Poincaré, 1860—1934）正对俄国进行国事访问，奥地利想等他安全归国后再动手。再者，奥地利和匈牙利政府之间就采取何种政策达成一致也需要时间。这一决定带来致命后果。直到1914年7月23日，斐迪南遇刺近一个月后，奥匈帝国才对塞尔维亚政府发出最后通牒，不仅要求惩罚刺客，还要惩罚据它称怂恿刺客的人。延迟行动不可避免引起人们猜疑，倘若6月底马上采取行动，很可能会赢得国际社会的普遍赞同。事情过去一个月后，谋杀带来的震惊已经消失，国际社会对奥地利人的同情随之降温，最后通牒因此显得言不由衷。实际上它也确实不是出自真心。奥匈帝国政府并不是以最后通牒方式认真提出一系列条件，而是把最后通牒作为开战借口。危机之初，维也纳已经决定诉诸战争。

塞尔维亚接到最后通牒后大为震惊，它原以为德国会约束奥地利。塞尔维亚总理尼古拉·帕希奇征求俄国人的意见，他告诉俄国，如果俄国建议接受通牒，塞尔维亚会照办。俄国让塞尔维亚人不要退让。当时塞尔维亚国内正举行选举。如同大多数政客一样，帕希奇不愿对奥地利人一味迁就。斐迪南遇刺后的几周内，塞尔维亚政府并没有积极调查此案，把肇事者及支持者绳之以法。塞尔维亚政府坚持，必须等奥地利人提供证据后，它才能采取行动。不过，塞尔维亚政府的确同意取缔"黑手会"组织，压制攻击奥匈帝国的出版物和言论，从学校教科书中删除抨击奥匈帝国的内容，开除有反奥匈帝国行为的军官。虽然塞尔维亚政府推三阻四，提出种种条件，但最终还是接受了最后通牒的大部分内容。不过，它坚决拒绝了第六条，即奥匈帝国官员参与对刺杀案的调查。塞尔维亚政府称，这一条有违它的宪法，其实它是怀疑这样做会导致外国接管塞尔维亚的执法机构。奥匈帝国政府旋即宣布最后通牒遭到拒绝，没有再给谈判任何机会。1914年7月28日，奥匈帝国对塞尔维亚宣战。24小时内，奥匈帝国的炮弹就落到了贝尔格莱德。

在那之前，英国政府并没有把这场国际危机太当回事。当时它正忙于应对各地的罢工和争取妇女选举权成员的过激行为，外加日益逼近的北爱尔兰新教徒武装起义的威胁。外交大臣爱德华·格雷爵士竭力把冲突限制在地区范围内，敦促德国、法国和俄国约束奥地利和塞尔维亚。德国人因此认为，倘若冲突扩大，英国会保持中立。格雷竭力维护他本人建立的"三国协约"的团结一致，私下向法国人和俄国人保证，危急关头英国会站在他们一边。奥匈帝国发出最后通牒前，英国舆论大多同情奥地利，指责塞尔维亚人应为暗杀事件负责，要求逮捕肇事者。英国报界普遍认为，卷入这场意义不大的争端将是荒谬的。《每日新闻报》在题为《为什么我们不能打仗》的头版文章中称，德国和英国之间没有利害冲突，德国战败会导致俄国称霸欧洲。记者兼议会议员、后来的超级爱国者霍雷肖·博顿利（Horatio Bottomley, 1860—1933）称，必须荡平塞尔维亚。只有《泰晤士报》一家报纸支持英国介入。直到1914年7月24日，忙于处理北爱尔兰问题的首相阿斯奎斯依然认为，英国不会卷入其中。然而格雷试图说服内阁介入危机，明确表态支持法国，希望这会遏制德国。7月27日，他的努力被内阁拒绝。格雷提议由四个大国出面调停，但拒绝了霍尔韦格的提议：如果英国同意继续保持中立，德国将不再吞并法国土地。危机已近白热化，英国的立场仍不明朗。

德皇威廉二世常被人视为主战派，其实他在战与和问题上如同在大部分问题上一样摇摆不定。7月6日，他致函弗朗茨·约瑟夫："一周之内，局势会因塞尔维亚退缩而明朗。"最后通牒尚未发出，他就预料到了结果。7月13日，毛奇表示，奥地利应立即对塞尔维亚发动打击，速战速决后"马上缔结和平"。然而，奥地利没有立即动手，难怪德皇和霍尔韦格倍感失望。德国领导人依然认为，法国和俄国远没有做好准备，因此不会介入，战争不会扩大。7月21日，霍尔韦格通知德国驻外使节："我们急切希望把冲突限制在当地。"7月27日，德皇获知塞尔维亚对最后通牒做出的答复后说："没有任何必要开战了。"显然，他认为最后通牒是一份货真价实的外交文书，而不是开战借口。柏林的高级官员观点不一，文官力主谨慎行事，军方领导人敦促继续无条件支持奥地利。危机期间，赫岑多夫同时收到柏林高层发来的两份内容相互矛盾的电文，他不禁问："柏林到底谁说了算？"他的问题始终没有得到解答，因为柏林领导层内依然没有共识。

军事谋划在这场危机中起了关键作用。毛奇丝毫没有改动他的前任阿尔弗雷德·冯·施利芬（Alfred von Schlieffen, 1833—1913）制订的作战计划。德国统一战争的功臣老毛奇当年认为，一旦欧洲爆发一场全面战争，德国应避难就易，在西线取守势，先打垮俄国。老毛奇的继任者阿尔弗雷德·冯·瓦德西（Alfred von Waldersee, 1832—1904）持同样观点。19世纪90年代俄国防御工事的改善、俄国疆土的广袤和俄军的不断扩充给施利芬留下深刻印象，于是他修改了作战计划。德国将派一支劲旅入侵比利时，绕过巴黎，从背后把法德边界一带的法军封堵在他们据守的要塞里。如此一来，一俟对俄开战，德国将首先进攻法国。战后有人认为，当初根本不可能改变部队动员方案，把德军主力从西线调到东线对付俄国人。1914年主管铁路运输的德国将军威廉·格勒纳（Wilhelm Groener, 1867—1939）闻知后愤怒不已，为此专门写了一本书，里面地图、计划和时间表一应俱全，证明他若接到命令的话，不需3天即可做到。他没有接到命令。至于俄国人，他们的军事计划中不含任何与奥匈帝国单独发生冲突的内容，动员计划基于与奥匈帝国和德国同时作战的构想。不仅如此，调动部队去前线的头一阶段的局部动员非常全面，俄国以外没有几个人能分清局部动员与总动员之间的区别。此外，局部动员计划中所含的部队调动会妨碍总动员，从而为尽快把局部动员改为总动员提供了理由。

俄国报界舆论普遍同情塞尔维亚。这很自然，两国同属泛斯拉夫民族，都信奉东正教。圣彼得堡几乎没人认为塞尔维亚政府与刺杀事件有牵连。据此观点，奥地利没有理由采取任何反制措施，最后通牒是侵略行径，恰如1908年奥匈吞并波斯尼亚之举。俄国政府认为，德国在"纵容"奥地利。奥地利发出最后通牒后，俄国外交大臣谢尔盖·德米特里耶维奇·萨佐诺夫（Sergei Dmitrievich Sazonov, 1860—1927）马上对报界发表声明，称如果"我们的骨肉兄弟塞尔维亚人民的尊严和统一受到威胁"，俄国不会"袖手旁观"。他告诉奥地利大使："你们正在欧洲纵火。"危机高峰时出访俄国的法国政府代表团最关心的是面对奥地利的挑衅巩固法俄同盟，法国敦促俄国坚定支持塞尔维亚。嫁给尼古拉二世身边两位大公的两位黑山公主出席一次正式晚宴时，对身边的法国人喋喋不休地说：要打仗了……奥地利会输个精光……你们将收回阿尔萨斯-洛林地区……我们两国军队将在柏林会师……德国将被摧毁。"奥地利的最后通牒方案事先泄露给了俄法两国。1914年7月23日，俄法两国政府正式决定协助塞尔维亚抵御奥地利的威胁。

同一天，奥地利发出了最后通牒。7月24—25日，俄国内阁开了两天会后得出结论,德国长期以来一直不断挑衅,这一次把奥地利人作为自己的工具。7月26日,俄国政府启动了"军队前期动员计划",7月29日,又宣布进行局部动员。这是俄国支持塞尔维亚的明确信号。如果说此前塞尔维亚还有可能退缩的话,现在它已无路可退。萨佐诺夫从一开始就无条件支持塞尔维亚人,7月23日以后,他知道他这样做得到了法国的支持。法国则面对参战支持俄国入侵巴尔干的前景。两国政府依然心存一线希望,指望英国明确表态支持它们和塞尔维亚采取的行动后,德国会就此止步,约束奥地利。然而,英国内阁中有几位观点近乎和平主义的自由派人士,因此英国不同意公开声明支持法俄。很多人认为,联合王国的帝国利益高于一切,而巴尔干半岛争端不涉及王国的重大利益。内阁3/4阁员反对参战,除非英国自身受到攻击。众多英国政治家和外交家依然认为,对英国全球利益的最大威胁来自法国和俄国,而不是德国。1912年,外交部低级官员哈罗德·尼克尔森(Harold Nicolson, 1886—1968)指出:"不友好的法国和俄国对英国的危害远甚于不友好的德国。德国有可能给我们带来诸多麻烦,但无力威胁我国的重大利益。"1914年7月25日,艾尔·克劳爵士写道:"如果战争到来,而英国置身事外,肯定会出现以下两种情况中的一种:一是德国和奥地利获胜。法国被打垮,俄国灰头土脸,一个没有朋友的英国会是什么处境?二是法国和俄国获胜。它们会如何对待英国?印度和地中海会是什么情形?"左右英国政策的仍然是对帝国的考虑,而不是对欧洲的考虑。

　　德国社会民主党是德国国内最大的政治运动,在帝国议会中的席位超过任何其他政党。随着危机日益加深,该党的态度是德意志宰相霍尔韦格最关心的问题。一旦战争爆发,他必须获得议会的一致支持，一是需要议会投票赞成拨款，二是造成公众普遍拥护的印象，从而使军事行动合法化。和社会党国际中的其他政党一样，德国社会民主党人也正式承诺，一旦战争爆发，就宣布总罢工。1914年7月27—28日，社会民主党在德国主要城市举行大规模和平示威，示威者多达75万人。在比勒费尔德，社会党人编辑卡尔·泽韦林（Carl Severing, 1875—1952）警告7 000名示威者，一旦战争爆发，数百万工人将被领到屠宰场。法国社会主义领袖让·饶勒斯呼吁举行总罢工，并于8月9日召开第二国际会议。国际社会主义者的团结一致似乎就要实现。然而，7月31日，饶勒斯和友人在位于蒙马特街和克鲁瓦桑街交会处的"克鲁瓦桑"餐馆吃饭时，法国民族主义青年拉乌尔·维兰（Raoul Villain, 1885—1936）走到餐馆敞开的窗户旁，拔出左轮手枪对饶勒斯头部连开两枪（刺客后来被陪审团宣判无罪。陪审团成员坚信，战争是必要的）。饶勒斯遇害使法国和国际社会主义运动陷入一团混乱。7月29日俄国开始局部动员后，德国领导人惊慌失措。此前德皇正式宣布进入"临战状态"，现在他又撤销了这道命令。饶勒斯遇刺时，德军仍未接到动员令。

德国威胁俄国，如果它不撤回军队动员令，德国将动员本国军队。作为回应，1914年7月31日，俄国宣布总动员。德国推迟动员使德国社会主义运动相信，俄国才是侵略者。在社会民主党人眼中，俄国是一个落后的未开化国家，处于一个残酷、蒙昧、排斥犹太人的独裁政权的统治之下。俄国如果获胜，就会摧毁各地的社会主义运动。自由派青年军官奥托·布劳恩（Otto Braun, 1897—1918）在8月5日的日记中写道："我们是为反对野蛮的俄国、捍卫德国文化遗产、保护德国妇女和儿童而战。"反战示威销声匿迹。几天之内，帝国议会里的社会民主党人一致投票赞成战争拨款。贝特曼·霍尔韦格也说服了德军高级将领，必须正式对俄国宣战，"否则我无法让社会党人支持我"。8月1日，德国对俄国宣战，启动了"施利芬计划"。现在轮到德国发最后通牒了，这回是针对比利时，警告它不得抵抗德国入侵。德国的最后通牒是一个巨大的错误，比利时别无选择，只有拒绝德国，德国于是输了理，给英国介入提供了理由。阿斯奎斯和格雷现在得以争取到内阁的支持。只有两位大臣挂冠而去。1914年8月4日，英国正式宣布与德国处于交战状态。欧洲各国的大使前往派驻国外交部与东道国辞别，很多大使眼中噙着泪水。国际外交上的摇摆不定和支吾搪塞结束了。欧洲正式进入战争状态。

战争爆发前发生的一连串复杂事件中，值得注意的是，卷入其中的人中，几乎没人考虑过妥协。不无讽刺意义的是，最初对开启战端最犹豫不决的两个国家是奥匈帝国和塞尔维亚。奥匈帝国领导人请求德国给予支持，塞尔维亚领导人向俄国提出同样请求。在整个危机期间，起决定作用的很可能是德国给了奥地利一张"空白支票"，让它随心所欲处置塞尔维亚。假如德国和俄国各自认真约束奥地利和塞尔维亚，会不会阻止这两个国家动武？我们无从得知。从当时维也纳和贝尔格莱德民众群情激昂的情况看，这种可能性不大。奥斯曼帝国在欧洲土崩瓦解的潜在后果之严重，远远超过一年前的局势。一年前，英国的介入防止了巴尔干战争升级为一场欧洲全面战争。很多人，包括维也纳的有些人认为，奥斯曼帝国之后就是哈布斯堡帝国。从一开始，奥地利人就铁心动武，塞尔维亚人决心抵抗。德国、俄国和法国政府从未认真考虑过调解，三国坚守立场，因为惧怕给它们在欧洲的声望和权力造成损失。没有哪一方提出过任何认真建议。最有条件进行干预的大国是英国,如同一年前它对巴尔干战争的干预。然而,英国对危机一直不够重视,等到认真对待时为时已晚。灵活、狡诈,精心把战争作为推行政策的工具,这是上一代政治家的特征,即俾斯麦和加富尔那一代人。1914年时,他们已被新一代领导人取代。新的领导人从四分之一世纪的帝国主义吞并、战争和征服中学到,实力最重要。敌方的人民属于劣等民族,打败他们轻而易举。军事领导人的好战,加之各国的男性都热衷表现决斗所需的冷静和勇气,这一切导致各国领导人的态度趋于僵硬。

做出以上重大决定的政治家并没有被民众的狂热浪潮推入冲突。直到1914年8月的第二周,社会主义运动领导人呼吁的反战示威在英国部分地区依然接连不断,德国社会民主党人在7月末也举行了大规模的抗议活动。随后,德国主要大城市的中心广场发生了声势浩大的支持战争的示威。几天后,右翼爱国团体在欧洲各大城市的广场也举行了支持战争的集会。参加者绝大多数来自中产阶级,当年拍摄的照片中,平顶草帽一片汪洋即可证明这一点。在所有支持战争的集会上,如潮人群中几乎看不见一顶布帽子,看不到一个身穿工装的人。首批志愿上战场的人满面笑容,兴高采烈乘火车奔赴前线。相机拍摄下了这一情景。他们是欧洲中产阶级的年轻一代。继他们之后,大批部队源源不断前往前线。大多数人上战场是因为他们确信祖国遭到侵略,帝国本土受到威胁,自己的生活方式有可能被残酷无情的敌人毁灭。也有不少人打仗是出于不得已,或是因为他们看不到其他出路。

余下的几天和平日子里,伪装成工人的警察出没于汉堡各家酒馆和酒吧,听社会民主党基层党员之间的争论。1914年7月29日,一个工人问:"奥地利皇储被刺杀跟我们有什么关系?就为这件事我们必须付出生命？这种情况绝不会发生！"另一个工人说："我已经结婚，还有孩子，但祖国危难之时，国家会抚养我的家人。我告诉你，是死在工作岗位上还是为国捐躯，对我都一样。你最终也会和我一样想。"还有一人抱怨说："那些爱国者随意阻塞街道，警察对他们造成的交通拥挤不闻不问。当局警告我们不得参加示威活动，可他们想干什么都可以，不就是因为他们赞成打仗，高唱《坚守莱茵河》（一首德国爱国歌曲）吗？"当时欧洲依然以农业型社会为主，绝大多数欧洲人对这场战争似懂非懂，感觉战争距离他们很遥远。各地农民担心收割会受到影响。法国东南部的一个村子鸣警钟告诉村民战争爆发的消息后，全村"惊恐不安"，村民不分男女老幼，相拥而泣。据一名英国旅行家记载，俄国一个哥萨克人村落的反应同样茫然。男人为本民族的尚武传统感到自豪，渴望打仗，但新闻只报道了战争爆发，没提与哪国打仗。有人认为是中国，有人说是英国，没人想到会是德国。

第一次世界大战的爆发结束了欧洲人长达一个世纪的世界霸权。自然，事情发展到这一步并非毫无征兆，也不是猝然而至。早在1914年以前，美国就开始在经济上赶超英国和德国。在帝国殖民地，尤其是印度，争取自由和独立的运动已暗潮涌动，不出几十年就会开花结果。1914年的宣战开启了一场超过4年的大规模全球冲突，给欧洲带来毁灭，摧毁了大半个世纪支撑欧洲人的睥睨全球的自信，加速并强化了世界其他地区对欧洲霸权提出的挑战。持续4年多的战争重创了欧洲经济。大规模通货膨胀、经济大萧条和又一场长期战争随之而来。此后欧洲经济连续40多年一蹶不振，进一步削弱并最终摧毁了欧洲的全球霸主地位。美国登上世界舞台，改变了两场世界大战的力量对比，使之决定性地倒向盟国一边。1945年时，美国已成为超级大国，美国文化风靡全球。冲突开始后 4 年多，俄罗斯帝国、德意志帝国和奥匈帝国几个庞大帝国灰飞烟灭。此后不久，奥斯曼帝国于 1922 年解体。俄国沙皇及其家人死于革命者之手。德意志帝国和奥匈帝国皇帝分别流亡荷兰和马德拉群岛，后面跟了一群德意志亲王，19 世纪时，这些亲王旺盛的繁殖力在欧洲外交中起了重要作用。奥斯曼帝国末代苏丹穆罕默德六世（Mehmed VI, 1861—1926）去国移居意大利海边，在那里了却残年。

第一次世界大战后，欧洲缓慢而不均衡的民主进程发生逆转。种种新政治运动，尤其是纳粹和法西斯主义，登台亮相，企图使用极端暴力手段推行极端政策，对社会进行暴风骤雨式的改造。恐怖、处决、屠杀、酷刑和集中营成为"一战"后岁月的特征。此后没过多久，发生了种族灭绝，其规模之大令巴尔干两次战争期间的种族暴力和 19 世纪 90 年代对亚美尼亚人的屠杀相形见绌。欧洲众多名城遭到前所未有的破坏，大量胜地毁于一旦。数百万人将死于第二次世界大战，这一回死难者既有士兵，又有平民。一些有眼光的欧洲政治家已经预感到，1914 年的宣战将造成巨大震荡，但没有想到欧洲即将坠入万劫不复的深渊。1914 年 8 月 3 日黄昏时分，英国外交大臣爱德华·格雷爵士在外交部自己的办公室里伫立窗边，俯瞰下面的商场，转身对前来拜访他的友人说："欧洲各地的灯火正在一盏盏熄灭。我们有生之年看不到它们再次点亮的时候了。"

推荐阅读

通史

Bayly, Christopher. *The Birth of the Modern World 1780–1914* (Oxford, 2004)

Berger, Stefan (ed.). *A Companion to Nineteenth-Century Europe 1789–1914* (Oxford, 2009)

Blanning, Timothy (ed.). *The Oxford Illustrated History of Modern Europe* (Oxford, 1996)

Davies, Norman. *Europe: A History* (2nd ed., London, 1997)

Gildea, Robert. *Barricades and Borders: Europe 1800–1914* (Oxford, 1987)

Hobsbawm, Eric. *The Age of Revolution 1789–1848* (London, 1963); *The Age of Capital 1848–1875* (London, 1975); *The Age of Empire 1875–1914* (London, 1987)

Merriman, John. *A History of Modern Europe from the Renaissance to the Present* (New York, 1996)

Osterhammel, Jürgen. *The Transformation of the World: A Global History of the Nineteenth Century* (Princeton, 2014)

Seigel, Jerrold. *Modernity and Bourgeois Life: Society, Politics and Culture in England, France and Germany since 1750* (Cambridge, 2012)

Sperber, Jonathan. *Revolutionary Europe 1780–1850* (Harlow, 2000); *Europe 1850–1915: Progress, Participation and Apprehension* (London, 2008)

国别史

巴尔干地区

Clogg, Richard. *A Concise History of Greece* (Cambridge, 2002)

Crampton, Richard J. *Bulgaria* (Oxford, 2007)

Glenny, Misha. *The Balkans 1804–1999: Nationalism, War and the Great Powers* (London, 1999)

Hupchick, Dennis. *The Balkans: From Constantinople to Communism* (New York, 2002)

Hutchins, Keith. *Rumania 1866–1947* (Oxford, 1994)

Jelavich, Charles and Barbara. *The Establishment of the Balkan National States 1804–1920* (Seattle, 1986)

Mazower, Mark. *The Balkans* (London, 2000)

Palmer, Alan. *The Decline and Fall of the Ottoman Empire* (New York, 1992)

Quataert, Donald. *A Brief History of the Ottoman Empire 1700–1922* (Cambridge, 2005)

不列颠

Devine, Thomas. *The Scottish Nation: A Modern History* (London, 2012)

Foster, Robert Fitzroy. *Modern Ireland 1600–1972* (London, 1988)

Morgan, Kenneth O. *Rebirth of a Nation: A History of Modern Wales 1880–1980* (Oxford, 1987)

The Longman History of England

Briggs, Asa. *The Age of Improvement 1783–1867* (London, 1999)

Read, Donald. *The Age of Urban Democracy: England 1868–1914* (London, 1994)

The New Oxford History of England

Hilton, Boyd. *A Mad, Bad, and Dangerous People? England 1783–1846* (Oxford, 2006)

Hoppen, K. Theodore. *The Mid-Victorian Generation 1846–1886* (Oxford, 1998)

Searle, Geoffrey. *A New England? Peace and War 1886–1918* (Oxford, 2004)

法国

Gildea, Robert. *Children of the Revolution: The French 1799–1914* (London, 2008)

Tombs, Robert. *France 1814–1914* (Harlow, 1996)

Zeldin, Theodore. *France 1848–1945: Ambition, Love and Politics* (Oxford, 1973); *Intellect, Taste and Anxiety* (Oxford, 1978)

The Cambridge History of Modern France

Jardin, André, and Tudesq, André-Jean. *Restoration and Reaction 1815–1848* (Cambridge, 1984)

Agulhon, Maurice. *The Republican Experiment 1848–1853* (Cambridge, 1983)

Plessis, Alain. *The Rise and Fall of the Second Empire 1852–1871* (Cambridge, 1988)

Mayeur, Jean-Marie, and Rébérioux, Madeleine. *The Third Republic from its Origins to the Great War 1871–1914* (Cambridge, 1984)

德国

Blackbourn, David. *Germany 1780–1914: The Long Nineteenth Century* (Fontana History of Germany, London, 1997)

Clark, Christopher. *Iron Kingdom: The Rise and Downfall of Prussia 1600–1947* (London, 2006)

Nipperdey, Thomas. *Germany from Napoleon to Bismarck 1800–1866* (Dublin, 1996)

Sheehan, James J. *German History 1770–1866* (Oxford, 1989)

The Short Oxford History of Germany

Sperber, Jonathan (ed.). *Germany 1800–1871* (Oxford, 2004)

Retallack, James (ed.). *Imperial Germany 1871–1918* (Oxford, 2008)

哈布斯堡帝国

Macartney, Carlile A. *The Habsburg Empire 1790–1918* (London, 1968)

Okey, Robin. *The Habsburg Monarchy c.1765–1918: From Enlightenment to Eclipse* (London, 2001)

Sked, Alan. *The Decline and Fall of the Habsburg Empire 1815–1918* (London, 1989)

Taylor, Alan J. P. *The Habsburg Monarchy 1815–1918* (London, 1941)

伊比利亚半岛

Birmingham, David. *A Concise History of Portugal* (Cambridge, 1993)

Carr, Raymond. *Spain 1808–1939* (Oxford, 1966)

Shubert, Adrian. *A Social History of Modern Spain* (London, 1990)

意大利

Clark, Martin. *Modern Italy 1871 to the Present* (London, 2008)

Duggan, Christopher. *The Force of Destiny: A History of Italy since 1796* (London, 2007)

Mack Smith, Denis (ed.). *The Making of Italy 1796–1870* (New York, 1968); *Modern Italy: A Political History* (London, 1997)

Woolf, Stuart. *A History of Italy 1700–1860: The Social Constraints of Political Change* (London, 1979)

低地国家

Kossmann, Ernst. *The Low Countries, 1780–1940* (Oxford, 1978)

北欧和波罗的海地区

Derry, Thomas K. *The History of Scandinavia (Minneapolis, 1979); A History of Modern Norway 1814–1972* (Oxford, 1973)

Jespersen, Knud. *A History of Denmark* (London, 2011)

Kent, Neil. *A Concise History of Sweden* (Cambridge, 2011)

Kirby, David. *A Concise History of Finland* (Cambridge, 2006); *The Baltic World 1772–1993: Europe's Periphery in an Age of Change* (London, 1995)

Plakans, Andrejs. *A Concise History of the Baltic States* (Cambridge, 2011)

Tomasson, Richard F. *Iceland: The First New Society* (Reykjavik, 1980)

波兰

Davies, Norman. *God's Playground: A History of Poland* (2 vols, Oxford, 2005)

Frankel, Henryk. *Poland: The Struggle for Power, 1772–1939* (London, 1946)

Prazmowska, Anita J. *A History of Poland* (2nd ed., Basingstoke, 2011)

Wandycz, Piotr S. *The Lands of Partitioned Poland, 1759–1918* (Seattle, 1974)

俄国

Dixon, Simon. *The Modernisation of Russia 1676–1825* (Cambridge, 1999)

Hosking, Geoffrey. *Russia: People and Empire 1552–1917* (London, 1997)

Rogger, Hans. *Russia in the Age of Modernisation and Revolution 1881–1917* (London, 1983)

Saunders, David. *Russia in the Age of Reaction and Reform 1801–1881* (London, 1992)

Seton-Watson, Hugh. *The Russian Empire 1801–1917* (Oxford, 1967)

Westwood, John N. *Endurance and Endeavor: Russian History 1812–2001* (Oxford, 2003)

瑞士

Church, Clive H., and Head, Randolph C. *A Concise History of Switzerland* (Cambridge, 2013)

Craig, Gordon A. *The Triumph of Liberalism: Zurich in the Golden Age 1830–1869* (New York, 1988)

战争与和平

Bley, Helmut. *South-West Africa under German Rule 1894–1914* (London, 1971)

Brewer, David. *The Greek War of Independence: The Struggle for Freedom from Ottoman Oppression* (London, 2011)

Clark, Christopher. *The Sleepwalkers: How Europe Went to War in 1914* (London, 2012)

Darwin, John. *After Tamerlane: The Global History of Empire since 1405* (London, 2007); *Unfinished Empire: The Global Expansion of Britain* (London, 2012)

Fieldhouse, David. *The Colonial Empires: A Comparative Survey from the Eighteenth Century* (London, 1966)

Figes, Orlando. *The Crimean War: A History* (London, 2010)

Hochschild, Adam. *King Leopold's Ghost: A Story of Greed, Terror, and Heroism in Colonial Africa* (London, 1998)

Kennedy, Paul M. *The Rise and Fall of the Great Powers: Economic Change and Military Conflict from 1500 to 2000* (London, 1988)

Lehning, James R. *European Colonialism since 1700* (Cambridge, 2013)

MacMillan, Margaret. *The War that Ended Peace: How Europe Abandoned Peace for the First World War* (London, 2013)

Otte, Thomas G. *July Crisis: The World's Descent into War, Summer 1914* (Cambridge, 2014)

Quinn, Frederick. *The French Overseas Empire* (Westport, CT, 2001)

Schroeder, Paul W. *The Transformation of European Politics 1763–1848* (Oxford History of Modern Europe, 1994)

Sluglett, Peter, and Yavuz, M. Hakan (eds), *War and Diplomacy: The Russo-Turkish War of 1877–1878 and the Treaty of Berlin* (Salt Lake City, 2012)

Taylor, Alan J. P. *The Struggle for Mastery in Europe, 1848–1914* (Oxford History of Modern Europe, 1954)

Wawro, Geoffrey. *The Austro-Prussian War: Austria's War with Prussia and Italy in*

1866 (Cambridge, 1996); *The Franco-Prussian War: The German Conquest of France in 1870–71*(Cambridge, 2003)

传记

Hubertine Auclert, the French Suffragette by Steven C. Hause (London, 1987)

Belzoni: The Giant Archaeologists Love to Hate by Ivor Noël Hume (Charlottesville, VA, 2011)

Bismarck: A Life by Jonathan Steinberg (Oxford, 2011)

Johannes Brahms: Life and Letters by Styra Avins (Oxford, 1997)

The Feminism and Socialism of Lily Braun by Alfred G. Meyer (Bloomington, IN, 1985)

The Education of a Self-Made Woman: Fredrika Bremer, 1801–65 by Brita K. Stendhal (Lewiston, NY, 1994)

Cavour by Denis Mack Smith (London, 1985)

Francesco Crispi: From Nation to Nationalism by Christopher Duggan (Oxford, 2002)

Marie Curie and the Science of Radioactivity by Naomi Pasachoff (Oxford, 1996)

Charles Darwin by Adrian Desmond, James Moore and Janet Browne (Oxford, 2007)

Charles Dickens by Michael Slater (London, 2009)

Disraeli by Robert Blake (London, 1966)

Bertie: A Life of Edward VII by Jane Ridley (London, 2012)

The Frock-Coated Communist: The Revolutionary Life of Friedrich Engels by Tristram Hunt (London, 2009)

Francis Joseph by Stephen Beller (London, 1996)

Frederick William IV and the Prussian Monarchy, 1840–1861 by David Barclay (Oxford, 1995)

Garibaldi: Invention of a Hero by Lucy Riall (London, 2007)

The German Worker: Working-Class Autobiographies from the Age of Industrialization, edited by Alfred Kelly (London, 1987)

Gladstone by Roy Jenkins (London, 1995)

Emile Guillaumin: The Life of a Simple Man, translated by M. Crosland (London, 1983)

Henrik Ibsen: A New Biography by Robert Ferguson (New York, 2001)

A Radical Worker in Tsarist Russia: The Autobiography of Semen Ivanovich

Kanatchikov, translated and edited by Reginald E. Zelnik (Stanford, 1986)
Rosa Luxemburg by John P. Nettl (2 vols, Oxford, 1966)
Karl Marx: A Nineteenth-Century Life by Jonathan Sperber (New York, 2013)
The Unknown Matisse: A Life of Henri Matisse 1869–1908 by Hilary Spurling (London, 1998); *Matisse the Master: The Conquest of Colour, 1909–1954* by Hilary Spurling (London, 2005)
Mazzini by Denis Mack Smith (London, 1994)
John Stuart Mill: Victorian Firebrand by Richard Reeves (London, 2007)
Claude Monet: Life and Art by Paul H. Tucker (London, 1995)
Napoleon III by James McMillan (London, 1991)
Nicholas II: Emperor of All the Russias by Dominic Lieven (London, 1992)
Florence Nightingale: The Woman and Her Legend by Mark Bostridge (London, 1998)
Palmerston: A Biography by David Brown (London, 2010)
The Pankhursts by Martin Pugh (London, 2001)
A Life of Picasso by John Richardson (vols 1—2, New York, 1991 and 1996)
A Life under Russian Serfdom. The Memoirs of Savva Dmitrievich Purlevskii, 1800–1868, translated and edited by Boris B. Gorshkov (Budapest, 2005)
Radetzky: Imperial Victor and Military Genius by Alan Sked (London, 2011)
Salisbury: Victorian Titan by Andrew Roberts (London, 1999)
Clara Schumann: The Artist and the Woman by Nancy B. Reich (Ithaca, NY, 2001)
Bernard Shaw by Michael Holroyd (London, 1998)
The Feminism of Flora Tristan by Máire Cross and Tim Gray (Oxford, 1992)
The London Journal of Flora Tristan, edited and translated by Jean Hawkes (London, 1992)
Queen Victoria: First Media Monarch by John Plunkett (Oxford, 2003)
Richard Wagner: His Life, His Work, His Century by Martin Gregor-Dellin (New York, 1983)
Jakob Walter: The Diary of a Napoleonic Footsoldier, edited by Marc Raeff (New York, 1991)
Kaiser Wilhelm II by Christopher Clark (London, 2000)
Windthorst: A Political Biography by Margaret L. Anderson (Oxford, 1981)
Vera Zasulich: A Biography by Jay Bergman (Stanford, 1983)

Clara Zetkin: Selected Writings, edited by Philip S. Foner and Angela Y. Davis (New York, 1984)

Zur Mühlen, Hermynia. *The End and the Beginning,* transl. and ed. Lionel Gossman (Cambridge, 2010)

政治

Anderson, Margaret L. *Practicing Democracy: Elections and Political Culture in Imperial Germany* (Princeton, 2000)

Brock, Michael. *The Great Reform Act* (London, 1973)

Eley, Geoff. *Reshaping the German Right: Radical Nationalism and Political Change after Bismarck* (London, 1980)

Elwitt, Sanford. *The Making of the Third Republic: Class and Politics in France 1868–1884* (Baton Rouge, LA, 1975); *The Third Republic Defended: Bourgeois Reform in France 1880–1914* (Baton Rouge, LA, 1986)

Figes, Orlando. *A People's Tragedy: The Russian Revolution 1891–1924* (London, 1996)

Hobsbawm, Eric. *Nations and Nationalism since 1780: Programme, Myth, Reality* (Cambridge, 1990)

Joll, James. *The Anarchists (London, 1964)*

Lichtheim, George. *A Short History of Socialism* (London, 1970)

Mosse, Werner E. *Alexander II and the Modernization of Russia* (London, 1958)

Offen, Karen M. *European Feminisms 1700–1950: A Political History* (Stanford, 2000)

Price, Roger. *The French Second Empire: An Anatomy of Political Power* (Cambridge, 2001); *People and Politics in France 1848–1870* (Cambridge, 2004)

Pulzer, Peter G. J. *The Rise of Political Anti-Semitism in Germany and Austria* (New York, 1964)

Rapport, Mike. *1848: Year of Revolution* (London, 2009)

Riall, Lucy. *The Italian Risorgimento: State, Society and National Unification* (London, 1994)

Schorske, Carl E. *German Social Democracy 1905–1917: The Development of the Great Schism* (Cambridge, MA, 1955)

Sperber, Jonathan. *The European Revolutions 1848–51* (Cambridge, 2011)

Stites, Richard. *The Four Horsemen: Riding to Liberty in Post-Napoleonic Europe* (New York, 2014); *The Women's Liberation Movement in Russia: Feminism, Nihilism, and Bolshevism, 1860–1930* (Princeton, 1978)

Venturi, Franco. *Roots of Revolution: A History of the Populist and Socialist Movements in Nineteenth-Century Russia* (London, 1960)

Vincent, John. *The Formation of the Liberal Party 1857–68* (London, 1966)

经济与社会

Berend, Ivan. *An Economic History of Nineteenth-Century Europe: Diversity and Industrialization* (Cambridge, 2013)

Blum, Jerome. *The End of the Old Order in Rural Europe* (Princeton, 1978)

Brooks, Jeffrey. *When Russia Learned to Read: Literacy and Popular Literature 1861–1917* (Princeton, 1985)

Crowley, John et al. (eds). *Atlas of the Great Irish Famine* (Cork, 2012)

Engel, Barbara Alpern. *Between the Fields and the City: Women, Work, and Family in Russia 1861–1914* (Cambridge, 1994)

Erickson, Charlotte (ed.). *Emigration from Europe 1815–1914: Select Documents* (London, 1976)

Evans, Richard J. *Death in Hamburg: Society and Politics in the Cholera Years 1840–1910* (Oxford, 1987)

Foster, John. *Class Struggle and the Industrial Revolution: Early Industrial Capitalism in Three English Towns* (London, 1974)

Frank, Stephen. *Cultural Conflict and Justice in Rural Russia 1856–1914* (London, 1999)

Gay, Peter. *The Bourgeois Experience: Victoria to Freud* (5 vols, Oxford, 1984—98)

Glickman, Rose L. *Russian Factory Women: Workplace and Society 1880–1914* (London, 1984)

Henze, Charlotte. *Disease, Health Care and Government in Late Imperial Russia: Life and Death on the Volga 1823–1914* (London, 2011)

Hobsbawm, Eric. *Bandits* (London, 1969); *Captain Swing* (with George Rudé, London, 1969)

Hunt, Tristram. *Building the New Jerusalem: The Rise and Fall of the Victorian City* (London, 2004)

Landes, David S. *The Unbound Prometheus: Technological Change and Industrial*

Development in Western Europe from 1750 to the Present (Cambridge, 1969)

Lukacs, John. *Budapest 1900: A Historical Portrait of a City and its Culture* (London, 1988)

McKean, Robert B. *St Petersburg Between the Revolutions: Workers and Revolutionaries, June 1907–February 1917* (London, 1990)

McReynolds, Louise. *Russia at Play: Leisure Activities at the End of the Tsarist Era* (Ithaca, NY, 2003)

Parthasarathi, Prasanna. *Why Europe Grew Rich and Asia Did Not: Global Economic Divergence 1600–1850* (London, 2011)

Perrot, Michelle. *Workers on Strike: France 1871–1890* (Leamington Spa, 1987)

Pollard, Sidney. *Peaceful Conquest: The Industrialization of Europe 1760–1970* (Oxford, 1981)

Porter, Roy. *The Greatest Benefit to Mankind: A Medical History of Humanity from Antiquity to the Present* (London, 1997)

Scholliers, Peter. *Wages, Manufacturers and Workers in the Nineteenth-Century Factory: The Voortman Cotton Mill in Ghent* (Oxford, 1996)

Snowden, Frank. *Naples in the Time of Cholera 1884–1911* (London, 1995)

Stern, Fritz. *Gold and Iron: Bismarck, Bleichroder and the Building of the German Empire* (London, 1977)

Weber, Eugen. *Peasants into Frenchmen. The Modernization of Rural France 1870–1914* (London, 1979)

White, Jerry. *London in the Nineteenth Century: 'A Human Awful Wonder of God'* (London, 2007)

Wohl, Anthony S. *Endangered Lives: Public Health in Victorian Britain* (London, 1983)

Wolmar, Christian. *Blood, Iron and Gold: How the Railways Transformed the World* (London, 2009)

Wood, Gillian D'Arcy. *Tambora: The Eruption that Changed the World* (Princeton, 2013)

Zelnik, Reginald E. *Labor and Society in Tsarist Russia: The Factory Workers of St. Petersburg 1855–1870* (Stanford, 1971)

自然、文化、性别、宗教

Abrams, Lynn. *The Making of Modern Woman: Europe 1789–1918* (London, 2002)

Anderson, Harriet. *Utopian Feminism: Women's Movements in Fin-de-Siecle Vienna* (London, 1992)

Blackbourn, David. *Marpingen: Apparitions of the Virgin Mary in Bismarckian Germany* (Oxford, 1993); *The Conquest of Nature: Water, Landscape and the Making of Modern Germany* (London, 2006)

Blanning, Tim. *The Romantic Revolution* (London, 2010)

Bracewell, Wendy. *Orientations: An Anthology of Eastern European Travel Writing Ca. 1500–2000* (Budapest, 2009)

Burrow, John W. *The Crisis of Reason: European Thought 1848–1914* (London, 2000)

Clark, Christopher, and Kaiser, Wolfram (eds). *Culture Wars: Secular-Catholic Conflict in Nineteenth-Century Europe* (Cambridge, 2003)

Corbin, Alain. *Women for Hire: Prostitution and Sexuality in France after 1850* (London, 1990)

Corton, Christine L. *London Fog: The Biography* (London, 2015)

Cunningham, Hugh. *Leisure in the Industrial Revolution c.1780–1880* (London, 1980)

Dixon, Thomas. *Weeping Britannia: Portrait of a Nation in Tears* (London, 2015)

Evans, Richard J. *Rituals of Retribution: Capital Punishment in Germany 1600–1987* (Oxford, 1996)

Facos, Michelle, and Hirsh, Sharon (eds). *Art, Culture and National Identity in Fin-de-Siecle Europe* (Cambridge, 2003)

Figes, Orlando. *Natasha's Dance: A Cultural History of Russia* (London, 2002)

Finnane, Mark. *Insanity and the Insane in Post-Famine Ireland* (London, 1981)

Frevert, Ute. *Men of Honour: A Social and Cultural History of the Duel* (Cambridge, 1995)

Harris, Ruth. *Lourdes: Body and Spirit in the Secular Age* (London, 1999)

Kern, Stephen. *The Culture of Time and Space, 1880–1918* (Cambridge, MA, 1983)

Lidtke, Vernon L. *The Alternative Culture: Socialist Labor in Imperial Germany* (New York, 1985)

Lindenmeyr, Adele. *Poverty Is Not a Vice: Charity, Society, and the State in Imperial Russia* (Princeton, 1996)

Malcolmson, Robert W. *Popular Recreations in English Society 1700–1850* (Cambridge, 1973)

McCulloch, Diarmaid. *A History of Christianity: The First Three Thousand Years*

(London, 2009)

McLeod, Hugh, and Ustorf, Werner (eds). *The Decline of Christendom in Western Europe 1750–2000* (Cambridge, 2003)

McManners, John (ed.). *The Oxford Illustrated History of Christianity* (Oxford, 1990)

Ogle, Vanessa. *The Global Transformation of Time 1750–1950* (London, 2015)

Sassoon, Donald. *The Culture of the Europeans: From 1800 to the Present* (London, 2006)

Schorske, Carl E. *Fin-de-Siecle Vienna: Politics and Culture* (London, 1980)

Shubert, Adrian. *Death and Money in the Afternoon: A History of Spanish Bullfighting* (New York, 1999)

Swenson, Astrid. *The Rise of Heritage: Preserving the Past in France, Germany and England 1789–1914* (Cambridge, 2013)

Taruskin, Richard. *Music in the Early Twentieth Century* (Oxford, 2009)

Vital, David. *A People Apart: The Jews of Europe 1789–1939* (Oxford, 1999)

Vyleta, Daniel M. Crime, *Jews and News: Vienna 1895–1914* (Oxford, 2007)

Walkowitz, Judith R. *Prostitution and Victorian Society: Women, Class, and the State* (Cambridge, 1980)